DIREITO AMBIENTAL E FLORESTAS PÚBLICAS

DIREITO AMBIENTAL E FLORESTAS PÚBLICAS

Augusto Antônio Fontanive Leal

2022

EDITORA JusPODIVM
www.editorajuspodivm.com.br

EDITORA *Jus*PODIVM
www.editorajuspodivm.com.br

Rua Canuto Saraiva, 131 – Mooca – CEP: 03113-010 – São Paulo – São Paulo
Tel: (11) 3582.5757
• Contato: https://www.editorajuspodivm.com.br/sac

Diagramação: Futura *(rogerio@futuraeditoracao.com)*

Capa: Maitê Coelho *(maitescoelho@yahoo.com.br)*

L435d Leal, Augusto Antônio Fontanive.
Direito Ambiental e Florestas Públicas / Augusto Antônio Fontanive Leal – São Paulo: Editora JusPodivm, 2022.
496 p.

Inclui bibliografia
ISBN 978-65-5680-280-0

1. Direito Ambiental. I. Leal, Augusto Antônio Fontanive. II. Título.

CDD 341.347

No mundo jurídico, a compreensão se converte necessariamente em normação. (REALE, 2002, p. 323)

Para Natália, com amor.

AGRADECIMENTOS

Aos meus orientadores, professores Ingo Wolfgang Sarlet e Carlos Alberto Molinaro.

À minha esposa Natália e aos meus pais, Otavio e Elisabete.

Aos professores, colegas e amigos que direta ou indiretamente participaram da realização deste estudo.

À Caren, à PUCRS e à Capes.

APRESENTAÇÃO

Conheci o então doutorando Augusto Antônio Fontanive Leal justamente por ocasião dos trabalhos de qualificação de sua tese de doutoramento, após ter acolhido o honroso convite que me foi formulado pelo seu agora orientador, prof. Dr. Ingo Wolfgang Sarlet, e já tendo sido acompanhado desde o início pelo prof. Dr. Carlos Alberto Molinaro, seu orientador inicial.

Já naquele momento estavam presentes todas as qualidades que foram confirmadas na defesa final do seu texto definitivo, perante o colegiado do qual me foi permitido colaborar e participar.

O autor demonstrou iniciativa de pesquisa científica sólida e consistente que se refletiu materialmente em extenso trabalho dedicado a tema que tem merecido pouca atenção da literatura jurídica nacional, a saber, o regime jurídico da Lei Geral de Florestas Públicas (LGFP).

Embora o texto legislativo já conte, nesta data, com mais de dezesseis anos de vigência, ainda é tímido o espaço que lhe tem sido dedicado, especialmente pelo Direito Ambiental, que ainda não ofereceu estudo sistemático sobre o tema, sendo comum reservar-lhe, normalmente – quando feito – registros descritivos sobre o texto legislativo, ou ainda, encontrar a sua disciplina no Direito Administrativo, onde também tem tratamento semelhante.

É nesse contexto de escassez que o trabalho de investigação desenvolvido pelo doutor Augusto Antônio Fontanive Leal nos merece a necessária atenção quando escolhe a lei n. 11.284/2006 para demonstrar – em extenso trabalho que dialoga com o Direito Ambiental, Constitucional, Civil e Constitucional – que o regime jurídico da LGFP é compatível com a estrutura dogmática de um direito fundamental ao meio ambiente, ao menos em sua definição cunhada por Robert Alexy, sob a condição de um direito fundamental completo.

O autor considera, nesse contexto, que a LGFP contribui para promover a efetivação do direito (fundamental) ao meio ambiente. E esta sua escolha do tema e conclusão devem ser igualmente enfatizadas para o fim de nos merecer a adequada atenção, justamente neste momento em que a proteção jurídica da natureza tem sido sistematicamente desafiada por cenários não só de ineficiência, senão de ausência de políticas públicas ambientais, os quais fortalecem um assim denominado estado de coisas inconstitucional em matéria ambiental.

Embora não fosse esse o seu objetivo, é visível, conforme sinalizei ao agora, doutor Augusto Antônio Fontanive Leal, que o seu problema de pesquisa tem grande potencial para colaborar com a função de estabilização do sistema climático.

Nesse sentido, a LGFP pode ser um importante instrumento de manutenção de floretas em pé, de cumprimento de compromissos internacionais, entre eles o artigo 8º, da CDB, que prevê medidas de conservação *in situ*.

Parece-me possível e razoável concluir que o uso de bem público por particular por meio da LGPF tem por objetivo inegável garantir que as florestas continuem a existir, que não deixem de existir, mesmo a partir e mediante o uso privativo por particular.

Nesse sentido, parece ser importante que consigamos vincular a função de florestas para conter a velocidade dos efeitos das mudanças climáticas globais, nos planos social, econômico, cultural e ecológico. Essa abordagem é, hoje, inclusive, integrada a uma estratégia e a uma gramática de direitos, na litigância climática.

Se a Convenção sobre a Diversidade Biológica (CDB) – de que ainda é signatário o Estado brasileiro – acolhe entre seus objetivos, o de exigir que os Estados-parte se comprometam com medidas de conservação *in situ*, e em uma realidade em que uma transformação profunda na relação dos processos socioeconômicos e culturais encontra-se confirmada com ênfase pela ciência das mudanças climáticas – nos dois últimos relatórios do IPCC – um estudo que enfrenta o marco regulatório nacional das florestas públicas ocupa, especialmente neste momento, uma posição angular na compreensão do conjunto de soluções que podem estar ao alcance dos tomadores de decisão, não podendo ser por eles ignorado, nas ações para uma transição ecológica que se espera em um *green new deal*.

Demonstrada a elevada pertinência do trabalho para colaborar no enfrentamento de problemas contemporâneos, por meio do Direito, o autor se encarrega de perseguir o objetivo por si escolhido, ao longo de oito capítulos, nos quais foi realizada uma investigação exauriente sobre o regime normativo de concessão florestal, situando-o perante o contexto de uma definição de direito fundamental ao meio ambiente.

Há em seu texto, qualidades que merecem registro no que tange ao seu texto acessível e, ao mesmo tempo, amparado em literatura sólida e rigorosa para estruturar as posições reflexivas que são por si ilustradas, havendo uma prioridade para fontes diretas, literatura nacional e estrangeira, e na escolha de literatura que fosse referencial e representativa para cada variável enfrentada.

É a partir do reconhecimento que foi registrado publicamente no contexto do colegiado que lhe atribuiu o título de doutor em Direito – sobre a qualidade do texto que agora se transforma em obra jurídica – que compartilho nestas linhas a afirmação de que o leitor terá diante de si, um trabalho autoral que já possui o seu lugar de consulta referencial na literatura jurídica nacional sobre o tema.

Na manhã em que o colegiado atribuiu o respectivo título ao doutor Augusto Antônio Fontanive Leal me foi permitido participar com muita satisfação, na avaliação de um trabalho de valor que agora será compartilhado com toda a comunidade jurídica nacional. É essa mesma satisfação que será agora permitida a todos os leitores e interessados, pela iniciativa da Editora Juspodivm, a quem parabenizo, em conjunto com o autor (e os seus dois orientadores), desejando-lhe todo o sucesso e êxito na colaboração para um Direito comprometido com todas as formas de vida e com o futuro.

Cuiabá, MT, em 6 de novembro de 2020.

Prof. Dr. Patryck de Araújo Ayala

Professor Associado II, nos cursos de graduação e mestrado em Direito da Universidade Federal de Mato Grosso (UFMT). Pós-doutorando, Doutor e Mestre em Direito pela Universidade Federal de Santa Catarina (PPGD/UFSC). Estágio de doutoramento na Universidade Clássica de Lisboa (UL) com bolsa PDEE/CAPES. Diretor do Instituto *O Direito por um Planeta Verde*. Membro do Programa *Harmony with Nature* (United Nations), na condição de especialista independente. Líder do Grupo de Pesquisa *Jus-Clima*. Autor, revisor, parecerista e articulista em obras e periódicos nacionais e estrangeiros. Procurador do Estado de Mato Grosso.

PREFÁCIO

The global industrial economy is the engine for massive environmental degradation and massive human (and nonhuman) impoverishment.

Derrick Jensen[1*]

A epígrafe supra, de autoria de Derrick Jensen, autor norte-americano que tem sido chamado de "poeta-filósofo do movimento ecológico" pelo seu radicalismo ambiental, mostra-se pertinente quando não agimos com responsabilidade ao confrontar a atividade humana de natureza econômica com o adequado uso dos recursos naturais, notadamente os renováveis.

É nessa perspectiva e com esta preocupação que ora temos a honra e o privilégio de prefaciar a obra **Direito Ambiental e Florestas Públicas** de **AUGUSTO ANTÔNIO FONTANIVE LEAL**, que corresponde ao texto revisado de sua tese de doutoramento desenvolvida, apresentada e defendida com distinção e louvor perante banca examinadora altamente qualificada no Programa de Pós-Graduação em Direito, Mestrado e Doutorado, integrada, nada mais nada menos, por expoentes do direito ambiental brasileiro como **Patryck Ayala, Gabriel Wedy, Fernanda Medeiros e Márcia Bühring,** sem contar aqui orientador e presidente, e que tivemos a honra, o privilégio e a alegria pessoal e profissional de orientar.

No que diz respeito à obra, é de se enfatizar, desde logo, que esta deverá, dada a sua atualidade, relevância e qualidade, contribuir efetivamente para a formação e desenvolvimento de uma *cultura ambiental responsável* no trato de uma solução socioambiental efetiva para a gestão dos ativos florestais, em plena sintonia com o marco normativo internacional e constitucional, em

1. * Jensen, D. Endgame – Volume 1 - The Problem of Civilization. New York: Seven Stories Press, 2006, p. 195 ("A economia industrial global é o motor da maciça degradação ambiental e do massivo empobrecimento humano [e não humano]". – Trad. Livre).

especial no que diz respeito com as exigências do desenvolvimento sustentável e o direito/dever de proteção de um ambiente ecologicamente equilibrado.

Desse modo, podemos entender que os basilares predicados da governança florestal contemporânea compreendem a descentralização do manejo florestal, concessões de extração de madeira em florestas de valor comercial de propriedade pública e certificação de madeira, principalmente quando se trata de florestas temperadas. Note-se, nesse contexto, que embora a maior parte das florestas permaneça sendo de propriedade formal de governos, a eficácia da governança florestal é cada vez mais independente da propriedade formal.

Questões cada vez mais amplas e complexa, como aquelas relativas à produção de alimentos, biocombustíveis, madeira e serviços ambientais, representam sérios desafios para uma governança florestal eficaz no presente e no e para o futuro, notadamente em conjunto com os impactos diretos e indiretos das alterações climáticas. Um protagonismo maior para a comunidade e os atores do mercado na governança florestal, ademais de uma dedicação mais densa e profunda aos fatores que levam a uma governança eficaz, além dos padrões de propriedade, são mandatórios para confrontar os desafios futuros da governança florestal.

Em termos gerais, o objetivo da conservação das florestas não tem sido historicamente alcançado quando em conflito com as mudanças no uso da terra estimuladas pela busca de alimentos, combustível, emprego e lucro. É, portanto, indispensável reconhecer e advogar por melhor governação das florestas, mais intimamente por reconhecida a importância dessas no respeitante às necessidades humanas básicas, presentes e futuras, bem como, numa perspectiva ampliada, de todo o ambiente biótico e mesmo abiótico.

Tal defesa deve se dar de modo multidimensional, abarcando um conjunto de ações públicas e privadas, no contexto de uma responsabilidade compartilhada, incluindo incentivos financeiros para os governos dos países em desenvolvimento, ademais de um maior envolvimento da sociedade civil e dos atores de mercado para uma gestão e governança eficaz e responsável, de modo que as florestas, seja no Brasil seja em outros lugares do Planeta, sigam fornecendo os benefícios sem os quais o futuro de todos se encontra ameaçado.

Um dos instrumentos a serem utilizados de modo adequado são as concessões florestais, instrumento de política para implementar a captação florestal, que pode ser eficaz na melhoria do manuseio florestal sustentável, como no caso de florestas tropicais de produção pública, isso mediante um planejamento e uma implantação de acordo com as melhores práticas de sustentabilidade ambiental, social e econômica.

Uma concessão florestal é um arranjo contratual largamente empregado, no qual um governo aloca transitoriamente algumas de suas florestas públicas para outra parte, como uma empresa. O contrato normalmente inclui direitos de uso de recursos específicos na área emparelhados com obrigações para sua gestão. Os governos podem optar por concessões florestais para terceirizar o uso e manejo florestal devido à sua própria falta de capacidades e conhecimentos relevantes, como um instrumento para garantir o acesso e os direitos de uso, mantendo as florestas públicas, ou em combinação com as opções anteriores, como um veículo para realizar o manuseio florestal sustentável.

Uma avaliação recente[2] indica que existem algo como 122 milhões de hectares de concessões florestais industriais na África Ocidental e Central, América Latina e Sudeste Asiático, o equivalente a 54% das florestas públicas de produção nessas áreas. Devido à vasta extensão dessas concessões florestais industriais, sua gestão tem implicações consideráveis para o desenvolvimento sustentável, a conservação da biodiversidade, a mitigação e adaptação às mudanças climáticas e o fornecimento de serviços ecossistêmicos e benefícios socioeconômicos dos recursos florestais globais[3].

As concessões florestais podem ser examinadas desde diversas perspectivas: como sua (1) viabilidade econômica, seus (2) impactos ambientais, sua (3) relação com as comunidades locais e sua (4) governança. Em qualquer das circunstâncias enumeradas a pesquisa do autor, que ora apresentamos, enfrenta esses problemas e dá uma bem correspondente resposta em um panorama de preservação e proteção ambiental.

Geralmente, o uso deste instrumento nos trópicos tem produzido resultados mistos. As concessões florestais, em diversos casos, melhoraram os meios de subsistência das comunidades locais, contribuindo para a conservação da floresta, além de ajudarem na construção de uma infraestrutura pública em áreas remotas, ao passo que em outros casos, as florestas sob concessão tornaram e podem tornar essas áreas degradadas, o que torna cogente ampla responsabilidade na gestão, quando as concessões, ao invés

2. Cf., Berty van Hensbergen, Forest Concessions – Past Present and Future?. (FAO - Forestry Policy and Institutions Working Paper 36), disponível em https://bityli.com/Q2gBb

3. Cf., Latha Swamy, Erika Drazen, Whitney R. Johnson & Jacob J. Bukoski, The future of tropical forests under the United Nations Sustainable Development Goals. JOURNAL OF SUSTAINABLE FORESTRY https://doi.org/10.1080/10549811.2017.1416477 (acesso em 16/10/2020).

de instrumentos de proteção das florestas e promoção do desenvolvimento sustentável, transformam-se em meios para a destruição do ambiente e mesmo das condições de vida.

Dito isso, não sendo nosso intento aumentar a distância entre o leitor e a obra ora apresentada, o que importa ser dito, é que o trabalho que temos o prazer de apresentar para a comunidade de juristas, de ambientalistas, de economistas, de administradores de empresas, de sociólogos, e demais interessados no tema objeto da pesquisa que produziu este livro, certamente merece ser lido e, acima de tudo, bem aproveitado, considerando a riqueza da pesquisa, a solidez e densidade científica da narrativa e também as diversas proposições feitas pelo autor.

Assim nada mais nos resta que parabenizar AUGUSTO e a Editora Juspodivm, que lhe dá abrigo, almejando que a obra venha a obter merecida acolhida da comunidade, especialmente no âmbito das ciências da natureza, e, notadamente, na das sociais aplicadas.

Porto Alegre, 19 de outubro de 2020.

Carlos Alberto Molinaro

Doutor em Direito, Professor Emérito do Programa de Pós-Graduação em Direito da PUCRS

Ingo Wolfgang Sarlet

Doutor em Direito, Professor Titular e Coordenador do Programa de Pós-Graduação em Direito da PUCRS

SUMÁRIO

LISTA DE SIGLAS

ACO	Ação Cível Originária
ADCT	Ato das disposições constitucionais transitórias
ADPF	Arguição de Descumprimento de Preceito Fundamental
CONAMA	Conselho Nacional do Meio Ambiente
EIA	Estudo Prévio de Impacto Ambiental
EIRELI	Empresa individual de responsabilidade limitada
Flona	Floresta Nacional
FNDF	Fundo Nacional de Desenvolvimento Florestal
ICMBio	Instituto Chico Mendes de Conservação da Biodiversidade
Incra	Instituto Nacional de Colonização e Reforma Agrária
IUCN	International Union for Conservation of Nature
j.	Julgamento em
JF	Justiça Federal
LINDB	Lei de Introdução às Normas do Direito Brasileiro
LGFP	Lei Geral de Florestas Públicas
MROSC	Marco regulatório das organizações da sociedade civil
ONG	Organização não governamental
ONU	Organização das Nações Unidas
OSC	Organização da sociedade civil

Oscip	Organização da sociedade civil de interesse público
PAE	Projeto de Assentamento Agroextrativista
PAF	Projeto de Assentamento Florestal
PAOF	Plano Anual de Outorga Florestal
PDS	Projeto de Desenvolvimento Sustentável
PMFS	Plano de manejo florestal sustentável
PNAPO	Plano Nacional de Agroecologia e Produção Orgânica
PNPCT	Política Nacional de Desenvolvimento Sustentável dos Povos e Comunidades Tradicionais
PRDA	Plano Regional de Desenvolvimento da Amazônia
RAP	Relatório Ambiental Preliminar
SJRO	Seção Judiciária do Estado de Rondônia
SJPA	Seção Judiciária do Estado do Pará
SNUC	Sistema Nacional de Unidades de Conservação da Natureza
SFB	Serviço Florestal Brasileiro
SISNAMA	Sistema Nacional do Meio Ambiente
STJ	Superior Tribunal de Justiça
STF	Supremo Tribunal Federal
SUDAM	Superintendência do Desenvolvimento da Amazônia
TRF1	Tribunal Regional Federal da 1ª Região
UNESCO	United Nations Educational, Scientific and Cultural Organization
UNFCCC	United Nations Framework Convention on Climate Change
WWF	World Wildlife Fund

1

INTRODUÇÃO

A Lei 11.284/2006, então denominada Lei Geral de Florestas Públicas (LGFP), inovou no ordenamento jurídico brasileiro com a regulamentação da gestão do patrimônio público florestal. Isso não significa dizer que as florestas, ou a flora em geral, não contassem com normas específicas de proteção. Até mesmo a Constituição se ocupou delas em vários dispositivos. Contudo, é com a instituição da LGFP que uma regulamentação específica das florestas públicas, as quais somam uma imensa extensão no território brasileiro, tornou-se palpável, sobretudo mediante as diretrizes normativas para a atuação do poder público que na lei foram insertas.

A LGFP, por normatizar diversas perspectivas de suma relevância quando se trata de um rico recurso natural do país, como deixam claro a variada biodiversidade e as enormes proporções de florestas sob a titularidade publica, detém uma posição de alta importância no contexto das normas ambientais. Porém, essa importância não se traduziu, desde a edição da lei, em um amplo reconhecimento por parte da doutrina jurídica, o que se constata pela escassez de obras a respeito. Apesar disso, é questão de justiça destacar o fato de que a lei, deixada de lado por diversas vezes, não ficou de ser estudada por alguns dos grandes nomes da doutrina em seções específicas de livros sobre o direito ambiental, além de ter contado com artigos que foram publicados em periódicos, por um não longo período de tempo que sucedeu a sua edição.

Ainda assim, a LGFP careceu ao longo desse tempo de um estudo sistemático que analisasse todo o seu regime jurídico. E, mais do que isso, que desse a devida atenção ao direito fundamental ao ambiente, que consigo trouxe o modelo de Estado Socioambiental de Direito, o qual não somente é pautado em liberdades individuais clássicas ou em direitos sociais, pois agrega a proteção jurídica ambiental em sua composição, primando por um ambiente sadio e equilibrado, imprescindível que é à vida humana.

Para concluir, porém, se a LGFP contempla, na estrutura do seu texto normativo, a proteção do ambiente na forma como determina a Constituição e, mais precisamente, o direito fundamental ao ambiente nela consolidado, depende-se de um estudo interpretativo de seu regime jurídico, partindo de uma clara concepção do direito fundamental ao ambiente como constitucionalmente previsto.

Reside, na avaliação dessa possível adequação entre a LGFP e o direito fundamental ao ambiente, a temática deste estudo. E, para chegar a algum desfecho, além da salutar consideração das abordagens que tenham por base o direito fundamental ao ambiente e a LGFP, são observadas outras normas aplicáveis, tanto por uma questão de se demonstrar até onde foi a proteção ambiental antes da edição da LGFP, como em razão da necessária interpretação conjunta entre aquelas normas e a LGFP.

Por isso, com a finalidade de demonstrar a viabilidade da LGFP como norma que concretiza posições jurídicas do direito fundamental ao ambiente, em decorrência de novidades nela previstas e da sistematização da gestão das florestas públicas em uma única norma, ora são objetivados o estudo do direito fundamental ao ambiente, da proteção jurídica ambiental da flora e de seus atributos, inclusive os florestais, e da regulamentação oferecida por esta lei, com base no regime jurídico de gestão das florestas públicas que com ela foi implementado.

É que, se há compatibilidade entre a LGFP e o direito fundamental ao ambiente, isso somente será possível demonstrar quando de um estudo que proporcione uma merecida análise da LGFP, sem descuidar da base dogmática e normativa correspondente ao direito fundamental ambiental. Assim, depende-se, para alcançar esse intento, do estudo da teoria dos direitos fundamentais e, especificamente, do direito fundamental ao ambiente, em conjunto com a consideração da proteção jurídica da flora em geral e das florestas em particular, a qual corresponde a diversas posições jurídicas do direito fundamental ambiental e está normatizada no ordenamento jurídico constitucional e infraconstitucional. Tudo isso e, é claro, mais a LGFP como um todo, seu regime jurídico, a sistematização oferecida e demais normas que integram a interpretação e aplicação da lei.

Neste estudo, a distribuição do conteúdo mencionado é realizada em capítulos, do 2 ao 8, que abordam, ao longo do texto, a construção narrativa sobre o direito fundamental ao ambiente, a guarida jurídica da cobertura florística, aí incluídas as florestas, e o regime jurídico correspondente à gestão das florestas públicas. Veja-se, adiante, o conteúdo de cada um dos capítulos.

O capítulo 2 está direcionado ao estudo do direito fundamental ao ambiente, que é a base jurídica-constitucional sobre a qual é construída a posterior análise do regime jurídico da LGFP. Neste capítulo, inicia-se com uma introdução sobre o direito ambiental contemporâneo com ilustrativas composições pré-jurídicas que deram origem e hoje alimentam o debate sobre as perspectivas ambientalistas, ocasião em que também é retratado o direito internacional ambiental. Além disso, considera-se, na análise do direito fundamental ao ambiente, os pressupostos dos direitos fundamentais, as características do direito em questão e, com a devida importância de se lançar luzes sobre o assunto, são também estudados os deveres de proteção ambiental, tanto do poder público como da coletividade. Ainda, o capítulo é dedicado à compreensão do bem ambiental, que é o bem protegido pelo direito fundamental ambiental, com o intuito de auxiliar na dispersão da nebulosidade que se manteve ao longo do tempo circundando seu conceito.

Com os objetivos de diferenciar a flora da floresta e de trazer especificações e definições próprias de cada uma delas, o capítulo 3 inicia com uma abordagem sobre os atributos ambientais da flora, as características da cobertura florística do país e a proteção constitucional a ela conferida. Também, traz o capítulo o conceito e as normas protetivas das florestas, com destaque para a instituição de espaços territoriais especialmente protegidos e para as unidades de conservação, que integram os espaços territoriais e contam com disciplina jurídica própria e bem delineada. Neste capítulo serão observadas normas oriundas da legislação específica que tutela juridicamente a flora e as florestas, notadamente o Código Florestal e a Lei 9.985/2000 (Lei do SNUC), o mesmo ocorrendo no decorrer do estudo, nos momentos em que a LGFP se relacionar com os componentes normativos destas legislações. Porém, considerando que as normas ambientais com as quais a LGFP se comunica estão distribuídas em diversos ordenamentos jurídicos ambientais, as matérias correspondentes a estas legislações, como no caso do Código Florestal, serão apontadas oportunamente ao longo do texto.

No capítulo 4 é realizada a introdução sobre o estudo da gestão das florestas públicas, a começar com a definição das florestas públicas e, com a devida atenção à divisão dos bens públicos vigente no direito pátrio, o regime jurídico de bem público a que elas se classificam. É também neste capítulo que são vistos o histórico normativo da tutela das florestas públicas, os princípios jurídicos previstos pela LGFP e a competência dos entes federativos, até ser realizada, ao final, a apresentação das três formas de gestão definidas pela lei: gestão direta pelo poder público, gestão pelas comunidades locais e gestão via concessão florestal.

Os próximos capítulos 5, 6 e 7 tratam, cada um deles, de uma das formas de gestão de florestas públicas. O Capítulo 5 aborda a gestão direta pelo poder público, momento no qual se realiza uma cisão entre a gestão como forma de conservação da cobertura florestal e a gestão como exploração dos recursos florestais pelo próprio poder público, sendo que ambas podem ocorrer concomitantemente, desde que configurados os requisitos legais para o desempenho da atividade econômica. No capítulo são observadas a necessidade de criação de Florestas Nacionais, Estaduais e Municipais e a possibilidade de que as atividades subsidiárias sejam realizadas por entidades do terceiro setor, isto é, Organizações da Sociedade Civil (OSCs), mediante parcerias firmadas com o poder público. E, sobre a exploração econômica das florestas públicas pelo poder público, é dedicada uma seção especial do capítulo onde se ventila a possibilidade, mas sob a ótica da constituição econômica e das limitações que recaem sobre o poder público quando da atuação direta na economia.

No capítulo 6, trata-se da gestão pelas comunidades locais, as quais gozam de reconhecimento pela comunidade internacional e de proteção jurídica no Brasil, inclusive mediante direitos assegurados constitucionalmente. A destinação das florestas públicas às comunidades locais é realizada pela criação de unidades de conservação específicas a atender seus interesses, especificamente as Reservas Extrativistas e as Reservas de Desenvolvimento Sustentável, pelo instituto da reforma agrária com os assentamentos ambientalmente diferenciados e mediante outras formas de destinação, como ocorre com o indigenato, o território quilombola e a permissão de permanência das comunidades locais que vivem em Florestas Nacionais. São observadas neste capítulo, igualmente, as nuances jurídicas aplicáveis na destinação, bem como é considerada a definição da posse agroecológica e do manejo florestal comunitário.

Uma das grandes inovações trazidas pela LGFP para o direito ambiental contemporâneo foi a regulamentação das concessões florestais, tema que será visto no capítulo 7. Após um processo de licitação, é pela concessão florestal que a iniciativa privada poderá explorar os recursos florestais das florestas públicas, mediante contrapartidas econômicas, sociais e ambientais e obedecendo à equação econômica e financeira aplicável. São diversos assentos normativos que instruem as concessões florestais e que passarão por análise neste capítulo, a começar pelo conceito, objeto e natureza jurídica das concessões florestais, além do plano de manejo florestal sustentável como requisito para sua realização. Ainda, observam-se importantes questões para o instituto, como é o caso do licenciamento ambiental e do plano anual de outorga florestal, assim como a desnecessidade de aprovação do plano pelo Congresso Nacional. Após isso, é efetuado um estudo das licitações para as concessões florestais, em conformidade com o processo de licitação definido pela LGFP e complementado pela Lei 8.666/1993. Não se desconsidera que a Nova Lei de Licitações e Contratos Administrativos (Lei 14.133/2021) entrou em vigor em 1º de Abril de 2021, com aplicação sobreposta em ocasiões nas quais outras normas façam menção à Lei 8.666/1993. Porém, tendo em vista três pontos importantes, optou-se por manter nesta edição as referências à Lei 8.666/1993. O primeiro destes três pontos remete ao fato de que a revogação da Lei 8.666/1993 somente ocorrerá no término do prazo de dois anos da publicação da Lei 14.133/2021 (artigo 193, II da referida Lei 134.133/2021), sendo permitido aos órgãos públicos licitar de acordo com a Lei 8.666/1993, consoante o artigo 191, da mencionada Lei 14.133/2021. O segundo aspecto trata do fato da LGPD possuir legislação própria e específica sobre o processo de licitação das concessões, sendo a legislação licitatória apenas suplementar e muitas vezes referenciada nesta obra apenas como meio exemplificativo. O terceiro e último ponto considera a situação observada hoje em relação aos processos de concessão florestal, uma vez que o edital mais recente de licitação para concessão florestal (Edital de Concessão Florestal no 01/2021) é declaradamente regido, dentre as demais legislações específicas, pela Lei 8.666/1993. O edital pode ser acessado pelo seguinte endereço eletrônico: https://www.florestal.gov.br/documentos/concessoes-florestais/concessoes-florestais-florestas-sob-concessao/flona-do-jamari/flona-do-jamari-lote-iii/licitacao-jamari-3/5159-edital-de-concessao-florestal-umf-v-da-flona-jamari-3/file. E, visto como instrumento que disciplina essa modalidade de concessão, pretende-se estudar o contrato de concessão florestal por uma análise estrutural e dispondo das matérias que lhe são inerentes, com destaques para as cláusulas essenciais, as obrigações do concessionário, as competências do poder concedente, o regime econômico e financeiro e as formas de extinção.

No capítulo 8, analisa-se os aspectos operacionais da LGFP, precisamente sobre a estrutura organizacional referente à gestão das florestas públicas, sendo detalhados os diversos órgãos que põem em prática a lei. São eles o poder concedente, os órgãos do Sisnama, o órgão consultivo e o órgão gestor, o qual no âmbito federal é o Serviço Florestal Brasileiro.

O método de abordagem pelo qual se optou é o hipotético-dedutivo, de modo que a estrutura do presente estudo procura submeter à verificação, mediante uma fundamentação adequada, as hipóteses formuladas ao longo do texto, sobretudo aquela que diz respeito a compatibilidade da LGFP com o direito fundamental ao ambiente. Os métodos de procedimento serão o histórico, pelas investigações de instituições jurídicas pretéritas e sua influência no contexto atual, e o comparativo em decorrência da consideração de sistemas jurídicos internacionais, de normas atuais e pretéritas e de conceitos jurídicos e doutrinários. Enfim, quanto ao objeto de estudo, a pesquisa será bibliográfica e documental, especialmente se destinando a análise da doutrina, da jurisprudência e da legislação.

Com base nos estudos realizados, pretende-se que ao final seja possível concluir sobre a existência, ou não, de compatibilidade da LGFP com o direito fundamental ao ambiente e se as posições jurídicas fundamentais deste direito estão garantidas, não só em decorrência da eficácia, mas em razão da sua efetividade, no regime jurídico da gestão de florestas públicas instituído pela lei.

2

DIREITO FUNDAMENTAL AO AMBIENTE: ENTRE DIREITOS E DEVERES

A importância de resguardar a existência do ser humano em um ambiente com equilíbrio ecológico e qualidade de vida fundamentou, ao longo do tempo, a formação de estruturas jurídicas de regulação da atividade humana geradora de impactos causadores de degradação e esgotamento de recursos do habitat humano.

O ordenamento jurídico brasileiro de proteção ambiental, solidamente afirmado em uma norma constitucional de direito fundamental, decorre de uma tendência de tutela ambiental que despontou a partir da segunda metade do século XX.

Diante disso, propõe-se neste capítulo um estudo a respeito do direito fundamental ao ambiente e sua estrutura de dever fundamental. É pretendido demonstrar sua base jurídica, sem descuidar de detalhes a ela inerentes, dispondo inclusive sobre uma introdução a respeito do assunto e sobre a natureza própria da matéria de proteção ambiental, isto é, o bem ambiental e seus componentes.

2.1 Uma introdução sobre o tema

A emergência das preocupações ambientais se deve à compreensão da aproximação de diversos impactos ambientais de nível global. Como a vida humana somente é possível em meio a um ambiente que contenha condições bióticas e abióticas minimamente favoráveis, este assunto passou a constar com ênfase na pauta política global, principalmente no final do século XX.

Por essa razão, busca-se demonstrar nesta seção como diversos ramos do conhecimento passaram a abordar as questões que envolvem a proteção do meio natural, em correntes éticas, históricas, políticas e sociais que se depreendem de diversos discursos. Também, propõe-se apresentar como se deram as implicações da crise ambiental no cenário internacional, demandando regulações envolvendo o máximo de países possíveis.

2.1.1 Perspectivas ambientalistas e o moderno direito ambiental

A questão que envolve o desenvolvimento sustentável, surgida com ímpeto a partir da metade do século XX, trouxe uma das mais notáveis perspectivas da legislação ambiental moderna, constando como agenda de assuntos políticos e jurídicos. Um dos marcos que influenciou os movimentos ambientalistas foi a criação do Clube de Roma, em 1968. Este grupo, composto inicialmente por trinta indivíduos de dez países, sendo cientistas, educadores, economistas, humanistas, industrialistas e funcionários públicos nacionais e internacionais, buscou compreender a variedade dos interdependentes componentes econômicos, políticos, naturais e sociais e levar este entendimento aos políticos e ao público mundial, promovendo novas políticas e iniciativas.[1]

Em pesquisa liderada por Dennis Meadows que culminou no livro *The Limits to Growth*, um selecionado grupo estudou os cinco fatores que, segundo o Clube de Roma, determinam e limitam o crescimento no planeta: população, agricultura, recursos naturais, produção industrial e poluição.[2] Pelo livro, é lançado mão da proposta de deliberadamente limitar o crescimento, apostando na capacidade humana de combinar conhecimento, ferramentas e recursos para a criação de uma nova forma de sociedade a perdurar por gerações, por meio de dois ingredientes, um objetivo de longo prazo e a vontade humana de atingir este marco.[3]

Apesar de críticas sobre como este relatório publicado em livro não considerou a capacidade humana de enfrentar desafios ambientais com os avanços tecnológicos e por meios políticos, o Clube de Roma pode ser visto como uma das maiores influências do surgimento de movimentos ambientalistas.[4]

O limite do crescimento populacional também encontrou respaldo em artigo publicado por Hardin, em 1968, no qual o autor se baseou na limitação de um mundo finito em suportar apenas uma população limitada para

---

1. MEADOWS, Dennis L et al. **The limits to growth:** a report for the club of Rome's project on the predicament of mankind. New York: Universe Books, 1972, p. 9.
2. Ibidem, p. 10-11.
3. Ibidem, p. 183-184.
4. GIDDENS, Anthony. **Sociology.** 5th ed. Cambridge; Malden: Polity Press, 2006, p. 940-941.

afirmar a necessidade de que a taxa de crescimento populacional deveria, eventualmente, igualar a zero.[5]

As preocupações expressadas com o elevado impacto ao mundo natural causado pelos homens começou a tomar proporções tais que gerou campanhas de ambientalistas, baseadas em filosofias ecológicas de proteção da natureza pela conservação contraposta à exaustão de recursos e por meio da proteção das espécies de animais remanescentes. Nessa linha de pensamento, com a relação entre a utilização de agrotóxicos e a dizimação de populações de pássaros[6], Carson buscou demonstrar em 1962 uma desvinculação da concepção de natureza como mera conveniência para o homem.[7]

A partir disso, Dunlap e Van Liere evidenciaram a sobreposição de um paradigma social dominante, tido como responsável pelos problemas ecológicos devido aos seus valores tradicionais e crenças prevalecentes, por um novo paradigma ambiental, pautado em limites de crescimento, necessidade de um estado estacionário econômico, importância de preservação do equilíbrio da natureza e da rejeição da noção antropocêntrica de que o mundo natural existe somente para o uso humano.[8] Com este estudo os autores constataram uma rápida ascendência do novo paradigma ambiental, ainda que isso não significasse que este paradigma fosse quase que imediatamente substituir o paradigma social dominante.[9]

Posteriormente, o novo paradigma ambiental foi revisado, acrescentando na escala de análise utilizada outros dois fatores. A mudança considerou a inclusão do que foi denominado de excepcionalismo humano, segundo o qual os humanos estariam, diferentemente de outras espécies, isentos dos limites naturais, bem como as mudanças ambientais potencialmente catastróficas, ou ecocrises, que afligem a humanidade.[10]

As preocupações com o ambiente que foram enfatizadas na segunda metade do século XX representam um marco histórico para os diversos pensamentos ambientalistas da contemporaneidade. Porém, isso não significa dizer que sociedades antigas não houvessem demonstrado preocupações

5. HARDIN, G. The Tragedy of the Commons. **Science**, v. 162, n. 3859, p. 1243-1248, 1968, p. 1243.

6. CARSON, Rachel. **Primavera silenciosa**. 2 ed. Tradução de Raul de Polillo. São Paulo: Edições Melhoramentos, 1969, p. 113.

7. Ibidem, p. 305.

8. DUNLAP, R. E.; VAN LIERE, K. D. The "New Environmental Paradigm": a proposed measuring instrument and preliminary results. **The Journal of Environmental Education,** v. 9, n. 4, p. 10-19, 1978, p. 10.

9. Ibidem, p. 17.

10. DUNLAP, R. E. et al. Measuring Endorsment of the New Ecological Paradigm: a revised NEP scale. **Journal of Social Issues**, v. 56, n. 3, p. 425-442, 2000, p. 432.

semelhantes. Pela história ambiental, na qual se tem por tarefa o estudo das relações humanas, ao longo do tempo, com as comunidades naturais a que pertencem, com objetivo de explicar o processo de mudança que diz respeito a essas relações[11], Hughes constatou que os seres humanos se relacionaram de múltiplas formas com os sistemas do planeta, algumas baseadas em um equilíbrio sustentável, outras de maneira destrutiva.[12]

As destruições que levaram a ecossistemas degradados, tornados incapazes de suportar a continuidade do crescimento humano e o nível de prosperidade cultural e econômica adquirida podem ser exemplificadas pela salinização do solo na Mesopotâmia, o desmatamento provocado pela civilização maia na planície do sul e a experiência romana com a depleção de florestas, solos e animais selvagens na bacia do Mediterrâneo. Por outro lado, a exploração de ecossistemas dentro de limites ocorreu em outras sociedades, como é o caso da agricultura indígena dos hopi e dos balineses, da integração dos antigos egípcios com o Nilo e da economia Inca.[13]

É importante destacar a diferença do problema da sustentabilidade ambiental na fase pré-industrial com os problemas da moderna civilização industrial, uma vez que antigamente não havia o risco de perder uma completa base de recursos e, quando isso ocorria, por exemplo, nas florestas da Europa, medidas de gestão radical eram aprovadas, o que pode ser demonstrado pelas complexas estratégias com sanções e rigorosas normas utilizadas entre o período final da Idade Média, em 1350, até o início da idade moderna, por volta de 1800. Ao longo do tempo, as novas condições econômicas provenientes do industrialismo, sem a consideração de impactos ambientais, retirou a capacidade de mecanismos tradicionais de sustentabilidade serem utilizados diante da complexidade de questões sociais, econômicas e ambientais.[14]

O surgimento e afirmação de noções ambientalistas, demonstrando uma preocupação com a fertilidade do solo, as regulações climáticas, a vida das espécies, dentre outros aspectos que dizem respeito aos contextos bióticos e abióticos afetados pelas ações humanas, acabaram por fomentar o debate público em direção da necessidade de amenizar os impactos no planeta gerados pelo homem. Questões como a advocacia pelos direitos

11. HUGHES, J. Donald. **An environmental History of the World:** humankind's changing role in the community of life. 2 ed. Abingdon; New York: Routledge, 2009, p. 4.
12. Ibidem, p. 269.
13. Idem.
14. BOSSELMANN, Klaus. **O princípio da sustentabilidade:** transformando direito e governança.Tradução de Phillip Gil França. São Paulo: Editora Revista dos Tribunais, 2015, p. 42.

dos animais defendida por Regan[15], a Libertação Animal de Singer que em uma ética utilitarista entende ser a dor e o sofrimento algo ruim que deve ser evitado ou minimizado[16], a responsabilidade ética que se fundamenta como uma obrigação incondicional pelo futuro afirmada por Jonas[17], a situação de ameaças próprias de uma sociedade de risco disposta por Beck[18] e o ecocentrismo professado por Eckersley como sendo o representante dos conhecimentos acumulados advindos de várias correntes do pensamento ambientalista moderno[19], figuram como correntes de segmentos destas perspectivas. Apesar disso, o fato de representarem correntes relativas ao movimento ambientalista surgido na segunda metade do século XX não implica em uma presunção de que essas perspectivas sejam conciliatórias, tampouco que estejam materializadas, conjuntamente, no ordenamento jurídico de algum país. A exposição exemplificativa realizada apenas tem o objetivo de demonstrar o florescimento das diversas, e até mesmo contraditórias, perspectivas do ambientalismo contemporâneo.[20]

---

15. REGAN, Tom. **Empty cages:** facing the challenge of animal rights. Lanhan: The Rowman & Littlefield Publishing Group, 2003, p. 3.

16. SINGER, Peter. **Libertação animal.** Tradução de Marly Winckler. Porto Alegre; São Paulo: Lugano, 2004, p. 20.

17. JONAS, Hans. **O princípio responsabilidade:** ensaio de uma ética para a civilização tecnológica. Tradução de Marijane Lisboa e Luiz Barros Montez. Rio de Janeiro: Contraponto; Ed. PUC-Rio, 2006, p. 87-88.

18. BECK, Ulrich. **Sociedade de risco:** rumo a uma outra modernidade. Tradução de Sebastião Nascimento. São Paulo: Editora 34, 2011, p. 27. Posteriormente, Beck repensou a sociedade do risco como sendo um agente da metamorfose do mundo. Como descreve Beck, a metamorfose implica em uma transformação radical com o desaparecimento de velhas certezas da sociedade moderna e o surgimento de algo inteiramente novo. A teoria da metamorfose ultrapassa a teoria da sociedade de risco mundial e não trata dos efeitos colaterais negativos dos bens, mas dos efeitos colaterais positivos dos males, provenientes de um catastrofismo emancipatório e que produzem horizontes normativos de bens comuns e impelem para além da moldura nacional, em direção a uma visão cosmopolita, ensejando o cosmopolitismo metodológico. Cf. BECK, Ulrich. **A metamorfose do mundo:** novos conceitos para uma nova realidade. Tradução de Maria Luiza X. de A. Borges. Rio de Janeiro: Zahar, 2018, p. 15-37/94.

19. ECKERSLEY, Robyn. **Environmentalism and political theory:** toward an ecocentric approach. Albany: State University of New York Press, 1992, p. 179.

20. Sobre a possível influência dos valores ambientalistas em decisões judicias, pode-se citar a interessante interpretação cultural realizada por Cannon da maioria das decisões relacionadas a matérias ambientais da Suprema Corte estadunidense, em que o autor constatou em determinadas decisões um endosso a causa ambientalista, em outras, rejeições e, por fim, decisões em que as interpretações pró-ambientalistas foram observadas com ceticismo e preocupação. Cannon concluiu existir certa estranheza por parte da Corte, derivada de casos que envolvessem a proteção do ambiente sem estar diretamente relacionados à saúde ou ao bem-estar humano e de uma visão da causa ambiental como estrangeira aos valores culturais entre os julgadores. Também, Cannon considerou um reflexo da cultura dominante nas hesitações da Corte em decisões sobre o ambiente. O autor ainda sugeriu dois novos elementos ao movimento ambientalista, o primeiro sendo a troca do ecocentrismo por um conceito de bem-estar humano dependente da harmonia com o ambiente e o segundo voltado para um alívio da pauta do movimento por uma rígida regulação do comportamento de empresas e indivíduos, dando-se atenção igualmente aos mecanismos de mercado. Cf. CANNON, Jonathan Z. Environmentalism and the Supreme Court: a cultural analysis. **Ecology Law Quarterly**, v. 33, p. 363-440, 2006, 432-440.

Embora o conhecimento produzido que se canaliza nas diversas e atuais correntes ambientalistas tenha representado os acontecimentos sociais das últimas décadas, não se pode concluir que tenha sido a partir de uma ou outra corrente que se definiu o conteúdo normativo de regulamentação ambiental presente na esfera internacional ou nacional. Os variados discursos de sustentabilidade que formam a pluralidade e indefinição de seu conteúdo exemplificam isso, sendo por esse motivo que Bosselmann afirma ser a sustentabilidade essencialmente um discurso ético.[21]

Neste sentido, é importante que ao se dispor sobre questões de políticas para o ambiente seja considerado um instrumental interdisciplinar, que abranja a ciência jurídica, as ciências econômicas e sociais, as ciências naturais e as disciplinas técnicas, propiciando analisar, inclusive, efeitos futuros.[22] Daí a necessidade de conciliar diversas doutrinas razoáveis em um cenário de diversidade de doutrinas religiosas, filosóficas e morais que podem dar sustentação a uma sociedade democrática justa e estável.[23]

Variados são os movimentos ambientais que surgiram no século passado, despontando em discursos históricos, éticos, políticos, sociais e econômicos, retratando as questões enfrentadas pela sociedade que demandava por respostas. Entre a concepção de problemas e o processo de redescobrimento de vertentes voltadas para a sustentabilidade ambiental, deparou-se com o processo de crescimento econômico e com o desenvolvimento social, principalmente de países mais pobres, o que levou a necessidade de uma busca conjunta entre os países por soluções a nível global.

2.1.2 O direito internacional ambiental

No cenário internacional, por meio de regulações convencionadas entre diversos países, gradualmente foi se determinando dispositivos de direito ambiental e a consagração do que seria um direito humano ao ambiente. Com influência das diversas correntes de pensamento direcionadas para a

21. BOSSELMANN, Klaus. **O princípio da sustentabilidade:** transformando direito e governança.Tradução de Phillip Gil França. São Paulo: Editora Revista dos Tribunais, 2015, p. 25.

22. KLOEPFER, Michael. A caminho do Estado Ambiental? A transformação do sistema político e econômico da República Federal da Alemanha através da proteção ambiental especialmente desde a perspectiva da ciência jurídica. In: SARLET, Ingo Wolfgang (Org.) **Estado socioambiental e direitos fundamentais.** Porto Alegre: Livraria do Advogado Editora, 2010, p. 71-72.

23. RAWLS, John. **O liberalismo político.** Tradução de Álvaro de Vita. São Paulo: Martins Fontes, 2011, p. 11. Em sua teoria, Rawls esclarece que doutrinas morais abrangentes necessitariam ser dotadas de um conteúdo razoável para adquirirem a consistência da razão pública. Cf. RAWLS, John. **O liberalismo político.** Tradução de Álvaro de Vita. São Paulo: Martins Fontes, 2011, p. 70.

importância da proteção ambiental, passou-se a considerar, em nível mundial, soluções para os cada vez mais iminentes problemas ambientais.

Tanto na contribuição para a afirmação de um direito humano ao ambiente como na regulação de atividades potencialmente lesivas à natureza, o direito internacional se revelou como de essencial importância para a manutenção de um ambiente sadio e equilibrado.

Caracterizando os Estados como principais sujeitos do direito internacional, é possível extrair a importância do direito internacional público na proteção das relações entre os Estados nas mais diversas questões, bem como na regulação das operações de instituições.[24] Como um corpo de normas vinculativas governando as relações entre Estados, o direito internacional reconhece a divisão da humanidade em quase duzentas unidades legais e políticas, onde cada uma possui seu território, população, economia e governo.[25]

Para além da ótica de um direito internacional considerado clássico, focado em preceitos normativos para Estados em relações mútuas, Cretella Neto expõe a importância de um direito internacional contemporâneo por meio da proteção do indivíduo no que ficou reconhecido pelo nome de direito internacional dos direitos humanos.[26] No entendimento de Cançado Trindade, as raízes desta proteção internacional dos direitos humanos remontam aos movimentos sociais e políticos, correntes filosóficas e diferentes doutrinas jurídicas, que se firmaram ao longo dos séculos em diferentes regiões do mundo.[27] Com a consagração de direitos humanos no plano normativo internacional, a proteção dos indivíduos regulamentada entre Estados assume importância central, como demonstra a imprescindibilidade da proteção ambiental a ser realizada em nível mundial.

Seria equivocado, portanto, conceber o direito internacional apenas como um mecanismo regulatório de relações entre Estados, uma vez que em função de prevenir abusos contra seres humanos, o sistema internacional desenvolveu diversos instrumentos de proteção dos direitos dos indivíduos, inclusive um direito a um ambiente decente.[28]

24. SHAW, Malcolm N. **International law.** 5 ed. Cambridge: Cambridge University Press, 2003, p. 1-2.

25. KISS, Alexandre; SHELTON, Dinah. **Guide to international environmental law.** Leiden; Boston: Martinus Nijohff Publishers, 2007, p. 1-2.

26. CRETELLA NETO, José. **Curso de direito internacional do meio ambiente.** São Paulo: Saraiva, 2012, p. 655-656.

27. TRINDADE, Antônio Augusto Cançado. **Tratado de Direito Internacional dos Direitos Humanos.**1 v. 2 ed. Porto Alegre: Sergio Antonio Fabris Editor, 1997, p. 33.

28. LOUKA, Elli. **International Environmental Law:** Fairness, Effectiveness, and World Order. Cambridge: Cambridge University Press, 2006, p. 6.

Contudo, é preciso diferenciar os diversos contextos de fundamento e justificação dos direitos humanos dispostos a nível internacional, questão que não é diferente no âmbito de um direito humano ao ambiente que depende de uma necessária interpretação que separe o conteúdo político do conteúdo jurídico afeito aos assuntos ambientais. Sobre isso, Shaw alerta que o direito internacional não pode ser confundido com uma moralidade internacional, ainda que ocorram pontos de contato em algumas ocasiões.[29]

Nesse sentido, ao considerar o discurso dos direitos humanos, Molinaro expõe duas aproximações, a primeira pautada em direitos humanos como compostos normativos (internacional e nacional) e, a segunda, em um estado de consciência plural abrigado na ética, com as duas aproximações se resolvendo por um projeto existencial, implicando em uma decisão política de poder. Disso se depreende a estrutura de direitos humanos como sendo direitos positivos, expressos em princípios e regras jurídicas, ainda que precedidos de princípios de distintas ordens normativas.[30]

Embora possa ser dito que a relação entre os direitos humanos e a regulação ambiental internacional encontrou um desenvolvimento cauteloso[31], percebe-se uma construção no direito internacional do que seria um direito humano ao ambiente. É o que se interpreta ao longo das normas internacionalmente concebidas que conferem métodos de regulação tanto entre direitos estatais de soberania quanto às questões próprias ambientais.

É certo que acordos internacionais tenham sido realizados com a finalidade de lidar com, por exemplo, a poluição do ar ou da água, mesmo antes do século XIX[32]. Contudo, a emergência de uma nova preocupação ambiental internacional se materializou por meio da Conferência de Estocolmo de 1972, que fixou o marco inicial da preocupação ecológica após a segunda guerra mundial. A defesa da sobrevivência do ser humano em um ambiente equilibrado está presente já no primeiro princípio, com a proclamação do direito do homem à liberdade, equidade e a adequadas condições de vida em um ambiente que permita a vida com dignidade e bem-estar.[33] Sublinhe-se que, dentre os princípios da conferência, consta no princípio

29. SHAW, Malcolm N. **International law.** 5 ed. Cambridge: Cambridge University Press, 2003, p. 2.

30. MOLINARO, C. A. Dignidade, direitos humanos e fundamentais: uma nova tecnologia disruptiva. **Revista de Bioética y Derecho**, n. 39, p. 103-119, 2017, p. 105.

31. SHAW, Malcolm N. **International law.** 5 ed. Cambridge: Cambridge University Press, 2003, p. 757.

32. KISS, Alexandre; SHELTON, Dinah. **Guide to international environmental law.** Leiden; Boston: Martinus Nijohff Publishers, 2007, p. 32.

33. ONU. Declaration of the United Nations Conference on the Human Environment. Stockholm, 1972. Disponível em: <http://www.un-documents.net/aconf48-14r1.pdf>. Acesso em: 29 out 2017.

21 o resguardo de que os Estados possuem a soberania de explorar os seus recursos de acordo com suas políticas ambientais, sem que se eximam de responsabilização em caso de danos ambientais.[34]

Posteriormente, a criação da Comissão Mundial sobre Meio Ambiente e Desenvolvimento em 1983, tendo como presidente Gro Harlem Brundtland[35], levou, após vários anos, à confecção do Relatório Brundtland, denominado Nosso Futuro Comum (*Our Common Future)*, finalizado oficialmente em 1987, no qual foram abordados os principais problemas ambientais, enfatizando as consequências sofridas pelos mais pobres em circunstância de catástrofes ambientais por meio do conceito de desenvolvimento sustentável.[36]

A Conferência das Nações Unidas sobre o Meio Ambiente e Desenvolvimento[37] realizado no Rio de Janeiro em 1992, propôs uma conciliação entre o direito do homem a um ambiente ecologicamente equilibrado e o desenvolvimento, definindo o ser humano como o centro das preocupações pelo desenvolvimento sustentável, tendo o direito a uma vida saudável e produtiva em harmonia com a natureza. Um dos resultados desta conferência é o plano de ação conhecido como Agenda 21 com a finalidade de servir como instrumento de planejamento para os Estados.

Mesmo que a presença da concepção do desenvolvimento sustentável na pauta internacional de assuntos de maior interesse da contemporaneidade e nas políticas estatais de proteção ambiental esteja arraigada no conteúdo da Conferência das Nações Unidas sobre o Meio Ambiente Humano de 1972, no Relatório Brundtland e na Conferência das Nações Unidas sobre o Meio Ambiente e o Desenvolvimento de 1992, é possível citar, ainda, a Cúpula Mundial sobre Desenvolvimento Sustentável de 2002[38] (Rio+10),

34. Para Soares, junto da Conferência das Nações Unidas sobre Meio Ambiente e Desenvolvimento de 1992, que será logo adiante vista, a Conferência de Estocolmo representa a consagração do direito internacional do ambiente. Cf. SOARES, Guido Fernando Silva. **Curso de direito internacional público.** São Paulo: Atlas, 2002. v.1. p. 409.

35. SILVA, Geraldo Eulálio do Nascimento e. **Direito ambiental internacional: meio-ambiente, desenvolvimento sustentável e os desafios da nova ordem mundial: uma reconstituição da Conferência do Rio de Janeiro sobre o Meio-Ambiente e Desenvolvimento.** Rio de Janeiro: Thex Ed.: Biblioteca Estácio de Sá, 1995, p. 32.

36. ONU. Report of the World Commission on Environment and Development: Our Common Future. Oslo, 1987. Disponível em: <http://www.un-documents.net/our-common-future.pdf>. Acesso em 03 nov 2017.

37. ONU. Rio Declaration on Environment and Development. Rio de Janeiro, 1992. Disponível em: <http://www.un-documents.net/rio-dec.htm>. Acesso em: 03 nov 2017.

38. ONU. Report of the World Summit on Sustainable Development. Johannesburg, 2002. Disponível em: <http://www.un.org/ga/search/view_doc.asp?symbol=A/CONF.199/20&Lang=E>. Acesso em 03 nov 2017.

que propôs uma revisão dos progressos havidos anteriormente, fornecendo uma oportunidade de fortalecer os compromissos globais.

Houve, também, a Conferência das Nações Unidas sobre o Desenvolvimento Sustentável[39] (Rio+20) de 2012, da qual resultou o documento político *The Future We Want.* A conferência Rio+20 foi observada como a perda de uma oportunidade para proteger o planeta e construir instituições estáveis com a finalidade de garantir a transição segura e a coevolução de sistemas naturais e sociais em uma escala planetária.[40] Por outro lado, em uma análise dos resultados da conferência, apesar de Pattberg e Mert mencionarem que, mesmo com as grandes esperanças de uma reforma da agenda institucional e da adoção de uma economia verde, a conferência produziu um documento final que reafirmou antigos compromissos sem responder novos desafios, os autores também concluem que esse desapontamento derivaria de expectativas que não compreenderiam a natureza e o propósito dessas conferências internacionais, as quais teriam caráter simbólico e enfocariam em como os resultados destas cúpulas podem ser utilizados para reavivar a governança global em benefício da sustentabilidade.[41]

Mais recentemente, idealizados ainda em 2012 pelo Rio+20, surgiram os Objetivos de Desenvolvimento Sustentável (ODS), versando sobre 17 objetivos e 169 metas e contendo diversas matérias.[42] Dentre os objetivos, conforme será visto no tópico 3.2.2, alguns têm diretas implicações na proteção da cobertura florestal, como se observa no objetivo 3 sobre a garantia de uma vida saudável com bem-estar, no objetivo 12 a respeito do consumo e produção sustentáveis, no objetivo 13 em relação ao combate às mudanças climáticas e seus impactos e, especialmente, no objetivo 15, voltado à proteção, restauração e promoção do uso sustentável de ecossistemas terrestres, do manejo

---

39. ONU. The Future We Want. Rio de Janeiro, 2012. Disponível em: <http://www.un.org/ga/search/view_doc.asp?symbol=A/RES/66/288&Lang=E>. Acesso em 03 nov 2017.

40. BIERMANN, Frank. Curtain down and Nothing Settled: Global Sustainability Governance after the "Rio+20" Earth Summit. **Environment and Planning C: Government and Policy**, v. 31, n. 6, p. 1099–1114, 2013, p. 1111.

41. PATTBERG, Phillip; MERT, Aysem. The Future We Get Might Not Be the Future We Want: Analyzing the Rio+20 Outcomes. **Global Policy**, v. 4, p. 305-310, 2013, p. 305. De se observar que um dos resultados positivos que se pode destacar do documento final do Rio+20 é o acordo em estabelecer um processo intergovernamental inclusivo e transparente sobre os objetivos do desenvolvimento sustentável, como se verifica no parágrafo 248 do intitulado *The Future We Want*, o que veio a originar os Objetivos de Desenvolvimento Sustentável.

42. ONU. Transforming our world: the 2030 Agenda for Sustainable Development. New York, 2015. Disponível em: <http://www.un.org/ga/search/view_doc.asp?symbol=A/RES/70/1&Lang=E>. Acesso em 03 nov 2017.

sustentável de florestas, do combate a desertificação, inclusive bloqueando e revertendo a degradação dos solos e travando a perda de biodiversidade.

Há, também, o acordo internacional sobre o clima realizado em 2015 na Conferência das Nações Unidas sobre Mudança Climática.[43] O Acordo de Paris, como ficou conhecido, contou com uma combinação de normas de *hard* e *soft law*, em que as normas de *hard law* criariam obrigações sobre elementos em que menor divergência havia entre os países desenvolvidos e os países em desenvolvimento, enquanto que a camada de *soft law* em relação às contribuições nacionais e revisões forneceu a flexibilidade necessária para minimizar as barreiras de participação de um maior número de países.[44] Com isso, o acordo coloca em evidência a concordância de todas as partes em lutar contra as mudanças climáticas, ao mesmo tempo em que favorece um largo espaço de discrição para as partes, reconhecendo as diferenças entre os direitos e obrigações de países desenvolvidos e em desenvolvimento.[45]

No âmbito regional, o direito humano a um ambiente equilibrado está presente na Carta Africana dos Direitos Humanos e dos Povos[46] e no Protocolo Adicional à Convenção Americana sobre Direitos Humanos em Matéria de Direitos Econômicos, Sociais e Culturais (Protocolo de São Salvador)[47]. A

43. UNFCCC. Report of the Conference of the Parties on its twenty-first session, held in Paris from 30 November to 13 December 2015 - Part two: Action taken by the Conference of the Parties at its twenty-first session. Paris, 2016. Disponível em: <http://unfccc.int/resource/docs/2015/cop21/eng/10a01.pdf>. Acesso em 03 nov 2017.

44. PICKERING, J.; MCGEE, Jeffrey S.; KARLSSON-VINKHUYZEN, Sylvia I.; WENTA, Joseph. Global climate governance between hard and soft law: can the Paris Agreement's 'Crème Brûlèe' approach enhance ecological reflexivity? **Journal of Environmental Law,** v. 31, p. 1-28, 2019, p. 26. Sobre o tema, Rajamani entende constar no Acordo de Paris um calibrado conjunto de *hard* e *soft law*, além de disposições não obrigatórias, que se revelou crucial para a concordância dos Estados partes, cf. RAJAMANI, Lavanya. The 2015 Paris Agreement: interplay between hard, soft and non-obligations. **Journal of Environmental Law,** v. 28, p. 337-358, 2016, p. 358.

45. VOIGT, Christina; FERREIRA, Felipe. Differentiation in the Paris Agreement. **Climate Law**, Leiden, v. 6, p. 58-74, 2016, p. 73-74.

46. OAU. African (Banjul) Charter on Human and Peoples' Rights. Nairobi, 1981. Disponível em: < https://www.achpr.org/legalinstruments/detail?id=49>. Acesso em: 13 dez 2019.

47. OEA. Protocolo Adicional à Convenção Americana sobre Direitos Humanos em Matéria de Direitos Econômicos, Sociais e Culturais. San Salvador, 1988. Disponível em: <http://www.cidh.org/Basicos/Portugues/e.Protocolo_de_San_Salvador.htm>. Acesso em: 03 nov 2017. É relevante ter em conta que por força do artigo 19, (6), do Protocolo de San Salvador, não haveria possibilidade de que violações ao direito humano ambiental sejam objeto do sistema de petições individuais regulados pelos artigos 44 a 51 e 61 a 69 da Convenção Americana sobre Direitos Humanos. Nada obstante, como pontua Resende, existe a possibilidade de que, considerando a indivisibilidade e interdependência dos direitos humanos, a proteção ambiental seja abordada pela Comissão Interamericana de Direitos Humanos e pela Corte Interamericana de Direitos Humanos de forma reflexa ou indireta nos casos relativos a violações de direitos civis e políticos ou demais direitos que forem resguardados por meio da Convenção Americana de Direitos Humanos e do Protocolo de San Salvador, cf. RESENDE, Augusto César Leite de. **A tutela jurisdicional do direito humano ao meio ambiente sadio perante a corte interamericana de direitos humanos.**

Carta de Direitos Fundamentais da União Europeia, por sua vez, reconhece a importância de que um alto nível de proteção ambiental e aumento da qualidade do ambiente devem ser integrados às políticas da União e garantidos em concordância com os princípios do desenvolvimento sustentável.[48]

Além disso, em 2018 foi firmado o Acordo Regional sobre Acesso à Informação, Participação Pública e Acesso à Justiça em Assuntos Ambientais na América Latina e no Caribe[49], conhecido como Acordo de Escazú, pelos representantes dos Estados membros da Comissão Econômica das Nações Unidas para a América Latina e o Caribe. Ainda não ratificado pelo Brasil, o acordo está voltado à efetiva implementação dos direitos

---

Belo Horizonte: Fórum, 2015, p. 145. No mesmo sentido, posicionam-se Mazzuoli e Teixeira, cf. MAZZUOLI, Valério de Oliveira; TEIXEIRA, Gustavo de Faria Moreira. O direito internacional do meio ambiente e o *greening* da Convenção Americana sobre Direitos Humanos. **Revista Direito GV**, São Paulo, v. 9, n. 1, p. 199-242, jan./jun. 2013, p. 211. No entanto, no âmbito de atribuições consultivas da Corte Interamericana de Direitos Humanos, com a possibilidade de interpretação do conteúdo da Convenção Americana e demais disposições de tratados de proteção de direitos humanos relacionados aos Estados americanos, vale mencionar uma mudança de entendimento da Corte adiantada pela Opinião Consultiva 23/2017. Embora na opinião tenha havido a consideração de uma inegável relação entre a proteção do ambiente e a realização de outros direitos humanos, com o reconhecimento da obrigação dos Estados em prevenir danos ambientais significativos em atenção aos direitos à vida e à integridade pessoal assegurados pela Convenção Americana de Direitos Humanos, entendeu-se no parágrafo 57 que o direito humano ao ambiente estaria incluído nos âmbito dos direitos econômicos, sociais e culturais protegidos no âmbito do artigo 26 da Convenção Americana, abrindo-se margem para uma justiciabilidade direta deste direito, isto é, não mais se carecendo de sua alegação pela via reflexa ou indireta. Cf. CORTE Interamericana de Derechos Humanos. Opinión consultiva OC-23/17, de 15 de noviembre de 2017. Medio ambiente y derechos humanos. P. 97. Disponível em: <http://www.corteidh.or.cr/docs/opiniones/seriea_23_esp.pdf>. Acesso em 09 abr 2020. De se referir que a Opinião Consultiva faz menção à decisão da Corte proferida poucos meses antes no âmbito do caso Lagos del Campo vs. Peru, ocasião em que a Corte declarou a responsabilidade do Estado pela violação ao direito à estabilidade laboral, com base no artigo 26 da Convenção Americana, decisão que oportunizou o entendimento pela justiciabilidade direta dos direitos previstos no artigo 26 da Convenção Americana. Cf. CORTE Interamericana de Derechos Humanos. Lagos del Campo vs. Perú, de 31 de agosto de 2017. Disponível em: <http://www.corteidh.or.cr/docs/casos/articulos/seriec_340_esp.pdf>. Acesso em 31 jul 2020. Por fim, a proteção do direito humano ao ambiente por meio do artigo 26 da Convenção Americana foi afirmada no caso Lhaka Honhat vs. Argentina, julgado em 2020, deixando patente a inclinação favorável da Corte quanto ao reconhecimento da justiciabilidade direta dos direitos previstos no artigo 26 da Convenção Americana, como antecipado na Opinião Consultiva 23/2017. Cf. CORTE Interamericana de Derechos Humanos. Comunidades indígenas miembros de la Asociación Lhaka Honhat (Nuestra Terra) vs. Argentina, de 06 de febrero de 2020. Disponível em: <http://www.corteidh.or.cr/docs/casos/articulos/seriec_400_esp.pdf>. Acesso em 31 jul 2020. Ainda, quanto às opiniões consultivas da Corte, de se registrar que servem como instrumentos, com menor grau de confronto, de contribuição para a emergência dos direitos humanos internacionais, agregando uniformidade e consistência na interpretação da Convenção Americana e demais tratados de direitos humanos, além de fornecer expressão judicial aos princípios jurídicos analisados. Cf. PASQUALLI, Jo M. **The practice and procedure of the Inter-American Court of Human Rights.** 2 ed. Cambridge: Cambridge University Press, 2013, p. 80.

48. UE. Charter of Fundamental Rights of the European Union. 2000. Disponível em: <http://www.europarl.europa.eu/charter/pdf/text_en.pdf>. Acesso em 03 nov 2017.

49. UNITED NATIONS. Regional Agreement on Access to Information, Public Participation and Justice in Environmental Matters in Latin America and the Caribbean. Escazú, 2018. Disponível em: <https://repositorio.cepal.org/bitstream/handle/11362/43583/1/S1800428_en.pdf>. Acesso em 11 abr 2020.

ambientais de acesso à informação, participação pública e acesso à justiça, com relevante inovação pela previsão expressa não somente de um direito a um ambiente sadio, mas também de um direito ao desenvolvimento sustentável.[50]

A multiplicidade de instrumentos internacionais, universais e regionais, gerais e especializados, sobre direitos humanos tem o propósito de ampliar a proteção das vítimas.[51] Nos casos mencionados, seja pela proteção ambiental dotada de caráter de direito humano, seja pela regulação de práticas ambientais, até mesmo como obrigações estatais, evidencia-se a relevância do ambiente na agenda política internacional. O que é justificável, considerando que vários fenômenos biológicos ou físicos localizados dentro de um espaço geográfico submetido à soberania de um Estado exige uma normatização internacional, devido a unicidade que se estende sobre a geografia política de outros países e porque os fenômenos passíveis de regulação somente o serão mediante a intervenção de normas internacionais.[52]

É preciso ressaltar, porém, que muitas disposições de direito internacional relacionadas ao ambiente podem ser classificadas como *soft law*. Essa característica, segundo Cretella Neto, não equivale a atos jurídicos acabados, como um tratado, ou à consolidação definitiva de um costume, apesar de representarem avanços de entendimento e possuírem validade moral[53], em que pese seja questionável a extensão e aplicabilidade de uma validade

50. As significantes inovações que constam nos termos do Acordo de Escazú são descritas por Stec e Jendroska, dentre elas é possível destacar a especificação de princípios diretrizes, a proteção aos defensores dos direitos humanos e as normas relacionadas às pessoas ou grupos que enfrentem situações de vulnerabilidade. STEC, Stephen; JENDROSKA, Jerzy. The Escazú Agreement and the Regional Approach to Rio Principle 10: process, innovation, and shortcomings. **Journal of Environmental Law**, n. 31, p. 533-545, 2019, p. 537. O Acordo de Escazú foi o segundo acordo regional firmado com o objetivo de implementar o princípio 10 da Declaração do Rio, após a Convenção da Comissão Econômica para a Europa das Nações Unidas sobre Acesso à Informação, Participação do Público no Processo de Tomada de Decisão e Acesso à Justiça em Matéria de Ambiente, conhecida como Convenção de Aarhus, ser adotada em 1998. Porém, embora os acordos regionais realizados tivessem o mesmo objetivo de implementar o princípio 10 da Declaração do Rio, eles contém relevantes diferenças de forma a atender as prioridades sócio-políticas, culturais e normativas das regiões a que se destinam. Demonstra isso o estudo realizado por Barritt, ao examinar como as formas de expressão regional se originam de valores globais e o motivo das diferenças entre os dois acordos mencionados, cf. BARRIT, Emily. Global values transnational values: from Aarhus to Escazú. **Transnational Law Institute Think!**, paper 11/2019, p. 18. Disponível em: <https://ssrn.com/abstract=3371093>. Acesso em 11 abr 2020.

51. TRINDADE, Antônio Augusto Cançado. **Tratado de Direito Internacional dos Direitos Humanos.** 3 v. Porto Alegre: Sergio Antonio Fabris Editor, 2003.

52. SOARES, Guido Fernando Silva. **Curso de direito internacional público.** São Paulo: Atlas, 2002. v. 1. p. 407-408.

53. CRETELLA NETO, José. **Curso de direito internacional do meio ambiente.** São Paulo: Saraiva, 2012, p. 260.

moral[54]. Em suma, as regras não vinculativas associadas ao termo *soft law* possuem a flexibilidade necessária para que a comunidade internacional aborde problemas requerendo cooperação internacional, sendo que, apesar de criticadas, podem alcançar um elevado grau de observância.[55]

Reside neste contexto uma inevitável consideração da problemática que ronda a aplicação dos objetivos de regras e princípios internacionais caracterizados como *soft law*, principalmente em se tratando da implementação de responsabilidades com as futuras gerações que demandem a transformação de perspectivas de curto para longo prazo, com o ajuste de instituições, incentivos econômicos, instrumentos legais, consciência pública e vontade política.[56] Deste modo, como entende Soares, por se situar entre a política internacional e o direito internacional e estar em campo nebuloso, carecendo de uma tipificação de seus fenômenos, o *soft law* necessitaria de conceituação formalizada, com segurança científica, a fim de que seja previsto como fonte do direito internacional, mesmo que seus elementos apresentem características clássicas correspondentes a uma fonte do direito internacional.[57]

Apesar disso, ao explicar que como fontes do direito internacional, os tratados, as normas consuetudinárias e os princípios gerais são classificados como *hard law*, em contraste com outras variedades de normas denominadas de *soft law* por não se classificarem como normas legais, incluídos neste grupo as resoluções de organizações internacionais, as declarações de conferências

54. Para Soares, há uma obrigação moral dos Estados representada pela *soft law* que implicaria em obrigações imperfeitas, apesar de dotadas de alguma normatividade, com a dupla finalidade de fixar metas para futuras ações políticas nas relações internacionais e recomendarem aos Estados uma adequação do ordenamento interno aos comandos internacionais presentes na *soft law*. Cf. SOARES, Guido Fernando Silva. **A proteção internacional do meio ambiente.** Barueri: Manole, 2003, p. 92.

55. KISS, Alexandre; SHELTON, Dinah. **Guide to international environmental law.** Leiden; Boston: Martinus Nijohff Publishers, 2007, p. 10-11. Ainda, segundo estudo publicado com a autoria de Shelton apenas, apesar de ser observado como instrumento não vinculativo, o *soft law* possui um essencial e crescente papel nas relações internacionais e no desenvolvimento do direito internacional, o que pode ser mencionado a partir de uma relação mútua entre o *soft law* e o *hard law*, podendo ser efetivo e oferecer flexibilidade e eficiência para encontrar respostas para problemas comuns. Cf. SHELTON, Dinah L., Soft Law. Handbook of International Law, Routledge Press, 2008; GWU Legal Studies Research Paper No. 322; GWU Law School Public Law Research Paper No. 322. Available at SSRN: https://ssrn.com/abstract=1003387. P. 7-9/21. Sobre este aspecto, Soares caracteriza as normas de *soft law* como tendo um baixo grau de normatividade e um maior grau de flexibilidade e associa seu surgimento às necessidades de agentes da política internacionais voltados à resolução de novas questões de modo rápido, adequado e eficiente e, consequentemente, sem maiores preocupações com a roupagem jurídica de suas decisões. SOARES, Guido Fernando Silva. **Curso de direito internacional público.** São Paulo: Atlas, 2002. v. 1. p. 136-138.

56. WEISS, E. B. In fairness to future generations and sustainable development. **American University International Law Review,** v. 8, n. 1, p. 19-26, 1992, p. 26.

57. SOARES, Guido Fernando Silva. **Curso de direito internacional público.** São Paulo: Atlas, 2002. v. 1. p. 139-140.

e os códigos de conduta de negócios[58], Bodansky ressalta a existência da premissa de que o status legal de algumas prescrições normativas importa por se assentar na ideia de sua superioridade em relação às normas não-legais (*non-legal norms*), baseando-se a premissa no argumento de que as normas classificadas como *hard law* seriam executáveis principalmente por mecanismos de sanções quando da ocorrência de violações. Porém, conforme Bodansky, há nessa ideia algum grau de equívoco, pois no direito internacional em geral faltam esses mecanismos de sanção para punir a violação das normas legais, com a exceção de casos em que a violação de tratados internacionais violem a paz e a segurança, momento no qual o Conselho de Segurança é chamado a agir.[59]

Independentemente de se tratar de uma norma legal em sua natureza, o sistema internacional também carece de um sistema geral de resolução de litígios que tenha jurisdição sobre normas legais e, com isso, não é a possibilidade de execução de normas mediante sanções que fazem com que elas sejam classificadas como *hard law*, mas sim o ponto de vista interno dos atores que estão incluídos na comunidade.[60] O mero fato da existência de sistemas de *compliance* com normas legais não significa dizer que elas sempre serão cumpridas. A despeito disso, é possível afirmar que um senso de obrigação legal contribui para que as normas influenciem comportamentos.[61] Portanto, conforme Bodansky, o status legal de normas faz diferença não simplesmente por causa um sistema de resolução de litígios, mas porque os atores internacionais relevantes pensam que isso faz diferença, observando como mais obrigatórias as normas legais do que as não-legais (*non-legal*).[62]

58. BODANSKY, Daniel. **The art and craft of International Environmental Law.** Cambridge: Harvard University Press, 2010, p. 99. Observe-se, ainda, a divisão do *soft law* em duas categorias realizada por Shelton, em que a primeira consiste nos textos normativos não adotados em tratados e que são endereçados à comunidade internacional como um todo ou para o conjunto de membros de uma instituição ou organização, enquanto a segunda categoria inclui recomendações e comentários gerais de órgãos supervisores internacionais, a jurisprudência das cortes e comissões, as decisões de relatores ou outros designados e as resoluções de órgãos políticos de organizações internacionais que aplicam as normas da primeira categoria. SHELTON, Dinah L., Soft Law. HANDBOOK OF INTERNATIONAL LAW, Routledge Press, 2008; GWU Legal Studies Research Paper No. 322; GWU Law School Public Law Research Paper No. 322. Available at SSRN: https://ssrn.com/abstract=1003387. P. 4-5.

59. BODANSKY, Daniel. **The art and craft of International Environmental Law.** Cambridge: Harvard University Press, 2010, p. 100.

60. Ibidem, p. 101.

61. Ibidem, p. 102.

62. Ibidem, p. 106-107. Para Bodansky, a diferença entre *hard* e *soft law* representa apenas uma das dimensões em que as normas internacionais podem variar. Segundo o autor, não se trata nem mesmo da mais importante diferença entre as normas internacionais. Outras diferenças entre as normas internacionais podem ser o propósito de criação, a natureza consensual, a qualidade mandatória, a precisão e os me-

Ao considerar a problemática que decorre das diversas normas presentes no direito internacional e suas diferentes classificações, além de suas relações com normas domésticas que, não poucas vezes, apresentam-se contrárias às disposições internacionais, não deixa de ser interessante a perspectiva de Bosselmann ao mencionar a ideia de um constitucionalismo global ambiental como ferramenta para facilitar a correlação entre o direito internacional e o direito interno de cada país.[63] De modo semelhante, Yang e Percival compreendem que o conjunto de princípios substantivos, ferramentas e conceitos derivados de elementos de direito ambiental nacional e internacional levam a um direito ambiental global.[64] E, na perspectiva de direitos globais em geral, pode-se mencionar o modelo de direitos constitucionais proposto por Möller, então observado como global devido ao seu caráter distribuído em dois fatores: (a) não ser limitado por certos países ou regiões e (b) possuir maior apelo em uma escala global do que outro modelo rival.[65] Conforme Möller, tal modelo representaria uma prática desenvolvida como um conjunto de doutrinas gerais e abstratas.[66]

Em contrário, porém, despontam posicionamentos críticos à perspectiva de um direito global em geral, inclusive mediante uma Constituição compartilhada entre países. É o caso de Grimm, que assume uma postura crítica em relação a esse processo de constitucionalização a nível internacional, como pode ser analisado com base em suas conclusões sobre a União Europeia. Segundo o autor, a União Europeia pode ser objeto de uma constitucionalização mediante a desistência pelos Estados-membros do poder de determinarem por si as fundações legais da União Europeia, porém a questão não é somente sobre a possibilidade, mas se seria isso desejável, principalmente considerando se haveria um ganho substantivo na democracia, ou se o princípio democrático seria melhor implementado com

canismos de implementação. Cf. BODANSKY, Daniel. **The art and craft of International Environmental Law.** Cambridge: Harvard University Press, 2010, p. 102-106.

63. BOSSELMANN, K. Global environmental constitutionalism: mapping the terrain. **Widener Law Review**, v. 21, n. 2, p. 171-185, 2015, p. 171-173.

64. YANG, T; PERCIVAL, R. V. The emergence of global environmental law. **Ecology Law Quarterly**, v. 36, n. 3, p. 615-664, 2009, p. 664.

65. MÖLLER, Kai. **The Global Model of Constitutional Rights.** Oxford: Oxford University Press, 2012, p. 15. Möller entende ser possível construir uma teoria de direitos constitucionais que seja moralmente coerente. Segundo o autor, um modelo global de direitos constitucionais estaria firmado sobre um aumento no número de direitos, em obrigações positivas e direitos socioeconômicos, na eficácia horizontal e nas utilizações do balanceamento e da proporcionalidade. Cf. MÖLLER, Kai. **The Global Model of Constitutional Rights.** Oxford: Oxford University Press, 2012, p. 2.

66. Ibidem, p. 209.

isso.[67] Ocorre que, conforme Grimm, não haveria Constituição no plano internacional e transnacional capaz de cumprir com demandas até mesmo minimamente democráticas[68] e, portanto, o constitucionalismo não poderia ser reconstruído no plano internacional ou transnacional.[69] Como conclui o autor, a internacionalização do poder público é um novo fenômeno que coloca novos desafios, de modo que não podem ser resolvidos por um modelo desenvolvido para objetos diferentes, devendo-se buscar por soluções voltadas à nova situação.[70]

Outro posicionamento crítico pode ser extraído do entendimento de Scharpf no âmbito da União Europeia, ao analisar que uma integração econômica e política irrestrita seria perigosa diante da possibilidade de enfraquecimento da legitimação política dos Estados-membros e do risco de que os Estados percam a faculdade de cumprir apenas voluntariamente com as normas da União Europeia nos casos de violação de interesses nacionais.[71]

---

67. GRIMM, Dieter. **Constitutionalism:** Past, Present and Future. Oxford: Oxford University Press, 2016, p. 372.

68. Ibidem, p. 375.

69. Ibidem, p. 376. O processo em que a autoridade normativa é retirada do Estado e transferida a um titular não estatal foi chamado por Grimm de desnacionalização. Relevante considerar que ao analisar a possibilidade de que a Constituição seja transferida ao plano internacional, Grimm aponta que nem todo processo de juridicização internacional pode ser considerada como constitucionalização, considerando que as Constituições apresentam formas especiais de juridicização que pressupõem a concentração de toda autoridade normativa dentro de um território e se distingue por um certo padrão de juridicização que compreende a origem democrática, a supremacia e a abrangência. Cf. GRIMM, Dieter. **Constitutionalism:** Past, Present and Future. Oxford: Oxford University Press, 2016, p. 323/328-329.

70. Idem. Para compreender a postura crítica de Grimm, não deixa de ser relevante tomar nota do entendimento do autor de modo mais aprofundado. Tendo como exemplo o caso da União Europeia, Grimm expõe que embora os membros da União Europeia retenham a liberdade de determinar sua própria Constituição, ou seja, não existam restrições externas ao poder constituinte, os tratados internacionais firmados assumem a posição de juridicização do poder público exercido pela União Europeia, com funções que em um nível estatal são realizadas pelas Constituições. A diferença entre os tratados e a Constituição residiria precisamente no caso de serem os Estados-membros e não os cidadãos da União Europeia a fonte do poder público e, por isso, os tratados não conteriam a função legitimatória que deriva do poder constituinte do povo no âmbito de um Estado. A fim de que os tratados internacionais sejam transformados em uma Constituição, os Estados membros deveriam renunciar ao seu poder de dispor sobre a base legal da União Europeia, transferindo essa competência a ela própria. Isso não significa dizer que uma Constituição Europeia teria atuação comparável às Constituições estatais, o que dependeria da possibilidade da União Europeia contar com a legitimidade e a solidariedade com que os Estados-nação sempre contaram. Apesar de déficits democráticos nos Estados-membros, ainda assim neles estão presentes certa densidade das estruturas civis-sociais, com efetivos mecanismos de mediação entre cidadãos e instituições, além de fluir uma comunicação entre o Estado e a sociedade no que concerne à legitimação e responsabilidade da Constituição, observando-se uma democracia material e não meramente formal. No caso da União Europeia, contudo, esses requisitos ou são fracamente desenvolvidos ou completamente ausentes. Cf. GRIMM, Dieter. **Constitutionalism:** Past, Present and Future. Oxford: Oxford University Press, 2016, p. 290-293.

71. SCHARPF, Fritz W. Reflections on multilevel legitimacy. MPIfG Working Paper 07/3. Köln: Max-Planck-Institut für Gesellschaftsforschung, 2007, p. 16.

Os perigos de um Estado global são apontados por Maus que em sua análise identifica três problemas, a começar pela ausência de critérios em uma eventual possibilidade de um monopólio global de violência com a finalidade de implementar homogeneamente direitos humanos e padrões democráticos dentro de um Estado-nação, como até mesmo já ocorre nas denominadas intervenções humanitárias. O segundo problema consistiria no esforço de adaptar o modelo democrático a uma complexa sociedade global. E, considerando a hipótese de uma reconstrução da democracia em um Estado mundial, o terceiro problema, observado como o mais difícil, consistiria na implementação do sistema em um heterogêneo mundo de Estados.[72] Por isso, de acordo com Maus, deveriam ser reforçados os mecanismos que os Estados-nação já possuem quando da extraterritorialidade da competência do direito, como no caso da proteção ambiental em todo o lugar suscetível de sofrer danos ambientais.[73]

Em conjunto com ideias favoráveis e contrárias a um constitucionalismo global ou a possibilidade da formação de um Estado federativo composto por países que integram o sistema global, acrescenta-se o ceticismo apresentado por Fischer-Lescano e Teubner. Para os autores, nem mesmo haveria possibilidade de uma unidade doutrinária e legal de um direito mundial, ausente qualquer autoridade possível de coordenar a fragmentação do direito no mundo, onde existem conflitos que são, em última análise, atribuíveis a diferenças de diversas racionalidades em uma sociedade global.[74] Tampouco seria possível aventar uma expectativa de lidar com essa fragmentação jurídica, considerando que ela deriva não do direito em si, mas dos contextos sociais, com o que se deveria buscar uma mera compatibilidade entre os fragmentos jurídicos.[75]

Ainda, ao ver na ideia de um governo global um sonho antigo e longe de realização, principalmente pelo fato de que as pessoas que vivem em diferentes partes do mundo possuem valores, interesses, lealdades e ideias diferentes sobre governança e essa heterogeneidade frustra a ideia de governança global de modo que a sua plausibilidade decaiu com o passar do

---

72. MAUS, Ingeborg. From Nation-State to Global State, or the Decline of Democracy. **Constellations,** v. 13, n. 4, p. 465-484, 2006, p. 473.

73. Ibidem, p. 481.

74. FISCHER-LESCANO, Andreas; TEUBNER, Gunther. Fragmentierung des Weltrechts: Vernetzung globaler Regimes statt etatistischer Rechtseinheit. In: ALBERT, Mathias; STICHWEH, Rudolf. **Weltstaat und Weltstaatlichkeit**: beochbatungen globaler politischer Strukturbildung. Wiesbaden: VS Verlag für Sozialwissenschaften, 2007, p. 51.

75. Ibidem, p. 53.

tempo[76], Posner volta-se contrariamente à teoria de um legalismo global, surgida com o espaço deixado pela ausência de plausibilidade e pelas falhas de um governo global, de uma integração econômica, de uma integração ideológica e de uma abordagem hegemônica para os problemas mundiais.[77] Nada obstante, ao observar o legalismo global como uma excessiva fé na eficácia do direito internacional[78], Posner concebe o direito internacional como um meio carecedor da capacidade de ser respeitado como o direito doméstico é em alguns países, justamente pelo fato de não estar amparado por meio de um governo global que goze do apoio da comunidade formada pelos países.[79]

Avaliando as inúmeras questões que permeiam a implantação de políticas ambientais nos planos jurídicos nacionais, mesmo que se defenda uma fase planetária de desenvolvimento civilizatório[80], é nítida a dificuldade de se alcançar um marco fixo para a aplicabilidade de princípios ambientais no cenário internacional. Em se tratando do desenvolvimento sustentável, que para Voigt demanda, em seu núcleo, a manutenção das condições ecológicas para a vida humana, com bem-estar e desenvolvimento, implicando na limitação das atividades dos Estados e levando em conta as necessidades das presentes e futuras gerações[81], torna-se evidente a problemática em equilibrar os conflitantes interesses sociais, econômicos e ambientais.[82]

---

76. POSNER, Eric A. **The Perils of Global Legalism.** Chicago: The University of Chicago Press, 2009, p. 9.

77. Ibidem, p. 26.

78. Ibidem, p. xii.

79. Ibidem, p. 39. É importante levar em conta que Posner possui uma perspectiva crítica aos direitos humanos. Para o autor, os direitos são na prática muito vagos e conflituosos para vincular Estados autoritários. E, mesmo que assim não fosse, haveriam poucas razões para crer que direitos específicos promoveriam o bem-estar de pessoas nos diversos ambientes de diferentes Estados autoritários, onde os interesses, valores e necessidades das populações não são passíveis de serem capturados em uma simples lista de direitos. Não é por outro motivo que Posner é cético quanto à possibilidade de implementação de uma Liga de Democracias, pois, conforme o autor, a institucionalização e promoção da ideia de que os Estados que violassem direitos humanos não teriam legitimidade somente contribuiria para a polarização internacional e desordem, de modo que não se realizaria o objetivo utópico de existirem Estados pacíficos respeitadores de direitos humanos. Cf. POSNER, Eric A. **The Twilight of Human Rights Law.** Oxford: Oxford University Press, 2014, p. 121/136.

80. ROCKEFELLER, S. C. Building a global culture of peace. **Orion**, winter, p. 46-48, 2002, p. 47.

81. VOIGT, Christina. **Sustainable development as a principle of international law:** resolving conflicts between climate measures and WTO law. Leiden; Boston: Martinus Nijhoff Publishers, 2009, p. 373

82. A relação entre a tríade formada pelos aspectos econômicos, sociais e ambientais, ao se retratar o conceito de desenvolvimento sustentável, pode ser ilustrada pelo significado atribuído à justiça ambiental em um cenário de mudanças climáticas. Como demonstrado por Gerrard, os efeitos cumulativos decorrentes dos gases do efeito estufa causam danos à população mundial e aos sistemas naturais em magnitude nunca antes confrontada pela humanidade. Conforme o autor, as implicações para a justiça ambiental são consideradas quando da ausência de atuação, inclusive na mitigação e adaptação dos efeitos das mudanças climáticas. Cf. GERRARD, Michael B. What does environmental justice mean in an era of global

Ainda assim, depreende-se da emergência da abordagem a respeito da preservação e conservação da natureza que a internacionalização de normas ambientais propõe estabelecer uma regulação necessária sobre um assunto de interesse global.

2.2 DIREITO FUNDAMENTAL AO AMBIENTE

A constitucionalização do direito ao ambiente e sua estrutura levam a conclusão de se tratar de um direito fundamental. Positivado na Constituição de 1988, a constitucionalização do direito ao ambiente no Brasil segue uma tendência presente em diversas constituições a partir da segunda metade do século XX.

Sua fundamentação como direito fundamental e, além disso, como um direito completo por estabelecer uma enorme quantidade de posições jurídicas fundamentais será abordada nesse capítulo em conjunto com a própria anatomia das características gerais dos direitos fundamentais. Contudo, antes disso, é importante ter por base um panorama do despontar de constitucionalização de normas ambientais ao redor do mundo. Igualmente, não é menos importante que se tenha por base os pilares estruturais do que se tem por denominado de Estado Socioambiental de Direito.

2.2.1 Constitucionalismo ambiental

O constitucionalismo democrático remete a um dado momento histórico de uma sociedade e revela um conteúdo propício e capaz de ser observado em larga escala, identificando-se com o povo para o qual uma Constituição é elaborada. Com efeito, o conteúdo das reivindicações ambientalistas surgidas na segunda metade do século XX e a internacionalização de normas ambientais levaram a um processo de consideração do direito a um ambiente ecologicamente equilibrado ou, no mínimo, ao reconhecimento de um dever de proteção estatal do ambiente, no contexto do direito constitucional. Por isso, na medida em que se demonstrou social e politicamente a importância prioritária do ambiente, essa temática passou a ser desenvolvida recentemente nas normas constitucionais.[83]

---

climate change? **Journal of Environmental and Sustainability Law**, v. 19, n. 2, p. 276-303, 2013, p. 283-297. Note-se que a justiça ambiental é explicada por Gerrard como sendo a ideia de que minorias, dentre indivíduos e comunidades, inclusive os de baixa renda, não sejam desproporcionalmente expostas a riscos ambientais, além de deverem estar habilitadas a participar significativamente de decisões que digam respeito à sua exposição a esses riscos. Cf. GERRARD, Michael B. Reflections on Environmental Justice. **Albany Law Review**, v. 65, p. 357-364, 2001, p. 357.

83. LUÑO, Antonio Enrique Perez. **Derechos humanos, Estado de Derecho y Constitucion.** 5 ed. Madrid: Tecnos, 1995, p. 453.

Se, por intermédio de um substancial movimento de reforma surge um momento constitucional de abertura para desafiar princípios tradicionais[84], então a Constituição brasileira de 1988 estaria situada em um desses momentos, com base em todo seu contexto histórico.

Ao propor estabelecer um padrão de longo-termo com a finalidade de estabilizar convenções no sentido sociológico ou estratégico, facilitando a cooperação e a coordenação social[85], a Constituição busca uma aquiescência[86] do povo a que se destina. Diante disso é que se depreende o conteúdo da Constituição brasileira, voltado para a proteção da natureza, relacionando-se com as demandas ambientais da época, com os diplomas internacionais e, também, com a própria legislação ambiental vigente no Brasil.

Considerando a teoria constitucional como identificada pelo processo evolutivo de mutação e aprimoramento, modelado a partir das relações sociais que legitimam a ordem constitucional e das novas feições e tarefas incorporadas ao Estado e ao Direito, em busca de uma salvaguarda ampla dos direitos fundamentais e da dignidade da pessoa humana, na avaliação das relações sociais contemporâneas, destaca-se na atualidade a presença da defesa ecológica e da melhoria da qualidade de vida, decorrentes da problemática ambiental.[87]

Por isso, o direito ao ambiente ecologicamente equilibrado estaria localizado na convergência entre a constitucionalização, os direitos humanos e os problemas ambientais ocorridos ao redor do mundo. E, apesar de conter um conceito relativamente recente, referido direito tem sido amplamente reconhecido no direito internacional, constitucional e nas leis de um país.[88] Desde a Declaração de Estocolmo de 1972, 147 constituições nacionais adotaram provisões de proteção ambiental, com conteúdos de direitos subjetivos, direitos procedimentais, responsabilidade individual e deveres estatais.[89]

Evidencia-se, portanto, a consagração da constitucionalização da proteção ambiental na maioria dos países, o que não é diferente no caso brasileiro.

84. ACKERMAN, Bruce. **We the people:** foundations. 1 v. Cambridge; London: The Belknap Press of Harvard University Press, 1991, p. 307.

85. HARDIN, Russel. **Liberalism, constitutionalism, and democracy.** New York: Oxford University Press, 2003, p. 86.

86. Ibidem, p. 88.

87. SARLET, Ingo Wolfgang; FENSTERSEIFER, Tiago. **Direito constitucional ecológico:** constituição, direitos fundamentais e proteção da natureza. 6 ed. São Paulo: Editora Revista dos Tribunais, 2019, p. 52-53.

88. BOYD, David. **The environmental rights revolution:** a global study of constitutions, human rights, and the environment. Vancouver: UBC Press, 2012, p. 278.

89. Ibidem, p. 279.

Constatando que a Constituição de 1988 se situa como um marco jurídico da institucionalização dos direitos humanos no Brasil[90], consequentemente, este marco jurídico também expressa a incorporação de um direito ao ambiente no bojo normativo constitucional brasileiro.

Há, com isso, um respeito aos direitos humanos, reconhecidos pela Constituição brasileira, o que leva a uma abertura da ordem jurídica interna, direcionando-a ao sistema internacional de direitos humanos.[91] Essa mútua imbricação entre a proteção de direitos humanos nos planos internacional e nacional, demonstram a importância de que seja fortalecida a relação entre democracia, desenvolvimento e os direitos humanos com a proposta de cumprimento, com caráter universal, nos planos normativo e operacional, obrigando Estados, organismos internacionais e os particulares.[92] Como a construção de uma cultura democrática remete ao trabalho de base das sociedades nacionais[93], não se pode desconsiderar que a salvaguarda de um direito ao ambiente igualmente deve ser desenvolvida nacionalmente. É o que vem sendo implementado por meio do processo de constitucionalização da proteção ambiental, mesmo que não se limitando ao recorte da proteção do ambiente como tarefa fundamental do Estado, uma vez que são sustentadas posições doutrinas contrárias a jusfundamentalização do ambiente.[94]

No plano jurídico-constitucional brasileiro, percebe-se a ideia do legislador constitucional voltada à realidade fática evidenciada pelas demandas ambientais surgidas em diversos países e concretizadas em conferências internacionais, com a garantia da proteção dos bens ambientais do país.[95] Subsiste, na Constituição, portanto, a consolidação de um direito fundamental ao ambiente, de onde se destacam as inovações textuais com a consagração do direito e dever de defender e preservar o ambiente para as presentes e futuras

90. PIOVESAN, Flávia. **Direitos humanos e o direito constitucional internacional.** 11 ed. São Paulo: Saraiva, 2010, p. 3.

91. Ibidem, p. 39-40.

92. TRINDADE, Antônio Augusto Cançado. **Tratado de Direito Internacional dos Direitos Humanos.** V. II. Porto Alegre: Sergio Antonio Fabris Editor, 1999, p. 255.

93. Ibidem, p. 256.

94. CANOTILHO, José Joaquim Gomes. Direito constitucional ambiental português e da União Europeia. In: CANOTILHO, José Joaquim Gomes; LEITE, José Rubens Morato. **Direito constitucional ambiental brasileiro.** 6 ed. São Paulo: Saraiva, 2015, p. 26. Porém, Canotilho aponta ser possível defender a existência de um direito subjetivo fundamental ao ambiente nas Constituições da Espanha e de Portugal pela posição jurídico-ambiental garantida à pessoa e com base na inserção do preceito normativo nas disposições sobre direitos fundamentais na Constituição. Cf. CANOTILHO, José Joaquim Gomes. **Estudos sobre direitos fundamentais.** Coimbra: Coimbra Editora, 2004, p. 184-185.

95. CATALAN, Marcos. **Proteção constitucional do meio ambiente e seus mecanismos de tutela.** São Paulo: Método, 2008, p. 29.

gerações, de preservar e oferecer uma reestrutura aos processos ecológicos essenciais, de preservar a diversidade e a integridade do patrimônio genético, proteger a fauna e a flora e promover a educação ambiental.[96]

Se a proteção ambiental aparecia como um futuro objetivo estatal fundamental[97], constata-se que essa projeção vem se concretizando em grande escala, principalmente pela constitucionalização da proteção ambiental nos mais diversos países. Trata-se da compreensão de que um Estado apto a subsistir não necessita apenas de um povo, um poder e um território estatal, requerendo também um ambiente no e em torno de seu território como forma de não por em risco a permanência de sua existência.[98]

Apesar de existir uma relação entre o conteúdo das disposições normativas ambientais previstas no plano internacional com o processo de constitucionalização ambiental no cenário nacional, o caráter destacado de direito fundamental presente no ordenamento jurídico brasileiro, ante o conteúdo normativo do artigo 225 da Constituição Federal, guarda uma diferenciação do que seria um direito humano ao ambiente. Isso porque os direitos humanos possuem relação com documentos de direito internacional, referindo-se às disposições jurídicas reconhecidas ao ser humano desvinculadas de um ordenamento constitucional e, portanto, revelam um caráter internacional. Por outro lado, os direitos fundamentais se aplicam aos direitos do ser humano reconhecidos e positivados na esfera do direito constitucional positivo de algum Estado.[99] Em suma, os direitos fundamentais acabam expressando direitos humanos positivados internamente, enquanto que o termo direitos humanos é usualmente utilizado no plano das declarações e convenções internacionais.[100]

A positivação de um direito ao ambiente no ordenamento jurídico-constitucional brasileiro traz concretude ao caminho trilhado internacionalmente

---

96. CANOTILHO, J. J. G. O Princípio da sustentabilidade como Princípio estruturante do Direito Constitucional. **Revista de Estudos Politécnicos**, v. 8, n. 13, p. 7-18, 2010, p. 8.

97. HOFMANN, Hasso. Die Aufgaben des modernen Staates und der Umweltschutz: Vom Rechts - und Kulturstaat Liber den Sozialstaat zurn Industrie - und Urnweltstaat. In: KLOEPFER, Michael (Hrsg.). **Umweltstaat.** Berlin: Springer, 1989, p. 38.

98. KLOEPFER, Michael. A caminho do Estado Ambiental? A transformação do sistema político e econômico da República Federal da Alemanha através da proteção ambiental especialmente desde a perspectiva da ciência jurídica. In: SARLET, Ingo Wolfgang (Org.) **Estado socioambiental e direitos fundamentais.** Porto Alegre: Livraria do Advogado Editora, 2010, p. 40.

99. SARLET, Ingo Wolfgang. **A eficácia dos direitos fundamentais:** uma teoria geral dos direitos fundamentais na perspectiva constitucional. 13 ed. Porto Alegre: Livraria do Advogado Editora, 2018, p. 29.

100. LUÑO, Antonio Enrique Perez. **Derechos humanos, Estado de Derecho y Constitucion.** 5 ed. Madrid: Tecnos, 1995, p. 31.

na finalidade de consagrar um direito humano a viver em um ambiente equilibrado e sadio. Como apontado por Miranda, é pertinente a relevância que exerce o ambiente, impondo-se nos novos textos constitucionais a partir de suas próprias coordenadas.[101]

Referida consideração não destoa da importância concedida à consagração de um direito ao ambiente, que assume os contornos de um direito fundamental, na Constituição do Brasil, uma vez considerada a posição da Constituição no vértice do sistema jurídico do país, isto é, de lei suprema do Estado portadora das normas fundamentais estatais e dotada superioridade em relação às demais normas jurídicas.[102] Também, essas determinações acabam revelando uma nova perspectiva do propósito estatal, para além das trajetórias de um Estado Liberal e, posteriormente, um Estado Social. Atualmente, com a consideração da imprescindibilidade da questão ambiental, disposta difusamente ao longo do texto constitucional[103], torna-se possível considerar a consagração de um Estado Socioambiental.

2.2.2 O Estado Socioambiental de Direito

Diante da constitucionalização da proteção do ambiente, disposta ao nível de um direito fundamental na Constituição brasileira, como se abordará mais adiante, é possível dispor de uma nova formatação estatal. Com a objetivação da preservação e defesa da natureza, passa-se de um conteúdo de normas voltadas estritamente para os fins de defesa e, posteriormente, de cumprimento programático de quesitos sociais, para uma nova concepção de Estado direcionada para a manutenção do ambiente.

É por isso que surgiram diversas terminologias para um Estado que se volta, também, para o alcance de objetivos de proteção ambiental, tais como Estado Ambiental (*Umweltstaat*)[104], Estado de Direito Ambiental[105],

---

101. MIRANDA, Jorge. **Manual de direito constitucional – Tomo IV: Direitos Fundamentais.** 3 ed. Coimbra: Coimbra Editora, 2000, p. 533.

102. SILVA, José Afonso da. **Curso de direito constitucional positivo.** 40 ed. São Paulo: Malheiros, 2017, p. 47.

103. BARROSO, L. R. A proteção do meio ambiente na Constituição brasileira. **Revista Forense,** Rio de Janeiro, v. 317, p. 161-178, 1992, p. 167.

104. KLOEPFER, Michael. A caminho do Estado Ambiental? A transformação do sistema político e econômico da República Federal da Alemanha através da proteção ambiental especialmente desde a perspectiva da ciência jurídica. In: SARLET, Ingo Wolfgang (Org.) **Estado socioambiental e direitos fundamentais.** Porto Alegre: Livraria do Advogado Editora, 2010, p. 43; KLOEPFER, Michael. Auf dem Weg zum Umweltstaat?. In: KLOEPFER, Michael (Hrsg.). **Umweltstaat.** Berlin: Springer, 1989, p. 43.

105. LEITE, José Rubens Morato; AYALA, Patryck de Araújo. **Dano ambiental:** do individual ao coletivo extrapatrimonial: teoria e prática. 7 ed. São Paulo: Editora Revista dos Tribunais, 2015, p. 51; AYALA, Patryck

Estado Verde (*Green State*)[106], Estado Constitucional Ecológico[107], Estado Sustentável[108], Estado do Meio Ambiente[109], Estado Socioambiental[110] e Estado Democrático, Social e Ecológico de Direito[111].

No caso, entende-se que o termo Estado Socioambiental, em decorrência da convergência de objetivos sociais e ambientais em um programa jurídico e político voltado para o desenvolvimento humano[112], representa o contexto vivenciado com o processo de constitucionalismo ambiental. O Estado Socioambiental não deixa de ser liberal ou social, mas conjuga, em seu seio dimensional, as conquistas dos modelos de Estado de Direito

---

de Araújo. **Devido processo ambiental e o direito fundamental ao meio ambiente.** Rio de Janeiro: Lumen Juris, 2011, p. 46; LEITE, José Rubens Morato. Sociedade de risco e Estado. In: CANOTILHO, José Joaquim Gomes; LEITE, José Rubens Morato. **Direito constitucional ambiental brasileiro.** 6 ed. São Paulo: Saraiva, 2015, p. 177.

106. ECKERSLEY, Robyn. **The green state:** rethinking democracy and sovereignty. Cambridge; London: The MIT Press, 2004, p. 2.

107. CANOTILHO, José Joaquim Gomes. Estado Constitucional Ecológico e Democracia Sustentada. In: SARLET, Ingo Wolfgang. **Direitos fundamentais sociais:** estudos de direito constitucional, internacional e comparado. Rio de Janeiro: Renovar, 2003, p. 493.

108. FREITAS, Juarez. **Sustentabilidade:** direito ao futuro. 3 ed. Belo Horizonte: Fórum, 2016, p. 275.

109. HÄBERLE, Peter. A dignidade humana como fundamento da comunidade estatal. In: SARLET, Ingo Wolfgang. **Dimensões da dignidade:** ensaios de filosofia do direito e direito constitucional. Tradução de Ingo Wolfgang Sarlet, Luís Marcos Sander, Pedro Scherer de Mello Aleixo, Rita Dostal Zanini. 2 ed. Porto Alegre: Livraria do Advogado Editora, 2013, p. 83.

110. FENSTERSEIFER, Tiago. **Direitos fundamentais e proteção do ambiente:** a dimensão ecológica da dignidade humana no marco jurídico constitucional do estado socioambiental de direito. Porto Alegre: Livraria do Advogado Editora, 2008, p. 94; SARLET, Ingo Wolfgang; FENSTERSEIFER, Tiago. **Direito constitucional ambiental:** constituição, direitos fundamentais e proteção do ambiente. 3 ed. São Paulo: Editora Revista dos Tribunais, 2013, p. 108; MOLINARO, Carlos Alberto. **Direito ambiental:** proibição de retrocesso. Porto Alegre: Livraria do Advogado Editora, 2007, p. 104.

111. Esta denominação provém da sexta edição de obra de Sarlet e Fensterseifer, sobre a qual, segundo os autores, não se pretende uma alteração significativa à anterior atribuição do conteúdo e regime jurídico ao modelo estatal construído pela Constituição de 1988, pois, como apontam, sempre houve uma inclinação a um paradigma jurídico ecológico com posicionamentos críticos à tradição jurídica antropocêntrica clássica, sendo que observam como necessária uma ênfase na dimensão ecológica do Estado de Direito contemporâneo como urgente e imperativa para o caráter das condições ecológicas atuais. Cf. SARLET, Ingo Wolfgang; FENSTERSEIFER, Tiago. **Direito constitucional ecológico:** constituição, direitos fundamentais e proteção da natureza. 6 ed. São Paulo: Editora Revista dos Tribunais, 2019, p. 205-206. Assim, sem deixar de considerar a nova denominação dos autores e a manutenção básica da estrutura interpretativa destes com relação às edições anteriores, mantém-se neste estudo a nomenclatura Estado Socioambiental de Direito, evitando-se variações de terminologia, tendo em vista obras pretéritas destes e de outros autores contarem com esta última denominação, embora a fundamentação exprimida pelas duas terminologias remetam, com e sem maior ênfase na dimensão ecológica do Estado, à definição do Estado brasileiro estruturada na Constituição.

112. FENSTERSEIFER, Tiago. **Direitos fundamentais e proteção do ambiente:** a dimensão ecológica da dignidade humana no marco jurídico constitucional do estado socioambiental de direito. Porto Alegre: Livraria do Advogado Editora, 2008, p. 94.

que o precederam, de maneira que incorpora a tutela de novos direitos transindividuais.[113]

Há uma inclusão, no escopo do Estado Socioambiental da proteção do ambiente no contexto normativo construído por meio de direitos e deveres fundamentais e do princípio da dignidade da pessoa humana, diante do comprometimento do bem-estar individual e coletivo, além do bem-estar ecológico.[114] Por isso, o Estado Socioambiental reúne as conquistas positivas do Estado de Direito que lhe precedeu, com a incorporação das tutelas de novos direitos transindividuais, e lança a comunidade humana em um degrau mais próximo da efetivação de direitos fundamentais e de concretização de uma vida e saudável.[115]

As questões que permeiam o Estado Socioambiental envolvem um enfrentamento de problemas socioambientais rumo a critérios de sustentabilidade que necessariamente passam pela correção das desigualdades sociais e da falta de acesso da população aos direitos sociais básicos, o que também representaria uma das causas de aumento da degradação ambiental.[116] Ocorre, por consequência, uma vinculação necessária entre o cumprimento dos objetivos sociais com a agenda ambiental, impondo uma compreensão conjunta que não destoe dos direitos ditos liberais.

Neste conjunto, um Estado de Direito assim observado quando proteger o ambiente e garantir o direito ao ambiente, devem envolver quatro dimensões essenciais da juridicidade ambiental: a) dimensão garantístico-defensiva, como direito de defesa contra ingerências ou intervenções tanto do Estado quanto dos poderes públicos; b) dimensão positivo-prestacional, incumbindo ao Estado e às entidades públicas assegurar a organização, procedimento e processos que realizem o direito ao ambiente; c) dimensão jurídica irradiante para todo o ordenamento, de um modo que vincule as entidades privadas ao respeito do direito dos particulares ao ambiente; d) dimensão jurídico-participativa, com uma mescla entre imposição e permissão para que cidadãos e

113. Ibidem, p. 97.

114. SARLET, Ingo Wolfgang; FENSTERSEIFER, Tiago. **Direito constitucional ecológico:** constituição, direitos fundamentais e proteção da natureza. 6 ed. São Paulo: Editora Revista dos Tribunais, 2019, p. 200. Lembre-se, por oportuno, que os autores utilizam nova denominação, a partir da sexta edição da obra, como sendo a do Estado Democrático, Social e Ecológico de Direito.

115. FENSTERSEIFER, Tiago. **Direitos fundamentais e proteção do ambiente:** a dimensão ecológica da dignidade humana no marco jurídico constitucional do estado socioambiental de direito. Porto Alegre: Livraria do Advogado Editora, 2008, p. 97.

116. Ibidem, p. 94.

a sociedade civil tenham o dever de defesa dos bens e direitos ambientais.[117] A partir disso é que se depreende a dependência entre a força normativa da Constituição ambiental com a realização da concretização do programa jurídico-constitucional, considerando que uma Constituição do ambiente somente alcança vinculação normativa se os agentes, tanto públicos como privados, disponham do ambiente como fim e medida no âmbito de seus processos decisórios.[118]

Ainda, ao analisar a ecologização da ordem jurídica portuguesa, Canotilho dispõe de quatro elementos, que são: (a) o erguimento do bem constitucional, abalizado como um direito constitucional fundamental; (b) a limitação do legislador ante a possibilidade de diminuição da proteção ambiental; (c) a responsabilização ecológica e ambiental do Estado diante de uma omissão; e (d) a obrigação de um agir ativo e positivo de proteção ambiental do Estado, incluindo operadores públicos e privados.[119]

Mesmo que persista uma projeção como devir do Estado do Direito do Ambiente[120], é inegável sua vinculação com os pressupostos básicos do cumprimento com o fundamento da dignidade da pessoa humana[121]. A essencialidade para a vida do ambiente são e ecologicamente equilibrado guarda relação com o direito fundamental à vida e às condições dela ser vivida dignamente[122], daí a vinculação do direito fundamental à vida e a manutenção das bases que a sustentam com um mínimo ecológico.[123]

Há uma integração da dimensão social com a dimensão ecológica, observadas como elementos que compõem um núcleo essencial do princípio da

117. CANOTILHO, José Joaquim Gomes. Direito constitucional ambiental português e da União Europeia. In: CANOTILHO, José Joaquim Gomes; LEITE, José Rubens Morato. **Direito constitucional ambiental brasileiro.** 6 ed. São Paulo: Saraiva, 2015, p. 26-27.

118. Ibidem, p. 27.

119. Idem.

120. LEITE, José Rubens Morato. Sociedade de risco e Estado. In: CANOTILHO, José Joaquim Gomes; LEITE, José Rubens Morato. **Direito constitucional ambiental brasileiro.** 6 ed. São Paulo: Saraiva, 2015, p. 177.

121. Conforme conceituado por Sarlet, a dignidade da pessoa humana é a "qualidade intrínseca e distintiva reconhecida em cada ser humano que o faz merecedor do mesmo respeito e consideração por parte do Estado e da comunidade, implicando, neste sentido, um complexo de direitos e deveres fundamentais que assegurem a pessoa tanto contra todo e qualquer ato de cunho degradante e desumano, como venham a lhe garantir as condições existenciais mínimas para uma vida saudável, além de propiciar e promover sua participação ativa e corresponsável nos destinos da própria existência e da vida em comunhão com os demais seres humanos, mediante o devido respeito aos demais seres que integram a rede da vida". Cf. SARLET, Ingo Wolfgang. **Dignidade (da pessoa) humana e direitos fundamentais na Constituição Federal de 1988.** 10 ed. Porto Alegre: Livraria do Advogado Editora, 2015, p. 70-71.

122. MOLINARO, Carlos Alberto. **Direito ambiental:** proibição de retrocesso. Porto Alegre: Livraria do Advogado Editora, 2007, p. 97.

123. Ibidem, p. 113.

dignidade humana, sendo somente por meio da consagração destes objetivos constitucionais que se poderá alcançar a condição existencial humana tal como protegida pela Constituição.[124] O Estado Socioambiental, neste sentido, não deixa de estar vinculado ao fundamento da dignidade da pessoa humana, previsto no artigo 1º, III da Constituição brasileira e, mais do que isso, seu conteúdo é depreendido da própria dignidade humana. É o que foi referido por Häberle, ao demonstrar que a dignidade humana passou a ser observada por intermédio da perspectiva das gerações, considerando o futuro do povo e os cidadãos atualmente existentes[125], sendo por esse motivo que o Estado Socioambiental aparece como corolário do dever jurídico do Estado em respeitar e proteger a dignidade humana.[126]

Ao considerar a dignidade da pessoa humana, embasada na estrutura jurídico-política do Estado e fundamentada e petrificada na Constituição brasileira de 1988, é imprescindível levar em conta a sua dimensão voltada para o direito ao ambiente ecologicamente equilibrado. Disso, constata-se que a disposição do direito fundamental ao ambiente prevista no artigo 225, também da Constituição Federal, considerando a compreensão do conjunto do ordenamento constitucional, revela um Estado Socioambiental que se direciona para a proteção do ambiente e consolida um legítimo direito fundamental ambiental, ainda que não deixe de possuir, em sua estrutura, o que se denominou de Estado Liberal e de Estado Social.

2.2.3 Considerações sobre direitos fundamentais

Considerar o direito fundamental ao ambiente importa, previamente, em ter por base um significado do que se trata por direito fundamental. Remete-se, com esta terminologia, à incorporação na Constituição, de direitos que são reconhecidos e asseguradas por um Estado. Para Canotilho, é por intermédio da positivação que os direitos fundamentais são incluídos na ordem jurídica e deixam de ser meras esperanças, aspirações, ideias, impulsos ou questões de retórica política, passando a estarem protegidos por

124. FENSTERSEIFER, Tiago. **Direitos fundamentais e proteção do ambiente:** a dimensão ecológica da dignidade humana no marco jurídico constitucional do estado socioambiental de direito. Porto Alegre: Livraria do Advogado Editora, 2008, p. 95.

125. HÄBERLE, Peter. A dignidade humana como fundamento da comunidade estatal. In: SARLET, Ingo Wolfgang. **Dimensões da dignidade:** ensaios de filosofia do direito e direito constitucional. Tradução de Ingo Wolfgang Sarlet, Luís Marcos Sander, Pedro Scherer de Mello Aleixo, Rita Dostal Zanini. 2 ed. Porto Alegre: Livraria do Advogado Editora, 2013, p. 81.

126. Ibidem, p. 83.

normas de direito constitucional.[127] E, de acordo com Hesse, são os direitos fundamentais aqueles direitos que o direito vigente qualifica como direitos fundamentais.[128]

Para introduzir o tema, auxilia a antiga divisão realizada por Esmein, o qual propôs existirem, a um lado, as declarações de direitos, formuladas a partir de axiomas provenientes de filósofos e publicistas, servindo como fundamento de uma organização política justa e racional, emanadas de autoridades legais de assembleias constituintes, configurando-se apenas como declarações de princípios e não sendo, portanto, artigos de lei.[129] Enquanto que, de outro lado, as garantias dos direitos representariam lei positivas e obrigatórias que assegurariam aos cidadãos o gozo dos direitos, consideradas como superiores às leis ordinárias, limitando a atividade do legislador e garantindo aos direitos as forças que lhe são próprias.[130]

Constata-se, conforme a divisão de Esmein, que essa garantia dos direitos por ele expressada serviria como uma ilustração do processo de constitucionalização que impôs aos referidos direitos a classificação de direitos fundamentais, mediante a positivação de seu texto normativo combinada com a vinculação direta de seu conteúdo. Assim é que, como afirmara Villalon, os direitos fundamentais nascem e morrem com as constituições.[131]

Por certo que há razoabilidade na constatação de que a incorporação de direitos fundamentais no direito positivo se produz por meio do instrumento normativo de mais alto grau dentro do ordenamento jurídico, uma vez que cumprem com a função de limitar o poder e guiar para o desenvolvimento do direito em todos seus aspectos, através dos operadores jurídicos, não existindo sentido em sua positivação em níveis inferiores.[132]

É notório o processo de constitucionalização, por meio do qual se deu a proteção dos direito fundamentais, os quais devem ser compreendidos, interpretados e aplicados como normas jurídicas vinculativas, para além

---

127. CANOTILHO, José Joaquim Gomes. **Direito constitucional e teoria da constituição.** 7ed. Coimbra: Almedina, 2003, p. 377.

128. HESSE, Konrad. **Elementos de direito constitucional da República Federal da Alemanha.** Tradução de Luís Afonso Heck. Porto Alegre: Sergio Antonio Fabris Editor, 1998, p. 225.

129. ESMEIN, Adhémar. **Éléments de droit constitutionnel.** Paris: L. Larose et Forcel, 1896, p. 380.

130. Ibidem, p. 385.

131. VILLALON, P. C. Formacion y evolucion de los derechos fundamentales. **Revista Española de Derecho Constitucional,** n. 9, v. 25, p. 35-62, 1989, p. 41.

132. PECES-BARBA MARTÍNEZ, G. Derechos fundamentales. **Revista Jurídica de Castilla-La Mancha**, n. 2, p. 7-34, 1987, p. 24.

de meras declarações de direitos.[133] Deste modo, resgatando o conceito da força normativa de que é dotada uma constituição, tem-se por importante destacar que, apesar da constituição jurídica estar condicionada pela história, não ficando adstrita a realidade concreta de sua época, possui um elemento normativo ordenando e conformando a realidade política e social, onde possibilidades e limites desta força normativa resultam da correlação entre ser e dever ser.[134]

Diante dessa força normativa de que se dota uma Constituição, o aspecto vinculativo dos direitos fundamentais não pode ser reduzido a uma simplória declaração, necessitando estarem assegurados por meio de uma força ativa que, para além de uma vontade de poder, seja dotada de uma vontade de Constituição.[135]

Além disso, a positivação de direitos fundamentais, expressando limites e vínculos substanciais à legislação positiva, apresenta uma revolução no positivismo clássico[136] por intermédio do que Ferrajoli denominou de uma dupla artificialidade: a do ser do direito, isto é, sua existência, como colocada pelo legislador, e a do dever ser, ou as condições de validez, positivadas constitucionalmente, em forma de limites e vínculos jurídicos à produção jurídica.[137]

Compreendendo os direitos fundamentais por meio de sua normatização no âmbito constitucional, é preciso diferenciar as espécies de normas que compõem sua estrutura, que podem ser regras ou princípios. Para Alexy, a diferenciação entre regras e princípios é uma das principais bases da construção da teoria dos direitos fundamentais[138]. Conforme o autor, enquanto os princípios seriam normas com ordenamentos de realização na maior medida possível dentro das possibilidades jurídicas e fáticas, caracterizando-se como mandamentos de otimização, as regras seriam normas satisfeitas ou não satisfeitas, valendo exatamente dentro de sua exigência. Por isso, toda norma

---

133. CANOTILHO, José Joaquim Gomes. **Direito constitucional e teoria da constituição.** 7ed. Coimbra: Almedina, 2003, p. 378.

134. HESSE, Konrad. **A força normativa da Constituição.** Tradução de Gilmar Ferreira Mendes. Porto Alegre: Sergio Antonio Fabris Editor, 1991, p. 24.

135. Ibidem, p. 19.

136. FERRAJOLI, Luigi. Derechos fundamentales. In: FERRAJOLI, Luigi. **Los fundamentos de los derechos fundamentales**. 4 ed. Madrid: Editorial Trotta, 2009, p. 53.

137. FERRAJOLI, Luigi. Derechos fundamentales. In: FERRAJOLI, Luigi. **Los fundamentos de los derechos fundamentales**. 4 ed. Madrid: Editorial Trotta, 2009, p. 54.

138. ALEXY, Robert. **Teoria dos direitos fundamentais.** Tradução de Virgílio Afonso da Silva. 2 ed. São Paulo: Malheiros Editores, 2011, p. 85.

seria ou uma regra ou um princípio.[139] A esse respeito, como conclui Silva, as regras garantem direitos ou impõem deveres definitivos, ao passo que os princípios garantem direitos ou impõem deveres *prima facie*.[140]

Classificados como posições de importância, os direitos fundamentais não permitem que a decisão sobre sua garantia ou não garantia seja deixada para o legislador ordinário[141] e representam papel central no sistema jurídico[142] ao apresentarem um caráter de fundamentalidade formal quando normatizados no ápice hierárquico do ordenamento jurídico, vinculando diretamente os poderes Legislativo, Executivo e Judiciário[143], somado à fundamentalidade substancial, ou material, diante de sua importância conjunta nas tomadas de decisões sobre a estrutura normativa básica do Estado e da sociedade.[144]

Ainda, a depender da Constituição de cada país, variam as exigências estruturais dos direitos fundamentais quanto à real necessidade de uma combinação entre a fundamentalidade formal e a fundamentalidade material. Conforme Miranda, todos os direitos fundamentais, em sentido formal, são direitos fundamentais em sentido material, já o mesmo não ocorre quanto aos direitos fundamentais em sentido material.[145] Assim, na Constituição

---

139. Ibidem, p. 90-91. A proposta de distinção entre regras e princípios apresentada por Alexy possui semelhanças com aquela defendida por Dworkin, para quem as regras se aplicariam em um critério de tudo ou nada (*all-or-nothing*), isto é, podendo ou não ser satisfeitas. Diferencia-se a noção de Alexy, porém, ao conceber os princípios como mandamentos de otimização. Cf. DWORKIN, Ronald. **Taking rights seriously.** Cambridge: Harvard University Press, 1978, p. 24. Outras diferenciações entre regras e princípios foram realizadas. Por exemplo, há o posicionamento de Raz sobre diferentes tarefas que podem ser desempenhadas pelos princípios no direito, inclusive com diferenciação realizada em relação às regras por terem os princípios, segundo o autor, um caráter mais vago e menos preciso. Cf. RAZ, Joseph. Legal principles and the limits of Law. **Yale Law Journal,** v. 81, p. 823-854, 1972, p. 839-842. Também, de se mencionar a dupla característica dos princípios, de explicação e de justificação, em relação às normas mais específicas do sistema jurídico, defendida por MacCormick. Cf. MACCORMICK, Neil. **Legal reasoning and legal theory.** Oxford: Clarendon Press, 1994, p. 152-153. Além disso, com críticas aos conceitos extraídos dos estudos de Alexy sobre a divisão entre regras e princípios, há a obra de Ávila. Cf. ÁVILA, Humberto. **Teoria dos princípios:** da definição à aplicação dos princípios jurídicos. 19 ed. São Paulo: Malheiros, 2019, p. 104.

140. SILVA, Virgílio Afonso da. **Direitos fundamentais:** conteúdo essencial, restrições e eficácia. 2 ed. São Paulo: Malheiros Editores, 2011, p. 45. Conforme o autor, em outro texto, as regras são definitivas e aplicam-se por meio de subsunção, enquanto os princípios têm seu conteúdo definitivo expressado somente após o sopesamento com princípios colidentes. Cf. SILVA, Virgílio Afonso da. O proporcional e o razoável. **Revista dos Tribunais,** v. 798, p. 23-50, 2002.

141. ALEXY, Robert. **Teoria dos direitos fundamentais.** Tradução de Virgílio Afonso da Silva. 2 ed. São Paulo: Malheiros Editores, 2011, p. 446.

142. Ibidem, p. 523.

143. Ibidem, p. 520.

144. Ibidem, p. 522.

145. MIRANDA, Jorge. **Manual de direito constitucional – Tomo IV: Direitos Fundamentais.** 3 ed. Coimbra: Coimbra Editora, 2000, p. 9.

brasileira, enquanto a fundamentalidade formal dos direitos fundamentais positivados apontam para uma supremacia normativa que encontra aplicação imediata respaldada pelo artigo 5º, §1º da Constituição Federal, a fundamentalidade material corresponde ao conteúdo desses direitos, bem como de direitos não positivados pertencentes à Constituição material, atendendo à abertura do sistema material dos direitos fundamentais presente no artigo 5º, § 2º, também da Constituição Federal.

Ao considerar a abertura material da Constituição, constante no artigo 5º, §2º, que remete à possibilidade de inclusão de outros direitos e garantias não previstos no catálogo constitucional (fundamentalidade material), quando decorrentes do regime e dos princípios pela Constituição adotados, ou dos tratados internacional em que o país seja parte, permite-se uma definição do conceito de direitos fundamentais aproximada do direito constitucional brasileiro, que não fica estritamente vinculada à positivação (fundamentalidade formal) para a existência dos referidos direitos.

Diante disso, conforme conceitua Sarlet, são os direitos fundamentais posições jurídicas referentes às pessoas que, por meio do direito constitucional positivo e em razão de seu conteúdo e importância (fundamentalidade material), foram integradas ao texto da Constituição e retiradas da disponibilidade dos poderes constituídos (fundamentalidade formal), assim como as posições que, em virtude de seu conteúdo e significado, são capazes de serem agregadas à Constituição material, independentemente do seu assento na Constituição formal.[146]

O ambiente ecologicamente equilibrado, considerado como direito, e acima de tudo como direito fundamental, por sua vez, fica compreendido em sua completude quando da análise prévia da estrutura conceitual acerca dos direitos fundamentais, tal como disposta por Sarlet. Com o reconhecimento do ambiente como um direito fundamental, é consolidada sua importância, implicando na sua formatação constitucional como direito e dever, e na irradiação que dele decorre por sobre todo o ordenamento jurídico.

2.2.4 Direito fundamental ao ambiente

A composição da proteção ao ambiente, por meio de um direito fundamental, parte de sua concretização, no ordenamento jurídico-constitucional vigente, em uma forma tal que implique na sua vinculação. Ocorre,

146. SARLET, Ingo Wolfgang. **A eficácia dos direitos fundamentais:** uma teoria geral dos direitos fundamentais na perspectiva constitucional. 13 ed. Porto Alegre: Livraria do Advogado Editora, 2018, p. 78.

por consequência, uma não disponibilidade acerca do reconhecimento do respectivo direito, que passa a ter uma blindagem.

Como observado, o fundamento do Estado Socioambiental considera o alcance da dignidade da pessoa humana. Disso se extrai a implicância da dignidade humana em uma rede de direitos e deveres fundamentais, observando a participação ativa e corresponsável da pessoa humana no âmbito de sua existência e da vida em comunhão com os seres vivos e implicando no devido respeito aos demais seres vivos que compõem o sistema da vida.[147] Essa vinculação da dignidade humana com os direitos e deveres fundamentais, bem como a disposição constitucional existente quanto à proteção ambiental revelam as bases da consagração de um direito fundamental ao ambiente. Mesmo que nem todos os direitos fundamentais guardem fundamento direto na dignidade da pessoa humana, o seu conteúdo mantém a condição de princípio fundamental e estruturante[148]. Assim, os direitos fundamentais correspondem aos aclaramentos, em maior ou menor grau, do princípio da dignidade humana.[149] Sendo que, no caso da proteção ambiental, o que se percebe nesta proteção é uma vinculação direta entre um direito fundamental e o princípio da dignidade da pessoa humana.

O direito fundamental ao ambiente encontra seu marco normativo-constitucional no artigo 225 e, apesar do texto ser encontrado fora do Título II, Dos Direitos e Garantias, compõe legítimo direito fundamental, portando as características inerentes a esses direitos.

A inclusão do direito ao ambiente no rol de direitos fundamentais assenta suas bases em uma justificação jusfundamental[150], observando a integridade ambiental pela constituição de um bem jurídico autônomo, resultante de uma junção entre elementos do ambiente natural e da relação com a vida humana.[151]

Pela abertura material do catálogo de direitos fundamentais contida no artigo 5º, §2º, da Constituição, que se adequa à compreensão de direitos fundamentais expressada alhures, em conjunto com o reconhecimento de uma posição fundamental jurídica definitiva passível de exigência jurisdicio-

147. SARLET, Ingo Wolfgang. **Dignidade (da pessoa) humana e direitos fundamentais na Constituição Federal de 1988.** 10 ed. Porto Alegre: Livraria do Advogado Editora, 2015, p. 70-71.

148. Ibidem, p. 101.

149. SARLET, Ingo Wolfgang. **A eficácia dos direitos fundamentais:** uma teoria geral dos direitos fundamentais na perspectiva constitucional. 13 ed. Porto Alegre: Livraria do Advogado Editora, 2018, p. 112.

150. GAVIÃO FILHO, Anizio Pires. **Direito fundamental ao ambiente.** Porto Alegre: Livraria do Advogado, 2005, p. 32.

151. Ibidem, p. 35.

nal, chega-se a conclusão de que o disposto no artigo 225 da Constituição estabelece um enunciado de direito fundamental com a expressão da norma de direito fundamental ao ambiente.[152]

Essa compreensão do direito ao ambiente como um direito fundamental passa pelo critério, em uma concepção básica ampla e formal, de uma importância não considerada em si mesma, mas em relação aos princípios que vão contra e a favor da qualificação da referida posição como um direito fundamental, evidenciando que a relevância dessa proteção, no âmbito do direito constitucional, não pode ficar a cargo do legislador ordinário.[153]

Além disso, na vinculação com uma concepção básica ampla e substancial que é determinada pela dignidade humana[154], a relação entre esta dignidade e a proteção ambiental levam à uma posição que é determinante para conceber o direito à proteção ambiental como um direito fundamental no ordenamento jurídico brasileiro.[155] Consequentemente, mais do que preencher as condições formais, o direito fundamental ao ambiente possui importância substancial quando da tutela e desenvolvimento do princípio da dignidade humana e, também, na confirmação da corresponsabilidade intergeracional, sendo pela união entre os requisitos formais e materiais que se constata uma ordem ambiental completando e condicionando a ordem econômica e estando integrada à ordem social.[156]

Com a fundamentação jurídica realizada, conclui-se pela concretização do direito fundamental ao ambiente, positivado constitucionalmente (fundamentalidade formal) e com conteúdo igualmente justificável (fundamentalidade material). Trata-se de um direito fundamental assegurado constitucionalmente e que possui um complexo normativo de vinculação definitiva e *prima facie*, a depender da norma constitucional, principalmente na estrutura do artigo 225, ser uma regra ou um princípio.

---

152. Ibidem, p. 36-37.

153. ALEXY, Robert. **Teoria dos direitos fundamentais.** Tradução de Virgílio Afonso da Silva. 2 ed. São Paulo: Malheiros Editores, 2011, p. 448.

154. Ibidem, p. 449. Alexy refere se tratar da Constituição alemã, porém, entende-se que a determinação da concepção básica ampla e substancial da Constituição brasileira também se determina pelo conceito da dignidade humana.

155. MEDEIROS, Fernanda Luiza Fontoura de. **Meio ambiente:** direito e dever fundamental. Porto Alegre: Livraria do Advogado, 2004, p. 114.

156. SAMPAIO, José Adércio Leite. Constituição e meio ambiente na perspectiva do direito constitucional comparado. In: SAMPAIO, José Adércio Leite; WOLD, Chris; NARDY, Afrânio José Fonseca. **Princípios do direito ambiental.** Belo Horizonte: Del Rey, 2003, p. 98.

Também, é importante destacar o duplo caráter estrutural do direito fundamental ao ambiente, subjetivo e objetivo. O aspecto subjetivo remete ao conteúdo do direito, possível de ser pleiteado juridicamente, enquanto que a ordem objetiva impõe as incumbências, tanto da coletividade como do Estado, vinculando os poderes Legislativo, Executivo e Judiciário, no último caso.[157] Com base nisso, as posições jurídicas normatizadas no artigo 225 da Constituição do Brasil asseguram o direito subjetivo e a característica objetiva de dever do Estado e da sociedade no contexto do direito fundamental ao ambiente.[158]

Na esfera jurisprudencial, o ambiente ecologicamente equilibrado restou reconhecido pelo Supremo Tribunal Federal, como evidenciam os representativos Recurso Extraordinário 134.297[159], e o Mandado de Segurança 22164[160], ambos de relatoria do Ministro Celso de Mello, como um direito de terceira geração (dimensão)[161], de prerrogativa jurídica de titularidade coletiva.

O núcleo do direito fundamental ao ambiente está assentado na necessária integridade do entorno em conexão com o homem[162], resultando disso o conceito de Molinaro, ao descrever o direito ambiental como sendo o produto cultural que se destina a determinar um procedimento de proteção e corrigenda de defeitos de adaptação do ser humano ao *habitat* em que vive, em relações inclusivas bióticas e abióticas, onde há um domínio de normas e técnicas estabelecedoras de um mínimo de segurança, defesa, promoção e conservação, e restauração do ambiente.[163]

Assim, a fundamentação jurídica que conclui por ser o direito ao ambiente um direito fundamental, com expressões objetivas e subjetivas,

157. GAVIÃO FILHO, Anizio Pires. **Direito fundamental ao ambiente.** Porto Alegre: Livraria do Advogado, 2005, p. 39.

158. SAMPAIO, José Adércio Leite. Constituição e meio ambiente na perspectiva do direito constitucional comparado. In: SAMPAIO, José Adércio Leite; WOLD, Chris; NARDY, Afrânio José Fonseca. **Princípios do direito ambiental.** Belo Horizonte: Del Rey, 2003, p. 101.

159. STF, Recurso Extraordinário 134297-/SP, Relator Ministro Celso de Mello, j. 13.06.1995.

160. STF, Mandado de Segurança 22164/SP, Relator Ministro Celso de Mello, j. 30.10.1995.

161. No caso, entende-se, de acordo com Sarlet, que o uso da expressão gerações poderia dar uma falsa conotação de substituição gradativa de gerações, motivo que faz com que se opte pelo termo dimensões. Cf. SARLET, Ingo Wolfgang. **A eficácia dos direitos fundamentais:** uma teoria geral dos direitos fundamentais na perspectiva constitucional. 13 ed. Porto Alegre: Livraria do Advogado Editora, 2018, p. 45.

162. SAMPAIO, José Adércio Leite. Constituição e meio ambiente na perspectiva do direito constitucional comparado. In: SAMPAIO, José Adércio Leite; WOLD, Chris; NARDY, Afrânio José Fonseca. **Princípios do direito ambiental.** Belo Horizonte: Del Rey, 2003, p. 95.

163. MOLINARO, Carlos Alberto. **Direito ambiental: proibição de retrocesso.** Porto Alegre: Livraria do Advogado Editora, 2007, p. 47.

remete ao seu aspecto formal positivado em sede constitucional, bem como ao seu conteúdo substancial, sem deixar de considerar a abertura material do artigo 5º, §2º da Constituição e não olvidando do reconhecimento deste direito pelo Supremo Tribunal Federal. Estando fundamentada a existência do direito fundamental ao ambiente, cabe, ainda, demonstrar que a sua estrutura possui completude, abrangendo uma verdadeira complexidade normativa no âmbito das posições jurídicas que estão dispostas no artigo 225 da Constituição.

2.2.5 Direito fundamental ao ambiente como um todo

Reconhecido como um direito fundamental, o ambiente ecologicamente equilibrado reúne em sua estrutura, uma sistemática de posições fundamentais jurídicas dotadas de natureza objetiva, a se tratar de projeções normativas de deveres do Estado e da coletividade ou subjetiva, quando se referirem aos direitos vinculados a proteção ambiental.

Considerando a compreensão de Alexy, sobre um direito fundamental como um todo ser um feixe de posições de direitos fundamentais unidas em uma disposição de direito fundamental[164], entende-se que a completude do direito fundamental ao ambiente contém, em seu bojo, um conjunto de variadas posições jurídicas fundamentais, permitindo a sua concepção por meio do que seria um direito fundamental como um todo, ou completo.

Ao analisar o direito fundamental ao ambiente, é possível constatar que, primeiramente, trata-se de um direito a algo, que se decompõe em direitos a ações negativas (ou defesa)[165] e a ações positivas (de prestações fáticas ou normativas)[166]. Dessa decomposição, entre ações negativas e positivas, considerando as ações positivas (fáticas ou normativas), haverá um direito a prestações em sentido amplo, que se consubstancia em direito à proteção, direito à organização e ao procedimento e direito à prestação em sentido estrito.[167]

Como um direito a defesa e a prestações em sentido amplo, o direito fundamental ao ambiente representa um feixe de posições jurídicas fundamentais em um vasto contexto, de maneira vinculativa definitiva ou *prima*

---

164. ALEXY, Robert. **Teoria dos direitos fundamentais.** Tradução de Virgílio Afonso da Silva. 2 ed. São Paulo: Malheiros Editores, 2011, p. 249.
165. Ibidem, p. 196.
166. Ibidem, p. 201.
167. GAVIÃO FILHO, Anizio Pires. **Direito fundamental ao ambiente.** Porto Alegre: Livraria do Advogado, 2005, p. 47.

facie, tanto por meio de uma perspectiva objetiva, como com base em uma característica subjetiva. Assim, o direito fundamental ao ambiente, não assegura apenas a liberdade de autonomia, mas também, a liberdade por intermédio do Estado, em meio a uma postura ativa dos poderes públicos, com uma configuração normativa integrada e multidimensional de proteção e promoção deste direito fundamental, objetivando sua máxima eficácia e efetividade.[168]

Em suma, o direito fundamental ao ambiente representa um direito fundamental completo, formado por posições de espécies distintas, estando incorporado a este feixe um direito a que o Estado não realize certas intervenções no ambiente (direito de defesa), um direito a que o Estado proteja o titular deste direito contra intervenções de terceiros danosas ao ambiente (direito a proteção), um direito a que o Estado integre o titular do direito nos procedimentos relevantes para o ambiente (direito a procedimentos) e um direito a que o Estado assuma medidas fáticas benéficas ao ambiente (direito a prestação fática).[169]

Com a estrutura de um direito fundamental completo, compreende-se que o direito fundamental ao ambiente possui contornos que se expandem ao longo do ordenamento jurídico brasileiro, gerando vinculação definitiva ou *prima facie* diante das diversas posições fundamentais a que se destina. Apesar do reconhecimento de que o objetivo de se alcançar um nível elevado de proteção ambiental deve levar em conta as estruturas jurídicas existentes que não podem ser neutralizadas[170], a extensão do direito fundamental ao ambiente como um todo acaba sendo a causa do direito ambiental permear os setores jurídicos e políticos, justificando ainda mais a formatação de uma nova concepção estatal, o Estado Socioambiental.

2.3 DEVERES DE PROTEÇÃO AMBIENTAL

O processo de constitucionalização do direito ambiental, que alçou a proteção ambiental ao mais alto nível do ordenamento jurídico brasileiro, acabou por consolidar a jusfundamentalizaçao do ambiente ecologicamente equilibrado, fazendo-o pela positivação do artigo 225 na Constituição.

---

168. SARLET, Ingo Wolfgang; FENSTERSEIFER, Tiago. **Direito constitucional ecológico:** constituição, direitos fundamentais e proteção da natureza. 6 ed. São Paulo: Editora Revista dos Tribunais, 2019, p. 91.

169. ALEXY, Robert. **Teoria dos direitos fundamentais.** Tradução de Virgílio Afonso da Silva. 2 ed. São Paulo: Malheiros Editores, 2011, p. 433.

170. CANOTILHO, José Joaquim Gomes. Estado Constitucional Ecológico e Democracia Sustentada. In: SARLET, Ingo Wolfgang. **Direitos fundamentais sociais:** estudos de direito constitucional, internacional e comparado. Rio de Janeiro: Renovar, 2003, p. 505.

A normatização do feixe de posições fundamentais jurídicas que remonta ao conteúdo do direito fundamental ao ambiente remete à análise, não somente do conteúdo subjetivo tutelado, mas à ordem objetiva referida anteriormente (tópico 2.2.4), que diz respeito aos deveres do Estado e da coletividade concernentes à proteção do ambiente.

Disso decorre que a substancialização referente ao direito fundamental ao ambiente na Constituição brasileira depende de uma sequência de fatores, dentre os quais estão assentados os deveres que são impostos ao Estado e a todos os indivíduos, personalizados por meio da entidade conjunta denominada coletividade, sendo estes últimos, além dos próprios usufruidores da qualidade ambiental, os tributários de sua garantia.

O obscurecimento da figura correspondente aos deveres na atualidade e a normalmente atribuída aos Estados tarefa de cumpridor de tais obrigações, pode gerar até certa estranheza quanto à atribuição de deveres fundamentais aos indivíduos, mas se tratam de funções absolutamente necessárias à manutenção do ambiente ecologicamente equilibrado.

Por isso, pretende-se estabelecer linhas básicas acerca dos deveres de proteção ambiental, observados em um sentido amplo que, de modo analítico são divididos entre deveres estatais de proteção ambiental e deveres fundamentais ambientais da coletividade e, posteriormente, demonstrar o mandamento de dever contido na norma fundamental de proteção ambiental, imposto tanto ao Estado como à coletividade.

2.3.1 A relação das dimensões jurídica objetiva e subjetiva do direito fundamental ao ambiente com os deveres de proteção ambiental

Os deveres de proteção ambiental possuem relação, e em certa medida se fundamentam, com e por meio do direito fundamental ao ambiente, em razão de sua estrutura normativa, o que se demonstra em decorrência da dimensão objetiva e subjetiva que possui este direito. No caso, a dimensão objetiva do direito fundamental ao ambiente não é a mesma que a ordem objetiva contida no mesmo direito, uma vez que aquela está assentada em um componente dos direitos fundamentais, enquanto que esta se relaciona ao próprio mandamento de deveres de proteção ambiental contido no artigo 225 da Constituição que, por sua vez, possui parte do seu embasamento nas dimensões objetiva e subjetiva do direito fundamental ao ambiente.

A dimensão objetiva que sobressai do direito fundamental ao ambiente remete, dentre outros pressupostos, ao conteúdo de complementação de direitos subjetivos que são aplicáveis vinculativamente tanto ao Estado quanto à coletividade. Disso advém o significado do componente objetivo dos direitos fundamentais como princípios básicos da ordem constitucional, que transcendem a perspectiva da garantia das posições individuais[171], formando a base do ordenamento jurídico do Estado.[172] A faceta objetiva dos direitos fundamentais, neste norte, incorpora e expressa valores objetivos fundamentais da coletividade[173]. Porém, como a perspectiva valorativa reduz o significado das diversas camadas dos direitos fundamentais como elementos da dimensão objetiva[174], pode-se analiticamente ir além dela, ao se conceber que a dimensão objetiva dos direitos fundamentais envolve uma ordem dirigida ao Estado para que concretize e realize os direitos fundamentais[175], configurando verdadeiras garantias institucionais.[176]

Ocorre que a figura do direito, observada subjetivamente, não tem condições de explicar todas as consequências jurídicas que resultam da consagração de direitos fundamentais, por não conterem a integralidade da importância que estes institutos constitucionais revelam. Por conseguinte, é possível dizer sobre uma mais-valia jurídica da dimensão objetiva, expressa de modo valorativo ou funcional e, ainda, como meio estrutural.[177] Em função disso, a dimensão objetiva dos direitos vai se associar aos efeitos que complementam e transcendem o direito subjetivo,[178] de forma a considerar as garantias e a ampliação das relações jurídicas dos direitos subjetivos dos particulares, por determinação de preceitos constitucionais ou por irradiação normativa sobre o ordenamento jurídico, sem, contudo, deixar dos efeitos decorrentes da consagração dos preceitos do valor constitucional.[179]

Consequentemente, é pela dimensão objetiva de direitos fundamentais que se oferece um embasamento genérico para certos deveres estatais ou

171. BRANCO, Paulo Gustavo Gonet. Teoria geral dos direitos fundamentais. In: MENDES, Gilmar Ferreira; BRANCO, Paulo Gustavo Gonet. **Curso de direito constitucional.** 15 ed. São Paulo: Saraiva, 2020, p. 168.

172. MENDES, Gilmar Ferreira. **Direitos fundamentais e controle de constitucionalidade:** estudos de direito constitucional. 2 ed. São Paulo: Celso Bastos Editor; Instituto Brasileiro de Direito Constitucional, 1999, p. 36.

173. SARLET, Ingo Wolfgang. **A eficácia dos direitos fundamentais:** uma teoria geral dos direitos fundamentais na perspectiva constitucional. 13 ed. Porto Alegre: Livraria do Advogado Editora, 2018, p. 151.

174. HESSE, Konrad. **Elementos de direito constitucional da República Federal da Alemanha.** Tradução de Luís Afonso Heck. Porto Alegre: Sergio Antonio Fabris Editor, 1998, p. 243.

175. SARLET, Ingo Wolfgang. **A eficácia dos direitos fundamentais:** uma teoria geral dos direitos fundamentais na perspectiva constitucional. 13 ed. Porto Alegre: Livraria do Advogado Editora, 2018, p. 152.

176. BONAVIDES, Paulo. **Curso de direito constitucional.** 16 ed. São Paulo: Malheiros Editores, 2005, p. 565.

177. ANDRADE, José Carlos Vieira de. **Os direitos fundamentais na Constituição portuguesa de 1976.** Coimbra: Livraria Almedina, 2004, p. 142.

178. Ibidem, p. 116.

179. Ibidem, p. 142.

coletivos, explicando, e até mesmo fundamentando, a existência destes deveres. A vinculação com essa dimensão objetiva que ocorre no âmbito dos deveres estatais ou coletivos remete ao conteúdo de uma ordem de valores[180] que os direitos fundamentais apresentam, razão pela qual se justificaria sua afirmação, tanto pelo cumprimento de deveres por parte do Estado, como pelo cumprimento dos indivíduos, no cenário coletivo, de deveres que lhe são atribuídos. Havendo, também pela dimensão objetiva, uma das razões pela qual se apresentem limitações a outros direitos fundamentais, sendo justamente o que ocorre nos deveres fundamentais de proteção ambiental que são impostos à coletividade.

Por isso, Hesse entende que os direitos fundamentais constituem bases da ordem jurídica da coletividade a partir dos seus elementos da dimensão objetiva, como determinante de status, limitadora de status e asseguradora de status, com a capacidade de inserir o particular na coletividade.[181]

A vinculação da dimensão objetiva dos direitos fundamentais diante da sua importância para a coletividade, para o interesse público e para a vida comunitária[182] importa no reconhecimento, no âmbito do direito fundamental ao ambiente, de um peso maior da perspectiva objetiva quanto à conformação normativa de posições jurídicas, por sobre a perspectiva subjetiva.[183] Sendo que a dimensão objetiva encontra ressonância na dimensão subjetiva, o que ocorre em decorrência dos seus efeitos jurídicos implicarem na possibilidade de uma invocação judicial.[184]

O significado para a coletividade, decorrente da dimensão objetiva do direito fundamental ao ambiente, une-se ao seu conteúdo subjetivo, isto é, substancial ou material, para dispor, em sua completude, das atribuições de dever estatal de proteção ambiental e de dever fundamental ambiental. Contudo, impende destacar que estes dois últimos conceitos não se confundem. Enquanto o dever estatal de proteção ambiental remete às funções inerentes ao Estado que dizem respeito ao cumprimento do conteúdo do

180. BONAVIDES, Paulo. **Curso de direito constitucional.** 16 ed. São Paulo: Malheiros Editores, 2005, p. 568.

181. HESSE, Konrad. **Elementos de direito constitucional da República Federal da Alemanha.** Tradução de Luís Afonso Heck. Porto Alegre: Sergio Antonio Fabris Editor, 1998, p. 239.

182. CANOTILHO, José Joaquim Gomes. **Direito constitucional e teoria da constituição.** 7ed. Coimbra: Almedina, 2003, p. 1256.

183. SARLET, Ingo Wolfgang; FENSTERSEIFER, Tiago. **Direito constitucional ecológico:** constituição, direitos fundamentais e proteção da natureza. 6 ed. São Paulo: Editora Revista dos Tribunais, 2019, p. 342.

184. SARLET, Ingo Wolfgang. Teoria geral dos direitos fundamentais. In: SARLET, Ingo Wolfgang; MARINONI, Luiz Guilherme; MITIDIERO, Daniel. **Curso de direito constitucional.** 9 ed. São Paulo: Saraiva, 2020, p. 363.

direito fundamental ao ambiente, o dever fundamental ambiental recai sobre a coletividade. Adotando a diferenciação realizada por Llorente, segundo o qual os deveres constitucionais comporiam uma categoria que abrangeria subcategorias, dentre as quais, a de deveres fundamentais, a de deveres constitucionais apartados de fundamentalidade e a de deveres de competência estatal[185], os deveres de proteção ambiental estariam incluídos no âmbito dos deveres constitucionais, sob a rubrica de deveres fundamentais, se direcionados à coletividade, e de deveres de proteção estatal, quando voltados aos órgãos estatais.

No que concerne à dimensão subjetiva, os deveres de proteção ambiental vão se relacionar diretamente com o cumprimento do direito que se objetiva tutelar, no caso, o ambiente ecologicamente equilibrado essencial à sadia qualidade de vida. Em um sentido amplo, o caráter subjetivo do direito fundamental ao ambiente se direciona aos deveres quanto ao seu próprio conteúdo de abstenções (não intervenções) ou de prestações. Ainda sobre a dimensão subjetiva, é válido mencionar, o direito fundamental ao ambiente acaba chegando, em primeira linha, aos direitos dos indivíduos, seus interesses, sua situação da vida e sua liberdade[186], reconhecidos como direitos jurídico-constitucionais básicos do particular observado como homem e como cidadão[187], ainda que sua tutela se dê de maneira coletiva, como adiante será descrito, isto é, embora a titularidade se apresente coletiva, a proteção gravitará, ao fim e ao cabo, em torno do ser humano e sua individualidade.[188]

Assim, os deveres, tanto estatais como coletivos, se vincularão à dimensão objetiva e subjetiva dos direitos fundamentais, em um fortalecimento e complemento recíproco[189], não se confundindo com alguma dessas dimensões, mesmo que possuam parte de sua fundamentação e embasamento decorrente delas.

A relação direta que existe entre os deveres de proteção ambiental e o direito fundamental ao ambiente ocorre devido à inexorável reciprocidade

185. LLORENTE, F. R. Los deberes constitucionales. **Revista Española de Derecho Constitucional,** v. 21, n. 62, p. 11-56, 2001, p. 23.

186. CANOTILHO, José Joaquim Gomes. **Direito constitucional e teoria da constituição.** 7ed. Coimbra: Almedina, 2003, p. 1256.

187. HESSE, Konrad. **Elementos de direito constitucional da República Federal da Alemanha.** Tradução de Luís Afonso Heck. Porto Alegre: Sergio Antonio Fabris Editor, 1998, p. 232.

188. SARLET, Ingo Wolfgang. **A eficácia dos direitos fundamentais:** uma teoria geral dos direitos fundamentais na perspectiva constitucional. 13 ed. Porto Alegre: Livraria do Advogado Editora, 2018, p. 161.

189. HESSE, Konrad. **Elementos de direito constitucional da República Federal da Alemanha.** Tradução de Luís Afonso Heck. Porto Alegre: Sergio Antonio Fabris Editor, 1998, p. 239.

entre os dois conceitos, de modo que os deveres de proteção ambiental vão acabar complementando o direito fundamental ao ambiente por serem deveres correspondentes ao próprio direito. Com base nessa reciprocidade, pode-se dizer que parte da fundamentação e embasamento dos deveres de proteção ambiental exsurgem das próprias dimensões objetiva e subjetiva do direito fundamental ao ambiente.

2.3.2 Deveres de proteção ambiental do Estado

Dentre o feixe de disposições do direito fundamental ao ambiente, depreende-se que o seu cumprimento se dá por meio de ações negativas ou positivas, gerando direitos à defesa, à proteção, à organização e ao procedimento e a prestações em sentido estrito. A substancialização dos diversos segmentos que são demonstrados a partir do desmembramento do direito fundamental depende, em diversos aspectos, de ações do Estado para que sejam alcançadas.

No texto legal do artigo 225, da Constituição Federal, existe a normatização expressa do dever do Estado em defender e preservar o ambiente ecologicamente equilibrado para as presentes e futuras gerações, reconhecendo a função da Constituição como limitadora dos poderes do Estado, inclusive de poluir ou de fomentar a indústria privada degradadora do ambiente mediante concessões, contratos ou permissões[190]. O mandamento em ampla abstração contido na norma expressa encontra um rol exemplificativo de deveres do Estado descritos no §1º do mesmo dispositivo.

O próprio §1º do artigo 225 da Constituição remete se tratarem os incisos a ele correspondentes de incumbências do Poder Público na garantia da efetividade do direito fundamental ao ambiente, importando no reconhecimento, por parte do texto constitucional, das prerrogativas de eficácia e rapidez para a proteção ambiental de que se dota o Estado[191].

Ao longo dos incisos, diversos deveres são descritos, lembrando que se trata de um rol não taxativo, uma vez que não exaure todas as incumbências do Poder Público, que podem ser extraídas do componente genérico contido na norma do artigo 225, *caput*, da Constituição, bem como até mesmo da legislação infraconstitucional.

---

190. BROOKS, R. O. A constitutional right to a healthful environment. **Vermont Law Review**, v. 16, p. 1063-1110, 1992, p. 1064-1064.

191. FIGUEIREDO, José Guilherme Purvin de. **Curso de direito ambiental.** 6 ed. São Paulo: Editora Revista dos Tribunais, 2013, p. 83.

As atribuições do Poder Público previstas no disposto artigo 225, §1º da Constituição são a de preservação e restauração dos processos ecológicos essenciais[192] e o manejo ecológico das espécies e ecossistemas[193] (I); preservação da integridade e diversidade do patrimônio genético do país, contando com a fiscalização das entidades dedicadas à pesquisa e manipulação de material genético (II); a definição de espaços territoriais e seus componentes que devem ser integralmente protegidos, com proibição de utilização que comprometa a integridade de seus atributos e que justifiquem sua proteção, com alteração ou supressão somente permitidas por meio de lei (III); exigir, de acordo com a lei, estudo prévio de impacto ambiental, com devida publicidade, para os casos de instalação de obra ou atividade potencialmente causadora de significativa degradação ambiental (IV); controlar a produção, comercialização e emprego de técnicas, métodos e substâncias que coloquem em risco a vida, a qualidade da vida e o ambiente (V); promoção da educação ambiental em todos os níveis de ensino e da conscientização pública para a preservação do ambiente (VI); proteger a fauna e a flora, com a vedação legal de práticas que coloquem em risco sua função ecológica, provoquem a extinção de espécies ou submetam animais a crueldade (VII).

Em um sentido amplo, de se referir que os deveres de proteção ambiental do Estado podem ser interpretados a partir da dimensão objetiva do direito fundamental ao ambiente, devido ao conjunto de valores que esta dimensao representa e que influenciam diretamente na tomada de decisão do Estado e nas atuações que decorrem do poder público. Por outro lado, na dimensão subjetiva do direito fundamental ao ambiente, do dever estatal ambiental se desvela o necessário cumprimento de prestações em sentido amplo, tomando por base tanto ações negativos como positivas.

---

192. Segundo o World Conservation Strategy, elaborado pela IUCN, os processos ecológicos essenciais são aqueles que governados, sustentados ou fortemente afetados pelos ecossistemas, sendo essenciais para a produção de alimentos e para a saúde dentre outros aspectos relacionados a sobrevivência humana e ao desenvolvimento sustentável. No âmbito dos processos ecológicos essenciais, os sistemas de sustentação vital traduzem a ideia dos principais ecossistemas envolvidos, dos quais os mais ameaçados seriam a agricultura, florestas e os sistemas costeiros e de água doce. Cf. IUCN. **World Conservation Strategy:** living resource conservation for sustainable development. Gland: IUCN, 1980, não paginado. Para tanto, como esclarece Silva, preservar e recuperar os processos ecológicos essenciais é, por exemplo, regenerar e proteger os solos, o ar atmosférico, defender a qualidade das águas e o patrimônio florestal. Cf. SILVA, José Afonso da. **Direito ambiental constitucional.** 9 ed. São Paulo: Malheiros Editores, 2011, p. 93.

193. O manejo ecológico das espécies tem por diretriz que a utilização da fauna e da flora, observadas como recursos ambientais, deve ser realizada de modo a observar a permanência destes recursos quando do seu aproveitamento. Para sua realização, segundo Silva, é necessária a elaboração de um inventário ecológico da vegetação e da fauna silvestre, como providência necessária para um plano de manejo das espécies, buscando uma utilização sustentada. Cf. SILVA, José Afonso da. **Direito ambiental constitucional.** 9 ed. São Paulo: Malheiros Editores, 2011, p. 93.

Ainda, em virtude da competência comum dos entes federativos no âmbito da proteção do ambiente, consagrada no artigo 23, VI, da Constituição, quanto a proteção ambiental específica e o combate à poluição, em conjunto com o inciso VII, também da Constituição, referente a preservação das florestas, da fauna e da flora, os deveres estatais recaem como obrigações transversalmente impostas à União, aos Estados, ao Distrito Federal e aos Municípios.

O supracitado artigo 23 da Constituição, no parágrafo único, determinou a exigência de leis complementares para dispor sobre a cooperação entre os entes federados, com a devida consideração do equilíbrio do desenvolvimento e do bem-estar no contexto nacional. Nessa condição surgiu a Lei Complementar 140/2011, visando a cooperação entre União, Estados, Distrito Federal e Municípios nas ações administrativas voltadas à proteção de paisagens naturais notáveis, à proteção ambiental, ao combate à poluição e à preservação das florestas, da fauna e da flora.

Os deveres de proteção ambiental do Estado se afirmam por sobre todos os Poderes Estatais, quais sejam o Executivo, o Legislativo e o Judiciário, impondo uma obrigação de atuação dentro das competências constitucionais previstas, objetivando a maior eficácia e efetividade dos direitos e deveres ambientais.[194] Pode-se dizer, portanto, sobre uma ausência de margem para o Estado não atuar, bem como a impossibilidade de atuar de forma insuficiente na proteção ambiental.[195]

Em suma, a dimensão de direito fundamental que se reveste o ambiente ecologicamente equilibrado coloca a necessidade de atuação estatal negativa, quando da sua necessária abstenção, no sentido de não agir contra a proteção ambiental, bem como uma dimensão ativa, embasada em um conjunto de prestações a serem realizadas pelo Estado.

2.3.3 Deveres fundamentais e o ambiente

A inclusão de deveres fundamentais ambientais da coletividade como corolários do direito fundamental ao ambiente corroborou com a imprescindibilidade desta figura na manutenção de um direito fundamental da magnitude de que se dota o direito ao ambiente ecologicamente equilibrado.

194. SARLET, Ingo Wolfgang; FENSTERSEIFER, Tiago. **Direito constitucional ecológico:** constituição, direitos fundamentais e proteção da natureza. 6 ed. São Paulo: Editora Revista dos Tribunais, 2019, p. 396.

195. Ibidem, p. 392.

Ainda que se revele um tanto quanto estranha a afirmação de deveres fundamentais, principalmente em um Estado Democrático que preze, na sua essencialidade, por direitos, é necessário considerar a importância da dimensão dos deveres fundamentais para a manutenção dos direitos fundamentais, mesmo que se esteja versando sobre deveres que não sejam correspondentes, ao menos em um primeiro grau, aos direitos consagrados em determinada Constituição.

Com isso, nesta seção propõe-se realizar um levantamento acerca da estrutura dos deveres fundamentais, proporcionando um embasamento teórico para, após, encetar uma consideração acerca do dever fundamental ambiental que recai por sobre os membros da coletividade, conforme determinado em sede constitucional.

2.3.3.1 Deveres fundamentais

A consagração de direitos em Constituições e a sua dimensão de importância em regimes democráticos levou a um consequente obscurecimento da figura dos deveres diante de diversos contextos históricos vivenciados na cultura jurídica, política e social. Ainda que atualmente esta obumbração seja abrandada pelo desenvolvimento desta última categoria jurídica, é notável até mesmo certo desequilíbrio na comparação entre bibliografias sobre estes temas.[196]

Esse esquecimento dos deveres fundamentais se deve, grande parte, em razão das atuais Constituições serem adotadas após a queda de regimes totalitários ou autoritários, desenvolvendo uma reação de preocupação dominante, senão exclusiva, com os direitos fundamentais e os limites aos poderes em que se traduzem.[197] Há, portanto, uma noção hipertrofiada de direitos que guarda relação com um indivíduo pouco comprometido com a comunidade[198], sem que isso retire o reconhecimento dos deveres fundamentais em relação a participação ativa dos cidadãos na vida pública, exigindo um mínimo de responsabilidade social no exercício da liberdade individual.[199] Em que pese os valores pessoais afirmados contra o poder,

196. DIMOULIS, Dimitri; MARTINS, Leonardo. **Teoria geral dos direitos fundamentais.** 7 ed. São Paulo: Revista dos Tribunais, 2020, p. 77.

197. NABAIS, José Casalta. **O dever fundamental de pagar impostos.** Coimbra: Livraria Almedina, 1998, p. 16-17.

198. SARLET, Ingo Wolfgang. **A eficácia dos direitos fundamentais:** uma teoria geral dos direitos fundamentais na perspectiva constitucional. 13 ed. Porto Alegre: Livraria do Advogado Editora, 2018, p. 234-235.

199. Ibidem, p. 235.

no âmbito da liberdade, que foram formulados contra épocas de arbítrio e opressão, terem gerado um movimento unilateral pelos direitos, não se pode deixar de considerar que o estatuto das pessoas na sociedade política necessita incluir deveres fundamentais.[200]

Os contextos vivenciados que originaram posteriores regulações direcionadas aos direitos do homem com grau acentuado em relação aos deveres não se restringem a Constituições de momentos posteriores a regimes totalitários. Historicamente, nas origens da Revolução Francesa, a Declaração dos Direitos do Homem e do Cidadão 1789[201], que pela primeira vez concebeu como positivados os direitos dos membros do Estado contra o Estado como um todo[202], contém em seu bojo uma predominância dos direitos por sobre três deveres fundamentais clássicos, quais sejam de obediência no artigo 7º, de pagar impostos no artigo 13º e de suportar a privação de propriedade no artigo 17º[203]. Já a Declaração Universal dos Direitos Humanos, proclamada pela ONU em 1948[204], por sua vez, embora faça menção aos deveres no artigo XXIX, referindo que todo ser humano possui deveres para com a comunidade, ressalta com exuberância os direitos.

Disso se extrai que, apesar de sua importância para o Estado e a sociedade, os deveres, inclusive fundamentais, não possuem uma sistematização ou disposição classificada semelhante aos direitos nos textos jurídicos, revelando uma disparidade tanto na doutrina quanto na produção normativa. Contudo, trata-se de uma constatação que não retira a importância da consolidação dos deveres para a manutenção social, de modo que os deveres fundamentais constituem uma exigência estrutural de qualquer Constituição.[205]

A Constituição brasileira traz no Título II, Dos Direitos e Garantias Fundamentais, o Capítulo I, intitulado Dos Direitos e Deveres Individuais e Coletivos onde, apesar da expressão voltada aos deveres, há uma primazia dos

---

200. ANDRADE, José Carlos Vieira de. **Os direitos fundamentais na Constituição portuguesa de 1976.** Coimbra: Livraria Almedina, 2004, p. 167.

201. DÉCLARATION des Droits de l'Homme et du Citoyen de 1789. Disponível em: <http://www.conseil-constitutionnel.fr/conseil-constitutionnel/francais/la-constitution/la-constitution-du-4-octobre-1958/declaration-des-droits-de-l-homme-et-du-citoyen-de-1789.5076.html>. Acesso em 16 dez 2017.

202. JELLINEK, Georg. **The Declarations of the Rights of Man and of Citizens:** a contribution to modern constitutional history. Translation by Max Farrand. New York: Henry Holt and Company, 1901, p. 3.

203. NABAIS, José Casalta. **O dever fundamental de pagar impostos.** Coimbra: Livraria Almedina, 1998, p. 45.

204. ONU. Declaração Universal dos Direitos Humanos. Disponível em: <http://www.onu.org.br/img/2014/09/DUDH.pdf>. Acesso em 16 dez 2017.

205. NABAIS, José Casalta. **O dever fundamental de pagar impostos.** Coimbra: Livraria Almedina, 1998, p. 19.

direitos ao longo do texto constitucional abrangido pelo capítulo. Todavia, ainda que exista uma prevalência pela liberdade no sistema de direitos em relação aos deveres, não se pode olvidar a responsabilidade que possuem os indivíduos na composição da estrutura estatal.

Da prevalência, embora sem exclusividade, dos direitos fundamentais, não se pode inferir que os deveres fundamentais sejam uma categoria menos importante, nem mesmo recente. Muito menos podem os deveres fundamentais ser observados com base somente em um encarecimento indiscriminado do Estado. Ocorre que, em razão da preservação da liberdade como critério básico de um Estado Democrático, os deveres não foram tão explorados, existindo mais em critérios genéricos, como outrora houvera demonstrado Montesquieu, quanto à existência de um dever geral de amor à pátria por meio da noção da virtude no Estado político, deslocando os cidadãos das estritas paixões individuais para direcioná-los às paixões gerais.[206]

No entendimento jurídico contemporâneo, os deveres fundamentais são jurídicos e existem com independência dos deveres morais e das perspectivas éticas[207], ainda que possam alguns deles possuírem pontos de contato com determinados preceitos não jurídicos, antes do seu ingresso no complexo normativo. Com efeito, é a partir da crise do jusnaturalismo no final de XVIII, consolidando-se a partir do século XIX, que toma corpo a afirmação de que os deveres jurídicos derivam de uma norma jurídica.[208]

Em determinado sentido, os deveres fundamentais derivam da abrangência do conceito de direitos fundamentais, em função de sua relação com a liberdade, a dignidade da pessoa humana e a igualdade no direito e através do direito[209]. Isso significa dizer que, pelo conceito correlativo e delimitador dos direitos fundamentais, os deveres fundamentais gravitam em torno destes, inseridos na matéria *lato sensu* dos direitos fundamentais.[210] Sendo que, com raízes derivadas do relacionamento entre súdito e soberano, os deveres fundamentais, ao se incorporarem no direito positivo, principalmente em nível de superioridade hierárquica, ficando posicionados equiparavelmente aos direitos fundamentais em questão de grau, implicam tanto em posições

206. MONTESQUIEU, Charles de Secondat, barão de. **Do espírito das leis.** 1 v. Tradução de Gabriela de Andrada Dias Barbosa. Rio de Janeiro: Nova Fronteira, 2012, p. 68-69.

207. PECES-BARBA MARTÍNEZ, G. Los deberes fundamentales. **Doxa**, v. 4, p. 329-341, 1987, p. 335.

208. Ibidem, p. 330.

209. CANOTILHO, José Joaquim Gomes. **Direito constitucional e teoria da constituição.** 7ed. Coimbra: Almedina, 2003, p. 532.

210. NABAIS, José Casalta. **O dever fundamental de pagar impostos.** Coimbra: Livraria Almedina, 1998, p. 37.

moderadas de limitação de direitos como em componentes revolucionários.[211] Em função da possibilidade de que os deveres fundamentais venham a limitar ou restringir direitos, realça-se a necessidade de que sua interpretação e aplicação não seja realizada tal como é feito quanto as normas de direitos fundamentais, razão pela qual se estabelece uma necessidade de cuidados particulares.[212]

Não excluindo a relação dos deveres fundamentais com a dimensão subjetiva dos direitos fundamentais, principalmente quando esta depende do cumprimento de determinados deveres, é forçoso considerar que os deveres fundamentais guardam relação direta com a dimensão objetiva dos direitos fundamentais. Entre a dimensão objetiva dos direitos fundamentais e os deveres fundamentais reside uma conexão em função da defesa da democracia, da promoção da participação ativa dos cidadãos na vida pública e do empenho solidário de todos voltado para a transformação de estruturas sociais, configurando o reconhecimento de que o homem, por não existir isoladamente, não detém liberdade absoluta, sendo responsável no campo político, econômico, social e cultural no que tange à segurança, justiça e desenvolvimento da comunidade.[213]

E, mesmo que se verifique a inserção dos deveres fundamentais no âmbito geral da matéria *lato sensu* relativa aos direitos fundamentais, a sua adequada compreensão e enquadramento jurídico depende que sejam visualizados como figura própria[214], donde se retira sua categoria autônoma ao lado dos direitos fundamentais. Em razão disso, Canotilho concebe os deveres fundamentais por meio de sua recondução a normas jurídico-constitucionais autônomas, sem excluir a sua relação com a normatização de diversos direitos.[215]

É certo que existe um direcionamento dos deveres fundamentais à dignidade da pessoa humana e aos direitos fundamentais, observados em um critério abrangente, principalmente em função da estrutura da dimensão objetiva dos direitos fundamentais, ao se considerar seus contornos de valores

---

211. PECES-BARBA MARTÍNEZ, G. Los deberes fundamentales. **Doxa**, v. 4, p. 329-341, 1987, p. 330.

212. MIRANDA, Jorge. **Manual de direito constitucional – Tomo IV: Direitos Fundamentais**. 3 ed. Coimbra: Coimbra Editora, 2000, p. 76-77.

213. ANDRADE, José Carlos Vieira de. **Os direitos fundamentais na Constituição portuguesa de 1976.** Coimbra: Livraria Almedina, 2004, p. 161.

214. NABAIS, José Casalta. **O dever fundamental de pagar impostos.** Coimbra: Livraria Almedina, 1998, p. 35.

215. CANOTILHO, José Joaquim Gomes. **Direito constitucional e teoria da constituição.** 7ed. Coimbra: Almedina, 2003, p. 535.

sociais e comunitários que geram uma vinculação do indivíduo sem, contudo, eliminar sua liberdade. Porém, essa inserção dos deveres fundamentais na matéria correspondente aos direitos fundamentais observados em um sentido amplo não exclui a autonomização da categoria dos deveres fundamentais.

Da análise estrutural dos deveres fundamentais, mediante sua categorização apartada do conceito de direitos fundamentais, é possível extrair que não necessariamente respectivos deveres possuem conexão direta com direitos fundamentais. Chega-se, com isso, à ideia de duas espécies de deveres fundamentais, os correspondentes a direitos e os autônomos.

Os deveres fundamentais autônomos não possuem correlação com direitos subjetivos[216], como servem de exemplos as previsões constitucionais do dever fundamental de votar para maiores de dezoito anos[217] (artigo 14, §1º), do dever fundamental de prestar serviço militar (artigo 143), do dever fundamental de pagar tributos e do dever fundamental não submeter animais a crueldade (artigo 225, §1º, VII). Tratam-se de deveres fundamentais que decorrem da ideia de Estado como comunidade política e, indiferentemente de sua concretização expressa por este nome, não perdem a característica de deveres fundamentais.[218]

Por não possuírem uma ligação direta com algum direito subjetivo[219], os deveres fundamentais autônomos apresentam uma postura de previsão constitucional desencontrada dos direitos fundamentais em um sentido de vinculação estrita. Contudo, importa ressalvar que, não obstante os deveres fundamentais autônomos não serem provenientes de um conteúdo constitucional incluído em específicos direitos fundamentais, seu conteúdo não deixa de estabelecer contatos com direitos fundamentais em geral ou alguns deles em particular.[220]

Em decorrência disso, Nabais refere estarem os deveres fundamentais autônomos, em função de sua generalidade, naturalmente em contato ou em relação de vizinhança com os direitos fundamentais, bem como pos-

216. PECES-BARBA MARTÍNEZ, G. Los deberes fundamentales. **Doxa**, v. 4, p. 329-341, 1987, p. 336.

217. Apesar do texto constitucional referir a obrigação de voto para maiores de 18 anos, subsiste o caráter facultativo do voto para analfabetos, maiores de setenta anos e maiores de dezesseis e menores de dezoito anos, conforme estabelece o artigo 14, §1º, II, alíneas a, b e c.

218. ANDRADE, José Carlos Vieira de. **Os direitos fundamentais na Constituição portuguesa de 1976.** Coimbra: Livraria Almedina, 2004, p. 161.

219. SARLET, Ingo Wolfgang. **A eficácia dos direitos fundamentais:** uma teoria geral dos direitos fundamentais na perspectiva constitucional. 13 ed. Porto Alegre: Livraria do Advogado Editora, 2018, p. 236.

220. NABAIS, José Casalta. **O dever fundamental de pagar impostos.** Coimbra: Livraria Almedina, 1998, p. 114.

sivelmente coligados a direitos de um modo que permaneçam separados dos direitos, mas estejam constitucionalmente concebidos com a finalidade de limitar ou enfraquecer determinados direitos fundamentais, ligando-se funcionalmente a eles.[221] Com efeito, mesmo que possuam sua determinação constitucional desvinculada de direitos fundamentais em específico, os deveres fundamentais acabam integrando o contexto da matéria *lato sensu* dos direitos fundamentais, podendo acarretar até mesmo na delimitação ou enfraquecimento de determinados direitos fundamentais quando do objetivo da norma e da existência de conexão funcional.

Já os deveres fundamentais não autônomos[222], também denominados deveres conexos ou correlatos[223], ou ainda deveres associados a direitos[224], possuem sua caracterização, como se pode deduzir, de sua vinculação a direitos fundamentais que lhe dão forma[225]. Nesta espécie de deveres fundamentais, destaca-se seu conteúdo constitucional que, associado a direitos, coincide com parte dos específicos direitos fundamentais a que estão relacionados, configurando direitos-deveres, se houver prevalência dos direitos, ou deveres-direitos, quando da primazia dos deveres no caso específico.[226]

Nessa classificação de deveres fundamentais não autônomos reside o dever fundamental de proteção ambiental. Como mais adiante ficará demonstrado, o direito fundamental ao ambiente comporta, em sua estrutura, a designação do dever fundamental de proteção ambiental como a ele associado, evidenciando uma típica relação direito-dever no âmbito da obrigação de tutela ambiental que recai por sobre a coletividade, não ficando adstrita ao Estado.

Além da classificação entre deveres fundamentais autônomos ou não autônomos, os deveres fundamentais podem ser classificados como deveres fundamentais defensivos (negativos) ou deveres fundamentais prestacionais (positivos). Os primeiros impõem abstenções pessoais, enquanto que os segundos, como generalidade dos deveres fundamentais, determinam presta-

---

221. Idem.

222. Ibidem, p. 113.

223. SARLET, Ingo Wolfgang. **A eficácia dos direitos fundamentais:** uma teoria geral dos direitos fundamentais na perspectiva constitucional. 13 ed. Porto Alegre: Livraria do Advogado Editora, 2018, p. 236.

224. ANDRADE, José Carlos Vieira de. **Os direitos fundamentais na Constituição portuguesa de 1976.** Coimbra: Livraria Almedina, 2004, p. 161.

225. SARLET, Ingo Wolfgang. **A eficácia dos direitos fundamentais:** uma teoria geral dos direitos fundamentais na perspectiva constitucional. 13 ed. Porto Alegre: Livraria do Advogado Editora, 2018, p. 236.

226. NABAIS, José Casalta. **O dever fundamental de pagar impostos.** Coimbra: Livraria Almedina, 1998, p. 113.

ções de fato.[227] No entanto, a complexidade de alguns deveres fundamentais leva a uma não exclusividade em alguma das duas categorias, consolidando deveres fundamentais que são, simultaneamente, positivos e negativos, como é o caso do dever de proteção ambiental.

Outra distinção no âmbito dos deveres fundamentais pode ser apontada quanto aos deveres estarem expressa ou implicitamente previstos no texto constitucional. Deste modo, pode-se dizer que o fundamento jurídico dos deveres fundamentais, que ocorre mediante sua consagração constitucional, implica no suporte normativo expresso ou implícito no texto constitucional[228], mesmo constando a inexistência de consenso quanto a quais seriam os deveres fundamentais implícitos[229]. Apesar de possíveis debates quanto à existência de determinados deveres fundamentais implícitos, reputa-se adequado entender pela sua existência, como é o caso do dever fundamental de pagar tributos previsto implicitamente na Constituição.[230]

Por outro lado, assim como Canotilho aponta a inexistência de abertura material para a existência de deveres fundamentais extraconstitucionais na Constituição portuguesa[231], o mesmo se passa na Constituição brasileira. Diferentemente da abertura material para direitos fundamentais contida no artigo 5º, §2º da Constituição, os deveres fundamentais não possuem norma correlata que leve a existência de deveres fundamentais extraconstitucionais, malgrado a possibilidade de existência de deveres previstos pelo legislador ordinário que não se enquadrariam na figura dos deveres fundamentais, pois careceriam do critério da constitucionalidade.

Uma questão que pode gerar controvérsia, no âmbito do regime jurídico-constitucional dos deveres fundamentais, é a possibilidade ou não de sua aplicabilidade automática. Nabais se posiciona de forma a conceber os

227. Ibidem, p. 112.

228. Ibidem, p. 63.

229. SARLET, Ingo Wolfgang. **A eficácia dos direitos fundamentais:** uma teoria geral dos direitos fundamentais na perspectiva constitucional. 13 ed. Porto Alegre: Livraria do Advogado Editora, 2018, p. 237.

230. Vale mencionar, quanto a isso, o custo dos direitos, os quais se fundamentam a partir da aplicação de tributos. Como afirmam Sunstein e Holmes, em decorrência do fator de que, quem não vive sob um governo capaz de taxar e cobrar um efetivo instrumento de proteção de direitos, não possui estes direitos. Deste modo, quanto menos Estado houver, menos direitos existirão (*Statelessness spells rightlessness*). Cf. SUNSTEIN, Cass R; HOLMES, Stephen. **The cost of rights:** why liberty depends on taxes. New York: W. W. Norton & Company, 2000, p. 19. Nessa esteira, Sunstein e Holmes não deixam de mencionar a alta escala de custos que deve ser considerada no âmbito da proteção ambiental. Cf. SUNSTEIN, Cass R; HOLMES, Stephen. **The cost of rights:** why liberty depends on taxes. New York: W. W. Norton & Company, 2000, p. 124.

231. CANOTILHO, José Joaquim Gomes. **Direito constitucional e teoria da constituição.** 7ed. Coimbra: Almedina, 2003, p. 534.

deveres fundamentais apenas como indiretamente ou mediatamente aplicáveis, razão pela qual restariam como preceitos dirigidos ao legislador ordinário, que teria a incumbência de lhes dar conteúdo ou concretude, de acordo com as opções políticas, ou de os tornar aplicáveis, conforme estas medidas estiverem presentes na Constituição.[232] Andrade, assim como Nabais, coloca-se contrário a aplicabilidade direta de deveres fundamentais, ressalvando os deveres fundamentais que tenham conteúdo concreto expressamente previstos na Constituição[233]. Neste caso, a aplicabilidade direta seria possível mediante uma disciplina desenvolvida na Constituição, e com a previsão de sanção para o não cumprimento.[234]

A despeito do não reconhecimento da direta aplicabilidade dos deveres fundamentais pelos operadores jurídicos concretos, Nabais não deixa de colocar como factível a ideia de que esta espécie de dever não prescinda de qualquer força ou eficácia jurídica.[235] Por certo que, mediante a implicância de limitação ou restrição de direitos quando da constituição de deveres fundamentais, é necessário dar a devida importância quando de sua interpretação e aplicação, com cuidados particulares[236], ressaltando a função do legislador ordinário na delimitação do conteúdo e das formas de aplicação dos respectivos deveres, pois que, na linha de entendimento de Andrade, os deveres fundamentais, explicitando valores comunitários, podem fundamentar a limitação dos direitos fundamentais em geral[237]. Nesse sentido, também parece estar alinhado Llorente, ao destacar que a mera imposição de deveres na Constituição, por si só, não podem gerar sanções aos cidadãos, pois apresentam uma diretriz e não prescindem da atividade legislativa para delimitar legalmente imposições e, por consequência, não haveria como coativamente forçar algum cidadão a alguma atitude somente pelo enunciado constitucional.[238]

---

232. NABAIS, José Casalta. **O dever fundamental de pagar impostos.** Coimbra: Livraria Almedina, 1998, p. 148-149.
233. ANDRADE, José Carlos Vieira de. **Os direitos fundamentais na Constituição portuguesa de 1976.** Coimbra: Livraria Almedina, 2004, p. 170.
234. NABAIS, José Casalta. **O dever fundamental de pagar impostos.** Coimbra: Livraria Almedina, 1998, p. 153.
235. Ibidem, p. 157.
236. MIRANDA, Jorge. **Manual de direito constitucional – Tomo IV: Direitos Fundamentais.** 3 ed. Coimbra: Coimbra Editora, 2000, p. 76-77.
237. ANDRADE, José Carlos Vieira de. **Os direitos fundamentais na Constituição portuguesa de 1976.** Coimbra: Livraria Almedina, 2004, p. 169.
238. LLORENTE, F. R. Los deberes constitucionales. **Revista Española de Derecho Constitucional,** v. 21, n. 62, p. 11-56, 2001, p. 21.

Porém, Sarlet explicita a possibilidade de deveres fundamentais, dependendo do caráter da norma jurídico-constitucional em que estão fundamentados, possuírem eficácia e aplicabilidade imediata, ainda que sua compreensão seja distinta de como ocorre com os direitos fundamentais, principalmente em se tratando de imposições de sanções penais, administrativas ou econômicas diretamente deduzidas de deveres fundamentais, ressaltando os devidos contornos do princípio da legalidade.[239] Igualmente conforme o autor, não se pode deixar de distinguir a aplicabilidade imediata comum às normas constitucionais em geral, principalmente diante de certos efeitos, da necessária mediação legislativa para determinados fins, como é o caso da imposição de sanções.[240]

Quanto à questão atinente aos destinatários dos deveres fundamentais, observados como sendo aqueles que devem cumprir com as respectivas imposições jurídicas previstas, tem-se pelo seu direcionamento ao indivíduo enquanto tal. A essencialidade dos deveres fundamentais como posições jurídicas individuais não exclui a possibilidade de pessoas jurídicas serem destinatárias de deveres fundamentais, considerando que por trás das pessoas jurídicas estão os indivíduos com sua eminente dignidade.[241] No que diz respeito às pessoas jurídicas, os deveres fundamentais apresentariam extensão ou densidade diversa dos deveres individuais, como é o caso da configuração diferente de que se dota o dever de proteção ambiental quando sujeitam entes morais[242]. Outrossim, dada a pulverização da organização administrativa atual do Estado, de se considerar que as pessoas jurídicas públicas também possuem natureza compatível com os deveres fundamentais.[243]

Já no âmbito da titularidade, os deveres fundamentais são deveres para com a comunidade, de onde se extrai a expressão do Estado neles contida.[244]

239. SARLET, Ingo Wolfgang. **A eficácia dos direitos fundamentais:** uma teoria geral dos direitos fundamentais na perspectiva constitucional. 13 ed. Porto Alegre: Livraria do Advogado Editora, 2018, p. 238.

240. Idem. Conforme aponta o autor, as normas constitucionais podem ser concebidas mediante alta densidade normativa ou baixa densidade normativa. A primeira não dependendo de intervenção do legislador ordinário para produzir seus efeitos originais. A segunda necessitante do legislador ordinária para alcançar normatividade suficiente a fim de gerar e seus efeitos principais. Com isso, as duas formas de normas apontadas possuiriam certo grau de eficácia jurídica. E, na medida desta eficácia, a sua imediata aplicabilidade. Cf. SARLET, Ingo Wolfgang. **A eficácia dos direitos fundamentais:** uma teoria geral dos direitos fundamentais na perspectiva constitucional. 13 ed. Porto Alegre: Livraria do Advogado Editora, 2018, p. 260-261/263.

241. NABAIS, José Casalta. **O dever fundamental de pagar impostos.** Coimbra: Livraria Almedina, 1998, p. 69.

242. Ibidem, p. 70.

243. Ibidem, p. 70-71.

244. Ibidem, 1998, p. 101.

Neste conteúdo, subsiste um desenrolar da composição dos valores comunitários que se pretendem alcançar com a afirmação dos deveres fundamentais. Mesmo quando se tratar de um caso de parcial correspondência entre um direito fundamental e um dever fundamental, o exercício do dever fundamental não restaria limitado ao titular do direito subjetivo, porquanto alcança uma dimensão de utilidade geral, beneficiando os cidadãos e sua representação jurídica por meio do Estado.[245]

Com isso, os deveres fundamentais se apresentam como referentes às dimensões básicas da vida do homem em sociedade, a bens de primordial importância para a satisfação de necessidades básicas importantes para a organização e funcionamento das instituições públicas, ou ao exercício de direitos fundamentais.[246]

Assim, de acordo com o ordenamento jurídico brasileiro, sobretudo em atenção à Constituição, é possível dizer que os deveres fundamentais representam categoria autônoma e são posições jurídicas fundamentais passivas. Podem ser autônomos ou correspondentes a direitos e conjugar ou não em sua estrutura perfis defensivos (negativos) ou prestacionais (positivos). Sua previsão constitucional se dá de modo expresso ou implícito e os comandos normativos que os prescrevem têm eficácia e aplicação imediata, apesar da necessidade de atentar para possíveis carências de maiores determinações a serem implementadas mediante a legislação infraconstitucional, principalmente quando a norma constitucional prescrever genericamente a aplicação de sanções pela não observação do dever. Os destinatários dos deveres fundamentais são os indivíduos e, a depender do dever fundamental, as pessoas jurídicas de direito público ou de direito privado. A titularidade é da comunidade, que remeterá ao Estado por ela constituído.

É possível constatar, com base nos critérios descritos, os contornos do instituto dos deveres fundamentais, capacitando uma posterior análise exclusiva do dever fundamental ambiental, sem desconsiderar suas especificidades e aplicabilidades, próprias da importância e das particularidades da preservação ambiental.

2.3.3.2 Terceira dimensão de direitos e o princípio da solidariedade como aportes para os deveres fundamentais ambientais

Os deveres fundamentais ambientais advêm, em função de sua vinculação ao direito fundamental ao ambiente, de uma estrutura de dever

245. PECES-BARBA MARTÍNEZ, G. Los deberes fundamentales. **Doxa**, v. 4, p. 329-341, 1987, p. 336.

246. Idem.

fundamental não autônomo. Além disso, sua composição altera a estrutura do direito fundamental do qual é corolário, dando azo a uma nova definição.

Pela inclusão, no âmbito do direito fundamental ao ambiente de deveres próprios da coletividade, desvinculando o direito de uma estrita atuação estatal, pode-se constatar uma nova espécie de direitos que, em razão da possibilidade de possuírem esta característica, são definidos também por meio dela.

Tendo por base que a compreensão dos deveres fundamentais ambientais transita pela configuração estrutural do direito fundamental ao ambiente, busca-se nesta seção estabelecer uma prévia consideração acerca das particularidades do citado direito fundamental, no que diz respeito à sua forma e substância, sem destoar da própria noção dos deveres fundamentais.

Antes de aprofundar nesta temática, porém, é necessário estabelecer um prévio acordo semântico. Isso porque, conquanto os direitos fundamentais sejam percebidos ao longo de estudos doutrinários ora como gerações de direitos[247], ora como dimensões[248], ou ainda com outra nomenclatura menos usual como categorias ou espécies de direitos[249], entende-se pelo uso da denominação de dimensões.[250]

---

247. É o caso, por exemplo, de Branco, embora o autor pondere que quando utiliza o termo gerações de direitos, não pretende passar um significado de que direitos previstos em dado momento tenham sido suplantados posteriormente. Deste modo, a utilização da expressão serviria para indicar um caráter cumulativo da evolução dos direitos ao longo do tempo. Cf. BRANCO, Paulo Gustavo Gonet. Teoria geral dos direitos fundamentais. In: MENDES, Gilmar Ferreira; BRANCO, Paulo Gustavo Gonet. **Curso de direito constitucional.** 15 ed. São Paulo: Saraiva, 2020, p. 137 138.

248. Conforme logo adiante se demonstrará, é o caso de Sarlet. Cf. SARLET, Ingo Wolfgang. **A eficácia dos direitos fundamentais:** uma teoria geral dos direitos fundamentais na perspectiva constitucional. 13 ed. Porto Alegre: Livraria do Advogado Editora, 2018, p. 45. Utilizando a expressão, veja-se também TAVARES, André Ramos. **Curso de Direito Constitucional**. 18 ed. São Paulo: Saraiva, 2020, p. 356.

249. Nesse sentido se posicionam Dimoulis e Martins, ante os argumentos de, quanto ao termo gerações, inexistirem características de posteridade dos direitos sociais em face dos direitos liberais e, quanto ao termo dimensões, por afirmarem se tratar de vocábulo que indica componentes de um mesmo fenômeno. Cf. DIMOULIS, Dimitri; MARTINS, Leonardo. **Teoria geral dos direitos fundamentais.** 7 ed. São Paulo: Revista dos Tribunais, 2020, p. 37-38. Fazendo uma classificação dos direitos fundamentais em relação ao texto da Constituição, Barcellos também utiliza o termo categorias. Cf. BARCELLOS, Ana Paula de. **Curso de Direito Constitucional.** 3 ed. Rio de Janeiro: Forense, 2020, p. 206. Ainda assim, reputa-se aqui como apropriado a expressão dimensões por representar as formas de visualização da composição dos direitos.

250. Sobre essa questão, não se pode deixar de considerar, também, a compreensão de Pontes de Miranda a respeito dos direitos, independentemente de classificações diversas consoante seus diversos conteúdos. Segundo o autor, considerando que as normas jurídicas objetivas incidem sobre os fatos, assim como a convolação do suporte fático em um fato jurídico, aquilo que dessa emanação for vantajoso é direito subjetivo, observado ao lado de seu titular, isto é, o direito assume a posição de vantagem que veio a alguém quando da incidência da regra jurídica em algum suporte fático. Disso decorre a subjetivação de um direito objetivo. Cf. PONTES DE MIRANDA. **Tratado das Ações**: Tomo I: Ação, classificação e eficácia. Campinas: Bookseller, 1998, p. 46/49. v. 1.

Ocorre que o termo gerações poderia dar causa a uma equivocada perspectiva de sobreposição dos direitos antigos pelos novos direitos que fossem surgindo, o que não necessariamente viria a ocorrer na prática. Neste sentido está o posicionamento crítico de Herrera Flores que, apesar de reconhecer uma virtualidade pedagógica na concepções das gerações de direitos, entende que ela pressuporia uma visão unilateral e evolutiva da história do conceito.[251] Por esta razão, concorda-se com Sarlet quanto à adoção do termo dimensões, evitando a falsa impressão de substituição gradativa de uma geração de direitos por outra quando da utilização da então denominada figura das gerações de direitos.[252]

Muito embora diversos textos remetam ao termo geração de direitos, por se tratar de uma questão terminológica que não afetaria o conteúdo dissertado, a substituição do termo não traria prejuízos. Portanto, a alteração da terminação geração utilizada por autores, para o termo que se reputa apropriado de dimensão não desconfiguraria o conteúdo explanado, sob o qual residiria consenso.

No despontar das dimensões de direitos, há o reconhecimento de um processo histórico expansivo, com perspectiva um tanto quanto aberta e, porquanto o desenvolvimento de suas bases dogmáticas superpostas tenha se dado sem diferenciação definida, é possível realizar sua ordenação pela ótica dimensional.[253] Pelo curso histórico, o desenvolvimento do tema sobre os direitos fundamentais e seu enquadramento em dimensões separadas, em conformidade com seu conteúdo, proporcionou o reconhecimento e conceituação, inicialmente, dos direitos fundamentais de liberdade, reconhecidos como de primeira dimensão e, após, dos direitos fundamentais sociais, econômicos e culturais, denominados direitos de segunda dimensão.

Em que pese se perceba uma mutação histórica de direitos, a depender inclusive de transformações internas no seu trajeto histórico[254], o desenvolvimento dos direitos humanos (que aqui podem ser retratados, ante seu reconhecimento constitucional, como direitos fundamentais, conforme explanado

251. FLORES, Joaquín Herrera. **A reinvenção dos direitos humanos.** Tradução de Carlos Roberto Diogo Garcia, Antônio Henrique Graciano Suxberger e Jefferson Aparecido Dias. Florianópolis: Fundação Boiteux, 2009, p. 69.

252. SARLET, Ingo Wolfgang. **A eficácia dos direitos fundamentais:** uma teoria geral dos direitos fundamentais na perspectiva constitucional. 13 ed. Porto Alegre: Livraria do Advogado Editora, 2018, p. 45.

253. NADALES, A. J. P. Derechos e intereses: problemas de tercera generación. **Revista del Centro de Estudios Constitucionales**, n. 10, p. 219-232, 1991, p. 219.

254. LUÑO, A. E. P. Las generaciones de derechos humanos. **Revista del Centro de Estudios Constitucionales**, n. 10, p. 203-217, 1991, p. 205.

anteriormente no tópico 2.2.1) não advém de um processo cronológico ou linear, uma vez que sua trajetória pode ser visualizada como um processo dialético, onde se produzem constantes avanços, retrocessos e contradições.[255]

A conotação histórica e relativa dos direitos fundamentais, ainda que não lhes preste um fundamento absoluto, não desconsidera a existência de fundamentações históricas, filosóficas, sociológicas, políticas, jurídico-positiva e econômicas, dotadas de importância para os efeitos da legitimação dos direitos fundamentais e sua implementação pelo Estado e sociedade[256], tratando-se de uma compreensão que considera os direitos fundamentais como fruto de reivindicações concretas, provenientes de diversos setores, antes de ingressarem no ordenamento jurídico.

Para além de direitos fundamentais de primeira e segunda dimensão, clareia-se a formação de uma terceira dimensão de direitos, não restritos às prestações em sentido estrito próprias do intervencionismo estatal, mas relacionadas a novos direitos que limitem tanto os poderes públicos como outras forças sociais.[257] Com essa configuração, os direitos fundamentais de terceira dimensão não se enquadrariam simplesmente na exclusiva atuação estatal, passando a depender de um regramento social próprio para seu cumprimento. Por este motivo, a terceira dimensão de direitos apresentaria categoria ambígua, integrando um heterogêneo composto de novas figuras em uma combinação, ainda que não ordenada, de elementos estatais intervencionistas e elementos inerentes ao contexto pós-social de exigência de um direito regulador não estritamente intervencionista.[258]

Assim como diversas áreas podem apontar fundamentações que embasam a afirmação de direitos fundamentais, seu alicerce se faz proveniente, igualmente, de condições sociais que apontem para a necessidade de sua implementação, do que passam a ser observados como fruto de reivindicações. Dessa relação entre situações e necessidades reivindicadas, Pérez Luño aponta o surgimento da terceira dimensão de direitos, que complementa as fases anteriores de direitos e se origina do uso de novas tecnologias que redimensionaram as relações entre homens, entre homem e natureza e do homem com seu marco de convivência.[259]

---

255. Ibidem, p. 217.

256. SARLET, Ingo Wolfgang. **A eficácia dos direitos fundamentais:** uma teoria geral dos direitos fundamentais na perspectiva constitucional. 13 ed. Porto Alegre: Livraria do Advogado Editora, 2018, p. 52.

257. NADALES, A. J. P. Derechos e intereses: problemas de tercera generación. **Revista del Centro de Estudios Constitucionales**, n. 10, p. 219-232, 1991, p. 221.

258. Ibidem, p. 221-222.

259. LUÑO, A. E. P. Las generaciones de derechos humanos. **Revista del Centro de Estudios Constitucionales**, n. 10, p. 203-217, 1991, p. 206.

No âmbito do direito fundamental ao ambiente, as relações do homem com o ambiente, por sua vez, são renovadas diante de um modelo de utilização racional dos recursos energéticos que se soma à proposta de substituição de um crescimento desenfreado pelo uso equilibrado da natureza[260], denotando uma perspectiva de direitos fundamentais de terceira dimensão que possuem tal classificação justamente por não se enquadrarem em direitos de liberdade ou nos direitos sociais, econômicos e culturais.

Ocorre, portanto, uma espécie de ruptura transformativa do Estado Social, denominada por Nadales como descentralização plural-indicativa, na qual a intercomunicação entre sociedade e poderes públicos não se daria unicamente dentro da esfera política do sistema[261], havendo uma recondução de um puro intervencionismo estatal do Estado Social intervencionista.[262]

Se anteriormente havia a possibilidade da nova dimensão de direitos estar embasada na lógica da solidariedade, cooperação ou fraternidade[263], atualmente a possibilidade se encontra concretizada. Pois que, diante da composição de titularidade coletiva de que se dotam, os direitos de terceira dimensão, prescindindo de novas técnicas de garantia e proteção, como no caso do direito ao ambiente, passaram a guardar denominação de direito de solidariedade ou fraternidade, tendo em vista sua implicação universal ou transindividual.[264] Esta vinculação com a solidariedade é percebida por Pérez Luño igualmente ante sua incidência universal na vida dos homens, exigindo esforços e responsabilidades da comunidade até mesmo em escala planetária.[265] É que, como destaca Massaú, a solidariedade estaria dotada de um elemento constitutivo da sociabilidade e como projeção social dos atos individuais em contraposição ao ímpeto egoístico ou autorreferente.[266]

Segundo Lucas, a solidariedade assumiria uma perspectiva especial, pautada na lógica de uma ação coletiva, com uma titularidade comum que acarretaria no dever de contribuir positivamente para sua garantia, dispondo

260. Ibidem, p. 207.

261. NADALES, A. J. P. Derechos e intereses: problemas de tercera generación. **Revista del Centro de Estudios Constitucionales**, n. 10, p. 219-232, 1991, p. 227.

262. Ibidem, p. 229.

263. Ibidem, p. 231.

264. SARLET, Ingo Wolfgang. **A eficácia dos direitos fundamentais:** uma teoria geral dos direitos fundamentais na perspectiva constitucional. 13 ed. Porto Alegre: Livraria do Advogado Editora, 2018, p. 49.

265. LUÑO, A. E. P. Las generaciones de derechos humanos. **Revista del Centro de Estudios Constitucionales**, n. 10, p. 203-217, 1991, p. 210.

266. MASSAÚ, Guilherme. **Princípios constitucionais e relações internacionais.** Porto Alegre: Livraria do Advogado, 2018, p. 39.

sobre uma responsabilidade de todos e de cada um, como ocorre na proteção ambiental, onde há uma concepção de vida em comunidade e cuja efetividade se dá mediante uma conjunção de esforços.[267]

Nesta perspectiva solidária subsiste um compromisso comum, de relações de reciprocidade/comunhão[268] em que a solidariedade estaria fundada em um dever geral no qual os principais obrigados são os cidadãos e o poder público, e o beneficiário a comunidade[269], nem sempre havendo reciprocidade entre os sujeitos de deveres e os beneficiários[270], sendo por isso que os deveres fundamentais, no caso de direitos difusos, podem ser impostos para determinadas pessoas diante de outras[271]. Para tanto, no redirecionamento das responsabilidades na tutela de direitos fundamentais que se opera entre Estado e sociedade, pode-se dizer em um fortalecimento do princípio da solidariedade no âmbito jurídico-constitucional.[272]

No texto constitucional brasileiro, além da previsão preambular de objetivo de garantia de valores supremos de uma sociedade fraterna, consta como um dos objetivos fundamentais do país, no artigo 3º, I, a construção de uma sociedade livre, justa e solidária, compondo um norte geral de embasamento no cenário de uma valoração da solidariedade. Tratam-se de disposições com dose de generalidade que não exclui a constatação da solidariedade ao longo da Constituição em casos específicos, como quando se trata do direito fundamental ao ambiente previsto no artigo 225 da Constituição.

Por isso, o direito fundamental ao ambiente, classificado como um direito de terceira dimensão, não implica em uma exclusiva responsabilidade estatal para sua concretização, pressupondo igualmente a responsabilidade da coletividade, em um critério de solidariedade já não mais observada como dever geral, mas aproximada do contexto da preservação ambiental em si.

---

267. LUCAS, J. de. La polémica sobre los deberes de solidaridad: el ejemplo del deber de defensa y su posible concreción en un servicio civil. **Revista del Centro de Estudios Constitucionales**, v. 19, p. 9-88, 1994, p. 23.

268. MORAIS, José Luis Bolzan de. **Do direito social aos interesses transindividuais:** o Estado e o direito na ordem contemporânea. Porto Alegre: Livraria do Advogado, 1996, p. 144.

269. GIL, E. J. V. Sobre los derechos de solidaridad: del Estado liberal al social y democrático de Derecho. **Anuario de Filosofia del Derecho,** v. X, p. 89-110, 1993, p. 103.

270. Ibidem, p. 107.

271. MIRANDA, Jorge. **Manual de direito constitucional – Tomo IV: Direitos Fundamentais.** 3 ed. Coimbra: Coimbra Editora, 2000, p. 76.

272. FENSTERSEIFER, Tiago. **Direitos fundamentais e proteção do ambiente:** a dimensão ecológica da dignidade humana no marco jurídico constitucional do estado socioambiental de direito. Porto Alegre: Livraria do Advogado Editora, 2008, p. 112.

Da previsão constitucional do direito fundamental ao ambiente, provém uma ecologização do texto constitucional que propõe uma receita de solidariedade, temporal e materialmente ampliada, sem descontar traços utópicos.[273] Com efeito, a previsão constitucional do artigo 225 da Constituição, estabelecendo o direito fundamental ao ambiente, possui importância especial para a compreensão da solidariedade, eis que trespassa a ideia de responsabilidades e encargos ambientais que são compartilhados entre Estado e coletividade.[274]

O preceito de responsabilidade ambiental da coletividade que expressa a ideia de um dever fundamental ambiental possui como um de seus alicerces o princípio da solidariedade. Assim, anteriormente observado como um dever geral, o princípio da solidariedade passa a ser considerado como presente no direito fundamental ao ambiente e, especificamente, no dever fundamental a ele inerente, servindo tanto de fundamento como de componente existencial do referido direito ante suas características essenciais. E, não obstante esta dupla perspectiva do princípio da solidariedade, uma geral e outra específica à preservação ambiental, não se descaracteriza a característica precípua da solidariedade, que expressa a fundamental necessidade e um dever fundamental (previsto juridicamente), de coexistência de que se dota o ser humano quando membro do corpo social, porquanto dá forma a uma teia de relações intersubjetivas e sociais que operam no ambiente da comunidade estatal.[275]

E é na estrutura do direito fundamental ao ambiente, que aparece como uma das bases a solidariedade, dispondo sobre não somente um direito, mas também um dever da coletividade, que se tem por modificada a composição do referido direito, o qual está classificado como um direito de terceira dimensão. Por isso, Andrade se refere a esta espécie de direitos como sendo direitos de solidariedade ou direitos circulares, por alterarem o conteúdo estrutural dos direitos a ponto de poderem justificar, em determinados casos, uma nova categoria de direitos.[276] Como refere o autor, o direito ao ambiente

---

273. BENJAMIN, Antônio Herman. Direito cnstitucional ambiental brasileiro. In: CANOTILHO, José Joaquim Gomes; LEITE, José Rubens Morato. **Direito constitucional ambiental brasileiro.** 6 ed. São Paulo: Saraiva, 2015, p. 84.

274. FENSTERSEIFER, Tiago. **Direitos fundamentais e proteção do ambiente:** a dimensão ecológica da dignidade humana no marco jurídico constitucional do estado socioambiental de direito. Porto Alegre: Livraria do Advogado Editora, 2008, p. 116.

275. SARLET, Ingo Wolfgang; FENSTERSEIFER, Tiago. **Direito constitucional ecológico:** constituição, direitos fundamentais e proteção da natureza. 6 ed. São Paulo: Editora Revista dos Tribunais, 2019, p. 84.

276. ANDRADE, José Carlos Vieira de. **Os direitos fundamentais na Constituição portuguesa de 1976.** Coimbra: Livraria Almedina, 2004, p. 168.

não está adstrito à intervenção estatal ou à exigência de respeito por um bem próprio, pois implica no comportamento recíproco e solidário de todos os indivíduos em um conteúdo próprio do interesse comum, interesse este que não pode vir a lesar bens individuais.[277]

Com isso, a estrutura de dever fundamental não autônomo que se associa ao direito fundamental ao ambiente compõe uma formação estrutural de direito de terceira dimensão, pautado na solidariedade ou circularidade. Dada essa composição, é possível também designar esta autonomizada categoria de direito como sendo um direito *boomerang* ou de efeito *boomerang*, por ser, de um lado direito e, de outro, deveres para titulares ativos e, por isso, direitos que se voltam contra os próprios titulares.[278]

Ainda, calha esclarecer que, mesmo apesar da dimensão coletiva e difusa de que se dotam os direitos de terceira dimensão por ser satisfazerem na dimensão comunitária[279], como é o caso do direito fundamental ao ambiente, sua composiçao nao deixa de manter a sua natureza individual, remetendo em última instância ao homem na sua individualidade.[280]

Também, é importante considerar, nada impede que determinada pretensão jurídica fundamentada no direito fundamental ao ambiente seja demandada individualmente em razão de um dano ambiental, sem que se descarte a possibilidade do mesmo dano ambiental vir a ser reparado ante uma pretensão jurídica difusa, em decorrência da transindividualidade que se reveste o referido direito.[281] Por isso, há que se observar que o direito fundamental ao ambiente é classificado como um direito de terceira dimensão em decorrência de suas sobressalentes características, o que em nenhum momento descarta a possibilidade de que uma pretensão jurídica individual seja nele fundamentada.

277. Idem.

278. NABAIS, José Casalta. **O dever fundamental de pagar impostos.** Coimbra: Livraria Almedina, 1998, p. 53.

279. MIRANDA, Jorge. **Manual de direito constitucional – Tomo IV: Direitos Fundamentais**. 3 ed. Coimbra: Coimbra Editora, 2000, p. 69.

280. SARLET, Ingo Wolfgang. **A eficácia dos direitos fundamentais:** uma teoria geral dos direitos fundamentais na perspectiva constitucional. 13 ed. Porto Alegre: Livraria do Advogado Editora, 2018, p. 54.

281. É nesse sentido que está colocada a ideia de simultaneidade de titularidade individual e transindividual defendida por Hachem. Cf. HACHEM, Daniel Wunder. A dupla titularidade (individual e transindividual) dos direitos fundamentais econômicos, sociais, culturais e ambientais. **Revista de Direitos Fundamentais e Democracia**, v. 14, n. 14, Curitiba, p. 618-688, jul./dez. 2013, p. 681-684. Em similar sentido, Barcellos aponta para uma dupla dimensão individual e coletiva dos direitos, inclusive em relação aos direitos difusos. Cf. BARCELLOS, Ana Paula de. **Curso de Direito Constitucional.** 3 ed. Rio de Janeiro: Forense, 2020, p. 207.

Compreendidos os deveres fundamentais ambientais como relacionados ao direito fundamental ao ambiente em uma composição circular, no âmbito de direitos de terceira dimensão, passa-se para o estudo das disposições dos referidos deveres, o que será efetuado no próximo tópico.

2.3.3.3 Deveres fundamentais ambientais

Com a inserção da tônica dos deveres fundamentais ambientais na previsão constitucional do direito fundamental ao ambiente, houve o reconhecimento da importância do cidadão brasileiro para o alcance efetivo da tutela ambiental. Por essa razão, o comando normativo contido no artigo 225 não se limita a impor somente ao Estado o dever de preservação e defesa da natureza, remetendo-o, também, à coletividade.

A imposição de deveres fundamentais à coletividade na seara da tutela ambiental assume relevo de suma importância, até mesmo de caráter mais palpável e quantificável que o próprio conceito de direito fundamental ao ambiente. Reside nesta perspectiva a posição crítica perpetrada por Gomes, ao conceber o sentido subjetivo de pretensão da proteção ambiental como um equívoco, referindo se tratar de uma posição jurídica já identificada com normas tutelares de direitos fundamentais como a vida, a integridade física, o desenvolvimento da personalidade e a propriedade.[282] Considerando a inexigibilidade de uma prestação determinável ante a impossibilidade da apropriação jurídica de bens de natureza coletiva, o direito ao ambiente estaria reduzido a um interesse de fato[283], não havendo recondução a qualquer direito, mas tão somente, no âmbito do aproveitamento de bens da natureza coletiva, um dever de realização solidária de objetivo comum, por intermédio de imposições normativas.[284]

Para Luño, noutro aporte crítico, a composição do direito fundamental ao ambiente apresentaria dificuldades (a) técnicas: porquanto a concepção de um valor prioritário de conservação das espécies não implicaria na existência de um direito fundamental ao ambiente, sendo que a positivação de direitos fundamentais requerem situações bem determinadas quanto ao objeto e titularidade, havendo a dificuldade de precisar o conjunto de faculdades constitutivas do direito ao ambiente, de modo que aluda a situações,

282. GOMES, Carla Amado. **Risco e modificação do acto autorizativo concretizador de deveres de protecção do ambiente.** Lisboa: 2012, p. 55.
283. Ibidem, p. 79.
284. Ibidem, p. 98.

faculdades ou interesses diversos; (b) axiológicas: que ocorrem devido a noção do ambiente não possuir um significado prescritivo, mas somente descritivo, dependendo, quando do reconhecimento do ambiente degradado em que vivem certas populações, da qualificação valorativa do ambiente no caso de termos como, por exemplo, sadio, equilibrado ou essencial para o desenvolvimento da pessoa.[285] Não é à toa que, segundo o autor, a previsão constitucional espanhola de um direito a qualidade de vida através da proteção ambiental é concebido como aspiração ou meta, dependentes de importantes transformações culturais e socioeconômicas.[286]

Apesar das composições críticas à tutela constitucional ambiental, quanto ao alegado simbolismo[287] e às suas dificuldades estruturais técnicas e axiológicas que, de algum modo acabam levando à conclusão sobre a importância do reconhecimento da imperiosidade dos deveres fundamentais ambientais, principalmente aqueles atribuídos à coletividade, no cenário normativo-constitucional brasileiro o ambiente ecologicamente equilibrado é um direito fundamental por imposição da vontade do constituinte[288].

O teor da composição de deveres fundamentais ambientais atribuídos à coletividade compõe um trunfo da norma constitucional ao não submeter somente o Estado na lógica de dever de proteção ambiental. Grava-se, portanto, um inequívoco dever fundamental de tutela ambiental que acaba se minuciando ao longo da Constituição em diversos deveres previstos de modo explícito ou implícito, gerando pela força normativa do dever fundamental de tutela ambiental a possibilidade de caracterização de diversas formas de deveres fundamentais ambientais, desde que em sintonia com o sistema constitucional e com a justificativa da medida de sua imposição.[289]

Subsiste uma lógica dependência humana do ambiente natural, que expõe um aspecto fático da importância de restrições da conduta exploratória. Todavia, para além desta lógica natural está assentada a imposição de proteção ambiental da coletividade na Constituição, revelando um aspecto normativo essencial que entra em consonância com o afirmado por

285. LUÑO, Antonio Enrique Perez. **Derechos humanos, Estado de Derecho y Constitucion.** 5 ed. Madrid: Tecnos, 1995, p. 463-464.

286. Ibidem, p. 448.

287. GOMES, C. A. Constituição e ambiente: errância e simbolismo. **Veredas do Direito**, v. 9, n. 17, p. 9-29, 2012, p. 20.

288. BARROSO, L. R. A proteção do meio ambiente na Constituição brasileira. **Revista Forense,** Rio de Janeiro, v. 317, p. 161-178, 1992, p. 167.

289. SARLET, Ingo Wolfgang; FENSTERSEIFER, Tiago. **Direito constitucional ecológico:** constituição, direitos fundamentais e proteção da natureza. 6 ed. São Paulo: Editora Revista dos Tribunais, 2019, p. 349.

Bosselmann ao referir a conexão entre a abordagem ecológica dos direitos humanos e o reconhecimento da interdependência de direitos e deveres.[290] Não basta, portanto, limitar a tutela ambiental à atuação estatal, razão pela qual a norma constitucional prevista no artigo 225 estende seus tentáculos para alcançar todos os cidadãos.[291]

Da intrínseca relação entre o direito ao ambiente e o dever fundamental de proteção ambiental, advém a formulação de um direito a que correspondem obrigações, de modo a se reconhecer a imprescindibilidade dos deveres fundamentais e de sua efetividade e eficácia a cobrar de todos um *status* ativo e responsável.[292] Para Miranda, os deveres, no caso da defesa do ambiente, comunicam-se com interesses difusos e correspondentes incumbências estatais[293] e, com base em um respaldo no direito fundamental ao ambiente, pode-se remeter o dever de defender o ambiente à uma posição de dever fundamental, não ficando reduzido a efeito externo da previsão de um direito.[294]

Com a concretização constitucional do direito fundamental ao ambiente, passa-se da desregrada utilização de recursos naturais e da livre disposição da qualidade ambiental para uma restrição limitadora, que depende da configuração de um dever fundamental ambiental para prevenir o dano ambiental.[295] Assim, o direito ao ambiente acaba levando a criação de obrigações para ser alcançado em sua completude, dependendo do cumprimento por parte da sociedade de determinados deveres previstos no texto constitucional.

A previsão constitucional dos deveres fundamentais ambientais se dá expressamente, em uma cláusula geral de um dever fundamental geral de proteção do ambiente[296], determinado no *caput* do artigo 225 da Constituição. Sendo possível depreender deveres fundamentais ambientais determinados

---

290. BOSSELMANN, Klaus. **O princípio da sustentabilidade:** transformando direito e governança. Tradução de Phillip Gil França. São Paulo: Editora Revista dos Tribunais, 2015, p. 182.

291. BENJAMIN, Antônio Herman. Direito constitucional ambiental brasileiro. In: CANOTILHO, José Joaquim Gomes; LEITE, José Rubens Morato. **Direito constitucional ambiental brasileiro.** 6 ed. São Paulo: Saraiva, 2015, p. 139.

292. MEDEIROS, Fernanda Luiza Fontoura de. **Meio ambiente:** direito e dever fundamental. Porto Alegre: Livraria do Advogado, 2004, p. 124-125.

293. MIRANDA, Jorge. **Manual de direito constitucional – Tomo IV: Direitos Fundamentais**. 3 ed. Coimbra: Coimbra Editora, 2000, p. 76.

294. Ibidem, p. 540.

295. FENSTERSEIFER, Tiago. **Direitos fundamentais e proteção do ambiente:** a dimensão ecológica da dignidade humana no marco jurídico constitucional do estado socioambiental de direito. Porto Alegre: Livraria do Advogado Editora, 2008, p. 199.

296. SARLET, Ingo Wolfgang; FENSTERSEIFER, Tiago. **Direito constitucional ecológico:** constituição, direitos fundamentais e proteção da natureza. 6 ed. São Paulo: Editora Revista dos Tribunais, 2019, p. 349.

pela Constituição tanto explícita como implicitamente. Também, além do dever fundamental de proteção ambiental previsto na Constituição, importa referir a sua concretização por meio da legislação infraconstitucional.

Relembrando a possibilidade dos deveres fundamentais imporem aos destinatários prestações de fato ou prestações materiais, sendo positivos, ou de imporem abstenções, enquadrando-se como negativos, os deveres fundamentais ambientais, dada sua complexidade, não se restringem à interação em apenas uma das categorias mencionadas, sendo simultaneamente[297] deveres fundamentais positivos e negativos. Para Canotilho e Moreira, pelos contextos negativo e de ações, o dever de defesa do ambiente comportaria três aspectos: (a) obrigação de não atentar contra o ambiente; (b) obrigações positivas diversas; (c) dever de impedir os atentados de outros contra o ambiente, por meio jurisdicional (o exemplo dos autores remete à ação popular).[298]

Como deveres fundamentais positivos, subsistem obrigações de prestação de fato ou de coisa. Em um sentido amplo, envolve a preservação e defesa da natureza como previsto no *caput* do artigo 225 da Constituição, podendo se exemplificar em um critério específico, pelo dever do explorador de recursos minerais recuperar o ambiente degradado (artigo 225, §2º, da Constituição Federal).

Já os deveres fundamentais negativos impõem abstenções dos particulares em casos que, não tomada esta atitude de resguardo, violariam o direito fundamental ao ambiente. São abstenções que se conectam a um dever de não degradação ambiental, impedindo ações próprias que venham a afrontar o ambiente em níveis que não sejam permitidos pelo ordenamento jurídico.

Pela visualização do conteúdo positivo e negativo dos deveres fundamentais ambientais, subsiste uma dupla função, de prestação e abstenção[299], que remeteriam a um vetor de defesa, predominantemente negativo, e um vetor de promoção, com conteúdo claramente positivo.[300]

297. NABAIS, José Casalta. **O dever fundamental de pagar impostos.** Coimbra: Livraria Almedina, 1998, p. 112.

298. CANOTILHO, José Joaquim Gomes; MOREIRA, Vital. **Constituição da República Portuguesa anotada**, volume 1. São Paulo; Coimbra: Editora Revista dos Tribunais; Coimbra Editora, 2007, p. 847.

299. MEDEIROS, Fernanda Luiza Fontoura de. **Meio ambiente:** direito e dever fundamental. Porto Alegre: Livraria do Advogado, 2004, p. 127.

300. NABAIS, José Casalta. **O dever fundamental de pagar impostos.** Coimbra: Livraria Almedina, 1998, p. 112.

Com os deveres fundamentais de proteção ambiental, existe uma vinculação jurídica dos particulares[301], sendo que não se tem por incomum a existência conjunta de ambas as funções dos deveres fundamentais ambientais, positivas e negativas, como é o caso do empreendedor a quem se exige a não degradação ambiental (obrigação negativa) e, caso a cometa, mitigue e repare a degradação causada (obrigação positiva)[302].

De se destacar a dupla fundamentalidade dos deveres fundamentais ambientais, no que diz respeito à fundamentalidade formal, quando da expressa previsão constante no caput do artigo 225 da Constituição, e material, referente à substancialidade do dever de proteção ambiental.[303]

Ao considerar a possibilidade de que deveres fundamentais venham a possuir eficácia e aplicabilidade imediata a depender do caráter da norma jurídico-constitucional que os fundamenta (tópico 2.3.3.1), a aplicabilidade do dever fundamental ambiental, singular pela importância de seu conteúdo e urgência de exigibilidade[304], encontra defesa no que se determina a sua aplicabilidade imediata em função da proteção da dignidade da pessoa humana e da proteção ambiental propriamente dita capaz de garantir um mínimo de qualidade ambiental (mínimo existencial ecológico).[305]

No Supremo Tribunal Federal restaram reconhecidos os deveres fundamentais ambientais, como ilustra o voto lavrado pelo Ministro Celso de Mello na menção à incumbência à coletividade da especial obrigação de defender e preservar o direito ao ambiente em favor das presentes e futuras gerações, evitando-se conflitos intergeracionais que viriam a ser ocasionados pelo desrespeito ao dever de solidariedade.[306]

Quanto à proteção ambiental em favor das gerações, presentes ou futuras, desponta o caráter do dever ambiental voltado para o desenvolvimento que não coloque em risco a existência humana, considerada como tal não somente no momento atual, mas avaliando o porvir. Para Weiss, o desenvolvimento

---

301. SARLET, Ingo Wolfgang; FENSTERSEIFER, Tiago. **Direito constitucional ecológico:** constituição, direitos fundamentais e proteção da natureza. 6 ed. São Paulo: Editora Revista dos Tribunais, 2019, p. 354.

302. BENJAMIN, Antônio Herman. Direito constitucional ambiental brasileiro. In: CANOTILHO, José Joaquim Gomes; LEITE, José Rubens Morato. **Direito constitucional ambiental brasileiro.** 6 ed. São Paulo: Saraiva, 2015, p. 140.

303. SARLET, Ingo Wolfgang; FENSTERSEIFER, Tiago. **Direito constitucional ecológico:** constituição, direitos fundamentais e proteção da natureza. 6 ed. São Paulo: Editora Revista dos Tribunais, 2019, p. 348.

304. MEDEIROS, Fernanda Luiza Fontoura de. **Meio ambiente:** direito e dever fundamental. Porto Alegre: Livraria do Advogado, 2004, p. 128.

305. SARLET, Ingo Wolfgang; FENSTERSEIFER, Tiago. **Direito constitucional ecológico:** constituição, direitos fundamentais e proteção da natureza. 6 ed. São Paulo: Editora Revista dos Tribunais, 2019, p. 350.

306. STF, Ação Direta de Inconstitucionalidade 3.540-1/DF, Relator Ministro Celso de Mello, j. 01.09.2005.

sustentável é uma questão tanto intrageracional quanto intergeracional[307], razão pela qual aponta três princípios para equidade entre gerações: a) cada geração deve conservar opções de bases de recursos naturais e culturais; b) deve-se requerer que cada geração mantenha a qualidade do planeta para que seja passado adiante sem estar em condições piores das que anteriormente recebidas; c) cada geração deve prover seus membros com direitos equitativos de acesso à herança das gerações passadas e conservar este acesso para as gerações futuras.[308]

Mesmo que se tenha por difícil aplicação o sentido visto, por vezes, até mesmo simbólico[309] da equidade intergeracional, a Constituição assim estabelece, de modo que o dever fundamental de proteção ambiental deve considerar em seu bojo a proteção ambiental em relação às gerações futuras e não só em função das gerações presentes.[310]

Além das formas normativas que integram os deveres fundamentais ambientais como, por exemplo, o dever de prevenção, de precauçao[311] e o dever de informação ambiental, diversas são as outras possíveis espécies de deveres fundamentais ambientais que se depreendem explícita ou implicitamente do texto constitucional, resguardando sua não autonomia, em face do direito fundamental ao ambiente.

2.4 BEM AMBIENTAL

O termo bem ambiental, devido a possibilidade de ser observado como expressão genérica, pode causar certos desentendimentos ao longo de sua utilização, como é o caso do seu emprego com a finalidade de expressar: os

307. WEISS, E. B. In fairness to future generations and sustainable development. **American University International Law Review,** v. 8, n. 1, p. 19-26, 1992, p. 19.

308. Ibidem, p. 22-23.

309. GOMES, Carla Amado. **Risco e modificação do acto autorizativo concretizador de deveres de protecção do ambiente.** Lisboa: 2012, p. 107.

310. Interessante observar que ao considerar que a humanidade somente pode sobreviver com condições básicas para a vida e que as gerações encontram seu curso pela força da herança cultural, Häberle aponta que a proteção das gerações futuras apenas pode ser assegurada com um Estado Constitucional que salvaguarde igualmente a natureza e a cultura. Cf. HÄBERLE, Peter. A constitutional law for future generations – the 'other' form of the social contract: the generation contract. In: TREMMEL, Joerg Chet. **Handbook of Intergenerational Justice.** Cheltenham; Northampton: Edward Elgar, 2006, p. 222.

311. Sobre o princípio da precaução, principalmente em relação ao conceito e diferenciação do princípio da prevenção, veja-se a obra de Wedy a respeito. Cf. WEDY, Gabriel. **O princípio constitucional da precaução como instrumento de tutela do meio ambiente e da saúde pública**: de acordo com o Direito das Mudanças Climáticas e o Direito dos Desastres. 3 ed. Belo Horizonte: Fórum, 2020, p. 39-61.

elementos que constituem o ambiente, o ambiente como um todo, o bem jurídico autônomo ambiental ou o direito ao ambiente.

Por esta razão, a caracterização de bem ambiental, com vistas a proporcionar uma adequada apropriação do termo, perpassa por um debate em torno da consideração do bem ambiental quando mencionado em referência ao ambiente como um todo. Trata-se de um debate que compreende não somente o manuseio do termo com o intuito de definir o bem ambiental, mas que se propõe a delimitar a sua natureza jurídica.

Pretendendo-se trazer uma solução a este debate, propõe-se nesta seção a realizar uma conceituação técnica e jurídica de ambiente, viabilizando um discernimento que promova sua aplicação com o objetivo de estabelecer a natureza jurídica de bem ambiental. Além disso, com a divisão da conceituação do bem ambiental de forma a ter, de um lado o ambiente e, de outro, os elementos que o compõe, será igualmente possível determinar em que aspecto o bem ambiental se revela como bem jurídico autônomo e como um direito.

2.4.1 O debate em torno da definição de bem ambiental

Um dos temas que recebe destaque ao longo dos estudos realizados no âmbito do direito ambiental remete à conceituação do bem ambiental, ou seja, qual a caracterização do objeto de proteção do direito fundamental ao ambiente. Muito se tem debatido acerca do que seria o ambiente ecologicamente equilibrado previsto no texto constitucional, inclusive a respeito de sua condição de bem público, privado ou, ainda, de um bem diverso que ensejasse o reconhecimento de uma nova espécie de bem.

É provável que o próprio mandamento constitucional do direito fundamental ao ambiente colabore para essa ausência de clareza que leva o bem ambiental ao centro de diversas controvérsias sobre sua natureza. No caso, o artigo 225 da Constituição ao referir que todos têm direito ao ambiente ecologicamente equilibrado, caracteriza-o como sendo um bem de uso comum do povo.

Com a previsão de enquadramento do ambiente ecologicamente equilibrado como sendo um bem de uso comum do povo, há quem possa referir seu abarcamento pelos bens públicos, atendendo ao previsto no artigo 99, inciso I, do Código Civil, que reza serem bens públicos os bens de uso comum do povo. Inegável que a terminologia utilizada, bem de uso comum do povo, é a mesma em ambos os fragmentos legais, contribuindo para a formação dessa ilação.

Diferentemente, subsiste a definição do ambiente como sendo uma nova espécie de bem, não se caracterizando como bem público e, tampouco, como bem privado. Essa nova espécie de bem, denominada de bem difuso[312] e disciplinada pela Constituição Federal de 1988 no artigo 225, estabeleceria a existência de um bem com estrutura de uso comum do povo e essencial à sadia qualidade de vida.[313] Assim, o bem ambiental, formado pelo somatório das características de ser um bem de uso comum do povo e essencial à sadia qualidade de vida[314], não poderia ser confundido com relações jurídicas que envolvessem bens vinculados às pessoas humanas em face da propriedade, uma vez que as relações jurídicas que envolvem um bem ambiental ficariam adstritas ao seu exclusivo uso.[315] Conforme Fiorillo, um exemplo de bem ambiental de característica difusa seria o direito de antena, sustentando a vinculação do referido direito ao conteúdo da Política Nacional do Meio Ambiente (Lei n. 6.938/1981).[316]

Ao observarem a globalidade e complexidade do ambiente, Costa e Resende se posicionam igualmente em favor da classificação do bem ambiental como sendo um bem difuso, pertencente a todos, o que viria a determinar a atividade gestora por parte do poder público e extinguiria uma dicotomia havida entre bem público e bem privado.[317]

Um entendimento aproximado à concepção do bem ambiental como sendo um bem difuso é o trazido por Piva que inicialmente se propõe a cindir os conceitos de bem ambiental e de recursos ambientais, de modo que aquele serviria de objeto mediato às relações jurídicas de natureza ambiental, considerando o direito à qualidade do ambiente, enquanto que este remeteria a todos os demais bens jurídicos que seriam de qualquer natureza, privados, públicos, coletivos, materiais e imateriais, capazes de proporcionar equilíbrio ecológico ao ambiente.[318] Assim, o bem ambiental se classificaria

312. FIORILLO, Celso Antonio Pacheco. **Curso de direito ambiental brasileiro.** 18 ed. São Paulo: Saraiva, 2018, p. 153.

313. Ibidem, p. 157.

314. Ibidem, p. 165.

315. Ibidem, p. 172.

316. FIORILLO, Celso Antonio Pacheco. **O direito de antena em face do direito ambiental no Brasil.** São Paulo: Saraiva, 2000, p. 192.

317. COSTA, B. S; Resende, E. N. O bem sob a ótica do direito ambiental e do direito civil: uma dicotomia irreconciliável? **Revista Brasileira de Políticas Públicas**, Brasília, v. 1, n. 3, p. 43-70, dez. 2011, p. 67.

318. PIVA, Rui Carvalho. **Bem ambiental.** São Paulo: Max Limonad, 2000, p. 141.

como um valor difuso e imaterial, servindo de objeto mediato a relações jurídicas de natureza ambiental, sem desconsiderar que a imaterialidade do bem ambiental adviria de sua composição como um direito.[319]

Outra linha de entendimento, expressada por Antunes, entende pela transformação do conceito de bens de uso comum, ante a sua previsão constitucional no artigo 225, de modo que os bens de uso comum passariam a não serem somente bens públicos. Deste modo se justificariam as obrigações por sobre bens de domínio privado, possibilitando uma fruição mediata e não imediata, por sobre as características ecológicas dos bens que seriam de uso comum.[320]

Para Silva, a constitucionalização do direito ao ambiente ecologicamente equilibrado tem por objeto o ambiente qualificado, isto é, a qualidade se converte em um bem jurídico, que adota a terminologia de bem de uso comum do povo e essencial à sadia qualidade de vida, tratando-se de atributos do ambiente que não são passíveis de apropriação privada, ainda que seus elementos constitutivos sejam de domínio de particulares, fazendo com que o proprietário público ou privado não possa dispor do ambiente de qualquer maneira, uma vez que este se trataria de bem de interesse público.[321]

No caso, a ideia de fruição mediata exposta por Antunes parece ser passível de ser interpretada conjuntamente com a concepção de Silva no que diz respeito à impossibilidade de apropriação de determinados atributos que compõe o ambiente, independentemente de sua constituição na origem ser de bens públicos ou de bens privados.

Outro entendimento, que parte de uma visão fragmentada dos elementos que compõem o ambiente, tem por base que todo e qualquer bem essencial à sadia qualidade de vida humana e de uso comum do povo seria dotado da característica ambiental. Seria o caso, por exemplo, do solo, da água, do ar atmosférico, da flora, da fauna, do patrimônio genético do país, do patrimônio cultural brasileiro, da saúde das praças e ruas, das áreas verdes e outros assentamentos de expressão urbanística.[322]

Ainda, segundo outra linha interpretativa, depreende-se da expressão bem de uso comum do povo no artigo 225 da Constituição, a inserção da função social e da função ambiental da propriedade como critérios de gestão

319. Ibidem, p. 152.

320. ANTUNES, Paulo de Bessa. **Direito ambiental.** 16 ed. São Paulo: Atlas, 2014, p. 69.

321. SILVA, José Afonso da. **Direito ambiental constitucional.** 9 ed. São Paulo: Malheiros Editores, 2011, p. 85-86.

322. GUERRA, Sidney; GUERRA, Sérgio. **Curso de direito ambiental.** São Paulo: Atlas, 2014, p. 90.

ambiental, vindo a superar o conceito de propriedade privada e pública. Em razão disso haveria a ampliação do conceito de bem de uso comum, fazendo com que o poder público deixasse de ser um proprietário de bens ambientais, passando a ser definido como gestor ou gerente de administração de bens que não lhe são próprios.[323]

Os entendimentos ora expressados servem para exemplificar o debate travado em torno da definição do bem ambiental, que assume diferentes perspectivas. O bem ambiental passa a obter diversas definições, podendo ser visto por meio da integração no rol de bens públicos, da concepção como um novo bem em função de seu aspecto imaterial, da classificação como bem de interesse público diante da definição prevista de bens públicos e privados ou, então, da deslocação dos atributos que compõe o ambiente como externos à concepção dos bens públicos e privados, revelando a composição de fatores de impossível apropriação e, por esta razão, sendo de uso comum do povo.

É de fundamental importância uma apropriada definição do bem ambiental, necessária para estabelecer o objeto do direito fundamental ao ambiente e para propiciar a compreensão das minúcias que envolvem os diversos temas da ordem do direito ambiental. Sua conceituação, que depende da sua classificação do ordenamento jurídico, demanda inclusive uma compreensão do significado de ambiente. Por isso, busca-se expor, perpassando o sentido de ambiente, a conceituação que se adequa à compreensão do bem ambiental por meio da proteção de um bem jurídico necessário a vida.

2.4.2 Conceitos técnicos e jurídicos de ambiente

Inicialmente, em que pese a adoção da terminologia ambiente no presente estudo, de se referir que tanto doutrinária como juridicamente, tem-se em grande maioria optado pela utilização da expressão meio ambiente para definir esta seara afeita ao direito ambiental. Neste sentido, aponta Silva a conveniência pelo reforço do sentido significante do termo no uso de expressões compostas, em função de dois motivos, o primeiro constante na possibilidade de um enfraquecimento do sentido a destacar e, o segundo, porque a expressão é mais ampla ou mais difusa, não satisfazendo psicologicamente a ideia da linguagem a se expressar.[324] Com efeito, o mencionado fenômeno

323. MACHADO, Paulo Affonso Leme. **Direito ambiental brasileiro.** 22 ed. São Paulo: Malheiros Editores, 2014, p. 152.

324. SILVA, José Afonso da. **Direito ambiental constitucional.** 9 ed. São Paulo: Malheiros Editores, 2011, p. 19.

influenciou o legislador, que procurou dar aos textos legislativos uma maior exatidão significativa, justificando-se o uso do termo meio ambiente.[325]

A partir disso, justificando a utilização variada de termos, tais como meio, ambiente e, na forma composta, meio ambiente, compreende-se pela utilização das diversas opções, constando a prevalência do termo meio ambiente na legislação, nas decisões jurídicas e na doutrina. Sem desconsiderar isso, aqui se mantém, como utilizado nos capítulos precedentes e como será adiante mantido, o termo ambiente apenas.

Segundo Collin, o ambiente seria o que está em torno de qualquer organismo, incluindo o mundo físico e os outros organismos. Conceitua-se como aquilo que é externo ao organismo onde ele vive. Podendo ser uma região geográfica, uma condição climática, um poluente ou os ruídos que contornam o organismo.[326] Para Allaby, ambiente é formado pelo conjunto de condições físicas e biológicas em que um organismo vive. O termo envolve o social, o cultural e, no caso humano, a economia e a política, bem como de características usuais, por exemplo, o solo, o clima e a comida.[327]

Ao conceber o ambiente como o que cerca as variadas matizes que suportam a vida, como a água, a terra, a atmosfera e o clima, é preciso superar duas falsas impressões. A primeira, de que as matizes estão separadas dos seres vivos, quando que o ambiente dos organismos consiste de matrizes vivas e mortas. A segunda, de que o ambiente seria designado para suportar a vida, uma vez que o que ocorre é um processo de adaptação dos organismos ao ambiente.[328]

Quando analisada, constata-se que a definição legal de ambiente no plano jurídico brasileiro não destoa das especificações técnicas de ambiente. No artigo 3º, I, da Lei 6.938/1981, que dispôs sobre a Política Nacional do Meio Ambiente, depreende-se que o ambiente passou a ser conceituado como "o conjunto de condições, leis, influências e interações de ordem física, química e biológica, que permite, abriga e rege a vida em todas as suas formas".

A capacidade de abrigar, permitir e reger a vida em todas as suas formas, diante de um equilíbrio da ordem de diversos fatores entra em consonância com a possibilidade de um organismo ter, ao seu redor, um local onde possa efetivamente viver.

---

325. Ibidem, p. 20.

326. COLLIN, P. H. **Dictionary of environment & ecology.** 5 ed. London: Bloomsbury, 2004, p. 74.

327. ALLABY, Michael. **A dictionary of plant sciences.** 2 ed. New York: Oxford University Press, 1998, p. 156.

328. CALOW, Peter. **The encyclopedia of ecology and environmental management.** Oxford: Blackwell Science, 1999, p. 239.

Por meio da definição legal, existe uma amplidão que açambarca o ambiente em suas especificidades permitindo que se conte com um conjunto de fatores que capacite a vida e seu desenvolvimento em todas as formas possíveis. Para Fiorillo, a definição de ambiente com este caráter amplo demonstra a escolha do legislador por um conceito jurídico indeterminado que gera um espaço positivo para a incidência da norma.[329] Além disso, segundo Mukai, a definição legal de ambiente não o limita em sua relação com o homem, estendendo-a para todas as formas de vida.[330] E, consoante entendimento de Sarlet e Fensterseifer, a concepção ampla que qualifica o bem jurídico ambiental adotada pelo legislador constitucional e infraconstitucional conforma em seu conteúdo a integração entre o ambiente natural e o ambiente humano (social).[331]

Para fins didáticos, Silva demonstra a existência de aspectos do ambiente, dividindo-o pedagogicamente em ambiente artificial, para remeter ao espaço urbano formado pelo conjunto de edificações (espaço urbano fechado) e de equipamentos públicos (espaço urbano aberto); ambiente cultural, possuidor de valor especial, é constituído pelo patrimônio histórico, artístico, arqueológico, paisagístico e turístico; ambiente natural ou físico, composto pelo solo, a água, o ar atmosférico, a flora, sendo formado pela interação dos seres e seu meio, na reciprocidade entre espécies e nas relações que estas possuem com o ambiente físico ocupado; ambiente do trabalho, existindo como um desmembramento do ambiente artificial, é composto pelo local onde o trabalhador passa grande parte de sua vida, subsistindo a importância de que seja dotado de qualidade para imprimir qualidade de vida a quem nele exerce suas atividades laborais.[332] Além destes aspectos, há ainda o ambiente digital, fruto do desenvolvimento civilizatório que demonstra traços de uma sociedade de rede, com estrutura social também baseada em redes alimentadas por informação microeletrônica e tecnologias de comunicação.[333]

Assim, mesmo que a definição legal de ambiente prevista no artigo 3º, I, da Lei 6.938/1981 contenha uma estrutura voltada para o ambiente

329. FIORILLO, Celso Antonio Pacheco. **Curso de direito ambiental brasileiro.** 18 ed. São Paulo: Saraiva, 2018, p. 61.

330. MUKAI, Toshio. **Direito ambiental sistematizado**. 10 ed. Rio de Janeiro: Forense, 2016, p. 3.

331. SARLET, Ingo Wolfgang; FENSTERSEIFER, Tiago. **Curso de direito ambiental**. Rio de Janeiro: Forense, 2020, p. 103.

332. SILVA, José Afonso da. **Direito ambiental constitucional.** 9 ed. São Paulo: Malheiros Editores, 2011, p. 23.

333. CASTELLS, Manuel. Informationalism, Networks, and the Network Society: A Theoretical Blueprint. In: CASTELLS, Manuel (ed.). **The network society:** a cross-cultural perspective. Cheltenham; Northampton: Edward Elgar Publishing, 2004, p. 3.

natural, deve se observar a conceituação do ambiente em seu mais amplo aspecto, a ser observado como uma conjugação do ambiente artificial, do ambiente cultural, do ambiente natural, do ambiente do trabalho e do ambiente digital, anteriormente apontados. Ressalta-se, por outro lado, que a proposta didática consistente na divisão do ambiente em elementos para fins técnicos e de compreensão jamais deve deixar de admitir o ambiente como um conceito unitário.

2.4.3 Uma proposta de definição de bem ambiental

Uma das definições de bem ambiental sobressai quando da divisão realizada entre, de um lado, os bens passíveis do exercício da propriedade pública ou privada e, de outro, a imaterialidade de que se dota o conjunto de fatores ecossistêmicos que permitem o abrigo da vida nas suas mais diversas formas. O ambiente, portanto, seria constituído por meio de ecossistemas entrelaçados, tanto de propriedade privada como pública, à semelhança de um mosaico.[334] Disso se constata uma ruptura entre o ambiente globalmente considerado, enquanto incorpóreo e imaterial, e os elementos corpóreos que o mantém, bens passíveis de apropriação, principalmente para fins econômicos, com limitações e critérios legais.[335]

Essa divisão apontada pode ser elucidada por meio das classificações entre microbem e macrobem ambientais, sobre os quais a Constituição Federal buscaria regular o uso.[336] O ambiente como macrobem seria um bem incorpóreo, imaterial e de uso comum do povo e, assim, o proprietário, tanto público como privado, não poderia dispor da qualidade ambiental, ante uma previsão constitucional que alça o macrobem ambiental como sendo da coletividade.[337]

Por outro lado, o microbem ambiental se caracterizaria por elementos que compõem o ambiente, como é o caso de florestas, rios, propriedades de valor paisagístico, podendo ser bens de propriedade pública e privada, em relação à titularidade dominial.[338]

---

334. LEUZINGER, Márcia Dieguez. **Meio ambiente:** propriedade e repartição constitucional de competências. Rio de Janeiro: Esplanada, 2002, p. 53.

335. MIRRA, A. L. V. Princípios Fundamentais do Direito Ambiental. **Revista de Direito Ambiental,** v. 1, n. 2, p. 50-66, abr.-jun. 1996, p. 56.

336. BENJAMIN, Antônio Herman. Direito constitucional ambiental brasileiro. In: CANOTILHO, José Joaquim Gomes; LEITE, José Rubens Morato. **Direito constitucional ambiental brasileiro.** 6 ed. São Paulo: Saraiva, 2015, p. 109.

337. LEITE, José Rubens Morato; AYALA, Patryck de Araújo. **Dano ambiental:** do individual ao coletivo extrapatrimonial. 7 ed. São Paulo: Editora Revista dos Tribunais, 2015, p. 95.

338. Ibidem, p. 97.

É possível associar a definição do macrobem ambiental com a explicação trazida por Gomes, que assenta a coletividade como usuária da vertente imaterial dos bens ambientais sem a necessidade de existir um contato direto com a base física nem direito de propriedade sobre estes bens. Por se tratar de uso de bem coletivo, não seria uma propriedade coletiva por causa da impossibilidade de apropriação das qualidades imateriais e tampouco seria usufruto ante a não suscetibilidade de comercializar as qualidades imateriais do ambiente.[339]

Nessa esteira, Milaré dispõe sobre o ambiente como sendo a totalidade ecossistêmica e peculiaríssima, não passível de apropriação pública ou privada, devido ao seu caráter difuso, tratando-se de definição que combinaria com a ideia de macrobem ambiental. Diferentemente, caberia uma associação entre o que seriam os microbens ambientais e o conceito de bens ambientais proposto pelo autor, definidos como bens tangíveis, quantificáveis e valoráveis economicamente.[340]

Com isso, haveriam relações ecossistêmicas que formam o ambiente como bem de interesse coletivo em uma categoria abstrata não aplicável aos bens ambientais. O ambiente como maior, difuso e intangível seria formado pelos bens menores, estes sim dotados de tangibilidade e concretude se configurariam como objeto do direito ambiental e da gestão ambiental.[341]

Impende destacar, porém, que a definição de macrobem ambiental pode levar a conclusões equivocadas, mediante uma confusão terminológica desencadeada pelo uso da expressão bem de uso comum prevista na Constituição, bem como a partir da consideração do termo bem como se fizesse referência a objetos materiais ou imateriais passíveis de configurar a propriedade.

Assim, observado o ambiente como imaterial e passível de ser aproveitado pela coletividade, há quem conclua existir uma conceituação que excederia as regras tradicionais do Código Civil, criando uma nova espécie de bem, este apropriável pela coletividade. Esta conclusão buscaria empregar com esse sentido os conceitos de interesse público da coletividade no ambiente ou de bem difuso quando observado em seu sentido de macrobem. Pelo interesse público, o proprietário, público ou privado, estaria impedido de utilizar do microbem que integra o macrobem ambiental com finalidades

---

339. GOMES, Carla Amado. **Risco e modificação do acto autorizativo concretizador de deveres de protecção do ambiente.** Lisboa: 2012, p. 115.

340. MILARÉ, Édis. **Direito do ambiente.** 10 ed. São Paulo: Editora Revista dos Tribunais, 2015, p. 508.

341. Ibidem, p. 510-511.

que comprometam o equilíbrio ecológico do ambiente, resguardando-se a sua qualidade. Igualmente, adotando a definição imaterial do macrobem ambiental, existe quem defenda o alargamento do conceito de bem de uso comum, não permitindo a apropriação do macrobem ambiental por parte do Estado. Neste caso, a natureza jurídica do macrobem ambiental seria dotada de substância apartada dos bens de uso comum de propriedade pública e, por isso, o Estado exerceria sua função de mero administrador destes bens.

Apesar disso, ocorre que a utilização da mesma expressão, qual seja bem, não deve ensejar uma confusão terminológica, ao ponto que os microbens ambientais remetem aos elementos constituintes do ambiente como um todo, enquanto o macrobem, imaterial e incorpóreo, impossível de apropriação e valoração econômica, mesmo em sua utilização coletiva, deveria ser observado como um direito difuso e não como bem passível de se submeter a um regime de propriedade justamente em razão de sua constituição não convolar o instituto da propriedade por estar alheio a essas caracterizações. De acordo com Di Pietro, há por parte do legislador constituinte uma utilização da linguagem emprestada do Código Civil, ao definir o direito ao ambiente como um bem de uso comum do povo, o qual deve ser observado como o direito de todos usufruírem o ambiente como fundamental para a melhoria da qualidade de vida.[342]

Os microbens ambientais, bens de apropriação pública e privada pelo ordenamento jurídico, não se confundem com a qualidade do ambiente, apenas passível de uso coletivo. A expressão bem de uso comum do povo constante no artigo 225 da Constituição, ainda que utilize o mesmo termo de uma das modalidades de bem público (artigo 99, I, do Código Civil), desta difere, tampouco se assemelhando ao regime de propriedade que atinge os microbens ambientais, que podem ser bens materiais ou imateriais de propriedade pública ou privada. No caso do artigo 225, a expressão bem de uso comum do povo deve ser compreendida como sendo um bem jurídico a ser protegido, concretizado na forma de direito fundamental.

Do contrário, como elucida Marques Neto, sendo o ambiente o universo em que se está inserido, abarcando propriedades urbanas e rurais, recursos naturais, animais e demais componentes, a concepção do ambiente como um terceiro gênero de bem acabaria derrogando o direito de propriedade.[343] Por

342. DI PIETRO, M. S. Z. Polícia do meio ambiente. **Revista Forense,** Rio de Janeiro, v. 317, p. 179-187, 1992, p. 179.

343. MARQUES NETO, Floriano de Azevedo. **Bens públicos:** função social e exploração econômica: o roegime jurídico das utilidades públicas. Belo Horizonte: Fórum, 2014, p. 96.

isso, a locução constitucional do artigo 225, remete ao direito constitucional de fruição do bem ambiental, assim compreendido na sua dimensão funcional e não dominial, ou seja, o artigo 225 da Constituição não diz respeito a um bem enquanto utilidade em si, mas ao direito à fruição desta utilidade, concernindo a um direito subjetivo de uso do ambiente sem descaracterizar a relação de domínio público ou privado.[344]

Vai daí que a funcionalidade do ambiente se impregna em diferentes graus sobre os bens do domínio eminente, não sendo subtraídas as relações dominiais públicas e privadas que formam o universo ambiental para a caracterização do direito difuso ao ambiente.[345] Como esclarece Marés de Souza Filho, surge por sobre os bens ambientais, um direito difuso de toda a coletividade, pelo autor denominado de direitos socioambientais, que não se opõe e nem altera a dicotomia entre os conceitos de bens públicos e privados.[346] Neste sentido, a proteção do ambiente se aproxima daquela destinada aos bens culturais, sobre os quais Rabello descreve existir um bem jurídico objeto de proteção que se materializa na coisa, mas que com a qual não se confunde, pois não se trata de um direito de propriedade.[347]

A partir disso, a interpretação concebida por meio da divisão entre macrobem e microbem ambiental deve fornecer um estado de compreensão que perceba diferenciadamente, de um lado o regime de propriedade disposto pela teoria civilista, no tocante aos microbens, e, de outro, o direito difuso concebido pela imaterialidade do bem ambiental, observado como macrobem.

Mesmo a definição trazida pela Lei 6.938/1981, que considera o ambiente como um patrimônio público (artigo 2º, I) não deve ser considerada ao pé da letra, isto é, como um bem de propriedade, mas como expressão que define a utilização pela coletividade de um ambiente equilibrado ecologicamente. Como observa Marques Neto, há uma dicotomia entre duas concepções de patrimonialidade: a primeira remete ao caráter excludente de propriedade (um bem que integra a propriedade de alguém está fora da propriedade de outrem); a segunda não possui este caráter de exclusão, pertencendo a alguém com utilidade integrante ao patrimônio de todos, como é o caso do patrimônio cultural ou ambiental (artigo 216 e 225, respectivamente, da

344. Ibidem, p. 97.

345. Idem.

346. SOUZA FILHO, Carlos Frederico Marés de. **Bens culturais e proteção jurídica.** Porto Alegre: UE/Porto Alegre, 1997, p. 18.

347. RABELLO, Sonia. **O Estado na preservação dos bens culturais:** o tombamento. Rio de Janeiro: IPHAN, 2009, p. 45.

Constituição Federal), donde o sentido de patrimônio não remete à noção de propriedade, mas à imanência que integra o patrimônio nacional.[348] Neste sentido, reconhecendo a ausência de um sentido estritamente pecuniário do patrimônio, Ost desvincula sua condição de propriedade, vislumbrando-o como um poder jurídico, um atributo da personalidade do sujeito de direito.[349]

Buscando desconstituir estes equívocos relativos a definição de patrimônio, Sato esclarece a definição de patrimônio nacional com base na classificação da Mata Atlântica como sendo patrimônio nacional, no artigo 225, §4º da Constituição Federal. Como demonstra o autor, a expressão utilizada não tem o sentido de propriedade, mas um sentido de valor relevante, tal como ao se referir ao patrimônio cultural brasileiro, previsto no artigo 216, §1º, também da Constituição Federal[350]. Deste modo, a expressão patrimônio expressa a ideia de riquezas definidas constitucionalmente que obrigam a sua transmissão para as gerações futuras com resguardada possibilidade de desenvolvimento.[351]

Ainda sobre o artigo 225, §4º, oportuno mencionar que o STF, ao julgar sobre o dever de indenizar do poder público quando das limitações administrativas realizadas em imóvel rural para criação da Estação Ecológica Juréia-Itatins, destacou que o conteúdo da citada norma não converteu em bens públicos os imóveis particulares abrangidos por florestas e matas especificadas e, tampouco, impediu a utilização pelos particulares dos recursos naturais das áreas de domínio privado, quando observadas as determinações legais e as condições afeitas à proteção do ambiente.[352]

O bem ambiental, em seu conteúdo macro, formado pelo conjunto de microbens, não se define pelo regime de propriedade, ante a sua impossi-

---

348. MARQUES NETO, Floriano de Azevedo. **Bens públicos:** função social e exploração econômica: o regime jurídico das utilidades públicas. Belo Horizonte: Fórum, 2014, p. 59.

349. OST, François. **A natureza à margem da lei.** Tradução de Joana Chaves. Lisboa: Instituto Piaget, 1997, p. 359. Como explica Ost, "o patrimônio inscreve-se, simultaneamente numa lógica pecuniária e numa racionalidade simbólica; ele surge, simultaneamente alienável e inalienável, dentro e fora do comércio, consoante o considerarmos sob o ângulo do conteúdo ou do continente, do parcial ou do global. Ele produz-se como um feixe de interesses, mas também como um conjunto de encargos, respondendo uns aos outros; ele implica, ao mesmo tempo, ser protegido e gerido, conservado e administrado; ele acomoda-se à sobreposição num mesmo espaço de diversas prerrogativas distintas, remetendo para utilizações e titulares diferentes - o patrimônio, diremos, é como um nimbo, lançado em nome do interesse geral, sobre bens e coisas, relevando ora da propriedade privada, ora do domínio público, ora da soberania nacional, ora do regime internacional. Cf. OST, François. **A natureza à margem da lei.** Tradução de Joana Chaves. Lisboa: Instituto Piaget, 1997, p. 353-354.

350. SATO, Jorge. **Mata Atlântica:** direito ambiental e a legislação: exame das restrições ao uso da propriedade. São Paulo: Hemus, 1995, p. 56.

351. Ibidem, p. 63-64.

352. STF, Recurso Extraordinário 134297-8/SP, Relator Ministro Celso de Mello, j. 13.06.1995.

bilidade de apropriação e daí o interesse público sobre sua qualidade e a atividade gestora do Estado que, conjugada com os deveres ambientais da coletividade, moldam a estrutura do direito fundamental ao ambiente.

Como conclui Barroso, o ambiente foi reconhecido como direito difuso pela vontade do constituinte[353], sendo que a expressão bem de uso comum do povo não traduz uma vontade do constituinte de designar uma modalidade de bem público, mas de que o ambiente constitui um bem jurídico próprio, diferente do qual se exerce o direito de propriedade.[354]

Pergunta Cappelletti sobre a quem pertenceria o ar respirado.[355] É que, como o mesmo autor explica, o direito ao ar não poluído, que exprime uma exigência ao sistema jurídico contemporâneo, versa sobre um direito propriamente dito, pertencente a todos e a ninguém.[356] Neste contexto é que se poderia inserir a conclusão de Milaré no sentido de que a proclamação do ambiente como bem de uso comum ensejou o reconhecimento de sua natureza de direito público subjetivo, passível de ser exercido contra o Estado.[357]

Com a divisão entre macrobem e microbem, observada por meio de aquele remeter a um direito e este aos bens corpóreos e incorpóreos pertencentes a esfera pública ou privada, torna possível perceber como a qualidade do ambiente acaba condicionando o uso de bens públicos e privados com a finalidade de se manter o equilíbrio ecológico. Recaem, então, por sobre os bens públicos e privados, determinadas limitações e restrições que afetam o proprietário e, na forma de deveres, condicionam o exercício da propriedade.

As limitações e restrições encontradas no direito de propriedade, público ou privado, resultam do próprio contexto da função socioambiental da propriedade e são provenientes de uma transformação da propriedade em razão do direito fundamental ao ambiente. Não há uma modificação do instituto da propriedade que gere a criação de um novo bem, mas sim, passam a existir limitações e restrições por sobre o domínio de microbens ambientais provenientes do contexto do direito fundamental ao ambiente, notadamente dos deveres fundamentais ambientais que a ele correspondem.

---

353. BARROSO, L. R. A proteção do meio ambiente na Constituição brasileira. **Revista Forense,** Rio de Janeiro, v. 317, p. 161-178, 1992, p. 167.

354. Ibidem, p. 168.

355. CAPPELLETTI, M. Formações sociais e interesses coletivos diante da justiça civil. **Revista de Processo**, v. 2, n. 5, p. 128-159, 1977, p. 135.

356. Ibidem, p. 135-136.

357. MILARÉ, Édis. **Direito do ambiente.** 10 ed. São Paulo: Editora Revista dos Tribunais, 2015, p. 162-163.

2.4.4 Bens ambientais e o direito de propriedade

Como observado anteriormente, o estabelecimento do bem jurídico ambiental, denominado para esta finalidade de macrobem ambiental, não descontrói a divisão de bens até então tradicionalmente havida no direito civil como sendo de bens públicos e bens privados, dentre eles inseridos os microbens ambientais. Não obstante, os microbens ambientais, apesar de continuarem pertencendo ao poder público ou sendo de propriedade privada, passam a necessitar de atenções especiais, a fim de não comprometer o equilíbrio ecológico e a qualidade do macrobem ambiental, que é um bem jurídico essencial à vida, conforme determinado constitucionalmente.

Para analisar a incidência de limites e restrições ao direito de propriedade em função do direito ambiental, é imprescindível observar que nem sempre os microbens ambientais são caracterizados como recursos naturais, cabendo realizar uma diferenciação entre estes e os recursos ambientais. Recursos ambientais, como estabelece a Lei 6.938/1981, são a atmosfera, as águas interiores, superficiais e subterrâneas, os estuários, o mar territorial, o solo, o subsolo, os elementos da biosfera, a fauna e a flora. Por integrar os elementos da biosfera, inclusive o ecossistema humano, a definição legal possui conceito ampliado não se atendo exclusivamente aos recursos naturais.[358] Ainda, compondo os recursos ambientais, existem os bens culturais e históricos, levando-se em conta a vertente do ambiente artificial. Disso se depreende que os recursos ambientais englobam, em seu conteúdo, a categoria dos recursos naturais, por não se ater aos tradicionais elementos do ambiente.

Por sobre os elementos do ambiente, observados na sua totalidade de recursos ambientais, recaem delimitações que implicam tanto em restrições ao exercício do direito de propriedade, como em interferências diretas ao próprio direito de propriedade, retirando seu exercício sem, contudo, prescindir de indenização.

A ideia de deveres fundamentais, anteriormente estudada, representa uma forma de imposição de certos limites no conteúdo e alcance do direito de propriedade[359]. É o caso, por exemplo, da função socioambiental[360] da

358. Ibidem, p. 144.

359. SARLET, Ingo Wolfgang; FENSTERSEIFER, Tiago. **Direito constitucional ecológico:** constituição, direitos fundamentais e proteção da natureza. 6 ed. São Paulo: Editora Revista dos Tribunais, 2019, p. 366-367.

360. Entende-se que o direito de propriedade deve ser interpretado pela ótica da função social (artigo 5º, XXIII, da Constituição Federal), do princípio da função social da propriedade privada como norteador da ordem econômica (artigo 170, III, da Constituição Federal), da função social da propriedade urbana

propriedade que se depreende como dever jurídico que serve para garantir o direito de propriedade[361], assim como é possível destacar que o direito de propriedade sempre estará limitado pela sua função ambiental.[362]

Os limites à propriedade podem ser divididos entre limites internos e limites externos[363]. Quanto aos limites internos, são limites intrínsecos e contemporâneos à formação de domínio[364]. Um exemplo disso é a função social da propriedade, que assim como a função socioambiental da propriedade, diz respeito à estrutura do direito de propriedade[365].

Como especifica Rizzardo, nas limitações internas estão inseridas as limitações tradicionais, como o direito de vizinhança e a higiene, de modo que normalmente versam sobre o direito civil e afetam o uso da propriedade.[366] Devido à função socioambiental da propriedade, pode-se citar outras restrições que justificam a proteção ambiental[367], como ilustra exemplificativamente o interesse comum de todos os habitantes sobre as florestas.[368]

As limitações internas compõem critérios de utilização da propriedade, tal qual demonstrado pelo conteúdo substancial contido na função socioambiental da propriedade, a ela inerente e tributária, no sentido de dever se cumprir com a função socioambiental como meio de resguardar a garantia do próprio direito de propriedade.

(artigo 182, §2º, da Constituição Federal) e da observância da utilização adequada de recursos naturais disponíveis, que desloca a função social da propriedade ao fundamento específico do direito fundamental ao ambiente ecologicamente equilibrado (artigo 225, da Constituição Federal), assim caracterizando a função socioambiental da propriedade.

361. HUMBERT, Georges Louis Hage. **Direito urbanístico e função socioambiental da propriedade imóvel urbana.** Belo Horizonte: Fórum, 2009, p. 122.

362. KRELL, Andreas J. A relação entre a proteção ambiental e função social da propriedade nos sistemas jurídicos brasileiro e alemão. In: SARLET, Ingo Wolfgang. **Estado socioambiental e direitos fundamentais.** Porto Alegre: Livraria do Advogado Editora, 2010, p. 175.

363. BENJAMIN, A. H. V. Reflexões sobre a hipertrofia do direito de propriedade na tutela da reserva legal e das áreas de preservação permanente. **Revista de Direito Ambiental**, São Paulo, v. 1, n. 4, p. 41-60, out./dez. 1996, p. 49.

364. Idem.

365. SILVA, José Afonso da. **Curso de direito constitucional positivo.** 40 ed. São Paulo: Malheiros Editores, 2017, p. 284.

366. RIZZARDO, Arnaldo. **Direito das coisas:** Lei nº 10.406, de 10.01.2002. 4 ed. Rio de Janeiro: Forense, 2009, p. 201.

367. BENJAMIN, A. H. V. Reflexões sobre a hipertrofia do direito de propriedade na tutela da reserva legal e das áreas de preservação permanente. **Revista de Direito Ambiental**, São Paulo, v. 1, n. 4, p. 41-60, out./dez. 1996, p. 49.

368. RIZZARDO, Arnaldo. **Direito das coisas:** Lei nº 10.406, de 10.01.2002. 4 ed. Rio de Janeiro: Forense, 2009, p. 205.

Em contrapartida, os limites externos caminham no sentido de pressupor uma dominialidade operante em plenitude que acaba sofrendo interferências. São limites consecutivos ao direito de propriedade, diferentemente dos limites internos. Tais limites externos ocorrem, a título de exemplo, quando o uso de parte da propriedade passa a ser alvo de necessidades da administração pública, como no caso das servidões de passagem, ou quando existe a necessidade de uma totalidade do uso da propriedade, o que acaba gerando o dever de indenizar.[369] Neste último caso, existe a perda da propriedade mediante desapropriação, fazendo com que o direito privado ceda diante do interesse coletivo.[370]

Na dupla limitação ao direito de propriedade, interna e externa, existe a justificativa do desejo do legislador em resguardar o indivíduo (direito de vizinhança), ou de alcançar objetivos supraindividuais (proteção ambiental).[371] Esta divisão é tratada por Silva como sendo limitações de direito privado, como as do direito de vizinhança, ou então de direito público, referente as limitações urbanísticas ou administrativas.[372]

Em suma, como aponta Canotilho, os particulares se submetem aos ônus relacionados à preservação e defesa do equilíbrio ecológico em tarefas solidárias e não solitárias[373], o que implica, não raras vezes, na imposição de restrições por sobre parcela da população em benefício de práticas voltadas à eficácia do direito fundamental ao ambiente. Justificam-se, assim, as mutações que ocorrem no direito de propriedade para que entre em consonância com a importância dos atributos dos recursos ambientais.

---

369. BENJAMIN, A. H. V. Reflexões sobre a hipertrofia do direito de propriedade na tutela da reserva legal e das áreas de preservação permanente. **Revista de Direito Ambiental**, São Paulo, v. 1, n. 4, p. 41-60, out./dez. 1996, p. 50.

370. RIZZARDO, Arnaldo. **Direito das coisas: Lei nº 10.406, de 10.01.2002.** 4 ed. Rio de Janeiro: Forense, 2009, p. 204. É de grande relevância considerar que as limitações externas nem sempre pressupõem um dever de indenizar, sendo necessária uma averiguação da situação concreta. Nas limitações em casos de proteção ambiental, há que se diferenciar se as limitações são genéricas ou se afetam propriedades específicas. Assim, a criação de uma unidade de conservação de domínio público sobre bens de titularidade privada ensejam uma indenização por desapropriação, enquanto que o alargamento de áreas destinadas à reserva legal por uma modificação no Código Florestal não implicariam em ressarcimento por serem critérios genéricos e associados à função socioambiental da propriedade, a qual tem como um de seus fundamentos os deveres fundamentais ambientais. Essas questões serão novamente abordadas quando do estudo dos espaços territoriais especialmente protegidos (tópico 3.3.2).

371. BENJAMIN, A. H. V. Reflexões sobre a hipertrofia do direito de propriedade na tutela da reserva legal e das áreas de preservação permanente. **Revista de Direito Ambiental**, São Paulo, v. 1, n. 4, p. 41-60, out./dez. 1996, p. 49.

372. SILVA, José Afonso da. **Curso de direito constitucional positivo.** 40 ed. São Paulo: Malheiros Editores, 2017, p. 281.

373. CANOTILHO, J. J. Gomes. **Protecção do ambiente e direito de propriedade (crítica de jurisprudência ambiental).** Coimbra: Coimbra Editora, 1995, p. 104-105.

2.5 CONCLUSÕES DO CAPÍTULO

Diversas são as correntes de pensamento e os pressupostos que as motivaram quando se analisa a disseminação de demandas ambientais surgidas na segunda metade do século XX. Destacadamente, sobressaiu-se a concepção do desenvolvimento sustentável, isto é, uma forma de conciliar o crescimento econômico com o atendimento de variadas camadas sociais e sem relegar a proteção ambiental.

Nesse mesmo período, com marco temporal datado de 1972, foi realizada a Conferência de Estocolmo, com os objetivos de estabelecer diretrizes entre os Estados sobre a manutenção de um ambiente saudável para a continuidade da vida humana. Após a Conferência, outras tratativas internacionais foram realizadas, todas elas com o pretexto de regulamentar a proteção do ambiente nos cenários multilaterais.

Além do plano internacional, começaram os Estados a internamente desenvolver mecanismos de governança ambiental, com uma tendência pela constitucionalização de direitos ambientais ou deveres de proteção ambiental estatais e coletivos, donde se extrai existirem 147 Constituições com alguma previsão desta espécie.

No Brasil, a constitucionalização do direito fundamental ao ambiente quando da promulgação da Constituição de 1988 levou a concepção de uma renovada estrutura de Estado, o Estado Socioambiental de Direito. Referida nomenclatura busca se associar aos objetivos perseguidos pelo país tal como foram determinados constitucionalmente. Por isso, não há que se dizer na perda da perspectiva liberal ou social do Estado, mas a sua junção concatenada à vertente da proteção ambiental assegurada constitucionalmente.

Ao considerar a estrutura das normas de direitos fundamentais, que podem ter a natureza de regras ou de princípios, o direito ao ambiente com marco jurídico no artigo 225 da Constituição possui justificação jusfundamental de um direito fundamental, dotado de fundamentalidade formal e material. E não somente isso, o direito fundamental, em razão do feixe de posições jurídicas que contém, pode ser tido como um direito fundamental completo. Isso significa que referido direito fundamental se decompõe em um direito a algo, com ações negativas e positivas. Enquanto as ações negativas se referem a direitos de defesa, as ações positivas implicam em prestações em sentido amplo que se consolidam em direitos à proteção, direitos à organização e ao procedimento e direitos à prestação em sentido estrito.

Além do direito fundamental ao ambiente, constata-se a existência de deveres fundamentais ambientais que a ele se relacionam. Diferenciam-se estes deveres dos deveres de proteção ambiental do Estado e fazem com que o direito fundamental ao ambiente tenha a estrutura de um direito-dever. Os deveres fundamentais ambientais estão presentes na disposição normativa--constitucional do direito fundamental ao ambiente, que se classifica como um direito de terceira dimensão, e são impostos às pessoas físicas e jurídicas de direito público e privado. Dentre suas bases de fundamentação está a solidariedade prevista explícita e implicitamente no texto constitucional.

O bem ambiental, quando previsto constitucionalmente como bem de uso comum, não remete à uma das classificações de bens públicos e nem poderia fazê-lo, tratando tão somente de uma forma de expressão. Versa-se aí sobre um direito fundamental que não desconstrói as classificações havidas no direito de propriedade com base na dogmática civilista de bens públicos e privados. Enquanto os microbens, isto é, os bens que compõem o ambiente possam ser de propriedade pública ou privada, o ambiente, observado como macrobem ou como um todo, remete ao direito voltado a um bem jurídico próprio e autônomo.

O direito de propriedade, por sua vez, ante as previsões do direito fundamental ambiental quanto aos deveres fundamentais e sua irradiação pelos mais variados textos normativos, é condicionado por meio de limitações internas, inerentes ao próprio direito de propriedade, decorrentes daí a função socioambiental da propriedade. Ainda, há que se mencionar limitações externas que afetam uma situação de plena dominialidade operante.

3

A TUTELA GERAL DA FLORA E A PROTEÇÃO ESPECÍFICA DAS FLORESTAS

O direito fundamental ao ambiente, composto de direito e dever, este último repartido entre a coletividade e o poder público, tem como um de seus objetivos a proteção da flora e de todos os seus componentes.

A flora está diretamente ligada ao equilíbrio ecológico do ambiente, que depende de sua tutela para que venha a ensejar a sadia qualidade da vida humana. Os atributos que dela resultam dependem de essencial proteção para viabilizar a efetividade do direito fundamental ao ambiente, de modo que necessita de uma atuação integrada da sociedade e do Estado para seu alcance, em diversos meios e formas previstos na legislação constitucional e infraconstitucional.

Um dos elementos da flora que possui relevância na temática de sua proteção é a floresta, carecedora de resguardo ante sua indispensabilidade para a manutenção do ambiente. Em virtude de sua especificidade, as florestas são destacadas na Constituição e nas demais legislações ambientais, viabilizando sua preservação e conservação por diversas formas.

Com isso, é o objetivo neste capítulo analisar as formas de proteção que envolvem a flora e, mais especificamente, a floresta, por meio do ordenamento jurídico ambiental brasileiro. Importante observar, ainda, que não necessariamente a proteção jurídica da flora ocorrerá de modo direto, pois existem meios indiretos de proteção como ocorre, por exemplo, com a criação de algumas espécies de espaços territoriais especialmente protegidos que serão estudados no decorrer deste capítulo.

3.1 A FLORA E SEUS ATRIBUTOS AMBIENTAIS

Apesar da utilização do termo flora nem sempre ser empregado com a adequada finalidade, muitas vezes causando confusões e equívocos quando da sua aparição na legislação brasileira, trata-se de um conceito que possui definição precisa e técnica.

Como é buscado demonstrar neste capítulo, quando há uma junção da conceituação de flora com sua expressão na legislação, aliada ainda ao adequado conhecimento de seus atributos ambientais, passa a existir uma compreensão de sua finalidade e dos meios de sua proteção.

Com o entendimento do termo flora e de suas classificações, pretende-se expor a sua proteção no âmbito do ordenamento jurídico brasileiro.

3.1.1 Determinações técnicas sobre a flora

Flora representa um conceito alargado da ecologia, baseando-se na complexa estrutura vegetativa de uma área e, embora seja dada ênfase à vegetação de plantas, o termo compreende também algas, fungos e até mesmo bactérias. Por ser um conceito amplo, a flora pode variar de acordo com os diferentes locais em que for analisada, necessitando de maiores detalhes nas classificações. Como esclarece Allaby, a flora é o conjunto de todas as espécies que formam a vegetação de uma determinada área.[1]

Deste modo, o conceito de flora é um conceito generalizante que engloba todas as espécies que compõem a vegetação de um dado local. No caso, a vegetação é a coleção de plantas diversas ou de mesmas espécies, passíveis de serem classificadas de diversas formas, como geograficamente, por aparência e em relação às características funcionais.[2]

De acordo com Callow, pela expressão flora se busca tratar de modo taxonômico as plantas de uma área geográfica particular, podendo ser um país uma região ou uma área menor. O vocábulo alcança uma ou várias plantas principais, a maioria incluindo somente plantas vasculares e, em que pese levar a uma generalidade, áreas menores podem conter detalhes mais específicos.[3]

No continente americano, onde novas espécies são descobertas anualmente, a flora é composta de 124.993 espécies de plantas vasculares, 6.227 gêneros e 355 famílias, correspondendo a 33%[4] do total de 383.671 plantas

1. ALLABY, Michael. **A dictionary of plant sciences.** 2 ed. New York: Oxford University Press, 1998, p. 176.
2. Ibidem, p. 466.
3. CALOW, Peter. **The encyclopedia of ecology and environmental management.** Oxford: Blackwell Science, 1999, p. 283.
4. ULLOA, C. U. et al. An integrated assessment of the vascular plant species of the Americas. **Science**, n. 358, p.1614-1617, 2017, p. 1614.

vasculares[5] conhecidas em todo o planeta. A ampla fração de espécies de que o continente é detentor em relação ao mundo todo demonstra a riqueza da biodiversidade[6] da América.

Dentro do continente, o Brasil é o país que possui a flora mais diversificada, com 33.161 espécies de plantas vasculares[7], sendo que 55% destas espécies são encontradas restritamente dentro da fronteira brasileira, principalmente em função da larga área territorial do país.[8]

Não há tendência para diminuir a taxa de crescimento de nomes de novas plantas descritas e aceitas para a América, de modo que ao se considerar o número de novas espécies descritas no período entre 1990 e 2014, estima-se que no ano de 2050 a América atingirá o total de 152.000 espécies de plantas vasculares.[9]

O Brasil, além de representar o país com maior número de espécies de plantas vasculares em seu território, considerando todo o continente, figura entre os quatro países principais que alcançam o maior número de novas espécies de plantas descobertas.[10]

Ao todo, no Brasil são reconhecidas 46.499 espécies para a flora brasileira, sendo 4.754 de Algas, 33.099 de Angiospermas, 1.568 de Briófitas, 5.718 de Fungos, 30 de Gimnospermas e 1330 de Samambaias e Licófitas.[11]

Por meio da constatação da biodiversidade da flora em escala mundial, com vasta extensão por sobre a superfície planetária, chega-se a conclusão

5. LUGHADHA, E. N. et al. Counting counts: revised estimates of numbers of accepted species of flowering plants, seed plants, vascular plants and land plants with a review of other recent estimates. **Phytotaxa**, n. 272, v. 1, p. 82-88, 2016, p. 87.

6. Importante anotar que a biodiversidade, observada como ampla presença de espécies de animais e plantas serve, de acordo com suas diversificadas estruturas, composições químicas e vidas úteis, para compor as bases da vida para os homens no planeta. Mais do que estes benefícios, existem outros benefícios provenientes da biodiversidade muitas vezes não compreendidos, como a constatação de que a variedade de espécies de plantas servem de alimento para animais ou de habitats para pássaros. Por isso, a conclusão de que várias espécies que formam os ecossistemas desenvolveram características únicas que são utilizadas nos funcionamentos dos ecossistemas do planeta. Cf. PATRICK, Ruth. Biodiversity: Why is it importante? In: REAKA KUDLA, Marjorie L.; WILSON, Don E.; WILSON, Edward O. **Biodiversity II:** understanding and protecting our biological resources. Washington: Joseph Henry Press, 1997, p. 15/24.

7. ULLOA, C. U. et al. An integrated assessment of the vascular plant species of the Americas. **Science**, n. 358, p.1614-1617, 2017, p. 1614.

8. Ibidem, p. 1615.

9. Ibidem, p. 1616.

10. CHRISTENHUSZ, M. J. M.; BYNG, J. W. The number of known plants species in the world and its annual increase. **Phytotaxa**, v. 261, n. 3, p. 201-207, 2016, p. 214.

11. JARDIM Botânico do Rio de Janeiro. Flora do Brasil 2020 em construção. Disponível em: <http://floradobrasil.jbrj.gov.br/reflora/listaBrasil/br/gov/jbrj/reflora/web/listaBrasil/taxa/consultarPublico/bem-vindo-consulta-publica.jsp#CondicaoTaxonCP>. Acesso em: 02 mar 2018

quanto a sua imprescindibilidade para a vida humana, desde seu emprego no cenário econômico até suas outras utilizações possíveis. Devido à importância concedida à flora, justificam-se os requisitos de manutenção de sua estrutura com a finalidade de preservar seus componentes e manter os atributos a ele inerentes.

A flora, como parte integrante do ambiente e, mais especificamente, do ambiente natural, é um elemento biótico de relevância e importância essencial para a manutenção da vida na Terra, principalmente da vida humana. A permanência das suas funções naturais, considerando a pertinência das contribuições que sobressaem das diversas áreas geográficas em que é localizada, deve ser reconhecida e defendida no âmbito da tutela ambiental.

Em razão disso e avaliando as particularidades da flora brasileira, entende-se pela importância de sua função econômica, social e ambiental para a coletividade. Com a sua atribuição natural de manutenção de equilíbrio ecológico e a contribuição que presta para uma sadia qualidade de vida, a tutela de sua existência se mostra interligada ao direito fundamental ao ambiente.

Assim, a flora se apresenta tecnicamente como elemento vivo do ambiente natural, sendo a formação vegetativa de uma determinada área geográfica, remetendo-se a um conceito alargado, mas que, quando dispõe sobre locais menores, permite alguma classificação.

3.1.2 Características florísticas do Brasil

A flora brasileira, dotada de diversidade, possui características particulares dentro das fronteiras do país. Tanto é assim que constantes descobertas de novas espécies ampliam o catálogo descritivo já existente. Nesta pluralidade de espécies de vegetação, o estudo e a compreensão da flora se revela como fundamental para alcançar adequados níveis de proteção dos recursos ambientais.

A vegetação que constitui a flora é um elemento substancial da biota. Pela sua continuidade se permite a manutenção do habitat de espécies e os serviços ambientais. Também, os bens presentes na vida humana advindos da flora não raras vezes se constituem como essenciais.

Para que se realizem políticas públicas ambientais e se dê cumprimento à legislação ambiental, objetivando a conservação e a utilização racional de recursos, tem-se por necessário o conhecimento da flora que cobre a superfície do país, avaliando-a conjuntamente com suas dependências associativas com as características físicas e químicas presentes no clima, na água, no solo, dentre outros componentes. Além disso, o aumento da conservação da biodiversidade brasileira, especialmente da flora, depende de estudos taxonômicos.[12]

A caracterização da flora, compreendendo suas divisões e os conceitos próprios dos elementos de sua estrutura, forma um pilar que posteriormente fornecerá a base teórica para a compreensão da legislação ambiental a ela concernente, possibilitando sua aplicação com efetividade.

Uma das primeiras classificações possíveis é a de império florístico, voltada à flora mundial, que caracteriza a unidade fitogeográfica do topo dos esquemas de classificação da vegetação. Sua formação pode ser subdividida em Zonas, Regiões, Domínios e Setores, compreendendo uma subdivisão progressiva de sua estrutura.[13]

A Zona é formada pela existência de famílias botânicas endêmicas, como é o caso da Zona Neotropical que compreende o território que vai do México à Patagônia, na Argentina e Chile, nele incluído o Brasil. Como subdivisão da Zona, existe a Região, caracterizada por gêneros endêmicos, como são os tipos de vegetação floresta ou savana. A Região, quando subdividida, traz a concepção de Domínio, que remete às espécies endêmicas. Ao final, o Setor, como subdivisão do Domínio, é onde ocorrem as variedades endêmicas de espécies vegetais.[14]

Embora existam as divisões apontadas, subsiste uma intercomunicação em escala mundial da superfície florística, em razão da interpendência dos fatores bióticos e abióticos ambientais. Os fenômenos da natureza precisam ser compreendidos dentro das demais circundantes, como é o caso do quadro vegetacional que para ser justificado e compreendido necessita ser analisado de acordo com o seu meio atmosférico, ou seja, o clima que o domina.[15]

A variedade florística brasileira é consequência das condições encontradas no país, o qual conta com um território de 8.515.767,049 km², sendo que a área total está dividida em cinco grandes regiões, 45% na região Norte, 19%

12. GIULIETTI, A. M. et al. Biodiversity and conservation of plants in Brazil. **Conservation Biology,** v. 19, n. 3, p. 632-639, 2005, p. 638.

13. BRASIL. Ministério do Planejamento, Desenvolvimento e Gestão. Instituto Brasileiro de Geografia e Estatística. **Manual técnico da vegetação brasileira.** Rio de Janeiro: IBGE, 2012, não paginado.

14. Idem.

15. NIMER, Edmon. **Climatologia do Brasil.** 2 ed. Rio de Janeiro: IBGE, Departamento de Recursos Naturais e Estudos Ambientais, 1989, p. 9.

na região Centro-Oeste, 18% na região Nordeste, 11% na região Sudeste e 7% na região Sul.[16]

Sobre o extenso território do Brasil existem agrupamentos que apontam para um local específico, com condições climáticas, geográficas e histórico evolutivas similares. Assim, a vegetação dominante de um local, inserida em uma unidade biótica de maior extensão geográfica, compreendendo diversas comunidades em distintos estágios de evolução, compõe uma generalização denominada bioma.[17] Bioma é uma palavra derivada do grego, em que *bio* significa vida e *oma*, um sufixo que leva a uma generalização (um conjunto ou grupo), e seu conceito conduz ao entendimento de que o bioma (a) constitui um conjunto de tipos vegetativos passíveis de serem qualificados em escala regional, contando com a flora e a fauna associadas; (b) é definido por condições físicas predominantes, como as climáticas, litológicas, geomorfológicas, pedológicas e como uma história evolutiva compartilhada; (c) possui diversidade biológica singular.[18]

A partir disso, pode-se conceituar o bioma como sendo um conjunto de vida, ali incluída a flora e a fauna, formado pelo ajuntamento de tipos vegetativos contíguos e identificáveis em âmbito regional, com condições geoclimáticas similares e história compartilhada de mudanças, de modo a resultar em uma diversidade biológica particular.[19]

No Brasil, a divisão do território se dá pelos seguintes biomas continentais: Bioma Amazônia, Bioma Mata Atlântica, Bioma Caatinga, Bioma Cerrado, Bioma Pantanal e Bioma Pampa.[20]

A temática bioma, que vem sendo alvo de estudos ao longo do tempo, expressa uma preocupação com o conhecimento da biodiversidade e a conservação da biota brasileira.[21] Seu estudo facilita a indicação de áreas a serem protegidas com a finalidade de conservação, gerando um enfoque em regiões específicas com o objetivo de promover, em todos os biomas, a tutela ambiental.

16. BRASIL. Ministério do Planejamento, Desenvolvimento e Gestão. Instituto Brasileiro de Geografia e Estatística. **Anuário estatístico do Brasil.** Rio de Janeiro: IBGE, 2016, não paginado.
17. BRASIL. Ministério do Meio Ambiente. Ministério do Planejamento, Desenvolvimento e Gestão. Instituto Brasileiro de Geografia e Estatística. **Mapa de biomas do Brasil:** primeira aproximação. Rio de Janeiro: IBGE, 2004.
18. Idem.
19. Idem.
20. Idem.
21. Idem.

Além da divisão em biomas, a dispersão florística encontrada ao longo do Brasil pode ser classificada, no âmbito da vegetação, por Floresta Ombrófila, Floresta Estacional, Campinarana, Savana, Savana-Estépica e Estepe, sendo que cada uma dessas classificações encontra ramificações próprias de cada local em que são encontrados os tipos de vegetação.[22]

Considerando a localização do Brasil na Zona Neotropical, existe ainda uma divisão geográfica da vegetação em dois grandes territórios: o amazônico, área ombrófila onde o sistema ecológico vegetal se dá em uma temperatura média em torno de 25ºC com chuvas torrenciais distribuídas ao longo do ano, sem déficit hídrico mensal, e o extra-amazônico, área ombrófila e estacional, com um sistema ecológico vegetal respondendo a dois climas, tropical com temperaturas médias em torno de 22ºC, e subtropical, com média anual em torno dos 18ºC, onde as chuvas são moderadas e bem distribuídas ao longo do ano.[23]

As divisões em biomas e vegetações, como encontrado no caso brasileiro, são reações que provém, dentre outros fatores, do variado clima encontrado no país, que é repartido em Clima Equatorial, Clima Tropical Zona Equatorial, Clima Tropical Nordeste Oriental, Clima Tropical Brasil Central e Clima Temperado.[24] As plantas brasileiras possuem variadas formas de vida, devido às condiçoes climáticas variadas encontradas no país, que vai desde o ambiente equatorial ao temperado do Planalto Meridional, ondem podem ocorrer nevascas nos altos pontos do sul.[25]

Assim, a flora brasileira é demonstrada por meio de sua *sui generis* biodiversidade, composta por diversos fatores que são causadores de sua diversificação. São fatores que, quando agregados, podem ser observados pelo termo associativo bioma, revelando a variedade da vegetação, os diversos climas brasileiros, as evoluções históricas ocorridas e as condições geográficas.

Contudo, o desregrado uso de recursos ambientais da flora e as práticas antrópicas que afetam a vegetação brasileira levaram, ao longo do tempo, a um processo de ameaça a existência de suas espécies. É certo que, além dos ganhos econômicos, a flora, por esta ser parte do equilíbrio ambiental,

22. BRASIL. Ministério do Planejamento, Desenvolvimento e Gestão. Instituto Brasileiro de Geografia e Estatística. **Manual técnico da vegetação brasileira.** Rio de Janeiro: IBGE, 2012, não paginado.

23. BRASIL. Ministério do Planejamento, Desenvolvimento e Gestão. Instituto Brasileiro de Geografia e Estatística. **Mapa de vegetação do Brasil.** 3 ed. Rio de Janeiro: IBGE, 2004.

24. BRASIL. Ministério do Planejamento, Desenvolvimento e Gestão. Instituto Brasileiro de Geografia e Estatística. **Mapa de clima do Brasil.** Rio de Janeiro: IBGE, 2002.

25. BRASIL. Ministério do Planejamento, Desenvolvimento e Gestão. Instituto Brasileiro de Geografia e Estatística. **Mapa de vegetação do Brasil.** 3 ed. Rio de Janeiro: IBGE, 2004.

viabiliza a vida humana, demonstrando um interesse direto ou indireto de todos em sua tutela.[26]

O Ministério do Meio Ambiente, por estas razões, publicou a Instrução Normativa nº 6/2008, em que reconhece espécies da flora brasileira ameaçadas de extinção. Igualmente, no mesmo diploma, reconhece espécies da flora brasileira com deficiência de dados.

Segundo a Instrução Normativa, as espécies ameaçadas de extinção, reconhecidas pelo Ministério do Meio Ambiente mediante documentação científica, são aquelas que possuem alto risco de desaparecimento na natureza em um futuro próximo (artigo 3º, I).

Às espécies com deficiência de dados, por terem informações deficientes sobre distribuição geográfica, ameaças, impactos e usos, dentre outras, não se permite seu enquadramento com segurança como espécies ameaçadas (artigo 3º, II).

A indicação de espécies ameaçadas de extinção ou com deficiência de dados reforça os meios de proteção ambiental, sendo um indicativo a ser observado quando de procedimentos que envolvam o manejo da flora, gerando impactos ambientais. A aplicabilidade da Instrução Normativa encontra respaldo, também, nos diversos mecanismos de proteção da flora existente no meio jurídico brasileiro.

Deste modo, ficam descritas algumas das características da flora brasileira, como é o caso de sua classificação, devendo ser observada em um conjunto com outros componentes e fatores ambientais. Além disso, a compreensão da flora leva a noção de sua essencialidade na vida humana em razão de sua presença nos setores ambientais, sociais e econômicos.

3.1.3 A proteção constitucional da flora

Como componente do ambiente, a flora se constitui de um elemento indispensável ao equilíbrio ecológico e à proteção da vida. Sua proteção não se limita ao mandamento do direito fundamental ao ambiente, contando com detalhes especificados tanto na Constituição como na legislação infraconstitucional.

Com a finalidade de se tornar possível uma compreensão da proteção da flora para além de textos normativos, constitucionais ou não, que façam

26. DEUS, Teresa Cristina de. **Tutela da flora em face do direito ambiental brasileiro.** São Paulo: Editora Juarez de Oliveira, p. 4.

remissão ao termo específico estudado, torna-se necessário um entendimento do ambiente a partir de seus diversos fatores de interdependência. Em razão da comunicabilidade dos elementos ambientais, o impacto causado sobre determinada espécie pode ocasionar uma reação em cadeia atingindo outras espécies, sendo fundamental que se tenha uma visão integral do ambiente a fim de compreender estas relações. Os processos ambientais que ocorrem tanto em virtude da ação humana, como por conta de fatores naturais afetam o ambiente devido as interações dos microbens ambientais. Assim, para além das relações entre espécies de vegetações, a flora se apresenta vinculada com a fauna e com as estruturas abióticas que a sustentam.

A percepção da ideia de ecossistemas esclarece estas conexões que ocorrem na estrutura do ambiente. Segundo Odum, um ecossistema pode ser caracterizado como qualquer unidade que abrange todos os organismos que funcionam em conjunto numa especificada área, interagindo com o ambiente físico e fazendo com que um fluxo de energia produza estruturas bióticas que podem ser definidas com clareza em uma ciclagem de materiais entre partes vivas e não-vivas.[27]

A interação que ocorre entre organismos existentes em um local e o meio físico ali presente, onde existe um fluxo energético produtor de estruturas bióticas, formam um ecossistema, que representa as comunicações existentes no ambiente natural físico biótico e abiótico. A comunicabilidade essencial desses elementos existentes em um ecossistema demonstra a interação presente entre os componentes florísticos e outros elementos e fatores ambientais. Por isso, pode-se dizer que além de previsões específicas de proteção da flora descritas na legislação, esta proteção também ocorre indiretamente com a proteção do ambiente como um todo, além da proteção de outros elementos ambientais.

A flora possui proteção assegurada constitucionalmente, sendo que por diversas vezes, atendendo ao conceito de ecossistema e da interação de elementos ambientais, referida proteção pode acabar ocorrendo indiretamente. Além disso, em razão amplitude do termo flora, compreendendo toda a vegetação de uma determinada área, a sua proteção pode se dar de maneira fragmentada, por meio de atributos específicos de determinado conjunto de espécies, como ocorre na proteção da vegetação disposta de diversas formas ao longo da legislação infraconstitucional.

27. ODUM, Eugene. Pleasants. **Ecologia.** Tradução de Christopher J. Tribe. Rio de Janeiro: Discos CBS, 1985, p. 9.

No mandamento constitucional que estabelece o direito fundamental ao ambiente, previsto no artigo 225, a tutela da flora está presente no conteúdo do ambiente ecologicamente equilibrado, voltado à sadia qualidade de vida. Em termos restritos, um ambiente que fornece as condições de uma sadia qualidade de vida, deve ter por equilibrado seus componentes bióticos e abióticos, nos seus diversos ecossistemas. Com isso, o equilíbrio ambiental que possibilita uma vida com qualidade somente é possível com a manutenção da existência da flora, em virtude de sua fundamental importância.

Por esta razão, dentre os deveres de proteção ambiental do Estado (tópico 2.3.2), consta a proteção da flora, com expressa vedação de práticas que coloquem em risco a sua função ambiental ou provoquem a extinção de espécies (artigo 225, §1º, VII, da Constituição).

A função ambiental da flora é demonstrada pela sua constituição e atributos essenciais à vida, razão pela qual devem ser mantidos com qualidade. Já a biodiversidade encontrada na flora, por manter um status de equilíbrio entre seus próprios elementos e com as demais partes do ambiente, necessita da manutenção das espécies, com a conservação dos recursos ambientais e evitando a degradação das áreas correspondentes.

Para que o poder público cumpra com este dever ambiental que lhe recai, a Constituição fixa competência comum entre União, Estados, Distrito Federal e Municípios de preservar a flora (artigo 23, inciso VII), convocando todos os entes federados para agirem conjunta e permanentemente.[28] Importante observar que no mesmo inciso em que está prevista a competência comum de preservação da flora, existe a previsão de competência comum para preservação das florestas. Porém, como dissertado anteriormente, a flora representa um conceito amplo, que engloba toda a vegetação de um determinado local e, por isso, neste conceito estariam incluídas as florestas. Embora as florestas serão estudadas oportunamente em seção própria, cabe referir que por estarem abrigadas pelo termo flora, mesmo que se quisesse justificar seu acréscimo no texto constitucional com uma finalidade de frisar a importância de sua proteção, não haveria necessidade de sua inclusão no referido inciso do artigo 23 da Constituição.

No artigo 24, inciso VI, da Constituição, é firmada a competência concorrente entre União, Estados e Distrito Federal na legislação sobre florestas, sem fazer menção sobre a flora, demonstrando a relevância da formação vegetal denominada floresta, o que parece ser devido sua extensão

---

28. ALMEIDA, Fernanda Dias Menezes de. **Competências na Constituição de 1988.** 6 ed. São Paulo: Atlas, 2013, p. 114.

e densidade se apresentarem em grau acentuado. Mesmo assim, no citado inciso está prevista a legislação concorrente na conservação da natureza e na proteção do ambiente, sendo corolário disso o suporte natural representado pela flora e a imperiosidade de sua preservação.

Por força do artigo 30, inciso II, da Constituição, que determina a competência do Município na suplementação da legislação federal, assim deve este ente federativo proceder no que tange à competência concorrente entre União, Estados e Distrito Federal na legislação sobre florestas, bem como sobre a conservação da natureza e a proteção ambiental[29].

A competência concorrente ou suplementar estabelecidas pela Constituição remetem às competências legislativas locais com a finalidade de atender as peculiaridades ali encontradas, muito mais em função da necessidade do que em prol da vontade, como esclarece Moraes.[30]

Como demonstra Mirra, uma das características marcantes da temática ambiental envolve a interdependência entre os elementos que compõem o ambiente, razão pela qual os sistemas ambientais não possuem enquadramento direto em limites territoriais fixados pelas fronteiras criadas pelo homem[31], o que enleva a importância da cooperação em matéria ambiental no objetivo de proteção da flora que é exercido concorrentemente pelos entes federativos. Por isso, a ideia de uma leitura coligada entre os artigos 23 e 24 da Constituição, o primeiro estabelecendo o conteúdo de matérias indicados e o segundo definindo a sua forma normativa.[32]

Além disso, a flora é defendida pelo texto constitucional por meio de formaçoes vegetativas específicas, como previsto no artigo 225, §4º, sendo o caso da Floresta Amazônica brasileira, da Mata Atlântica e do Pantanal Mato-Grossense, constitucionalmente alçados ao status de patrimônio nacional[33]. Na norma existe a determinação de que sua utilização se dê mediante a observação de condições capazes de garantir a preservação ambiental, levando-se em conta o uso dos recursos naturais.

---

29. SILVA, José Afonso. **Comentário contextual à Constituição**. 2 ed. São Paulo: Malheiros Editores, 2006, p. 309.
30. MORAES, Luís Carlos Silva de. **Curso de direito ambiental.** 2 ed. São Paulo: Atlas, 2004, p. 58.
31. MIRRA, A. L. V. Princípios Fundamentais do Direito Ambiental. **Revista de Direito Ambiental,** v. 1, n. 2, p. 50-66, abr.-jun. 1996, p. 65.
32. SILVA, José Afonso. **Comentário contextual à Constituição**. 2 ed. São Paulo: Malheiros Editores, 2006, p. 273.
33. Sobre a conceituação de patrimônio e a variabilidade de sentido no seu emprego, ver o tópico 1.4.3.

O conceito coletivo de flora, em sua abrangência sobre as formas de vegetação, por ser utilizado na Constituição em diversos momentos, demonstra a finalidade de ampla proteção deste componente ambiental.

Diante disso, evidencia-se uma preocupação do legislador constitucional na ampla proteção da vegetação, valendo-se da abrangente palavra flora. Portanto, dada a importância concedida à flora, ressalta-se que a sua modificação e utilização deve observar a manutenção da vida humana, além de outros valores vitais básicos.[34]

Além do texto constitucional, diversos diplomas legais servem como meio de alcançar a devida efetividade à tutela da flora conforme firmado constitucionalmente, como a Lei 6.938/1981 (Política Nacional do Meio Ambiente), a Lei 12.651/2012 (Código Florestal) e a Lei 9.605/1998 (Lei de Crimes Ambientais).

Com isso, pode-se concluir pela existência de proteção constitucional específica da flora, contando ainda com uma tutela indireta, ao se conceber a flora como elemento biótico do ambiente, consistindo em um suporte natural deste. A proteção constitucional da flora, direta ou indireta, conta com a tutela prevista em legislações infraconstitucionais que regularizam a sua manutenção, reconhecem suas atribuições e buscam regular o uso de seus componentes.

3.2 FLORESTAS: CONCEITO E PROTEÇÃO

Por estar atrelada ao contexto geral da flora e devido à sua grande extensão e complexidade ecossistêmica que permite uma ampla diversidade biológica, as florestas assumem local de relevo na temática da tutela florística. Não raro, justamente por isso, além da semelhança ortográfica, a floresta por vezes é facilmente confundida com o termo flora, sendo que esta imprecisão técnica é capaz de gerar equívocos e confusões no âmbito da proteção jurídica da cobertura florística e, mais especificamente, das florestas.

O objetivo deste capítulo, centrado nas florestas, é o de estabelecer um conceito de floresta a partir de dados técnicos que possibilitem compreensão a ser funcionalizada no cenário jurídico ambiental brasileiro. Conjuntamente, propõe-se um estudo geral da proteção das florestas no cenário jurídico internacional e doméstico.

---

34. DEUS, Teresa Cristina de. **Tutela da flora em face do direito ambiental brasileiro.** São Paulo: Editora Juarez de Oliveira, 2003, p. 8.

3.2.1 Definição de florestas

Por se considerar a importância da compreensão de uma definição de florestas para este estudo que se diferencie do conceito geral de flora, propõe-se uma conceituação nesta seção. Assim, será possível, na utilização dos conceitos legais trazidos tanto no campo constitucional como na legislação infraconstitucional, um adequado atendimento dos objetivos da proteção florística como um tudo, além da atenção especial direcionada às florestas devido ao seu grau de importância.

Tendo por base a definição de flora introduzida anteriormente (tópico 3.1.1), parte-se diretamente para o conceito específico de florestas que, em sua constituição, apresentam-se como componentes do continente flora.[35] Tal compreensão jurídica está atrelada aos atributos técnicos das florestas.

Para Allaby, as florestas podem ser definidas como sendo uma formação de plantas composta por árvores que contém suas coroas juntas formando uma cobertura.[36] Já para Collin, proporcionando definição aproximada de dados específicos, florestas são áreas de terra com mais de 0,5 hectares, com 10% ocupado por árvores.[37]

Fornecendo uma caracterização técnica de florestas com foco no cumprimento de determinados objetivos, a Food and Agriculture Organization of the United Nations (FAO) caracteriza as florestas como sendo um terreno com mais de 0,5 hectares contando com árvores maiores que 5 metros de altura e com uma cobertura de copas maior que 10%, ou com árvores capazes de alcançar estes limiares no local, sendo que esta definição não inclui terras predominantemente utilizadas pelo setor agrícola ou pela utilização urbana.[38] Referida definição recorda, em síntese, o conceito estabelecido pela decisão 11/CP.7 referente ao Protocolo de Kyoto.[39]

---

35. FIORILLO, Celso Antonio Pacheco. **Curso de direito ambiental brasileiro.** 18 ed. São Paulo: Saraiva, 2018, p. 234.

36. ALLABY, Michael. **A dictionary of plant sciences.** 2 ed. New York: Oxford University Press, 1998, p. 178.

37. COLLIN, P. H. **Dictionary of environment & ecology.** 5 ed. London: Bloomsbury, 2004, p. 90.

38. FAO. **Global Forest Resources Assessment: Terms and definitions.** Forest Resources Assesment Working Paper 188. Roma: Food and Agriculture Organization of the United Nations, 2018, p. 3. Disponível em: <http://www.fao.org/3/I8699EN/i8699en.pdf>. Acesso em 01 mai 2018.

39. Dispõe a decisão: "'Forest' is a minimum area of land of 0.05-1.0 hectares with tree crown cover (or equivalent stocking level) of more than 10-30 per cent with trees with the potential to reach a minimum height of 2-5 metres at maturity in situ. A forest may consist either of closed forest formations where trees of various storeys and undergrowth cover a high proportion of the ground or open forest. Young natural stands and all plantations which have yet to reach a crown density of 10-30 per cent or tree height of 2-5 metres are included under forest, as are areas normally forming part of the forest area which are temporarily unstocked as a result of human intervention such as harvesting or natural causes but which

Historicamente, no Brasil, a floresta era conceituada definida pelo antigo Instituto Brasileiro de Desenvolvimento Florestal que, por meio da Portaria 486/86-P/1986, trouxe no primeiro anexo a caracterização de floresta como a formação arbórea de alto porte e densa que recobre uma área de terra mais ou menos extensa.[40] Ainda, no Manual Técnico da Vegetação Brasileira, o IBGE qualifica as florestas como sendo, cientificamente, um conjunto de sinúsias dominado por fanerófitos com características de alto porte e quatro componentes bem definidos, herbáceo, arbustivo, arbóreo baixo e arbóreo, com a altura oferecendo uma diferenciação de outras formações lenhosas, pois a formação florestal apresenta duas subformas de vida: macrofanerófitos, com alturas entre 30 e 50 metros e mesofanerófitos, com porte que vai de 20 a 30 metros de altura. Refere ainda o manual que pelo adensamento de árvores com alto porte, subsiste uma redução da luz que chega ao solo, acabando por limitar o desenvolvimento de sinúsias herbácea e arbustiva.[41]

Conforme o citado manual, as vegetações lenhosas que se enquadram no critério de floresta seriam as seguintes: Floresta Ombrófila Densa; Floresta Ombrófila Aberta; Floresta Ombrófila Mista; Floresta Estacional Semidecidual; Floresta Estacional Decidual; Campinarana; Savana; Savana Estépica; Estepe; Vegetação com influência marinha e fluviomarinha; Vegetação remanescente em contatos em que pelo menos uma formação seja florestal; Vegetação secundária em áreas florestais; e, Reflorestamento.[42]

Segundo Romariz, a floresta é compreendida como uma forma de vegetação caracterizada pela predominância de árvores geralmente em densos agrupamentos, com possibilidade de extensão do termo para toda formação fechada, ainda que baixa, ou a toda formação composta por árvores, mesmo que aberta[43]. De acordo com a autora, é possível dividir as florestas, em um aspecto fisionômico geral, entre latifoliadas, abarcando a Floresta Latifoliada Equatorial, a Floresta Latifoliada Topical, A Floresta Latifoliada Tropical

are expected to revert to forest". Cf. UNFCCC. Report of the conference of the parties on its seventh session, held at Marrakesh from 29 october to 10 november 2001 addendum part two: action taken by the conference of the parties. Disponível em: <http://unfccc.int/resource/docs/cop7/13a01.pdf>. Acesso em 01 mai 2018.

40. BRASIL. Instituto Brasileiro de Desenvolvimento Florestal. Portaria nº 486/86-P, de 28 de outubro de 1986. **Diário Oficial da República Federativa do Brasil.** Poder Executivo, Brasília, DF, 31 out. 1986. Seção 1, p. 16282.
41. BRASIL. Ministério do Planejamento, Desenvolvimento e Gestão. Instituto Brasileiro de Geografia e Estatística. **Manual técnico da vegetação brasileira.** Rio de Janeiro: IBGE, 2012, não paginado.
42. Idem.
43. ROMARIZ, Dora de A. **Aspectos da vegetação do Brasil.** Rio de Janeiro: IBGE, 1974, não paginado.

Úmida de Encosta, as Formações Herbáceas e os Campos; e, acicufoliadas, referente a Mata de Araucárias.[44]

A reconhecida biodiversidade da vegetação brasileira pode ser demonstrada pela sua divisão realizada por Eiten, que coloca como formas de vegetação a Floresta Amazônica, o campo estacionalmente inundado, a caatinga, o cerrado, o pantanal, o chaco, a Floresta Atlântica e o campo limpo.[45] Em divisão mais restrita, o autor prefere dividir as florestas em termos abrangentes como Floresta Tropical Perenifólia, Floresta Tropical Caducifólia e Floresta subtropical Perenifólia, inseridas nas quais estariam diversas formas de florestas que, para o autor, seriam grupos de árvores com copas cobrindo mais de 60% do chão que tocam umas as outras, ou quase, e o dossel contendo 3m ou mais de altura.[46]

Apesar da existência das diversas divisões apontadas para a vegetação brasileira, entende-se por viável ao presente trabalho, até mesmo pela ampla aceitação, a adoção da definição de floresta atribuída pela FAO, bem como a divisão da vegetação brasileira, referente às florestas, aquela realizada pelo Manual Técnico da Vegetação brasileira do IBGE no ano 2012. Essa escolha, contudo, não tem o condão de anular ou desqualificar os outros conceitos apontados que, em sua generalidade, contribuem para uma maior elucidação da definiçao de florestas.

3.2.2 A proteção internacional das florestas

A diversidade das coberturas florestais presentes no planeta exige que a proteçao realizada a nível global ocorra por meio de diversas organizações e ferramentas. Além disso, é preciso considerar que a conservação de florestas nem sempre está voltada para a manutenção das florestas em si, pois se direciona, mais especificamente, à utilização das florestas com base no princípio do desenvolvimento e utilização sustentável.[47]

O contexto dos esforços internacionais para resolver problemas relacionados as florestas está situado na histórica perda de florestas em países desenvolvidos e sua intenção de manter as florestas remanescentes nos países

---

44. Idem.
45. EITEN, George. **Classificação da vegetação do Brasil.** Brasília: CNPq/Coordenação Editorial, 1983, p. 13.
46. Ibidem, p. 11.
47. LOUKA, Elli. **International Environmental Law:** Fairness, Effectiveness, and World Order. Cambridge: Cambridge University Press, 2006, p. 318.

em desenvolvimento em preservação para contribuir com os ciclos ecológicos, principalmente em relação à biodiversidade e às mudanças climáticas.[48]

Por conterem diversos recursos e estarem situadas em territórios nacionais, tem-se por difícil a adoção de uma convenção mundial sobre a utilização de florestas. Conciliar diretrizes vinculativas a respeito de desmatamento, por exemplo, encontraria dificuldades de aceitação, principalmente quando a extração de recursos florestais dependesse de tecnologias avançadas por parte de todos os países para a realização de manejos florestais. Avaliando esse aspecto e evitando uma exagerada intromissão, foi estabelecida, no plano de ação Agenda 21 que integrou a Conferência das Nações unidas sobre o Meio Ambiente e Desenvolvimento realizado no Rio de Janeiro em 1992, uma declaração[49] de princípios não juridicamente vinculativa para a gestão, conservação e desenvolvimento sustentável de todos os tipos de florestas.[50]

Os princípios presentes nessa declaração asseguram a soberania nacional para exploração dos próprios recursos naturais (artigo 1, a) e o inalienável direito dos Estados de explorar, gerir e desenvolver suas florestas de acordo com as necessidades de seu desenvolvimento, níveis socioeconômicos e conforme as bases nacionais de políticas e legislações de desenvolvimento sustentável (artigo 2, a). Ao mesmo tempo, exige-se que os custos acordados para benefícios de conservação de desenvolvimento sustentável de florestas contem com uma divisão equitativa pela comunidade internacional (artigo 1, b).

48. SANDS, Philippe. **Principles of International Environmental Law.** 2 ed. Cambridge: Cambridge University Press, 2003, p. 546. Segundo Freeman e Guzman, mesmo grandes potências econômicas mundiais, como é o caso dos Estados Unidos, têm relevantes motivos para agir na mitigação das emissões de gases do efeito estufa, ao serem contabilizadas as perdas que os países sofreriam em decorrência das mudanças climáticas. Para os autores, as consequências das mudanças climáticas até mesmo em países desenvolvidos contrariam um argumento denominado *climate change winner*. O argumento, considerando que os dados científicos e econômicos de que os efeitos adversos das mudanças climáticas serão distribuídos não igualmente, afetando com maior gravidade os países pobres ou que foram os últimos a causarem emissões de gases do efeito estufa, sugere que os Estados Unidos não deveria agir sozinho para mitigar as mudanças climáticas ou participar de acordos internacionais de redução de emissões. Porém, como afirmam Freeman e Guzman, em uma análise de custo-benefício, uma inação podem acarretar em consequências ao território estadunidense, uma vez que além dos custos diretos decorrentes das mudanças climáticas, é possível encontrar efeitos de transbordamento (*spillover effects)* nos Estados Unidos em razão de impactos em outras partes do mundo, nas áreas econômicas, segurança nacional, migrações e doenças. Cf. FREEMAN, Jody; GUZMAN, Andrew. Climate change and U.S. interests. **Columbia Law Review,** v. 109, n. 6, p. 1531-1601, oct. 2009, p. 1534 et seq.

49. ONU. Report of the United Nations Conference on Environment and Development (Rio de Janeiro, 3-14 June 1992). A/CONF.151/26 (Vol. III). Disponível em: <http://www.un.org/documents/ga/conf151/aconf15126-3.htm>. Acesso em 01 mai 2018.

50. No original: non-legally binding authoritative statement of principles for a global consensus on the management, conservation and sustainable development of all types of forests.

Referida declaração também conta com princípios voltados à promoção e concessão de oportunidades, quando do desenvolvimento de políticas florestais nacionais, de participação para comunidades locais, povos indígenas, moradores de florestas e organizações não governamentais (artigo 2, d).

Na declaração consta o reconhecimento do papel desempenhado por florestas plantadas e culturas agrícolas como fontes sustentáveis de energia renovável e matéria prima industrial, que contribuem para a manutenção dos processos ecológicos, proporciona empregos e desenvolvimento, retirando a pressão por sobre florestas primárias (artigo 6, d). Os princípios ainda preveem a adoção de estudos de impacto ambiental quando for o caso de significativos impactos adversos sobre recursos florestais com a exigência de manifestação da autoridade competente (artigo 8, h) e uma facilitação para um mercado internacional aberto e livre os produtos florestais (artigo 13, a).

Outra ferramenta internacional voltada para a conservação e o desenvolvimento sustentável de florestas foi a desenvolvida pela International Tropical Timber Organization (ITTO), uma organização intergovernamental voltada para a gestão de recursos de florestas tropicais[51], com membros que representam 80% das florestas tropicais do mundo e 90% do comércio global de madeira proveniente de florestas tropicais, que tem suas origens no ano de 1976 quando, na quarta sessão da Conferência das Nações Unidas sobre Comércio e Desenvolvimento, iniciaram-se longas negociações que levaram ao International Tropical Timber Agreement (ITTA) em 1983, acordo que posteriormente fora substituído por outro em 1994 e que também acabou sucedido, dessa vez pelo acordo atual de 2006.[52]

Assim como o ITTA de 1994 buscava uma conciliação entre questões ambientais e as preocupações dos países em desenvolvimento[53], igual pretensão parece ter o ITTA de 2006. Neste último acordo, almeja-se, dentre outros objetivos, prover um modelo para consulta, cooperação internacional e desenvolvimento de políticas que considerem relevantes aspectos econômicos do comércio global de madeira (artigo 1, a); contribuir para o desenvolvimento sustentável e diminuição da pobreza, inclusive contando com a capacitação de membros para implementar estratégias de exportação de

---

51. As tarefas da ITTO incluem o desenvolvimento de acordos internacionais, assistência aos países tropicais membros, reunião, análise e difusão de dados da produção e do comércio de madeira tropical, além de projetos e ações voltados às indústrias em desenvolvimento.

52. INTERNATIONAL Tropical Timber Organization. **About ITTO.** Disponível em: <http://www.itto.int/about_itto/>. Acesso em 05 mai 2018.

53. LOUKA, Elli. **International Environmental Law:** Fairness, Effectiveness, and World Order. Cambridge: Cambridge University Press, 2006, p. 321.

madeira tropical e produtos madeireiros provenientes de fontes sustentáveis de gestão (artigo 1, c e d); garantir transparência e melhores informações no mercado (artigo 1, h); estimular membros para apoiarem e desenvolverem reflorestamentos de florestas tropicais, bem como reabilitação e restauração de terras florestais degradadas (artigo 1, j); e, reconhecer o papel de povos indígenas e comunidades locais no alcance da gestão sustentável de florestas (artigo 1, r).

Outro organismo internacional que lida com florestas é o United Nations Forum on Forests (UNFF), criado pelo Economic and Social Council of the United Nations (ECOSOC) com objetivo de promover a gestão, conservação e desenvolvimento sustentável de todos os tipos de florestas.[54]

O Programme on Forests (PROFOR), criado em 1997 e desde 2002 gerenciado por uma equipe do World Bank, adota uma abordagem voltada à conservação e gestão de florestas de países em desenvolvimento, com concentração nas áreas de intersetorialidade, pobreza, governança, finanças e mudanças climáticas.[55]

De se mencionar, também, o Colaborative Parntership on Forests (CPF), uma informal e voluntária conexão de quatorze organizações internacionais e secretariados com substanciais programas florestais, fornecendo meios para que as agências mencionadas dividam experiências gerando novos benefícios. Por meio desta parceria internacional, os membros podem, ainda, aumentar parcerias estratégicas entre si.[56]

A gestão sustentável de florestas passou a ser considerada pelos Objetivos de Desenvolvimento Sustentável[57], no objetivo 15, com a ideia de promover, até o ano de 2020, a gestão sustentável de todos os tipos de florestas, estancar o desmatamento, restaurar florestas degradadas e aumentar a arborização e o reflorestamento no mundo. Além da direta expressão disposta neste objetivo, as florestas assumem posição de importância para o alcance de diversos outros objetivos da Agenda 2030, como é o caso, por exemplo, da garantia de uma vida saudável e com bem-estar (objetivo 3), do consumo e produção sustentáveis (objetivo 12) e das ações de combate contra as mudanças

---

54. UNITED Nations Forum on Forests. **UN Forum on Forests**. Disponível em: <http://www.un.org/esa/forests/forum/index.html>. Acesso em 05 mai 2017.

55. PROFOR. **Mission**. Disponível em: <https://www.profor.info/mission>. Acesso em 05 mai 2018.

56. COLABORATIVE Parntership on Forests. About the Collaborative Partnership on Forests. Disponível em: <http://www.cpfweb.org/73947/en/>. Acesso em 05 mai 2018.

57. ONU. Transforming our world: the 2030 Agenda for Sustainable Development. New York, 2015. Disponível em: <http://www.un.org/ga/search/view_doc.asp?symbol=A/RES/70/1&Lang=E>. Acesso em 03 nov 2017

climáticas e seus impactos (objetivo 13). Tal relevância das florestas para a comunidade global exige, por parte dos países consumidores de recursos florestais e por parte dos países que exploram estes recursos, medidos de manutenção e gestão sustentável das florestas.

Além dos instrumentos mencionados, importante mencionar que as florestas estão sujeitas a proteção geral da Convenção sobre Diversidade Biológica de 1992[58], promulgada pelo Decreto 2.519/1998 no Brasil, contendo regras básicas e um modelo para adoção de protocolos e anexos.[59] Igualmente, o Acordo de Paris (COP 21), traz, no artigo 5º, uma menção direta à importância da proteção das florestas para diminuir o efeito estufa.[60]

Justifica-se, portanto, pela importância das florestas, a tomada de medidas internacionais que considerem a aproximação das práticas voltadas à utilização de florestas aos métodos adequados de sustentabilidade, ensejando, igualmente, o reflorestamento e a redução do desmatamento ilegal.

3.2.3 Legislação e proteção florestal

A proteção das florestas conta com sólida base constitucional e, por se tratar de um componente integrante do termo flora, as garantias asseguradas constitucionalmente para esta (conforme tópico 3.1.3) servem igualmente para aquela.

Diante disso, considerando a já apontada desnecessária menção a competência comum de todos entes federativos na preservação de florestas, que é colocada juntamente no mesmo inciso que prevê a proteção da flora (artigo 23, VII, Constituição Federal), as florestas são mencionadas novamente quando da afirmação de competência concorrente entre União, Estados e Distrito Federal para legislar sobre este assunto (artigo 24, VI, Constituição Federal).

Sobre isso, relevante mencionar que a legislação concorrente imputa à União uma normatividade geral, com a competência para a normatividade suplementar dos Estados e Distrito Federal, ressalvada a competência dos municípios para suplementar a legislação federal e estadual no que for

58. ONU. Convention on Biological Diversity. Disponível em: <https://www.cbd.int/doc/legal/cbd-en.pdf>. Acesso em 24 jun 2018.

59. SANDS, Philippe. **Principles of International Environmental Law.** 2 ed. Cambridge: Cambridge University Press, 2003, p. 516.

60. UNFCCC. Report of the Conference of the Parties on its twenty-first session, held in Paris from 30 November to 13 December 2015 - Part two: Action taken by the Conference of the Parties at its twenty-first session. Paris, 2016. Disponível em: <http://unfccc.int/resource/docs/2015/cop21/eng/10a01.pdf>. Acesso em 03 nov 2017.

cabível, como predispõe o artigo 30, inciso II, da Constituição Federal. Portanto, se anteriormente à Constituição de 1988 era a União que detinham a competência exclusiva para legislar sobre florestas, as referidas normas constitucionais romperam com esta hegemonia.[61] Sem dúvidas, a inovação da descentralização de competências entre os entes federativos para a legislação florestal fornece a autonomia necessária para compatibilizar a edição de leis florestais específicas para o interesse e as condições ambientais locais, desde que atendidos os pressupostos previstos nas normas gerais.

Afora isso, os dispositivos que impõem ao poder público os deveres de proteção ambiental (tópico 2.3.2) encontram-se vinculados à proteção das florestas, ainda que não o façam em menção expressa. Isso ocorre devido a interconexão dos processos bióticos e abióticos que compõem o ambiente. Como estabelecido nos itens do §1° do artigo 225 da Constituição, a previsão de preservar e restaurar processo ecológicos, de prover o manejo ecológico de espécie e ecossistemas e de preservar a diversidade e a integridade do patrimônio genético do país dependem para sua efetividade da devida consideração da importância do patrimônio florestal brasileiro.

Apesar do quadro de proteção florestal constitucional apresentado, nem sempre as florestas contaram com ampla tutela constitucional e infraconstitucional. Historicamente, a primeira norma de proteção florestal brasileira foi o Regimento sobre o Pau-Brasil, datado de 12 de dezembro de 1605, que tratava sobre a licença para corte da madeira que era monopolizada pela Coroa portuguesa.[62] Em relação às outras espécies de madeira, diversas normas foram editadas de modo esparso no século XVIII, como a previsão do Governador e Capitão Geral do Rio de Janeiro, de 7 de agosto de 1738, proibindo a exportação da madeira tapinhõa para além do porto da Capitania, com exceção de sua destinação para fábricas de navios de guerra. Outra previsão, de 28 de maio de 1743, destinada à Capitania do Rio de Janeiro, proibia o corte do mangue vermelho, que se destinava somente para construções de edifício.[63]

Além disso, as origens da legislação florestal remetem, importante lembrar, às prescrições legislativas para os casos de incêndio[64], que aliado

61. ALMEIDA, Fernanda Dias Menezes de. **Competências na Constituição de 1988.** 6 ed. São Paulo: Atlas, 2013, p. 126.

62. WEINER, Ann Helen. **Legislação Ambiental Brasileira:** Subsídios para a História do Direito Ambiental. Rio de Janeiro: Forense, 1991, p. 21-22.

63. Ibidem, p. 43.

64. PEREIRA, Osny Duarte. **Direito Florestal Brasileiro (ensaio)**. Rio de Janeiro: Editor Borsoi, 1950, p. 89.

ao não cumprimento de legislações tardias de proteção florestal, levaram a um quadro de devastação pela ausência de exploração racional dos recursos naturais das florestas.

A primeira proteção constitucional das florestas se deu com a Constituição Federal de 1934, que estabeleceu a competência privativa da União para legislar sobre florestas e sua exploração, sem desconsiderar a competência legislativa do Estados, tanto supletiva como complementar, questão que foi mantida até a inovação nas competências dos entes federativos realizada pelo Constituição de 1988. Ainda, no ano de 1934, surgiu a primeira sistematização a nível federal da legislação florestal, havida por meio do Decreto 23.793/1934, que instituiu o Código Florestal de 1934, sem que se olvide, importante destacar, o Decreto 4.421/1921 que criou o Serviço Florestal Brasileiro, deu-lhe atribuições e classificou juridicamente espécies florestais e formas de proteção.

Hodiernamente, a legislação voltada a regulação das florestas se faz presente no Código Florestal do ano de 2012, destinado, como define seu artigo 1°, a estabelecer normas gerais, dentre outras áreas, à exploração florestal, suprimento de matéria-prima florestal, controle da origem de produtos florestais e controle de prevenção de incêndios florestais.[65] A preservação das florestas é afirmada como um compromisso soberano do Brasil na forma de princípio, juntamente com a reafirmação da sua importância na sustentabilidade, no crescimento econômico, na melhoria da qualidade de vida da população e na presença do país nos mercados nacional e internacional de bioenergia (artigo 1°-A, parágrafo único, incisos I e II).

Para alcançar os objetivos do Código Florestal e da proteção florestal como um todo, o Código Florestal reconhece, no artigo 2°, o interesse comum de todos os habitantes do país sobre os bens florestais e crava a observância de limitações aos direitos de propriedade, remetendo às questões que envolvem bens ambientais e o direito de propriedade anteriormente tratadas (tópico 2.4.4). Visando estes objetivos é que o Código Florestal define, por exemplo, Áreas de Preservação Permanente (artigo 4°), Reservas Legais (artigo

---

65. Procura-se enfatizar o Código Florestal de 2012 por se tratar de norma federal aplicável em todo o território brasileiro e, em razão disso, integrar o objetivo geral da abordagem. Nada obstante, existem outras normas regionais e locais que regulam aspectos relativos à cobertura florestal, como é o caso, no Rio Grande do Sul, da Lei Estadual 15.434/2020, denominada Código Ambiental do Rio Grande do Sul. Recentemente aprovada, a lei trouxe alterações diversas para o direito ambiental estadual, algumas polêmicas, como no caso da criação da Licença Ambiental por Compromisso e da retirada de obrigatoriedade de obtenção de autorização do órgão administrador para licenciamento ambiental de empreendimento localizado em até 10 km de uma Unidade de Conservação, que era prevista na então revogada Lei Estadual 11.520/2000, intitulada Código Estadual do Meio Ambiente.

12), e especifica o manejo sustentável, inclusive em se tratando da exploração de florestas nativas e formações sucessoras, de propriedade pública ou privada, mediante licenciamento pela autoridade competente do Sisnama e com aprovação prévia de Plano de Manejo Florestal Sustentável (artigo 31).

Importante esclarecer que o Código Florestal deve ser compatibilizado com demais normas infraconstitucionais que tutelem os temas por ele tratados[66], uma vez que, como apontado por Fiorillo e Ferreira, referida legislação não regulamentou por completo toda vegetação nativa e florestas presentes no ordenamento jurídico brasileiro.[67] Por certo que tanto as florestas como o complexo florístico em geral encontram proteção não somente no Código Florestal, mas em diversas outras legislações, como anteriormente referido (tópico 3.1.3) e, além destas, não se olvidam legislações que envolvem especificamente a proteção do patrimônio florestal, como a Lei da Mata Atlântica (Lei 11.428/2006) destinada a proteção de florestas nativas e ecossistemas integrantes do Bioma Mata Atlântica, e a Lei de Gestão de Florestas Públicas (Lei 11.284/2006) que compõe a matéria central do presente estudo.

Disso se extrai que o plano jurídico brasileiro é dotado, a nível constitucional e nas demais legislações, da devida consideração do patrimônio florestal do país, reconhecendo a sua importância e impondo mecanismos de proteção ao longo do tempo, que culminaram no estágio legislativo atual. Isso não significa dizer, claro, que não seja necessária uma contínua atualização legal que considere tanto a relação entre direito e ciência na corrigenda de danos ambientais ocorridos por meios naturais ou antrópicos[68] como as adaptações próprias aos momentos sociais vivenciados, reconhecendo-se que o direito reside na sociedade, com sua essência indissoluvelmente atrelada ao passado.[69]

3.2.4 Classificação das florestas

Diversas são as classificações que se pode dar às florestas, levando em uma consideração não somente técnica, mas também para fins jurídicos. Por

66. FIORILLO, Celso Antonio Pacheco; FERREIRA, Renata Marques. **Comentários ao "código" florestal:** Lei n. 12.651/2012. São Paulo: Saraiva, 2013, p. 20.
67. Ibidem, p. 16.
68. MOLINARO, Carlos Alberto; SARLET, Ingo Wolfgang. "Não existe o que panoramicamente vemos no céu": o ponto-cego do direito (políticas públicas sobre a regulação em ciência e tecnologia). In: SAAVEDRA, Giovani Agostini; LUPION, Ricardo. **Direitos fundamentais:** direito privado e inovação. Porto Alegre: EdiPUCRS, 2012, p. 29.
69. PONTES DE MIRANDA. **Sistema de ciência positiva do direito.** Vol. 1. Campinas: Bookseller, 2000, p. 121.

isso, adotando-se a definição de vegetação primária, secundária ou em regeneração estabelecida pela Resolução 10/1993 do CONAMA, com aplicabilidade de igual forma para as florestas, a vegetação primária é aquela com máxima expressão local, com alta diversidade biológica e mínimas ações antrópicas que, por isso, não afetam as características originais estruturais e de espécies. Já a vegetação secundária ou em regeneração é a vegetação que resulta de processos naturais de sucessão, após ser total ou parcialmente suprimida a vegetação primária da área por ações antrópicas ou meios naturais, podendo contar com árvores remanescentes da vegetação primária.

A estas duas, Martins da Silva anexa a vegetação natural ou original, como sendo a floresta ou formação florística com espécies predominantemente autóctones, com origens na terra considerada, em clímax ou em processo de sucessão ecológica natural.[70]

Alargando o referido conceito, Silva dispõe de uma primeira divisão entre floresta nativa composta por espécies originárias do país e da região em que floresce e floresta de espécies exóticas, isto é, estranhas ao meio em que vegetam. Após, o autor classifica a floresta primitiva como sendo aquela dotada de espécies nativas, sem atividade antrópica que houvesse alterado sua formação vegetal, neste sentido diferenciando-se da floresta nativa. A floresta regenerada ou secundária seria aquela reflorestada naturalmente, de difícil ocorrência nos tempos atuais, onde o reflorestamento natural deu espaço para o artificial, com as florestas plantadas com espécies adequadas e, em regra, com a finalidade de recomposição florestal. Além disso, as florestas podem ser heterogêneas, quando dotadas de diversidade genética, ou homogêneas nos casos não conterem complexos povoamentos arbóreos, como é o caso das matas de araucária.[71]

Com base no regime de propriedade presentes no direito brasileiro, é possível tracejar uma classificação de florestas que remeta ao regime de titularidade dominial que define as florestas como sendo ou de domínio público ou de domínio privado. Um exemplo desta divisão consta no artigo 31 do Código Florestal, que estabelece regras para a exploração de florestas de domínio público ou privado.

70. SILVA, Américo Luís Martins da. **Direito do meio ambiente e dos recursos naturais.** 4 v. São Paulo: Editora Revista dos Tribunais, 2005, p. 45-46.

71. SILVA, José Afonso da. **Direito ambiental constitucional.** 9 ed. São Paulo: Malheiros Editores, 2011, p. 184-185.

As florestas podem ser classificadas, também, de acordo com a permissão de seu uso[72]. Num sentido abstrato, atualmente seria possível estabelecer duas classificações, a primeira remete às florestas de exploração proibida, isto é, que não admitem nenhuma espécie de manejo de seus recursos florestais. Há, por outro lado, florestas de exploração limitada, eis que a legislação ambiental brasileira já não permite uma utilização desregrada dos recursos florestais sem a consideração de diversos pressupostos que levem em conta a forma de exploração, a degradação ambiental e a viabilidade técnica do manejo pretendido.

Mesmo assim, consta na isenção de realização de Plano de Manejo Florestal Sustentável de florestas plantadas fora de Áreas de Preservação Permanente ou de Reserva Legal (artigo 32, inciso II, do Código Florestal) e na liberdade de extração de lenha e outros produtos de florestas plantadas não consideradas Áreas de Preservação Permanente ou de Reserva Legal (artigo 35, §2º, do Código Florestal) uma possível interpretação de florestas de exploração livre. Contudo, considerando a possibilidade de entes federativas restringirem o espaço de atuação permitido pelo Código Florestal, bem como a inviabilidade de práticas que atentem contra o ambiente na exploração dos recursos das florestas plantadas em condições mencionadas, tem-se que a sua exploração, ainda que livre *prima facie* quanto à extração do recurso, não desconsidera a viabilidade de práticas que estejam em acordo com a normatividade geral de tutela ambiental. É o caso, por exemplo, do controle de origem de produtos florestais que obriga a informação de plantio ou reflorestamento com espécies florestais exóticas (artigo 35, §1º, do Código Florestal), além da exigência geral de estudo prévio de impacto ambiental para os casos de obras ou atividades potencialmente causadoras de significativa degradação ambiental (artigo 225, §1º, inciso IV, da Constituição Federal). Nesta linha de entendimento se posiciona Pitombeira ao condicionar a interpretação de artigo de igual teor sobre a livre extração de produtos madeireiros presente no antigo Código Florestal de 1965[73] à interpretação que considere o status da preservação ambiental definida constitucionalmente e nos conceitos legais ambientais pertinentes, em razão de se tratarem de

72. Referida classificação considera a divisão estabelecida por Sirvinskas. Cf. SIRVINSKAS, Luís Paulo. **Manual de direito ambiental.** 14 ed. São Paulo: Saraiva, 2016, p. 579.

73. Versava-se, na ocasião, a respeito do artigo 12, com a seguinte redação: "Nas florestas plantadas, não consideradas de preservação permanente, é livre a extração de lenha e demais produtos florestais ou a fabricação de carvão. Nas demais florestas dependerá de norma estabelecida em ato do Poder Federal ou Estadual, em obediência a prescrições ditadas pela técnica e às peculiaridades locais". No atual Código Florestal, o artigo 35, §2º reproduz a norma anterior: "É livre a extração de lenha e demais produtos de florestas plantadas nas áreas não consideradas Áreas de Preservação Permanente e Reserva Legal".

atividades passíveis de gerar degradação ambiental e condições adversas ao ambiente.[74] Igualmente, Sirvinskas entende pela inexistência de previsão legal que corroborem a existência atual de florestas de exploração livre.[75]

A revisão das diferentes divisões de florestas, expressadas pela variedade das classificações apontadas nesta seção, servem ao intuito de esclarecer as disposições de matérias legais aplicáveis a cada formação florestal, evitando equívocos nas interpretações jurídicas e capacitando uma ordenação viável e compreensível.

3.2.5 Objeto da tutela jurídica das florestas

Como Duarte conceituou anteriormente, o ramo do direito que o autor denominou de Direito Florestal seria a reunião de preceitos com a finalidade de conter o desflorestamento e aumentar o replantio, firmando medidas de defesa do solo e da mata que assegurem o papel benéfico das árvores.[76]

Em suma, na definição de Duarte a proteção jurídica das florestas tem por objeto a construção de normas que protejam os benefícios naturais das florestas, contendo o desmatamento e favorecendo o replantio. Consequentemente, pode-se dizer que atualmente a proteção legal das florestas no direito brasileiro não destoa da concepção de Duarte.

Diante da conceituação de floresta exposta e da base jurídica de proteção florestal no cenário internacional e na matéria legal brasileira, torna-se possível afirmar que o objeto da tutela jurídica das florestas se volta para a prevenção e corrigenda dos efeitos de atividades antrópicas e naturais que possam afetar seus atributos, dotados de importância vital para a manutenção da vida humana. Por isso, direciona-se também a tutela jurídica florestal não somente para a manutenção de um *statu quo* florestal sem admitir a integração do homem com o ambiente florestal, mas igualmente para estabelecer requisitos para a exploração dos recursos florestais que podem ir desde a utilização até a recomposição da área.

Assim, importante destacar que proteger as florestas, mesmo que admitindo sua exploração econômica, é assegurar o direito fundamental ao ambiente, pois um ambiente ecologicamente equilibrado como concebido

---

74. PITOMBEIRA, Sheila Cavalcante. Florestas Plantadas. In: FIGUEIREDO, Guilherme José Purvin; SILVA, Lindamir Monteiro da; RODRIGUES, Marcelo Abelha; LEUZINGER, Márcia Dieguez Leuzinger (Orgs). **Código Florestal:** 45 anos: estudos e reflexões. Curitiba: Letra da Lei, 2010, p. 416.

75. SIRVINSKAS, Luís Paulo. **Manual de direito ambiental.** 14 ed. São Paulo: Saraiva, 2016, p. 579.

76. PEREIRA, Osny Duarte. **Direito Florestal Brasileiro (ensaio)**. Rio de Janeiro: Editor Borsoi, 1950, p. 149.

na Constituição Federal somente é possível quando se tem o devido cumprimento e alcance do objeto da tutela jurídica florestal. E, nesse contexto, a proteção das florestas se relaciona, direta e indiretamente, com o ambiente em geral e especificamente, por exemplo, com a proteção da biodiversidade e a prevenção contra as mudanças climáticas.[77]

77. Sobre as mudanças climáticas no cenário jurídico, é válido tecer alguns comentários. Gerrard concebe esse ramo do direito (*Climate Law*) como o conjunto de disposições normativas que engloba, dentre outras, as regulamentações sobre poluição, os padrões de eficiência energética, os incentivos para a utilização de energias renováveis, a comunicação de informações e os planejamentos de adaptação. Conforme Gerrard, apesar do grande consenso existente na comunidade científica sobre o aquecimento global e sua principal causa como sendo a emissão de gases do efeito estufa, as visões dissidentes atraíram considerável atenção da mídia e alimentaram o ceticismo sobre as mudanças climáticas na indústria e no governo, gerando uma polarização política sobre o tema. Todavia, há pouca controvérsia na comunidade científica sobre o fato de que o aumento de temperatura e dos níveis de poluição são causados em grande parte pelas atividades humanas. Tampouco é discutido entre cientistas que os principais mecanismos causadores disso são as intensificações dos gases do efeito estufa. Cf. GERRARD, Michael B. Introduction and Overview. In: FREEMAN, Jody; GERRARD, Michael B. **Global climate change and U.S. Law.** 2 ed. Chicago: American Bar Association, 2014, p. 3-8. Quanto ao ceticismo, Oreskes e Conway oferecem uma análise a respeito das táticas de fabricação de controvérsias científicas no intuito de gerar falsas incertezas sobre importantes questões, como é o caso a respeito das mudanças climáticas. Cf. ORESKES, Naomi; CONWAY, Erik M. **Merchants of doubt:** how a handful of scientists obscured the truth on issues from tobacco smoke to global warming. New York: Bloomsbury Press, 2010, p. 169-215. Para auxiliar na compreensão da importância do direito das mudanças climáticas, é possível mencionar a existência dos litígios climáticos. Neste sentido, a primeira decisão da Suprema Corte dos Estados Unidos a lidar sobre mudanças climáticas, *Massachusetts v. Environmental Protection Agency*, foi observada por Cannon como tendo significado simbólico e cultural, em que a Corte teria internalizado as crenças e valores que os ambientalistas têm sobre as mudanças climáticas. CANNON, Jonathan Z. The significance of Massachusetts v. EPA. **Virginia Law Review In Brief,** v. 93, p. 53-62, 2007, p. 61. A importância deste caso igualmente foi destacada por Wedy como sendo o litígio climático mais emblemático dos Estados Unidos. Ainda, sendo o clima um elemento do ambiente vital, a litigância climática no Brasil, como demonstrado por Wedy, conta com instrumentos processuais, inclusive aqueles decorrentes de ações ambientais previstas no ordenamento jurídico, para a defesa do clima de modo estável, tutelando direitos fundamentais dos seres humanos afetados pelos eventos climáticos, como é o caso da Ação Popular, da Ação Civil Pública, da Ação Direta de Inconstitucionalidade, do Mandado de Segurança Coletivo, do Mandado de Injunção, da Ação Direta de Inconstitucionalidade por Omissão e da Ação de Arguição de Descumprimento de Preceito Fundamental. Cf. WEDY, Gabriel de Jesus Tedesco. **Litígios climáticos:** de acordo com o Direito Brasileiro, Norte Americano e Alemão. Salvador: Editora JusPodivm, 2019, p. 82-96/131. Para uma interpretação do Direito das Mudanças Climáticas em consonância com o princípio da precaução, de se referir outra obra deste autor, cf. WEDY, Gabriel. **O princípio constitucional da precaução como instrumento de tutela do meio ambiente e da saúde pública**: de acordo com o Direito das Mudanças Climáticas e o Direito dos Desastres. 3 ed. Belo Horizonte: Fórum, 2020, p. 217-226. Na Alemanha, um caso ainda em julgamento sobre os efeitos das mudanças climáticas pode ter implicações ao redor do mundo, considerando que outros países possuem leis similares que permitem a responsabilização de emissores de gases do efeito estufa, tendo em vista que a ação foi ajuizada com base na proteção contra interferências na propriedade, conforme previsto no Código Civil Alemão (*Bürgerliches Gesetzbuch*). O demandante, um cidadão peruano, busca a responsabilização da produtora de energia elétrica alemã RWE por ser emissora de aproximadamente 0,5% de gases de efeito estufa e, portanto, uma das causadoras dos efeitos das mudanças climáticas na cidade de Huaraz, precisamente pelo aumento do nível de água do Lago Palcachoca proveniente do derretimento do gelo das montanhas localizadas na região. Em primeira instância, o caso foi julgado improcedente pela Corte Distrital de Essen (*Amtsgericht Essen*), mas um apelo do autor foi recebido pela Alta Corte Regional de Hamm (*Oberlandesgericht Hamm*). Sobre o caso, cf. FRANK, Will; BALS, Cristoph; GRIMM, Julia. The Case of Huaraz: First Climate Lawsuit on Loss and Damage Against an Energy Company Before German Courts. In: MECHLER, Reinhard et al. **Loss and Damage from Climate Change**: Concepts, Methods and Policy Options. Cham: Springer, 2019, p. 475-482.

3.3 ESPAÇOS TERRITORIAIS ESPECIALMENTE PROTEGIDOS

A proteção da flora, objetivada na Constituição e na legislação infraconstitucional, para ser efetivada e concretizada no plano material, necessita a adoção de medidas próprias por parte do poder público. Dentre estas medidas compreendidas no rol de deveres de proteção ambiental, que recaem como obrigações constitucionais dos entes federativos, está a criação de espaços territoriais especialmente protegidos.

O nível de abrangência dos espaços territoriais especialmente protegidos, notadamente de grande amplitude, remete à proteção da flora em diversos de seus institutos. Com base nisso, objetiva-se conceituar os espaços territoriais especialmente protegidos, bem como algumas das suas principais espécies que remetem à proteção da flora.

3.3.1 Conceito e características gerais

A Constituição Federal determina a incumbência ao poder público de definir, ao longo das unidades federativas, espaços territoriais com respectivos componentes que devem ser especialmente protegidos (artigo 225, §1º, III). A definição de ditos espaços compõe uma das formas de expressão dos deveres de proteção ambiental do Estado, anteriormente retratado (tópico 2.3.2).

Portanto, um norte para definir o que é passível de ensejar um espaço territorial a ser especialmente protegido é a necessidade de proteção do conteúdo de diversidade biológica existente em determinada área.[78] É o reconhecimento de componentes dotados de relevância que acabam por condicionar a proteção da respectiva área, viabilizando o interesse na manutenção da diversidade biológica do local.

Assim, os espaços territoriais possuem, no âmbito de sua tutela constitucional, uma correlação com diversos deveres de proteção estatal ambiental do Estado previstos no artigo 225, §1º, da Constituição. É o caso, mais especificamente, do dever de preservar e restaurar processos ecológicos essenciais e manejar ecologicamente as espécies e ecossistemas (artigo 225, 1º, inciso I), dos deveres de preservação da diversidade e do patrimônio genético brasileiros (artigo 225, §1º, inciso II) e, igualmente, da proteção da fauna e da flora (artigo 225, §1º, inciso VII).

Os espaços territoriais especialmente protegidos representam uma ferramenta de proteção ambiental integrada ao feixe de posições dispostas

78. SÉGUIN, Elida. **Direito ambiental:** nossa casa planetária. Rio de Janeiro: Forense, 2002, p. 240.

pelo direito fundamental ao ambiente. Determinam ações positivas do poder público, em razão da sua criação ao longo do território nacional e implicam em abstenções de supressão, exceto em casos específicos, e na proibição de alterações que venham a impactar a área de maneira a desvirtuar o espaço criado.

Podem os espaços territoriais especialmente protegidos serem definidos, conforme Silva, como áreas geográficas de propriedade pública ou privada inseridas em território brasileiro, que contenham atributo ambientais que a condicionem a um regime jurídico de interesse público que considere sua relativa imodificabilidade e a utilização sustentável, tendo por base a preservação e proteção da integridade dos ecossistemas, a proteção do processo evolutivo das espécies e a preservação e proteção dos recursos naturais.[79]

Por se tratarem de áreas geográficas com atributos ambientais que justificam sua proteção mediante regime jurídico diferenciado, o dever de definir os espaços territoriais de que o poder público é encarregado passa pela sua localização[80], momento no qual se inicia a tutela constitucional que confere guarida ao local identificado. Deste modo, haveria enquadramento na adoção da terminologia de espaços territoriais especialmente protegidos para definir as áreas designadas para um regime especial de administração com fito de proteger os atributos ambientais que justificaram o seu reconhecimento e individualização pelo poder público.[81] Servem, então, como importantes mecanismos para a implementação de ferramentas de tutela ambiental e, consequentemente, de tutela florestal.[82]

Assim, a definição de espaços territoriais especialmente protegidas imposta ao poder público busca a blindagem relativa de determinadas áreas de propriedade pública ou privada que, por possuírem atributos ambientais específicos, devem contar com exclusiva proteção jurídica, sem que isso impeça, a depender da área, atividades humanas como por exemplo, exploração de recursos, pesquisa científica, ecoturismo, desde que resguardadas as devidas restrições que ensejaram a criação do espaço.

---

79. SILVA, José Afonso da. **Direito ambiental constitucional.** 9 ed. São Paulo: Malheiros Editores, 2011, p. 239.

80. MACHADO, Paulo Affonso Leme. **Direito ambiental brasileiro.** 22 ed. São Paulo: Malheiros Editores, 2014, p. 168.

81. MILARÉ, Édis. **Direito do ambiente.** 10 ed. São Paulo: Editora Revista dos Tribunais, 2015, p. 183.

82. COSTA NETO, Nicolao Dino C. Reflexões sobre a proteção jurídica da Floresta Amazônica. In: KISHI, Sandra Akemi Shimada; SILVA, Solange Teles da; SOARES, Inês Virgínia Prado Soares (orgs). **Desafios do direito ambiental no século XXI:** estudos em homenagem a Paulo Affonso Leme Machado. São Paulo: Malheiros Editores, 2005, p. 670.

3.3.2 Normas gerais aplicáveis

Considerando a importância da definição dos espaços territoriais, sua criação foi alçada, após a previsão constitucional, mediante inclusão do artigo 9º, inciso VI na Lei 6.938/1981[83], como um dos instrumentos da Política Nacional do Meio Ambiente. Com esta medida, é realçada a necessidade da formação de referidos espaços como forma de efetivar a tutela ambiental, insculpida na Constituição como direito fundamental.

No âmbito das condições normativas aplicáveis ao instituto, é possível destacar três aspectos da redação constitucional: a forma de definição, as restrições para alteração e supressão dos espaços e a vedação de utilização comprometedora de seus atributos.

Para a definição de espaços territoriais especialmente protegidos, não se tem por exclusivo que seja feita mediante edição de leis. Como esclarece Machado, os espaços podem ser criados mediante decretos, portarias ou resoluções.[84] Portanto, pode-se concluir que a variedade de instrumentos deixada a cargo do Poder Executivo para a definição de espaços territoriais fornece mecanismos de facilitação da criação de respectivos espaços, ainda que seja necessário o atendimento de pressupostos tais como estudos técnicos da área e audiências públicas.

No que diz respeito às restrições para alteração e supressão dos espaços, subsiste na norma constitucional a obrigatoriedade de que as mudanças se processem somente através de lei. Tem-se, com isso, que o procedimento legislativo formal levaria em conta um amplo debate democrático sobre o tema, podendo contar com mecanismos de estudos de caráter técnico e científico sobre o espaço a ser desafetada ou modificado. Residiria aí um controle legislativo não contraposto a atividade econômica, mas favorável à uma ponderação de interesses sem desconsiderar a tutela ambiental.[85]

De se esclarecer, porém, que a reserva legal para alteração ou supressão de espaços territoriais especialmente protegidos não impede que eles sejam utilizados sem desconsiderar os seus atributos e mediante, quando for o caso, de autorização do órgão competente. Caminha este entendimento em consonância com decisão havida pelo Supremo Tribunal Federal, na qual, por maioria, restou declarada a licitude de que o poder público autorize, licen-

83. A inclusão se deu pela Lei 7.804/1998.

84. MACHADO, P. A. L. Os espaços territoriais protegidos e a Constituição Federal. **Interesse Público,** a. 8, n. 39, p. 13-19, set./out. de 2006, p. 14.

85. Ibidem, p. 17.

cie ou permita a execução de obras ou a realização de serviços nos espaços territoriais especialmente protegidos, respeitadas as limitações, exigências e restrições legais e o não comprometimento dos atributos justificadores da especial proteção.[86]

Relacionado à desnecessidade de lei para utilização dos espaços territoriais dotados de proteção especial dependendo do caso e desde que não envolvendo sua alteração ou supressão, está o critério de vedação de utilização dos espaços mencionados de um modo que seus atributos sejam comprometidos. A previsão, expressa *in fine* no artigo 225, §1º, inciso III da Constituição, impede que a integridade dos componentes ambientais que justificaram a criação dos espaços territoriais venha a ser afetada por decorrência de uma inadequada utilização.

Em virtude das múltiplas formas de espaços territoriais com especial proteção passíveis de serem localizados e definidos, bem como considerando as diversas motivações a que podem estar atrelados, seria impossível definir os requisitos específicos dessa restrição imposta constitucionalmente sobre a utilização dos espaços. O contexto protetivo idealizado pelo legislador constituinte não define uma dimensão unificada aplicável para todas espécies de espaços territoriais, sendo que é o tipo da área que definirá a justificativa de sua proteção.[87]

Diante disso, havendo a cláusula de proteção especial sobre um espaço territorial, referida proteção será composta, por fundamento, no impedimento da alteração dos atributos que tornaram a referida área própria para ser resguardada.[88]

Após a delimitação das fronteiras do espaço territorial e da definição dos atributos que sustentam sua especialidade, sua constituição acaba condicionada a critérios específicos de modificabilidade e fruição, independentemente se tratarem de bens de propriedade privada ou de domínio público, restando sujeitos a um regime jurídico de interesse público.[89] Por isso, cabe destacar que, de modo consectário, a definição de espaços territoriais acaba gerando efeitos de diversos graus no regime de propriedade privada e, tratando-se

---

86. STF, Ação Direta de Inconstitucionalidade 3.540-1/DF, Relator Ministro Celso de Mello, j. 01.09.2005.

87. MACHADO, P. A. L. Os espaços territoriais protegidos e a Constituição Federal. **Interesse Público,** a. 8, n. 39, p. 13-19, set./out. de 2006, p. 18.

88. FERREIRA FILHO, Manoel Gonçalves. **Comentários à Constituição Brasileira de 1988:** volume 2 arts. 104 a 250 – Ato das disposições Constitucionais Transitórias. 2 ed. São Paulo: Saraiva, 1999, p. 278.

89. SILVA, José Afonso da. **Direito ambiental constitucional.** 9 ed. São Paulo: Malheiros Editores, 2011, p. 237.

de restrições externas à legitimação do direito de propriedade, com efetivos prejuízos, pode-se dar causa a desapropriação e justa indenização.[90] Relevante considerar, ainda, a possibilidade de compatibilidade do espaço territorial a ser criado com o regime privado de titularidade do bem, mediante o estudo do caso concreto para aferir a existência de dever indenizatório estatal.[91] Enfim, quando existirem limitações administrativas que impeçam a exploração econômica do bem, todos acabam pagando o preço, de modo solidário, por meio da indenização devida pelo poder público[92].

3.3.3 Categorias de espaços territoriais especialmente protegidos

A conceituação anteriormente estudada dos espaços territoriais especialmente protegidos não dispensa uma análise mais acurada das categoriais que podem existir referentes aos respectivos espaços. O estudo dessas categoriais fornece suporte adequado para evitar equívocos doutrinários ou confusões de interpretação legal.

Por essa razão, e na esteira do apontado por Passos, a classificação doutrinária ordena a discussão das relações entre conceitos, possibilitando uma identificação conceitual e jurídica dos contextos ensejados pelas diversas modalidades de espaços ambientais especialmente protegidos.[93]

Considerando a diversidade de classificações que a denominação geral de espaço territorial especialmente protegido pode originar, é importante fixar algumas diretrizes que formem uma graduação nas espécies possíveis de espaços territoriais com proteção especial.

---

90. LEUZINGER, M. D. Criação de espaços territoriais especialmente protegidos e indenização. **Revista de Direito Ambiental**, v. 7, n. 5, p. 108-128, jan./mar. 2002, p. 120.

91. Ibidem, p. 122. Neste sentido, Benjamin aponta alguns critérios a serem observados para que a criação Áreas de Preservação Permanente administrativas, assim entendidas aquelas criadas por ato administrativo, seja passível de gerar indenizações. Conforme o autor, devem ser indenizadas quando "a) lhes faltar o traço da generalidade (afetar um ou poucos proprietários); b) não beneficiarem, direta ou indiretamente, o proprietário; e, c) sua efetivação inviabilizar, por inteiro, a totalidade do único (hipótese raríssima) ou de todos os possíveis usos da propriedade, respeitado, evidentemente, o lapso prescricional, que corre da promulgação do ato administrativo de regência". Cf. BENJAMIN, A. H. V. Reflexões sobre a hipertrofia do direito de propriedade na tutela da reserva legal e das áreas de preservação permanente. **Revista de Direito Ambiental**, São Paulo, v. 1, n. 4, p. 41-60, out./ dez. 1996, p. 57. Apesar dos critérios estarem se referindo sobre espécie de Área de Preservação Permanente, sua aplicabilidade é extensível às outras espécies de espaços territoriais especialmente protegidos.

92. FREITAS, Vladimir Passos de. **A Constituição federal e a efetividade das normas ambientais.** 2 ed. São Paulo: Editora Revista dos Tribunais, 2002, p. 167.

93. PASSOS, L. H. F. da C. A proteção jurídica dos espaços ambientais especiais: unidades de conservação. **Revista de Direito Ambiental,** v. 0, p. 170-176, jan./dez 1996, p. 175.

Ainda, de se mencionar que os espaços territoriais especialmente protegidos, como conceituados, tem por objetivo a proteção de atributos ambientais em regiões especificadas geograficamente. Por conseguinte, os atributos ambientais por ele protegidos não se restringem, tão somente, ao ambiente natural, podendo alcançar as dimensões cultural e artificial do ambiente.

Dito isso, convém estabelecer diferenciações necessárias na classificação dos espaços territoriais. Uma das primeiras separações conceituais necessárias é aquela que divide os espaços territoriais especialmente protegidos das unidades da conservação. A origem dessas possíveis confusões entre conceitos provém da Lei 9.985/2000, que cria o Sistema Nacional de Unidades de Conservação da Natureza (SNUC) e em ementa é definida como regulamentadora, dentre outros incisos, do inciso III, do artigo 225, §1º da Constituição Federal, remetendo à definição de espaços territoriais especialmente protegidos.

Apesar disso, a regulamentação oferecida pela Lei 9.985/2000 do artigo 225, §1º, inciso III, não passa de uma regulamentação parcial. Não poderia a mencionada lei, portanto, avocar para si a regulamentação do dispositivo federal, uma vez que versa somente sobre uma fração dos possíveis espaços territoriais especialmente protegidos existentes ou passíveis de serem criados no ordenamento jurídico brasileiro.

Na classificação geral, as unidades de conservação integram os espaços territoriais especialmente protegidos, mas não o definem. Ainda, as unidades de conservação fariam parte de um grande grupo do que seriam áreas protegidas, sem exaurir os modelos enquadráveis neste segmento.

A definição de áreas protegida passa pela sua funcionalidade, como sendo planejamento, alocação e gerenciamento da utilização de terra e água *in situ*, a fim de conservar espécie selvagens, subespécies e variedades.[94] A proposta de resguardar os ecossistemas desenvolvidos em determinado local, blindando a área definida com proteções específicas que considerem a tutela pretendida caracteriza a função desempenhada pelas áreas protegidas. Consequentemente, em consonância com a afirmação de Antunes, a criação de uma área de proteção implica na sua retirada da circulação econômica imediata.[95]

94. Assim dispõe a World Conservation Strategy desenvolvida pela IUCN, considerando a possibilidade de preservação da biodiversidade no local onde o ecossistema se desenvolve naturalmente. Cf. IUCN. **World Conservation Strategy:** living resource conservation for sustainable development. Gland: IUCN, 1980, não paginado.

95. ANTUNES, Paulo de Bessa. **Áreas protegidas e propriedade constitucional.** São Paulo: Atlas, 2011, p. 9.

Em documento desenvolvido subsequentemente ao World Conservation Strategy, denominado Caring for the Earth, as áreas protegidas são identificadas como estabilizadoras da salvaguarda de exemplares de herança natural e cultural para conservar os sistemas de suporte de vida e diversidade biológica, bem com para a apreciação humana.[96]

A conceituação das áreas protegidas no direito brasileiro pode ser identificada por aquela estabelecida na Convenção sobre Diversidade Biológica de 1992, promulgada pelo Decreto 2.519/1998 no Brasil. Consta no artigo 2º da Convenção o seu significado como sendo uma área geográfica definida com a finalidade de ser destinada, regulamentada e administrada para alcançar objetivos específicos de conservação.

Nas diretrizes propostas para o gerenciamento de áreas protegidas da IUCN, editada por Dudley, as áreas protegidas são estabelecidas em espaço geográfico, reconhecidas, dedicadas e gerenciadas por meios legais, ou outros modos efetivos, com a finalidade de alcançar estágios de conservação da natureza a longo prazo em associação com serviços ecossistêmicos e valores culturais.[97]

Com efeito, as áreas protegidas, compreendidas pela finalidade de conservação *in situ,* ou seja, onde há o desenvolvimento natural de espécies ou onde estão localizados valores culturais que se pretende resguardar, mediante a definição de áreas geográficas específicas, engloba as espécies de unidades de conservação previstas na Lei 9.985/2000 que serão posteriormente analisadas em tópico próprio.

Os espaços territoriais especialmente protegidos, deste modo, abarcam os conceitos de áreas protegidas e unidades de conservação[98], sendo por isso que, na perspectiva de Silva, nem todos os espaço territoriais especialmente protegidos são unidades de conservação, embora estas sejam espaços territoriais especialmente protegidos.[99]

Consolidando a abrangência das áreas protegidas, o Plano Estratégico Nacional de Áreas Protegidas, estabelecido por meio do Decreto 5.758/2006,

96. IUCN. UNEP, WWF. **Caring for the Earth**: a strategy for sustainable living. Gland: IUCN; UNEP; WWF, 1991, p. 36.

97. DUDLEY, Nigel. **Guidelines for applying protected área management categories.** Gland: IUCN, 2008, p. 8.

98. PEREIRA, P. F.; SCARDUA, Fernando Paiva. **Espaços territoriais especialmente protegidos: conceito e implicações jurídicas.** Ambiente & Sociedade, Campinas, v. XI, n. 1, p. 81-97, jan./jun. 2008, p. 88.

99. SILVA, José Afonso da. **Direito ambiental constitucional.** 9 ed. São Paulo: Malheiros Editores, 2011, p. 239. Mesmo entendimento é expressado por Teresa de Deus Cf. DEUS, Teresa Cristina de. **Tutela da flora em face do direito ambiental brasileiro.** São Paulo: Editora Juarez de Oliveira, p. 135-136.

faz menção às unidades de conservação, terras indígenas, territórios quilombolas, áreas de preservação permanente e reserva legal. Mesmo assim, nada impede que para além das espécies de áreas protegidas previstas no citado decreto, incluam-se nesta espécie outras delimitações geográficas nos moldes dos requisitos de formação de áreas protegidas.

Não se limitam os espaços territoriais especialmente protegidos, porém, a áreas protegidas e, muito menos, a unidades de conservação. O conceito é mais amplo e, considerando as especificidades até então abordadas neste tópico em conjunto com os critérios que colocam os espaços territoriais especialmente protegidos como sendo espaços públicos ou privados criados para conferir proteção especial ao ambiente, pode-se referir que reúnem, embora sem tratar exaustivamente do assunto, as seguintes espécies: as unidades de conservação; as terras indígenas; os territórios quilombolas; as áreas tombadas; os monumentos arqueológicos e pré-históricos; as áreas especiais e locais de interesse turístico, destinados à prática do ecoturismo; áreas integrantes dos monumentos arqueológicos e pré-históricos; as áreas integrantes do patrimônio espeleológico nacional; as reservas da biosfera; os corredores ecológicos; as zonas de amortecimento; os espaços protegidos constitucionalmente como patrimônio nacional, a Floresta Amazônica, a Mata Atlântica, a Serra do Mar, a Zona Costeira e o Pantanal Matogrossense; as áreas de proteção especial; os jardins botânicos; os hortos florestais; os jardins zoológicos; as terras devolutas e arrecadadas; as Áreas de Preservação Permanente; as Reservas Legais; as áreas de uso restrito; as áreas verdes urbanas; e, os megaespaços ambientais.[100]

Com o objetivo de aprofundar a matéria estudada sobre os espaços territoriais que contam com proteção especial, serão abordadas em específico algumas das espécies mencionadas.

As terras indígenas são asseguradas aos índios mediante posse permanente, sendo assim consideradas aquelas que foram tradicionalmente por eles habitadas em caráter permanente, utilizadas para atividades produtivas, imprescindíveis a preservação dos recursos ambientais e necessárias à sua reprodução física e cultural (artigo 231, §1º e 2º da Constituição Federal). Os territórios quilombolas, porém, contam com o reconhecimento da propriedade definitiva das terras (artigo 68 do Ato das Disposições Constitucionais

---

100. A lista de espaços territoriais especialmente protegidos apresentada foi extraída, com poucas alterações, de artigo desenvolvido por Pereira e Scardua Cf. PEREIRA, P. F.; SCARDUA, Fernando Paiva. **Espaços territoriais especialmente protegidos: conceito e implicações jurídicas.** Ambiente & Sociedade, Campinas, v. XI, n. 1, p. 81-97, jan./jun. 2008, p. 90-91.

Transitórias). Persiste, tanto nas terras indígenas como nos territórios quilombolas, a proteção específica de aspectos culturais do ambiente, sem que se desconsidere, contudo, as condições ambientais naturais.[101]

Como define o artigo 41 da Lei 9.985/2000, a reserva de biosfera é formada mediante modelo de adoção internacional e se volta à gestão integrada, participativa e sustentável de recursos naturais, tendo por objetivos essenciais a preservação da diversidade biológica, o desenvolvimento de atividades de pesquisa, o monitoramento ambiental, a educação ambiental, o desenvolvimento sustentável e o incremento da qualidade de vida das populações. Sua origem remete à Conferência da Biosfera[102], realizada pela UNESCO em 1968, tendo seu lançamento se dado a partir do Programa Homem e Biosfera (*Man and the Biosphere Programme*), iniciado em 1971.[103]

Os corredores ecológicos são mencionados no artigo 25 da Lei 9.985/2000 ao estabelecer que as unidades de conservação, com exceção da Área de Proteção Ambiental e da Reserva Particular de Patrimônio Florestal, devem possuir corredores ecológicos, quando assim se entender conveniente. De acordo com o artigo 2º, inciso XIX, da mesma lei, os corredores ecológicos são porções de ecossistemas naturais ou seminaturais que possibilitam o fluxo de genes e o movimento da biota mediante uma conexão entre unidades de conservação, admitindo difusão de espécies e recolonização de áreas degradadas, bem como favorecendo a manutenção de populações que dependem de áreas com extensões maiores que as unidades individuais para sua sobrevivência. São definidos por ato do Ministério do Meio Ambiente, como dispõe o artigo 11 do Decreto 4.340/2002.

As zonas de amortecimento, igualmente previstas no artigo 25 da Lei 9.985/2000, são presença obrigatória nas unidades de conservação, à exceção da Área de Proteção Ambiental e da Reserva Particular do Patrimônio Natural. Basicamente, como refere o artigo 2º, inciso XVIII, da citada lei, constituem-se pelo entorno de uma unidade de conservação, onde as ações humanas são condicionadas a normas e restrições que buscam minimizar os efeitos negativos sobre a unidade.

---

101. Por ocasião do estudo da destinação das florestas públicas às comunidades locais, mais adiante será visto com maiores detalhes os aspectos jurídicos relativos às terras ocupadas por povos indígenas e a proteção da sua posse (tópico 6.2.4.1), assim como os territórios de remanescentes de quilombolas (tópico 6.2.4.2).

102. UNESCO. Intergovernmental conference of experts on the scientific basis for rational use and conservation of the resources of the biosphere. Paris, 4-13 Semptember 1968. Disponível em: <http://unesdoc.unesco.org/images/0001/000172/017269eb.pdf>. Acesso em 23 mai 2018.

103. UNESCO. Man and the Biosphere Programme. Disponível em: <http://www.unesco.org/new/en/natural-sciences/environment/ecological-sciences/>. Acesso em 23 mai 2018.

Os jardins botânicos são locais destinados ao cultivo de plantas para os objetivos de estudo e exposição. Com base na Resolução 339/2003 do CONAMA, são áreas protegidas constituídas no todo ou em parte por coleções de plantas vivas reconhecidas, organizadas, documentadas e identificadas, para fins de estudo, pesquisa e documentação do patrimônio florístico, com acesso ao público total ou parcial e servindo à educação, cultura, lazer e conservação do ambiente.[104]

Os hortos florestais não contam com previsão legal no sistema jurídico vigente, mas podem ser compreendidos historicamente como unidades fechadas destinadas a proteger e conservar espécimes de vegetação e produzir mudas de essências florestais, auxiliando no reflorestamento.[105] Sobre os hortos florestais, é possível mencionar que a revogada Resolução 11/1987 do CONAMA os declarava como sendo unidades de conservação, sendo que o artigo 55 da Lei 9.985/2000 permite que se realize a reavaliação de unidades de conservação e áreas protegidas criadas com base em leis anteriores, com o fito de definir sua destinação de acordo com a categoria e função para que foram criadas. Considera-se, a partir disso, a possibilidade de inclusão dos hortos florestais como espécies de unidades de conservação ou de áreas protegidas alheias ao catálogo das unidades de conservação, muito embora hodiernamente não se constate grande influência de sua instituição na legislação ambiental brasileira.

Os jardins zoológicos, legalmente instituídos pela Lei 7.173/1983, são considerados coleções de animais silvestres vivos, em cativeiro ou semiliberdade, expostos à visitação pública.

A Área de Preservação Permanente e a Reserva Legal estão previstas no Código Florestal. A Área de Preservação Permanente, podendo estar coberta por vegetação nativa, cumpre a função ambiental de preservar os recursos hídricos, a paisagem, a estabilidade geológica e a biodiversidade, facilitando a relação entre fauna e flora, protegendo o solo e assegurando o bem-estar das

---

104. Narra o artigo 2º da Resolução 339/2003 que os objetivos dos jardins botânicos são: "I - promover a pesquisa, a conservação, a preservação, a educação ambiental e o lazer compatível com a finalidade de difundir o valor multicultural das plantas e sua utilização sustentável; II - proteger, inclusive por meio de tecnologia apropriada de cultivos, espécies silvestres, ou raras, ou ameaçadas de extinção, especialmente no âmbito local e regional, bem como resguardar espécies econômica e ecologicamente importantes para a restauração ou reabilitação de ecossistemas; III - manter bancos de germoplasma *ex situ* e reservas genéticas *in situ*; IV - realizar, de forma sistemática e organizada, registros e documentação de plantas, referentes ao acervo vegetal, visando plena utilização para conservação e preservação da natureza, para pesquisa científica e educação; V - promover intercâmbio científico, técnico e cultural com entidades e órgãos nacionais e estrangeiros; e VI - estimular e promover a capacitação de recursos humanos".

105. SILVA, José Afonso da. **Direito ambiental constitucional.** 9 ed. São Paulo: Malheiros Editores, 2011, p. 268.

populações humanas (artigo 3º, inciso II, do Código Florestal).[106] A Reserva Legal, por sua vez, é a área localizada dentro de propriedades ou posses rurais, que asseguram o uso econômico e sustentável dos recursos naturais do imóvel rural, auxiliam a conservação e reabilitação dos processos ecológicos e promovem a conservação da biodiversidade, além do abrigo e proteção da fauna silvestre e da flora nativa (artigo 3º, inciso III, do Código Florestal)[107].

As áreas de uso restrito, disciplinadas pelos artigos 10 e 11 do Código Florestal, são divididas em dois grupos. O primeiro deles, regido pelo artigo 10, é o dos pantanais e das planícies pantaneiras, onde se permite a exploração ecologicamente sustentável, desde que sejam consideradas as recomendações técnicas dos órgãos oficiais de pesquisa. Nesse grupo, novas supressões de vegetação nativa para uso alternativo do solo ficam condicionadas à autorização do órgão estadual ambiental. O segundo grupo, com base no artigo 11, é o das áreas de inclinação entre 25º e 45º, em que se permite o manejo florestal sustentável o exercício de atividades agrossilvipastoris, além da manutenção da infraestrutura associada ao desenvolvimento das atividades, com a observação de boas práticas agronômicas e estando vedada a conversão de novas áreas, à exceção de casos de utilidade pública e interesse social.

Os megaespaços ambientais, segundo Soares, estariam vinculados aos tratados multilaterais que considerassem grandes áreas de terra como unidade ambiental, isto é, unidade político-ecológica, formada por elementos interdependentes, incluindo-se, além dos espaços do planeta, o espaço sideral, considerado como unicidade no âmbito da proteção ambiental. Ainda conforme o autor, os megaespaços estariam atrelados à consideração das normas internacionais sobre os aspectos físicos e biológicos envolvidos, podendo não estar submetidos a soberania de alguns Estados ou contarem com a soberania de certos Estados, mas com a realidade física e biológica condicionada a um todo indivisível regulado por normas de cunho internacional.[108]

O que se evidencia, a partir do detalhamento de determinados espaços territoriais especialmente protegidos é que seu conceito é amplo, abarcando diversas formas de proteção do ambiente natural, cultural e artificial. Consequentemente, resta demonstrado como as diversas categorias nele incluídas não podem ser confundidas com o próprio gênero denominado de espaço

106. As normas aplicáveis as Áreas de Preservação Permanente concentram-se, principalmente, entre os artigos 4º e 9º do Código Florestal.

107. Compreendendo a série de artigos que vai do 12 ao 24, estão as disposições do Código Florestal sobre a Reserva Legal.

108. SOARES, Guido Fernando Silva. **A proteção internacional do meio ambiente.** Barueri: Manole, 2003, p. 107.

territorial especialmente protegido que constitui amplo rol de possibilidades, ficando a cargo do poder público definir sua existência ou permitir a sua instituição, adotando-se os critérios normativos competentes.

3.4 UNIDADES DE CONSERVAÇÃO

As unidades de conservação compõem um importante ferramental destinado a proteção da flora no sistema jurídico brasileiro. Considerando essa relevância, tem-se, no presente tópico, o escopo de analisar seu regime jurídico, dispondo de suas formas de instituição, fornecendo aportes que servirão ao presente estudo.

3.4.1 Natureza, conceito e finalidade

Como demonstrado anteriormente (tópico 3.3.3), mesmo que a Lei 9.985/2000 preveja em sua ementa estar regulamentando o artigo 225, §1º, inciso III, da Constituição, verifica-se uma regulamentação parcial, uma vez que as unidades de conservação pertencem a um subgrupo de áreas protegidas, as quais, por sua vez, integram as categorias dos espaços territoriais especialmente protegidos.

Ainda assim, com conceito diverso do aqui abordado, para Milaré, as unidades de conservação representariam espaços territoriais especialmente protegidos em sentido estrito, nesta categorias incluídas as unidades de conservação típicas, previstas expressamente na Lei 9.985/2000, bem como as unidades de conservação atípicas, quando enquadráveis no conceito previsto no artigo 2º, inciso I, da citada lei. Por outro lado, os espaços territoriais especialmente protegidos, analisados em sentido amplo, compreenderiam as demais áreas protegidas.[109]

Sobre a denominação de unidades de conservação, Benjamin denuncia carências na técnica legislativa da Lei do SNUC. Para o autor, a ementa da lei remete a regulamentação do artigo 225, §1º, inciso III, da Constituição Federal, porém usa inadequadamente o termo unidades de conservação, já que a expressão espaço territorial especialmente protegido não seria opção aleatória ou acidental, porquanto estaria em consonância com as formas de proteção do ambiente, dentre os quais estariam consagradas a conservação e a preservação.[110]

---

109. MILARÉ, Édis. **Direito do ambiente.** 10 ed. São Paulo: Editora Revista dos Tribunais, 2015, p. 185/1261.

110. BENJAMIN, Antônio Herman. Introdução à Lei do Sistema Nacional de Unidades de Conservação. In: BENJAMIN, Antônio Herman Benjamin. **Direito ambiental das áreas protegidas:** o regime jurídico das unidades de conservação. Rio de Janeiro: Forense Universitária, 2001, p. 288.

A distinção apontada por Benjamin, que demonstra a problemática conceitual quando da adoção do nome de unidade de conservação para essas espécies legais de áreas protegidas, está embasada na distinção dos fins propostos pelas correntes preservacionista e conservacionista e considera que ambas as correntes dividem a estrutura das unidades de conservação definidas em lei de acordo com as possibilidades de sua utilização.

Uma explicação das históricas correntes ambientalistas americanas compreende que a visão preservacionista, influenciada por John Muir, objetivava preservar áreas virgens de qualquer uso alheio ao educacional e recreativo, com motivos inicialmente emocionais. Enquanto que a perspectiva conservacionista, normalmente identificada com as ideias de Gifford Pinchot, propunha a exploração dos recursos naturais de maneira sustentável e racional, fundada na tradição da ciência florestal alemã.[111] Segundo Antunes, as duas correntes, hodiernamente, representam as linhas principais das divisões ideológicas dos defensores da natureza.[112] Igualmente, Leuzinger reconhece que a preservação e a conservação são os pilares da proteção normativa do ambiente natural no ordenamento jurídico brasileiro.[113]

De fato, na Lei 9.985/2000 existe uma identificação com as correntes preservacionistas e conservacionistas, a depender das regras de cada uma das unidades de conservação previstas, atendendo a relevância natural sem considerar apenas a proteção da riqueza paisagística[114]. Consequentemente, o termo unidade de conservação não deve ser assimilado exclusivamente com uma proposta conservacionista do ambiente devido a regulamentação aproximada à corrente preservacionista presente em diversas espécies de unidades de conservação, mesmo que exista um objetivo conservacionista obrigatoriamente preponderante[115]. Também, cumpre assinalar, nem sempre que o termo correspondente a conservação for utilizado na Lei do SNUC, este remeterá à uma abordagem essencialmente conservacionista da natureza.

---

111. MCCORMICK, John. **Rumo ao paraíso:** a história do movimento ambientalista. Tradução de Marco Antonio Esteves da Rocha e Renato Aguiar. Rio de Janeiro: Relume-Durnarã, 1992, p. 30-31.

112. ANTUNES, Paulo de Bessa. **Áreas protegidas e propriedade constitucional.** São Paulo: Atlas, 2011, p. 12.

113. LEUZINGER, Márcia Dieguez. **Natureza e cultura:** unidades de conservação de proteção integral e populações tradicionais residentes. Curitiba: Letra da Lei, 2009, p. 113.

114. BENJAMIN, Antônio Herman. Introdução à Lei do Sistema Nacional de Unidades de Conservação. In: BENJAMIN, Antônio Herman Benjamin. **Direito ambiental das áreas protegidas:** o regime jurídico das unidades de conservação. Rio de Janeiro: Forense Universitária, 2001, p. 292

115. Ibidem, p. 296.

Originariamente, as unidades de conservação eram previstas de diferentes formas em legislações esparsas e assistemáticas no plano jurídico brasileiro[116], sendo um dos méritos da Lei 9.985/2000 a reunião das disposições referentes em um único texto legal que se alinha às bases do direito fundamental ao ambiente, formando o Sistema Nacional de Unidades de Conservação da Natureza (SNUC). Segue a ordenação legal das unidades de conservação as diretrizes internacionais[117], aproximando-se das diretrizes da Convenção sobre Diversidade Biológica, a qual no artigo 8º, a respeito da conservação *in situ*, contém no item "a" uma consideração sobre o estabelecimento de áreas protegidas a ser adotado.

A Lei 9.985/2000, ao estabelecer o conceito de unidade de conservação, assemelha-se ao conceito de áreas protegidas disposto na Convenção sobre Diversidade Biológica já descrita no tópico 3.3.3. Como dispõe o artigo 2º, inciso I, da Lei do SNUC, as unidades de conservação são espaços territoriais e recursos ambientais, contando áreas jurisdicionais, dotados de características naturais relevantes, estabelecidos legalmente pelo poder público, com objetivos de conservação e limites firmados, gozando de regime especial de administração com a aplicação de garantias adequadas de proteção.

Em conformidade com a definição legal, Silva descreve que as unidades de conservação são espécies de espaços territoriais protegidos, dotados de características naturais relevantes, instituídos legalmente, com objetivos de conservação, limites definidos e regime especial de proteção e administração. Extrai o autor, ainda, do nome e da definição, o objetivo das unidades de conservação como sendo a conservação das características ambientais do espaço territorial delimitado e de seus recursos ambientais.[118]

Justamente em função do objetivo das unidades de conservação que Teresa de Deus aponta para a prioridade de sua criação como forma de atender a prevenção de danos ambientais mediante a reunião da conservação e do desenvolvimento, observando-se o ordenamento territorial e a utilização racional de recursos, a qual deve ser compatibilizada com a conservação para

116. ANTUNES, Paulo de Bessa. **Áreas protegidas e propriedade constitucional.** São Paulo: Atlas, 2011, p. 46.

117. É o caso das diretrizes apontadas pela IUCN, que dispõe de modelos de áreas protegidas similares as encontradas na comunidade internacional e, essencialmente, aquelas contidas na Lei 9.985/2000. Cf. DUDLEY, Nigel. **Guidelines for applying protected área management categories.** Gland: IUCN, 2008.

118. SILVA, José Afonso da. **Direito ambiental constitucional.** 9 ed. São Paulo: Malheiros Editores, 2011, p. 241-242.

fins de equilíbrio ambiental, preservação, manutenção, utilização sustentada, restauração e melhoria do ambiente natural.[119]

O artigo 4º da Lei 9.985/2000 enumera uma lista com treze objetivos para o SNUC[120] que, em diferentes graus, entram em consonância com quatro finalidades básicas aplicáveis às unidades de conservação: conservação da natureza, aproveitamento público, pesquisa científica e uso econômico sustentável de seus componentes.[121] Em que pese a norma prioritária básica voltada à conservação, as modalidades de unidades de conservação contemplam, em maior ou menor grau, os objetivos demonstrados.

Fica, portanto, demonstrada a natureza de área protegida das unidades de conservação, o seu conceito de espaço geográfico definido com a finalidade de proteger a flora e a fauna, bem como suas finalidades. Passa-se, assim, para a análise das categorias e dos procedimentos legais previstos destinados a regulamentar as unidades de conservação.

3.4.2 Categorias de unidades de conservação

As unidades de conservação que compõe o SNUC podem ser federais, estaduais ou municipais, a depender do poder público que efetuou a respectiva criação[122], o qual deve buscar enquadrar as especificidades ambientais de

---

119. DEUS, Teresa Cristina de. **Tutela da flora em face do direito ambiental brasileiro.** São Paulo: Editora Juarez de Oliveira, p. 138.

120. Determina o artigo 4º da Lei do SNUC: "O SNUC tem os seguintes objetivos: I - contribuir para a manutenção da diversidade biológica e dos recursos genéticos no território nacional e nas águas jurisdicionais; II - proteger as espécies ameaçadas de extinção no âmbito regional e nacional; III - contribuir para a preservação e a restauração da diversidade de ecossistemas naturais; IV - promover o desenvolvimento sustentável a partir dos recursos naturais; V - promover a utilização dos princípios e práticas de conservação da natureza no processo de desenvolvimento; VI - proteger paisagens naturais e pouco alteradas de notável beleza cênica; VII - proteger as características relevantes de natureza geológica, geomorfológica, espeleológica, arqueológica, paleontológica e cultural; VIII - proteger e recuperar recursos hídricos e edáficos; IX - recuperar ou restaurar ecossistemas degradados; X - proporcionar meios e incentivos para atividades de pesquisa científica, estudos e monitoramento ambiental; XI - valorizar econômica e socialmente a diversidade biológica; XII - favorecer condições e promover a educação e interpretação ambiental, a recreação em contato com a natureza e o turismo ecológico; XIII - proteger os recursos naturais necessários à subsistência de populações tradicionais, respeitando e valorizando seu conhecimento e sua cultura e promovendo-as social e economicamente".

121. BENJAMIN, Antônio Herman. Introdução à Lei do Sistema Nacional de Unidades de Conservação. In: BENJAMIN, Antônio Herman Benjamin. **Direito ambiental das áreas protegidas:** o regime jurídico das unidades de conservação. Rio de Janeiro: Forense Universitária, 2001, p. 298. Considerando a relevância do objeto da Lei do SNUC, Sarlet e Fensteserseifer a qualificam como uma das mais importantes e modernas leis ambientais brasileiras, cf. SARLET, Ingo Wolfgang; FENSTERSEIFER, Tiago. **Curso de direito ambiental.** Rio de Janeiro: Forense, 2020, p. 675.

122. SILVA, José Afonso da. **Direito ambiental constitucional.** 9 ed. São Paulo: Malheiros Editores, 2011, p. 259.

determinada região capaz de possibilitar a conservação do espaço territorial e dos recursos ambientais.

Na categorização das unidades de conservação estabelecida pela Lei 9.985/2000, existem dois grupos de unidades de conservação, como forma de atender as especificidades características (artigo 7º). São eles o das unidades de proteção integral (artigo 7º, inciso I) e o das unidades de uso sustentável (artigo 7º, inciso II).

Com base nisso, pretende-se efetuar uma abordagem a respeito das respectivas unidades de conservação que integram os dois grupos mencionados, além da descrição de algumas características específicas de cada uma delas. É importante referir que a disposição das categorias de unidades de conservação será realizada tendo por base, essencialmente, a Lei 9.985/2000, que hodiernamente contém e concentra o regime jurídico de cada uma das unidades a serem analisadas.

3.4.2.1 Unidades de proteção integral

As unidades de proteção integral tem por objetivo a preservação da natureza, vedando o uso de recursos naturais que não seja feito de modo indireto, observadas algumas exceções previstas na lei (artigo 7º, §1º, da Lei do SNUC). Pelo objetivo de evitar a interferência antrópica, referida modalidade encontra alguma vinculação com a corrente preservacionista observada anteriormente no tópico 3.4.1.

Em concordância com o artigo 8º da Lei do SNUC, este grupo é composto das seguintes categorias de unidades: estação ecológica, reserva biológica, parque nacional, monumento natural e refúgio da vida silvestre.

A Estação Ecológica (ESEC) é criada com o objetivo de preservação da natureza e realização de pesquisas científicas (artigo 9º). São de posse e domínio públicos, implicando na desapropriação de áreas particulares presentes em seus limites (artigo 9º, §1º). A visitação pública é permita para fins educacionais, desde que atendido o plano de manejo, e a pesquisa científica depende de autorização do órgão responsável pela sua administração (artigo 9º, §2º e 3º).

A respeito desta categoria, importante recordar a Lei 6.902/1981, de conteúdo regulador da estação ecológica, a qual é definida no artigo 1º como uma área representativa de ecossistemas brasileiros, destinadas a realização de pesquisas ecológicas, à proteção do ambiente natural e ao desenvolvimento da educação conservacionista. Resguardadas alterações sensíveis desta lei para a mais recente Lei do SNUC, como na permissão de atividades alteradoras do ecossistema (artigo 7º, §1º da Lei 6.902/1981 e artigo 9º, §4º da Lei do SNUC), é possível considerar, como afirma Silva, sua atual vigência[123]. De igual forma, para Antunes, a Lei do SNUC trouxe disposições estáveis e firmes ao conceito jurídico de estação ecológica, anteriormente considerado confuso e frágil, sem que o conteúdo da lei anterior fosse revogado.[124]

A Reserva Biológica (Rebio) objetiva a preservação integral da biota e das características naturais nela existentes, onde persiste a exceção à não interferência humana direta e de modificações ambientais, em decorrência de medidas de recuperação de seus ecossistemas e ações de manejo necessários à recuperação e preservação do equilíbrio natural, da diversidade biológica e os processos ecológicos naturais (artigo 10). É de posse e domínio públicos, impondo a desapropriação de áreas particulares localizadas em seus limites (artigo 10, §1º). A visitação pública é permita somente com objetivo educacional (artigo 10, 2º) e a pesquisa científica está condicionada a autorização prévia do órgão competente, sujeitando-se as condições e restrições estabelecidas (artigo 10, 3º).

O Parque Nacional (Parna) tem por diretriz a preservação de ecossistemas naturais de grande relevância ecológica e beleza cênica, permitindo a realização de pesquisas científicas e atividades de educação e interpretação ambiental, de recreação e de turismo (artigo 11). Por ser igualmente de posse e domínio públicos, há necessidade de desapropriação de áreas particulares presentes em seu perímetro. A visitação pública está condicionada às normas e restrições do plano de manejo, do órgão responsável e daquelas previstas em demais regulamentos (artigo 11, §1º). Para o caso de pesquisa científica, é necessária a autorização do órgão responsável (artigo 11, §2º).

O Monumento Natural (Mona) serve para a preservação de sítios naturais raros, quando singulares ou de grande beleza cênica (artigo 12). Pode ser estabelecida por sobre áreas particulares, desde que exista compatibilidade entre os objetivos desta categoria de unidade de conservação e a utilização da terra pelos proprietários (artigo 12, §1º). Porém, não sendo o caso ou subsistindo discordância, a área deverá ser desapropriada (artigo 12, §2º). A possibilidade de visitação pública deve observar as normas e restrições do plano de manejo, do órgão responsável e daquelas previstas em demais regulamentos (artigo 12, §3º).

---

123. Ibidem, p. 243.

124. ANTUNES, Paulo de Bessa. **Direito Ambiental.** 16 ed. São Paulo: Atlas, 2014, p. 915-917.

O Refúgio da Vida Silvestre (Revis) visa a proteção de ambientes naturais propícios para a existência ou reprodução de espécies ou comunidades da flora local e da fauna igualmente local ou migratória (artigo 13). Assim como na categoria monumento natural, o refúgio da vida silvestre pode se estabelecer em áreas particulares, desde que exista compatibilidade entre os objetivos desta categoria de unidade de conservação e a utilização da terra pelos proprietários (artigo 13, §1º). Não sendo possível, ou havendo discordância, impõe-se a desapropriação (artigo 13, §2º). Para o caso de visitação pública, impende observar as normas e restrições do plano de manejo, do órgão responsável e daquelas previstas em demais regulamentos (artigo 13, §3º). Com a devida autorização do órgão responsável e mediante condições e restrições, admite-se a pesquisa científica nestas unidades (artigo 13, §4º).

3.4.2.2 Unidades de uso sustentável

As unidades de uso sustentável buscam compatibilizar a conservação da natureza com o uso sustentável de parte de seus recursos naturais (artigo 7º, §2º, da Lei do SNUC). Pela proposta de manter o aproveitamento de recursos naturais, mas com critérios de conservação, trata-se de modalidade que encontra eco na corrente conservacionista prevista anteriormente no tópico 3.4.1.

O grupo de unidades de conservação de uso sustentável abrange as seguintes categorias: Área de Proteção Ambiental, Área de Relevante Interesse Ecológico, Floresta Nacional, Reserva Extrativista, Reserva de Fauna, Reserva de Desenvolvimento Sustentável e Reserva Particular do Patrimônio Natural.

A Área de Proteção Ambiental (APA) reúne objetivos de proteção da diversidade biológica, de disciplina do processo de ocupação e de garantia da sustentabilidade no uso dos recursos naturais, e é uma unidade de conservação normalmente estabelecida por sobre áreas de grandes extensões (artigo 15). É constituída por propriedades públicas e privadas (artigo 15, §1º), permitindo-se visitação e pesquisa científica nas áreas de domínio público, consoante disposições do órgão responsável (artigo 15, §2º), cabendo ao proprietário das áreas privadas a criação de regras para a visitação e a pesquisa (artigo 15, §3º).

A Área de Relevante Interesse Ecológico (ARIE) normalmente não possui grande extensão e contém pouca ou nenhuma ocupação humana, detendo características naturais extraordinárias ou abrigando exemplares raros da biota de determinada região. Objetiva a manutenção dos ecossistemas naturais de importância regional ou local e regula o uso dessas áreas, compatibilizando-os com os objetivos da conservação natural (artigo 16). Igual às áreas de proteção ambiental, pode ser formada por terras públicas ou privadas (artigo 16, §1º), sendo possível a restrição de utilização da propriedade privada no local desde que observadas as limitações constitucionais (artigo 16, §2º).

A Floresta Nacional (Flona), também denominada Floresta Estadual ou Floresta Municipal quando criada pelo Estados ou municípios, respectivamente, é formada por uma área de cobertura florestal com espécies predominantemente nativas com o objetivo básico de uso sustentável dos recursos florestais e de realização de pesquisa científica, sempre com ênfase nos métodos de exploração sustentável das florestas nativas (artigo 17). É de posse e domínio públicos, implicando a desapropriação de áreas particulares (artigo 17, §1º), mas admite a permanência de populações tradicionais que já habitavam o local, observando-se o Plano de Manejo (artigo 17, §2º). É possível a visitação pública, desde que observadas as normas estabelecidas pelo órgão responsável (artigo 17, §3º), bem como a pesquisa, que além de permitida é incentivada, estando condicionada a devida autorização (artigo 17, §4º). A Floresta Nacional deverá dispor de um Conselho Consultivo, presidido pelo órgão responsável e formado por representantes de órgãos públicos, de organizações da sociedade civil e, sendo o caso, por populações tradicionais residentes (artigo 17, §5º).

A Reserva Extrativista (Resex) é constituída por área utilizada por populações extrativistas tradicionais, com subsistência baseada no extrativismo e, como meio complementar, na agricultura de subsistência e na criação de animais de pequeno porte, tendo por objetivos principais a proteção dos meios de vida e da cultura dessas populações e a garantia do uso sustentável dos recursos naturais presentes na unidade (artigo 18). É de domínio público, mas conta com concessão de uso para as populações extrativistas tradicionais mediante contrato previsto no artigo 23 da Lei o SNUC, devendo ser realizada a desapropriação das áreas particulares (artigo 18, §1º). Sua gestão se dá por meio de Conselho Deliberativo, nos mesmos moldes das Florestas Nacionais, observando-se a necessária representação das populações tradicionais (artigo 18, §2º), sendo que consta como uma das atribuições do Conselho a aprovação do Plano de Manejo da respectiva unidade (artigo 18, §5º). Quando compatível com interesses locais e adequadas ao Plano de Manejo da área, será possível a visitação pública (artigo 18, §3º), bem como a pesquisa científica será permitida e incentivada, sujeitando-se, porém, à prévia autorização e às condições e restrições estabelecidas (artigo 18, §4º). No perímetro desta categoria de unidade, é proibida a exploração de recursos minerais e a caça amadorística ou profissional (artigo 18, §6º), permitindo-se a exploração comercial de recursos madeireiros somente quando efetuado em bases sustentáveis e em condições especiais e complementares às demais atividades desenvolvidas na unidade (artigo 18, §7º).

A Reserva de Fauna (REFAU) é uma área natural que contém populações animais de espécies nativas, terrestres ou aquáticas, residentes ou migratórias, que são adequadas aos estudos técnico-científicos sobre o manejo econômico sustentável de recursos faunísticos (artigo 19). Por ser de posse e domínio públicos, as áreas particulares em seu perímetro devem ser desapropriadas (artigo 19, 1º). Quando compatível com o manejo da unidade e adequada às normas estabelecidas pelo órgão responsável, é permitida a visitação pública (artigo 19, 2º). Em seu interior é proibida a caça amadorística ou profissional (artigo 19, 3º). É permitida a comercialização de produtos ou subprodutos resultantes das pesquisas realizadas, desde que observe as normas sobre a fauna (artigo 19, 4º).

A Reserva de Desenvolvimento Sustentável (RDS) é destinada a abrigar populações tradicionais com existência baseada em meios sustentáveis de exploração de recursos naturais desenvolvidos ao longo de gerações e adaptados as condições ecológicas do local, cujo papel desempenhado é fundamental para proteger a natureza e manter a biodiversidade (artigo 20). O objetivo essencial desta categoria é realizar conjuntamente a preservação da natureza e a garantia de condições e meios necessários para a qualidade de vida e a exploração de recursos naturais de populações tradicionais, além da valorização, conservação e aperfeiçoamento do conhecimento e das técnicas de manejo do ambiente destas populações (artigo 20, §1º). É uma unidade de domínio público e a desapropriação de áreas particulares, neste caso, somente ocorrerá quando se tornar necessário (artigo 20, §2º). O uso de áreas ocupadas por populações tradicionais é regulado mediante contrato, como estabelece o artigo 23 da Lei do SNUC, além de por meio de normas específicas (artigo 20, §3º). Esta categoria de unidade de conservação é gerida por Conselho administrativo, tal qual a Flona e a Resex, com a necessária presença de representação de populações tradicionais. A lei estabelece condições para o desenvolvimento das atividades no interior da RDS (artigo 20, §5º)[125]. Ainda, o Plano de Manejo deve definir as zonas

125. São as condições: "I - é permitida e incentivada a visitação pública, desde que compatível com os interesses locais e de acordo com o disposto no Plano de Manejo da área; II - é permitida e incentivada a pesquisa científica voltada à conservação da natureza, à melhor relação das populações residentes com seu meio e à educação ambiental, sujeitando-se à prévia autorização do órgão responsável pela administração da unidade, às condições e restrições por este estabelecidas e às normas previstas em

de proteção integral, de uso sustentável e de amortecimento e corredores ecológicos, que deve ser aprovado pelo Conselho (artigo 20, §6º).

A Reserva Particular de Patrimônio Natural (RPPN) é uma unidade de conservação regulada pela Lei 9.985/2000 que se dá exclusivamente por sobre áreas privadas, com perpetuidade e mediante o objetivo de conservação da biodiversidade (artigo 21). O gravame de perpetuidade é firmado mediante termo de compromisso assinado pelo proprietário perante o órgão ambiental responsável pela averiguação do interesse público, e deverá constar com averbação na inscrição no Registro Público de Imóveis (artigo 21, §1º). Mediante disposição em regulamento, só será permitida nesta unidade a pesquisa científica e a visitação turística, recreativa e educacional (artigo 21, §2º, incisos I e II, respectivamente). Para a elaboração de Plano de Manejo ou de Proteção e de Gestão da unidade, o proprietário da unidade poderá contar, quando possível e oportuno, com a orientação técnica e científica dos órgãos do SNUC.

Como as Florestas Nacionais compõe um dos pilares da gestão de florestas públicas, um dos temas centrais abordados, sua análise será realizada mais detalhadamente em momento oportuno ao longo deste estudo (tópico 5.1.1). De igual forma, considerando a importância das Reservas Extrativistas e das Reservas de Desenvolvimento Sustentável, se procederá de igual forma (tópico 6.2.2).

3.4.2.3 Unidades de conservação não previstas no catálogo da Lei 9.985/2000

Tendo em conta que a Lei do SNUC unificou as diretrizes normativas a respeito da matéria das unidades de conservação, de se observar que anteriormente à sua edição, instrumentos normativos diversos possibilitavam a existência de outras categorias de unidades de conservação não previstas na Lei 9.985/2000. É o caso, por exemplo, da Resolução 11/1987 do CONAMA[126], que declarou como sendo unidades de conservação diversas categorias, dentre elas as que hoje se encontram previstas na Lei do SNUC, além de outras não mencionadas, como as Reservas Ecológicas, os Jardins Botânicos, os Jardins Zoológicos e os Hortos Florestais.

---

regulamento; III - deve ser sempre considerado o equilíbrio dinâmico entre o tamanho da população e a conservação; e IV - é admitida a exploração de componentes dos ecossistemas naturais em regime de manejo sustentável e a substituição da cobertura vegetal por espécies cultiváveis, desde que sujeitas ao zoneamento, às limitações legais e ao Plano de Manejo da área".

126. Referida resolução foi posteriormente revogada pela Resolução 428/2010 do CONAMA, a qual regulamentou o licenciamento ambiental de empreendimentos de significativo impacto ambiental que afetem Unidades de Conservação específicas ou suas zonas de amortecimento.

Para sanar alguns desses impasses gerados pelas antigas unidades de conservação sem correspondência com as unidades então previstas na Lei 9.985/2000, o artigo 55 estabeleceu o prazo de dois anos para reavaliação de unidades de conservação criadas por leis anteriores e não pertencentes às categorias previstas na referida lei, buscando definir sua destinação de acordo com a categoria e função para as quais foram criadas. Contudo, nem todas as unidades de conservação foram devidamente reavaliadas conforme o mandamento do citado artigo 55, razão pela qual permanecem unidades de conservação não previstas nas categorias elencadas na Lei 9.985/2000 ainda pendentes de reavaliação.

A respeito disso, observando as diversas categorias existentes de áreas protegidas, a depender da natureza dos bens integrantes de diversos ecossistemas que necessitam ser salvaguardados[127], pode-se concluir que várias dessas áreas protegidas são passíveis de classificação como unidade de conservação. De modo que, na categoria de unidades de conservação não previstas na Lei do SNUC estariam, por exemplo, as Áreas e locais de interesse turístico[128], as Áreas integrantes dos Monumentos Arqueológicos e Pré-históricos, as Áreas integrantes do Patrimônio Espeleológico Nacional[129], todas aumentando a quantidade de unidades de conservação que devem passar por um processo de reavaliação, caso isso não tenha ocorrido até o momento.

De se mencionar, sobre a reavaliação de unidades de conservação, a possibilidade de que alguma unidade de conservação prevista anteriormente à Lei do SNUC e alheia ao seu rol de categorias não possa ser enquadrada, em reavaliação, no âmbito de alguma categoria nela prevista. Tal situação ensejaria sua desclassificação como unidade de conservação, visto que estas possuem um regime jurídico específico, de maior restrição e determinação[130], e então a área passaria a ser considerada no critério amplo e geral de espaço territorial especialmente protegido e, quando fosse o caso, inserida no gênero de áreas protegidas. Para Silva, por exemplo, os jardins zoológicos e os hortos florestais constituem espaços territoriais especialmente protegidos não previstos na Lei 9.985/2000.[131]

127. CUSTÓDIO, Helita Barreira. **Direito ambiental e questões jurídicas relevantes.** Campinas: Millennium Editora, 2005, p. 51.

128. Ibidem, p. 59.

129. Ibidem, p. 60-61.

130. LEUZINGER, Márcia Dieguez. Efetividade da conservação de hábitats naturais: criação, implementação e gestão de unidades de conservação. In: PRIEUR, Michel; SILVA, Jose Antônio Tietzmann e. **Instrumentos jurídicos para a implantação do desenvolvimento sustentável**. Goiânia: Ed. da PUC Goiás, 2012, p. 189.

131. SILVA, José Afonso da. **Direito ambiental constitucional.** 9 ed. São Paulo: Malheiros Editores, 2011, p. 267.

Além da reavaliação prevista no artigo 55, a Lei 9.985/2000 permite a existência excepcional e mediante aprovação do CONAMA, em razão de características regionais ou locais, de unidades de conservação estaduais e municipais que não possuam objetivos de manejo enquadrados nas categorias previstas e contenham, portanto, distinção inegável destas (artigo 6º, parágrafo único).

Um exemplo de criação de unidade de conservação de modalidade alheia as formas previstas na Lei 9.985/2000 é a previsão das categorias Rio Cênico[132] e Estrada Parque[133] na Lei Estadual 1.560/2005 que estabelece o Sistema Estadual de Unidades de Conservação da Natureza do Estado do Tocantins. O Estado do Acre, em lei que estabelece o Sistema Estadual de Unidades de Conservação da Natureza, prevê as categorias Estradas-Parque[134] e Rios-Parque[135].

As Estradas-Parque, espécie de área protegida originada no Estados Unidos com referência aos anos compreendidos entre 1913 e 1930 com a construção de rotas cênicas ou históricas, não foram contempladas no SNUC, mas são criadas por diversos Estados[136]. Na sua instituição no Brasil, podem ser observadas como unidades de conservação de uso direto, adequadas ao turismo e com área protegida de modo suficiente a garantir a qualidade paisagística natural ou tradicional, contando ainda com restrições severas ao uso da terra para não ocorrerem impactos negativos na paisagem e na observação da fauna, quando for o caso, e circundada com proteção que, no caso brasileiro, conviria ser por meio de APAs.[137]

---

132. Conforme prevê a Lei 1.560/2005 do Estado do Tocantins no artigo 26: "o Rio Cênico é unidade de conservação em forma de faixas lineares em áreas de domínio público ou privado, compreendendo a totalidade ou parte de um rio, com notável valor panorâmico, cultural ou recreativo, incluindo como limites os leitos e todas as terras adjacentes essenciais para a integridade paisagística e ecossistêmica".

133. Na mesma legislação supracitada, porém no artigo 27, consta: "a Estrada Parque é instituída compreendendo o leito de parte ou totalidade da estrada e as faixas de domínio de notável valor panorâmico, cultural ou recreativo."

134. O artigo 18, parágrafo único, inciso I da Lei 1.426/2001 do Estado do Acre estabelece: "Estradas-Parque são áreas naturais ou seminaturais, de alto valor para conservação, contíguas a rodovias".

135. Na mencionada legislação, no artigo 18, parágrafo único, inciso II, os Rios-Parque são classificados como: "áreas naturais ou seminaturais, de alto valor para conservação, contíguas a rios ou porções de rios, preservadas na sua condição de mata".

136. DUTRA, V. et al. Proposta de Estradas-Parque como unidade de conservação: dilemas e diálogos entre o Jalapão e a chapada dos veadeiros. **Sociedade & Natureza,** Uberlância, n. 20, v. 1, p. 161-176, jun. 2008, 167-168.

137. DOUROJEANNI, M. J. Estradas parque, uma oportunidade pouco explorada para o turismo no Brasil. **Natureza & Conservação,** v. 1, n. 1, p. 74-77, 2003, não paginado. Disponível em: <https://www.academia.edu/5403150/Estradas-parque_uma_oportunidade_pouco_explorada_para_o_turismo_no_Brasil>. Acesso em 16 jun 2018.

Considerando que diversas unidades de conservação de categoria alheia ao rol trazido pela Lei do SNUC não foram devidamente avaliadas, bem como a possibilidade de criação de unidades de conservação estaduais e municipais de categoria diversa em atenção aos motivos regionais ou locais, com o que se exemplificou mediante a caracterização de Estradas-parque, pode-se constatar a possibilidade legal de existência de unidades de conservação de regime jurídico diverso daqueles apontados na Lei 9.985/2000.

3.4.3 Procedimentos de criação, alteração e supressão

Os procedimentos aplicáveis as unidades de conservação que se busca destacar referem-se a sua criação; alteração não prejudicial; alteração prejudicial; e, supressão. Pretende-se dispor de cada um dos itens mencionados.

A criação das unidades de conservação se dá por ato do poder público (artigo 22 da Lei do SNUC). Não há, no mencionado dispositivo, a especificação de qual ato do poder público seria adequado para a sua criação. Em sua grande maioria, as unidades de conservação são instituídas por meio de decreto, instrumento apontado como juridicamente adequado por Antunes[138] e decidido pelo STF como procedimento que observa a Lei do SNUC, como demonstra o Mandado de Segurança 26064[139]. Nada obsta, porém, que a sua criação se realize por edição de lei[140] ou, até mesmo, instrumentos normativos inferiores ao decreto[141]. A criação por via legal, como exemplifica o Monumento Natural do Arquipélago das Ilhas Cagarras, criado pela Lei

138. ANTUNES, Paulo de Bessa. **Áreas protegidas e propriedade constitucional.** São Paulo: Atlas, 2011, p. 47.

139. Narra a ementa do julgado: MANDADO DE SEGURANÇA. MEIO AMBIENTE. DEFESA. ATRIBUIÇÃO CONFERIDA AO PODER PÚBLICO. ARTIGO 225, § 1º, III, CB/88. DELIMITAÇÃO DOS ESPAÇOS TERRITORIAIS PROTEGIDOS. VALIDADE DO DECRETO. SEGURANÇA DENEGADA. 1. A Constituição do Brasil atribui ao Poder Público e à coletividade o dever de defender um meio ambiente ecologicamente equilibrado. [CB/88, art. 225, §1º, III]. 2. A delimitação dos espaços territoriais protegidos pode ser feita por decreto ou por lei, sendo esta imprescindível apenas quando se trate de alteração ou supressão desses espaços. Precedentes. Segurança denegada para manter os efeitos do decreto do Presidente da República, de 23 de março de 2006." Cf. STF, Mandado de Segurança 26064/DF, Relator Ministro Eros Grau, j. 17.06.2006. Outro exemplo consiste no julgamento do Mandado de Segurança 27.622, também pelo STF, concebendo a possibilidade de criação de unidade de conservação mediante decreto. Cf. STF, Mandado de Segurança 27622/DF, Relator: Ministro Cezar Peluso, j. 24.06.2006.

140. MILARÉ, Édis. **Direito do ambiente.** 10 ed. São Paulo: Editora Revista dos Tribunais, 2015, p. 1285.

141. Como referido a respeito da criação dos espaços territoriais especialmente protegidos (tópico 3.3.2), além da lei e do decreto, outros meios normativos são admitidos. Nessa esteira, o posicionamento de Benjamin a respeito da criação de unidades de conservação poder se dar, quando por meio da Administração Pública, via decreto ou resolução. Cf. BENJAMIN, Antônio Herman. Introdução à Lei do Sistema Nacional de Unidades de Conservação. In: BENJAMIN, Antônio Herman Benjamin. **Direito ambiental das áreas protegidas:** o regime jurídico das unidades de conservação. Rio de Janeiro: Forense Universitária, 2001, p. 303.

12.229/2010 é, inclusive, a forma que Silva julga por adequada, em que pese entender que a definição de unidade de conservação por decreto dos Poderes Executivos federal, estadual e municipal seria a medida mais harmonizada com a disposição do artigo 22, §6º da Lei 9.985/2000, segundo a qual, a ampliação dos limites de uma unidade de conservação, sem modificação daqueles originalmente estabelecidos, deve ser realizado por ferramenta normativa de mesmo nível hierárquico que criou a unidade.

Ainda, conforme o marco normativo sobre os espaços territoriais especialmente protegidos, previsto no artigo 225, §1º, inciso III da Constituição Federal, não há exclusividade de instrumento legal para sua definição, podendo se dar por atos unilaterais do Poder Executivo como, por exemplo, mediante decreto, conforme observado no tópico 3.3.2.

Para o ato de criação de unidades de conservação, é importante que se considere a realização de estudos técnicos e consulta pública, como determina o artigo 22, §2º da Lei 9.985/2000, constando como normas de natureza vinculante[142], com exceção da não obrigatoriedade de consulta pública quando se tratar da criação de Estação Ecológica ou Reserva Biológica, ambas espécies de unidades de conservação previstas na Lei 9.985/2000, como excepciona o artigo 22, §4º, da mencionada lei.

As alterações não prejudiciais devem ser compreendidas como medidas que as tornem mais rigorosas por alteração de categoria para uma que imponha maior rigidez em seu regime jurídico passando de unidades de conservação de uso sustentável para unidades de conservação de proteção integral (artigo 22, §5º, da Lei do SNUC) ou que ampliem os limites da unidades de conservação (artigo 22, §6º, também da Lei do SNUC).

Com permissividade legal prevista no artigo 22, §5º e §6º, da Lei do SNUC, a viabilidade da alteração de unidade de conservação ocorre pelo meio legislativo de mesmo nível hierárquico que criou a unidade. Tal critério somente é possível porque, conforme os próprios dispositivos remetem, subsiste um aumento de rigorosidade pela transformação da unidade de conservação ou não há uma modificação dos limites legais além do acréscimo proposto, de modo que as alterações não caminham *in pejus* para a unidade de conservação. Pelo contrário, as alterações implicariam no aumento do grau de proteção do espaço territorial e dos recursos ambientais nele encontrados.

142. ANTUNES, Paulo de Bessa. **Áreas protegidas e propriedade constitucional.** São Paulo: Atlas, 2011, p. 58.

Se não fosse assim, as mencionada previsões normativas estariam frontalmente opostas à disposição constitucional a respeito dos espaços territoriais especialmente protegidos que estabelece a cláusula de reserva legal para sua alteração e supressão (artigo 225, §1º, III, da Constituição Federal). Pois, com a reserva legal estabelecida na Constituição, tem-se por impedidas as alterações que diminuam o grau de proteção conferido ao espaço territorial protegido, além, claro, de vedações às supressões que ocorram sem lei específica.

Deste modo, como afirma Coêlho de Araújo, tanto o incremento das garantias de proteção de uma determinada área de conservação (artigo 22, §5º, da Lei do SNUC) quanto a ampliação dos seus limites, prescindem de serem realizadas por lei.[143] Ao serem conservados os limites originais e apenas existindo ampliação dos limites da unidade de conservação que não implique em desnaturação ou deterioração, referida medida não necessita de lei específica[144].

Não obstante, relevante observar que a desnecessidade de lei depende que a definição da unidade de conservação não tenha sido realizada por este instrumento, uma vez que os §5º e 6º do artigo 22 da Lei do SNUC demandam a necessidade de instrumento normativo de mesmo nível hierárquico daquele utilizado para a criação da unidade de conservação.

Porém, quando subsistir a possibilidade de dano para alguma unidade de conservação existente, a ser revelado pelo estudo técnico exigível pelo artigo 22, §2º, na transformação parcial ou total de alguma unidade de conservação ou no ato de ampliação dos seus limites, a lei específica passa a ser exigível, diante do prejuízo a ser acarretado pela transformação ou alteração.[145]

Para tanto, de se destacar o necessário estudo técnico[146], além da consulta pública quando das alterações não prejudiciais mencionadas, ambos servindo como meios que assegurem a ausência de riscos quando da alteração da unidade de conservação.

A obediência aos procedimentos de consulta, como estabelece os §5º e 6º da Lei do SNUC, remetem tanto a consulta pública como ao estudo técnico,

143. ARAÚJO, Rodrigo Vasconcelos Coêlho de. Aspectos constitucionais acerca das unidades de conservação. **Revista Virtual da AGU**, v. VI, n. 49, fev 2016, não paginado. Disponível em: <http://www.agu.gov.br/page/download/index/id/584646>. Acesso em 31 mai 2018.

144. MACHADO, Paulo Affonso Leme. **Direito ambiental brasileiro.** 22 ed. São Paulo: Malheiros Editores, 2014, p. 977.

145. Idem.

146. MILARÉ, Édis. **Direito do ambiente.** 10 ed. São Paulo: Editora Revista dos Tribunais, 2015, p. 1286.

garantindo a blindagem da proteção ambiental e assegurando, igualmente, os aspectos socioeconômicos concernentes. Não seria à toa a remissão dos mencionados parágrafos do artigo 22, aos denominados procedimentos de consulta, sem especificar a exclusividade de consulta pública. Por isso, entende-se que os procedimentos de consulta englobam a consulta pública e o estudo técnico, sendo que este último, por sua vez, não deixa de ser um procedimento de consulta, mas técnica e não de participação popular como é o caso da consulta pública.

A imprescindibilidade do estudo técnico e da consulta pública quando da alteração não prejudicial foi demonstrada pelo STF, quando do julgamento a respeito da ampliação dos limites originais de unidade de conservação da modalidade estação ecológica, resultando no reconhecimento da nulidade do decreto presidencial.[147]

As alterações prejudiciais e as supressões passíveis de afligirem as unidades de conservação, reduzem a proteção ambiental ou extinguem a área protegida, respectivamente. Em decorrência disso, impõe-se a reserva de lei para a adoção de referidas medidas.[148]

Consta no artigo 22, §7º da Lei 9.985/2000 a previsão normativa sobre a vinculação da alteração prejudicial e da supressão das unidades de conservação à edição de lei específica. Os termos utilizados pela norma podem ser compreendidos como supressão, quando da menção a desafetação, e alteração prejudicial, na ocorrência de redução dos limites.

O que configura as alterações prejudiciais das unidades de conservação são as transformações do regime jurídico e as intervenções específicas que se chocam com o modelo de unidade selecionável ou se posicionam contrariamente aos atributos da área.[149] Ocorre, nestes casos, a descaracterização da unidade de conservação pela redução do grau de proteção a que se destinava. Pode-se exemplificar a situação com a transformação da unidade de conservação para outra de menor proteção, implicando em uma alteração

---

147. STF, Mandado de Segurança 24665/DF, Relator Ministro Marco Aurélio, j. 01.12.2004.

148. A rigorosidade da necessidade de lei para as alterações prejudiciais e supressões dos espaços territoriais especialmente protegidos pode ser demonstrada por meio do julgamento da ADI 4717, de relatoria da Ministra Cármen Lúcia, onde consta expressamente a inviabilidade de que Medidas Provisórias veiculem normas que alterem espaços territoriais especialmente protegidos, sob pena de ofensa ao artigo 225, §1º, inciso III, da Constituição. Cf. STF, Ação Direta de Inconstitucionalidade 4.717/DF, Relatora Ministra Cármen Lúcia, j. 05.04.2018.

149. BENJAMIN, Antônio Herman. Introdução à Lei do Sistema Nacional de Unidades de Conservação. In: BENJAMIN, Antônio Herman Benjamin. **Direito ambiental das áreas protegidas:** o regime jurídico das unidades de conservação. Rio de Janeiro: Forense Universitária, 2001, p. 306-307.

negativa, ou seja, em prejuízo para a proteção ambiental ambicionada quando da instituição da unidade de conservação.

Repare-se que o legislador optou, para o caso especificado, pelo termo redução do limite, diferentemente do termo utilizado pelo artigo 225, §1º, inciso III da Constituição Federal, que fixa a necessidade de reserva legal para alteração de unidades de conservação. O termo redução de limites, para encontrar consonância com a determinação constitucional, deve ser considerando mediante duas vertentes, como esclarece Benjamin: a primeira é a vertente espacial, consolidando uma redução de área física; a segunda remete a uma vertente funcional ou formal, consagrando uma redução das garantias legais ou atributos ambientais.[150]

Já na supressão, a área que outrora contava com a proteção especial deixa de ser abarcada por um regime jurídico de proteção especial. Há, com isso, a extinção da unidade de conservação.

Por se tratar de ocorrência de desaparecimento em definitivo da unidade de conservação, a expressão utilizada na Constituição foi a de supressão, como previsto no artigo 225, §1º, inciso III. Mesmo assim, na Lei 9.985/2000, adotou-se para denominação o termo desafetação. A respeito disso, para Benjamin há similaridade entre supressão e desafetação, devido a impossibilidade de suprimir sem, simultaneamente, desafetar a área.[151] Todavia, como a desafetação pressupõe, no ramo do direito administrativo, a subtração de um bem do domínio público para ser incorporado ao domínio privado, do Estado ou do cidadão[152], referido termo implicaria no reconhecimento de que a unidade de conservação estivesse sob a dominialidade pública[153], o que nem sempre é o caso, razão pela qual Machado observa que a terminologia adotada na Constituição, supressão, teria conteúdo de maior abrangência[154]. Em decorrência disso, pode-se concluir que o termo utilizado na Lei do SNUC não deve ser considerado como sinonímia do termo desafetação comumente encontrado no âmbito do direito administrativo. E, também, objetivando evitar equívocos, optou-se pela terminologia constitucional,

150. Ibidem, p. 305.

151. Idem.

152. CRETELLA JÚNIOR, José. **Direito administrativo brasileiro.** V. 2. Rio de Janeiro: Ed. Forense, 1987, p. 428.

153. MACHADO, Paulo Affonso Leme. **Direito ambiental brasileiro.** 22 ed. São Paulo: Malheiros Editores, 2014, p. 977; SIRVINSKAS, Luís Paulo. **Manual de direito ambiental.** 14 ed. São Paulo: Saraiva, 2016, p. 568.

154. MACHADO, Paulo Affonso Leme. **Direito ambiental brasileiro.** 22 ed. São Paulo: Malheiros Editores, 2014, p. 977.

supressão, considerando, igualmente, a concretização[155] que o artigo 22, §7º, da Lei 9.985/2000 faz do disposto no artigo 225, §1º, da Constituição Federal.

De acordo com a determinação legal prevista no artigo 22, §7º da Lei 9.985/2000, tanto as supressões como as alterações prejudiciais devem ser precedidas por lei específica que estabeleça a respectiva ocorrência de alguma dessas possibilidades. Atender-se-á, assim, não somente as normas previstas na Lei do SNUC, mas também aos respectivos comandos constitucionais do artigo 225, §1º, da Constituição.

Enfim, de se destacar que as disposições a respeito da criação, alteração sem ou com prejuízos e a supressão previstas no artigo 22, da Lei do SNUC refletem e, consequentemente, adequam-se, às disposições normativas constitucionais firmadas no artigo 225, §1º, a respeito dos espaços territoriais especialmente protegidos.

3.4.4 Órgãos gestores

Na Lei do SNUC consta a especificação de subdivisões entre órgãos para o cumprimento, por parte de cada qual, de atribuições específicas a respeito do Sistema Nacional. Os órgãos são divididos, em caráter geral, entre órgão consultivo e deliberativo, órgão central e órgãos executores.

O órgão consultivo e deliberativo é o Conama, que deve acompanhar a implementação do sistema de unidades de conservação desenvolvido pela Lei 9.985/2000 (artigo 6º, I).

O órgão central é o Ministério do Meio Ambiente, pois justamente sua posiçao de cúpula permite que coordene todo o Sistema (artigo 6º, II).

Como órgãos executores, tem-se o ICMBio e o Ibama, com a atuação supletiva de órgãos estaduais e municipais que detém a função de implementar o SNUC, subvencionar as propostas de criação e administrar as unidades de conservação dos níveis federal, estadual e municipal, de acordo com as esferas de atuação (artigo 6º, III).

3.4.5 Quantidade e efetividade das unidades de conservação

Diversas categorias de unidades de conservação foram criadas no Brasil, que conta com 332 unidades de conservação, contabilizando uma área aproximada de 170.920.992,01 de hectares. Deste total, são do grupo de

155. MUKAI, Toshio. **Direito ambiental sistematizado**. 10 ed. Rio de Janeiro: Forense, 2016, p. 155.

unidades de proteção integral: (a) Estação Ecológica: 31; (b) Monumento Natural: 5; (c) Parque Nacional: 74; (d) Reserva Biológica: 31; (e) Refúgio de Vida Silvestre: 8. E, do grupo das unidades de uso sustentável: (a) Área de Proteção Ambiental: 36; (b) Área de Relevante Interesse Ecológico: 13; (c) Floresta Nacional: 67; (d) Reserva de Desenvolvimento Sustentável: 2; (e) Reserva Extrativista: 65. Além das unidades previstas, conta-se ainda com 679 unidades de conservação da categoria Reserva Particular de Patrimônio Natural.[156]

Apesar da quantidade de unidades de conservação apresentada, pode-se questionar a efetividade da gestão destas unidades, isto é, se atendem aos requisitos legais e alinham-se a perspectiva da preservação ambiental, possuindo estudos específicos, enquadramento adequado em categoria que atenda aos objetivos dos motivos que levaram a sua criação ou plano de manejo. Antunes chama por parques de papel a mera publicação de decreto por parte da Administração Pública sem a devida implementação de medidas necessárias para a constituição de unidades de conservação.[157] Pergunta-se, com isso, se as disposições normativas observáveis à modalidade de unidade criada estão sendo cumpridas e se existe fiscalização contra atividades ilegais realizadas no interior de unidades de conservação.

Não há que se questionar a importância e efetividade das áreas protegidas e, no caso do regime jurídico brasileiro, unidades de conservação, para a proteção da natureza. A conservação de espécies nos próprios habitats seria de maior eficácia em relação a conservação de espécies apenas. Quanto maior o número de áreas protegidas, maior sucesso será obtido na preservação da herança biológica para as futuras gerações.[158] Um exemplo disso é a com-

---

156. ICMBio. **Unidades de Conservação Federais do Brasil**. Disponível em: <http://www.icmbio.gov.br/portal/images/stories/servicos/geoprocessamento/DCOL/dados_vetoriais/Área_UC_federais_categoria_maio_2018.pdf>. Acesso em 19 jun 2018.

157. ANTUNES, Paulo de Bessa. **Áreas protegidas e propriedade constitucional.** São Paulo: Atlas, 2011, p. 60. Sobre essa questão, um assunto relacionado digno de nota é o da desapropriação e indenização quando da criação, em áreas particulares, de unidades de conservação que por determinação legal devem ser de domínio público. Conforme Labarrère, os decretos que criam unidades de conservação incompatíveis com propriedades privadas em seu interior impõem a desapropriação das terras particulares, mediante indenização, o que não destoa dos preceitos constitucionais e legais. Cf. LABARRÈRE, M. de F. F. Unidades de conservação e o direito. **Revista de Direito Ambiental**, v. 7, n. 5, p. 129-151, jan./mar. 2002, p. 151. Ocorrendo situações em que não houvesse espontânea indenização pelo ente público, entende-se que restaria ao proprietário somente uma ação de indenização em decorrência da desapropriação indireta ocorrida. Nesse sentido está o entendimento de Di Pietro ao considerar a criação de Florestas Nacionais. Cf. DI PIETRO, Maria Sylvia Zanella. **Uso privativo de bem público por particular.** 3 ed. São Paulo: Atlas, 2014, p. 223.

158. KUNIN, William E; LAWTON, John H. Does biodiversity matter? Evaluating the case for conserving species. In: GASTON, Kevin J. **Biodiversity:** a biology of numbers and difference. Oxford: Blackwell Science Ltd., 1996, p. 304.

provada redução de emissões de gás carbônico em um terço nos períodos entre 2000 e 2012 pela criação de áreas protegidas em zonas tropicais.[159]

A efetividade de unidades de conservação, no caso brasileiro, não depende somente de estudos técnicos que comprovem a sua importância na consecução de determinados objetivos. É preciso mais, com a devida implantação da unidade e demais fatores que envolvem o cumprimento das normas ambientais cabíveis, a fiscalização adequada e medidas específicas por parte do poder público.

Diversos métodos podem ser abordados para mensurar as condições das unidades de conservação no Brasil. No presente tópico, serão abordados dois deles, realizados conjuntamente entre o ICMBio e o WWF.

Pelo método RAPPAM (Rapid Assessment and Priorization of Protected Areas) são identificadas as fragilidades e potencialidades de unidades de conservação e proporcionadas ferramentas para o desenvolvimento de políticas adequadas a proteção de sistemas naturais e a implementação de uma rede viável de áreas protegidas.[160]

No relatório elaborado pelo ICMBio com base no método RAPPAM em 2015, foram abordadas 110 unidades de conservação federais, 39 de proteção integral e 71 de uso sustentável, abrangendo os Estados do Acre, Amazonas, Amapá, Maranhão, Pará, Rondônia e Roraima.[161] No resultado geral[162], a maioria das unidades de conservação se classificaram com efetividade alta ou média, sendo que as de proteção integral na sua maioria estão na faixa média (49%), além de constar na alta 36% e na baixa 15%. Dentre as unidades de conservação de uso sustentável, 45% estão na faixa alta, 34% na média e 21% na baixa.[163]

Já o método SAMGe (Sistema de Análise e Monitoramento de Gestão), metodologia de avaliação e monitoramento de gestão desenvolvido

159. BEBBER, D. P; BUTT, Nathalie. Tropical protected areas reduced deforestation carbono emissions by one third from 2000-2012. **Scientific Reports,** p. 1-7, 2017, p. 1.

160. WWF. INSTITUTO Chico Mendes de Conservação da Biodiversidade. **Avaliação da gestão das unidades de conservação**: métodos RAPPAM (2015) e SAMGE (2016). Brasília: WWF-BRASIL, 2017, p. 17.

161. Ibidem, p. 24.

162. A efetividade da gestão das unidades de conservação foi avaliada com base na situação encontrada em relação ao processo de implantação da unidade (planejamento da área), aos recursos disponíveis (insumos), às práticas de gestão utilizadas (processos) e aos produtos dos últimos dois anos de manejo da unidade (resultados). Cf. WWF. INSTITUTO Chico Mendes de Conservação da Biodiversidade. **Avaliação da gestão das unidades de conservação**: métodos RAPPAM (2015) e SAMGE (2016). Brasília: WWF-BRASIL, 2017, p. 23.

163. WWF. INSTITUTO Chico Mendes de Conservação da Biodiversidade. **Avaliação da gestão das unidades de conservação**: métodos RAPPAM (2015) e SAMGE (2016). Brasília: WWF-BRASIL, 2017, p. 25.

pelo ICMBio com apoio do WWF-Brasil e do programa Amazon Region Protected Areas, visa aferir a efetividade da gestão de unidade de conservação pela inter-relação entre os alvos de conservação, os usos e as ações de manejo realizadas pelo órgão gestor, servindo como subsídio para a tomada de decisões e aproximação da sociedade à gestão.[164] Em estudo realizado no ano de 2016, foram contabilizadas 156 unidades de conservação, correspondendo a 48,75% das unidades de conservação federais[165] e constatado que se enquadram, no índice de efetividade, como sendo de moderada efetividade, assim compreendida porque seus objetivos de criação estão em patamares mínimos para a conservação.[166]

3.5 CONCLUSÕES DO CAPÍTULO

A caracterização da flora como conceito amplo sobre a cobertura vegetal de determinado local e a especificação do significado de florestas, inserido no conceito geral de flora, instruem a interpretação e aplicação de normas jurídicas a respeito.

A flora detém, no direito constitucional brasileiro, proteção direta, inclusive com a vinculação dos entes federativos, e indireta, ao se considerar as interconexões dos componentes ambientais. As florestas contam com mecanismos internacionais de tutela e regulação, bem como são destinatárias de normas de proteção constitucional direta e indireta no país, além de regulamentações provenientes de legislações infraconstitucionais.

Uma das mais relevantes formas de proteção da flora, sobretudo das florestas que compõem o conceito geral da cobertura florística, é a instituição de espaços territoriais especialmente protegidos. A criação pelo poder público de espaços territoriais especialmente protegidos é um dever estatal ambiental previsto constitucionalmente. Sua instituição deve observar requisitos estabelecidos em normas constitucionais, tanto para criação, como para modificação e supressão.

Diversos são os espaços territoriais especialmente protegidos previstos no ordenamento jurídico brasileiro. Dentre eles, destacam-se as unidades de conservação, inseridas no conceito de áreas protegidas em razão da proteção *in situ* nelas realizada.

---

164. Ibidem, p. 44.

165. Ibidem, p. 49.

166. Ibidem, p. 75.

As unidades de conservação possuem lei específica, a Lei do SNUC, e dividem-se em unidades de proteção integral e unidades de uso sustentável. As categorias inseridas em cada uma dessas duas divisões comportam especificidades em decorrência dos objetivos que se busca atingir com a sua criação. Ainda, é possível inferir a existência de unidades de conservação não previstas no catálogo da Lei do SNUC, por decorrência de não adaptação ao instrumento legal ou por se tratarem de unidades de conservação estaduais ou municipais que atendam às condições regionais ou locais.

As unidades de conservação podem ser criadas por qualquer ato normativo, sendo o mais usual o decreto, e sua modificação para aumentar os limites ou modificar a unidade de conservação para outra de maior rigor, podem ser realizadas pela igual espécie de instrumento normativo utilizado na sua criação. Por outro lado, a supressão ou modificação que incorram em prejuízo da proteção havida com a unidade de conservação depende de lei.

A gestão do SNUC é feita pelo Ministério do Meio Ambiente como órgão central, sendo o CONAMA o órgão consultivo e deliberativo. Ainda, os órgãos executores são o ICMBio e o Ibama, além de órgãos estaduais e municipais que exercem atuação supletiva.

4

GESTÃO DE FLORESTAS PÚBLICAS

A Lei de Gestão de Florestas Públicas (LGFP), Lei 11.284/2006, preencheu lacunas da legislação ambiental sobre diversos pontos não regulamentos ou passíveis de insegurança jurídica. Como estabelece diferentes formas para a realização da gestão das florestas, enseja a utilização de variados instrumentos jurídicos que tornam possível esses objetivos.

Para esclarecer, em âmbito geral, a matéria de interesse abordada pela LGFP, pretende-se realizar neste capítulo a conceituação prática e jurídica de florestas públicas, elucidar a divisão das suas formas de gestão de florestas públicas, além de demonstrar o conteúdo principiológico aplicável previsto na mencionada lei.

4.1 FLORESTAS PÚBLICAS

A normatização jurídica da gestão de florestas públicas, para ser adequadamente compreendida, deve levar em conta a definição legal atribuída as florestas sem desconsiderar os contornos do conceito, delimitados por matérias legais pertinentes. Após analisada a definição legal e o conteúdo jurídico nela inserido, será oferecida, igualmente neste capítulo, a sistematização dos dados sobre as florestas públicas existentes no território brasileiro por meio de informações colhidas no Cadastro Nacional de Florestas Públicas.

4.1.1 Definição legal

As florestas, entendidas como o conjunto de árvores presentes em determinada área, com as especificações detalhadas no tópico 3.2.1, para serem objeto de regulação da LGFP necessariamente devem estar na condição de bens públicos. Neste sentido, a LGFP traz no seu artigo 3º, inciso I, a conceituação de florestas públicas como sendo as florestas naturais ou plantadas presentes nos diversos biomas brasileiros, localizadas em bens que estejam sob o domínio da União, dos Estados, dos Municípios, do Distrito Federal ou das entidades da administração indireta.

Com base na definição legal, as florestas públicas podem ser naturais, formadas ao longo do tempo e mediante a predominância de composição de espécies nativas ou plantadas, compreendidas estas como as florestas que tenham sido desenvolvidas artificialmente mediante o plantio de mudas decorrente de processos de regeneração de área degradada.[1]

E não se trata, conforme os contornos estabelecidos pela LGFP, simplesmente de alguma floresta de específica vegetação, mas de todas as florestas presentes nos biomas brasileiros, desde que localizadas sobre bens de domínio da União, dos Estados, dos Municípios e do Distrito Federal, além das entidades da administração indireta.

Há, porém, um imbróglio no que concerne à possibilidade de florestas públicas estarem localizadas em bens de domínio da administração indireta. A afirmação contida na LGFP sobre serem florestas públicas também aquelas pertencentes às pessoas jurídicas que compõem a administração indireta pode trazer dúvidas, considerando que a administração indireta é formada tanto por pessoas jurídicas de direito público com patrimônio público (autarquias, fundações criadas pelo poder público), como por pessoas jurídicas de direito privado com patrimônio próprio (empresas estatais e sociedades de economia mista).

Segundo Marrara, a solução desse impasse estaria na utilização de um critério funcionalista, capacitando a verificação para além da titularidade civilista da floresta, de forma a considerar, conjuntamente, a função exercida pela pessoa jurídica da administração indireta que a tituláriza e a função pública ou privada da floresta. Igualmente, revelar-se-ia importante averiguar, além do pertencimento da floresta a um ente da administração indireta, se este ente exerce função administrativa e se sua área florestal está inserida como bem necessário ao cumprimento desta função.[2] Com isso, a solução apontaria para o caminho do critério funcionalista que leva em consideração não somente a titularidade da floresta estar sobre um bem de determinado ente da administração indireta, mas atenta para as atividades desempenhadas por ele e a viabilidade da floresta ali encontrada ser enquadrada como floresta pública.

---

1. As definições a respeito das classificações das florestas estão contidas no tópico 3.2.4.
2. MARRARA, Thiago. Aspectos concorrenciais da concessão de florestas públicas. **Revista de Direito Público da Economia RDPE**, Belo Horizonte, ano 8, n. 32, out./dez. 2010, não paginado. Disponível em: <http://www.bidforum.com.br/bid/PDI0006.aspx?pdiCntd=70682>. Acesso em: 24 ago. 2017.

Já para Marques Neto, a definição de florestas públicas contida no artigo 3º, I, da LGFP conteria uma impropriedade técnica, devendo-se depreender da norma que a referência aos entes da administração indireta seria direcionada apenas aqueles com personalidade jurídica de direito público.[3] No entanto, importante mencionar que, segundo o autor, um bem que esteja sobre o domínio privado pode encontrar aplicação ou destinação com regime jurídico específico, em decorrência de características de preservação da sua aplicação, em uma função pública na qual se revela essencial.[4]

Para resolver essa questão, lançar mão do critério funcionalista não deve ocasionar uma desconsideração da titularidade das terras que possam conter florestas descritas como públicas. Tendo em vista que empresas estatais em sentido amplo integram a categoria de pessoas jurídicas de direito privado, seus bens não poderiam ser considerados como bens públicos forçando a classificação das suas florestas como públicas. Como classifica o artigo 98 do Código Civil, são bens públicos somente aqueles pertencentes às pessoas jurídicas de direito público interno.[5]

Por outro lado, mesmo que o artigo 98, parágrafo único, do Código Civil, caracterize como bem público dominical os bens de pessoas jurídicas de direito público que contenham estrutura de direito privado, de se destacar a imprecisão técnica contida na norma, pois que não pode haver pessoa jurídica de direito público com estrutura de direito privado, uma vez que o motivo estrutural destas entidades auxiliares é o principal elemento de sua classificação em entidade de direito público ou privado.[6] Ademais, como não recai destinação específica sobre bens dominicais, seria no mínimo incomum que bens de pessoas jurídicas privadas fossem a eles equiparados.[7]

De que modo poderiam as florestas existentes em terrenos que não são bens públicos e compõem o acervo de pessoas jurídicas de direito privado serem públicas? Residiria aí uma incongruência, haja vista que os bens pertencentes às pessoas jurídicas de direito privado que integram a administração indireta são juridicamente bens privados quanto a sua titularidade. É até

3. MARQUES NETO, Floriano de Azevedo. **Bens públicos:** função social e exploração econômica: o regime jurídico das utilidades públicas. Belo Horizonte: Fórum, 2014, p. 364.

4. Ibidem, p. 165.

5. A título de exemplo do que se refere, o Decreto 200/1967 dispõe terem as empresas públicas patrimônio próprio (artigo 5º, II).

6. BANDEIRA DE MELLO, Celso Antônio. **Curso de direito administrativo.** 33 ed. São Paulo: Malheiros, 2016, p. 943.

7. MARQUES NETO, Floriano de Azevedo. **Bens públicos:** função social e exploração econômica: o regime jurídico das utilidades públicas. Belo Horizonte: Fórum, 2014, p. 112.

mesmo em razão disso que Figueiredo, por exemplo, exclui do conceito de bens públicos os bens das empresas estatais.[8]

Como as empresas sob controle do Estado englobam empresas de serviço público e empresas de iniciativa privada[9], pelo critério funcionalista, a definição do regime jurídico de um bem em espécie necessita que seja examinada a sua função, podendo um bem estatal ser privado e estar sob regime predominantemente privado ou ser privado e conter regime semelhante aos bens públicos, sendo este último o caso dos bens das empresas estatais que são empregados em serviços públicos ou atividades administrativas típicas.[10] E, não obstante, seu uso seria considerado afetado quando em razão de execução de serviços públicos, referindo-se unicamente aos bens empregados na execução dessas tarefas e apenas para gozar de prerrogativas específicas de bens públicos, tais como inalienabilidade, imprescritibilidade e impenhorabilidade, sem importar em titularidade específica por parte de algum ente federado. Como arremata Justen Filho, os bens de propriedade particular, ainda que afetados à satisfação de necessidades coletivas e sob regime de direito público, não se convolam em bens públicos.[11]

A partir disso, conclui-se serem públicos os bens pertencentes as pessoas jurídicas de direito público interno. Os demais bens integram o domínio privado, inclusive os bens das empresas públicas e das sociedades de economia mista. Isso não significar dizer que o regime jurídico dos bens públicos seja uma exclusividade dos bens que integram o domínio das pessoas jurídicas de direito público interno, uma vez que os bens de pessoas jurídicas de direito privado empregados em um serviço público se revestem do regime dos bens públicos enquanto perdurar essa utilização, em atendimento, inclusive, ao princípio da continuidade dos serviços públicos.

Nesse sentido está o posicionamento de Aragão, que entende serem privados os bens das entidades privadas da administração indireta, sem prejuízo da afetação por serviço público que sobre eles pode recair.[12] E, com igualdade, Marrara concebe os bens do patrimônio de empresas estatais

8. FIGUEIREDO, Lúcia Valle. **Curso de direito administrativo.** 6 ed. São Paulo: Malheiros, 2003, p. 539.

9. GRAU, E. R. Lucratividade e função social nas empresas sob controle do Estado. **Revista de Direito Mercantil, Industrial, Econômico e Financeiro,** São Paulo, n. 55, p. 35-59, jul./set. 1984, p. 48.

10. MARRARA, T. Os bens das empresas estatais na obra de Maria Sylvia Zanella Di Pietro. **Revista da Procuradoria Geral do Estado de São Paulo,** São Paulo, n. 71, , p. 241-254, jan./jun. 2010, p. 252.

11. JUSTEN FILHO, Marçal. **Curso de direito administrativo**. 13 ed. São Paulo: Thomson Reuters Brasil, 2018, p. 1032.

12. ARAGÃO, Alexandre Santos de. **Curso de Direito Administrativo.** 2 ed. Rio de Janeiro: Forense, 2013, p. 496.

como privados, ainda que seja possível, por meio das funções destes bens, que a legislação lhes reserve regime jurídico diferenciado.[13]

Assim, não se depreende como possível que as personalidades de direito privado que componham a administração indireta detenham florestas passíveis de serem consideradas públicas no âmbito da titularidade. Por mais que a LGFP possa expressar o entendimento de que os bens privados das pessoas jurídicas de direito privado onde estejam localizadas florestas públicas sejam tidos como públicos e equiparáveis ao mesmo regime de bens das pessoas jurídicas de direito público[14], caso assim fosse, a titularidade dos bens seria usurpada por algum ente público sem os devidos trâmites legais, ensejando uma apropriação ilegítima.

No máximo, seria admissível legalmente a aplicação do regime jurídico próprio de bens públicos, por meio de afetação, sobre as florestas localizadas em bens de titularidade de empresas estatais *lato sensu*, desde que estejam ligados aos serviços públicos prestados e somente para fins de consagrar proteções aplicáveis aos bens públicos tais como inalienabilidade, imprescritibilidade e impenhorabilidade em conjunto com a proteção conferida pela LGFP, mas não para permitir que algum ente federado se rogue na condição de se apropriar dos bens para geri-los nas formas previstas na LGFP.

4.1.2 Cadastro Nacional de Florestas Públicas

A LGFP instituiu o Cadastro Nacional de Florestas Públicas, consistindo em uma das etapas para a posterior concessão florestal (artigo 14). O cadastro, que deve ser interligado ao Sistema Nacional de Cadastro Rural, é formado pela integração do Cadastro-Geral de Florestas Públicas da União e dos cadastros de florestas públicas dos Estados, do Distrito Federal e dos Municípios (artigo 14, parágrafo único, incisos I e II).

O Cadastro foi regulamentado pelo Decreto 6.063/2007, onde está prevista a integração de dados das bases de informações produzidas e compartilhadas por entidades gestoras de florestas públicas da União, Estados, Distrito Federal e Municípios (artigo 2º, §1º). Sua gestão é realizada pelo Serviço Florestal Brasileiro e inclui áreas do Cadastro de Terras Indígenas, unidades de conservação federal, estas com exceção de áreas privadas presentes em categorias de unidades de conservação que não implicam em desapro-

13. MARRARA, Thiago. **Bens públicos**: domínio urbano: infra-estrutura. Belo Horizonte: Fórum, 2007, p. 79.

14. DI PIETRO, Maria Sylvia Zanella. **Uso privativo de bem público por particular.** 3 ed. São Paulo: Atlas, 2014, p. 227.

priação, e florestas localizadas em imóveis urbanos ou rurais matriculados ou sendo arrecadados pela União, autarquia, fundações, empresas públicas e sociedades de economias (artigo 2º, § 2º, incisos I, II e III). Quanto a estas últimas, vale reiterar o referido no tópico precedente (4.1.1), onde foi concluído que a consideração de floresta pública serviria apenas para afetar os bens pertencentes às empresas estatais *lato sensu* quando conjugados aos serviços públicos prestados e somente para concretizar as proteções específicas cabíveis aos bens públicos, inclusive previstas na LGFP.

Nos três estágios de formação do Cadastro-Geral de Florestas Públicas da União, identificação, delimitação e demarcação, a identificação determina que constem os polígonos georreferenciados de florestas plantadas ou naturais localizadas em terras de domínio da União (artigo 3º, §1º) sem fazer menção às terras que não sejam de propriedade da União, como aquelas de propriedade das pessoas jurídicas de direito privado no âmbito da administração pública indireta. A Resolução 2/2007 do SFB, embora reproduza no artigo 3º o entendimento de serem as florestas públicas também aquelas localizadas em imóveis de propriedade de empresas estatais e sociedades de economia mista, refere no artigo 2º que devem ser inscritas no Cadastro-Geral de Florestas Públicas da União as florestas localizadas em terras sob o domínio da União.

Quando se tratar de florestas públicas em áreas militares, será necessária a autorização do Ministério de Defesa para sua inclusão no cadastro. E, para o caso de se tratar de floresta pública federal plantada após 2 de março de 2006 que não esteja localizada em áreas de reserva legal ou unidade de conservação, o cadastro será realizado com a devida consulta do órgão gestor da floresta (artigo 2º, §3º e 4º, respectivamente, do Decreto 6.063/2007).

De acordo com a atualização do cadastro, estão cadastrados 310.496.737 de hectares de florestas públicas dos quais: a) 229.747.401 hectares de Florestas Públicas Federais, sendo 199.569.654 hectares destinados e 30.177.747 hectares não destinados; b) 79.529.060 hectares de Florestas Públicas Estaduais, sendo 45.202.615 hectares destinados e 34.326.445 hectares não destinados; c) 1.220.276 hectares de Florestas Públicas Municipais destinadas. Conforme as informações cadastradas, o uso das Florestas Públicas está dividido de forma a contemplar as categorias de Terras Indígenas (37.7%), unidades de conservação federais (20,2%), unidades de conservação estaduais (14,0%), unidades de conservação municipais (0,4%), assentamentos (5,3%), glebas não destinadas (20,8%), além de áreas militares (1%) e outros (0,7%).[15]

15. **SERVIÇO FLORESTAL BRASILEIRO.** Cadastro Nacional de Florestas Públicas - Atualização 2019. 25 de maio de 2020. Disponível em: <http://www.florestal.gov.br/cadastro-nacional-de-florestas-publicas/127-in-

Conforme os dados apontados, milhões de hectares de florestas não foram destinados, de modo que se encontram aptos aos estudos necessários para viabilizar sua posterior gestão direta, destinação às comunidades tradicionais e procedimentos de concessão florestal.

Por fim, nota-se que além de fornecer um ferramental útil ao planejamento da gestão das florestas públicas, o Cadastro Nacional de Florestas Públicas é um importante instrumento de acesso à informação sobre a cobertura florestal do país.

4.2 REGIME JURÍDICO APLICÁVEL ÀS FLORESTAS PÚBLICAS

Foi demonstrado no tópico 4.1.1 que as florestas públicas são aquelas pertencentes as pessoas jurídicas de direito público interno, resguardada a possibilidade de que florestas pertencentes a pessoas jurídicos de direito privado, integrantes da administração pública indireta ou não, sejam consideradas bem públicos, por afetação, desde que utilizadas para o desempenho de determinado serviço público e somente para que detenham as mesmas prerrogativas de proteção resguardadas às florestas públicas que são bens públicos de titularidade de pessoas jurídicas de direito público.

A avaliação das destinações previstas na LGFP para prosseguir com o gerenciamento das florestas que integram o patrimônio público não dispensa um estudo do regime jurídico a elas aplicável. Como se pretende demonstrar a que espécie de bem público se enquadram, como forma de conceber posteriormente, os institutos aplicáveis as formas de gerenciamento das florestas públicas, traçam-se neste tópico as questões que envolvem a propriedade pública e os critérios de classificação de bens públicos, como forma de proporcionar as bases necessárias que propiciem, enfim, o enquadramento jurídico da modalidade de propriedade das florestas públicas.

4.2.1 Noções de bens públicos

A utilização do termo patrimônio público, com sentidos diversos na legislação e a sua reprodução na doutrina e jurisprudência, torna necessária uma avaliação do seu conteúdo, considerado como algo que possui valor econômico e que faz parte do domínio dos entes públicos. Quando da análise do conteúdo do bem ambiental (tópico 2.4.3), foi abordada a dupla

formacoes-florestais/cadastro-nacional-de-florestas-publicas-cnfp/1894-cadastro-nacional-de-florestas--publicas-atualizacao-2019 >. Acesso em 11 out 2020.

concepção de patrimônio, a primeira como excludente de propriedade e a segunda como representante de uma utilidade comum, ainda que sem alterar o domínio do respectivo titular. Esta última remeteria, portanto, ao patrimônio cultural ou ambiental, sem condizer com a ideia de patrimônio sobre a qual se esclarece nesta seção.

No momento, pretende-se uma análise das relações de propriedade que são de titularidade de entes públicos, com destaque à posterior consideração quanto ao regime jurídico aplicável ao caso das florestas públicas. A par disso, calha trazer a consideração e consequente diferenciação havida entre patrimônio público e bens públicos. O primeiro se caracteriza como tudo aquilo que detém valor econômico e pertence aos entes públicos e o segundo, com visão conformada à ordem jurídica, seria a espécie correspondente aos objetos dotados de valor econômico pertencentes aos entes públicos.[16] Os bens públicos, de importância central neste campo de estudo, são, portanto, relações jurídicas de valor econômico que, de acordo com o artigo 98 do Código Civil, integram o patrimônio das pessoas jurídicas de direito público interno.

Como o citado artigo 98 do Código Civil considera bens públicos aqueles de propriedade das pessoas jurídicas de direito público interno e como privados todos os demais, independentemente da pessoa que os detenha, sua vinculação se dá com um critério subjetivo de titularidade, tendo em vista que o domínio estatal é formado pelos bens pertencentes às pessoas jurídicas de direito público interno, qualificando-se a natureza pública do ente como um requisito essencial para a consideração do bem como público.[17]

A relação de propriedade exercida pelo Estado revela a possibilidade de que diferentes bens integrem o patrimônio público em razão de (a) características intrínsecas, (b) da finalidade a que se destinam ou (c) diante de uma relação jurídica que lhes tornam transferidos à titularidade da pessoa jurídica de direito público.[18]

Os bens inseridos no patrimônio estatal, denominados bens públicos, implicam em um direito de propriedade exercido pelo Estado, com apli-

16. MARQUES NETO, Floriano de Azevedo. **Bens públicos:** função social e exploração econômica: o regime jurídico das utilidades públicas. Belo Horizonte: Fórum, 2014, p. 58. Para o autor, a noção de patrimônio público conteria caráter mais abrangente, justamente por incluir as receitas públicas que não seriam reconhecidas pela ordem jurídica como sinônimo para bens.

17. MARRARA, Thiago. **Bens públicos**: domínio urbano: infra-estrutura. Belo Horizonte: Fórum, 2007, p. 54.

18. MARQUES NETO, Floriano de Azevedo. **Bens públicos:** função social e exploração econômica: o regime jurídico das utilidades públicas. Belo Horizonte: Fórum, 2014, p. 84.

cação do regime jurídico de direito público.[19] Diferenciam-se, assim, dos bens privados, nos termos do artigo 98, do Código Civil, categoria esta que abrange mesmo os bens pertencentes às pessoas jurídicas de direito privado da administração indireta, ressalvada a aplicação do regime jurídico dos bens públicos aos mencionados bens privados quando relacionados a prestação de serviços públicos (tópico 4.1.1). Em que pese os bens públicos terem titulares, os direitos e deveres que devem ser exercidos pela administração não são exclusivamente fruto do direito de propriedade em sua concepção tradicional, razão pela qual se remete a um vínculo administrativo com permissão e imposição ao poder público de que garanta a continuidade e regularidade de sua destinação contra intromissões.[20]

É importante que se distinga a titularidade dos bens públicos, exercida pelo Estado e pelas entidades da administração indireta que sejam pessoas jurídicas de direito público, do regime jurídico aplicável aos bens públicos, este sim extensível aos bens privados em razão do seu emprego na prestação de serviços públicos por entidade privada, seja ou não integrante da administração indireta. Porém, não é o regime jurídico aplicável a um bem que definirá sua caracterização como público ou privado, sendo inviável sustentar ser algum bem público somente em razão da sua sujeição a um regime publicístico.[21]

De se destacar, ainda, que os bens públicos, componentes do patrimônio público tal como caracterizado, não se confundem com o domínio eminente exercido pelo Estado. Definido como o poder político do Estado sobre as coisas que estão inseridos em seu território e exercido em função da soberania, o domínio eminente não desconstitui a propriedade privada[22]. Por outro lado, serve como fundamento específico, por exemplo, para as limitações ao uso da propriedade privada, servidões administrativas, desapropriações e para o poder de polícia[23], muito embora não seja um poder absoluto, devendo seu exercício atender as disposições jurídicas.[24]

---

19. ARAGÃO, Alexandre Santos de. **Curso de Direito Administrativo.** 2 ed. Rio de Janeiro: Forense, 2013, p. 494.
20. MEDAUAR, Odete. **Direito administrativo moderno.** 20 ed. São Paulo: Editora Revista dos Tribunais, 2016, p. 296.
21. MARRARA, Thiago. **Bens públicos**: domínio urbano: infra-estrutura. Belo Horizonte: Fórum, 2007, p. 52.
22. OCTAVIO, Rodrigo. **Do domínio da União e dos Estados:** segundo a Constituição Federal. 2 ed. São Paulo: Livraria Acadêmica Saraiva & C – Editores, 1924, p. 32.
23. MEIRELLES, Hely Lopes. **Direito administrativo brasileiro.** 43 ed. São Paulo: Malheiros, 2018, p. 659.
24. MOREIRA NETO, Diogo de Figueiredo. **Curso de Direito Administrativo.** 16 ed. Rio de Janeiro: Forense, 2014, não paginado. Disponível em: <http://primo-pmtna01.hosted.exlibrisgroup.com/PUC01:PUC01:sfx4340000000026736>. Acesso em 01 ago 2018.

Esclarecidas as noções concernentes aos bens públicos até sua concepção como propriedade legítima das pessoas jurídicas de direito público interno, há que se considerar, outrossim, a possibilidade de aplicação do regime jurídico dos bens públicos sobre os bens privados, ensejando explicação diversa daquela a respeito da titularidade dos bens públicos, como será observado no tópico a seguir.

4.2.2 Critérios subjetivista e funcionalista de classificação dos bens públicos

O critério subjetivista, consoante a legislação civilista, define bens públicos a partir da titularidade da propriedade por alguma pessoa jurídica de direito público interno. Com isso, a disciplina jurídica dos bens públicos, segundo a delimitação presente no Código Civil, mormente no artigo 98, depende da relação dominial exercida sobre o bem.

A caracterização do bem público com base na natureza do titular é exemplificada pela definição de Meirelles, que concebe por bens públicos as coisas corpóreas ou incorpóreas, imóveis ou móveis e semoventes, créditos, direitos e ações pertencentes às entidades estatais, autárquicas, fundacionais e empresas governamentais.[25] Vê-se que o autor define bens públicos pelo critério da titularidade, entendendo como bens públicos inclusive os bens de empresas estatais sob o fundamento de que seriam bens públicos com destinação especial e administração particular.[26]

Pelo critério subjetivista adotado no Código Civil e demonstrado pelo conceito de Meirelles acima, tem-se a impressão de que, sendo públicos somente os bens de titularidade de entes públicos, por dedução, o regime jurídico de bens públicos apenas se aplicaria a estes bens e a mais nenhum outro de propriedade privada, a rejeitar a possibilidade de que bens privados poderiam vir a ser afetados ao regime público em casos específicos. Como essa insuficiência da lei civil geraria incongruências justamente por desconsiderar a sua extensão aos bens de propriedade privada se existentes certas condições, deve-se ter em consideração, também, o critério funcionalista.

25. MEIRELLES, Hely Lopes. **Direito administrativo brasileiro.** 43 ed. São Paulo: Malheiros, 2018, p. 661.

26. Ibidem, p. 662. O conceito serve para ilustrar o critério subjetivista de classificação de bens públicos, sendo importante mencionar que não se comunga com o entendimento de Meirelles. Pelo contrário, lança-se mão neste tópico do critério funcionalista para explicar a afetação que recai sobre bens privados submetidos ao regime público por afetação. Assim, não se caracterizam como bens públicos os bens de empresas estatais *lato sensu*, embora sobre eles possa incidir uma afetação pública, conforme já mencionado no tópico 4.2.1. E mais, considerando que empesas estatais *lato sensu* são pessoas jurídicas de direito privado, até mesmo pelo critério civilista não poderiam integrar o conceito de bens públicos pela ótica do critério subjetivista.

Segundo o critério funcionalista, carregado de objetividade e fortemente adotado pelos administrativistas, o regime público dos bens integrantes do patrimônio público pode estender seus efeitos para abranger igualmente os bens empregados em utilidades de interesse público, ainda que sejam de propriedade privada. Adotando a perspectiva funcionalista, Bandeira de Mello define os bens públicos como aqueles pertencentes às pessoas jurídicas de direito público, isto é, entes federados e respectivas autarquias e fundações de direito público, assim como os bens que, apesar de não pertencerem a estas pessoas jurídicas, estão afetados à prestação de um serviço público.[27]

Ocorre que nem sempre se poderá classificar como submetidos ao regime jurídico de bens públicos os bens privados, sendo relevante precisar quais os requisitos necessários para que a concepção funcionalista tenha incidência. Esses requisitos se encontram nos casos em que se depende diretamente da essencialidade e indispensabilidade do bem.[28]

Ilustra a consideração da afetação de bens devido a sua função pública o reconhecimento da impenhorabilidade dos bens da Empresa Brasileira de Correios e Telégrafos pelo STF. No julgado, apesar de sua constituição como pessoa jurídica de direito privado e de seu bens serem privados à luz da titularidade determinada pelo Código Civil, foi aplicado o regime jurídico de bens públicos, reconhecendo a impossibilidade de penhora dos bens que compunham o acervo da estatal.[29]

De se recordar que, em estudo anterior ao supracitado julgado, Ataliba tomara como exemplo justamente a empresa pública do serviço de correios para demonstrar como, para alguns efeitos operacionais, nela se adotaria o regime privado, ao ponto que, os efeitos de preservação, manutenção, persistência, continuidade, eficiência, controle e fiscalização dos bens e valores manejados pela entidade, em se tratando de serviços públicos, deveriam ter as consequências próprias do regime jurídico público.[30]

Tanto o critério subjetivista quanto a perspectiva funcionalista detêm críticas que poderiam trazer inseguranças quando da aplicação isolada de alguma das posições. São críticas que envolvem, por exemplo, a colocação

---

27. BANDEIRA DE MELLO, Celso Antônio. **Curso de direito administrativo.** 33 ed. São Paulo: Malheiros, 2016, p. 942.

28. MARQUES NETO, Floriano de Azevedo. **Bens públicos:** função social e exploração econômica: o regime jurídico das utilidades públicas. Belo Horizonte: Fórum, 2014, p. 120.

29. STF, Recurso Extraordinário 2209069/DF, Relator Ministro Maurício Corrêa, j. 16.11.2000.

30. ATALIBA, Geraldo. Bens públicos: extensão do conceito de bem público para efeitos de controle financeiro interno e externo. **Revista de Direito Público,** v. XV, n. 61, p. 101-111, jan./mar. 1982, p. 110.

em dúvida das concretas titularidades eminentemente estatais pela adoção exclusiva do critério funcionalista ou, em outro oposto, a ausência de critérios a justificarem a proteção específica de bens privados como se públicos fossem somente pela adoção do critério subjetivista.

Em razão disso, é viável uma aplicação complementar das duas visões, subjetivista e funcionalista, de modo a permitir que cada uma delas componha soluções aplicáveis na medida necessária, de forma a não desvirtuar os bens públicos quanto à sua titularidade ou desconsiderar a extensão do regime jurídico de bens públicos aos bens privados em determinadas situações de essencialidade e indispensabilidade do bem, como quando são utilizados para a execução de serviços públicos.

4.2.3 Bens públicos e afetação

Enquanto o artigo 98 do Código Civil estabelece os critérios de definição de bens públicos, o artigo 99, do mesmo diploma, caracteriza duas espécies de bens públicos por meio de sua função, demonstrando o uso afetado a que se destinam, além de outra pela ausência de função pública. Conforme o artigo, os bens públicos dividem-se em bens de uso comum do povo, de uso especial e dominicais[31], todos eles explicados exemplificativamente pela norma, fato este que não deixa de dificultar a compreensão de cada um dos institutos.

A leitura do artigo 99 do Código Civil evidencia a relação entre duas modalidades de bens públicos, bens de uso comum do povo e bens de uso especial, no tocante à sua inequívoca destinação pública, enquanto que os bens dominicais, *a priori*, não conteriam destinação pública. Em razão disso, conforme Cretella Júnior, os bens de uso comum e de uso especial comporiam os bens do patrimônio disponível estatal e os bens dominicais, por pertencerem ao patrimônio privado do Estado, seriam bens do patrimônio disponível.[32] A configuração dos bens públicos proposta pelo autor lembra a doutrina italiana que divide bens públicos em bens de utilidade pública

31. Conforme a redação original do artigo: "Art. 99. São bens públicos: I - os de uso comum do povo, tais como rios, mares, estradas, ruas e praças; II - os de uso especial, tais como edifícios ou terrenos destinados a serviço ou estabelecimento da administração federal, estadual, territorial ou municipal, inclusive os de suas autarquias; III - os dominicais, que constituem o patrimônio das pessoas jurídicas de direito público, como objeto de direito pessoal, ou real, de cada uma dessas entidades. Parágrafo único. Não dispondo a lei em contrário, consideram-se dominicais os bens pertencentes às pessoas jurídicas de direito público a que se tenha dado estrutura de direito privado."

32. CRETELLA JÚNIOR, José. **Curso de direito administrativo.** 17 ed. Rio de Janeiro: Ed. Forense, 2000, p. 556-557.

imediata e bens de utilidade instrumento, isto é, de utilidade indireta, os primeiros sendo caracterizados como bens indisponíveis e os segundos, como bens disponíveis.[33]

Quanto a isso, esclarece Di Pietro que os bens do domínio público do Estado contém uma destinação, por natureza ou lei, ao uso coletivo, enquanto que os bens do domínio privado do Estado servem à consecução dos objetivos da administração.[34]

Para além dos exemplos fornecidos pela legislação civil, passa-se à abordagem, iniciando pelos bens do domínio público do Estado, das especificações inerentes a cada um dos tipos de bens públicos visualizados de acordo com sua destinação.

O primeiro dos bens públicos previsto no artigo 99, inciso I, do Código Civil, pertence ao domínio público estatal e é denominado bem público de uso comum do povo. Os bens enquadrados neste inciso são aqueles com utilização em igualdade de condições, não havendo necessidade de que a administração consinta individualmente pelo uso.[35] Todavia, mesmo sendo caracterizado como bem de uso comum e, portanto, conter uma dispensa implícita de consentimento para utilização, nada impede que esta modalidade implique em onerosidade para o uso, como já previsto legalmente no artigo 103, do Código Civil, ou que seu uso não deixe de observar regras específicas.[36]

Portanto, apesar da utilização pública, gratuita ou remunerada, dos bens de uso comum, devem ser observadas normas gerais a todos aplicáveis. Ao se tratar sobre o seu livre uso, não se quer dizer em uma irrestrita utilização, mas da desnecessidade de algum ato administrativo que reporte a individualização especificadora de determinado uso. Ainda, não se pode desconsiderar a possibilidade de que sejam realizados usos especiais sobre o bem de uso comum em algumas hipóteses[37], momento no qual será necessário o aval da administração.

33. ZANOBINI, Guido. **Corso di diritto amministrativo:** volume primo: principi generali. Milano: Dott. A. Giuffrè, 1947, p. 130.

34. DI PIETRO, Maria Sylvia Zanella. **Direito administrativo.** 30 ed. Rio de Janeiro: Forense, 2017, p. 843.

35. Ibidem, p. 847.

36. MARQUES NETO, Floriano de Azevedo. **Bens públicos:** função social e exploração econômica: o regime jurídico das utilidades públicas. Belo Horizonte: Fórum, 2014, p. 205.

37. BANDEIRA DE MELLO, Celso Antônio. **Curso de direito administrativo.** 33 ed. São Paulo: Malheiros, 2016, p. 956.

Embora possam ser aventadas teses de exclusão dos bens de uso comum do domínio estatal, tais argumentos não fariam sentido quando se concebe que é justamente pela propriedade estatal que se evita a apropriação pelo domínio privado destes bens, de modo que o regime público de propriedade mantém sua destinação de acordo com as finalidades públicas.[38] Deste modo, com particularidades *sui generis*[39], subsiste o direito de propriedade estatal sobre os bens de uso comum do povo.

Pertencendo também ao domínio público do Estado, os bens de uso especial estão previstos no artigo 99, inciso II, do Código Civil. Sua utilização é afetada ao exercício de funções públicas que não guardam consonância com o uso comum e, consequentemente, não são direcionados ao uso geral, comum e aberto a todos.[40] No verbete normativo da lei civilista, são exemplificados por edifícios ou terrenos destinados a serviço ou ao estabelecimento da administração federal, estadual, municipal, bem como das autarquias, de modo que se depreende tratar de bens com destinação às funções públicas, sem implicar no uso geral por parte de todos.

A conceituação dos bens de uso especial, construída sobre a sua destinação a serviço ou estabelecimento da administração pública, não deixa de ser exemplificativa[41] e não implica na exclusão de funções que não sejam aquelas retratadas pelo Código Civil. Conforme Di Pietro, a conceituação de bens de uso especial não se restringe aos exemplos do Código Civil, eis que abrange os bens utilizados pela administração pública com o fito de realizar suas atividades e atingir seus fins.[42]

Contando com um extensivo rol de possibilidades de emprego[43], nem sempre os bens de uso especial são destinados ao uso direto da administração, de modo que a expressão serviço prevista no Código Civil deve ser compreendida em um sentido amplo, absorvendo o conjunto de atividades

38. MARQUES NETO, Floriano de Azevedo. **Bens públicos:** função social e exploração econômica: o regime jurídico das utilidades públicas. Belo Horizonte: Fórum, 2014, p. 95.

39. PEREIRA, Caio Mário da Silva. **Instituições de direito civil – v. I.** 30 ed. Rio de Janeiro: Forense, 2017, não paginado. Disponível em: <https://integrada.minhabiblioteca.com.br/books/9788530974534/epubcfi/6/10%5B;vnd.vst.idref=body005%5D!/4/12@0:23.2>. Acesso em 02 ago 2018.

40. MEDAUAR, Odete. **Direito administrativo moderno.** 20 ed. São Paulo: Editora Revista dos Tribunais, 2016, p. 300.

41. MARQUES NETO, Floriano de Azevedo. **Bens públicos:** função social e exploração econômica: o regime jurídico das utilidades públicas. Belo Horizonte: Fórum, 2014, p. 214.

42. DI PIETRO, Maria Sylvia Zanella. **Direito administrativo.** 30 ed. Rio de Janeiro: Forense, 2017, p. 847.

43. MARQUES NETO, Floriano de Azevedo. **Bens públicos:** função social e exploração econômica: o regime jurídico das utilidades públicas. Belo Horizonte: Fórum, 2014, p. 220.

de interesse geral exercida sob autoridade ou fiscalização do poder público.[44] Nas palavras de Aragão, tratam-se de serviços públicos *lato sensu*.[45]

No âmbito de bens que integram o domínio privado do Estado, mas que, importante lembrar, nem por isso deixam de ser bens públicos, estão os bens dominicais, também referidos como dominiais, com descrição exemplificativa presente no artigo 99, inciso III, do Código Civil. São bens que, justamente por integrar o domínio privado estatal, não contam com afetação que os consagre objetivamente a um fim público, diferentemente dos bens de uso comum ou especial. Disso decorre a interpretação sobre sua utilização pelo povo não ser imediata.[46]

Contudo, importa observar que a natureza dos bens dominicais não implica em fins exclusivamente patrimoniais, pois permite objetivos de interesse geral.[47] Ocorre que, se estes bens não possuem uma destinação geral ou específica, isso não significa dizer que não devam cumprir com alguma função como é o caso da função social da propriedade (artigo 5º, inciso XXIII, da Constituição) e da consideração do princípio da economicidade (artigo 70, da Constituição Federal).[48]

Quanto ao já abordado parágrafo único do artigo 99 da Lei Civil que determina serem bens dominicais aqueles pertencentes às pessoas jurídicas de direito público com estrutura de direito privado (tópico 4.1.1), de se reiterar a falta de coerência do texto normativo. Se a entidade estatal for de direito público interno, seus bens serão públicos e se enquadrarão em uma das modalidades estabelecidas pelo Código Civil, porém, se os bens forem de pessoas jurídicas de direito privado, não serão bens públicos, ressalvada a hipótese de aplicação do regime jurídico de bens públicos aos bens privados afetados à prestação de serviço público. Não obstante, não seria possível nem mesmo conceber como plausível que uma pessoa jurídica de direito público tenha estrutura de direito privado, ou será uma, ou outra. Referido dispositivo encontra-se repleto, portanto, de impropriedades e inconstitucionalidades,

---

44. DI PIETRO, Maria Sylvia Zanella. **Direito administrativo.** 30 ed. Rio de Janeiro: Forense, 2017, p. 847.
45. ARAGÃO, Alexandre Santos de. **Curso de Direito Administrativo.** 2 ed. Rio de Janeiro: Forense, 2013, p. 500.
46. MEDAUAR, Odete. **Direito administrativo moderno.** 20 ed. São Paulo: Editora Revista dos Tribunais, 2016, p. 300.
47. DI PIETRO, Maria Sylvia Zanella. **Direito administrativo.** 30 ed. Rio de Janeiro: Forense, 2017, p. 850.
48. MARQUES NETO, Floriano de Azevedo. **Bens públicos:** função social e exploração econômica: o regime jurídico das utilidades públicas. Belo Horizonte: Fórum, 2014, p. 221-222.

indicando a insuficiência da lei civilista para tratar com exclusividade dos bens públicos.[49]

Como essa modalidade de bem público não conta com afetação para fins públicos, é cabível a sua alienação, desde que respeitadas as determinações legais cabíveis, como determina o artigo 100 da legislação civil. De se atentar para o fato de que a venda de bens públicos passa a depender de seu enquadramento como bem público dominical e, caso se trate de bens de uso comum ou especial, ou seja, bens fora do comércio jurídico do direito privado[50], a alienação somente ocorrerá mediante a desafetação do bem, que poderá ocorrer por manifestação explícita da administração ou, implicitamente, a partir de uma conduta administrativa[51].

Demonstradas as modalidades de bens públicos, com atenção a divisão estabelecida pelo Código Civil, torna-se possível estabelecer em qual das espécies de bens públicos por afetação as florestas públicas se enquadram, o que serve como meio de compreensão do regime jurídico a elas aplicável.

4.2.4 Florestas públicas como bens públicos de uso especial

As florestas públicas são bens públicos que integram o patrimônio das pessoas jurídicas de direito público interno. Já a sua classificação em uma das modalidades de afetação de bens públicos previstas pelo Código Civil, quais sejam bens de uso comum, uso especial ou dominicais, demanda a devida atenção às suas especificidades.

Ao se conceber a inconteste importância das florestas públicas para o direito fundamental ao ambiente, não há margem diversa de interpretação daquela que entende pela afetação destes bens públicos devido a uma finalidade de conservação e preservação ambiental. Desde logo, demonstra-se, por conseguinte, a impossibilidade de que as florestas públicas sejam bens públicos que integram o domínio privado estatal, ou seja, possam ser classificadas como bens dominicais. Caso as florestas públicas fossem consideradas bens dominicais, suas glebas se encontrariam previamente desafetadas para servirem como objetos de relações jurídicas próprias do direito privado, o que seria inadmissível tendo como base a sustentação normativa da tutela ambiental no ordenamento jurídico brasileiro.

49. Ibidem, p. 112.
50. DI PIETRO, Maria Sylvia Zanella. **Direito administrativo.** 30 ed. Rio de Janeiro: Forense, 2017, p. 848.
51. MEDAUAR, Odete. **Direito administrativo moderno.** 20 ed. São Paulo: Editora Revista dos Tribunais, 2016, p. 301.

Tomar as florestas públicas como bens dominicais contrariaria não somente a estrutura do direito fundamental ao ambiente, que para plena efetividade depende de uma adequada administração das florestas públicas, como as deslocaria ao revés das disposições da LGFP a respeito das possibilidades de gestão das florestas públicas tendo em conta a produção sustentável. Seria totalmente desnecessário o estabelecimento de formas de gestão para as florestas públicas por meio da LGFP, inclusive a respeito da concessão florestal, caso as florestas públicas fossem bens absorvíveis livremente pelo comércio jurídico, de onde se permitiriam relações jurídicas tais como compra e venda, comodato e locação. É inegável a existência de uma afetação que recai sobre as florestas públicas e as resguarda devido as suas finalidades, então voltadas à proteção do ambiente. A respeito disso, entende Marques Neto que as florestas públicas são bens afetados tacitamente pela Constituição, devido a atividade de preservação ambiental.[52] Como bens afetados, as florestas públicas não estão à livre disposição do poder público e, portanto, são bens *extra commercium* que não compõem o acervo passível de comércio jurídico por parte do Estado.

Se por um lado se conclui serem as florestas públicas bens públicos que compõem o domínio público do Estado ante a impossibilidade de se enquadrarem como bens dominicais, por outro lado, cabe dirimir em qual modalidade de bem elas se enquadrariam, tendo em conta que do domínio público estatal fariam parte os bens de uso comum e de uso especial.

Os benefícios que as florestas geram para um ambiente ecologicamente equilibrado se estendem para abranger a sociedade indeterminadamente, donde se extrai um dos motivos que levam a sua conexão com o direito fundamental ao ambiente e o caráter de tais benefícios como sendo de direito difuso. Entretanto, se os benefícios alcançam difusamente a sociedade, o mesmo não se pode dizer da utilização prática da floresta pública, quando da obtenção de recursos florestais. Para que se compreenda a classificação da floresta pública na divisão da lei civilista entre bem de uso comum e bem de uso especial, é necessário diferenciar os benefícios da floresta, que justificam inclusive sua afetação, da utilização direta de seus recursos florestais, a qual envolve o bem público em si.

Deste modo, convém mencionar que a utilização das florestas públicas não é livre, gratuita e com acesso a todos. Do contrário, os produtos ali existentes logo se extinguiriam, assim como não existiriam mais condições

52. MARQUES NETO, Floriano de Azevedo. **Bens públicos:** função social e exploração econômica: o regime jurídico das utilidades públicas. Belo Horizonte: Fórum, 2014, p. 364.

de obtenção dos serviços florestais, estes últimos, *verbi gratia*, nos casos de uma nociva e excessiva visitação pública. Não sendo um bem livremente utilizado pelo povo em geral é que se pode, a partir disso, concluir pelo seu não enquadramento como bem de uso comum. Pois, caso bem de uso comum fosse, ainda que estabelecidas normas de utilização, a exploração dos recursos florestais não estaria protegida como necessário a manter os benefícios provenientes das florestas.

Agora, observados os bens públicos de uso especial como bens utilizados pela administração pública como forma de cumprir com fins específicos e efetuar atividades que lhe são cabíveis, essa classificação serviria adequadamente como modalidade a abranger as florestas públicas. Para cumprir com seus deveres de proteção ambiental, a administração pública depende das florestas públicas, bens de vital importância para a tutela ambiental. Com isso, tem-se a compreensão da afetação incidente sobre as florestas públicas como forma de resguardar a utilização destes bens públicos para atingir os fins de proteção ambiental. Estes fins específicos, por sua vez, só podem ser atingidos quando não admitirem o uso comum destinado à população em geral das florestas públicas.

Não é diverso o entendimento de Di Pietro, que entende estarem inseridas as florestas públicas na modalidade de bens públicos de uso especial, concluindo por meio de dois aspectos. O primeiro, quanto ao regime jurídico especial de proteção a que estão submetidas, que as concebe como inalienáveis, imprescritíveis, impenhoráveis e insuscetíveis de oneração, impedindo o enquadramento na categoria de bens dominicais. E, o segundo, demonstra-se pelo afastamento das florestas públicas da categoria de bens de uso comum do povo, por não serem abertas livremente ao uso de todos.[53]

Apesar da classificação como bem público de uso especial, as florestas públicas podem ser utilizadas, no âmbito privado, para exploração dos seus recursos florestais, nos casos, por exemplo, da concessão florestal, sem que isso desvirtue as finalidades de proteção ambiental a que se destinam, sendo certo que os bens públicos de uso especial comportam, na sua dimensão, diversas hipóteses de uso privativo por particular.

4.3 GESTÃO DE FLORESTAS PÚBLICAS PARA PRODUÇÃO SUSTENTÁVEL

A regulamentação da gestão de florestas públicas para a produção sustentável representou uma inovação legislativa para o manejo dos recursos

53. DI PIETRO, Maria Sylvia Zanella. **Uso privativo de bem público por particular.** 3 ed. São Paulo: Atlas, 2014, p. 227.

florestais de domínio público. Ainda que a exploração de florestas públicas pela iniciativa privada fosse prevista em diplomas jurídicos anteriores, a estrutura normativa acerca da concessão florestal nos moldes da LGFP trouxe diversas novidades para o tema. Também, a gestão de florestas públicas, observada em seu conjunto, conta com outras duas modalidades, a gestão direta realizada pelo poder público e a gestão realizada pelas comunidades tradicionais.

Além de mapear as diferentes maneiras de gestar as florestas públicas para a produção sustentável, este capítulo contará com a exposição de um histórico da exploração de florestas públicas, dos princípios referentes à gestão de florestas públicas estabelecidos diretamente pela LGFP e do alcance desta lei em relação aos entes federativos.

4.3.1 Histórico normativo da tutela de florestas públicas

A LGFP não foi a primeira legislação voltada à gestão de florestas localizadas em áreas públicas, inclusive com menção ao aproveitamento econômico de seus recursos. Houveram preocupações com a flora brasileira no período imperial, mas foi na organização da legislação florestal após o advento da República que passaram a ser levados em conta, com maior ênfase, os objetivos de gestão de florestas mediante o reconhecimento de sua importância, ainda que pelas razões mais diversas.

Consta no histórico normativo brasileiro a existência de proteção jurídica de florestas públicas em 1921, pelo Decreto nº 4.421. Com este texto normativo foi criado o Serviço Florestal do Brasil com objetivos voltados à conservação, reconstituição, formação e aproveitamento de florestas. Dentre as atribuições deste órgão pertencente ao antigo Ministério da Agricultura, Indústria e Comércio, estava a promoção e auxílio na conservação, criação e guarda de florestas protetoras, sendo que, para os fins do decreto, seriam estas as florestas com funções de beneficiar a saúde pública, garantir a pureza a abundância de mananciais, equilibrar o regime de águas correntes e evitar efeitos danosos de agentes atmosféricos, com menções a ventos e erosões.

Ao longo do artigo 4º, o decreto prescrevia que as florestas protetoras de domínio da União deviam ter sua conservação, melhoramento, formação e guarda garantidos por regulamentação governamental. Já o aproveitamento econômico dessas florestas ocorria nas situações que o decreto caracterizou como sendo de grande vantagem para a riqueza pública. A destinação para a exploração, contudo, deveria atender ao procedimento licitatório e sempre mediante o dever de replantio. Ainda, previa o decreto que os contratos de concessão das florestas protetoras para a exploração econômica de seus recursos deveriam ser condicionados por cláusula de resgate em favor do governo.

O reconhecimento da floresta protetora, tanto por proprietário público como privado, não impedia a exploração dos recursos florestais, mas a submetia aos requisitos especiais criados pelo Serviço Florestal do Brasil (artigo 6º). E, caso se constatasse a imprescindibilidade de alguma floresta protetora localizada em propriedade privada para os objetivos aplicados à esta classificação normativa, tais áreas florestais seriam consideradas de utilidade ou necessidade pública e ficariam sujeitas a desapropriação, como determinava o artigo 7º.

As propostas de proteção do ambiente natural já faziam parte do período que antecedeu o Decreto 4.421/1921, como se depreende da atuação da Sociedade Nacional da Agricultura, do Ministério da Agricultura, Indústria e Comércio com finalidades voltadas para a aplicação do conhecimento científico principalmente nas técnicas agrícolas e desenvolvimento junto ao Museu Nacional e ao Jardim Botânico.[54]

As elites fundiárias, nas primeiras décadas do século XX, ocuparam de modo desorganizado o campo e não estavam em consonância com as necessidades da atividade agrícola, o que gerava a devastação de terras e desvalorização da propriedade.[55] Porém, com base no intermédio do aprimoramento da agricultura brasileira, na diversificação agrícola com a distribuição de sementes e nas pesquisas aliadas às técnicas utilizadas, concluía-se por uma visão de desenvolvimento pela ciência das potencialidades rurais, o que passou a corroborar com o incremento da compreensão da proteção das florestas e demais coberturas vegetais brasileiras.

A relação entre a agricultura e o desmatamento, encontrada por exemplo em estudo sobre a exploração econômica e ocupaçao agrícola, industrial e urbana em São Paulo revela os interesses de apropriação das riquezas naturais e modificação mediante utilização e transformação.[56] As necessidades de evitar a erosão do solo e proteger os mananciais aquíferos, que passou a ser considerada inclusive pelos próprios agricultores, reforçou a importância

---

54. BHERING, M. J.; MAIO, M. C. Ciência, positivismo e agricultura. **Varia História,** Belo Horizonte, v. 27, n. 46, p. 689-709, jul./dez. 2011, p. 708-709.

55. Ibidem, p. 700.

56. FIGUEIRÔA, Silvia F. de M. 'Batedores da ciência' em território paulista: expedições de exploração e a ocupação do 'sertão' de São Paulo na transição para o século XX. História, Ciências, Saúde – Manguinhos, Rio de Janeiro, v. 15, n. 3, p. 763-777, jul./set. 2008, p. 771.

do controle do desmatamento.[57] Deste modo, a indispensabilidade do Estado para a continuidade das florestas pode ser observada, na época do Decreto 4.421/1921, conjuntamente com a implementação de políticas de incentivo à exploração de seus recursos.[58]

Conjuntamente a isso, com o Decreto 4.421/1921, a silvicultura se revelou como uma das alternativas aos produtos agrícolas comercializados na época, tais como o café e o algodão. Esse interesse se extrai do artigo 18 do mencionado decreto, que autoriza o governo a estabelecer florestas modelos com a finalidade de servir como escolas práticas de silvicultura.

O Decreto 4.421/1921 foi revogado pelo Código Florestal de 1934, implementado pelo Decreto 23.793/1934. Com normas aplicáveis às florestas e demais vegetações, trabalhou com quatro modelos de florestas: (a) protetoras, destinadas, por exemplo, a conservar o regime de águas ou conter a erosão; (b) remanescentes, para formar parques ou assemelhados; (c) modelo, de formação artificial e disseminadas em determina região por conveniência; e, de (d) rendimento, que compreendiam todas as florestas que não fossem protetoras ou remanescentes.

Das florestas de domínio público, somente as citadas florestas de rendimento é que permitiam exploração industrial intensiva mediante concorrência pública (artigo 36), devendo atender unicamente as especificações estabelecidas pela repartição florestal competente que estivessem em conformidade com o Código (artigo 48), contando com a previsão de substituição das árvores abatidas (artigos 49 e 50).

As florestas protetoras e remanescentes, quando não constituíssem parques, poderiam ser exploradas limitadamente, com permissão do governo e mediante concorrência, nos termos dos critérios definidos pelo anteriormente mencionado artigo 39 e atendendo as necessidades de proteção paisagística e das belezas naturais (artigo 53 e 54). Também, era possível explorar limitadamente essas florestas, a título precário e com devida contribuição, quando houvesse interesse científico ou em função do aproveitamento dos produtos para fins terapêuticos.

O Código Florestal de 1934 estava inserido numa política de cunho industrializante e centralizador, surgida como forma de solucionar os problemas de um país de produção essencialmente agrícola e tinha nítidas

57. MEIRA; R. B.; CARELLI, M. N.; Árvores de boa semente: silvicultura, preservação da natureza e agricultura na Primeira República. **Antíteses,** v. 8, n. 16, p. 227-251,, jul./dez. 2015, p. 234.

58. Ibidem, p. 242.

finalidades econômicas.[59] O diploma legal foi elaborado com o objetivo de modernizar e ordenar a produção, além de controlar e ordenar o território brasileiro.[60] Ainda que se pudesse observar tendências de preservação da natureza no Código Florestal da época, como é o caso da normatização acerca da criação de parques, a legislação com objetivos claros de proteção ambiental tomou forma no Brasil somente em meados da segunda metade do século XX. As normas inseridas no Código de 1934 estavam marcadas pelo conteúdo produtivista, de modo que as regulações das relações humanas com as florestas atendiam muito mais a uma racionalização da produção do que a preservação do ambiente.[61]

A revogação do Código Florestal de 1934 ocorreu com o advento do Código Florestal de 1965. Neste código, as antigas categorias florestais deixaram de ser previstas, apesar de ser mantida a previsão de criação, pelo poder público, de parques nacionais, estaduais e municipais, reservas biológicas e florestas nacionais, estaduais e municipais, estas com finalidades econômicas, técnicas ou sociais (artigo 5º).

O código previa a possibilidade de exploração econômica das florestas de domínio privado, quando não sujeitas a regime de utilização limitada ou não se tratando de áreas de preservação permanente, desde que cumpridos os requisitos estabelecidos pelo próprio diploma jurídico (artigo 16). Apesar disso, não constava na redação original do Código Florestal a normatização a respeito da exploração econômica de florestas de domínio público, com a exceção da tipificação, como contravenção penal, da extração de minérios de florestas públicas ou de consideradas de preservação permanente, quando fosse operada sem prévia autorização (artigo 26, alínea e), e da destinação ao Poder Executivo da tarefa de promover, em 180 dias, a revisão dos contratos, convênios, acordos e concessões relacionados a exploração florestal geral, ajustando-os ao código (artigo 47).

A previsão explícita sobre a exploração de florestas de domínio público somente fora incluída no código de 1965 pela Lei 7.551/1986, quando foi determinada, no artigo 19, a imprescindibilidade, para sua consecução, de aprovação prévia pelo IBAMA. Posteriormente, o mesmo artigo foi modificado pela LGFP, editada quando ainda vigia o código de 1965, para submeter a exploração de florestas de domínio público, além daquelas de propriedade

---

59. ANTUNES, Paulo de Bessa. **Direito ambiental.** 16 ed. São Paulo: Atlas, 2014, p. 934.

60. CARVALHO, E. B. de. Código Florestal brasileiro de 1934: a legislação florestal nas disputas pelo território, um estudo de caso. **Anos 90**, Porto Alegre, v. 23, n. 43, p. 417-442, jul. 2016, p. 422.

61. Ibidem, p. 428.

privada, à prévia aprovação do órgão competente do Sisnama, medida que serviu justamente para vincular a autorização prévia ao órgão específico da entidade federativa proprietária da área florestal a ser explorada.

Mesmo não prevendo especificamente a exploração de florestas de domínio público, era possível depreender que seria uma medida possível. O que ocorreu, porém, foi que o código de 1965 deixou de prever, como faziam as antigas legislações florestais de 1921 e 1934, o procedimento de destinação das florestas de domínio público para a exploração econômica. Criou-se, assim, uma lacuna nas normas sobre o assunto.

As Florestas Nacionais foram regulamentadas com o Decreto 1.298/1994, no qual são definidas como áreas de domínio público estabelecidas com os objetivos de promover o manejo dos recursos naturais, garantir proteção de recursos hídricos, das belezas cênicas e dos sítios históricos e arqueológicos e fomentar a pesquisa científica, a educação ambiental e as atividades de recreação, lazer e turismo (artigo 1º). No decreto constou a possibilidade de utilização racional e sustentável das Florestas Nacionais (artigo 3º), quando atendidos aos critérios ali previstos.

Não obstante a regulamentação aplicável às Florestas Nacionais proveniente do decreto de 1994, não houve qualquer previsão específica para os procedimentos de destinação para a exploração econômica de suas áreas como antigamente existia, mantendo-se, portanto, a omissão normativa a respeito. Ainda, é possível mencionar a normatização das Florestas Nacionais pela Lei 9.985/2000, que instituiu as unidades de conservação. Na referida lei, a Floresta Nacional passou a integrar as unidades de conservação e contou com maiores especificações a respeito da matéria.[62] Sobre isso, consta a crítica de Antunes, que não via inovação na previsão da Lei do SNUC sobre a Florestas Nacionais, apesar da utilização de linguagem atualizada.[63] Entretanto, entende-se que a previsão da Floresta Nacional na Lei do SNUC atendeu ao objetivo de sistematizar as áreas protegidas de características de unidades de conservação, havendo clara adequação das Florestas Nacionais ao regime jurídico aplicável às unidades de conservação.

Por fim, a ausência de lei específica sobre a destinação das Florestas Nacionais terminou somente em 2006, com a edição da LGFP. No caso, a gestão das florestas de domínio público foi determinada não somente sobre as Florestas Nacionais instituídas pelo poder público, mas sobre todas

---

62. No tópico 3.4.2.2 são mencionadas as normas referentes as Florestas Nacionais, Estaduais e Municipais, as quais fazem parte da categoria das unidades de conservação de uso sustentável.

63. ANTUNES, Paulo de Bessa. **Direito ambiental.** 16 ed. São Paulo: Atlas, 2014, p. 937.

as florestas públicas. E, já havendo previsão específica para a gestão das florestas públicas, inclusive com fins econômicos, o Código Florestal de 2012 se limitou a prever condições específicas, em capitulo próprio, para a exploração de florestas de domínio público ou privado. Contudo, não se desconsidera a importante função do Código Florestal de 2012 como norma aplicável de caráter geral às florestas, assumindo posição complementar em relação a LGFP.[64]

4.3.2 Princípios aplicáveis

A LGFP dispõe de um rol de oito princípios que, conforme a letra da lei, são aplicáveis à gestão das florestas públicas. Estão previstos no artigo 2º da lei e instruem a interpretação das disposições normativas previstas ao longo do texto legal. Nada obstante a previsão positivada destes princípios na LGFP, não se excluem outros princípios não previstos na lei que podem ser aplicados nas questões que envolvem a gestão de florestas públicas ou demais matérias pertinentes.

O primeiro princípio previsto na lei remete a proteção dos ecossistemas, do solo, da água, da biodiversidade, dos valores culturais associados e do patrimônio público (artigo 2º, inciso I), aludindo ao conjunto das determinações que se extraem do artigo 225 da Constituição Federal, conjugadas à proteção da cultura, a qual é assegurada pelo artigo 216, também da Constituição.

Volta-se o segundo princípio para os objetivos do desenvolvimento sustentável a nível local, regional e de toda a extensão do país (artigo 2º, inciso II). De acordo com a redação da norma, o desenvolvimento sustentável serve como parâmetro para o exercício de atividades realizadas nas florestas públicas por meio do uso eficiente e racional.[65] Considerando que o desenvolvimento deve estar conjugado à proteção ambiental, cujo processo integrativo está no núcleo do conceito de desenvolvimento sustentável[66], a viabilidade da exploração de recursos florestais mediante a observância de desenvolvimento social e econômico somente pode ser realizada com

64. ROCHA, Ibraim. Código florestal e exploração florestal. **Revista de Direito Ambiental,** v. 18, n. 71, p. 175-216, jul./set. 2013, p. 177.

65. Conforme referem Sarlet e Fensterseifer, a proteção do ambiente está vinculada ao pressuposto da sustentabilidade, pois o equilíbrio ambiental implica no uso racional e harmônico dos recursos naturais, evitando sua degradação e esgotamento. Cf. SARLET, Ingo Wolfgang; FENSTERSEIFER, Tiago. **Princípios do direito ambiental.** 2 ed. São Paulo: Saraiva, 2017, p. 120.

66. SALZMAN, James; THOMPSON Jr., Barton. **Environmental Law and Policy.** 2 ed. New York: Foundation Press, 2007, p. 26.

o devido cumprimento de normas ambientais, nos moldes traçados pelo mencionado princípio.[67]

O próximo princípio (artigo 2º, inciso III) estabelece que a gestão de florestas públicas deve observar o direito da população, com especial atenção às comunidades locais, de acesso às florestas públicas e aos benefícios que são provenientes do seu uso e conservação. Percebe-se que este princípio acaba identificando direitos de populações lindeiras às florestas e que vivem dos recursos delas provenientes. Tal princípio vai ser observado em diversos momentos da LGFP, como na destinação das florestas públicas para as comunidades locais (artigo 6º) ou na exclusão de terras indígenas e ocupadas por comunidades locais quando da realização do Plano Anual de Outorga Florestal (artigo 11, inciso IV).

O quarto princípio, com objetivo de promoção do processamento local e incentivo no aumento do valor agregado de produtos e serviços florestais, na diversificação industrial, no desenvolvimento tecnológico na utilização e na capacitação de empreendedores locais e na mão-de-obra regional (artigo 2º, inciso IV), exprime a importância dada pelo legislador nos objetivos de desenvolvimento econômico, social e ambiental das regiões que circundam as florestas públicas. É o que se extrai das menções à diversificação industrial, aumento de valor agregado dos recursos oriundos das florestas públicas, na industrialização e processamento local e na utilização de empreendedores e trabalhadores próximos da região florestal.

67. Além das considerações sobre o desenvolvimento sustentável realizadas principalmente no tópico 2.1.2, é preciso acrescentar, para a compreensão deste princípio da gestão de florestas públicas de acentuado relevo, que o desenvolvimento sustentável, como observado por Sachs, além de representar um sentido para a interação de três sistemas complexos, (a) a economia mundial, (b) a sociedade global e (c) o ambiente físico do planeta, deve ser acompanhado de um quarto objetivo, que é a (d) boa governança. E, por isso, explica o autor, o lado normativo do desenvolvimento sustentável representa quatro objetivos básicos: prosperidade econômica, inclusão social e coesão; sustentabilidade ambiental; e boa governança. Ainda, a boa governança, abrangendo os setores públicos e privados, necessita observar os princípios da responsabilidade, transparência e participação. Cf. SACHS, Jeffrey. **The age of sustainable development.** New York: Columbia University Press, 2015, p. 3-4/502-503. No direito brasileiro, de acordo com Wedy, o desenvolvimento sustentável possui base constitucional de direito fundamental, com conteúdo a ser tutelado nas dimensões subjetiva e objetiva, e oferece uma finalidade a ser alcançada tendo por base o equilíbrio de quatro pilares: o desenvolvimento econômico; o desenvolvimento humano (inclusão social); a proteção do ambiente e a governança. E não somente isso, pois o conceito elaborado por Wedy deve ser compreendido também em ligação intrínseca com o princípio da dignidade da pessoa humana. Cf. WEDY, Gabriel. **Desenvolvimento sustentável na era das mudanças climáticas:** um direito fundamental. São Paulo: Saraiva Educação, 2018, p. 198-199. O reconhecimento do caráter constitucional do princípio do desenvolvimento sustentável no STF pode ser demonstrado por meio dos julgamentos da ADI 3.540-1/DF e da ADPF 101/DF. Cf. STF, Ação Direta de Inconstitucionalidade 3.540-1/DF, Relator Ministro Celso de Mello, j. 01.09.2005; STF, Arguição de Descumprimento de Preceito Fundamental 101/DF, Relatora Ministra Cármen Lúcia, j. 24.06.2009.

Em seguida, é previsto o acesso livre dos indivíduos às informações que dizem respeito à gestão das florestas públicas, aludindo aos termos da Lei 10.650/2003 (artigo 2º, inciso V). Há coerência entre o princípio de acesso livre e a mencionada Lei 10.650/2003 que justamente determina o acesso público aos dados e informações que existem nos órgãos integrantes do Sistema Nacional do Meio Ambiente (Sisnama). Outra lei que guarda consonância com este princípio é a Lei 12.527/2011, instrumento normativo voltado à regulação do acesso a informação estruturada de acordo com a previsão constitucional do artigo 5º, inciso XXXIII, que positiva o direito de acesso à informação.[68]

O sexto princípio determina a promoção e difusão da pesquisa florestal, faunística e edáfica, esta última relacionada aos solos, com finalidades de conservação, recuperação e uso sustentável de florestas (artigo 2º, VI). Lembra o princípio, com isso, os objetivos da LGFP quanto a realização da gestão florestal mediante o manejo sustentável de seus benefícios econômicos, ambientais e sociais (artigo 3º, VI), além de não desconsiderar as práticas de conservação e recuperação de áreas degradas. Como o manejo sustentável, a conservação e a recuperação das florestas são aprimorados mediante o aprofundamento dos conhecimentos científicos, determina a LGFP que se dê o devido estímulo e alastramento de métodos que propiciem o alcance destes fins.

O sétimo princípio, concentrado na perspectiva de expandir o conhecimento e conscientização da população a respeito da importância da conservação, recuperação e manejo sustentável de recursos florestais (artigo 2º, VII), está ligado a proposta de desenvolvimento sustentável, prevista no segundo princípio do mesmo artigo 2º. A própria estrutura da LGFP serve como exemplo da importância do manejo sustentável de recursos florestais, atentando para o desenvolvimento dos ideais de manutenção do nível flo rístico em condições aceitáveis de conservação ou de recuperação de áreas outrora degradadas. Com o exemplo da LGFP e demais políticas públicas pertinentes, determina a lei que se propaguem as propostas de conservação, recuperação e manejo sustentável para toda a população.

O último princípio previsto na lei visa assegurar condições estáveis e seguras para estimular os investimentos a longo prazo no manejo, conservação e recuperação das florestas (artigo 2º, VIII). Como as concessões florestais

68. De se referir que o direito à informação ambiental está presente ainda em outras diversas legislações do ordenamento jurídico brasileiro, como demonstrou Machado. Cf. MACHADO, Paulo Affonso Leme. **Direito à informação e meio ambiente.** 2 ed. São Paulo: Malheiros, 2018, p. 183-226.

atuam no cenário econômico, propiciando a exploração das florestas pela iniciativa privada, a observância deste princípio implica na devida atenção dos órgãos públicos a fim de fornecer as garantias necessários para que os investidores tenham segurança e estabilidade para realizar o manejo florestal, além de conservar e recuperar as áreas de acordo com suas obrigações legais. Lembrando-se que o prazo máximo dos contratos de concessão florestal é longo, de quarenta anos, tendo como prazo mínimo o de um ciclo de colheita ou exploração, excepcionado o caso da exploração exclusiva de serviços florestais, com prazo mínimo de cinco e máximo de vinte anos (artigo 35, LGFP).

Os princípios mencionados servem como aporte normativo para a interpretação do conteúdo da LGFP. São instrumentos norteadores que auxiliam dirimindo controvérsias a partir da sua interpretação em concordância com demais normas que sejam consideradas em razão da LGFP. Como concluíra Maximiliano, recorre-se aos princípios porque constituem ideias diretivas do hermeneuta.[69] E, conforme ensina Reale, têm os princípios a finalidade de condicionar e orientar a compreensão do ordenamento jurídico.[70] No caso da LGFP, então, sua importância se justifica, essencial e justamente, pela sua condição propícia a solucionar controvérsias quando da análise das normas ali contidas ou no momento de sua aplicação ao caso concreto.

4.3.3 Gestão de florestas públicas e competência dos entes federativos

As diferentes formas de gestão de florestas públicas não se dão somente a nível federal. Como um dos objetivos da LGFP se assenta em justamente determinar as formas de gestão de florestas públicas, de se conceber que esta norma tem força regulatória sobre todo o território brasileiro, razão pela qual é indispensável a viabilidade de aplicação da LGFP por outros entes federativos que não a União. Essa aplicação se dá de duas formas, a primeira por meio da necessária adaptação nas disposições previstas em cada ente federativo e a segunda pela edição de normas supletivas e complementares. Ambas as formas serão vistas a seguir.

Pode-se dizer que a normatividade da LGFP tem aplicação que alcança a União, os Estados, os Municípios e o Distrito Federal. É verdadeira norma geral dotada de comandos que afetam todas as divisões federativas

---

69. MAXIMILIANO, Carlos. **Hermenêutica e aplicação do direito**. 19 ed. Rio de Janeiro: Forense, 2016, p. 241.

70. REALE, Miguel. **Lições preliminares de direito**. 27 ed. São Paulo: Saraiva, 2002, p. 304.

do Estado que tem para si resguardadas as competências de nível regional e local, a depender do caso, conforme os ditames da Constituição Federal que foram abordados no tópico 3.2.3. Sobre este assunto, a LGFP determina que os Estados, o Distrito Federal e os Municípios adequem suas legislações às determinações legais nela encontradas, viabilizando o atendimento das modalidades de gestão de florestas públicas previstas (artigo 2º, §1º). Disso se extrai a generalidade prevista na lei e a necessidade que sua devida efetividade tem de regulamentações e adaptações por parte dos entes federativos.

Não basta, para trazer aplicabilidade à lei, a adaptação dos instrumentos normativos dos entes federativos, sendo importante, ainda, que eles tenham em conta a necessária elaboração de normas supletivas e complementares, inclusive mediante padrões para a gestão florestal. Esta competência mencionada pela lei, é claro, não se dá ilimitadamente, ocorrendo somente no tocante à competência dos Estados, Municípios e Distrito Federal e observando as florestas públicas que estejam sob sua jurisdição (artigo 2º, §2º).

Com efeito, em um primeiro momento consta a obrigatoriedade de que todos os entes federativos promovam a adequação necessária das respectivas legislações com a finalidade de contemplar as determinações presentes na LGFP, principalmente em decorrência das diferentes nuances que estão presentes nas formas de gestão de florestas públicas. E não somente isso, pois devem os Estados, Municípios e o Distrito Federal, quanto às florestas públicas de sua propriedade, complementar a LGFP de acordo com as matérias de interesse regional e local.

Embasa essa leitura da LGFP a Lei Maior, ao dispor no artigo 23, VII, sobre a competência comum dos entes federativos na proteção da flora e, especificamente, preservação das florestas e, também, com base no artigo 24, VI, ao estabelecer a competência concorrente para legislar sobre o tema. É possível mencionar, ainda, a competência legislativa suplementar dos Estados e do Distrito Federal, tudo sem que se olvide a suplementação legislativa por parte dos municípios no que couber, nos termos do artigo 30, inciso II, também da Lei Maior.

4.3.4 Gestão direta, por comunidades locais ou mediante concessão florestal

São três as formas de gestão de florestas públicas para a produção sustentável descritas pela LGFP. A primeira delas envolve a criação de unidades de conservação da modalidade Florestas Nacionais, Estaduais e Municipais, como estabelecido pela Lei 9.985/2000, resultando na gestão direta (artigo 4º, inciso I). Aqui, a gestão direta é assim denominada por ser a gestão exercida diretamente pelo poder público.

A segunda forma de gestão é operada mediante a destinação das florestas públicas para as comunidades locais, por meio de criação de unidades de conservação compatíveis com os objetivos propostos ou por mecanismos de concessão de uso (artigo 4º, inciso).

Um terceiro modo de gestão de florestas públicas concebido pela LGFP é a concessão florestal, possível de ser exercida sobre florestas naturais ou plantadas, inclusive em unidades de manejo das Florestas Nacionais criadas a partir da observância da primeira forma de gestão, isto é, a gestão direta (artigo 4º, inciso III).

Toda essas formas de gestão de florestas públicas definidas pela LGFP atendem à uma matriz produtiva sustentável. Portanto, os objetivos da gestão, além do atendimento dos comandos de proteção ambiental, são inequivocamente a produção, ou seja, a inclusão das florestas públicas no ciclo produtivo, voltando-se à exploração econômica sustentável de seus recursos ou serviços.

Nos capítulos subsequentes serão analisadas, em separado, as diferentes formas de gestão, o regime jurídico aplicável e demais nuances que dizem respeito a cada um dos modos de gestão.

4.4 CONCLUSÕES DO CAPÍTULO

São florestas públicas as florestas naturais ou plantadas, presentes nos biomas brasileiros, situadas em bens de propriedade da União, Estados, Municípios e Distrito Federal. No conceito, apesar da definição trazida pela LGFP, em atenção ao regime jurídico aplicável aos bens públicos, não podem ser incluídas as florestas localizadas em bens de propriedade de entes da administração indireta. Nestes casos, sobre as florestas públicas situadas sobre bens de propriedade de empresas estatais *lato sensu* somente poderia recair uma afetação, e isso quando fossem conjugados aos serviços públicos prestados e somente para concretizar as proteções específicas cabíveis aos bens públicos, inclusive previstas na LGFP.

Com base na definição de bens públicos e na compreensão funcionalista que implica em um regime de afetação que pode recair sobre estes bens, pode-se concluir que as florestas públicas, além de serem de titularidade dos entes federativos, são bens em regime de afetação classificados como bens públicos de uso especial. Com essa classificação, as florestas públicas são retiradas do domínio privado do Estado e, portanto, do comércio jurídico direto, além de não ficarem à disposição do uso amplo e irrestrito pela população em geral.

A concessão florestal chegou a ser minimamente regulamentada em instrumentos normativos em décadas passadas. É o que ocorreu com o Decreto datado de 1921 e com o Código Florestal de 1934. Contudo, após a revogação deste último pelo Código Florestal de 1965, a matéria ficou em um vácuo legislativo até a edição da LGFP, que regulamentou as concessões florestais em um contexto de proteção ambiental diverso daquelas longínquas normas a respeito.

Os princípios da LGFP circundam diversos temas conexos, dentre eles a proteção ambiental, os direitos das comunidades locais, o acesso à informação e o desenvolvimento sustentável como uso eficiente e racional dos recursos florestais. São aportes essenciais para a interpretação e aplicação do conteúdo legal da LGFP.

A LGFP é uma norma geral que incide sobre todos os entes federativos. Apesar disso, é necessário que os Estados, Municípios e o Distrito Federal alterem suas legislações internas com a finalidade de se adequarem aos dispositivos da LGFP. É também possível que os entes federativos editem normas específicas em decorrência das suas particularidades regionais e locais. Há, inclusive, a competência supletiva por parte dos Municípios.

A gestão de florestas públicas pode ser de três formas, a gestão direta exercida pelo poder público, a gestão pelas comunidades locais e as concessões florestais. Todas essas formas de gestão serão descritas e analisadas separadamente em capítulo próprio.

E, além do Cadastro Nacional de Florestas Públicas servir como uma ferramenta de planejamento da gestão florestal, ao ser considerado o direito fundamental ao ambiente, percebe-se a concretização da sua dimensão processual na LGFP quando da criação do cadastro, justamente por instituir um instrumento específico de acesso à informação.

5

GESTÃO DIRETA PELO PODER PÚBLICO

A gestão direta de florestas públicas definida na LGFP está prevista no artigo 4º, inciso I, além de ter os aspectos jurídicos delineados no artigo 5º. Essa forma de gestão direta implica em duas vertentes. Em uma das possibilidades, volta-se a gestão direta para a produção sustentável e, com isso, objetiva a arrecadação de valores provenientes de produtos e serviços advindos das florestas. Prova disso é que o *caput* do artigo 4º da LGFP indica enumerar as formas de gestão para a produção sustentável, dentre as quais está a gestão direta. E o termo produção sustentável utilizado no *caput* do citado artigo remete ao objetivo de exploração econômica com obtenção de proventos das florestas públicas a partir dos produtos ou serviços delas provenientes.

Nesses casos de exploração econômica dos produtos e serviços das florestas públicas pelo próprio poder público, devem ser observadas questões que dizem respeito à atuação do Estado na economia disciplinadas na constituição econômica. Pois a mera descrição legal da gestão direta das florestas públicas não implica em uma automática autorização para que o Estado explore economicamente seus produtos e serviços em discordância dos preceitos constitucionais relevantes para o caso.

Só que não termina aí a tarefa da gestão direta, considerando que envolve, ainda, a proteção específica das florestas públicas. Essa tarefa se associa aos deveres estatais de proteção ambiental e implica na observância do comando normativo-constitucional pertinente ao direito fundamental ao ambiente. Assim, mesmo que o poder público não esteja explorando economicamente uma florestas pública, deverá resguardar seus atributos ambientais.

Tendo por base essas premissas, neste capítulo o exame da matéria correspondente a gestão direta de florestas públicas está pautado na divisão de suas duas possibilidades, que não são colidentes, quais sejam proteção e exploração econômica, e é elaborado de modo apartado em dois tópicos específicos.

5.1 A GESTÃO DIRETA COMO PROTEÇÃO DAS FLORESTAS PÚBLICAS

A gestão direta das florestas públicas está alinhada ao pretexto de produção sustentável que é um dos sustentáculos da LGFP. É inegável esta relação, como demonstra o artigo 4º da lei, ao incluir a gestão direta como uma das categorias de gestão das florestas públicas para produção sustentável. Esse objetivo de produção sustentável é corroborado pelos princípios aplicáveis à gestão de florestas públicas, como é o caso do uso eficiente e racional das florestas (artigo 2º, inciso II) e do incentivo ao incremento da agregação de valor aos produtos e serviços florestais (artigos 2º, inciso IV).

Porém, a LGFP prevê igualmente como um de seus princípios a proteção dos ecossistemas, do solo, da água, da biodiversidade, dos valores culturais associados e do patrimônio público. Essa diretriz encontra aplicabilidade na exploração dos recursos e serviços das florestas públicas, que constituem o eixo da LGFP, mas não deixa de conter também um direcionamento para a imprescindível atuação do poder público no cumprimento do dever estatal de proteção ambiental, com marco jurídico-normativo no artigo 225 e de competência comum prevista no artigo 23, inciso VII.

Neste tópico, procura-se demonstrar a aplicabilidade específica da gestão de florestas públicas quando a sua proteção e não, como será abordado mais adiante, sobre a faculdade do poder público explorar diretamente as atividade econômicas exercidas sobre as florestas públicas quando preenchidos critérios normativos.

5.1.1 Criação de Florestas Nacionais, Estaduais e Municipais

A gestão direta de florestas públicas deve ser precedida pela criação de Florestas Nacionais, Estaduais e Municipais, atendidos os preceitos do artigo 17 da Lei 9.985/2000 (Lei do SNUC). Determina a LGFP que, para a atuação direta do poder público sobre as florestas públicas, sejam antes atendidos os trâmites específicos da criação de Florestas Nacionais, Estaduais e Municipais, os quais envolvem o reconhecimento de uma área de cobertura florestal e a destinação para o objetivo básico do uso múltiplo sustentável dos recursos florestais.

As Florestas Nacionais (Flonas) são unidades de conservação de uso sustentável, como foi referido no tópico 3.4.2.2. A posse e domínio das

Flonas são públicos e em razão disso ensejam a desapropriação das áreas particulares que estejam em seu domínio. Não obstante, quanto a LGFP, como se pressupõe a criação de Florestas Nacionais sobre áreas das florestas públicas para fins de posterior gestão direta, não haveria que se dizer em áreas particulares, exceto se a demarcação de alguma gleba florestal desse causa a ampliação para criação de uma Flona e viesse a acarretar na necessidade de desapropriação de área particular localizada nas imediações da floresta pública em questão.

Além disso, a criação das Flonas deverá observar, nos termos do artigo 17, §2º, as populações tradicionais que já habitavam no local. Ocorrendo tal hipótese, haverá direcionamento de parte da área às comunidades locais, sendo esta também uma das formas de gestão de florestas públicas, como será visto no capítulo 5.

A escolha do legislador pela criação da Flona como mecanismo antecessor à gestão direta das florestas públicas indica, por si só, o objetivo de exploração econômica dos recursos e serviços florestais nelas contidos. A caracterização da Flona como sendo uma unidade de conservação de uso sustentável e não de uso integral, como são outras categorias de unidades de conservação, o objetivo de uso múltiplo sustentável das Flonas (artigo 17, da Lei do SNUC) e o fato de um dos propósitos desta categoria de unidade de conservação definido no Decreto n. 1.298/1994, que regulamentou as Flonas antes da sistematização da Lei do SNUC, estar pautado na promoção do manejo dos recursos naturais com ênfase na produção de madeira e outros produtos vegetais, revelam o encaixe da categoria de unidade de conservação escolhida com os propósitos visados pela LGFP.

A administração das Flonas tem por critério, além da promoção da proteção ambiental, a demonstração da viabilidade da utilização múltipla e sustentável de seus recursos, contando com o desenvolvimento de técnicas de produção correspondente (artigo 1º, §2º, alínea a, do Decreto 1.298/1994).

A expressão uso múltiplo sustentável apresenta um conceito aberto, de modo que o preenchimento de seu conteúdo ocorre de acordo com casos específicos[1]. Como é necessário o cumprimento do objetivo de sustentabilidade, a forma de exploração econômica necessita estar alinhada aos critérios condizentes com a proteção ambiental, inclusive com efetividade técnica e científica.[2]

---

1. ANTUNES, Paulo de Bessa. **Direito ambiental.** 16 ed. São Paulo: Atlas, 2014, p. 937.
2. Mais especificamente sobre o conceito e caracterização de manejo florestal sustentável, remete-se ao tópico 7.1.2.

5.1.2 Execução de atividades subsidiárias

As atividades subsidiárias que se fazem necessárias na gestão direta das florestas públicas podem ser realizadas, a critério do poder público competente, por meio de instrumentos legais formalizados com terceiros, mencionando a LGFP os convênios, termos de parceria, contratos e demais instrumentos cabíveis (artigo 5º).

Como se concebe da prescrição contida no *caput* do artigo 5º, as atividades principais que envolvem a gestão das florestas públicas ficariam a cargo do poder público, que inclusive viria a explorar seus recursos, lembrando que essa atividade econômica realizada pelo Estado não prescinde do preenchimento de certos requisitos que dizem respeito à ordem econômica estatal e que serão adiante examinados no tópico 5.2.

Quanto às menções aos convênios, termos de parceira e contratos, tratam-se de instrumentos exemplificativos que não restringem outras possibilidades de delegação pelo ente público das atividades subsidiárias, como o próprio artigo 5º prevê ao mencionar como cláusula aberta a existência de instrumentos cabíveis diversos aos mencionados.

Tanto os instrumentos mencionados em lei como os demais possíveis direcionam-se para uma atuação de organizações da sociedade civil (OSCs). Sendo assim, importante que a análise de ferramentas passíveis de utilização pelo poder público para a execução de atividades subsidiárias seja precedida da consideração da estrutura jurídica que regulamenta as OSCs no país.

5.1.2.1 Noções internacionais e domésticas sobre o terceiro setor

A Constituição de 1988 abriu um amplo espaço para a atuação da sociedade civil na implantação ou execução de políticas públicas. Como exemplo disso pode ser mencionada a previsão de participação nas ações e serviços de saúde mediante execução por terceiros (artigo 197), com participação da comunidade (artigo 198) e contando com atuação de instituições privadas mediante contrato de direito público ou convênio, com preferência dada às entidades filantrópicas ou sem fins lucrativos (artigo 199, §1º). Outros casos dizem respeito a descentralização político administrativa realizada pela inclusão da atuação de entidades de diferentes propósitos, tais como beneficentes e de assistência social (artigo 204, I), educação (artigo 205), promoção e proteção do patrimônio cultural (artigo 216, §1º), deveres com a criança e o adolescente (artigo 227), amparo aos idosos (artigo 230) e proteção ambiental (artigo 225), este último, tema essencial para o presente estudo, se fundamenta na participação da sociedade civil que se depreende da interpretação normativa do direito fundamental ao ambiente e da imposição, à coletividade, dos deveres de proteção ambiental.[3]

Na Constituição também estão previstas possibilidades de atuação direta da sociedade civil nos mecanismos de democracia direta (referendo, plebiscito e iniciativa popular) no artigo 14 e na participação de audiências públicas promovidas pelas comissões do Congresso Nacional (artigo 58, §2º, inciso II), consolidando o processo de tomada de decisão estatal mediante uma abertura democrática às diversas formas de presença da sociedade civil.

Reside nestes diversos dispositivos constitucionais o reconhecimento da importância de órgãos formados pela iniciativa privada que muitas vezes são criados com finalidades públicas, isto é, de atendimento da sociedade em geral, e que mediante estes objetivos passam a exercer funções que outrora eram desenvolvidas exclusivamente por entidades estatais.

No cenário internacional, a atuação de organizações não pertencentes aos governos remontam ao reconhecimento em 1945 na Carta das Nações Unidas[4] da legitimação dessas entidades como interlocutoras a serem ouvidas em matérias sociais e econômicas. Por essa decisão, deu-se um importante passo no reconhecimento de que a esfera pública não remete unicamente à atuação governamental, contemplando outras formas de organização privadas que mantém um ramo de operações no espaço público.[5]

---

3. Sobre essa questão, Sarlet e Fensterseifer colocam em relevo o protagonismo que existe na atuação de entidades do terceiro setor na temática ambiental, situando-as no contexto de um direito de participação que, juntamente dos direitos de acesso à informação e de acesso à justiça, conformariam a dimensão procedimental do direito-dever fundamental ambiental. Não deixam os autores de considerar, também, a participação das OSCs sob a ótica dos deveres de participação e de proteção do ambiente. Cf. SARLET, Ingo Wolfgang. FENSTERSEIFER, Tiago. Direitos ambientais procedimentais: acesso à informação, a participação pública na tomada de decisão e acesso à justiça em matéria ambiental. **Revista Novos Estudos Jurídicos,** v. 23, n. 2, p. 417-465, mai./ago. 2018, p. 425/429-430.

4. O artigo 71 especifica a possibilidade de consulta por parte do Conselho Econômico e Social junto de organizações não governamentais. Na literalidade do artigo: "the Economic and Social Council may make suitable arrangements for consultation with non-governmental organizations which are concerned with matters within its competence. Such arrangements may be made with international organizations and, where appropriate, with national organizations after consultation with the Member of the United Nations concerned". Cf. UNITED NATIONS. Un Charter. Disponível em: http://www.un.org/en/sections/un-charter/un-charter-full-text/. Acesso em 28 nov 2018.

5. SZAZI, Eduardo. Non-governmental organizations in international custom. **Revista dos Tribunais**, a. 101, v. 915, p. 207-245, jan. 2012, p. 228. Conclui Szazi que, pelos direitos assegurados às organizações da sociedade civil na Carta das Nações Unidas e outros estatutos, que implicam na atribuição a elas de direitos e deveres, observa-se um sentido favorável ao reconhecimento da personalidade jurídica internacional dessas organizações. Cf. SZAZI, Eduardo. Non-governmental organizations in international custom. **Revista dos Tribunais**, a. 101, v. 915, p. 207-245, jan. 2012, p. 244-245.

O movimento denominado de terceiro setor pode ser observado como uma forma de participação de organizações da sociedade civil, nelas inclusas associações e fundações, com propósitos específicos, mediante organização deslocada do setor estatal com a finalidade de concretizar os objetivos de interesse público para as quais foram instituídas. E é no espaço disponibilizado pelas instituições democráticas estatais e intergovernamentais que se tem o terreno fértil para sua formação e atuação, sem que isso signifique em diminuição ou anulação das uniões internacionais e dos Estados soberanos. Detém as OSCs uma posição complementar ao Estado, ainda que participe da implementação de políticas públicas e dos estágios de tomadas de decisão.

Enquanto no sistema jurídico brasileiro existe um cenário amplo para as organizações do terceiro setor, mesmo que seja necessário uma contínua expansão de possibilidades para beneficiar as áreas de trabalho das OSCs e favorecer sua integração às tarefas de interesse público[6], internacionalmente, as OSCs promoveram a criação de sistemas de governança global, operando dentro desses sistemas com a finalidade de definir opções de políticas no âmbito de questões de interesse mundial.[7] Na atuação junto de questões que envolvem a proteção ambiental, as OSCs têm participado com liderança, ainda que em outras ocasiões nem tanto. Desde 1992[8], elas passaram a assumir uma posição importante em fóruns sobre a governança ambiental global.[9]

Com a inclusão da sociedade na atuação da esfera pública viabilizada pela Constituição, abriram-se novos espaços para a atuação dessas organizações. Sendo admitido em áreas não exclusivas do Estado, o terceiro setor assumiu posição de parceiro, como é o caso da implementação de políticas de caráter público.[10] E, para além disso, acabou dando conta de papéis políticos, com o que se concedeu voz a variadas parcelas da sociedade.

Operou-se, então, a formação do denominado terceiro setor, observado como uma institucionalização de setores sociais para atuações que, em grande parte, ficariam a cargo de órgãos governamentais. Além de definir

6. MILARÉ, Édis; LOURES, Flavia Tavares Rocha. O papel do terceiro setor na proteção jurídica do ambiente. **Revista de Direito Ambiental,** v. 9, n. 35, p. 96-122, jul./set. 2004, p. 121.
7. WILLETS, Peter. **Non-governmental Organizations in World Politics:** the construction of global governance. London; New York: Routledge, 2010, p. 154.
8. Ano em que, dentro da Conferência realizada no Rio de Janeiro (Rio 92), foi produzida a Agenda 21 com a inclusão ao longo do capítulo 27, da perspectiva de fortalecimento das organizações não-governamentais.
9. WILLETS, Peter. **Non-governmental Organizations in World Politics:** the construction of global governance. London; New York: Routledge, 2010, p. 160.
10. TACHIZAWA, Takeshy. **Organizações não governamentais e terceiro setor:** criação de ONGs e estratégias de atuação. 5 ed. São Paulo: Atlas, 2012, p. 149.

um espaço diferente daqueles ocupados inicialmente pelo Estado (primeiro setor) e pelo mercado (segundo setor)[11], o termo terceiro setor tem sido utilizado para denominar as próprias parcelas da sociedade organizadas que não integram setores estatal e empresarial e são classificadas como entes privados.[12] Outras denominações também foram utilizadas, como é o caso do comumente encontrado nome organização não-governamental (ONG), inclusive sendo usado como subclassificação específica para o terceiro setor[13]. As diferentes formas como são nomeadas essas associações envolvem rótulos como não-lucrativo, sociedade civil, voluntários, diferindo em nomeações em circunstância do contexto e do local de utilização do termo.[14]

Diversas são, também, as definições para essas associações, fornecidas pela FAO, World Bank, United Nations Development Programme, donde ressai, sempre, uma concordância geral sobre a independência que possuem dos governos, bem como quanto às condições de não gerar lucros e tampouco engajar-se em atividades comerciais.[15] Mesmo assim, noções atribuídas a estas associações como não lucrativas e de benefício público ficam embaçadas em razão das necessidades que elas tem quanto ao financiamento e à organização.[16] Em síntese, geralmente as associações que compõem o terceiro setor genericamente se referem às diversas formas de organização de parte da sociedade civil.[17]

Com base nisso, foi adotado o uso do nome organizações da sociedade civil (OSCs), já utilizado neste tópico, para reproduzir, na literalidade, a terminologia adotada pela Lei 13.019/2014, conhecida como Marco Regulatório

11. Não se olvida que nem sempre o Estado e o mercado são definidos como sendo o primeiro e segundo setor, respectivamente, havendo quem defenda o mercado como primeiro setor e o Estado como segundo. Apesar disso, certo é que o terceiro setor se posiciona como aquele exercido por entidade da sociedade civil com atividades de interesse público. Cf. NOHARA, Irene Patrícia. Regime jurídico das organizações da sociedade civil (OSC) benefícios, exigências e vedações. In: MOTTA, Fabrício; MÂNICA, Fernando Borges; OLIVEIRA, Rafael Arruda. **Parcerias com o terceiro setor:** as inovações da Lei nº 13.019/14. 2 ed. Belo Horizonte: Fórum, 2018, p. 228.
12. ROCHA, Sílvio Luís Ferreira da. **Terceiro setor.** São Paulo: Malheiros, 2003, p. 13.
13. LEWIS, David. **The management of non-governmental development organizations:** an introduction. London; New York: Routledge, 2001, p. 36.
14. PHILLIPS, Susan D.; SMITH, Steven Rathgeb. Between Governance and Regulation: Evolving Government-Thir Sector Relationships. In: PHILLIPS, Susan D.; SMITH, Steven Rathgeb. **Governance and regulation in the third sector:** international perspectives. London; New York: Routledge, 2011, p. 12.
15. WILLETS, Peter. **Non-governmental Organizations in World Politics:** the construction of global governance. London; New York: Routledge, 2010, p. 8-9.
16. PHILLIPS, Susan D.; SMITH, Steven Rathgeb. Between Governance and Regulation: Evolving Government-Thir Sector Relationships. In: PHILLIPS, Susan D.; SMITH, Steven Rathgeb. **Governance and regulation in the third sector:** international perspectives. London; New York: Routledge, 2011, p. 12.
17. Ibidem, p. 10.

das Organizações da Sociedade Civil (MROSC). Serve essa escolha ao objetivo de precisar como as organizações não governamentais tem conceituação e regime jurídico aplicável no país.

Adiante serão analisadas também as qualificações que podem ser concedidas às organizações sociais e organizações da sociedade civil de interesse público (Oscip). O caminho escolhido, porém, não observa a cronologia do surgimento da definição das OSCs, das organizações sociais e das Oscips, já que inicialmente surgiram os Contratos de Gestão com a qualificação das organizações sociais (Lei 9.637/1998), após sobrevieram os Termos de Parceria com as Oscips (Lei 9.790/1999) e, somente então, pelo MROSC de 2014, restaram detalhadas as OSCs com a introdução dos Termos de Colaboração, Termos de Fomento e Acordos de Cooperação (Lei 13.019/14). A ordem inversa de apresentação, no entanto, se justifica pela opção de partir pela definição de maior alcance advinda do MROSC para, após, tratar das qualificações aplicáveis que podem ser de organização social ou Oscip. Também, não serão fruto de análise as entidades beneficentes de assistência social, atualmente disciplinadas pela Lei 12.101/2009, por serem relacionadas a áreas de assistência social, saúde e educação e, portanto, não guardarem relação com as atividades subsidiárias previstas para os casos de gestão direta de florestas públicas.

5.1.2.1.1 Organizações da sociedade civil (OSCs)

As OSCs foram estabelecidas no MROSC e são detalhadas em grau de abrangência não visto anteriormente na legislação brasileira, considerando que até então existiam apenas as qualificações de organização social e Oscip. Assim, a caracterização das OSCs objetivaram enquadrar juridicamente as organizações que surgiam no seio da sociedade civil e que careciam de segurança jurídica para operar junto do Estado nas áreas a que se propunham atuar.

Segundo o artigo 2º, inciso I, alíneas a, b e c, do MROSC, as OSCs podem compreender três diferentes formas de organização. O primeiro formato é o de entidade privada sem fins lucrativos, sem contar com distribuição de resultados ou outras vantagens auferidas em exercício das atividades realizadas, os quais, se houverem, somente podem ser aplicados na integralidade para o alcance do objetivo social da organização ou para formação de fundo patrimonial ou de reserva.

No segundo formato de OSCs estão as sociedades cooperativas dispostas na Lei 9.867/1999; aquelas integradas por pessoas em situação de risco ou vulnerabilidade pessoal ou social; as alcançadas por programas e ações de combate à pobreza e de geração de trabalho e renda; as direcionadas para o fomento, educação, capacitação de trabalhadores rurais ou capacitação de assistência técnica e extensão rural e aquelas capacitadas para execução de atividades ou de projetos de interesse público e de cunho social. Dessas OSCs, depreende-se o direcionamento para tarefas que objetivem o alcance de determinadas condições sociais e consta a ausência do requisito de serem sem fins lucrativos. Sua introdução no MROSC pela Lei 13.204/2015 ampliou as possibilidades da administração pública, que pode recorrer aos instrumentos ali fornecidos.

Outro caso de ampliação pela Lei 13.204/2015 no MROSC envolve a introdução, no conceito de OSCs, do terceiro formato no qual são incluídas as organizações religiosas dedicadas a atividades ou projetos de interesse público e de cunho social, ressaltando-se sua distinção das organizações que detenham fins exclusivamente religiosos.

Os segundo e terceiro formatos de OSCs conceituados pelo MROSC flexibilizam as restrições havidas em razão do primeiro formato não permitir distribuição de qualquer benefício entre os membros. Não se tratam, aquelas, de sociedades que não tenham fins sociais e estejam voltadas ao interesse público, muito menos de que realizem atividade mercantil, seus objetivos continuam sendo sociais, mas a sua forma de associação difere do primeiro formato, que antes da ampliação do MROSC era o único modelo.

Mencionados formatos não deixam de ser incluídos no conceito de terceiro setor até então observado, afinando-se, inclusive, com a definição de Bandeira de Mello, que caracteriza a expressão terceiro setor como sendo o termo designador de entidades que não são estatais e tampouco prepostas a finalidades mercantis, com predisposição à consecução de objetivos socialmente valiosos e economicamente desinteressados.[18]

Como fixadas pelo MROSC, as definições dos diferentes formatos de OSCs estão em consonância com as características comuns às entidades do terceiro setor destacadas por Di Pietro, que são: (a) a não criação pelo Estado, (b) normalmente sem desempenho de serviço público delegado pelo Estado, mas de atividade privada de interesse público, (c) recebimento de incentivo público, (d) presença de vínculos jurídicos com o poder público, (e) regime jurídico de direito privado com parciais derrogações por normas de direito público, e (f) sendo todas organizações não governamentais que

18. BANDEIRA DE MELLO, Celso Antônio. **Curso de direito administrativo.** 33 ed. São Paulo: Malheiros, 2016, p. 231.

se enquadram no conceito de terceiro setor por não terem encaixe inteiramente na definição de entidades privadas (até mesmo em decorrência do regime aplicável), bem como não integrarem a administração pública direta e indireta.[19]

Nas características apontadas por Di Pietro, existe uma inclusão do conceito nas denominadas entidades paraestatais por atuarem ao lado do Estado e terem com ele um vínculo jurídico[20], seguindo, assim, o conceito de Bandeira de Mello, para quem as entidades paraestatais são aquelas que atuam, não exclusivamente por interesse próprio, paralelamente ao Estado, desempenhando atividades que este realizaria e que detém status de colaborador reconhecido pelo poder público.[21]

A utilização do termo OSC no MROSC foi sustentada em função de seus atributos geralmente serem de natureza privada, sem fins lucrativos, legal e voluntariamente constituídas e administradas[22], de modo que está de acordo com a metodologia do Handbook on Non-Profit Institutions in the System of National Accounts, elaborado pela Statistics Division do Department of Economic and Social Affairs da ONU. O setor que o MROSC chamou por OSCs é definido pelo manual da ONU como sendo formado por organizações que não foram estabelecidas pelo lucro, e que por direito ou costume, não distribuem excedentes entre seus proprietários e controladores, são institucionalmente separadas do governo, autogeridas e de apoio não compulsório pelos cidadãos.[23]

O MROSC, quando definiu as OSCs, não trouxe exigências diversas para este enquadramento, voltando-se para a padronização sistemática das parcerias havidas com a administração pública.[24] Uma medida que se justifica até mesmo pelo próprio conteúdo do texto legal direcionado em firmar um regime jurídico para as parcerias entre poder público e OSCs,

---

19. DI PIETRO, Maria Sylvia Zanella. **Parcerias na administração pública.** 11 ed. Rio de Janeiro: Forense, 2017, p. 319-321.
20. DI PIETRO, Maria Sylvia Zanella. **Direito administrativo.** 30 ed. Rio de Janeiro: Forense, 2017, p. 627.
21. BANDEIRA DE MELLO, Celso Antônio. **Curso de direito administrativo.** 33 ed. São Paulo: Malheiros, 2016, p. 163.
22. LOPES, Laís de Figueirêdo; SANTOS, Bianca dos; XAVIER, Iara Rolnik (orgs.). **Marco regulatório das organizações da sociedade civil:** a construção da agenda no governo federal – 2011 a 2014. Brasília: Governo Federal, 2014, p. 45.
23. UNITED NATIONS. **Handbook on Non-Profit Institutions in the System of National Accounts**. New York: United Nations Publication, 2003, p. 17.
24. NOHARA, Irene Patrícia. Regime jurídico das organizações da sociedade civil (OSC) benefícios, exigências e vedações. In: MOTTA, Fabrício; MÂNICA, Fernando Borges; OLIVEIRA, Rafael Arruda. **Parcerias com o terceiro setor:** as inovações da Lei nº 13.019/14. 2 ed. Belo Horizonte: Fórum, 2018, p. 233.

inclusive sem se preocupar em estabelecer um rótulo para algumas OSCs, como fizeram as legislações sobre as organizações sociais e as Oscips em meados dos anos 1990.

Quanto a natureza jurídica, normalmente as OSCs assumem formas jurídicas de associações, fundações, sociedades cooperativas previstas na lei 9.867/1999 e entidades religiosas, correspondendo ao conceito firmado pelo MROSC. Apesar disso, em sua maior parte as OSCs são enquadradas nas formas societárias de associações e fundações.[25]

É com amplo alcance que se posiciona o conceito de OSCs, dotado de uma flexibilização que viabiliza maior segurança jurídica às parcerias, genericamente consideradas, estabelecidas pelo Estado com o terceiro setor, razão pela qual não se restringem às organizações sem fins lucrativos, vindo a alcançar, também, outras formas de organização e entidades religiosas voltadas para atividades ou projetos de interesse público ou de propósito social.

5.1.2.1.2 Organizações sociais

Instituídas pela Lei 9.637/1998, as organizações sociais são qualificações atribuídas a pessoas jurídicas sem fins lucrativos com atividades direcionadas ao ensino, pesquisa científica, desenvolvimento tecnológico, proteção e preservação ambiental, cultura e saúde (artigo 1º).

Já deixa claro a lei, desde o início, que a terminologia utilizada para delimitar essas organizações não se confunde com o formato em que se estabeleceu a pessoa jurídica sem fins lucrativos em questão. Diferentemente, é uma qualificação atribuída pelo Poder Executivo quando se tratarem de pessoas jurídicas tal como descritas nos termos do artigo 1º da mencionada lei e que cumpram com os requisitos específicos fixados pelo artigo 2º, que vão da comprovação de ato constitutivo com determinadas características fixadas no artigo 2º, inciso I, até a aprovação por parte de autoridades, nos termos do artigo 2º, inciso II.

À luz da legislação brasileira, por se tratarem de entidades sem fins lucrativos, a natureza jurídica das organizações sociais assumem formatos de associações e fundações, descartando a hipótese de receberem esta qualificação outras sociedades, as quais detém finalidades lucrativas.[26]

---

25. LOPES, Laís de Figueirêdo; SANTOS, Bianca dos; XAVIER, Iara Rolnik (orgs.). **Marco regulatório das organizações da sociedade civil:** a construção da agenda no governo federal – 2011 a 2014. Brasília: Governo Federal, 2014, p. 45.

26. VIOLIN, Tarso Cabral. **Terceiro setor e as parcerias com a administração pública:** uma análise crítica. 3 ed. Belo Horizonte: Fórum, 2015, p. 197.

Diante disso, não se pode confundir as organizações sociais com as OSCs vistas anteriormente. Uma OSC, além da possibilidade de estabelecer parcerias nos formatos estabelecidos pelo MROSC quando preencher requisitos específicos, igualmente pode pleitear pela qualificação como organização social e, assim reconhecida, ficar habilitada a firmar Contrato de Gestão com o poder público. Logo, as OSCs seriam um termo genérico que englobaria, em sua estrutura, as organizações sociais. Estas, porém, não passam de uma qualificação realizada pelo Poder Executivo quando preenchidos requisitos previstos em lei e, como nem toda OSC é uma entidade sem fins lucrativos, nem toda OSC pode vir a ser uma organização social.

5.1.2.1.3 Organizações da sociedade civil de interesse público (Oscips)

As Oscips foram estabelecidas pela Lei 9.790/1999 e regulamentadas pelo Decreto 3.100/1999. Assim como as organizações sociais, definem as qualificações que recaem sobre entidades privadas.

São, as qualificações, atribuídas pelo Ministério da Justiça às pessoas jurídicas de direito privado sem fins lucrativos regularmente em funcionamento há três anos, quando tenham objetivos sociais e normas estatutárias de acordo com a mencionada lei, os quais são previstos nos artigos 3º e 4º, respectivamente. Como são qualificações atribuídas a pessoas jurídicas que não tenham fins lucrativos, nem toda OSC pode ser uma Oscip, em que pese as Oscips serem, por definição, OSCs.

Sendo apenas uma qualificação que habilita as entidades a atuarem em um nicho específico junto do poder público, por meio dos Termos de Parceria, não há impedimentos para que estas entidades atuem sem essas qualificações em outras possibilidades[27], sobretudo por meio dos instrumentos desenvolvidos pelo MROSC.

As Oscips estão disciplinadas com estrutura dotada de requisitos rígidos e sua qualificação se dá por meio de um ato de outorga vinculado ao cumprimento das condições instituídas legalmente (artigo 1, parágrafo 2º, da Lei 9.790/1999), isto é, preenchidas as exigências previstas na Lei 9.790/1999, resta o Ministério da Justiça obrigado a outorgar a sua qualificação. Com isso, há uma diferença em relação ao que ocorre com as organizações sociais, que são aprovadas mediante a conveniência e oportunidade de sua qualificação (artigo 2º, inciso II, da Lei 9.637/1998).

27. TACHIZAWA, Takeshy. **Organizações não governamentais e terceiro setor:** criação de ONGs e estratégias de atuação. 5 ed. São Paulo: Atlas, 2012, p. 7

5.1.2.2 Parcerias com o terceiro setor

Na gestão direta de florestas públicas é permitido ao poder público a realização de parcerias para a execução de atividades subsidiárias, exemplificativamente retratados pela LGFP como sendo convênios, termos de parceria e demais contratos. Diversos são os mecanismos atualmente previstos para a realização destas parcerias, principalmente após o advento do MROSC no ano de 2014, que ampliou o rol que existia de formas de parceria quando da edição da LGFP em 2006.

Merece detalhamento, antes de tudo, sobre o que se constituem as parcerias, assim descritas as relações estabelecidas, mediante contrato, entre o ente público e uma OSC. Na descrição de Tachizawa, a parceria é uma ação conjunta, motivada pela afinidade entre objetivos que pressupõe a mobilização de recursos para a sua consecução.[28] Sua formalização, por advir de uma atividade contratual estatal, caracteriza-se pelos diversos vínculos contratuais pelos quais as entidades do terceiro setor podem obter junto ao Estado recursos financeiros, físicos ou humanos para desenvolver atividades ou realizar projetos de interesse público, com objetivos de exercer atividades de interesse público.[29]

Como objeto, as parcerias com o terceiro setor miram uma ação organizada sob forma de projeto ou atividade de interesse público que guarde relação com a área de atuação da OSC e seja da competência do parceiro público.[30] Extrai-se, dessa definição, uma confluência de interesses entre a entidade do terceiro setor e o poder público.

Em suma, como declara Violin, as parcerias, visualizadas em sentido amplo, são gênero, das quais o convênio, o contrato, o termo de parceria e outros instrumentos figuram como espécies.[31]

Consistindo em ações de objetivo comum empreendidas pelo poder público e o terceiro setor, as parcerias não se confundem com as parcerias público-privadas (PPP), na qual existe a prestação de serviços mediante acordos realizados entre administração pública e entidades. As PPPs, insti-

---

28. Ibidem, p. 142.
29. MÂNICA, Fernando Borges. Objeto e natureza das parcerias sociais: limites para a execução privada de tarefas estatais e o novo direito do terceiro setor. In: MOTTA, Fabrício; MÂNICA, Fernando Borges; OLIVEIRA, Rafael Arruda. **Parcerias com o terceiro setor:** as inovações da Lei nº 13.019/14. 2 ed. Belo Horizonte: Fórum, 2018, p. 113/115.
30. Ibidem, p. 117.
31. VIOLIN, Tarso Cabral. **Terceiro setor e as parcerias com a administração pública:** uma análise crítica. 3 ed. Belo Horizonte: Fórum, 2015, p. 262.

tuídas pela Lei 11.079/2004, possibilitam a participação do setor privado na implantação, melhoria e gestão da infraestrutura pública em uma espécie de concessão especial, em que o particular presta serviço em seu nome sem assumir todo o risco do empreendimento, diante da contribuição financeira que cabe ao poder público realizar.[32]

As parcerias entre poder público e OSCs materializam-se mediante instrumentos dispostos nas legislações que dispõem sobre as organizações sociais, Oscips e o MROSC, como é o caso dos Contratos de Gestão, Termos de Parceria, Termos de Colaboração, Termos de Fomento e Acordos de Cooperação.

Os convênios, instrumentos regulamentados na Lei 8.666/1993, acabaram restringidos em decorrência do MROSC.[33] Se antes eram genericamente aplicados para celebrar contratos entre a administração pública e entidades privadas, atualmente, em decorrência do artigo 84 do MROSC, que no *caput* exclui a aplicabilidade da Lei 8.666/1993 nas parcerias estabelecidas pelo seu texto normativo, os convênios, regidos pelo artigo 116 da Lei 8.666/1993, ficaram limitados a serem celebrados entre entes federados ou pessoas jurídicas a eles vinculados, além dos casos mencionados no artigo 3º, inciso IV, que diz respeito aos convênios e contratos celebrados com entidades filantrópicas e sem fins lucrativos nos termos do artigo 199, §1º, da Constituição[34] (artigo 84, parágrafo único, incisos I e II, respectivamente, do MROSC). Quanto ao último caso, com reporte ao artigo 199, §1º, da Constituição, tem-se que em decorrência de sua posição normativa constitucional, não poderia vir a ser modificado por lei ordinária, impondo-se, assim, sua manutenção. Enfim, o artigo 84-A, do MROSC, categoricamente baliza a celebração de convênios somente para os casos previstos no mencionado artigo 84.

Assim, a possibilidade de celebrar convênios com OSCs para a realização de atividades subsidiárias no âmbito da gestão direta de florestas públicas ficou ultrapassada pelas disposições mais recentes provenientes do MROSC, embora não se exclua a viabilidade, para as finalidades da LGFP, de que os convênios sejam realizados entre entes federados e pessoas jurídicas vinculadas, nos termos do artigo 84, parágrafo único, inciso I.

---

32. MEIRELLES, Hely Lopes. **Direito administrativo brasileiro.** 43 ed. São Paulo: Malheiros, 2018, p. 526.

33. DI PIETRO, Maria Sylvia Zanella. **Parcerias na administração pública.** 11 ed. Rio de Janeiro: Forense, 2017, p. 291.

34. Diz o artigo 199, §1º, da Constituição: "a assistência à saúde é livre à iniciativa privada. § 1º As instituições privadas poderão participar de forma complementar do sistema único de saúde, segundo diretrizes deste, mediante contrato de direito público ou convênio, tendo preferência as entidades filantrópicas e as sem fins lucrativos.

Observadas essas questões prévias, serão analisados, separadamente, os instrumentos de parceria que o poder público pode celebrar com organizações sociais, Oscips e OSCs.

5.1.2.2.1 Contrato de gestão

Contrato de gestão é a denominação utilizada tanto para designar vínculos jurídicos celebrados pela administração pública com entidades da administração indireta, como para classificar os contratos realizados pela administração pública com entidades privadas que tem atuação paralela ao Estado e são definidas como organizações sociais.[35] Para os fins do presente estudo, limitar-se-á aos casos em que os contratos de gestão são descritos como modalidade de ajuste de celebração entre administração pública e entidades privadas sem fins lucrativos que são qualificadas como organizações sociais, com finalidades de prestação de serviço público ou atividades de interesse público, mediante o fomento estatal[36], sendo denominados contratos de gestão externos ou exógenos[37], deixando-se de lado os contratos firmados pelo poder público com entidades da administração indireta, os chamados contratos de gestão internos ou endógenos.[38]

Têm esses contratos de gestão externos o objetivo de estabelecer uma parceria para fomento e execução das atividades descritas pelo artigo 1º da lei que o disciplina (Lei 9.637/1998), quais sejam, aquelas dirigidas ao ensino, à pesquisa científica, ao desenvolvimento tecnológico, à proteção e preservação do ambiente, à cultura e à saúde (artigo 5º). O fomento mencionado pela lei se caracteriza como atividade administrativa manifestada por meio de fatos, atos e procedimentos com vistas a satisfazer as necessidades coletivas mediante a promoção de atividades de particulares[39], podendo ser implementado por diversos modos como, por exemplo, a destinação de recursos orçamentários, bens e servidores públicos.[40]

Após aprovação pelo Conselho de Administração da entidade supervisora, o contrato de gestão deverá ser submetido à autoridade supervisora

35. DI PIETRO, Maria Sylvia Zanella. **Parcerias na administração pública.** 11 ed. Rio de Janeiro: Forense, 2017, p. 331.

36. Ibidem, p. 337.

37. VIOLIN, Tarso Cabral. **Terceiro setor e as parcerias com a administração pública:** uma análise crítica. 3 ed. Belo Horizonte: Fórum, 2015, p. 298.

38. Idem.

39. ROCHA, Sílvio Luís Ferreira da. **Terceiro setor.** São Paulo: Malheiros, 2003, p. 18.

40. Ibidem, p. 123.

da área correspondente à atividade fomentada, conforme o artigo 6º da Lei 9.637/1998.

Ainda, nos termos do artigo 7º da Lei 9.637/1998, a elaboração dos contratos de gestão, além de observar os princípios da legalidade, impessoalidade, moralidade, publicidade e economicidade, devem, igualmente, especificar o programa de trabalho, a estipulação das metas a serem atingidas e os respectivos prazos, em conjunto com os critérios de avaliação de desempenho que serão utilizados com indicadores de qualidade e produtividade. Também, necessitam estipular os limites e critérios para despesa com remuneração e vantagens que serão auferidos pelos dirigentes e empregados das organizações sociais.

Não são aplicáveis as exigências do MROSC aos contratos de gestão, desde que cumpridos os requisitos da Lei 9.637/1998, nos termos do artigo 3º, inciso III do MROSC. Já quanto a seleção de organização social, esta nem sempre será por meio de licitação, tendo em vista que a Lei 8.666/1993 dispensa o processo de licitação para a celebração de contratos de prestação de serviços firmados com organizações sociais, desde que a relação de atividades contempladas conste no contrato de gestão (artigo 24, inciso XXIV).

Os contratos de gestão enquadram-se como mecanismo de parceria a ser utilizado pelo poder público na gestão de florestas públicas, manejados com entidades privadas qualificadas como organizações sociais com ramo de atividade voltado à proteção e preservação do ambiente. E, mais especificamente, em que pese existir a possibilidade de prestação de serviço público por organização social quando da realização dos contratos de gestão, os casos em que se cuida de atividades subsidiárias na gestão de florestas públicas tratam de atividades de interesse público. Isso ocorre em razão dessas atividades não se enquadrarem na definição de serviço público e estarem vinculadas ao dever estatal de proteção ambiental.

5.1.2.2.2 Termos de parceria

Criado pela Lei 9.790/1999, o Termo de Parceria é o instrumento que se presta à formação de vínculo de cooperação entre o poder público e as Oscips, com a finalidade de desenvolver atividades de interesse público previstas na própria lei (artigo 9º).

Os Termos de Parceria devem discriminar direitos, responsabilidades e obrigações das partes signatárias (artigo 10), além de ser precedido de consulta aos Conselhos de Políticas Públicos da área de atuação correspondente do governo. Na sua estrutura contratual, com requisitos mais rígidos previstos em relação aos do contrato de gestão, precisa conter cláusulas essenciais que digam sobre objeto, estipulação de metas e resultados, previsão expressa de critérios objetivos de avaliação, previsão de receitas e despesas a serem realizadas em seu cumprimento, obrigatoriedade de apresentação de relatório ao término de cada exercício, além da devida publicação do extrato do termo firmado na imprensa oficial de alcance das atividades celebradas (artigo 10, §2º).

Nos termos do artigo 23 do Decreto 3.100/1999, que regulamenta a Lei 9.790/1999, a seleção de Oscip para a celebração do Termo de Parceria deve ser realizada mediante publicação, pelo órgão estatal parceiro, de edital de concursos de projetos para os objetivos pretendidos.

Ao contrário das organizações sociais, que podem prestar serviços púbicos mediante a instrumentalização do contrato de gestão, as Oscips, pelos Termos de Parceria, somente exercem atividades de natureza privada com a ajuda do Estado.[41]

Como o MROSC não eliminou a qualificação de Oscip e tampouco extinguiu os Termos de Parceria, as suas exigências somente são aplicáveis para os Termos de Parceria que não cumprirem os requisitos estabelecidos pela Lei 9.790/1999, segundo determinação específica do próprio MROSC (artigo 3º, VI).

A gestão das florestas públicas exercida diretamente pode se valer, quando da execução de atividades subsidiárias, desta ferramenta, considerando que dentre os objetivos sociais de Oscips está a defesa, preservação e conservação do ambiente e promoção do desenvolvimento sustentável (artigo 3º, inciso VI).

5.1.2.2.3 Termos de colaboração ou de fomento e acordos de cooperação

Com o MROSC, propôs-se um aperfeiçoamento de instrumentos e práticas relativos aos contratos firmados entre o poder público e as OSCs, o que se revelou inclusive como um eixo temático prioritário da agenda do marco regulatório.[42] É que, embora houvesse regulamentação jurídica

41. DI PIETRO, Maria Sylvia Zanella. **Parcerias na administração pública.** 11 ed. Rio de Janeiro: Forense, 2017, p. 359-360.

42. LOPES, Laís de Figueirêdo; SANTOS, Bianca dos; XAVIER, Iara Rolnik (orgs.). **Marco regulatório das organizações da sociedade civil:** a construção da agenda no governo federal – 2011 a 2014. Brasília: Governo Federal, 2014, p. 69.

específica para contratos estabelecidos entre a administração pública e organizações sociais ou Oscips, o mesmo não ocorria nos casos de OSCs que não contassem com essa qualificação e, dados os requisitos para que isso ocorresse, diversas OSCs nem mesmo detinham as características exigidas em lei. Havia insuficiência normativa na área e, consequentemente, a insegurança jurídica era alta para essas contratações.

Em um renovado ambiente de segurança jurídica, com a observação da estabilidade nas relações administrativas que regem o fomento público, rompeu-se com um modelo tradicional outrora implementado de qualificação certificada para posterior concessão de fomento, fato apontado por Modesto como a grande novidade do MROSC.[43] Enquanto que para se valer de regulamentação própria e da segurança jurídica dos contratos de gestão e termos de parceria era necessária a qualificação de uma organização não-governamental sem fins lucrativos em organização social ou Oscip, respectivamente, com o posterior advento do MROSC, passou-se a regular com especificidades a instrumentalização dos vínculos jurídicos entre a administração pública e as OSCs sem necessidade de prévia qualificação, as quais, importante reiterar, não se limitam somente às organizações não-governamentais sem fins lucrativos, abrangendo cooperativas e organizações religiosas dedicadas a atividades ou projetos de interesse público ou de cunho social.

A elaboração do MROSC foi levada a cabo mediante o interesse em formalizar as celebrações de parcerias em um universo de maior amplitude de organizações, de objetos e formas de execução, com o devido atendimento às especificidades encontradas nas OSCs.[44] De uma estrutura voltada à ótica da qualificação para posterior vinculação jurídica e fomento, alcançou-se um nível maior de complexidade e especificidade, diferenciando-se dos instrumentos anteriormente descritos, tais como contratos de gestão e termos de parceria, além dos contratos administrativos em que prevaleciam exclusivamente as condições do poder público e dos contratos de repasse, que proporcionam a transferência de recursos financeiros.

Foram criados, assim, os termos de colaboração, os termos de fomento e, posteriormente, os acordos de cooperação, estes últimos introduzidos no MROSC pela Lei 13.204/2015.

---

43. MODESTO, Paulo. Parcerias público-sociais em transformação. In: MOTTA, Fabrício; MÂNICA, Fernando Borges; OLIVEIRA, Rafael Arruda. **Parcerias com o terceiro setor:** as inovações da Lei nº 13.019/14. 2 ed. Belo Horizonte: Fórum, 2018, p. 23.

44. LOPES, Laís de Figueirêdo; SANTOS, Bianca dos; XAVIER, Iara Rolnik (orgs.). **Marco regulatório das organizações da sociedade civil:** a construção da agenda no governo federal – 2011 a 2014. Brasília: Governo Federal, 2014, p. 72.

Os termos de colaboração são utilizados pela administração pública para planos de trabalho de sua iniciativa, mediante parceria com organizações da sociedade civil, com a transferência de recursos financeiros (artigo 2º, inciso VII e artigo 16, do MROSC).

Os termos de fomento, de aspectos semelhantes aos termos de cooperação, deles se diferenciam por serem empregados pela administração pública para a execução de planos de trabalho propostos por organizações da sociedade civil com envolvimento de transferência de recursos financeiros (artigo 2º, inciso VIII e artigo 17, do MROSC).

Os acordos de cooperação formalizam as parcerias, entre a administração pública e as OSCs, para a consecução de objetivos de interesse público e recíproco que não envolvam a transferência de recursos financeiros (artigo 2º, inciso VIII-A, do MROSC).

No MROSC, mesmo que não haja incidência da Lei de Licitações, houve o reconhecimento de que nas relações de fomento deve ser aplicado o princípio da isonomia, não havendo supressão de procedimento administrativo lícito e idôneo para as relações do poder público com o terceiro setor, ainda que sob a premissa de que a entidade particular atuaria com a finalidade de atingir um interesse público. Por essa razão, há como regra a imposição de realização do procedimento de chamamento público para formalização dos termos de colaboração e de fomento.[45] Como nem todas OSCs interessadas alcançarão uma posição de vantagem concretizada pela celebração de parceria com o poder público, o ajuste de parceria ficou condicionado a um procedimento público, objetivo, isonômico, transparente e imparcial de seleção, de forma a atender aos princípios constitucionais orientadores da atuação estatal, conforme determinado pelo artigo 37, *caput*, da Constituição Federal.[46]

Assim, o procedimento denominado chamamento público é destinado à seleção de OSC para a formalização de parcerias mediante termo de fomento ou de colaboração, sob os pretextos, na definição legal, de observar os princípios da isonomia, legalidade, impessoalidade, moralidade, igualdade, publicidade, probidade administrativa, vinculação ao instrumento convo-

---

45. FORTINI, Cristiana; CUNHA, Luana Magalhães de Araújo; PIRES, Priscila Giannetti Campos. O regime jurídico das parcerias voluntárias com as organizações da sociedade civil: inovações da Lei nº 13.019/2014. In: MOTTA, Fabrício; MÂNICA, Fernando Borges; OLIVEIRA, Rafael Arruda. **Parcerias com o terceiro setor:** as inovações da Lei nº 13.019/14. 2 ed. Belo Horizonte: Fórum, 2018, p. 79-80.

46. OLIVEIRA, Rafael Arruda. O chamamento público na Lei Federal nº, 13.019/14: procedimento legal, avanços e desafios. In: MOTTA, Fabrício; MÂNICA, Fernando Borges; OLIVEIRA, Rafael Arruda. **Parcerias com o terceiro setor:** as inovações da Lei nº 13.019/14. 2 ed. Belo Horizonte: Fórum, 2018, p. 313.

catório, julgamento objetivo e demais objetivos correlatos (artigo 2º, inciso XII, do MROSC).

O chamamento público, como previsto no artigo 23 do MROSC, deve estar embasado em um procedimento claro, objetivo e simplificado, também sendo importante que observe características específicas, como objetos, metas, custos, e indicadores, quantitativos ou qualitativos, de avaliação de resultados. Sua realização é obrigatória, com exceção de algumas hipóteses com previsão legal (artigo 24). Em suma, compreende as fases do instrumento convocatório, julgamento e classificação, homologação e a habilitação.[47]

Excetuando a vinculação do chamamento público estão os casos de dispensa, quando houverem situações de urgência devido a paralisação ou iminência de paralisação de atividades de interesse público; em casos de guerra, calamidade pública, grave perturbação da ordem pública ou ameaça a paz social; quando for o caso de proteção de pessoas ameaçadas ou com segurança em risco e, enfim, nos casos de serviços de educação, saúde e assistência social, desde que sejam executadas por OSC credenciada pelo órgão gestor da política a ser implementada (artigo 30, incisos I, II, III, VI). Outra hipótese que retira a obrigatoriedade do chamamento público remete aos casos de inexigibilidade, que ocorrem em situações de inviabilidade de competição pela natureza singular do objeto ou se as metas somente puderem ser atingidas por entidade específica (artigo 31).

Noutra ponta, porém, situam-se os acordos de cooperação que, pela inteligência dos artigos, 2º, inciso XII, 24 e 35, do MROSC, estariam desvinculados do chamamento público, matéria que restou consolidada pelo artigo 6º, §2º, inciso I, do Decreto 8.726/16.[48] Pelo mencionado artigo, o chamamento pública ainda assim seria obrigatório para os acordos de cooperação quando se tratassem de casos de compartilhamento patrimonial, como ocorre no comodato e na doação de bens.

Para a execução de atividades subsidiárias na gestão direta de florestas públicas, os termos de colaboração e de fomento, bem como os acordos de cooperação, ampliam o leque de instrumentos disponíveis ao poder público e abrem à um maior número de entidades a participação na gestão das florestas públicas.

47. DI PIETRO, Maria Sylvia Zanella. **Parcerias na administração pública.** 11 ed. Rio de Janeiro: Forense, 2017, p. 371.

48. FORTINI, Cristiana; CUNHA, Luana Magalhães de Araújo; PIRES, Priscila Giannetti Campos. O regime jurídico das parcerias voluntárias com as organizações da sociedade civil: inovações da Lei nº 13.019/2014. In: MOTTA, Fabrício; MÂNICA, Fernando Borges; OLIVEIRA, Rafael Arruda. **Parcerias com o terceiro setor:** as inovações da Lei nº 13.019/14. 2 ed. Belo Horizonte: Fórum, 2018, p. 80.

5.1.3 Condições e prazo

Define a LGFP que enquanto as atividades próprias à gestão direta de florestas públicas estão a cargo do poder público, as atividades subsidiárias podem ser realizadas por meio de parcerias com o terceiro setor. Diversas são as formas que existem para a formalização de parcerias, como os contratos de gestão, termos de parceira, termos de colaboração e de fomento e acordos de cooperação, todos servindo como meio de desonerar a atividade do poder público ante as dificuldades inerentes à gestão da floresta pública que não envolvam necessariamente a exploração econômica dos recursos florestais.

Como estabelece a LGFP, em seu artigo 5º, inciso I, as parcerias formalizadas pelo poder público para execução de atividades subsidiárias não poderão ultrapassar o prazo de 120 meses, isto é, 10 anos. Porém, ainda que o contrato tenha este período de duração, não há vedação para uma possível renovação, desde que conste previsão expressa no edital.

Mesmo que diversos instrumentos de parceria com o terceiro setor tenham meios próprios de seleção de entidades, a LGFP prevê, no artigo 5º, inciso II, que, para os caso em que for necessário processo de licitação, deverá ser observado, além do preço, a melhor técnica, como estabelecido pelo artigo 26, inciso II, da LGFP. Essa especificidade adotada pela LGFP, prevista no artigo 26, será analisada no tópico 7.4.5.3, quando do estudo dos critérios e indicadores da licitação para concessão florestal.

5.2 GESTÃO DIRETA DE FLORESTAS PÚBLICAS E CONSTITUIÇÃO ECONÔMICA

A gestão direta de florestas públicas, em razão do objetivo de exploração econômica dos recursos florestais, encontra óbices nas delimitações à intervenção do Estado no domínio econômico. A LGFP, ainda assim, não deixou de prever essa hipótese, preenchendo carências legais sobre o tema. Na justificativa do projeto que originou a lei, apesar de constar menções aos impedimentos da atuação estatal na esfera econômica diante do princípio da livre iniciativa, foi apresentada como solução a conversão de florestas públicas em Flonas, que possuem como objetivos básicos a exploração sustentável e a pesquisa científica.[49]

49. BRASIL. Projeto de Lei 4.776/2005. Disponível em: <http://www.camara.gov.br/proposicoesWeb/prop_mostrarintegra;jsessionid=5221815A8C73A9442D6FCF83A4206213.proposicoesWebExterno1?codteor=1562648&filename=PL+4776/2005>. Acesso em 27 jan 2019.

Ainda que sejam esses os objetivos básicos das Flonas, com previsão no artigo 17 da Lei do SNUC, não basta a criação desta modalidade de unidade de conservação para que simplesmente seja permitida a exploração econômica de seus recursos diretamente pelo poder público. Esbarra essa pretensão nos requisitos impostos pela Constituição econômica, sobretudo em consideração ao princípio fundamental da livre iniciativa.

A imposição destes requisitos somente possibilitam a gestão direta quando se tratar de atividade subsidiariamente desempenhada pelo Estado em casos especificamente justificados, tendo em vista, inclusive, não se tratar o manejo das florestas públicas de um serviço público[50]. Para demonstrar essas condições que retiram a gestão direta como primeira hipótese de gestão de florestas públicas pela exploração dos recursos florestais, busca-se abordar aqui a relação entre Constituição e o direito econômico, as possibilidades de atuação estatal diretamente na economia e, ao final, contar com a apresentação de um extrato conclusivo sobre o tema.

5.2.1 Constituição e direito econômico

As relações entre o Estado, o direito e a economia foram sendo estudadas e normatizadas ao longo do tempo, tanto em situações indiretas de fatos econômicos com alguma norma, como em disposições que preveem uma específica regulação de matéria econômica. Em relação a isso, pode-se dizer que há um envolvimento de fatores econômicos existentes desde a criação de uma norma, mediante a concretização em normas jurídicas de regras socialmente estabelecidas, além de instituição de normas diretamente vinculantes para a relação entre direito e as perspectivas econômicas. Daí porque Sztajn destaca a irracionalidade de uma reação contrária ao diálogo estabelecido entre direito e economia, tendo em vista a possibilidade de considerações dos fatos quantitativa e empiricamente, sem desconstruir a argumentação qualitativa jurídica.[51]

Com a constatação da imposição do fato econômico, de tendência imperativa que quando não observada é capaz de produzir grandes males[52], acaba sendo demonstrada a importância de que lhe seja garantido

---

50. O não enquadramento do manejo de florestas públicas no rol de serviços públicos é analisado especificamente no tópico 7.1.4.

51. SZTAJN, Rachel. Law and economics. ZYLBERSZTAJN, Decio; SZTAJN, Rachel. **Direito e economia.** Rio de Janeiro: Elsevier, 2005, p. 82.

52. SOUZA, Washington Peluso Albino de. **Lições de direito econômico.** Porto Alegre: Sergio Antonio Fabris, 2002, p. 26.

um clima favorável, em manifestação livre, ainda que condicionada a um princípio jurídico que deve limitá-lo.[53] Assim, não se trata de ausência de regulamentação sobre o ser da economia, fazendo-se necessária a delimitação pelo ordenamento jurídico que não deixe de atender ao sistema econômico.

Ao realizar uma análise histórica dos controles econômicos, Koontz e Gable concluem que a economia sempre esteve sujeita ao controle social, havendo uma relação inseparável entre a vida política e social em relação à economia.[54] Segundo os autores, o controle na economia foi exercido com maior ênfase nos Estados Unidos após a Grande Depressão e a Segunda Guerra Mundial, com a compreensão de que um sistema livre de mercado não seria confiável para resolver os problemas como desejado ou trazer segurança.[55]

Extrai-se disso a importância de que o Estado, mesmo que assegure a atividade livre na economia, intervenha ou aja na defesa do próprios princípios e sem sair da esfera que lhe é imposta, ante a possibilidade de que pela liberdade econômica ocorram consequências sociais passíveis de ferir a liberdade de determinados indivíduos.[56] Até mesmo agindo fora do espectro econômico, pode o Estado provocar fatos de natureza econômica, o que se dá em função da concomitância das reações econômicas relacionadas.[57]

Com isso, os fatores econômicos são influenciados pelo Estado e estão presentes na vida social. A regulamentação destes fatores pode ocorrer indiretamente pela sua mera presença na concretização de determinada norma, ou diretamente, como no estabelecimento de normas específicas de regulação da intervenção do Estado na economia. São estas últimas formas de regulação da relação entre economia e Estado que compõem o conteúdo próprio afeito ao direito econômico.

Na definição de Carvalhosa, o direito econômico parte de dois elementos constitutivos, dirigismo racional e conflito de interesse, para ser compreendido como o conjunto de normas de conteúdo de economicidade que vincula as entidades econômicas, privadas e públicas, aos fins constitucionais da ordem econômica, em uma conciliação havida quando dos conflitos de interesses entre os fins e objetivos das entidades econômicas privadas albergadas pelo

53. Ibidem, p. 31.

54. KOONTZ, Harold; GABLE, Richard W. **Public control of economic enterprises**. New York: McGraw-Hill, 1956, p. 19.

55. Ibidem, p. 13.

56. SOUZA, Washington Peluso Albino de. **Do econômico nas constituições vigentes.** [S.l]: Rev. Brasileira de Estudos Políticos, 1961, p. 158.

57. Ibidem, p. 164.

princípio constitucional da livre iniciativa.[58] Para Ortiz, o direito econômico consiste na reunião de normas e instrumentos jurídicos pelos quais o Estado dirige a atividade econômica, fundamentalmente a Constituição econômica.[59]

Tem-se, portanto, a noção do direito econômico como sendo os mecanismos jurídicos, normas e ferramentas, de direcionamento da atividade econômica exercida pelo Estado. Neste sentido, com o passar do tempo as matérias referentes à intervenção do Estado na economia foram sendo estabelecidas constitucionalmente, no geral em capítulo especial sobre a ordem econômica e social.[60] No Brasil, a Constituição trata sobre os assuntos da ordem econômica e financeira no Título VII, disciplinando as interações havidas entre estas áreas e o Estado. Nesta seção são expostas medidas, em maior ou menor grau, de intervenções estatais na economia. Não se trata, porém, de uma inovação no texto constitucional pátrio, já que uma primeira sistematização de normas sobre a ordem econômica se deu na Constituição brasileira de 1934[61], com forte inspiração das constituições mexicana de 1917 e alemã de 1919. Apenas, por opção do legislador constituinte, não mais foram dispostos conjuntamente os temas concernentes à ordem econômica e social, estando apartados na redação constitucional.

A ordem econômica constitucional vigente, em que houve o estabelecimento de um regime menos intervencionista, está assentada no sistema capitalista de economia descentralizada, contando com a impossibilidade do Estado atuar diretamente na economia quando baseado tão somente na vontade estatal ou legal.[62] Entretanto, há que se destacar, como demonstrado por Grau, o caráter dirigente da Constituição[63] e, no caso da ordem econômica, com a conformação de normas jurídicas em um nítido conteúdo de dever ser.[64]

58. CARVALHOSA, Modesto Souza Barros. **Direito econômico.** São Paulo: Revista dos Tribunais, 1973, p. 361.

59. ORTIZ, Gaspar Ariño. **Principios de derecho público económico**: modelo de estado, gestión pública, regulación económica. Granada: Comares, 1999, p. 14.

60. SOUZA, Washington Peluso Albino de. **Do econômico nas constituições vigentes.** [S.l]: Rev. Brasileira de Estudos Políticos, 1961, p. 184-185.

61. SOUZA, Washington Peluso Albino de. Poder Constituinte e ordem jurídico-econômica. **Revista de Informação Legislativa,** Brasília, v. 23, n. 89, p. 33-48, jan./mar. 1986, p. 46. Destaca o autor que o constitucionalismo brasileiro se preocupou em situar a questão econômica nas Constituições de 1934, mas faz a ressalva quanto a Emenda Constitucional de 1926 à Constituição de 1891, com a concretização de uma orientação similar.

62. TAVARES, André Ramos. **Direito constitucional econômico.** 3 ed. Rio de Janeiro; São Paulo: Forense; Método, 2011, p. 118.

63. GRAU, Eros Roberto. **A ordem econômica na Constituição de 1988:** interpretação e crítica. 18 ed. São Paulo: Malheiros, 2017, p. 169.

64. Ibidem, p. 65

Estão contidos no artigo 170 do texto constitucional os princípios da ordem econômica e financeira, de onde se extrai sua fundamentação na valorização do trabalho humano e na livre iniciativa, com as finalidades de assegurar a existência digna, segundo os ditames da justiça social. Integram a ordem econômica os seguintes princípios: soberania nacional (I); propriedade privada (II); função social da propriedade (III); livre concorrência (IV); defesa do consumidor (V); defesa do ambiente, inclusive mediante tratamento diferenciado conforme o impacto ambiental dos produtos e serviços e de seus processos de elaboração e prestação (VI); redução das desigualdades regionais e sociais (VII); busca do pleno emprego (VIII); tratamento favorecido para as empresas de pequeno porte constituídas sob as leis brasileiras e que tenham sua sede e administração no país (IX). Também, no parágrafo único do artigo 170 é assegurado o livre exercício de qualquer atividade econômica, independentemente de autorização de órgãos públicos, ressalvados os casos previstos legalmente.

Não são somente os princípios contidos no artigo 170 que detém conteúdo de configuração econômica, podendo ser referidos, igualmente, o princípio dos valores sociais do trabalho e da livre iniciativa (artigo 1º, inciso IV), o princípio do desenvolvimento social (artigo 3º, inciso II), o princípio da erradicação da pobreza e da marginalização (artigo 3º, inciso III), e o princípio da redução das desigualdades sociais e regionais (artigo 3º, inciso III, *in fine*).[65]

A base fornecida pelo artigo 170 quanto aos princípios fundamentais da valorização do trabalho humano e na livre iniciativa consagra a natureza essencialmente capitalista[66] da economia de mercado, porém marcada pela orientação da intervenção estatal no pressuposto da dignidade da vida humana, com os fins colimados aos preceitos da justiça social, e em função disso é que são predispostos os princípios que fundamentam a ordem constitucional e estão formalmente positivados no artigo 170, além, claro, de outros princípios previstos na Constituição. Existe, com isso, uma estrutura orientada que impede uma utilização indevida dos preceitos constitucionais aplicados à ordem econômica.

Mesmo com a economia de mercado capitalista protegida pela Lei Maior, não se descarta a intervenção estatal quando orientada pelas normas consti-

65. TAVARES, André Ramos. **Direito constitucional econômico.** 3 ed. Rio de Janeiro; São Paulo: Forense; Método, 2011, p. 124.

66. GRAU, Eros Roberto. **A ordem econômica na Constituição de 1988:** interpretação e crítica. 18 ed. São Paulo: Malheiros, 2017, p. 343; SILVA, José Afonso da. **Curso de direito constitucional positivo.** 40 ed. São Paulo: Malheiros, 2017, p. 802.

tucionais cabíveis. Aproxima-se, com o estudo da ordem econômica presente na Constituição, da classificação elaborada por Ortiz, em que haveriam dois sistemas de organização social e econômica. Um liberal, assentado na propriedade privada dos meios de produção, com um sistema econômico de mercado presidido, por exemplo, pela soberania do consumidor, a liberdade de preços e a livre competência. O outro seria um sistema socialista, com a propriedade coletiva dos meios de produção e um sistema de economia dirigido e planificado centralmente por decisões da autoridade com base, *verbi gratia*, na estimação das necessidades dos cidadãos e nos regimes de preços controlados. Avaliando esta dupla classificação, assim como no caso da Constituição espanhola citado por Ortiz, também a Constituição brasileira conteria modelos intermediários, em que os sistemas de decisões individual e estatal e de propriedade pública e privada se relacionam[67], como é o caso previsto no artigo 170, da livre iniciativa, mas tendo em vista a justiça social que, nos dizeres de Grau, remete a superação das injustiças de nível econômico, consubstanciando-se em uma exigência da política econômica capitalista.[68]

Diante disso, pode-se concluir pela base de economia de mercado capitalista assegurada pela Lei Maior, mas com os pressupostos de consagração de preceitos que não encontram respaldo no regime de mercado adotado, mesclando-se, assim, com instrumentos voltados para fins sociais sem que a Constituição, como ressalva Bonavides, elimine os valores fundamentais da pessoa humana.[69] Ainda de acordo com Bonavides, seria possível mencionar um processo de recomposição do liberalismo, com a identificação entre direito e justiça, em um ambiente de transformação superestrutural pela qual passou o Estado liberal[70], sem nunca perder de vista o constitucionalismo democrático[71].

Com a normatização da intervenção do Estado na economia pelas normas adotadas constitucionalmente, mormente no artigo 170, sustentáculo constitucional da ordem econômica que não retira a importância, contudo, de outros preceitos constitucionais pertinentes, cabe classificar em que

---

67. ORTIZ, Gaspar Ariño. **Principios de derecho público económico**: modelo de estado, gestión pública, regulación económica. Granada: Comares, 1999, p. 128.

68. GRAU, Eros Roberto. **A ordem econômica na Constituição de 1988:** interpretação e crítica. 18 ed. São Paulo: Malheiros, 2017, p. 222.

69. BONAVIDES, Paulo. **Reflexões:** política e direito. 3 ed. São Paulo: Malheiros, 1998, p. 60.

70. BONAVIDES, Paulo. **Do estado liberal ao estado social.** 3 ed. Rio de Janeiro: Fundação Getúlio Vargas, 1972, p. 33/205.

71. Ibidem, p. 210.

consistem as formas de intervenção do Estado na economia, com a devida consideração do ordenamento jurídico.

Grau adota uma tríplice divisão, com critérios e técnicas distintas juridicamente, em que a intervenção ocorre: (a) por absorção ou participação: intervenção estatal na atividade econômica em sentido estrito, como agente econômico, dividindo-se em regime de monopólio ou em regime de competição, respectivamente; (b) por direção: intervenção estatal no domínio econômico e sobre a atividade econômica em sentido estrito, estabelecendo mecanismos e normas de comportamento compulsório para os sujeitos econômicos; (c) por indução: assim como na intervenção por direção, existe uma atuação no domínio econômico, porém, ocorre com a manipulação de instrumentos de intervenção de acordo com as normas de funcionamento dos mercados.[72]

Detalhando uma divisão e terminologia diversa, mas redundando nas mesmas possibilidades de intervenção, Faria compreende a atuação do Estado indiretamente sobre o comportamento dos sujeitos econômicos, com o que exemplifica pelo artigo 174 da Constituição, além da possibilidade de intervenção direta pelo exercício de atividades econômicas do Estado ou, mediante uma terceira modalidade, com a interposição, pela autoridade do Estado, sobre a gestão de empresas privadas. Nada obstante, não deixa o autor de destacar a importância da limitação de todas as medidas intervencionistas pelo princípio da liberdade de iniciativa econômica privada, isto é, o fundamento da livre iniciativa como fundamento do Estado (artigo 1º, IV, Constituição).[73] Como pontuado por Barroso, em condições regulares de funcionamento do mercado concorrencial, não há possibilidade para que seja eliminada a livre iniciativa e a livre concorrência.[74]

Em síntese, sem considerar um maior aprofundamento das possibilidades que representam as divisões escalonadas recém vistas, a Constituição reconhece duas formas de ingerência estatal na economia, a participação e a intervenção[75], que podem ser substancialmente encontradas na atividade

72. GRAU, Eros Roberto. **A ordem econômica na Constituição de 1988:** interpretação e crítica. 18 ed. São Paulo: Malheiros, 2017, p. 141-142.

73. FARIA, Weter R. Normas constitucionais sobre o planejamento e ordenação territorial. **Revista de Informação Legislativa,** Brasília, v. 27, n. 105, p. 87-98, jan./mar. 1990, p. 87-88.

74. BARROSO, Luís Roberto. A ordem econômica constitucional e os limites à atuação estatal nos preços. **Revista de Direito Administrativo,** Rio de Janeiro, v. 226, p. 187-212, out./dez. 2001, p. 206.

75. SILVA, José Afonso da. **Curso de direito constitucional positivo.** 40 ed. São Paulo: Malheiros, 2017, p. 818.

estatal direta na atividade econômica (artigo 173) ou no caráter de agente normativo e regulador do Estado (artigo 174).

Tendo-se por objetivo a análise da atuação direta do Estado na economia quando da exploração de florestas públicas, o próximo tópico será concentrado no estudo das determinações do artigo 173 da Constituição e em suas pertinências.

5.2.2 A atividade direta do poder público na economia

Como referido, a gestão direta de florestas públicas pode ensejar uma atuação específica e direta do poder público como agente econômico explorador de recursos florestais. Contudo, esta interpretação esbarra na análise prévia que tem por base as normas de direito econômico estabelecidas constitucionalmente. Especificamente, a possibilidade de ocorrer uma atividade estatal na economia deve levar em conta o artigo 173 da Constituição, que restringe a exploração direta da atividade econômica em sentido estrito pelo Estado somente em virtude dos imperativos da segurança nacional ou relevante interesse coletivo, como definidos em lei ou com a exceção dos casos previstos constitucionalmente.

De início, uma divisão prévia de atividade econômica em sentido estrito e serviço público se faz necessária. Como esclarece Bandeira de Mello, enquanto, a um lado, as estritas atividades econômicas são aquelas de alçada de particulares, de outro, os serviços públicos dizem respeito a atividades de alçada do Estado, concebidas juridicamente como não econômicas.[76] A caracterização de serviços públicos se dá mediante a exigência do interesse social, quando prevista constitucionalmente como indispensável, explícita ou implicitamente[77], e as atividades econômicas do Estado estão pautadas no relevante interesse coletivo e no imperativo da segurança nacional, além dos casos previstos na Lei Maior.

Assim, o interesse público que designa um serviço público deve ser objetivo ao determinar o atendimento de alguma necessidade essencial. Já a atividade econômica exercida diretamente pelo Estado é aquela assumida no âmbito da política econômica e dentro das normas constitucionais,

76. BANDEIRA DE MELLO, Celso Antônio. **Curso de Direito Administrativo.** 33 ed. São Paulo: Malheiros, 2016, p. 822.

77. GRAU, Eros Roberto. **A ordem econômica na Constituição de 1988:** interpretação e crítica. 18 ed. São Paulo: Malheiros, 2017, p. 127/130.

denotando-se aí um interesse público de estrutura subjetiva.[78] Como neste tópico são analisados os critérios que condicionam a atividade econômica em sentido estrito desempenhada pelo poder público, mais adiante, no tópico 7.1.4, ao ser disposta a natureza jurídica das concessões florestais, exclui-se a possibilidade de ser o manejo florestal um serviço público. Não sendo o manejo de florestas públicas um serviço público, concentra-se, por ora, na possibilidade de exploração econômica das florestas pela administração pública.

A relevância da divisão apontada, entre serviço público e atividade econômica em sentido estrito, serve para auxiliar no resguardo da ordem econômica e seu primado pela livre iniciativa, porquanto as atividades econômicas particulares somente podem vir a ser exercidas pelo Estado, com exceção de ressalvas constitucionais, pelos imperativos da segurança nacional ou do relevante interesse público.[79]

Quanto às ressalvas, a própria Constituição determina a atuação direta do Estado como explorador da atividade econômica nos casos de monopólios da União descritos no artigo 177 e que se direcionam ao gás natural (incisos I, III e IV); hidrocarbonetos fluídos (incisos I e III); petróleo (incisos I, II, III e IV); e, minérios e minerais nucleares (inciso V). Mesmo com essa permissão constitucional, não se descuida da relativização das atividades econômicas vinculadas a regime de monopólio introduzida por intermédio da Emenda Constitucional 9/1995, ao introduzir a possibilidade da União contratar com empresas estatais ou privadas. Os monopólios e o regime flexível atribuído via emenda constitucional, importante destacar, também não se enquadram como serviços públicos, pois quando desenvolvidos pelo Estado, não passam de setores de atividade direta na economia protegida constitucionalmente como monopólio.

Interpretando os contornos traçados pelo artigo 173, o Estado não pode intervir na economia a qualquer tempo e sob qualquer pretexto[80],

78. MUKAI, Toshio. **O direito administrativo e os regimes jurídicos das empresas estatais.** 2 ed. Belo Horizonte: Fórum, 2004, p. 222.

79. BANDEIRA DE MELLO, Celso Antônio. **Curso de Direito Administrativo.** 33 ed. São Paulo: Malheiros, 2016, p. 822.

80. Para Villela Souto, com rigoroso posicionamento, pelo entendimento contido no texto normativo do artigo 173 que, excepcionando os casos previstos na Constituição, somente possibilita a atuação direta do Estado na economia em casos de segurança nacional ou relevante interesse público, o Estado atuaria na economia para impedir abusos e incentivar a concorrência no mercado, sendo através dela que alcançaria produtividade e competitividade com a finalidade de proporcionar o bem-estar geral. Cf. SOUTO, Carlos Juruena Villela. Constituição econômica. **Revista dos Tribunais**. Cadernos de direito tributário e finanças públicas, v.1, n. 4, jul./set. 1993, p. 247. Por isso, segundo Villela Souto, como a ordem econômica

principalmente no que concerne ao exercício direto de atividade econômica. Fundamentalmente, a regra geral é a de que o Estado não intervenha na economia[81], isto é, a regra é que a livre-iniciativa desempenhe a atividade econômica e, somente excepcionalmente, o Estado[82]. Da leitura conjugada dos artigos 170 e 173 da Constituição sobressai a possibilidade de intervenção do Estado, mas, em função do princípio da subsidiariedade, ele intervém de maneira condicionada e delimitada[83] por dois fatores: a defesa da segurança nacional ou o relevante interesse coletivo.

Sendo possível a intervenção do Estado mediante o preenchimento de um ou outro dos pressupostos acima mencionados, é de importância fundamental que sejam devidamente compreendidos. Ocorre, entretanto, que não existem conceitos que tenham especificamente detalhado em que consistem a segurança nacional e o relevante interesse coletivo. A vagueza com que são descritos os termos e a abstração que lhes são inerentes não deixa de gerar até mesmo certa insegurança jurídica. De fato, será no caso concreto que se abrirá a possibilidade de determinar um conceito para a segurança nacional e para o relevante interesse coletivo.

Em princípio, a segurança nacional guarda uma forte relação com a razão de ser do Estado[84]. A esse respeito, Grau esclarece que o termo segurança descrito no artigo 173 envolve a defesa nacional (artigos 21, III; 22, XXVIII e 91, todos da Constituição) que justificaria a exploração econômica direta quando existissem imperativos de segurança nacional.[85]

E, ao ser cindido o termo relevante interesse coletivo, o critério da relevância demonstra a existência de uma importância inequívoca para a atuação do Estado como explorador da atividade econômica em questão,

---

constitucional tem por regra a atuação da iniciativa privada, a exploração direta da economia pelo estado ficaria restringida pelos preceitos da segurança nacional ou relevante interesse coletivo, além dos casos constitucionais de monopólio, razão pela qual o não preenchimento desses pressupostos ensejariam uma imediata privatização. Cf. SOUTO, Carlos Juruena Villela. Constituição econômica. **Revista dos Tribunais**. Cadernos de direito tributário e finanças públicas, v.1, n. 4, jul./set. 1993, p. 250.

81. SOUZA, Washington Peluso Albino de. **Lições de direito econômico.** Porto Alegre: Sergio Antonio Fabris, 2002, p. 228.

82. BAGNOLI, Vicente. **Direito econômico e concorrencial.** 7 ed. São Paulo: Revista dos Tribunais, 2017, p. 159.

83. TAVARES, André Ramos. **Direito constitucional econômico.** 3 ed. Rio de Janeiro; São Paulo: Forense; Método, 2011, p. 276-278.

84. Ibidem, p. 279.

85. GRAU, Eros Roberto. **A ordem econômica na Constituição de 1988:** interpretação e crítica. 18 ed. São Paulo: Malheiros, 2017, p. 278.

aferida pelo contexto econômico real do país[86], além de, é claro, com relação ao interesse coletivo[87], constar uma sintonia entre o interesse da coletividade e a concretização da atividade econômica estatal. Quanto a este último, não basta uma forte expressão social para que o Estado explore diretamente alguma atividade econômica, pois carece-se da relevância, com base na estrutura econômica vivenciada no país, para sua realização. Sua previsão pode estar associada, como remete Grau, à defesa do consumidor[88] (artigo 170, V), além de exigir a ponderação de outros preceitos associados à ordem econômica, como vistos no tópico anterior.

As definições de segurança nacional e relevante interesse coletivo tomarão forma quando analisado o caso concreto, onde caberá uma relação entre a atividade econômica estatal que se pretende justificar e um dos termos que embasam a fundamentação. Além disso, considerando que o setor privado e as variáveis econômicas, tecnológicas e financeiras que o influenciam apresentam-se não raras vezes dotados de volatilidade e a qualquer momento podem sofrer mudanças, seria importante que as causas que justificaram a exploração direta da atividade econômica pelo Estado sejam periodicamente revistas, para oportunizar a verificação sobre a sua permanência.[89]

Outro assunto relacionado ao tema diz respeito à necessidade de lei específica que autorize a instituição de empresa pública, de sociedade de

86. TAVARES, André Ramos. **Direito constitucional econômico.** 3 ed. Rio de Janeiro; São Paulo: Forense; Método, 2011, p. 280.

87. Tema com conteúdo denso e de difícil delineamento, a caracterização de interesse coletivo (ou interesse público) pode variar de acordo com marcos teóricos e metodológicos diversos utilizados para sua definição, inclusive com preceitos não somente jurídicos, como o fez Haeberlin, quando na propositura de uma teoria específica de interesse público adotou elementos jurídicos e humanísticos para classificá-lo como sendo o elemento nuclear do Estado que dispõe de sua ação como nexo, preferentemente direto e imediato, do maior empreendimento capaz de cada um dos cidadãos, com a sustentabilidade pressuposta desse interesse e o fomento de uma cultura fundada na ação moral de que o empreendimento do outro seja a cada um dos cidadãos, de máxima relevância, na medida de sua eficácia. Cf. HAEBERLIN, Mártin. **Uma teoria do interesse público:** fundamentos do Estado meritocrático de direito. Porto Alegre: Livraria do Advogado, 2017, p. 303. E, de acordo com Massaú, o interesse público, também denominado como bem comum pelo autor, implica em um bem que transcende o interesse particular e nasce no seio dos indivíduos que desejam viver sem a dependência pessoal. Investe-se, pois, de um significado forjado por circunstâncias históricas com o presente, considerando ainda projeções futuras. Cf. MASSAÚ, Guilherme Camargo. **O estado de direito e as dimensões da res publica.** Curitiba: Prismas, 2016, p. 193-194.

88. GRAU, Eros Roberto. **A ordem econômica na Constituição de 1988:** interpretação e crítica. 18 ed. São Paulo: Malheiros, 2017, p. 245/278.

89. GROTTI, Dinorá Adelaide Musetti. Intervenção do Estado na economia. **Revista dos Tribunais.** Cadernos de direito constitucional e ciência política, v. 4, n. 15, p. 73-88, abr./jun. 1996, p. 79. Em linha similar, mas voltada para a análise da justificativa de criação de entidades públicas que desempenham atividades econômicos nos casos de segurança nacional e de relevante interesse coletivo, Bagnoli menciona a necessidade de consideração do momento histórico, além dos valores e princípios constitucionais, quando for caso. Cf. BAGNOLI, Vicente. **Direito econômico e concorrencial.** 7 ed. São Paulo: Revista dos Tribunais, 2017, p. 158.

economia mista ou de fundação, sendo que, no último caso, exige-se lei complementar para definir as áreas de atuação, como previsto no artigo 37, XIX, da Constituição. Já no inciso XX do mesmo artigo, determina-se a imprescindibilidade de autorização legislativa para criação de subsidiárias das entidades descritas, bem como a participação delas em empresa pública. Existe, aí, a instrumentalização do controle da expansão do Executivo exercido pelo Legislativo.[90]

Diante deste quadro normativo, passa-se a considerar a gestão direta das florestas públicas com base na vertente de exploração econômica, dentro dos propósitos delineados pela LGFP e pela estrutura normativa da Constituição econômica.

5.2.3 Exploração econômica das florestas públicas

Sendo a gestão direta de florestas públicas também uma forma de exploração de seus recursos florestais, a questão diz respeito a atuação direta do Estado na economia. E, como todas as outra variadas possibilidades de atuação estatal econômica direta, deve estar de acordo com os preceitos da Constituição econômica e atender aos critérios específicos delineados pelo artigo 173, da Constituição.

O princípio fundamental da livre iniciativa passa a ser atenuado em razões específicas de exceções constitucionais ou de casos de segurança nacional ou relevante interesse coletivo.

O rol de exceções constitucionais, previsto no artigo 177 da Constituição, não faz da exploração florestal um monopólio, retirando esta possibilidade. Resta como hipóteses para que o Estado explore economicamente os recursos florestais a segurança nacional e o relevante interesse coletivo, havendo imprescindibilidade de que seja atendida alguma dessas exigências constitucionais.

Além disso, para participar da atividade econômica, deverá o Estado instituir empresa pública, sociedade de economia mista ou até mesmo fundação, sendo que essas entidades estatais somente são criadas mediante autorização por lei específica, como determina o artigo 37, XIX da Constituição. No caso de fundações, é necessária a edição de lei complementar que defina a esfera de atuação, como determina o artigo XIX, *in* fine, do artigo

90. GRAU, Eros Roberto. **A ordem econômica na Constituição de 1988:** interpretação e crítica. 18 ed. São Paulo: Malheiros, 2017, p. 276.

37. Ainda, a criação de subsidiárias dependerá de autorização mediante lei específica, conforme o artigo 37, XX.

Diante dessas condições que se atravessam à questão da gestão direta de florestas públicas, tem-se que esta modalidade de exploração de recursos florestais deve passar pelo preenchimento dos critérios constitucionais econômicos, não bastando sua mera previsão na LGFP para que venha a ocorrer. Da interpretação das normas que regem a atuação direta do Estado na economia, vislumbram-se claros óbices que somente permitem a exploração destes recursos florestais quando se tratar de segurança nacional ou relevante interesse coletivo.

Por outro lado, não há qualquer hipótese de enquadramento da exploração econômica das florestas como uma prestação de serviço público, pois não se evidencia aí utilidade pública que ofereça fundamento para a realização do manejo florestal sustentado. A exploração econômica das florestas não detém classificação de serviço público e, por isso mesmo, não se justificaria o manejo florestal pelo poder público sob o regime deste instituto. Como será mencionado mais tarde, no tópico 7.1.4, pela análise da natureza jurídica da concessão florestal, demonstra-se ser ela uma concessão de bem público justamente porque o manejo florestal não configura em si um serviço público

E não bastaria mera alegação de necessidade de cumprimento do direito fundamental ao ambiente para que o Estado pudesse explorar diretamente as florestas públicas, exceto se existisse uma precariedade sistematizada no cumprimento as normas ambientais com plena ausência de efetividade que forçasse a exploração direta estatal como meio de manter uma atividade necessária e cumprir com as normas correspondentes. Esse, contudo, não é o caso, levando-se em conta o arcabouço normativo que rege a exploração de florestas públicas, as normas diversas correspondentes e a estrutura organizacional de *enforcement* da legislação. Por isso, inclusive pela avaliação contextual, a simples alegação de cumprimento de exigências dos deveres estatais ambientais não se sustenta, por si só, para configurar uma motivação específica embasada em soberania nacional ou relevante interesse social a fim de justificar a exploração direta das florestas públicas, tampouco para fundamentar a atividade como sendo de serviço público.

5.2.4 Experiência prévia e questões legais

De propriedade da União, inexistem florestas públicas sob a modalidade de exploração direta pelo poder público. A nível estadual é possível mencionar a gestão direta realizada na Floresta Estadual do Antimary, localizada no

Acre, com município sede em Bujari, com área de 47.064,67 hectares, que foi criada oficialmente pelo Decreto Estadual 46/1997.[91]

Contudo, a gestão direta na Floresta Estadual do Antimary com finalidade de exploração dos recursos florestais foi implementada por meio de contratos de licitação para cada atividade, como construção de infraestruturas, elaboração de documentos técnicos, planos de manejo e atividades de exploração e transporte de toras manejadas, em conformidade com a Lei 8.666/1993.[92] Com base nisso, inclusive foi apontado o problema de que, com a atuação do Estado do Acre como principal ator do processo de gestão da floresta, deixava-se de criar as bases para o desenvolvimento autônomo das comunidades locais, criando uma dependência destas em relação ao Estado.[93]

Além disso, seria importante considerar que pela LGFP não haveria possibilidade de fracionar, mediante processos licitatórios, a gestão direta que deve ser exercida exclusivamente pelo poder público. Apenas existe a permissão para que sejam delegadas funções subsidiárias que não envolvam especificamente o manejo da floresta e que, por isso mesmo, não se confundem com a sua exploração direta. Disso decorre a necessidade de criação de entidade, por parte do Estado, para realizar essa atividade econômica, como seria o caso de uma empresa estatal.

Há, desta forma, uma delimitação legal expressa de que é o poder público que exerce a gestão direta de florestas públicas, cabendo apenas, mediante faculdade do próprio poder público, realizar parcerias para a consecução de atividades subsidiárias (artigo 5º da LGFP). Afinal, como observado neste capítulo, não basta a mera previsão legal para que seja possível a gestão direta de florestas públicas, uma vez que existem condições constitucionais específicas para a atuação estatal direta na economia.

5.3 CONCLUSÕES DO CAPÍTULO

Como se observou, a primeira forma de gestão de florestas públicas é operada pelo próprio poder público. Importa considerar que em um primeiro momento o poder público deve necessariamente cumprir com os deveres estatais de proteção ambiental. São deveres que o colocam obrigatoriamente

91. ACRE. Secretaria do Meio Ambiente. Floresta Estadual do Antimary. Disponível em: <www.sema.ac.gov.br/wps/portal/sema/sema>. Acesso em 27 jan 2019.

92. PINTO, M. de A.; VASCONCELLOS SOBRINHO, M.; ROCHA, G. de M. Gestão direta de Florestas Públicas: uma alternativa de gestão territorial em áreas protegidas. **Desenvolvimento e Meio Ambiente,** v. 35, p. 321-334, dez. 2015, p. 328.

93. Ibidem, p. 331

na tarefa inarredável de resguardar as florestas públicas em função do direito fundamental ao ambiente. E, além de constar nos deveres de proteção estatal ambiental, sobressai-se o direito fundamental ao ambiente também enquanto direito à prestações em sentido estrito, quando da criação de Florestas Nacionais, Estaduais e Municipais pelo poder público, no âmbito da gestão direta de florestas públicas.

Afora isso, a LGFP normatizou o manejo dos recursos florestais executados pelo poder público, ventilando-o como uma possibilidade. Entretanto, a mera previsão legal do manejo exercido pelo poder público não justifica, por si só, essa possibilidade, quando não estiverem preenchidos os requisitos autorizadores da atividade direta do Estado na economia.

A exploração de florestas públicas, nesses casos, deverá imprescindivelmente vir acompanhada de justificativa que atenda aos requisitos constitucionais que normatizam a ordem econômica, na qual a livre iniciativa é assegurada. Assim, por não se tratar de um serviço público, o Estado deverá comprovar a motivação específica para explorar economicamente os recursos das florestas públicas, precisamente preenchendo os critérios de soberania nacional ou de relevante interesse social.

O atendimento desses requisitos constitucionais deve ser observado descolado dos deveres de proteção estatal, não servindo unicamente estes deveres como um argumento justificador da atividade exploratória estatal das florestas públicas, ante a legislação prever a gestão pelas comunidades locais e pelas concessões florestais que não envolvem a intervenção econômica estatal e possibilitam, junto com as demais normas ambientais, a efetividade do direito fundamental ao ambiente. Nada disso, contudo, retira o condicionamento normativo do direito fundamental ambiental no manejo florestal pelo poder público quando ele assim se justificar, acompanhado do preenchimento dos deveres fundamentais ambientais aplicáveis, inclusive os estatais.

Ainda, no âmbito da gestão direta de florestas públicas, a LGFP reconhece a atuação de OSCs como favorável aos compromissos de proteção ambiental das glebas florestais e regulamenta a possibilidade de que elas participem e colaborem com o desenvolvimento de atividades subsidiárias. Existem, referente a elas, normas específicas na legislação ordinária que regulamentam o funcionamento e a contratação com o poder público e que são plenamente aplicáveis para esses casos previstos na LGFP. Percebe-se, com isso, uma possibilidade de atuação do terceiro setor voltada ao cumprimento dos deveres fundamentais ambientais.

6

GESTÃO PELAS COMUNIDADES LOCAIS

Figura como forma de gestão de florestas públicas a destinação de suas glebas às comunidades locais (artigo 4º, II, da LGFP). Essa destinação não deixa de ser uma das possibilidades de gestão das florestas públicas com a exploração de seus recursos, sendo executada pelas populações tradicionais e outros grupos humanos associados historicamente a essas florestas.

Reconhecidas as comunidades locais que ocupam ou utilizam florestas públicas, os órgãos competentes poderão lhes destinar áreas florestais por diversos meios, como a criação de unidades de conservação específicas, a concessão de uso atendendo à reforma agrária e outras formas previstas legalmente, como a titulação da propriedade quilombola, a demarcação de terras indígenas e a legitimação da posse com base em matérias socioambientais, caso este em que se possibilita a concessão de direito real de uso.

A destinação de florestas públicas para as comunidades locais leva em consideração as condições de vida das comunidades locais, isto é, o fato delas viverem na floresta ou viverem da floresta, além da ocorrência concomitante de ambos os casos, em conjunto com a proposta de concretização de seus direitos socioambientais, tanto de habitação do interior ou entorno das florestas, como de manejar os recursos florestais.

Como foi empiricamente comprovado em estudo realizado na Amazônia brasileira, enquanto a efetivação de normas ambientais combatem o desmatamento ilegal, demonstrou-se uma necessidade posterior de implementar meios diversos com normas e políticas que atendam as demandas regionais para continuar diminuindo o desmatamento.[1] A fim de implementar novas ferramentas, são importantes as formas inovadoras de governança, dentre as quais se aponta para a participação de cidadãos locais e instituições por

1. BÖRNER, Jan et al. Post-Crackdown Effectiveness of Field-Based Forest Law Enforcement in the Brazilian Amazon. **PLOS ONE**, v. 10, n. 4, p. 1-19, 2015, p. 17.

eles formadas, além de existir a necessidade de um diálogo a ser promovido entre as inovações científicas e os conhecimentos locais.[2]

Com isso, a gestão das florestas públicas mediante a destinação às comunidades locais, nas diversas formas previstas na LGFP, compõe um mecanismo de aproximação dessas comunidades das políticas ambientais adotadas, sem desconsiderar a aplicação das normas ambientais específicas a cada caso, de forma a contemplar o direito reconhecido das comunidades e maximizar os esforços na aplicação da legislação ambiental pertinente. Deste modo, estará sendo concedida a devida importância aos preceitos nucleares que compõem o desenvolvimento de comunidades locais, pautados por critérios de justiça social e integridade ambiental.[3]

O direcionamento de áreas florestais públicas para as comunidades locais será estudado neste capítulo em conjunto com as nuances que dizem respeito à formalização da destinação e ao reconhecimento dos direitos destas comunidades, conforme os termos previstos na LGFP e demais legislações aplicáveis.

6.1 COMUNIDADES LOCAIS E PROTEÇÃO JURÍDICA

Pretende-se neste tópico realizar uma aproximação da linguagem jurídica inerente à salvaguarda das comunidades locais ao conceito descritivo de sua composição enquanto agrupamento humano.

De início serão descritas as comunidades locais, com base em definições jurídicas e considerando o contexto em que estão inseridas em relação ao conteúdo socioambiental de suas demandas. Conceituadas as comunidades locais, serão apresentadas as disposições internacionais que versem sobre o seu reconhecimento e proteção e, enfim, a proteção jurídica brasileira a elas conferida.

6.1.1 Comunidades locais

As comunidades locais foram definidas pela LGFP como sendo as populações tradicionais e outros grupos humanos que se organizaram, por sucessivas gerações, e detém estilo de vida relevante à conservação e utilização

---

2. SCHÖNENBERG, Regine et al. What comes after deforestation control? Learning from three attempts of land-use planning in Southern Amazonia. **Gaia**, v. 24, n. 2, p. 119-127, 2015, p. 126.

3. DRESSLER, Wolfram et al. From hope to crisis and back again? A critical history of the global CBNRM narrative. **Environmental Conservation**, v. 37, n. 1, p. 5-15, 2010, p. 13.

da diversidade biológica (artigo 3º, inciso X). A definição não menciona povos tradicionais específicos, como indígenas ou quilombolas, não excluindo de sua definição todo e qualquer agrupamento que ao longo do tempo passou a viver no interior ou no entorno das florestas públicas.

A definição trazida pela LGFP em 2006 é anterior ao conceito implementado pela Política Nacional de Desenvolvimento Sustentável dos Povos e Comunidades Tradicionais (PNPCT), instituída pelo Decreto 6.040/2007. Avaliando as duas definições, a da LGFP se apresenta mais lacônica em relação àquela disposta pela PNPCT. Nesta, o termo comunidades locais fora deixado de lado, passando-se a adotar a denominação povos e comunidades tradicionais[4] e o conceito fora ampliado para definir grupos culturalmente diferenciados, reconhecidos como tal, com formas próprias de organização social, e que ocupam e usam territórios e recursos naturais condicionadamente à sua reprodução social, cultural, social, religiosa, ancestral e econômica, com o emprego de conhecimentos, inovações e práticas gerados e transmitidos pela tradição (artigo 3º, inciso I, do Decreto 6.040/2007).

E não somente isso, a PNPCT também define os territórios tradicionais como sendo aqueles necessários à reprodução cultural, social e econômica dos povos e comunidades tradicionais, tanto para casos de utilização permanente como para o uso temporário, sendo necessário atender as disposições constitucionais e demais normas aplicáveis nos casos referentes aos povos indígenas e quilombolas (artigo 3º, inciso II).

Na definição contemplada pelo PNPCT, houve um fortalecimento do emprego do termo tradicional, por ser entendido como operativo e atender as reivindicações sociais, além de ser utilizada a expressão comunidades, que é detentora de uma dinâmica de mobilização e está próxima da categoria denominada povos. Enfim, sem que isso significasse um reconhecimento absoluto das demandas de movimentos sociais, deixou-se de usar a expressão populações tradicionais, como na Lei do SNUC.[5]

Representa o conceito da PNPCT diversos sujeitos sociais que aparecem em grupos associados a recursos provenientes da natureza. Esses agrupamentos humanos se referem a povos indígenas e demais povos que desenvolveram seus modos particulares de existência adaptados a nichos ambientais específicos,

4. Em que pese a adoção de terminologia mais ampla pelo PNPCT, optou-se neste estudo por manter o termo comunidades locais utilizado na LGFP, tanto por se tratar de estudo centrado na mencionada lei como por motivos de ordem conceitual que neste mesmo tópico ainda serão demonstrados.

5. ALMEIDA, Alfredo Wagner Berno de. Apresentação. In: SHIRAISHI NETO, Joaquim. **Direito dos povos e das comunidades tradicionais no Brasil:** declarações, convenções internacionais e dispositivos jurídicos definidores de uma política nacional. Manaus: UEA, 2007, p. 14-15.

os quais, com base em exemplos empíricos, consistiriam em comunidades caiçaras, sitiantes e roceiros tradicionais, comunidades quilombolas, comunidades ribeirinhas, pescadores artesanais, grupos extrativistas e indígenas.[6]

Assim, o conceito trazido pelo Decreto 6.040/2007 abre perspectivas, principalmente por não restringir o diálogo sobre os povos e comunidades tradicionais à unidades de conservação e por albergar em sua definições diversos grupos sociais compostos por diferentes culturas e etnias.[7] Outras conceituações foram dadas às populações tradicionais, como na CDB, ratificada no Brasil (Decreto 2.519/1998), na Lei da Mata Atlântica (Lei 11.428/2006) ou por portarias do Ibama. Porém, a reprodução da definição trazida pelo PNPCT na Lei 13.123/2015, que versa sobre o compartilhamento de benefícios advindos da comercialização de produtos elaborados a partir de conhecimentos tradicionais e do patrimônio genético nacional, demonstra a importância do conceito e sua aceitação.

Outro aspecto importante presente na PNPCT é a definição de território tradicional, observado como fundamental para os membros das comunidades locais. Sua essencialidade se extrai de sua condição de elemento caracterizador de grupos tradicionais que dele dependem para sua reprodução física e cultural nas diversas formas de uso e apropriação do espaço.[8]

Não obstante as conceituações, é possível apontar pontos de fragilidade. Por várias vezes, como demonstra Barreto Filho, os grupos sociais afetados pela implantação de áreas protegidas foram defendidos com base em um supostamente científico e técnico argumento de que viveriam em harmonia socioambiental, apesar de cercados pela sociedade de mercado, ao invés de basear o debate em tópicos de direitos humanos e justiça social.[9] Nem sempre os grupos sociais tem práticas socioambientais harmônicas com o ambiente em que estão situados, carecendo-se de implementação de mecanismos que possam assegurar a efetividade normativa de eficiência e racionalidade na exploração dos recursos naturais. Ainda, o autor formulou

---

6. DIEGUES, Antonio Carlos (Org.). **Os saberes tradicionais e a biodiversidade no Brasil**. São Paulo: NUPAUB; USP; PROBIO; MMA; CNPq, 2000, p. 22.

7. CALEGARE, M. G. A.; HIGUCHI, M. I. G.; BRUNO, A. C. dos S. Traditional peoples and communities: from protected areas to the political visibility of social groups having ethnical and collective identity. **Ambiente & Sociedade,** São Paulo, v. XVII, n. 3, p. 115-134, jul./set. 2014, p. 128.

8. LEUZINGER, Márcia Dieguez. **Natureza e cultura:** unidades de conservação de proteção integral e populações tradicionais residentes. Curitiba: Letra da Lei, 2009, p. 218.

9. BARRETO FILHO, Henyo. Traditional Peoples: Introduction to the political ecology critique of a notion. ADAMS, Cristina; MURRIETA, Rui; NEVES, Walter; HARRIS, Mark. Amazon peasant societies in a changing environment: political ecology, invisibility and modernity in the rainforest. Springer: Dordrecht, 2009, p. 116.

algumas críticas à concepção do termo tradicional, responsável por engessar a possível autonomia dos grupos sociais, pois simplificaria a caracterização das comunidades sem traduzir a ênfase que deve ser concedida não somente ao aspecto temporal, mas também espacial. Igualmente, foram levantados problemas com o rótulo de cultural genericamente concedido a estes grupos, o que poderia gerar limitações na classificação devido a alta densidade do termo.[10] Em razão disso, por vezes é possível encontrar critérios de definição destes povos que simplificam a complexidade social das situações encontradas nos diferentes ecossistemas em que residem e impedem uma conceituação abrangente, como o termo comunidade local permite.

Mantém-se, deste modo, a denominação comunidade local, tal como na LGFP, para se referir as comunidades que vivem em florestas públicas ou em seu entorno e delas tiram seu sustento. O conteúdo material que define as comunidades locais não se limita, porém, àquele trazido pela LGFP, pois sua previsão conferida pela PNPCT integra o conceito e o torna, ao mesmo tempo, mais compreensível e detalhado.

Com o passar do tempo, o resguardo das comunidades locais no país, dentre elas aquelas que vivem no interior ou entorno das florestas públicas, foi aumentando com o reconhecimento de convenções e declarações internacionais e com a implementação de legislações específicas brasileiras, como se propõe demonstrar nos próximos tópicos.[11] Atente-se, contudo, que nestas ocasiões são encontradas diversas denominações para as comunidades locais, fruto de um constante processo de mudanças pelo qual o assunto passou.

6.1.2 Reconhecimento Internacional

Internacionalmente, ao longo do tempo as demandas de grupos sociais começaram a tomar força e serem reconhecidas. Em 1966, o Pacto Internacional

10. Ibidem, p. 123-124.

11. Nesse contexto, uma abordagem sociológica como a de Habermas, por exemplo, forneceria aportes para analisar o reconhecimento das comunidades locais a partir de uma leitura do agir comunicativo entre os sujeitos que se entendem no horizonte do mundo da vida (*Lebenswelt*), considerando que o mundo da vida armazena o trabalho de interpretação feito pelas gerações anteriores, compondo um repositório de conhecimentos culturais. Cf. HABERMAS, Jürgen. **Theorie des kommunikativen Handelns:** Handlungsrationalität und gesellschaftliche Rationalisierung. Zweiter Auflage. Frankfurt am Main: Suhrkamp, 1982, p. 107-108, (Band I). Outro ponto de análise a partir de Habermas seria a inclusão das identidades coletivas, com base no reconhecimento das comunidades locais perante o direito sob a ótica dos movimentos de emancipação com objetivos políticos coletivos que se definem, em um primeiro momento, como culturais, embora tenham relações com desigualdades econômicas e dependências políticas. Cf. HABERMAS, Jürgen. **La inclusión del otro:** Estudios de teoría política. Traducción de Juan Carlos Velasco Arroyo y Gerard Vilar Roca. Barcelona: Paidós, 1999, p. 189/198. Maiores aprofundamentos sobre o tema, porém, revelam-se inviáveis neste estudo, pois destoariam da abordagem jurídica realizada.

de Direitos Humanos, Civis e Políticos, no artigo 27, garantiu a proteção de minorias étnicas, religiosas ou linguísticas, de manter sua cultura, professar suas religiões e usar a própria linguagem.[12] No mesmo ano, o Pacto Internacional de Direitos Econômicos, Sociais e Culturais reconheceu a todas as pessoas o direito à autodeterminação, assegurando a livre determinação e a liberdade de alcançar o desenvolvimento econômico, social e cultural.[13]

Em princípio, os dois pactos internacionais mencionados asseguram às pessoas a manutenção da própria cultura. Mesmo assim, a proteção diretamente direcionada às comunidades locais se deu algum tempo depois, como se percebe na Convenção 169 de 1989 da Organização Internacional do Trabalho sobre indígenas e povos tribais, um dos mais expressivos reconhecimentos havidos, na qual consta a preservação do direito destes povos, a proteção de territórios tradicionalmente ocupados e a autodeterminação de identidade.[14]

Houve, também, a consideração das comunidades locais na Convenção sobre a Diversidade Biológica[15], no artigo 8º, item j, onde está previsto o respeito, a preservação e a manutenção do conhecimento, inovações e práticas de indígenas e comunidades locais, a fim de promover sua aplicação com a aprovação e envolvimento dos detentores, inclusive com o compartilhamento dos benefícios.

Na Declaração Rio 92[16], o princípio 22 expressamente menciona o papel das comunidades locais na gestão e desenvolvimento do ambiente em razão de seu conhecimento e práticas tradicionais, com o que os Estados devem reconhecer e prestar suporte a sua identidade, cultura e interesses e propiciar a sua efetiva participação nos objetivos do desenvolvimento sustentável.

12. UNITED NATIONS. International Covenant on Civil and Political Rights. Disponível em: <https://www.ohchr.org/en/professionalinterest/pages/ccpr.aspx>. Acesso em 11 fev 2019.

13. Idem.

14. ITO. Indigenous and Tribal Peoples Convention. Geneva, 27 jun 1989. Disponível em: <https://www.ilo.org/dyn/normlex/en/f?p=NORMLEXPUB:12100:0::NO::P12100_ILO_CODE:C169>. Acesso em 05 fev 2019. No Brasil, o texto da convenção foi aprovado pelo Decreto Legislativo 143/2002 e a Convenção promulgada pelo Decreto 5.051/2004. Interessante notar que Moreira adota uma interpretação extensiva da Convenção 169 da OIT, como instrumento garantidor de uma rede de proteção, sendo observada por um duplo aspecto: pluricompreensivo, pela absorção de várias identidades, e multifacetário, por buscar proteger diferentes direitos humanos de povos e comunidades, cf. MOREIRA, Eliane Cristina Pinto. **Justiça Socioambiental e Direitos Humanos:** uma análise a partir dos direitos territoriais de povos e comunidades tradicionais. Rio de Janeiro: Lumen Juris, 2017, p. 55.

15. ONU. Convention on Biological Diversity. Disponível em: <https://www.cbd.int/doc/legal/cbd-en.pdf>. Acesso em 24 jun 2018. Relembra-se que a convenção foi aprovada pelo Decreto 2.519/1998.

16. ONU. Rio Declaration on Environment and Development. Rio de Janeiro, 1992. Disponível em: <http://www.un-documents.net/rio-dec.htm>. Acesso em: 03 nov 2017.

Ainda, no âmbito da Convenção sobre a Diversidade Biológica, foi acordado o Protocolo de Nagoya sobre Acesso e Repartição de Benefícios[17] em 2010, com o objetivo definido no artigo primeiro de proporcionar uma divisão justa e equitativa dos benefícios provenientes da utilização de recursos e transferência de tecnologias relevantes com a consequente contribuição com a conservação da biodiversidade e o uso sustentável de seus componentes. O protocolo, que até então não foi ratificado no Brasil, buscou dar dinamismo e efetivar o reconhecimento de uma equitativa divisão com as comunidades locais dos benefícios obtidos a partir de seus conhecimentos, inovações e práticas, além de reconhecer o seu papel na conservação da diversidade biológica e no uso sustentável de seus componentes.

Sob o Protocolo de Nagoya, foi aprovado o Strategic Plan for Biodiversity 2011-2020[18] durante o COP 10, conhecido por Aichi Biodiversity Targets, em que o planejamento contou com cinco metas sobre os quais se distribuem vinte objetivos. Dentre eles, o tópico 18[19], aplicável às comunidades locais e indígenas, especifica o respeito ao conhecimento tradicional, inovações e práticas relevantes para a conservação e uso sustentável da biodiversidade e o uso costumeiro de recursos naturais, mencionando se dar o alcance destas medidas por lei nacional e obrigações internacionais, além de assegurar a participação de comunidades locais na implementação da CDB.

No âmbito regional, é possível destacar a Declaração Americana sobre os Direitos dos Povos Indígenas, contando com diversos graus de proteção aos povos indígenas do continente americano e acentuando o critério fundamental da autoidentificação, de forma individual e coletiva, conforme as práticas e instituições próprias de cada povo.[20]

Também regionalmente, com o Acordo de Escazú[21] as comunidades locais passaram a contar com proteção quanto aos direitos ambientais de

---

17. SECRETARIAT of the Convention on Biological Diversity. Nagoya Protocol on Access to Genetic Resources and the Fair and Equitable Sharing of Benefits Arising from their Utilization to the Convention on Biological Diversity : text and annex. Nagoya, 2010. Disponível em: <https://www.cbd.int/abs/doc/protocol/nagoya-protocol-en.pdf>. Acesso em 05 fev 2019.

18. CONVENTION on Biological Diversity. COP 10 Decision X/2. Strategic Plan for Biodiversity 2011-2020. Disponível em: < https://www.cbd.int/decision/cop/?id=12268>. Acesso em 06 fev 2019.

19. No original, em inglês: "By 2020, the traditional knowledge, innovations and practices of indigenous and local communities relevant for the conservation and sustainable use of biodiversity, and their customary use of biological resources, are respected, subject to national legislation and relevant international obligations, and fully integrated and reflected in the implementation of the Convention with the full and effective participation of indigenous and local communities, at all relevant levels".

20. OEA. Declaración Americana sobre los Derechos de los Pueblos Indígenas. Santo Domingo, 2016. Disponível em: <http://www.oas.org/es/sadye/documentos/res-2888-16-es.pdf>. Acesso em 01 mai 2020.

21. United Nations. Regional Agreement on Access to Information, Public Participation and Justice in Environmental Matters in Latin America and the Caribbean. Escazú, 2018. Disponível em: <https://repositorio.

acesso à informação, participação pública e acesso à justiça ali previstos, inclusive com a possibilidade de serem incluídas como pessoas ou grupos em situações de vulnerabilidade, ou seja, pessoas ou grupos que sofrem dificuldades em exercer completamente os direitos de acesso reconhecidos no acordo devido as circunstâncias ou condições presentes no contexto do Estado membro, conforme definição do artigo 2º, (e).[22] E, mais especificamente, no artigo 5º, (4), o acordo determina que no âmbito do direito de acesso à informação, deverão os Estados garantir às comunidades indígenas e grupos étnicos o recebimento de assistência no preparo de suas demandas e na obtenção de respostas. Ainda, no artigo 7º, (15), foi estabelecido que na implementação do acordo cada Estado parte deverá garantir que suas obrigações provenientes da legislação doméstica e internacional em relação aos direitos indígenas e comunidades locais sejam observadas. Além dessas disposições, em se considerando os objetivos do acordo em implementar os direitos ambientais de acesso à informação, participação pública e acesso à justiça, as normas nele inseridas não deixam de favorecer, mesmo que sem mencionar diretamente, as comunidades locais.[23]

Percebe-se, com o aumento no decorrer do tempo de reconhecimentos vinculados às comunidades locais, que em períodos mais antigos a criação de áreas protegidas ocorria pelos fins específicos de conservação da natureza, desconsiderando as pessoas que poderia ser afetadas, sendo que somente após vários anos, inclusive envolvendo conflitos com os moradores destas áreas, que sua participação passou a ser considerada.[24] Como apontado por Phillips, a partir dos anos 1980 é que as pessoas passaram a ser consideradas no espectro conservacionista, sendo que somente após os anos 1970 os grupos de comunidades locais, como os indígenas, passaram a organizar politicamente sua força.[25]

---

cepal.org/bitstream/handle/11362/43583/1/S1800428_en.pdf>. Acesso em 11 abr 2020. Reitere-se que, como abordado no tópico 2.1.2, o Acordo de Escazú ainda não foi ratificado pelo Brasil.

22. Contudo, de se destacar que isso não significa dizer que as comunidades locais serão sempre presumivelmente consideradas vulneráveis.

23. São exemplos disso o artigo 7º, (10), sobre os deveres dos Estados partes de criarem condições favoráveis de participação pública por meio de adaptações que considerem as características sociais, econômicas, culturais, geográficas e de gênero do público, assim como no artigo 7º, (11), correspondente ao dever da autoridade pública de prover meios de compreensão e participação de públicos que tenham como idioma principal um idioma diverso do oficial.

24. CALEGARE, M. G. A.; HIGUCHI, M. I. G.; BRUNO, A. C. dos S. Traditional peoples and communities: from protected areas to the political visibility of social groups having ethnical and collective identity. **Ambiente & Sociedade,** São Paulo, v. XVII, n. 3, p. 115-134, jul./set. 2014, p. 119.

25. PHILLIPS, Adrian. Turning ideas on their head: the new paradigma for protected areas. **The George White FORUM,** v. 20, n. 2, p. 8-32, 2003, p. 12/18.

Um exemplo de previsão de áreas protegidas que tem interação com comunidades locais está localizado no Guidelines for Applying Protected Area Management Categories elaborado pela IUCN, em que a categoria V de área protegida em paisagens terrestres ou marítimas, caracterizada pela interação entre as pessoas e a natureza legal, refere-se a uma área distinta com significante valor ecológico, biológico, cultural e cênico, sendo vital a salvaguarda da integridade desta interação para a proteção e segurança do local. E a categoria VI direciona-se à conservação de ecossistemas e habitats junto de valores culturais associados e meios tradicionais de exploração de recursos naturais.[26]

Essas mudanças ocorridas apontaram para um novo modelo legal de áreas protegidas, mais preocupado com as pessoas, que passou por uma reconsideração das comunidades locais, contando com uma renovada perspectiva de políticos e do público em geral, além de uma reorientação de políticas de assistência para integrar áreas protegidas na perspectiva de estratégias e projetos de redução de pobreza. Dentre os principais fatores que desenvolveram essas mudanças no olhar sobre a conservação e gerenciamento de recursos naturais estão o desenvolvimento científico, o despertar social e cultural, o conhecimento de direitos humanos, os desenvolvimentos políticos, os desenvolvimentos gerais, as práticas de gerenciamento, os avanços tecnológicos e as forças econômicas.[27]

Não se pode, porém, deixar de reconhecer que as comunidades locais nem sempre detém tradições responsáveis no uso de recursos naturais[28], com o que se destaca a importância de que não seja enfatizado tão somente o direito a uma exploração de recursos naturais pelas comunidades, mas que se implemente, igualmente, o manejo sustentável destes recursos.

Afora isso, não se exclui, com o reconhecimento de áreas protegidas que abarcam o gerenciamento de recursos naturais por comunidade locais, a existência e importância de outras formas de proteção de natureza, inclusive mediante criação de áreas que não estejam associadas ao uso direto de seus recursos. A viabilização dos diversos modos de proteção ambiental quando da criação de espaços protegidos previstos legalmente não deixa de atender as diversas demandas sociais que em larga escala se disseminaram e deve

26. DUDLEY, Nigel. **Guidelines for applying protected área management categories.** Gland: IUCN, 2008, p. 22/20.

27. PHILLIPS, Adrian. Turning ideas on their head: the new paradigma for protected areas. **The George White FORUM,** v. 20, n. 2, p. 8-32, 2003, p. 20-21.

28. Ibidem, p. 23.

considerar, em seu âmago, por intermédio de estudos econômicos, sociais e técnicos, as condições para instituição de áreas que permitam ou não a exploração de recursos.

As comunidades locais, principalmente a partir dos anos 1980, conquistaram espaço nas demandas políticas a respeito da exploração de recursos naturais e foram incluídas no debate internacional sobre a criação de espaços protegidos. A relação entre o desenvolvimento de políticas ambientais que contam com a consideração das pessoas afetadas por viverem no entorno ou interior de áreas a serem protegidas e o aumento de segurança internacional das comunidades locais culminou na proteção do conhecimento tradicional associado e na defesa de uma divisão equitativa dos benefícios, como instituído pelo Protocolo de Nagoya.

6.1.3 Proteção jurídica das comunidades locais no Brasil

Assim como ocorreu no cenário internacional, a proteção jurídica de comunidades locais no Brasil seguiu a uma expansão de movimentos sociais que reivindicavam direitos para as essas comunidades. Posteriormente, albergadas juridicamente, as comunidades locais foram incluídas no palco das decisões sobre as políticas ambientais, ocasião em que passaram a contar com maiores considerações.

A aproximação relacional entre ambiente e os conflitos provenientes de demandas sociais atribuiu novos significados à compreensão da natureza e das políticas a ela associadas, servindo o emprego de novas expressões como desenvolvimento local sustentável e participação comunitária como adjetivos no discurso de diversas entidades multilaterais e nos aparatos governamentais, além de ter se formado uma compreensão ampliada dos conflitos socioambientais nas agendas oficiais.[29] Por isso, as comunidades locais passaram a assumir protagonismo com a proposição de demandadas por direitos associados aos cenários de disputas socioambientais, os quais estão situados em cruzamentos de agendas sociais, ambientais e culturais, como são os casos dos direitos territoriais, do respeito à diversidade cultural e de identidade, da proteção aos modos de vida das comunidades locais e da defesa dos conhecimentos tradicionais.[30]

---

29. ALMEIDA, Alfredo Wagner Berno de. Apresentação. In: SHIRAISHI NETO, Joaquim. **Direito dos povos e das comunidades tradicionais no Brasil:** declarações, convenções internacionais e dispositivos jurídicos definidores de uma política nacional. Manaus: UEA, 2007, p. 12-13.

30. MOREIRA, Eliane Cristina Pinto. **Justiça Socioambiental e Direitos Humanos:** uma análise a partir dos direitos territoriais de povos e comunidades tradicionais. Rio de Janeiro: Lumen Juris, 2017, p. 17/21.

Atualmente vigentes no sistema jurídico brasileiro, existem dispositivos normativos que proporcionam bases para o reconhecimento e consideração das comunidades locais. Este é o caso da proteção das manifestações culturais populares prevista no artigo 215, §1º, da Constituição, de onde se extraem diretrizes por apoio e incentivo, mas igualmente, por proteção e ações positivas de defesa, valorização e difusão.[31]

Também na Constituição, o artigo 216 estabelece a composição do patrimônio cultural brasileiro, formado por bens materiais e imateriais, que detém referências à identidade, à ação e à memória dos diferentes grupos estruturantes da sociedade brasileira. A respeito disso, os bens culturais, que são divididos entre bens públicos e privados implicam, em razão de sua natureza, em um interesse público que dá causa ao reconhecimento coletivo da sua necessária preservação.[32]

Como a tradição é um dos componentes que leva ao reconhecimento das comunidades locais que desenvolvem uma relação cultural com o ambiente em que estão situadas, a proteção constitucional do patrimônio cultural brasileiro inclui a ponderação dos interesses socioambientais destes agrupamentos humanos. Apesar disso, como destacado por Benatti, houve uma prevalência da proteção natural sobre a cultura, mormente na criação de unidades de conservação[33], razão pela qual é importante considerar o aspecto cultural relacionado às comunidades residentes como parte integrante da tutela a elas dirigidas.

A proteção de valores tangíveis e intangíveis presentes no encontro entre a natureza e a população em ambientes naturais está albergada como patrimônio cultural, em que os conhecimentos tradicionais, igual como todo o conhecimento, são caracterizados como bens culturais[34] e remetem a um dos aspectos de proteção das comunidades locais. A esse respeito, destaca-se a compreensão do ambiente cultural como uma das dimensões do direito fundamental ao ambiente. Como esclarece Marchesan, o desenvolvimento de uma qualidade de vida, a ter por base o artigo 193 da Constituição e a sua

31. SILVA, José Afonso. **Comentário contextual à Constituição**. 2 ed. São Paulo: Malheiros Editores, 2006, p. 805.

32. SOUZA FILHO, Carlos Frederico Marés. **Bens culturais e proteção jurídica.** Porto Alegre: UE/Porto Alegre, 1997, p. 16.

33. BENATTI, José Heder. Unidades de conservação e as populações tradicionais: uma análise jurídica da realidade brasileira. **Novos Cadernos NAEA,** v. 2, n. 2, p. 107- 125, dez. 1999, p. 118.

34. SOUZA FILHO, Carlos Frederico Marés de. Conhecimentos tradicionais como bem cultural. In: SCHIOCCET, Thaysa; SOUZA FILHO, Carlos Frederico Marés de. **Direito, biotecnologia e sociedades tradicionais.** Curitiba: Juruá, 2014, p. 154/166.

priorização do bem-estar, impõe o desenvolvimento de um ambiente sadio e ecologicamente equilibrado com uma junção de três dimensões ambientais: a cultural, a natural e a artificial.[35]

Os saberes tradicionais e as comunidades locais em geral não somente remetem ao bem cultural protegido juridicamente e à sua específica preservação pelo direito fundamental ao ambiente em sua vertente cultural, pois estão diretamente associados, de igual forma, à manutenção da biodiversidade dos ecossistemas, principalmente por serem os conhecimentos tradicionais um resultado de uma co-evolução entre as comunidades locais e os ambientes naturais que permitiu a conservação do equilíbrio existente entre ambos.[36] Sendo assim, é também uma questão de proteção do ambiente natural, como está assentado constitucionalmente no artigo 225 e em toda a sua estrutura normativa.

Não se quer com isso dizer que de modo corolário toda comunidade local tenha tradicionalmente usado os recursos naturais com responsabilidade e adequação[37], sendo importante que se assegurem práticas de manejo sustentável quando da tomada de decisões que garantam a exploração de recursos naturais de determinadas áreas às comunidades. Porém, é também possível afirmar que ao longo do tempo e das demandas sociais, foi sendo agregada no contexto dos espaços protegidos uma abordagem inclusiva, em que as comunidades locais são tidas como importantes parceiras na conservação ambiental.

Além da previsão no texto constitucional sobre a proteção do patrimônio cultural e do ambiente consta, ainda, o reconhecimento de direitos específicos dos povos indígenas e quilombolas.

Aos índios, foram reconhecidos sua organização social, costumes, línguas, crenças e tradições, além de direitos originários sobre terras tradicionalmente

35. MARCHESAN, Ana Maria Moreira. **A tutela do patrimônio cultural sob o enfoque do Direito Ambiental.** Porto Alegre: Livraria do Advogado, 2007, p. 94/99. Embora a proposta da autora seja de uma harmonização dessas dimensões, tendo em vista suas conclusões no sentido de que a fragmentação dos valores associados a qualidade de vida não apresentariam ganhos aos bens ambientais de qualquer dimensão, não se pode deixar de considerar que por vezes as dimensões apontadas apesentam uma ordem de conflitos, como o que se observa notadamente nas discussões que envolvem a continuidade de práticas culturais de um lado e, de outro, a proteção do ambiente natural, cabendo em cada situação uma análise fática e jurídica que atenda aos postulados constitucionais e infraconstitucionais aplicáveis. Por fim, além das três dimensões apontadas, há que se considerar uma quarta, referente o ambiente de trabalho.

36. DIEGUES, Antonio Carlos (Org.). **Os saberes tradicionais e a biodiversidade no Brasil.** São Paulo: NUPAUB; USP; PROBIO; MMA; CNPq, 2000, p. 15.

37. PHILLIPS, Adrian. Turning ideas on their head: the new paradigm for protected areas. **The George White FORUM,** v. 20, n. 2, p. 8-32, 2003, p. 23.

ocupadas (artigo 231). A propriedade das terras indígenas pertencem à União (artigo 20, XI), garantindo-se aos índios a posse permanente e o usufruto das riquezas do solo, rios e lagos existentes (artigo 231, §2º). Para que seja possível o aproveitamento de recursos hídricos, pesquisa e lavra de riquezas minerais em terras indígenas, é imprescindível a autorização do Congresso Nacional, após serem ouvidas as comunidades afetadas (artigo 231, §3º).

E às comunidades de quilombolas que estivessem ocupando suas terras foi reconhecida a propriedade definitiva, com a emissão de títulos pelo Estado (artigo 68, do ADCT).

Na sistematização realizada pela Lei do SNUC, foram destinadas unidades de conservação especificamente para acomodar as exigências ambientais e as demandas sociais de determinadas comunidades locais. É o caso da Reserva Extrativista para populações extrativistas tradicionais (artigo 18) e da Reserva de Desenvolvimento Sustentável para as populações tradicionais (artigo 20).[38] Na mesma lei é resguardado o direito de, caso criadas unidades de conservação que não permitam a permanência de comunidades locais, sejam elas indenizadas ou compensadas pelas benfeitorias existentes e realocadas pelo poder público em locais e condições acordados (artigo 42).

A LGFP, por tratar da gestão de florestas públicas, coloca a posição das comunidades locais como gestoras, em uma das modalidades, abrindo diversas possibilidades jurídicas para que isso ocorra. Ao longo do texto legal, existem permissões específicas para que as comunidades locais possam explorar os recursos florestais, inclusive existindo como princípio na LGFP o direito delas acessarem as florestas públicas e os benefícios provenientes de seu uso e conservação (artigo 2º, inciso III), tratando-se de norma que interage com o restante do texto legal e influencia as demais formas de gestão, especificamente a gestão direta e a concessão florestal.

Como anteriormente mencionado (tópico 6.1.1), o PNPCT trouxe as definições de comunidades locais (no decreto referidas como povos e comunidades tradicionais) e dos territórios tradicionais. Os pressupostos principiológicos adotados especificamente no anexo que compõe o PNCPT são vários, dentre os quais se destacam, pelas razões do tema estudado, o reconhecimento, a valorização e o respeito à diversidade socioambiental e cultural das comunidades locais (artigo 1º, inciso I) e o desenvolvimento sustentável como promoção da melhoria da qualidade de vida das comunidades locais (artigo 1º, inciso V). Outros princípios previstos estão associados

38. As mencionadas unidades de conservação foram detalhadas no tópico 3.4.2.2.

às propostas nucleares ali contidas, não se olvidando de sua importância para uma interpretação conjunta do PNPCT. Porém, é a partir desses dois princípios que se tem as linhas diretivas do objetivo geral do PNPCT de promoção do desenvolvimento sustentável de comunidades locais, com destaque aos seus direitos territoriais, sociais, ambientais, econômicos e culturais, considerando a valorização de sua identidade, formas de organização e instituições (artigo 2º).

A Lei 13.123/2015 considera diretamente as comunidades locais ao dispor sobre bens, direitos e obrigações relativos ao acesso ao patrimônio genético brasileiro e ao conhecimento tradicional associado, assim entendidas as informações ou práticas das comunidades locais sobre propriedades e usos diretos ou indiretos associados ao patrimônio genético, conforme definição que consta no artigo 2º, inciso II. Não tendo sido ratificado no país o Protocolo de Nagoya, esta lei assume importância fundamental ao dispor sobre o tema. A norma protege especificamente o patrimônio genético (constitucionalmente assegurado no artigo 225, §1º, inciso II) e, também, o conhecimento tradicional, associado ao patrimônio cultural (artigo 215, da Constituição), com potencial para fornecer informações para embasar a confecção de diversos produtos, dando ensejo ao compartilhamento de benefícios.

Principalmente a partir dos anos 1990, após a convenção 169/1989 da OIT e a aprovação da CDB, aumentou consideravelmente o número de normas de reconhecimento de direitos específicos de comunidades locais. Ainda, embora tenham sido mencionadas algumas das principais legislações a respeito do tema, existem outras, servindo de exemplo as normas específicas que posteriormente foram condensadas no bojo da Lei do SNUC, como é o caso do Decreto 98.897/1990, que instituiu as Reservas Extrativistas.

Portanto, é significativo o número de legislações voltadas às comunidades locais, estando a LGFP alinhada a essa questão, o que se evidencia tanto com base na perspectiva internacional como em relação a proteção jurídica doméstica.

6.2 DESTINAÇÃO ÀS COMUNIDADES LOCAIS

Compreendidas as comunidades locais, com a consideração do pálio jurídico que as envolve e os aspectos inerentes ao contexto socioambiental em que estão inseridas, passa-se a delimitar em que consiste a destinação a elas das florestas públicas, que é uma das formas de gestão previstas na LGFP.

As possibilidades de destinação das florestas públicas às comunidades locais são aquelas previstas nos incisos I, II e III do artigo 6º da LGFP, além da regularização de posse de áreas ocupadas ou utilizadas por estas comunidades, conforme previsão do §3º, também do artigo 6º.

Além das formas de destinação às comunidades locais ou da indicação de outras legislações aplicáveis para este intento, essa forma de gestão florestal atende a algumas nuances específicas, servindo como ferramentas de resguardo do direito das comunidades, como é o caso da prevalência de sua identificação antes de realização de concessões florestais. Essa questão será adiante estudada juntamente com a regulação específica de diversas formas de destinação das glebas florestais às comunidades locais.

6.2.1 Da destinação como condição prévia para as concessões florestais

Revela-se como verdadeira questão de ordem a imposição contida no artigo 6º da LGFP de que antes de serem realizadas as concessões florestais previstas no mesmo diploma legal, deverão ser identificadas as florestas públicas ocupadas ou utilizadas por comunidades locais para que a elas sejam destinadas.

De se destacar que no citado texto legal é prevista a identificação de comunidades locais que estejam ocupando ou utilizando as florestas públicas, de forma a contemplar, na mesma disposição, tanto as comunidades residentes em florestas públicas, como as comunidades localizadas no entorno das florestas e que delas extraiam recursos naturais ou as utilizem por outros motivos físicos ou culturais.

Disso decorre que na destinação de florestas públicas às comunidades locais reside uma conexão entre o direcionamento da gestão florestal e a regularização fundiária[39] da área, sem que isso implique necessariamente na transmissão da propriedade pública em questão. Há ocasiões, porém, em que alguma comunidade utilize a floresta pública para explorar recursos florestais ou devido a outras circunstâncias agregadas a questões culturais e físicas, sem que esse direito seja concretizado mediante uma regularização fundiária, como possibilita o artigo 6º, §3º da LGFP.[40]

39. Mesmo havendo quem defenda a diferença entre os termos legitimação fundiária e regularização fundiária, neste estudo serão ambos vistos como expressões sinônimas, em que a diferença ocorreria somente na sistemática legal de reconhecimento do direito de regularização fundiária. Cf. ROCHA, Ibraim; TRECCANI, Girolamo D.; BENATTI, José Heder; HABER, Lilian Mendes; CHAVES, Rogério Arthur Friza. **Manual de direito agrário constitucional:** lições de direito agroambiental. 2 ed. Belo Horizonte: Fórum, 2015.

40. ROCHA, Ibraim. Código florestal e exploração florestal. **Revista de Direito Ambiental,** v. 18, n. 71, p. 175-216, jul./set. 2013, p. 203-204. Seriam casos associados à tradição da comunidade local, como atividades

As normas referentes a destinação de florestas públicas às comunidades locais instrumentaliza o princípio do acesso das comunidades locais às florestas públicas e aos benefícios provenientes de seu uso e conservação (artigo 2º, inciso III da LGFP), bem como corresponde ao amplo reconhecimento de direitos concedidos às comunidades locais que vivem no interior ou no entorno de florestas públicas. Por esses motivos, o Plano Anual de Outorga Florestal exclui terras indígenas e áreas ocupadas por comunidades locais (artigo 11, inciso IV)[41]. A LGFP também exclui das concessões os produtos de uso tradicional e de subsistências de comunidades locais (artigo 17).

Entende-se que por força do mencionado princípio da LGFP que assegura o acesso das comunidades locais às florestas públicas, a sua identificação nos moldes previstos pelo artigo 6º deve ocorrer não somente como questão prévia às concessões florestais, mas também, quando for o caso, da gestão direta de florestas públicas. Até mesmo porque, considerando que a gestão direta depende da criação de Florestas Nacionais, já prevê o artigo 17, que regulamenta esta modalidade de unidade de conservação na Lei do SNUC, a admissão da permanência de populações tradicionais que habitavam o local quando da criação da área protegida, cabendo, nos termos do artigo 2º, inciso III, do Decreto 4.340/2002, a indicação das comunidades residentes no ato de criação.

Portanto, referida questão de ordem que resguarda o direito das comunidades locais de ocuparem ou utilizarem as florestas pública se coloca ante a implementação da gestão direta pelo poder público e das concessões florestais. Com a efetivação deste comando de ordem estabelecida previamente à gestão direta e às concessões florestais, assumem protagonismo as diversas possibilidades de destinação às comunidades locais das florestas públicas.

6.2.2 Criação de Reservas Extrativistas e Reservas de Desenvolvimento Sustentável

A primeira forma de destinação às comunidades locais prevista pela LFGP é a de criação de unidades de conservação da modalidade Reserva Extrativista e Reserva de Desenvolvimento Sustentável (artigo 6º, inciso I), remetendo aos requisitos da Lei 9.985/2000.

---

de pesca, caça, realização de cultos religiosos, enfim, situações que estejam associadas à reprodução física e cultural da comunidade.

41. O Plano Anual de Outorga Florestal é estudado no tópico 7.2.

Essas categorias de unidades de conservação, que foram mencionadas anteriormente (tópico 3.4.2.2), pertencem ao grupo de unidades de uso sustentável, justamente pelo objetivo de compatibilizar a conservação do ambiente com a utilização sustentável dos recursos naturais. Assim, serve a escolha legislada na LGFP como meio de contemplar o acesso das comunidades locais aos recursos florestais e a permissão para que residam no interior de florestas públicas.

Especificamente, como estabelece a Lei do SNUC, a Reserva Extrativista compõe área utilizada por comunidades extrativistas tradicionais que vivem do extrativismo e complementarmente pela agricultura de subsistência e criação de animais de pequeno porte (artigo 18) e a Reserva de Desenvolvimento Sustentável abriga comunidades tradicionais que vivem de meios sustentáveis de exploração de recursos naturais que foram desenvolvidos ao longo de gerações e adaptados aos atributos ambientais regionais (artigo 20).

Para a criação específica dessas unidades de conservação, é imprescindível observar as características próprias de cada uma das comunidades locais que podem estar abrangidas na região, a fim de atender ao devido enquadramento de determinada comunidade com a respectiva unidade de conservação, uma vez que existem diferenças claras entre as duas modalidades previstas.

Nas Reservas Extrativistas, originalmente concebidas pelo Decreto 98.897/1990, há o intuito de conciliar a proteção ambiental com a sobrevivência física e cultural dessas comunidades, dentre elas figurando, por exemplo, os castanheiros, seringueiros e babaçueiros[42]. Embora seja permitida no interior das unidades de conservação a complementaridade pela agricultura ou a criação de animais de pequeno porte, as comunidades sobrevivem fundamentalmente do extrativismo, caracterizado como sendo o apanho, captura ou extração de produtos de origem vegetal ou animal e que não foram tratados ou cultivados antes da sua obtenção.[43]. Se no âmbito geral a atividade extrativa pode ser principal ou acessória, conforme o grau de projeção que possua em relação às demais atividades realizadas no local[44], nas Reservas Extrativistas o extrativismo será sempre a atividade principal.

As Reservas de Desenvolvimento Sustentável, em que pese já existissem anteriormente, eram legisladas a nível local e não federal, onde somente

---

42. LEUZINGER, Márcia Dieguez. **Natureza e cultura:** unidades de conservação de proteção integral e populações tradicionais residentes. Curitiba: Letra da Lei, 2009, p. 149-150.
43. LARANJEIRA, Raymundo. **Propedêutica do direito agrário.** 2 ed. São Paulo: LTr, 1981, p. 70.
44. HIRONAKA, Giselda Maria Fernandes Novaes. **Atividade agrária e proteção ambiental:** simbiose possível. São Paulo: Cultural Paulista, 1997, p. 46.

foram introduzidas por intermédio da Lei do SNUC e sob a influência da Reserva de Desenvolvimento Sustentável de Mamirauá, criada pelo Estado do Amazonas em 1996[45]. Em seu interior, ampliando o escopo das Reservas Extrativistas, é possível o desenvolvimento de várias atividades que garantam a sobrevivência em condições dignas dos povos que as habitam[46], sem que o extrativismo seja a principal delas.

De um lado, as Reservas Extrativistas se destinam às comunidades que sobrevivem, principalmente, em função do extrativismo, ao ponto que as Reservas de Desenvolvimento Sustentável alargam esta possibilidade para abranger, de um modo geral, outras comunidades que dependam da utilização de recursos naturais para sua subsistência e manutenção cultural.[47]

Em ambas as unidades de conservação, a área protegida integra o domínio público (artigo 18, §1º e 20, §3º da Lei do SNUC), havendo exceção de, em caso de compatibilidade, serem incluídas, no interior de Reservas de Desenvolvimento Sustentável, áreas privadas. Com isso, as áreas no interior das Reservas Extrativistas serão sempre de domínio público, enquanto que, excepcionalmente, podem existir áreas privadas compatíveis dentro de Reservas de Desenvolvimento Sustentável. No entanto, como a LGFP trata apenas sobre florestas públicas, é presumível que ambas as unidades de conservação conteriam apenas áreas de domínio público, por serem criadas sobre florestas públicas, exceto se a criação de uma Reserva de Desenvolvimento Sustentável fosse realizada atingindo, para além das fronteiras de uma floresta pública, áreas privadas compatíveis com a unidade de conservação.

6.2.2.1 Contrato de concessão de direito real de uso

Como as áreas no interior de Reservas Extrativistas e de Reservas de Desenvolvimento Sustentável criadas dentro de florestas públicas são de domínio público, é necessário que seja realizado seu encaminhamento às comunidades locais, para que elas detenham a posse e lhes seja permitida a

---

45. WIEDMANN, Sonia Maria Pereira. Reserva de Desenvolvimento Sustentável – RDS. In: BENJAMIN, Antônio Herman Benjamin. **Direito ambiental das áreas protegidas:** o regime jurídico das unidades de conservação. Rio de Janeiro: Forense Universitária, 2001, p. 448.

46. FIGUEIREDO, Guilherme José Purvin de; RODRIGUES, José Eduardo Ramos. Apontamentos sobre a Reserva de Desenvolvimento Sustentável à luz do conceito trazido pelo Relatório Brundtland. In: BENJAMIN, Antônio Herman Benjamin. **Direito ambiental das áreas protegidas:** o regime jurídico das unidades de conservação. Rio de Janeiro: Forense Universitária, 2001, p. 443.

47. LEUZINGER, Márcia Dieguez. **Natureza e cultura:** unidades de conservação de proteção integral e populações tradicionais residentes. Curitiba: Letra da Lei, 2009, p. 155.

utilização. Conforme determina a Lei do SNUC, essa destinação se dá por meio de contrato (artigo 23).

O contrato específico para que seja formalizada a regulação da posse e utilização das áreas públicas no interior dessas unidades de conservação é o contrato de concessão de direito real de uso.[48] É o que se depreende do artigo 23, §2º, inciso III, da Lei do SNUC, ao mencionar que o uso de recursos naturais pelas comunidades deverá observar as disposições contidas não somente na legislação e no Plano de Manejo, mas também no contrato de concessão de direito real de uso. Ainda, o Decreto 4.340/2002, que regulamenta a Lei do SNUC, igualmente faz menção ao contrato de concessão de direito real de uso (artigo 13).

As comunidades que detém a concessão de direito real de uso são obrigadas, por força do artigo 23, §1º, da Lei do SNUC, a participar da preservação, recuperação, defesa e manutenção da unidade de conservação sobre a qual exercem suas atividades.

Para a utilização dos recursos naturais pelas comunidades, devem ser observadas, igualmente, nos termos do artigo 23, §2º, a proibição do uso de espécies que estejam ameaçadas de extinção no local e de práticas que danifiquem seus habitats (inciso I), a proibição de práticas ou atividades que sejam opostas a regeneração natural dos ecossistemas (inciso II) e as normas estabelecidas legalmente, no Plano de Manejo e no próprio contrato de concessão de direito real de uso (inciso III).

O contrato de concessão de direito real de uso que regulariza a situação fundiária da unidade de conservação poderá ser assinado por uma associação de moradores constituída legalmente que represente todos os moradores da área protegida que estejam incluídos no contexto das comunidades locais, mas também é possível a contratação individual.[49]

Por fim, nos termos do artigo 13 da Lei do SNUC, o contrato deve estar em conformidade com o plano de manejo da unidade de conservação, sem prejuízo de sua revisão quando necessário. Como o plano de manejo pode ser concluído posteriormente à concessão de direito real de uso, a revisão

---

48. Assim também entendem autores sobre o tema como, por exemplo: BENATTI, José Heder. Unidades de conservação e as populações tradicionais: uma análise jurídica da realidade brasileira. **Novos Cadernos NAEA,** v. 2, n. 2, p. 107- 125, dez. 1999, p. 121; LEUZINGER, Márcia Dieguez. **Natureza e cultura:** unidades de conservação de proteção integral e populações tradicionais residentes. Curitiba: Letra da Lei, 2009, p. 149; GRANZIERA, Maria Luiza Machado. Mecanismos de efetividade da lei sobre florestas públicas. **Revista de Direito Ambiental,** v. 13, n. 49, p. 201-216, jan./mar. 2008, p. 205.

49. BENATTI, José Heder. Unidades de conservação e as populações tradicionais: uma análise jurídica da realidade brasileira. **Novos Cadernos NAEA,** v. 2, n. 2, p. 107- 125, dez. 1999, p. 121.

constitui o meio hábil para possibilitar a adequação das cláusulas contratuais ao superveniente plano de manejo.

6.2.2.2 Termo de compromisso

Além do contrato de concessão de direito real de uso, entre a comunidade beneficiária da unidade de conservação e o órgão gestor da respectiva unidade é estabelecido e firmado um termo de compromisso, que assim como o contrato, deve estar de acordo com o plano de manejo, cabendo sua revisão se necessário (artigo 13 da Lei do SNUC).

Conforme a Instrução Normativa 03/2007 do ICMBio, o termo de compromisso é composto pelo cadastro da comunidade beneficiária e pelo plano de utilização (artigo 18). Sendo que o plano de utilização consiste, nos termos do artigo 6º, inciso III, da Instrução Normativa 01/2007, também do ICMBio, nas normas internamente construídas, definidas e compactuadas pela comunidade da unidade de conservação, a respeito das atividades tradicionalmente praticadas, do manejo dos recursos naturais e do uso e ocupação da área, além da conservação ambiental, e serve como documento base para a elaboração do termo de compromisso.

Em conformidade com a Instrução Normativa 01/2007, o plano de utilização integra o plano de manejo da unidade de conservação (artigo 5º, inciso IV, alínea c), podendo inclusive ser formulado anteriormente a este, devendo ao final ser nele incluído (artigo 17).

Importante considerar que o então estudado termo de compromisso, que serve como um dos instrumentos necessários à regularização fundiária das comunidades e especifica, pelo plano de utilização, as regras internas que envolvem o manejo dos recursos naturais, não se confunde com outro termo de compromisso mencionado no artigo 39 do Decreto 4.340/2002, voltado à regulação da permanência provisória de povos tradicionais em unidades de conservação que não admitem sua permanência até o ulterior reassentamento.

Ao passo que o contrato de concessão de direito real de uso pode ser firmado unitariamente por associação legal da comunidade local ou individualmente por cada um dos moradores, o termo de compromisso deve ser de concordância geral da comunidade em razão de sua própria natureza única, como se extrai da característica de que se dota o plano de utilização como detentor de normas estabelecidas internamente na comunidade, razão pela qual ele é singular.[50]

50. Idem.

6.2.3 Projetos de Assentamento Florestal, de Desenvolvimento Sustentável, Agroextrativistas e similares

A LGFP prevê como forma de destinação das florestas públicas às comunidades locais, no artigo 6º, inciso II, a concessão de uso viabilizada por Projetos de Assentamento Florestal, de Desenvolvimento Sustentável, Agroextrativistas, além de outros que existam ou venham a existir e guardem relação com a gestão de florestas públicas.

Essa forma de destinação está relacionada aos preceitos da reforma agrária, tanto é que a lei expressamente menciona, ainda no inciso II do artigo 6º, que essa modalidade de destinação atenderá aos termos do artigo 189 da Constituição e às diretrizes do Programa Nacional de Reforma Agrária.

A partir disso, é notável que além de contemplar vários ramos do Direito, especialmente o direito administrativo e o direito ambiental, a LGFP igualmente se relaciona com normas do direito agrário, como se depreende da conexão dos princípios da LGFP com a função socioambiental da propriedade rural, bem como das normas que regem a destinação das florestas públicas às comunidades locais mediante institutos da reforma agrária. Assim, as disposições da LGFP e o direito agrário se inter-relacionam[51], como se poderá observar com maiores detalhes ao longo deste tópico.

Transitando essa forma de destinação sobre as normas concernentes à reforma agrária, este será o primeiro assunto a ser considerado para, posteriormente, ser possível ingressar nas modalidades de assentamentos previstas pela LGFP que compreendem os Projetos de Assentamento Agroextrativista, de Desenvolvimento Sustentável e Florestal, como discriminado em lei (artigo 6º, inciso II). São estes os projetos que receberão consideração especial neste tópico, tanto por serem previstos expressamente, como por contarem com o rótulo específico de assentamentos ambientalmente diferenciados (artigo 10 do Decreto 9.311/2018).

Além dessas modalidades, a lei abre margem para aplicação de outros projetos de assentamento nela não descritos, possibilitando a inclusão de modalidades de assentamento que venham a surgir. No entanto, é oportuno destacar, entende-se que os projetos de assentamento a serem realizados para destinação de florestas públicas às comunidades locais que nelas ou delas vivam devem atender aos preceitos contidos na LGFP e, portanto, estarem afinados sobretudo com a exploração racional das florestas (artigo 2º, inciso

51. MARQUES, B. F. Nuanças de agrariedade nas concessões de florestas públicas. **Revista de Informação Legislativa,** Brasília, v. 45, n. 177, p. 159-170, jan./mar. 2008, p. 160-161.

II), além de toda base normativa da mencionada lei e demais preceitos que protegem o ambiente.

6.2.3.1 Reforma agrária e assentamentos ambientalmente diferenciados

A reforma agrária está prevista na Constituição no Título VII, denominado Da Ordem Econômica e Financeira, o que dimensiona o tema ao direito econômico público e, por consequência, deixa-o preordenado aos fins da dignidade da pessoa humana e da justiça social previstos no artigo 170.[52] As normas constitucionais aplicáveis ao procedimento da reforma agrária estão previstas entre os artigos 184 e 191. Ao longo destes artigos que dizem respeito à política agrícola e fundiária e à reforma agrária, estão as disposições sobre a desapropriação para fins da reforma agrária (artigos 184 e 185), função social da propriedade rural (artigo 186), política agrícola (artigo 187), destinação de terras públicas (artigo 188), beneficiários da distribuição de imóveis rurais (artigo 189), regulações e limitações para estrangeiros (artigo 190) e usucapião *pro labore* (artigo 191).

A reforma agrária está inserida no contexto do direito agrário, sendo este, de acordo com Laranjeira, um ramo autônomo do Direito que abre espaço para as providências de problemas agrários[53]. Para o autor, caracteriza-se o direito agrário como o conjunto de normas destinadas a imprimir a função social à terra, regular as relações concernentes à sua pertença e uso e disciplinar a prática de atividades agrárias.[54] Conforme Sodero, para quem o direito agrário contempla o conjunto de normas que disciplinam as relações emergentes da atividade rural em conformidade com a função social da terra, deve a atividade rural ser compreendida, além da posse e uso da terra, pela sua exploração em qualquer das diversas modalidades, como a agrícola, pecuária, agroindustrial ou extrativa.[55]

Ainda, segundo Sodero, a reforma agrária é fundamentada pela sistemática elaborada pelo direito agrário.[56] E é no conceito geral de propriedade constante no direito agrário que se depreende sua subordinação em relação aos aspectos determinantes da reforma agrária e da política agrícola, como

52. SILVA, José Afonso da. **Curso de direito constitucional positivo.** 40 ed. São Paulo: Malheiros, 2017, p. 833.

53. LARANJEIRA, Raymundo. **Propedêutica do direito agrário**. 2 ed. São Paulo: LTr, 1981, p. 54.

54. Ibidem, p. 60.

55. SODERO, Fernando Pereira. **Direito agrário e reforma agrária.** São Paulo: Livraria Legislação Brasileira, 1968, p. 32-33.

56. Ibidem, p. 100.

concluíra Baptista com base no princípio da função social e nas disposições da legislação existente à época de seus estudos, sobretudo no Estatuto da Terra.[57]

Em consonância com as perspectivas diretivas do direito agrário, no caso das terras de propriedade pública, a vinculação à política agrícola e ao plano nacional de reforma agrária consta expressamente no artigo 188 da Constituição. Impõe-se, com essa norma, a preferência que detém a reforma agrária para a destinação das terras públicas.[58] Em linha com este dispositivo constitucional está o artigo 13 da Lei 8.629/1993 ao estabelecer que as terras de domínio da União, Estados e Municípios são destinadas preferencialmente à execução de planos de reforma agrária.

Porém, é significativo acentuar, como lembra Molinaro, que a destinação das terras públicas, conforme o mandamento constitucional contido no artigo 188, nem sempre ocorre mediante as diretrizes da reforma agrária, como realça o §1º do artigo ao permitir a alienação ou concessão das terras públicas para pessoa física e jurídica. Além disso, ainda conforme o autor, a destinação das terras de propriedade pública para fins de reforma agrária pode ocorrer mediante alienação ou concessão.[59] No caso ora estudado, conjuntamente com a remessa à Política Nacional de Reforma Agrária que faz no artigo 6º, inciso II, a LGFP menciona especificamente a concessão como meio de destinação das florestas públicas, de modo que a alienação, em que pese seja possível em relação às terras públicas em geral, não é cabível na gestão de florestas públicas, sendo inclusive vedada a destinação onerosa pelo §1º do referido artigo 6º.

A inserção da destinaçao de terras públicas à reforma agrária, como ocorre com as florestas públicas, reforça os objetivos de alterar a distribuição da propriedade agrária na extensão territorial, que à luz da perspectiva contemporânea foram reforçados a partir da criação do Ministério da Reforma e do Desenvolvimento Agrário em 30 de abril de 1985 e do lançamento, menos de um mês depois, do Plano Nacional da Reforma Agrária, sendo decisões implementadas como indicação aos movimentos camponeses e

57. BAPTISTA, Luiz Olavo. Conceito de propriedade e sua extensão no direito agrário. **Revista dos Tribunais**, v. 413, p. 27-40, mar. 1970, p. 39.

58. BENATTI, José Heder et al. Questão fundiária e sucessão da terra na fronteira Oeste da Amazônia. **Novos Cadernos NAEA**, v. 11, n. 2, p. 85-122, dez. 2008, p. 94.

59. MOLINARO, Carlos Alberto. Comentário ao artigo 188. In: CANOTILHO, J. J. Gomes; MENDES, Gilmar Ferreira; SARLET, Ingo Wolfgang; STRECK, Lenio Luiz (Coords.). **Comentários à Constituição do Brasil.** 2 ed. São Paulo: Saraiva, 2018, p. 1979.

grupos indígenas de que se buscaria resgatar uma dívida social deixada por governos anteriores.[60]

A ideia que exsurge com a reforma agrária é a de modificar a estrutura agrária do país, ou de determinada região, com a finalidade de promover uma distribuição mais equitativa da terra e da renda agrícola mediante uma intervenção deliberada do Estado na propriedade rural. Por estar alicerçada no setor agrícola e primar por ações planejadas e diretivas, a reforma agrária não se confunde com a transformação agrária, que dependeria de mudanças naturais ou espontâneas do perfil fundiário em virtude do crescimento econômico ou de crises.[61]

Assim, a reforma agrária é um programa governamental que intervém na economia agrícola para promover a repartição da propriedade e a renda fundiária, sem destruir o sistema de produção existente[62]. Portanto, ela propicia o acesso à terra de modo planejado e, com efeito, racional e economicamente.[63]

Além da concepção de reforma agrária pela intervenção do Estado no redimensionamento da estrutura agrária do país, há a defesa de que a reforma agrária não seja conceituada apenas com base no conjunto de medidas que objetivem a promoção da distribuição da terra por modificações do regime de posse e uso, mas também que crie ao beneficiário o acesso aos mecanismos para uma eficaz exploração, proporcionando o cumprimento da função socioambiental da propriedade.[64] Parte-se, nesses casos, da ideia de que por meio da reforma agrária já sejam oportunizados instrumentos que possibilitem o manejo de recursos em conformidade com as normas vigentes.

O conceito legal de reforma agrária positivado no Estatuto da Terra (Lei 4.504/1964) a concebe como um conjunto de medidas com objetivos de promoção de melhor distribuição da terra, com modificações de posse e uso para atender aos princípios da justiça social e ao aumento de produtividade (artigo 1º, §1º). No Decreto 9.311/2018, a reforma agrária é considerada o

60. COSTA, Francisco de Assis. **Ecologismo e Questão Agrária na Amazônia**. Belém: SEPEQ/NAEA/UFPA, 1992, p. 49.

61. VEIGA, José Eli. **O que é reforma agrária**. São Paulo: Abril Cultural; Brasiliense, 1984, p. 7.

62. SILVA, José Afonso da. **Curso de direito constitucional positivo.** 40 ed. São Paulo: Malheiros, 2017, p. 836.

63. SODERO, Fernando Pereira. **Direito agrário e reforma agrária.** São Paulo: Livraria Legislação Brasileira, 1968, p. 95.

64. ROCHA, Ibraim; TRECCANI, Girolamo D.; BENATTI, José Heder; HABER, Lilian Mendes; CHAVES, Rogério Arthur Friza. **Manual de direito agrário constitucional:** lições de direito agroambiental. 2 ed. Belo Horizonte: Fórum, 2015, p. 372/374.

conjunto de medidas destinadas a realizar uma melhor distribuição da terra com acesso a políticas públicas para promoção do desenvolvimento social e econômico de famílias beneficiárias (artigo 2º).

Os objetivos da reforma agrária estariam situados com vistas aos incrementos econômicos e sociais, com a nítida proposta de aumento da produtividade.[65] Por isso, a reforma agrária cumpre essencial requisito para o desenvolvimento econômico.[66] Na Amazônia, a reforma agrária também se faz importante como mecanismo para reter fluxos migratórios e evitar a formação de grandes latifúndios de terra[67], estes últimos em grande parte caracterizados pelo modo de produção fixado em sistemas ambientalmente homogêneos.

Em relação às florestas públicas, a destinação para uso e posse de comunidades locais mediante a Política Nacional de Reforma Agrária caminha favoravelmente à proteção do ambiente ao permitir um maior controle sobre a área destinada, fornecendo meios para que se impeça a atividade de posseiros ou o desmatamento ilegal, além do fato da regularização fundiária possibilitar às comunidades o manejo dos recursos naturais dentro das normas ambientais aplicáveis, inclusive mediante o licenciamento ambiental, o qual, em decorrência de uma ausência de adaptação das normas com as áreas destinadas, pode infortunadamente acabar esbarrando na não comprovação de domínio ou posse da área.[68]

Além disso, a própria comunidade beneficiária, exercendo direitos de uso e posse sobre as florestas públicas, deve cumprir com requisitos específicos, dentre eles os correspondentes às normas ambientais, que são exigidos para a manutenção da concessao.[69] A esse respeito, da relação da reforma agrária com outras áreas jurídicas, de se destacar justamente a vinculação ao direito ambiental, como se extrai da inclusão da adequada utilização

65. BAPTISTA, Luiz Olavo. Conceito de propriedade e sua extensão no direito agrário. **Revista dos Tribunais**, v. 413, p. 27-40, mar. 1970, p. 39-40.

66. VEIGA, José Eli. **O que é reforma agrária**. São Paulo: Abril Cultural; Brasiliense, 1984, p. 9.

67. COSTA, Francisco de Assis. **Ecologismo e Questão Agrária na Amazônia**. Belém: SEPEQ/NAEA/UFPA, 1992, p. 75.

68. É o que demonstrou Benatti em estudo no qual procura aproximar a regulação da agricultura, pecuária, extrativismo e manejo florestal às condições básicas do processo de produção camponesa. Cf. BENATTI, José Heder. Manejo florestal e uso alternativo do solo na Amazônia. In: LIMA, André. **O direito para o Brasil socioambiental.** Porto Alegre: Sergio Antonio Fabris Editor, 2002, p. 243.

69. Um dos exemplos disso está no Decreto 9.311/2018 que impõe como condição de permanência do beneficiário no Programa Nacional de Reforma Agrária a obrigação de observar a legislação ambiental, especialmente no que diz respeito à manutenção e preservação de reservas legais e áreas de preservação permanente (artigo 15, inciso II), como será observado em seguida.

dos recursos naturais e da preservação do ambiente como requisitos para o cumprimento da função social (e ambiental) da propriedade rural no artigo 186, inciso II da Constituição.[70] Havendo, ainda, as diversas conexões entre as diretrizes da reforma agrária e o direito fundamental ao ambiente (artigo 225 da Constituição), sobretudo em razão dos deveres ambientais que se estendem ao poder público e à coletividade.

Por várias razões, como o bem-estar e a racionalidade da exploração econômica, a proteção do ambiente é uma preocupação informadora das políticas públicas de reforma agrária delineadas constitucionalmente.[71] E, além da normatização do tema, a proteção do ambiente se apresenta como implícita à atividade agrária de produção, com interesses de agir dos particulares e do ente público[72], além de toda a coletividade.

O direito agrário demonstra, assim, estar jungido às atividades a ele vinculadas de preservação e conservação, apresentando coesão com preocupações nacionais e internacionais sobre a proteção ambiental.[73] Para Laranjeira, inclusive, existem como questão lógica as determinações de proteção ambiental constantes no direito agrário, pois decorrentes de afinidade com o fator básico que marca o teor deste ramo do direito. A agrariedade, prossegue o autor, que implica na relação entre o espaço fundiário e o somatório de tarefas nela desenvolvidas, qualifica-se mediante três aspectos: (a) o uso do solo e de seus acessórias; (b) a pertinência dos recursos vegetais ou animais; (c) a avaliação econômica, científica ou conservacionista dos produtos da terra. A proteção ambiental está gravada no terceiro fator apresentado e cuida diretamente do produto agrário. [74]

No Estatuto da Terra, marco da legislação agrária que pioneiramente já demonstrara preocupações com os recursos naturais[75], a oportunidade de acesso à propriedade agrária está condicionada à função social, sendo um dos requisitos para sua integral consecução a conservação dos recursos

70. MOREIRA NETO, Diogo de Figueiredo. Política agrícola e fundiária e ecologia. **Revista Forense,** Rio de Janeiro, v. 317, p. 73-77, 1992, p. 76.

71. RIOS, Roger Raupp. A função social da propriedade e desapropriação para fins de reforma agrária. In: PAULSEN, Leandro (org.); CAMINHA, Vivian Josete Pantaleão; RIOS, Roger Raupp. **Desapropriação e reforma agrária.** Porto Alegre: Livraria do Advogado, 1997, p. 45.

72. LARANJEIRA, Raymundo. **Propedêutica do direito agrário.** 2 ed. São Paulo: LTr, 1981, p. 79.

73. HIRONAKA, Giselda Maria Fernandes Novaes. **Atividade agrária e proteção ambiental:** simbiose possível. São Paulo: Cultural Paulista, 1997, p. 99/135.

74. LARANJEIRA, Raymundo. Direito agrário e meio ambiente. **Revista da Faculdade de Direito da UFG**, v. 12, n. 1-2, p. 85-97, jan./dez. 1988, p. 86.

75. HIRONAKA, Giselda Maria Fernandes Novaes. **Atividade agrária e proteção ambiental:** simbiose possível. São Paulo: Cultural Paulista, 1997, p. 134.

naturais (artigo 2º, §1º, alínea c). E, dentre os deveres do poder público, está o de estimular planos de utilização racional da terra (artigo 2º, §2º, alínea b). Tratam-se de diretrizes que mesmo no período da edição da mencionada lei, em 1964, remetiam, em maior ou menor grau, à proteção ambiental, sendo que a interpretação da lei à luz da estrutura normativa ambiental contemporânea proporciona o reforço do resguardo do ambiente.

Neste sentido consta na Lei 8.629/1993 a vinculação do cumprimento da função social da propriedade rural aos requisitos de aproveitamento racional e adequado (à semelhança do Estatuto da Terra) e da utilização adequada dos recursos naturais disponíveis observada conjuntamente com a proteção do ambiente (artigo 9º, incisos I e II), estabelecendo-se um maior aprofundamento dos aspectos ambientais relacionados.

A Lei 11.952/2009, que trata da regularização fundiária em áreas da União localizadas na Amazônia Legal, conquanto não se aplique às disposições previstas na LGFP por força do artigo 4º, inciso III, igualmente demonstra a relação entre a reforma agrária e o direito ambiental, ao condicionar o título de domínio e o termo de concessão de direito real de uso a cláusulas específicas, pelo prazo de dez anos, dentre as quais está a de respeitar a legislação ambiental (artigo 15, inciso II).

E, conforme o Decreto 9.311/2018, os beneficiários dos programas de reforma agrária estão obrigados, mediante cláusulas que constarão em contrato, a cumprir com a legislação ambiental, mormente na manutenção e preservação das áreas de reserva legal e de preservação permanente (artigo 15, inciso II).

A relação existente entre a reforma agrária e a proteção ambiental direciona o Incra (Instituto Nacional de Colonização e Reforma Agrária) a incentivar modelos de produção denominados agroecológicos, em atenção ao Plano Nacional de Agroecologia e Produção Orgânica (PNAPO), instituído a partir do Decreto 7.794/2012. O PNAPO objetiva a integração, articulação e adequação de políticas, programas e ações indutoras da transição agroecológica e da produção orgânica e de base agroecológica, com a consequente contribuição ao desenvolvimento sustentável e à qualidade de vida da população, mediante o uso sustentável de recursos naturais e a oferta e consumo de alimentos saudáveis (artigo 1º). Consoante a importância do Incra na implementação do PNAPO, há um representante do órgão (artigo 8º, inciso I, alínea c) na composição da Comissão Nacional de Agroecologia e Produção Orgânica, a qual integra as instâncias gestoras do plano (artigo 6º, I). Outra instância gestora do PNAPO, a Comissão Interministerial de

Agroecologia e Produção Orgânica (artigo 6º, inciso II) igualmente conta com representante do órgão responsável pela reforma agrária do governo (artigo 10, inciso I).

A importância da vinculação entre o direito agrário e o direito ambiental gera a aproximação das políticas públicas fundiárias ao cumprimento de normas ambientais por meio de instrumentos inerentes ao processo de legitimação agrária. Contudo, apesar da existência de uma estrutura normativa vinculada, não se pode negar os problemas existentes de desflorestamento em assentamentos, decorrentes do tipo de atividade produtiva, acesso ao mercado, padrões culturais e tempo da instalação dos assentamentos.[76] Brandão Jr. e Souza Jr. demonstraram que em 1.123 assentamentos mapeados pelo Programa de Monitoramento da Floresta Amazônica, de uma área total de 217.801 km, cerca de 106.580 km (49%) foi desflorestada, representando 15% do desmatamento total da Amazônia, sendo que 43% dos assentamentos mapeados continham mais de 75% da área desmatada.[77] Noutro estudo, este sobre os assentamentos no Estado do Pará, constatou-se que entre os anos de 2006 e 2010 houveram proporcionalmente mais desmatamentos no interior dos assentamentos do que nas áreas circunscritas que envolvem cenários fora de assentamentos, inclusive excetuando áreas do interior de unidades de conservação e terras indígenas para evitar uma possível suavização decorrente de condições especiais de proteção ambiental.[78]

Com isso, revela-se a necessidade de se dispor de mecanismos de efetividade das normas ambientais nas legitimações fundiárias. Nas formas específicas de assentamentos propostas pela LGFP, isto é, no Projeto de Assentamento Agroextrativista (PAE), no Projeto de Desenvolvimento Sustentável (PDS) e no Projeto de Assentamento Florestal (PAF), onde geralmente já existe uma prévia relação entre comunidades locais e a utilização da floresta, é enfatizado o manejo florestal de uso múltiplo, além de ser implementado o aumento de controle da área concedida mediante características próprias dos projetos

76. LE TOURNEAU, François-Michel; BURSZTYN, Marcel. Assentamentos rurais na Amazônia: contradições entre a política agrária e a política ambiental. **Ambiente & Sociedade,** Campinas, v. XIII, n. 1, p. 111-130, jan./jun. 2010, p. 121. Nesse sentido está o estudo de Browder ao demonstrar que o assentamento de pequenos produtores, especialmente na região Transamazônica e em Rondônia, representa um dos principais fatores causadores da conversão de florestas tropicais. Cf. BROWDER, J. O. Public policy and deforestation in the brazilian Amazon. REPETTO, Roberto; GILLIS, Malcolm. **Public policies and the misuse of forest resources.** Cambridge: Cambridge University Press, 1988, p. 278.

77. BRANDÃO Jr., Amintas; SOUZA Jr., Carlos. Deforestation in Land Reform Settlements in the Amazon. **State of the Amazon,** n. 7, p. 1-4, jun. 2006, p. 2.

78. CALANDINO, D.; WEHRMANN, M.; KOBLITZ, R. Contribuição dos assentamentos rurais no desmatamento da Amazônia: um olhar sobre o Estado do Pará. **Desenvolvimento e Meio Ambiente**, v. 26, p. 161-170, jul./dez. 2012, p. 163/165.

voltadas à legislação ambiental. E para além da atividade fiscalizatória do poder público, organizações sociais no interior destes assentamentos têm demonstrado práticas associadas às iniciativas agroecológicas, como ocorrido no PDS Virola Jatobá em que a Associação Virola Jatobá, formada por parte da comunidade assentada, representa um maior vínculo e interesse em relação ao manejo florestal, comprometendo-se em maior grau com a proposta do PDS.[79]

O sistema agroflorestal, que compõe uma das formas de exploração nestes assentamentos, consiste na combinação de elementos arbóreos com herbáceos e eventualmente com animais, assim organizados no espaço e no tempo[80] e representa um dos mecanismos utilizados para proteger as formações florestais e abastecer as comunidades pela agricultura, como ocorre no Projeto de Desenvolvimento Sustentável PDS da Barra, também conhecido como Assentamento Mário Lago, localizado no município de Ribeirão Preto, onde cerca de 80 famílias estão envolvidas na implantação de áreas de sistema agroflorestal em lotes familiares e em 40 hectares de áreas coletivas de Reserva Legal, em que as árvores estão presentes em todo o contexto produtivo do assentamento.[81] No exemplo, ainda que não se trate de destinação de floresta pública, demonstra-se como é possível conjugar a manutenção e recuperação de áreas florestais com o modo de vida de subsistência dos beneficiários de assentamentos florestais.[82]

Em que pese a reforma agrária poder ser realizada por meio da desapropriação, não é este o único instrumento para que a União a promova, cabendo outros que podem se revelar inclusive mais desejáveis, como a tributação progressiva sobre a propriedade improdutiva, o incentivo à realização de contratos de parceria e arrendamento e a utilização de terras públicas.[83] No último instrumento mencionado é que se situa a destinação de florestas públicas que, apesar de se enquadrar na utilização de terras públicas como

79. PORRO, N. M.; PORRO, R.; ASSUNÇÃO, H. do N. Roças e florestas em Assentamentos Ambientalmente Diferenciados na Amazônia: reflexões para uma agroecologia no PDS Virola Jatobá. **Retratos de Assentamentos**, v. 19, n. 2, p. 188-214, 2016, p. 206.

80. MACHADO, Antonio Maciel Botelho; BIZZO, Natália Almeida. **Camponeses da reforma agrária e a floresta:** o caso do Assentamento Mário Lago, Ribeirão Preto, SP. Brasília, DF: Embrapa, 2016, p. 13.

81. Ibidem, p. 30/42.

82. No Código Florestal, o sistema agroflorestal é legalmente permitido na manutenção de reservas legais (artigo 54) nas pequenas propriedades ou posses familiares, além de ser um dos meios indicados para recomposição de reservas florestais (artigo 66, §3º).

83. PAULSEN, Leandro. Desapropriação e reforma agrária. In: PAULSEN, Leandro (org.); CAMINHA, Vivian Josete Pantaleão; RIOS, Roger Raupp. **Desapropriação e reforma agrária.** Porto Alegre: Livraria do Advogado, 1997, p. 94.

meio geral de destinação, detém requisitos específicos a serem preenchidos em atenção às peculiaridades inerentes à gestão de florestas públicas e aos direitos das comunidades locais.

As formas específicas de destinação de acordo com o Plano Nacional de Reforma Agrária previstas na LGFP dizem respeito aos projetos de assentamentos ambientalmente diferenciados, como denominado pelo artigo 10 do Decreto 9.311/2018, sendo assim considerados o Projeto de Assentamento Agroextrativista (PAE), o Projeto de Desenvolvimento Sustentável (PDS) e o Projeto de Assentamento Florestal (PAF) (artigo 10, parágrafo único). Nesses casos específicos de assentamentos ambientalmente diferenciados, o decreto restringe o processo de seleção às famílias que residam na área, observadas as restrições legais do artigo 7º[84] do mesmo texto normativo.

Estes assentamentos, que romperam com o modelo produtivo de base não florestal praticado na maioria dos assentamentos agrários, contribuem para o processo de distribuição de terras e asseguram o território de comunidades locais que usam a floresta como principal meio de vida e de produção.[85] Este direcionamento da reforma agrária na Amazônia está associado a uma menor participação de assentamentos no desmatamento verificado. A média de participação das modalidades PAE, PDS e PAF no desmatamento realizado em projetos de assentamentos representa apenas 8% do total, segundo dados do Projeto Prodes de 2000 a 2010.[86] São, com base nisso, os meios de assentamento que menos têm causado conversão de florestas para outros usos da terra, sugerindo sua relação com os avanços na redução de desflorestamento no interior de assentamentos, o que por certo não exclui a importância do aprimoramento dos mecanismos de proteção ambiental, tanto no contexto dos assentamentos ambientalmente diferenciados como em quaisquer outros.

---

84. Determina o artigo 7º: Não poderá ser selecionado como beneficiário do PNRA e terá indeferida sua inscrição, quem na data da inscrição para a seleção: I - for ocupante de cargo, emprego ou função pública remunerada; II - tiver sido excluído ou se afastado de programa de reforma agrária, de regularização fundiária ou de crédito fundiário, sem consentimento do seu órgão executor; III - for proprietário rural, exceto o desapropriado do imóvel para o qual ocorre a seleção e o agricultor cuja propriedade seja insuficiente para o sustento próprio e o de sua família; IV - for proprietário, quotista ou acionista de sociedade empresária em atividade; V - for menor de dezoito anos, não emancipado na forma da lei civil; ou VI - auferir renda proveniente de atividade não agrícola superior a três salários mínimos mensais ou a um salário mínimo per capita.
85. ALENCAR, A. et al. **Desmatamento nos assentamentos da Amazônia:** histórico, tendências e oportunidades. Brasília: IPAM, 2016, p. 12.
86. INCRA. Boletim de análise sobre o desmatamento em assentamentos na Amazônia. **Assentamentos Verdes,** n. 1, dez. 2012, não paginado.

A partir disso é possível coligir que os assentamentos ambientalmente diferenciados se apresentam como uma alternativa de destinação de florestas públicas que se coaduna com os objetivos da LGFP. Nesses assentamentos, pelo incentivo do manejo múltiplo dos recursos florestais que envolve a exploração dos recursos dentro de critérios que não exigem o solapamento das florestas, são mantidos os serviços ecossistêmicos provenientes da cobertura florestal.

6.2.3.2 Projeto de Assentamento Agroextrativista

O PAE, incialmente denominado Projeto de Assentamento Extrativista, foi instituído anteriormente às Reservas Extrativistas (áreas protegidas incluídas pela Lei do SNUC no compêndio de unidades de conservação) pela Portaria 627/1987 do Incra, passando a ser regulado posteriormente pela Portaria 268/1996, também do Incra, que revogou a norma anterior e o renomeou para Projeto de Assentamento Agroextrativista.

Atualmente, com base na definição do Decreto 9.311/2018, o PAE é caracterizado como um projeto destinado à exploração de áreas com riquezas extrativas, por meio de atividades economicamente viáveis, socialmente justas e ambientalmente sustentável, a serem desenvolvidas por comunidades que tradicionalmente ocupem a respectiva área (artigo 10, parágrafo único, inciso I).

Com isso, o PAE se constitui como ferramenta para regularização fundiária da comunidade que sobrevive do extrativismo, sendo que, tal como nas unidades de conservação da modalidade Reserva Extrativista, a atividade extrativista é a principal atividade desenvolvida, embora não haja proibição para desempenho de outras atividades agrárias secundárias.

Além de regularizar a área ocupada, o PAE gera maior controle para a exploração local pela vinculação das atividades extrativistas às normas ambientais, como ocorre em razão das cláusulas que regem o contrato de concessão de direito real de uso, assim como potencializa a fiscalização da região do assentamento.

6.2.3.3 Projeto de Desenvolvimento Sustentável

Originalmente criado pela Portaria 477/1999 do Incra, o PDS constitui, com base na definição do Decreto 9.311/2018, um projeto de interesse social e ambiental destinado às populações que baseiam sua subsistência no extrativismo, na agricultura familiar e em outras atividades de baixo impacto ambiental (artigo 10, parágrafo único, inciso II).

O PDS alcança populações que não vivem exclusivamente do extrativismo como atividade primária de geração de renda. Suas atividades assemelham-se com aquelas permitidas no interior das unidades de conservação da modalidade Reserva de Desenvolvimento Sustentável, pois a comunidade concessionária do PDS realiza como atividade principal, além do extrativismo, a agricultura familiar e outras atividades, desde que sejam de baixo impacto ambiental e atendam às normas ambientais aplicáveis e aos termos contratuais estabelecidos no instrumento que rege a concessão.

Como modalidade de assentamento, o PDS serve para regularizar a área utilizada pelas comunidades, agregando os mesmos benefícios de controle e fiscalização que ocorrem no âmbito do PAE.

6.2.3.4 Projeto de Assentamento Florestal

Criado posteriormente ao PAE e ao PDS pela Portaria 1.141/2003 do Incra, o PAF é destinado, conforme o Decreto 9.311/2018, ao manejo de recursos florestais em áreas com aptidão para produção florestal familiar comunitária e sustentável, fazendo a norma de definição uma remissão à especial aplicação do PAF no bioma Amazônia (artigo 10, parágrafo único, inciso III).

O PAF está baseado no extrativismo madeireiro e outras formas de manejo de recursos florestais, seja por técnicas extrativistas ou não. Como esta modalidade de assentamento está baseada na viabilidade econômica e nas condicionantes sociais e ambientais, deve o manejo realizado no interior da área regularizada compreender o reflorestamento e demais mecanismos associados às normas ambientais.

Assim como ocorre no PAE e no PDS, o PAF proporciona o controle a fiscalização da área regularizada.

6.2.3.5 Contrato de concessão de direito real de uso

A LGFP determina que devem ser observados os termos do artigo 189 da Constituição para os assentamentos oportunizados mediante a destinação das florestas públicas às comunidades locais. O mencionado artigo constitucional estabelece que os beneficiários de imóveis rurais pela reforma agrária receberão título de domínio ou de concessão de uso, inegociáveis por dez anos[87]. Disso se entende que tem a norma constitucional basicamente o objetivo de garantir a segurança daqueles a quem forem distribuídas as propriedades rurais provenientes da reforma agrária.[88]

Porém, ainda que a LGFP faça menção ao dito artigo constitucional, na lei não consta previsão de que o poder público ofereça títulos de domínio, sendo somente ventilada a possibilidade de concessão de uso, razão pela qual se extrai a intenção do legislador de manter a propriedade da floresta pública sob a titularidade do ente federativo que dela foi proprietário.

Para os assentamentos ambientalmente diferenciados (PAE, PDS e PAF), além da previsão do artigo 30, parágrafo único do Decreto 9.311/2018, estabelecendo a utilização do contrato de concessão de direito real de uso para a destinação de áreas, a Instrução Normativa 99/2019 do Incra descreve ser essa modalidade de concessão o instrumento de titulação definitivo em projetos de assentamento ambientalmente diferenciados (artigo 83, §1º).[89]

Ainda conforme a Instrução Normativa 99/2019, a formalização do processo administrativo de criação do projeto de assentamento ambientalmente diferenciado e a homologação das famílias beneficiárias possibilita que seja providenciada a emissão do contrato de concessão de direito real de uso (artigo 83, *caput*). E a demarcação das parcelas, dos lotes e da área de exploração individual nestes projetos pode ser realizada pelo Incra ou diretamente pelas famílias interessadas, desde que observados os critérios adotados pelo Incra e que posteriormente seja verificada a sua conformidade (artigo 83, §3º). Quando se tratar de área demarcada ou definida conforme as famílias que compõem a comunidade local, oportuniza-se que a destinação observe as práticas, usos, costumes e tradições locais, com o atendimento dos limites de respeito estabelecidos pela comunidade.

Conforme o Decreto 9.311/2018, o contrato de concessão de direito real de uso poderá ser individual ou coletivo (artigo 24, §2º do Decreto 9.311/2018) e o instrumento contratual será formalizado com os titulares das unidades familiares, não sendo possível a titulação em nome de pessoas jurídicas (artigo 24, §3º). Ainda, sendo titulação individual, o contrato deverá prever a fração ideal da área coletiva quando for o caso (artigo 24,

87. Assim também prevê o artigo 18 da Lei 8.629/1993.

88. SILVA, José Afonso. **Comentário contextual à Constituição**. 2 ed. São Paulo: Malheiros Editores, 2006, p. 751.

89. Assim igualmente apontam os artigos 4º, inciso II, alínea a, e 18, ambos também da Instrução Normativa 99/2019.

§2º, inciso II) e, tratando-se de titulação coletiva, o contrato deverá conter a fração ideal correspondente às famílias (artigo 24, §2º, inciso e III).

Em consonância com o Anexo II da Instrução Normativa 99/2019, dentre as cláusulas resolutivas do contrato de concessão de direito real de uso, há a obrigação de observância do plano de desenvolvimento do respectivo assentamento[90], além do devido atendimento das disposições constantes no plano de utilização da área concedida.[91]

6.2.4 Outras formas possíveis: terras ocupadas por índios, remanescentes de quilombolas e comunidades residentes em Florestas Nacionais

Consoante a abertura contida na LGFP, outras formas de destinação de florestas públicas podem ocorrer de acordo com a respectiva previsão legal (artigo 6º, inciso III). Em razão disso, merecem atenção modalidades diversas de destinação de floresta pública para as comunidades locais que nela estiverem.

Dentre estas modalidades, observa-se com destaque a possibilidade de destinação de florestas públicas mediante o indigenato, o reconhecimento da propriedade quilombola e, ainda, pela viabilidade de permanência de comunidades locais no interior de Florestas Nacionais. Por serem possibilidades de assaz relevância, justifica-se o estudo delas conjuntamente aos regimes jurídicos concernentes. Tratam, todas estas modalidades dispostas, do direito de comunidades locais que vivem no interior ou no entorno de florestas públicas e delas utilizem para fins sociais, econômicos ou culturais.

Assim, neste tópico serão expostas estas modalidades por se enquadrarem no inciso III e serem relevantes formas de destinação de florestas públicas. Sendo importante acrescentar que o enquadramento jurídico dessas três possibilidades de destinação de florestas públicas no inciso III da LGFP se fundamenta ante a ausência de correspondência com os outros incisos, I e II, do artigo 6º da LGFP.

90. O plano de desenvolvimento é definido em anexo da Norma de Execução 71/2008 do Incra como sendo um plano que reúne os elementos essenciais ao desenvolvimento do projeto de assentamento em questão e determina a observância da diversidade constante nos diferentes biomas existentes, servindo como instrumento básico para a formulação de projetos técnicos e para todas as atividades planejadas e executadas no interior da área de assentamento.

91. Referido plano possui funções similares ao plano de desenvolvimento do assentamento por estabelecer as regras de convivência, os limites da atividade produtiva e orientar as políticas públicas do assentamento.

6.2.4.1 Terras ocupadas por indígenas

É possível visualizar, incialmente, dois aspectos que dizem respeito à relação do direito às terras tradicionalmente ocupadas pelos indígenas e a relação com a gestão das florestas públicas. No primeiro deles, quando houver uma área indígena devidamente demarcada, apesar de serem as terras indígenas bens da União (artigo 20, XI da Constituição), o usufruto exclusivo dos índios impede a destinação da área demarcada, que está constitucionalmente afetada, para outras comunidades locais não indígenas, para a concessão florestal ou para a exploração econômica das florestas por parte da União ou outro ente federado. Sobre isso, no artigo 11, §3º, a LGFP expressamente determina a exclusão de terras indígenas do Plano Anual de Outorga Florestal (PAOF).

Porém, de se ressalvar que apesar do impedimento, sobre as terras indígenas, do exercício das modalidades de gestão de florestas públicas previstas na LGFP, permanecem os deveres estatais de proteção ambiental sobre a área, além dos deveres ambientais que se estendem aos povos indígenas quando utilizarem os recursos naturais presentes nas reservas indígenas para fins que destoem de seu modo de vida cultural, isto é, a partir do momento em que os povos indígenas empreenderem atividade econômica na área, caberá o cumprimento de legislações ambientais específicas, como no caso do manejo florestal autorizado realizado pelo povo indígena Xikrin do Cateté[92] em que houve autorização para exploração ambiental concedida pelo Ibama.

O outro aspecto que igualmente carece de atenção remete à destinação de área de floresta pública aos povos indígenas quando preenchidos os requisitos constitucionais que reconhecem a tradicional ocupação para fins de demarcação indígena. Nessas ocorrências, caberá aos indígenas a área por eles ocupada tradicionalmente, geralmente com preferência em relação a outras comunidades locais, não somente pelo direito vir sendo previsto constitucionalmente deste a Constituição de 1934, mas principalmente em consideração à averiguação da antiguidade da presença da tradicionalidade indígena no local.

É sobre este segundo aspecto, a respeito da destinação da área às comunidades indígenas, que se direcionam os estudos então envidados neste tópico, levando em consideração a proteção jurídico-constitucional de que gozam os índios, que se assenta tanto no aspecto de proteção cultural como

---

92. PANKARARU, Paulo Celso de Oliveira. Do manejo florestal em terras indígenas. In: LIMA, André. **O direito para o Brasil socioambiental**. Porto Alegre: Sergio Antonio Fabris Editor, 2002, p. 136.

congrega demais direitos, dentre eles a relação entre o povo indígena e a terra na qual habitam seus membros, além da análise do relevante tema da tese do marco temporal que vem se consolidando por meio de precedentes do STF. Sendo que, para compreensão da controvérsia sobre a tese do marco temporal firmada pelo STF, é imprescindível o estudo do conteúdo histórico da proteção da posse indígena nas constituições, a começar pela Constituição de 1934 que inaugurou a tutela constitucional da posse indígena.

Por isso, incialmente será analisado o histórico da posse indígena até alcançar a proteção dirigida pela Constituição de 1988 para, após, descrever o que seria a tese do marco temporal e como ela influencia no processo de demarcação de terras indígenas.

6.2.4.1.1 Proteção jurídica da posse indígena

Nem na Constituição do Império, datada de 1824, e tampouco na Constituição do Brasil enquanto República de 1891, é feita menção à proteção dos povos indígenas e das terras por eles ocupadas.

É na Constituição de 1934, precisamente no artigo 129, que se dá início ao respeito da posse de terras ocupadas pelos indígenas, proibindo-lhes a alienação do bem. As Constituições posteriores, de 1937 e de 1946, mantiveram a proteção da posse indígena, nos artigos 154 e 216, respectivamente. Na mencionada Constituição de 1946, mudou-se da proibição de alienação para a proibição de transferência da área ocupada pelos povos indígenas.

Com maior completude na definição do direito possessório decorrente da ocupação indígena, a proteção dos indígenas na Constituição de 1967, pelo artigo 186, manteve o direito de posse aos índios, passando a caracterizá-lo como permanente e reconhecendo o direito ao usufruto exclusivo sobre os recursos naturais e demais utilidades existentes. E o domínio da área ocupada passou a ser da União (artigo 4º, inciso IV). Quiçá o reconhecimento da posse permanente e do direito ao usufruto exclusivo, atrelado ao reconhecimento da terra indígena como bem público afetado em razão da posse indígena, tenham feito com que o legislador constituinte retirasse a menção à proibição de transferência, comum nas já observadas Constituições anteriores.

Na Emenda Constitucional de 1969, a proteção da terra indígena passou a ser prevista no artigo 198 e manteve os moldes anteriormente estabelecidos na Constituição de 1967, apesar da inclusão de dois parágrafos ao dito artigo. O primeiro deles tornou nula e extinguiu os efeitos jurídicos que tivessem por objetivo o domínio, a posse ou a ocupação das terras habitadas por índios, caracterizando a proibição de transferências que deixou de constar expressamente na Constituição de 1967. O segundo, trazia referência a ausência de direito a indenização diante da União, em razão da nulidade e extinção previstas no §1º.

Após a Constituição de 1967, no entendimento de Pontes de Miranda, a tutela jurídica de defesa da posse indígena não especificou duração ou limite temporal, bastando o pressuposto da permanência. Além disso, o índio passou a ser visto como usufrutuário de posse imediata, compreendendo o uso e fruição dos recursos naturais presentes na área, sem especificações de quais seriam.[93]

Os direitos consagrados na Constituição de 1967, acrescidos a partir da Emenda Constitucional de 1969, foram posteriormente descritos na Lei 6.001/1973, então denominada Estatuto do Índio, onde consta o direito à posse permanente das terras habitadas (artigo 4º, inciso IX) e classifica como terras indígenas as terras ocupadas pelos indígenas, as áreas reservadas nos termos do artigo 26 do Estatuto, e as terras de domínio de comunidades indígenas ou de índios, conforme descreve o artigo 17, incisos I, II e III. O procedimento de demarcação de terras ocupadas por indígenas mencionada no artigo 17, inciso I do Estatuto do Índio é informado pelo Decreto 1.775/1996.

Enfim, com a Constituição de 1988, manteve-se o reconhecimento do indigenato, isto é, do direito à posse permanente das áreas ocupadas por comunidades indígenas e, também, foi assegurada a propriedade da União sobre as terras indígenas (artigo 20, XI). Além disso, foram estabelecidas algumas inovações, pois a Constituição passou a descrever com maior completude as matérias jurídicas relativas à posse indígena. Assim é que o artigo 231 reconhece aos índios sua organização social, costumes, línguas, crenças e tradições, além dos direitos originários que tenham sobre as terras que tradicionalmente ocupam. Ainda, coube à União a demarcação, proteção e resguardo do respeito aos bens dos povos indígenas.

No artigo 231, §1º, as terras tradicionalmente ocupadas pelos índios são fundadas por quatro critérios: (a) habitação permanentemente; (b) utilização para atividades produtivas; (c) imprescindibilidade à proteção de recursos ambientais indispensáveis a seu bem-estar; e (d) necessidade para reprodução física e cultural. Todos os critérios descritos estão baseados em seus usos, costumes e tradições.

93. PONTES DE MIRANDA. **Comentários à Constituição de 1967**. Tomo VI (Arts. 160-200). 2 ed. São Paulo: Revista dos Tribunais, 1972, p. 456-457.

O usufruto exclusivo das riquezas do solo, dos rios e dos lagos existentes nas terras indígenas é-lhes garantido pelo artigo 231, §2º, mediante a posse permanente. E, para assegurar ampla proteção aos povos indígenas sobre as terras que ocupam, recai sobre estas os gravames da inalienabilidade, indisponibilidade e imprescritibilidade (artigo 231, §4º), sendo por este motivo que as terras indígenas são de domínio da União, assegurada aos povos indígenas a posse permanente.

A identificação dos índios, beneficiários do direito consagrado constitucionalmente, é definida pelo Estatuto do Índio, como a origem e ascendência pré-colombiana, identificável como pertencente a grupo étnico com características culturais distintas da sociedade nacional (artigo 3º). Da definição, extrai-se como pontos específicos para caracterização do índio a origem do pré-colombiana e a autonomia cultural da comunidade a que pertence.

Não basta, porém, identificar o povo indígena, sendo imperiosa, para fins da demarcação da terra indígena, a constatação da ocupação tradicional mencionada no *caput* do artigo 231 e descrita no §1º alhures mencionado. A relação do povo indígena com a terra, pelas diversas formas descritas no §1º vão dar o tom do que se tem por tradicionalidade. Assim, a ocupação tradicional não remete a uma circunstância temporal, mas ao modo tradicional com que os índios ocuparam e utilizaram as terras e ao seu modo tradicional de produção. Com isso, o termo aduz ao modo tradicional de como os índios se relacionam com a terra.[94]

O componente da ocupação tradicional indígena é o requisito composto que revela uma relação cultural de aproximação entre o índio e a terra, e caracteriza o conteúdo definidor da posse indígena. A esse respeito já se manifestara o STF pelo voto do Ministro Nunes Leal, onde ao entender que as terras ocupadas pelos índios e seus frutos não se sujeitam à mesma disciplina jurídica dos demais bens públicos, reconheceu não se tratar de mera questão de direito patrimonial, mas também de matéria cultural, em sentido antropológico.[95]

Como mecanismos hábeis a resguardar a posse indígena, a Constituição estabeleceu a necessidade de lei para dispor sobre o aproveitamento de recursos hídricos e a pesquisa e lavra de riquezas minerais em terras indígenas, com a devida oportunidade de manifestação das comunidades afetadas e assegurando sua participação no resultado da lavra (artigo 231, §3º). Ainda,

94. SILVA, José Afonso. **Comentário contextual à Constituição**. 2 ed. São Paulo: Malheiros Editores, 2006, p. 868.

95. STF, Mandado de Segurança 16443/SC, Relator Ministro Barros Monteiro, j. 09.11.1967.

a remoção dos grupos indígenas somente é possível mediante autorização do Congresso Nacional, em casos de catástrofe ou epidemia que ponha em risco seu povo ou no interesse da soberania do país e, tratando-se de risco e tendo este cessado, haverá garantia de retorno imediato (artigo 231, §5º).

Nestas hipóteses previstas no artigo 231, §3º e §5º, haverá a deliberação do Congresso Nacional. Quanto ao §3º, a deliberação ocorrerá em razão da necessária edição de legislação geral sobre o aproveitamento de recursos hídricos e de minérios localizados em terras indígenas. No segundo caso, será feita avaliação concreta e específica sobre questão de fato. Invariavelmente, entretanto, os interesses indígenas deverão ser considerados, tanto por força do conteúdo normativo do artigo 231, como em decorrência da exigência de previsão legal, com condições específicas, quando da pesquisa e lavra em terras indígenas (artigo 176, §1º, da Constituição).

A proteção da área ocupada pelos indígenas gera a nulidade e extinção de atos que tenham por objeto a ocupação, o domínio e a posse das terras indígenas, bem como a exploração das riquezas naturais do solo, rios e lagos, salvo quando de relevante interesse público da União, e conforme lei complementar, indenizando-se, contudo, as benfeitorias de ocupações de boa-fé (artigo 231, §6º). A norma nitidamente busca proteger as terras ocupadas pelos indígenas, inclusive aquelas que não estavam demarcadas e devidamente registradas, contra a atuação de posseiros e demais ocupantes que buscassem se apropriar da área, que é um bem público de domínio da União.

Ainda assim, deixou-se de considerar as hipóteses em que os índios foram removidos das terras mediante a força estatal e realocados para disponibilizar as áreas a produtores rurais. Nestas situações, o direito de indenização das benfeitorias da ocupação de boa-fé não possibilita aos proprietários das terras reivindicadas pelos indígenas de haverem o valor total da área, pois a indenização estaria limitada justamente às benfeitorias comprovadamente realizadas de boa-fé. Para Antunes, não foram criadas áreas indígenas pela Lei Fundamental, mas reconhecidas as situações fáticas das existentes, não sendo indenizável a demarcação, observada esta como a delimitação espacial da titularidade indígena, exceto as benfeitorias de boa-fé se e quando for comprovado o desconhecimento do caráter indígena do território.[96]

De mais a mais, importante notar que a solução para essas situações dependerá de exame específico do caso concreto, principalmente para afe-

96. ANTUNES, Paulo de Bessa. **Direito ambiental.** 16 ed. São Paulo: Atlas, 2014, p. 1354.

rir a ocorrência de esbulho renitente que teriam sido acometidos contra as comunidades indígenas[97].

Para garantir o rol de direitos e interesses indígenas, tanto no artigo 231, como nas demais normas, a Constituição expressa claramente a legitimidade de ingresso em juízo por parte dos índios, suas comunidades e organizações, com a presença de representante do Ministério Público em todos os atos processuais (artigo 232).

Além das previsões constitucionais e do Estatuto do Índio, é de se notar o Decreto 7.747/2012, norma realizadora da Política Nacional de Gestão Territorial e Ambiental de Terras Indígenas voltada a garantir a proteção, recuperação, conservação e o uso sustentável dos recursos naturais das terras indígenas. Dentre vários tópicos contidos, o decreto menciona claramente a conservação dos recursos naturais, estando consequentemente ligado aos preceitos do direito fundamental ao ambiente como um todo, sendo um claro exemplo disso a diretriz prevista no artigo 3º, inciso VI da citada norma.

6.2.4.1.2 Notas sobre o marco temporal

Um importante ponto a ser esclarecido diz respeito a tese do marco temporal indígena que vem se consolidando em decisões proferidas pelo STF. Diz o entendimento que o marco temporal para reconhecimento da ocupação indígena, em razão da norma contida no artigo 231 da Lei Maior, seria a data de promulgação da Constituição de 1988, ou seja, 05 de outubro de 1988.

É emblemático para este estudo o voto do Ministro Ayres Britto, complementado pelo voto do Ministro Menezes Direito, no caso da Terra Indígena Raposa Serra do Sol, julgado na Petição 3.388.[98] Na decisão, considerada pelo Ministro Cezar Peluso um *leading case* capaz de disciplinar ações futuras e até mesmo pretéritas, a data da promulgação da Constituiçao, em 05 de outubro de 1988 foi verificada como referencial para a ocupação de etnia indígena sobre determinado espaço geográfico. Além do marco temporal, foi assentado o marco da tradicionalidade da ocupação, em que é necessário comprovar

97. Sobre este aspecto, a ACO 323-7/MG julgada pelo STF, que será mencionada no próximo tópico, declarou nulos os títulos de propriedades de imóveis rurais concedidos pelo Estado de Minas Gerais sobre área indígena e, portanto, de propriedade da União, não havendo qualquer indenização. Igualmente digna de nota é a pronúncia do STJ sobre o tema, em julgamento do Recurso Especial 1.097.980/SC, onde a relatora, Ministra Denise Arruda, entendeu pela diferença entre o procedimento de demarcação de terras indígenas e a desapropriação indireta, sendo reconhecida na *ratio decidendi,* como devida somente a indenização pelas benfeitorias efetuadas de boa-fé, cf. STJ, Recurso Especial 1.097.980/SC, Relatora Ministra Denise Arruda, j. 03.03.2009.

98. STF, Petição 3.388/RR, Relator Ministro Ayres Britto, j. 19.03.2009.

que a ocupação perdurou no sentido anímico e psíquico de continuidade etnográfica. Não bastaria, assim, o fato indígena em 05 de outubro de 1988, mas a avaliação de fatores ambientais, culturais e demográficos, como se extrai das palavras do Ministro Menezes Direito.

Ainda conforme o julgado, no voto do Ministro Ayres Britto, restou assegurada a tradicionalidade da posse nativa caso os índios não houvessem reocupado a área em razão de renitente esbulho, ocasião em que se configuraria violação dos direitos originários indígenas. Com isso, se os povos indígenas houvessem se deslocado da terra em prazo anterior ao marco temporal de 05 de outubro de 1988, não poderiam mais exigir o reconhecimento da área para fins de posse indígena. A exceção, porém, seria para os situações em que se caracterizasse renitente esbulho, situações essas em que os índios, ao tempo da promulgação da Constituição, permanecessem lutando pelo território sobre o qual foram desapossados.

Em que pese o reconhecimento do marco temporal em julgados do STF, corrente contrária expressa entendimento de que desde a Constituição de 1934 vem sendo reconhecido o indigenato e a nulidade de títulos supervenientes, de modo que não seria aplicável a data específica de 05 de outubro de 1988 para aferição da presença de comunidades indígenas na área.

Neste sentido, na ACO 362/MT foi mencionado pelo Ministro Relator Marco Aurélio a importância basilar da Constituição de 1934 ao reconhecer a posse indígena, descaracterizando a indenização em favor do Estado por parte da União em razão da demarcação de terras indígenas do Parque Xingu com comprovada presença histórica.[99] Noutro julgamento do STF, desta vez a ACO 323-7/MG, tendo como relator o Ministro Francisco Rezek, foram declarados nulos os títulos de propriedades de imóveis rurais concedidos pelo Estado de Minas Gerais e incidentes sobre área indígena com o fundamento de se tratar de área de propriedade da União a partir da Constituição de 1934.[100]

A localização do marco temporal do indigenato na promulgação a Constituição de 1934 é mencionado também na doutrina. Para Nascimento, a posse passada que deixou de existir quando da entrada em vigor da Constituição de 1934 seria afastada da possibilidade de reconhecimento para fins de demarcação. Justifica o autor sua conclusão mencionando ter sido a Constituição de 1934 a que primeiro garantiu aos indígenas a posse

99. STF, Ação Cível Originária 362/MT, Relator Ministro Marco Aurélio, j. 16.08.2017.

100. STF, Ação Cível Originária 323-7/MG, Relator Ministro Francisco Rezek, j. 14.10.1993.

das terras em que permanentemente estivessem localizados, tendo as demais constituições apenas repetido a garantia anteriormente prevista.[101] Este é, igualmente, o posicionamento de Souza Filho, ao concluir pela ausência de qualquer dúvida quanto ao reconhecimento do indigenato pela sua constitucionalização em 1934.[102]

Para Pontes de Miranda, em seus comentários sobre a Constituição de 1934, quaisquer títulos, ainda que registrados antes da Constituição de 1934, seriam nulos caso na promulgação daquela Constituição houvesse a posse indígena na respectiva área.[103] Pontes de Miranda manteve esse entendimento ao comentar a Constituição de 1967, pós emenda de 1969, reconhecendo a nulidade dos títulos, ainda que registrados anteriormente à Constituição de 1934, caso a posse indígena existisse no local na data de promulgação em 1934, com o que conclui comentando a ausência de uso e fruição do título de propriedade registrado anteriormente.[104]

A questão a respeito do marco temporal ainda passará por entendimentos, havendo possibilidade inclusive de exame de situações pretéritas acabadas ou aperfeiçoadas antes da promulgação da Constituição de 1988, como se depreende das palavras do Ministro Menezes Direito no caso da Raposa Serra do Sol, segundo o qual os regimes passados importam para examinar situações passadas nelas acabadas ou aperfeiçoadas, de modo que a conformação jurídica a esses regimes ocorreria sem a necessidade de perquirir a respeito do marco temporal firmado pela Constituição de 1988.

Por isso, como diversas são as hipóteses de casos concretos a serem analisados e julgados, a construção jurisprudencial realizada sobre o marco temporal dependerá, para sua aplicação, também das ocorrências terem se perfectibilizado anteriormente ao marco temporal da data de promulgação da Constituição de 1988, pois estariam sob a égide de outras normas que implicariam em devida consideração para o caso.

Importante, de todo modo, igualmente será considerar a presença de posse tradicional indígena na área e, não sendo o caso, a ocorrência de esbulho renitente, uma vez que, ao teor da Súmula 650 do STF, a propriedade

---

101. NASCIMENTO, Tupinambá Miguel Castro do. **Introdução ao direito fundiário (estudos).** Porto Alegre: Sergio Antonio Fabris Editor, 1985, p. 78.

102. SOUZA FILHO, Carlos Frederico Marés de. **O renascer dos povos indígenas para o direito.** 1ª ed. 4ª tir. Curitiba: Juruá, 2005, p. 128.

103. PONTES DE MIRANDA. **Comentários à Constituição de 1946.** Tomo VI (Arts. 157-218). 3 ed. Rio de Janeiro: Editor Borsoi, 1960, p. 468.

104. PONTES DE MIRANDA. **Comentários à Constituição de 1967.** Tomo VI (Arts. 160-200). 2 ed. São Paulo: Revista dos Tribunais, 1972, p. 457.

da União sobre terras reputadas indígenas não se consolida sobre terras de aldeamentos extintos, mesmo que ocupados por indígenas no passado.

Com isso, é demonstrada a tese do marco temporal, que vem se sedimentando no STF, e demais pontos controvertidos que poderão ser, ao longo do tempo, observados e discutidos. De se destacar, por oportuno, que as diversas possibilidades de conflitos observáveis sobre a questão tem na tese do marco temporal uma forma de solução que por vezes poderá não servir a contento para solucionar o imbróglio, como em casos onde uma situação foi concluída ou modificada em tempos pretéritos à Constituição de 1988, com o que se remeterá para normas anteriores à sua promulgação.

E mais, não é somente pelo marco temporal que se levarão a termo os conflitos fundiários sobre terras indígenas, pois ainda será importante a averiguação do marco tradicional da ocupação.

6.2.4.2 Território de remanescentes de comunidades quilombolas

A Constituição assegurou no artigo 68 do ADCT, o reconhecimento da propriedade definitiva das terras ocupadas por remanescentes de comunidades de quilombos, mediante a concessão de título de propriedade.

A regulamentação do processo de identificação, reconhecimento, delimitação, demarcação e titulação de terras ocupadas por remanescentes de comunidades quilombolas ocorre por meio do Decreto 4.887/2003, de constitucionalidade reconhecida pelo STF no julgamento da ADI 3239[105]. Por ocasião do julgamento, também foi ratificado o reconhecimento da propriedade dos remanescentes de quilombos como sendo um direito fundamental.

Como estabelece o Decreto 4.887/2003, o reconhecimento da propriedade atende as comunidades quilombolas, assim compreendidas como sendo grupos étnico-raciais, de acordo com critérios de autodefinição[106], com particular trajetória histórica e que detenham relações territoriais específicas (artigo 2º). As terras ocupadas por remanescentes de quilombos são aquelas utilizadas como garantia de sua reprodução física, social e cultural (artigo 2º, §2º).

A titulação da propriedade quilombola é reconhecida e registrada pela outorga de título coletivo e pró-indiviso, sendo representadas as comunidades por meio de associações constituídas legalmente (artigo 17). Isso significa que

105. STF, Ação Direta de Inconstitucionalidade 3239/DF, Relatora Ministra Rosa Weber, j. 08.02.2019.

106. Para a autodefinição ser válida, não basta a mera declaração, pois deve ser inscrita junto ao Cadastro Geral da Fundação Cultural Palmares, que expedirá certidão de acordo com regulamento próprio (artigo 3º, §4º, do Decreto 4.887/2003).

não há titulação individual das propriedades quilombolas, sobre as quais as comunidades coletivamente exercem legítimo direito, sendo cabível, porém, que as comunidades se articulem em conformidade com regras próprias para reconhecer espaços privativos para cada unidade familiar, como ocorre na construção de moradias.[107]

No título coletivo deve constar, ainda, cláusula específica de inalienabilidade, imprescritibilidade e impenhorabilidade (artigo 17), servindo como mecanismo de proteção da área reconhecida aos remanescentes quilombolas por assegurar a subsistência da comunidade, até mesmo em relação às gerações futuras.[108]

No curso da gestão de florestas públicas, ao teor da LGFP, em consideração à destinação de florestas pública quando reconhecida uma comunidade quilombola, os casos de desapropriação previstos no artigo 13 do Decreto 4.887/2003 existiriam quando o direito quilombola de propriedade recaísse, além da floresta pública, em parte sobre território privado, uma vez que a floresta pública necessariamente é um bem público, não havendo carência de desapropriação para o reconhecimento de propriedades quilombolas. Explica-se: na destinação de florestas públicas, somente se trataria de desapropriação se uma propriedade quilombola, além de existir sobre uma floresta pública (bem público), se estendesse por propriedade privada, ensejando a desapropriação do bem privado para garantir o reconhecimento integral da propriedade quilombola.

E caso a área a ser destinada à propriedade quilombola esteja sendo ocupada, devem ser reassentadas as famílias que façam jus aos objetivos da reforma agrária e, não sendo o caso de ocupantes clientes da reforma agrária, apenas haverá um direito à indenização por benfeitorias realizadas de boa-fé (artigo 14 do Decreto 4.887/2003).

Todo o procedimento de identificação, reconhecimento, delimitação, demarcação e titulação das terras ocupadas pelos remanescentes das comunidades de quilombos fica a cargo do Incra, que regulamentou internamente a matéria na Instrução Normativa 57/2009.

Pelas normas aplicáveis previstas, integra-se a propriedade quilombola a uma das formas de destinação de florestas públicas. Com isso, o reconhecimento do direito de propriedade dos quilombolas é um dos meios

---

107. SARMENTO, Daniel. Comentário ao artigo 68. In: CANOTILHO, J. J. Gomes; MENDES, Gilmar Ferreira; SARLET, Ingo Wolfgang; STRECK, Lenio Luiz (Coords.). **Comentários à Constituição do Brasil.** 2 ed. São Paulo: Saraiva, 2018, p. 2346-2347.

108. Idem.

de destinação de florestas públicas para comunidades locais para fins de cumprimento do artigo 6º da LGFP.

6.2.4.3 Comunidades locais habitantes em Florestas Nacionais

Nos casos de criação de Florestas Nacionais, a Lei do SNUC resguarda o direito de comunidades locais (populações tradicionais na letra da lei) de permanecerem na unidade de conservação, desde que nela estivessem antes de sua criação (artigo 17, §2º). Por isso, podem as comunidades locais que vivam no interior ou no entorno da Floresta Nacional manterem o manejo de recursos florestais, de acordo com suas condicionantes culturais e voltados para sua sobrevivência.

A criação de Florestas Nacionais é uma das formas de gerir as florestas públicas, inclusive quando a gestão for realizada de maneira direta pelo poder público, preenchidos os requisitos legais. Observa-se, porém, que em se tratando de destinação das florestas públicas para comunidades locais, a LGFP se volta para a criação de Reservas Extrativistas e Reservas de Desenvolvimento Sustentável, que são unidades de conservação de regime jurídico direcionado justamente para atender as comunidades locais, sendo que a estrutura normativa destas unidades de conservação permite a apreciação das condicionantes culturais, ambientais e econômicas das comunidades e possibilita o atendimento de seus propósitos com acuidade.

Entretanto, a permissão de permanência de comunidades locais aplicável às Florestas Nacionais tem por uma de suas justificativas a vinculação destas unidades de conservação ao uso múltiplo sustentável de recursos florestais nelas existentes (artigo 17 da Lei 9.985/2000). É que nas Florestas Nacionais é permitida a exploração dos recursos naturais que estejam presentes em seu interior, desde que cumpridas as exigências normativas, além da necessidade de ser devidamente observado o Plano de Manejo da unidade, como expressa o artigo 17, §2º da Lei do SNUC.

Com isso, pode-se chegar a conclusão de que, como há previsão na LGFP (artigo 6º, inciso I) de criação de unidades de conservação específicas para a destinação às comunidades locais, quais sejam Reservas Extrativistas e Reservas de Desenvolvimento Sustentável, esta seria a primeira opção voltada à finalidade de atender amplamente os direitos das comunidades locais, desde que preenchidos os requisitos para a criação destas categorias de unidades de conservação. E quando a área ensejasse a criação de uma Floresta Nacional, o que poderia ocorrer, por exemplo, na gestão direta pelo poder público, deve-se observar a existência de comunidades locais para assegurar sua permanência no interior da unidade de conservação e o aproveitamento dos recursos florestais, nos termos do plano de manejo e das normas aplicáveis à categoria.

Em casos assim, o plano de manejo da Floresta Nacional, observado como documento técnico voltado a reger o zoneamento e as normas incidentes no uso da área e no manejo dos recursos naturais[109], deverá regular a presença das comunidades locais, adaptando seus modos de vida à unidade de conservação em questão.

Ainda, a presença de comunidades locais residentes deve constar no próprio ato de criação da unidade de conservação, como determina o artigo 2º, inciso III, do Decreto 4.340, 2002, que regulamenta a Lei do SNUC.

Tratando-se de Florestas Estaduais ou Municipais (artigo 17, §6º, da Lei do SNUC), a criação destas unidades de conservação deverá igualmente atender aos preceitos gerais de analisar a presença de comunidades locais, a fim de garantir-lhes a permanência no interior da unidade de conservação.

6.2.4.3.1 Termo de uso e contrato de concessão de direito real de uso

À semelhança de como é realizada a regularização das comunidades locais no interior de Reservas Extrativistas e Reservas de Desenvolvimento Sustentável e, também, dos projetos de assentamento ambientalmente diferenciados, entende-se pela possibilidade de que a regularização de comunidades no interior de Florestas Nacionais ocorra por contrato de concessão de direito real de uso. Os aspectos jurídicos relativos à esta modalidade de concessão não destoam dos propósitos contidos na permissão de permanência das comunidades locais no interior das Florestas Nacionais.

No entanto, no Decreto 6.063/2007 que regulamenta a LGFP, optou-se pela formalização de termo de uso. Assim, o artigo 18 deste diploma define que o cumprimento do artigo 17 da Lei do SNUC será atendido pela formalização de termos de uso com as comunidades locais que residam no interior ou no entorno das Florestas Nacionais para a extração de produtos florestais de uso tradicional e de subsistência, tudo sem deixar de especificar as restrições e responsabilidades sobre o manejo dos recursos e eventuais prejuízos ao ambiente e à União, além de indicar o prazo de vigência.

No parágrafo único do artigo 18, são estabelecidos três requisitos para a consolidação do termo de uso: (a) a identificação dos usuários; (b) um

109. A definição provém do artigo 2º, inciso XVII, da Lei 9.985/2000.

estudo técnico que caracterize os usuários como comunidades locais; e (c) a previsão, no plano de manejo, do uso de produtos florestais e da permanência das comunidades nas zonas de amortecimento, quando assim for o caso.

Assim, por meio de concessão de direito real de uso ou, na forma selecionada pelo Decreto 6.063/2007, mediante termo de uso, caberá a destinação de parte da Floresta Nacional às comunidades locais que nela residirem antes da criação da unidade de conservação.

6.2.5 Demais aspectos jurídicos relativos à destinação

De um modo geral, os ditames que regem a destinação das florestas públicas estão delineados pelo próprio conteúdo normativo do artigo 6º da LGFP. Sobressaem, porém, algumas considerações, como é o caso da definição do contrato de concessão de direito real de uso que muitas vezes aparecerá como regularizador fundiário dentre as diversas formas aplicáveis às comunidades locais, e o instituto da posse agroecológica, ou agroambiental, com suas repercussões. Ambos serão analisadas em tópicos apartados dada a especificidade do tema.

Soma-se a isso, considerações específicas sobre o procedimento de destinação às comunidades locais, previsto no artigo 6º, §1º da LGFP. Este parágrafo retira qualquer ônus das comunidades, sobretudo isentando-as de eventuais custas referentes aos procedimentos adotados na destinação para elas das florestas públicas.

E mais, define o artigo 6º, §1º, da LGFP, ser a transmissão regulada por ato administrativo próprio. Ocorre que, quanto a isso, principalmente em se considerando as destinações que remetem à contratação entre o poder público e as comunidades por meio de instrumento de concessão de direito real de uso, a locução utilizada pela LGFP, ato administrativo próprio, não pode ser concebida como limitadora para levar a termo o objetivo do artigo 6º, pois a previsão exclusiva de atos administrativos, considerados em sentido estrito, descaracterizaria a possibilidade da realização de formulação do contrato de concessão de direito real de uso, que se trata de instrumento bilateral.

Quiçá a intenção do legislador estivesse pautada no entendimento de atos administrativos em um sentido amplo que englobaria a definição de contratos com a administração pública. Sendo esta a intenção do legislador, ainda que não se concorde com essa classificação, a expressão ato administrativo próprio utilizada na LGFP deve ser compreendida na lei em um sentido amplo, como se extrai, a título explicativo, da doutrina de Zanobini.

Conforme o jurista italiano, o ato administrativo é qualquer declaração de vontade, desejo, conhecimento e julgamento realizado por alguém no exercício do poder administrativo.[110] Ainda, para Zanobini, a existência do contrato de direito público seria uma questão de direito positivo, mas com relevância puramente formal, em função dos poderes da administração púbica no direito público.[111] Note-se, que essa é a visão sustentada no direito pátrio por Bandeira de Mello, que considera como sendo atos administrativos em sentido amplo os contratos com a administração.[112]

Sobre o §2º, do artigo 6º da LGFP, os direitos das comunidades locais de terem reconhecida a sua relação com as florestas públicas mediante a competente destinação não obstam que essas comunidades participem das licitações de concessão florestal promovidas em relação às demais áreas de florestas públicas, fazendo-se representar por meio de associações comunitárias, cooperativas ou outras pessoas jurídicas admitidas legalmente. Esta é uma previsão que retira qualquer dúvida entre o direito das comunidades locais de permanecerem utilizando as florestas públicas e a participação destas, devidamente representadas por pessoas jurídicas, em licitações de concessões florestais que envolvam outras áreas de florestas públicas.

Outro ponto importante da LGFP trata da possibilidade do poder público, atendendo as condicionantes socioambientais, regularizar a posse exercida por comunidades locais sobre áreas ocupadas ou utilizadas que sejam imprescindíveis à conservação de recursos ambientais para sua reprodução física e cultural, mediante a concessão de direito real de uso ou outro meio admitido em lei, dispensada a licitação (artigo 6º, §3º). Propõe-se, sobre este parágrafo, dois entendimentos, não colidentes, e nitidamente extraídos do conteúdo geral do artigo 6º.

Inicialmente, o entendimento extraído da norma citada está compreendido na dimensão propositiva do artigo 6º e expressa a destinação às comunidades locais, embora faça menção, é certo que sem prevê-lo como exclusivo, ao contrato de concessão de direito real de uso. Essa generalidade abordada na norma caberia na abertura do artigo 6º, inciso III, que já dá margem para qualquer destinação possível e adequável à LGFP. Serve o mecanismo, então, como um meio de reforçar o interesse da LGFP em

110. ZANOBINI, Guido. **Corso di diritto amministrativo:** volume primo: principi generali. Milano: Dott. A. Giuffrè, 1947, p. 187.

111. Ibidem, p. 180.

112. BANDEIRA DE MELLO, Celso Antônio. **Curso de direito administrativo.** 33 ed. São Paulo: Malheiros, 2016, p. 398/440. Feitas essas ressalvas para o tema estudado, as questões específicas sobre os contratos administrativos serão abordadas com maior profundidade no tópico 7.5.2.

destinar as florestas públicas, além de resguardar uma previsão específica de destinação que não se confunde com aquelas previstas nos incisos I e II do *caput* do artigo, consolidando, consequentemente, uma hipótese de concessão de direito real de uso.[113]

Noutro aspecto, que não deixa de estar incluso no primeiro entendimento acima descrito, Rocha defende que o dispositivo tende a resguardar um direito que pode não ser cumulativo com o direito de regularização fundiária relativo à destinação da florestas públicas, com o que exemplifica pela hipótese de uma comunidade quilombola que detivesse título de propriedade de território fora de uma floresta pública e que, ainda assim, a utilize, sendo suficiente a garantia de sua posse tradicional por meio da concessão de direito real de uso em um caso em que não interessaria a invocação do domínio (artigo 68 do ADCT) e, dependendo da situação, nem mesmo seria oponível.[114]

A dispensa de licitação, assegurada legalmente pelo artigo 6º, §3º, é um pressuposto imprescindível para a destinação das florestas públicas, pois o destinatário haverá de ser sempre a comunidade local que ocupe ou utilize a floresta, não sendo concebível a realização da licitação para a concretização deste direito previsto. Com relação a isso, a Lei 8.666/1993, no artigo 17, §2º, inciso II (alterado pela Lei 13.465/2017) prevê como hipótese de dispensa de licitação os casos em que, em concordância com normas estabelecidas, se tenha implementado requisitos mínimos de cultura, ocupação mansa e pacífica e exploração direta da área, dentro do limite de 2.500 hectares. Porém, ressalve-se que o limite de 2.500 hectares é oriundo de determinação da Lei 11.952/2009, a qual, no artigo 4º, inciso III, refere expressamente não se aplicarem suas disposições às florestas públicas, que são condicionadas aos termos da LGFP.

E, diferentemente de como ocorre nas concessões florestais, na destinação de florestas públicas sucede-se juntamente a destinação das terras públicas para a utilização e ocupação das comunidades locais em que as florestas estão localizadas, como forma de atender amplamente aos aspectos socioambientais relativos à cultura e sobrevivência, mormente quando as comunidades locais ocupem o interior da floresta para fixação de residência. A esse respeito, importante observar que a aprovação prévia do Congresso

---

113. Assim igualmente entende Marques Neto. Cf. MARQUES NETO, Floriano de Azevedo. **Concessões.** Belo Horizonte: Fórum, 2016, p. 276.

114. ROCHA, Ibraim. Código florestal e exploração florestal. **Revista de Direito Ambiental,** v. 18, n. 71, p. 175- 216, jul./set. 2013, p. 204.

Nacional para alienação e concessão de terras públicas com área superior a 2.500 hectares (artigo 188, §1º combinado com o artigo 49, XVII, ambos da Constituição) não se aplica para as alienações e concessões voltadas à reforma agrária (artigo 188, §2º, da Constituição), o que deve ser levado em conta quando a destinação de florestas públicas for realizada em consonância com a política de reforma agrária.

Analisadas estas questões jurídicas remanescentes que envolvem a destinação de florestas públicas, resta demonstrar o regime jurídico dos contratos de concessão de direito real de uso e a natureza da posse agroflorestal, que assumem papel de suma importância nessa matéria.

6.2.6 Regime aplicável às concessões de direito real de uso

Os contratos de concessão de direito real de uso figuram com destaque na destinação de florestas públicas. A sua estrutura, que como se verá detém caráter resolúvel, mantém a propriedade do poder público sobre as florestas e a capacidade de controle e fiscalização, proporcionando o cumprimento dos deveres ambientais do Estado e das próprias comunidades locais beneficiárias.

O estudo apartado desta modalidade de concessão se justifica por estar voltada a regularizar a posse nas Reservas Extrativistas e Reservas de Desenvolvimento Sustentável, nos projetos de assentamento ambiental diferenciados e, eventualmente, na permissão de permanência de comunidades locais em Florestas Nacionais, apesar de para este último caso constar previsão para a regularização ser operada via termo de uso. Também, consta no artigo 6º, §3º, da LGFP, previsão específica para utilização dessa modalidade de concessão.

Com antecedência, contudo, alerta-se que para os direitos originários indígenas existe um procedimento de demarcação das terras e reconhecimento da posse indígena, e a propriedade quilombola se dá com a transmissão do título de propriedade, não sendo estes casos, portanto, dependentes de uma concessão de direito real de uso.

Outro ponto que merece cuidados e será adiante estudado diz respeito a condição das florestas públicas de bem público de uso afetado, de modo que a sua destinação, via contrato de concessão de direito real de uso, implica na devida consideração de sua desafetação, já que a floresta pública é um bem de uso especial, circunscrevendo-se na categoria de bens *extra commercium.*

6.2.6.1 Classificação pelo Decreto-lei 271/1967

A concessão de direito real de uso está substancialmente prevista no Decreto-lei 271/1967, precisamente nos artigos 7º e 8º. Apresenta semelhanças com as concessões de uso, malgrado detenha elementos específicos que delas a distancie, pois não só conta com previsão normativa particular, como também envolve um direito real resolúvel sobre o bem concedido.

Basicamente, o artigo 7º do citado decreto, com redação dada pela Lei 11.481/2007, caracteriza a concessão de direito de direito real de uso como direito real resolúvel exercido sobre terrenos públicos ou particulares, por tempo certo ou indeterminado, mediante remuneração ou gratuitamente, para fins específicos de regularização fundiária de interesse social, urbanização, industrialização, edificação, cultivo da terra, aproveitamento sustentável das várzeas, preservação das comunidades tradicionais e seus meios de subsistências ou outras modalidades de interesse social em áreas urbanas.

Avaliando a possibilidade da concessão de direito real de uso se operar sobre terrenos públicos ou particulares e mediante remuneração ou gratuitamente, de se ressalvar que como se analisa este instituto com aplicabilidade na destinação de florestas públicas, por certo que nestes casos a concessão se dará sobre terras públicas nas quais se situem as florestas. E a concessão será imprescindivelmente gratuita, contando as comunidades locais com expressa isenção de custos (artigo 6º, §1º, da LGFP).

Na definição normatizada das concessões de direito real de uso do artigo 7º, são especificadas finalidades a que esta modalidade se destina, dentre as quais se destaca, em consonância com os preceitos da LGFP, a preservação das comunidades locais e seus meios de subsistência, havendo ainda que se considerar como finalidade específica, pela amplitude de possibilidades de destinação de florestas públicas previstas ou não na LGFP, a regularização fundiária de interesse social.

Essa modalidade de concessão tem como característica configurar um direito real sobre o bem concedido, alargando as possibilidades de sua utilização, permitindo-se no âmbito da destinação de florestas públicas uma aproximação entre o instrumento jurídico de concessão escolhido e a utilização empregada pelas comunidades locais com base em suas características culturais. Sua definição como direito real foi introduzida no rol de direitos reais do artigo 1.225, inciso XII, do Código Civil, pela Lei 11.481/2007, mencionando-se na legislação civilista um reconhecimento já anteriormente adotado. A instauração de um direito real pela concessão assegura a imediata adesão à coisa e o direito de sequela, garantindo a persecução do bem.[115]

115. BANDEIRA DE MELLO, Celso Antônio. **Curso de direito administrativo.** 33 ed. São Paulo: Malheiros, 2016, p. 960.

Como é determinado pelo artigo 7º, §1º, do Decreto-lei 271/1967, a concessão de direito real de uso pode ser contratada por instrumento público ou particular, além de por termo administrativo, sendo inscrita e cancelada em livro especial.

Pode ainda, salvo disposição em contrário, a concessão de direito real de uso ser transferida por ato *inter vivos* ou por sucessão, legítima ou testamentária, com o registro da transferência (artigo 7º, §4º, do Decreto-lei 271/1967). Aqui, cabe considerar que a contratação da concessão de direito real de uso para destinação de florestas públicas às comunidades locais detém certos requisitos inerentes que obstaculizam uma simples transferência do direito adquirido e instrumentalizado pela concessão.[116] Levando isso em conta, entende-se ser possível a realização de transmissão *causa mortis* por sucessão legítima ou testamentária, até mesmo antes do prazo de dez anos previsto pelo artigo 189 da Constituição, mas isso dependerá de que os herdeiros ou legatários preencham os requisitos normativos e contratuais aplicáveis e igualmente componham a comunidade local do falecido concessionário. E para uma transferência *inter vivos*, na hipótese de mantido o direito real com outro membro da respectiva comunidade local, deverá ser respeitado o prazo de dez anos, atendendo-se à regra imposta pelo artigo 189 da Constituição. E não somente isso, pois é possível que o poder concedente rejeite a alienação quando entender que não estão cumpridos os requisitos determinados para a modalidade de destinação da floresta pública, os quais poderão estar regulados em normas, bem como estabelecidos nas cláusulas do contrato que concedeu o direito real de uso. Por isso, na hipótese ora considerada, em princípio a transmissão *inter vivos* da concessão de direito real de uso não guarda relação direta com os fins específicos da destinação de florestas públicas às comunidades locais, uma vez que nestes casos a concessão se opera em atenção às particularidades das respectivas comunidades locais, de modo que, mesmo considerando a possibilidade de transferência *inter vivos* entre membros de mesma comunidade local, trata-se de questão que depende do devido cumprimento de normas reguladoras da modalidade de destinação e dos termos do contrato de concessão, devendo-se inclusive atentar para as especificidades de cada caso.[117] Em se tratando de concessão

116. De posicionamento mais rigoroso quanto ao tema, Marques Neto chega a referir que a transferência seria vedada por tratar de característica própria à concessão para fins de regularização fundiária ou preservação de comunidades locais. Cf. MARQUES NETO, Floriano de Azevedo. **Concessões.** Belo Horizonte: Fórum, 2016, p. 277.

117. No âmbito dos projetos de assentamento ambiental diferenciados, permite-se a transferência *inter vivos* quando transcorridos dez anos da concessão, desde que o adquirente preencha os requisitos de elegibilidade do Programa Nacional de Reforma Agrária e não fracione o lote ou o incorpore em outro imóvel

coletiva contratada diretamente com uma pessoa jurídica[118], a associação ou outra forma de organização criada por determinada comunidade local estaria impedida de realizar a transmissão, pois se assim procedesse descaracterizaria a destinação das florestas públicas especificamente realizada à comunidade local que estivesse vinculada com a respectiva floresta pública.

Um ponto a ser lembrado é que a concessão de direito real de uso pode ser formalizada tanto em prazo determinado como indeterminado (artigo 7º, *caput*, do Decreto lei 271/1967). Porém, nos casos dos projetos de assentamento ambientalmente diferenciados[119], como determina a Instrução Normativa 99/2019 do Incra, o contrato de concessão de direito real de uso será sempre por prazo indeterminado, embora condicionado ao cumprimento das cláusulas resolutivas (artigo 84).

E como a concessão de direito real de uso serve para finalidades específicas, a resolubilidade com que é formalizada permite a manutenção dessa vinculação sob pena do poder concedente resolver a concessão antes do termo, caso o concessionário destine o bem a finalidade diversa da convencionada ou descumpra outra cláusula resolutória, com o que perde, também, as benfeitorias de qualquer natureza (artigo 7º, §3º, do Decreto-lei 271/1967).

É válido notar que a resolubilidade com que se perfaz o direito real concedido garante a finalidade a que está vinculado, pois a partir do momento em que o concessionário descumprir alguma das cláusulas resolutórias incidentes sobre a concessão ou se desviar do objeto da concessão, o poder concedente poderá reaver a terra pública concedida. Para as finalidades previstas na destinação de florestas públicas, a modalidade de concessão garante o controle do poder público concedente que é capaz de impedir o desvio da finalidade atribuída à concessão. Como especifica Bandeira de Mello, a concessão de direito real de uso detém caráter conaturalmente resolúvel incidente quando o concessionário distrair o bem da destinação estabelecida ou descumprir cláusula resolutória do ajuste.[120]

---

resultando em uma área final que ultrapasse quatro módulos fiscais, conforme artigo 31, parágrafo único, do Decreto 9.311/2018. Quando o projeto de assentamento estiver associado à destinação de florestas públicas, com base na LGFP, entende-se que o adquirente também deverá ser membro da comunidade local beneficiária, considerados os pressupostos neste tópico referidos.

118. Lembrando-se que este não seria o caso dos projetos de assentamento ambientalmente diferenciados, os quais, por imposição do artigo 24, §3º, do Decreto 9.311/2018, não podem ser realizados mediante contratação com pessoas jurídicas.

119. Os projetos de assentamento ambiental diferenciados foram vistos anteriormente no tópico 6.2.3.

120. BANDEIRA DE MELLO, Celso Antônio. **Curso de direito administrativo.** 33 ed. São Paulo: Malheiros, 2016, p. 961.

Assim sendo, no âmbito da destinação de florestas públicas, tanto se o concessionário não mantiver a destinação que se atribuiu à floresta pública quanto se houver descumprimento de cláusulas condicionantes à permanência da concessão, o poder concedente resolverá a concessão.

6.2.6.2 Desafetação

Um ponto de extrema importância sobre a concessão de direito real de uso nos termos da destinação de florestas públicas normatizada pela LGFP consiste na necessária desafetação do bem. Isso porque, como observado no tópico 4.2.4, as florestas públicas são bens públicos especiais e, portanto, bens públicos de uso afetado. Porém, a concessão de direito real de uso somente recai sobre bens dominicais, já que são concedidos direitos reais sobre terrenos públicos (artigo 7º, *caput*, do Decreto-Lei 271/1967), decorrendo a impossibilidade de manter a afetação do bem ao mesmo tempo que se permite a concessão do direito real de uso.[121]

E em relação à afetação múltipla, em que a finalidade precípua de uma espécie de bem público não necessariamente é absoluta ou exclusiva[122], entende-se não se aplicar nesta situação, pois não se percebe haver compatibilidade[123] na manutenção da caracterização de uma floresta pública como bem de uso especial enquanto tenha destinada a terra pública que a sustenta por concessão de direito real de uso para comunidades locais que nela ou em seu entorno residam.

O uso da floresta pública, proveniente da concessão de direito real de uso não encontra consonância com o regime de afetação de uso especial. Nem mesmo existe compatibilidade jurídica entre a concessão de direito real de uso e um bem que esteja afetado, pois nessa modalidade de concessão

121. A concessão de direito real de uso, com base em seu regime jurídico, somente é exercível sobre bens dominicais, como entende a doutrina administrativista brasileira. Cf. MARQUES NETO, Floriano de Azevedo. **Concessões.** Belo Horizonte: Fórum, 2016, p. 275; MARQUES NETO, Floriano de Azevedo. **Bens públicos:** função social e exploração econômica: o regime jurídico das utilidades públicas. Belo Horizonte: Fórum, 2014, p. 358; BANDEIRA DE MELLO, Celso Antônio. **Curso de direito administrativo.** 33 ed. São Paulo: Malheiros, 2016, p. 959; DI PIETRO, Maria Sylvia Zanella. **Direito administrativo.** 30 ed. Rio de Janeiro: Forense, 2017, p. 879.

122. MARRARA, Thiago. **Bens públicos**: domínio urbano: infra-estrutura. Belo Horizonte: Fórum, 2007, p. 67/86.

123. Para Marques Neto, a afetação múltipla se dá quando o bem comportar usos distintos, permanentes e compatíveis entre si, como, por exemplo, no uso de vias para instalação de bancas de jornais ou na afetação de uma barragem para geração de energia e para o transporte hidroviário. Cf. MARQUES NETO, Floriano de Azevedo. **Bens públicos:** função social e exploração econômica: o regime jurídico das utilidades públicas. Belo Horizonte: Fórum, 2014, p. 287.

o bem tem que estar desembaraçado de afetações para que dele o Estado possa dispor.

Mesmo assim, vale destacar, a destinação das florestas públicas não pode deixar de atender aos pressupostos de uso eficiente e racional da cobertura vegetal, sendo que a concessão de direito real de uso operada por intermédio da LGFP não implica na conversão completa do uso do solo. Isso é justamente o que determina o Decreto 6.063/2007 quando condiciona a destinação das florestas públicas para comunidades locais ao uso sustentável (artigo 15).

Com isso, pela exclusiva possibilidade de que a concessão de direito real de uso se opere sobre bens dominicais e sendo as florestas públicas afetadas como bens de uso especial, impõe-se a sua desafetação, de forma a subtrair a condição de bem *extra commercium*.

Conforme Cretella Jr. e lembrando previamente a divisão do autor sobre os bens públicos em bens do domínio público e bens do domínio privado do Estado, na desafetação ocorre a cessação de dominialidade pública para o bem ser incorporado ao domínio privado do Estado (como bem dominical) ou até mesmo do cidadão, ocorrendo por decisão expressa da administração ou com seu consentimento tácito.[124] Podendo a desafetação ser formal ou tácita, na primeira há um pronunciamento inequívoco da administração, formalizado por ato administrativo específico, enquanto que na segunda existe uma vontade presente e concordante, ainda que não manifesta, pelo poder público.[125]

A ocorrência de desafetação tácita, embora conte com críticas[126], é sustentada na doutrina pátria[127] e estrangeira[128], e sua possibilidade fundamenta

124. CRETELLA JÚNIOR, José. **Direito administrativo brasileiro**. 2 v. Rio de Janeiro: Forense, 1987, p. 428-429.

125. Ibidem, p. 431.

126. Veja-se, por exemplo, a crítica de Gasparini. Cf. GASPARINI, Diógenes. **Direito administrativo.** 10 ed. São Paulo: Saraiva, 2005, p. 744-745.

127. Além do já citado Cretella Jr. outros autores assim entendem, como é o caso dos seguintes: CARVALHO FILHO, José dos Santos. **Manual de direito administrativo**. 20 ed. Rio de Janeiro: Lumen Juris, 2008, p. 1059; MEDAUAR, Odete. **Direito administrativo moderno.** 20 ed. São Paulo: Editora Revista dos Tribunais, 2016, p. 301; DI PIETRO, Maria Sylvia Zanella. **Direito administrativo.** 30 ed. Rio de Janeiro: Forense, 2017, p. 849; MARRARA, Thiago. **Bens públicos**: domínio urbano: infra-estrutura. Belo Horizonte: Fórum, 2007, p. 73.

128. De um modo geral, na doutrina italiana ensina Zanobini que os atos materiais substituem declarações do sujeito da administração pública, sem que a declaração falte, pois esta assume a forma particular de declaração tácita. Cf. ZANOBINI, Guido. **Corso di diritto amministrativo:** volume primo: principi generali. Milano: Dott. A. Giuffrè, 1947, p. 187. E, com base no direito português, Caetano compreendia a desafetação tácita quando a coisa deixava de servir ao fim de utilidade pública, concluindo pelo consentimento e ausência da administração quando esta viesse a ser fruída por particulares. Cf. CAETANO, Marcello. **Manual de direito administrativo.** Lisboa: Universidade Editora, 1937, p. 343-345.

o fato da destinação de florestas públicas prescindir de ato administrativo prévio que desconstitua a afetação de bens de uso especial, pois o próprio comportamento do poder público, ao direcionar glebas florestais às comunidades locais, manifesta o interesse em desafetar parte do bem a ser destinado. É dizer, a atuação direta da administração pública, sem manifestação expressa de vontade[129], quando da destinação de florestas públicas para comunidades locais, por si só compreende a desafetação do bem público de uso especial para bem dominical.

E mesmo que se entendesse por necessárias uma base jurídica precedente e a correlação entre fatos e previsões normativas para a configuração da desafetação tácita[130], extrai-se a base jurídica pela disposição prévia constitucional sobre a concessão de terras públicas (artigo 188) que fornece aporte fundamentando normativamente a desafetação das florestas públicas, de seu caráter de bem de uso especial para bem dominical. Podendo-se ainda citar, no plano infraconstitucional, a própria previsão de destinação às comunidades locais prevista na LGFP.

Enfim, a desafetação tácita ocorre, sendo juridicamente viável, quando o poder pública destina as florestas públicas às comunidades locais sem que tenha previamente desafetado expressamente a gleba florestal em destinação, que é um bem de uso especial, para a classificação de bem dominical que possibilita a concessão de direito real de uso.

6.2.7 Posse agroecológica e manejo florestal comunitário

Devida é a atenção que merece a formação conceitual da posse exercida por comunidades que usufruem dos recursos florestais e vivem no interior ou no entorno de florestas. Na região florestal, como ocorre no interior da Amazônia, as comunidades interagem com o ambiente em um cenário heterogêneo, com aproveitamento produtivo para sobrevivência própria e para a mercantilização operado por diversas atividades, como na extração madeireira, na coleta de frutos e na pesca.

Nessas comunidades, desenvolvem-se culturalmente normas de convivência consensuais, sem deixar de atender as particularidades sociais e econômicas. Ajusta-se, assim, a posse das florestas exercida pelas comunidades, principalmente em relação às áreas de uso comum, onde pode ocorrer o manejo coletivo dos recursos florestais.

129. DI PIETRO, Maria Sylvia Zanella. **Direito administrativo.** 30 ed. Rio de Janeiro: Forense, 2017, p. 849.

130. MARRARA, Thiago. **Bens públicos**: domínio urbano: infra-estrutura. Belo Horizonte: Fórum, 2007, p. 73-74.

Como descreve Benatti, o apossamento coletivo dos recursos naturais e as práticas de trabalho familiar agroextrativista caracterizam o que denominou de posse agroecológica. Nesta modalidade, existem duas formas de apossamento: (a) a posse coletiva, explorada mediante o trabalho da comunidade, como no caso do desenvolvimento de atividades agroflorestais e extrativistas; e (b) a posse familiar, que só é permitida para construir casa, fazer roça ou desenvolver atividade extrativista, e é explorada em trabalho pessoal ou familiar, em atividade agroflorestal ou extrativista.[131]

Delineados os elementos, o conceito de Benatti da posse agroecológica parte de uma perspectiva abrangente para depois descrever a sua condição espacial. Assim, de um modo geral, a posse agroecológica é a forma de apossamento da terra por uma comunidade, considerando-se as influências sociais, culturais, econômicas, jurídicas e ecológicas. E espacialmente, a posse agroecológica representa a reunião de espaços que inclui o apossamento familiar e a área de uso comum, ambos necessários para o desenvolvimento de atividades agroextrativistas e sustentáveis pela comunidade.[132]

Como se demonstrou ao longo deste capítulo, em diversas ocasiões as regularizações fundiárias ocorrem coletivamente, podendo até mesmo vir a abranger a comunidade local como um todo por meio de uma associação ou outra pessoa jurídica estabelecida e compatível com a destinação das florestas públicas. É nessas situações, quando ausentes uma completa individualização e delimitação de lotes, que se configura a descrita posse agroecológica, sendo que a existência de área de uso comum propicia o manejo florestal comunitário como forma de tornar a atividade exploratória economicamente viável.

Ainda que as comunidades locais estabelecessem divisão para compor uma área de uso familiar com três formas de uso (casa, roça e mata), nestas situações não há a divisão das áreas de uso comum, assim a gleba florestal manejada coletivamente pela comunidade se soma às áreas de uso familiar para, conjuntamente, formarem a posse agroecológica.

Se é certo que a destinação da floresta pública às comunidades locais garante e efetiva os direitos a elas direcionados, caminhando favoravelmente à proteção ambiental mediante a fiscalização efetiva do poder público e maior controle da área destinada, persiste a necessidade de implementá-la cada vez mais e desenvolver o uso racional e eficiente dos recursos florestais. Além disso, a atividade econômica empreendida pelas comunidades locais não

131. BENATTI, José Heder. **Posse agroecológica & manejo florestal**. Curitiba: Juruá, 2013, p. 111-113.

132. Ibidem, p. 115.

prescinde de rentabilidade, tanto para evitar a exploração em desacordo com as normas ambientais, como para trazer desenvolvimento socioeconômico para a região e, especialmente, às comunidades.

Em estudo que avaliou a gestão das florestas por comunidades na Amazônia do Brasil, Bolívia e Peru, por meio de dois modelos (a) negociações informais para exploração madeireira entre as comunidades locais e companhias que realizam esse serviço e (b) manejo florestal comunitário, promovido por OSCs e agências governamentais, os resultados geraram contrastes com a crença de que as comunidades podem se beneficiar significativamente da exploração de seus recursos madeireiros no modelo institucional encontrado na Amazônia. Isso não quer dizer que o manejo das florestas por comunidades locais esteja em questão, mas sim o modelo utilizado, sendo necessário contribuir com os interesses, capacidades e práticas de comunidades locais.[133] Apesar de evidências concluírem pela existência de benefícios do manejo florestal comunitário nas condições florestais, são necessários mais estudos para alcançar evidências concretas sobre os seus efeitos na condições de vida das comunidades locais.[134] Também, para que as comunidades mantenham um manejo legalmente aprovado e sustentável existem diversos obstáculos nas políticas públicas e regulações, bem como as frequentes alterações à essas políticas.[135]

Com estudos aprofundados será possível reconhecer até que ponto as regiões de florestas habitadas por comunidades locais estão aumentando os índices de desenvolvimento socioeconômico e, a partir disso, buscar meios para aprimorar o manejo florestal comunitário, sempre resguardando a devida observância às normas ambientais.

6.3 CONCLUSÕES DO CAPÍTULO

A destinação de florestas públicas prevista no artigo 6º da LGFP garante às comunidades locais os direitos de ocupação e utilização das glebas florestais, sem descuidar dos aspectos sociais, econômicos e ambientais relacionados.

133. MEDINA, G.; POKORNY, B; CAMPBELL, B. M. Community forest management for timber extraction in the Amazon frontier. **International Forestry Review**, v. II, n. 3, p. 408- 420, 2009, p. 418.

134. BOWLER, Diana; BUYUNG-ALI, Lisette; HEALEY, JONES, Julia P. G.; KNIGHT, Teri; PULLIN, Andrew S. **The evidence base for community forest management as a mechanism for supplying global environmental benefits and improving local welfare:** a STAP advisory document. Bangor: Scientific and Technical Advisory Panel, 2010, p. 34.

135. WALDHOFF, Philippe; VIDAL, Edson. Community loggers attempting to legalize traditional timber harvesting in the Brazilian Amazon: An endless path. **Forest Policy and Economics**, v. 50, p. 311-318, 2015, p. 317.

Para sua efetivação, existem diversos mecanismos previstos juridicamente, como a criação das unidades de conservação Reserva Extrativista e Reserva de Desenvolvimento Sustentável, os ambientalmente diferenciados Projetos de Assentamento Agroextrativista, Projetos de Desenvolvimento Sustentável e Projetos de Assentamento Florestal, a demarcação de terras indígenas, o reconhecimento de propriedade quilombola e a permanência de comunidades residentes em Florestas Nacionais.

A destinação de florestas públicas às comunidades locais caminha em consonância com a política de reforma agrária do país instituída constitucionalmente, inclusive fazendo a lei menção clara a instrumentos de reforma para a regularização fundiária.

Dentre os objetivos que se extraem da destinação, está a busca pelo desenvolvimento socioeconômico da região pelos benefícios do manejo florestal realizado comunitariamente e um controle eficaz da exploração, em atendimento às normas ambientais e à matriz do direito fundamental ao ambiente, o que se constata principalmente pela dimensão do direito prestacional em sentido estrito presente quando da implementação de projetos de assentamento ambientalmente diferenciados e por meio da criação de unidades de conservação nas modalidades Reserva Extrativista e Reserva de Desenvolvimento Sustentável. Também, nesta forma de gestão estão gravados os deveres ambientais estatais e os deveres fundamentais ambientais dos membros das comunidades locais.

Como se constatou, na maioria das vezes, com a clara exceção das terras indígenas e propriedades quilombolas, a destinação é formalizada mediante contrato de concessão de direito real de uso que, fundamentalmente pela característica resolúvel, serve como mecanismo de garantia do retorno da área florestal concedida nos casos em que não forem cumpridas as cláusulas resolutórias e as finalidades do ajustamento. E, como a floresta pública é um bem público de uso especial, a concessão das terras públicas que a sustentam somente se viabiliza após a desafetação do bem para a categoria de bens dominicais, que pode ocorrer de maneira tácita.

A posse coletiva exercida pelas comunidades, quando existente uma área de uso comum não utilizável individualmente e uma área familiar, é embasada por normas consuetudinárias desenvolvida ao longo do tempo pelas comunidades locais. Sendo importante que o seu reconhecimento pelo direito seja acompanhado por estudos que propiciem tanto o aumento da proteção ambiental da área como o desenvolvimento socioeconômico da região, trazendo qualidade de vida para as comunidades.

7

CONCESSÃO FLORESTAL

A concessão floresta inova na forma de gestão de floresta públicas, pois apesar de ser prevista em legislações pretéritas, com o tempo deixou de contar com previsão normativa. Esse vácuo legislativo foi preenchido pela LGFP, que regulamentou a destinação da exploração de florestas públicas à iniciativa privada.

Como se observará adiante, nessa modalidade de gestão o poder público permite a exploração de florestas de sua propriedade pela iniciativa privada, mediante processo licitatório, ficando também a cargo do concessionário a conservação da cobertura vegetal da floresta concedida, em atenção aos termos da concessão e ao dever de proteção ambiental, auxiliando o Estado na efetivação do direito fundamental ao ambiente.

A exploração das florestas públicas por concessionário, além de viabilizar mecanismos diversos de proteção ambiental das florestas, potencializa o desenvolvimento econômico das regiões com grande volume de cobertura florestal, tudo por intermédio de critérios estabelecidos normativamente que consideram a lisura do procedimento licitatório e, como matriz orientadora da LGFP, a proteção ambiental.

Como destaca Araújo, a LGFP inova na gestão das florestas públicas, servindo as concessões florestais como uma opção do governo pela atuação junto ao mercado, preenchendo lacunas deixadas por instrumentos tradicionais de política ambiental focados no comando e controle.[1] Daí é que se percebe, com a instituição das concessões florestais, uma guinada rumo aos instrumentos econômicos de política ambiental[2], razão pela qual constam como um dos instrumentos econômicos previstos na PNMA (artigo 9º, inciso XIII da Lei 6.938/1981).

1. ARAÚJO, Suely Mara Vaz Guimarães de. **Lei de gestão das florestas públicas:** polêmicas e perspectivas. Brasília: Câmara dos Deputados, 2008, p. 27.

2. Ibidem, p. 6.

Não se descartam, no âmbito das concessões florestais, as ações de comando e controle inerentes ao cumprimento das normas ambientais, embora sirva a exploração dos recursos das florestas públicas por meio do manejo florestal sustentado mediante o instituto da concessão como um instrumento econômico de política ambiental com perspectivas de manutenção da cobertura florestal do país.[3]

Por isso, além das concessões florestais estarem enquadradas em uma moldura normativa de proteção ambiental, como instrumento econômico atuam também em relação à estrutura jurídico-normativa da Constituição sobre a ordem econômica, com as diretrizes traçadas pelo artigo 170.

A importância das concessões florestais para o cumprimento do conteúdo normativo do artigo 170, como por exemplo, a justiça social (*caput*), a proteção do ambiente (inciso VI) e a redução das desigualdades regionais e sociais (inciso VII), pode ser demonstrada por meio dos planos traçados para a região amazônica. A Superintendência do Desenvolvimento da Amazônia (SUDAM), instituída pela Lei Complementar 124/2007, tem por atribuição a elaboração do Plano Regional de Desenvolvimento da Amazônia (PRDA). Elaborado em 2019, para abranger os anos de 2020 a 2023, o PRDA, voltado à promoção do desenvolvimento inclusivo e sustentável para a Amazônia, transita pelo objetivo de redução das desigualdades intra e inter-regionais, em relação ao qual os reflexos recaem na melhoria dos indicadores sociais e econômicos e, com efeito, na qualidade de vida da população. Os cinco grandes eixos que abrangem o plano são o econômico, institucional, da infraestrutura, ambiental e social. No eixo ambiental, reconhecendo-se a transversalidade do tema com as demais áreas, o PRDA busca, dentre outros objetivos, a promoção de oportunidades de negócios sustentáveis em meio ambiente, com o incentivo de recursos científicos e tecnológicos com vistas à valorização e aproveitamento dos recursos naturais.[4]

---

3. Sobre a utilização de mecanismos de mercado na proteção ambiental e sua relação com as medidas de comando e controle, Freeman e Kolstad, em coletânea organizada com diversos estudos de economistas e juristas, concluem que ambas as abordagem continuarão sendo utilizadas em um modo dinâmico, de maneira que o desafio será arquitetar e costurar cuidadosamente a conjugação adequada dos instrumentos em contextos particulares. A obra reúne estudos sobre a aplicação de mecanismos de mercado, as evidências sobre sua utilização e as diferenças com as medidas de comando e controle, inclusive fornecendo análises específicas de mecanismos de mercado adotados. Cf. FREEMAN, Jody; KOLSTAD, Charles D. Prescriptive Environmental Regulations versus Market-Based Incentives. In: FREEMAN, Jody; KOLSTAD, Charles D. **Moving to markets in environmental regulation:** lessons from twenty years of experience. Oxford: Oxford University Press, 2006, p. 15.

4. SUDAM. **Plano Regional de Desenvolvimento da Amazônia (PRDA):** 2020-2023. Belém: SUDAM, 2019, p. 166-178.

Ainda outro exemplo pode ser extraído do Plano Amazônia Sustentável, o qual tem como objetivo principal promover o desenvolvimento sustentável da Amazônia brasileira, mediante a implantação de um modelo que valorize o patrimônio natural e incentive os investimentos em tecnologia e infraestrutura, viabilizando-se atividades econômicas dinâmicas e inovadores com a geração de emprego e renda e mediante a compatibilidade com o uso sustentável de recursos naturais, a preservação de biomas e a busca pela elevação do nível de vida populacional.[5]

A nível mundial, de acordo com o Global Forest Resource Assessment, entre os anos de 1990 e 2010 a proporção de florestas públicas geridas por companhias privadas subiu de 3% para 15%, com tendência de continuar aumentando, enquanto a área gerida pela administração pública decaiu de 95% para 82%.[6] As maiores áreas de concessão estão localizadas nas florestas temperadas e boreais do Canadá e da Rússia.[7] Na Rússia, 97% das florestas são de propriedade estatal e estão disponíveis para concessões, com a criação de responsabilidades ao setor privado no setor florestal por um período de tempo, servindo inclusive como substituto em um momento de transição para posterior privatização da cobertura florestal.[8]

Na América Latina, as florestas tropicais sob concessão não implicam em uma grande extensão de terra, principalmente em decorrência da atuação do Brasil que, mesmo contando com quase 75% do total da área florestal de toda América Latina, apenas uma reduzida área foi destinada à concessão. Caso o Brasil fosse excluído do cômputo geral, o percentual de florestas sob concessão na América Latina seria similar ao percentual de florestas concedidas em outras regiões.[9] E, de fato, o Brasil conta somente com dezoito contratos de concessão florestal de nível federal assinados, sendo três na Flona do Jamari (Rondônia), quatro na Flona Saracá-Taquera (Pará), dois na Flona de Jacundá (Rondônia), dois na Flona do Crepori (Pará), quatro

5. BRASIL. Presidência da República. **Plano Amazônia Sustentável:** diretrizes para o desenvolvimento da Amazônia Brasileira. Brasília: MMA, 2008, p. 55.

6. FAO. **Global Forest Resources Assessment 2015:** how are the world`s forests changing?. 2 ed. Rome: Food and Agriculture Organization of the United Nations, 2016, p. 39.

7. FAO. **Rethinking forest concessions**: improving the allocation of state-owned forests for better economic, social and environmental outcomes. Rome: Food and Agriculture Organization of the United Nations, 2018, p. 11.

8. FAO. **The Russian Federation Forest Sector**: Outlook study to 2030. Rome: Food and Agriculture Organization of the United Nations, 2012, p. 61/63.

9. FAO. **Rethinking forest concessions**: improving the allocation of state-owned forests for better economic, social and environmental outcomes. Rome: Food and Agriculture Organization of the United Nations, 2018, p. 12.

na Flona de Altamira (Pará) e três na Flona de Caxiuanã (Pará). Somada, a extensão das florestas concedidas no Brasil chega a 1,050 milhão de hectares. Apesar disso, o número de concessões vem crescendo no Brasil com o passar dos anos, estando elegíveis para concessão, no PAOF de 2020, 3,8 milhões de hectares de florestas públicas.[10]

Outros países da América Latina contam com percentual variado de florestas concedidas, a Bolívia com 2,1 milhões de hectares (5%)[11], a Guatemala com 450 mil hectares (29%)[12], a Guiana com 6,5 milhões de hectares (53%)[13], o Peru com 7,11 milhões (38%)[14], o Suriname com 1 milhão de hectares (10%)[15] e a Venezuela com 500 mil hectares (2%) totalizando, entre todos os países mencionados, em uma área de florestas sob concessão de 18,597 milhões de florestas (4%).[16]

No sudeste asiático, 27% de florestas públicas estão em regime de concessão, representando 48,122 milhões de hectares.[17] O Laos conta com aproximadamente 5% de florestas concedidas, alcançando 1,1 milhão de hectares.[18] Na Indonésia, 23,992 milhões de hectares (28%) das florestas públicas estão sob concessão para exploração madeireira.[19] Além destes países, possuem florestas públicas concedidas o Camboja com 3,3 milhões (33%), a Malásia com 9,23 milhões (46%) e a Papua Nova Guiné com 11 milhões (38%).[20]

No oeste e no centro do continente africano, estima-se que 22% das florestas estão sob o regime de concessão, essa porcentagem importa em

10. BRASIL. Ministério da Agricultura, Agropecuária e Abastecimento. Serviço Florestal Brasileiro. **Gestão de Florestas Públicas**: relatório 2019. Brasília: Serviço Florestal Brasileiro, 2020, p. 23.
11. GRETZINGER, Steve; RESOURCES, Zak. **Latin American Experiences in Natural Forest Management Concessions**. Rome: Food and Agriculture Organization of the United Nations, 2016, p. 13.
12. Ibidem, p. 16.
13. Idem.
14. FAO. **Rethinking forest concessions**: improving the allocation of state-owned forests for better economic, social and environmental outcomes. Rome: Food and Agriculture Organization of the United Nations, 2018, p. 13.
15. GRETZINGER, Steve; RESOURCES, Zak. **Latin American Experiences in Natural Forest Management Concessions**. Rome: Food and Agriculture Organization of the United Nations, 2016, p. 18.
16. FAO. **Rethinking forest concessions**: improving the allocation of state-owned forests for better economic, social and environmental outcomes. Rome: Food and Agriculture Organization of the United Nations, 2018, p. 13.
17. Idem.
18. CHAN, Barney. **Current Status of Forest Concessions in Southeast Asia**. Rome: Food and Agriculture Organization of the United Nations, 2016, p. 16.
19. Ibidem, p. 35.
20. FAO. **Rethinking forest concessions**: improving the allocation of state-owned forests for better economic, social and environmental outcomes. Rome: Food and Agriculture Organization of the United Nations, 2018, p. 13.

56,114 milhões de hectares. Por países, em área concedida, Camarões tem 7,58 milhões de hectares (35%), Congo 12,6 milhões de hectares (56%), Gabão 14,272 milhões de hectares (65%), Guiné Equatorial 740 mil hectares (46%), República Centro-Africana 3,05 milhões de hectares (15%), República Democrática do Congo 12,184 milhões de hectares (8%), Libéria 2,3 milhões de hectares (53%), Gana 3,09 milhões de hectares (65%) e Costa do Marfim 700.000 hectares (7%). [21]

Embora nos diversos países que contam com florestas sob concessão vigorem sistemas jurídicos variados, com diferente incidência de normas, sobretudo as relativas à proteção ambiental, evidenciam as estimativas que a concessão de florestas pública é uma ferramenta amplamente utilizada a nível global. E, não somente isso, há uma tendência de aumento do número de concessões. Esses fatores estão em consonância com o que se observa no Brasil, onde após a legislação específica de gestão de florestas públicas no ano de 2006, tem-se apostado nas concessões de florestas públicas com claros objetivos de obtenção de retornos nos campos ambientais, econômicos e sociais.

Portanto, as concessões florestais fornecem alterações significativas na gestão empenhada pelo Estado de suas florestas públicas, relacionando temas econômicos e ambientais, além de fatores sociais decorrentes de múltiplos fatores provenientes da destinação da área. A fim de que seja operacionalizada em concordância com o arcabouço jurídico do direito brasileiro, a previsão legal das concessões florestais remetem a diversos dispositivos que devem ser interpretados de maneira concatenada.

Com isso em vista, o presente capítulo será estruturado sobre as características gerais e específicas das concessões florestais, os aspectos concernentes ao processo de licitação e a regulação pelos contratos de concessão. São esses os pontos, abstratamente mencionados, que condizem com a regularidade da concessão florestal.

7.1 PANORAMA GERAL DAS CONCESSÕES FLORESTAIS

No artigo 7º da LGFP estão previstas as diretrizes das concessões florestais, remetendo-se aos demais assentos normativos previstos ao longo da lei. O artigo basicamente especifica que a concessão florestal é autorizado

21. KARSENTY, Alain. The contemporary forest concessions in West and Central Africa: chronicle of a foretold decline?. Rome: Food and Agriculture Organization of the United Nations, 2016, p. 25; FAO. **Rethinking forest concessions**: improving the allocation of state-owned forests for better economic, social and environmental outcomes. Rome: Food and Agriculture Organization of the United Nations, 2018, p. 13.

por ato do poder concedente e formalizada em contrato, em atendimento às normas da LGFP e demais legislações pertinentes, em conjunto com o edital de licitação.

A reintrodução das concessões florestais no ordenamento jurídico se deu com mudanças significativas. Como modalidade incluída na gestão de florestas públicas, contam as concessões florestais com especificações normativas específicas e mais com um detalhado procedimento licitatório e regras de regência contratual, além de diversos outros dispositivos aplicáveis. Ainda, a realização das concessões florestais, inovadora no sistema jurídico contemporâneo, necessariamente deve ser considerada e aplicada de forma a estar concatenada com o direito fundamental ao ambiente e demais normas relativas do direito infraconstitucional.

Com status de relevância no conteúdo normativo da LGFP, bastando para comprovar isso a constatação dos diversos artigos designados à sua regulamentação, as concessões florestais assumem um dos pontos centrais das normas de proteção ambiental adotadas pelo governo em relação às florestas públicas.

Estando a exploração direta das florestas públicas pelo Estado condicionada à estrita adequação aos requisitos constitucionais de soberania nacional ou de relevante interesse social e sem que a destinação prioritária das florestas públicas às comunidades locais envolva todo a cobertura florestal de domínio público, são de ampla extensão as florestas públicas disponíveis para concessão florestal de forma a privilegiar o desenvolvimento social e econômico regional, sem deixar de considerar as normas ambientais relacionadas.

Essa novel modalidade de concessão envolve diversas matizes normativas, sendo imprescindível a caracterização conceitual do instituto e demais aspectos jurídicos a fim de possibilitar uma adequada compreensão das normas aplicáveis. Essa será a temática que preencherá as disposições estudadas neste tópico, envolvendo o conceito, o plano de manejo florestal sustentável, o objeto e a natureza jurídica da concessão, além dos aspectos normativos relacionados.

7.1.1 Conceito de concessão florestal

As concessões florestais são conceituadas legalmente pela própria LGFP no artigo 3º, inciso II, entendendo-se como a realização, pelo poder concedente, da delegação onerosa à pessoa jurídica, em consórcio ou não, do direito de manejar sustentavelmente as florestas para exploração de produtos e serviços em unidade de manejo, via processo licitatório, desde que atendidas as exigências do edital de licitação e demonstrada a capacidade para desempenho por parte da pessoa jurídica concessionária, por sua conta e risco e a prazo determinado.

Essa é a definição aplicável às concessões florestais, sem que se afaste a importância do detalhamento das características desta modalidade de concessão destacadas pela definição exposta, além de algumas nuances que dizem respeito às concessões florestais e complementam o conceito legal.

Apesar da utilidade contemporânea das concessões, quando observadas genericamente, sua existência não é recente, como explica Hardin, já que desde o século XVIII as concessões foram utilizadas para reforçar poderes de soberania e estender o poder sobre vários atores em variados contextos sociais e geográficos, por meio de arranjos em uma área demarcada para usos específicos.[22] Ainda segundo a autora, ao longo desse processo histórico, as concessões se operaram por meio de três importantes fases, que são a avaliação de perspectivas sobre a utilização de recursos, a delimitação entre partes rivais sobre a capacidade de exploração e a de execução das concessões com a negociação das circunstâncias de extração, produção e redistribuição dos bens.[23]

As concessões florestais podem ter duas formas básicas em sua configuração: a utilização das florestas e a prestação de serviços de gestão florestal. A utilização de florestas conferem direitos de explorar os recursos madeireiros da floresta e demais produtos ou serviços. Essa modalidade de concessão frequentemente vem acompanhada de requerimentos de atividades de gestão florestal, reflorestamento e outras funções de proteção ambiental, que implicam nos serviços de gestão florestal e caracterizam uma natureza dupla das concessões florestais.[24]

De um modo geral, essas concessões de direitos sobre os recursos florestais envolvem o Estado como proprietário da área e outros atores na outra parte, como empresas que desenvolvem esse tipo de atividade, tendo havido, com o passar do tempo, um aumento nas demandas para que os

22. HARDIN, Rebecca. Concessionary politics: property, patronage, and political rivalry in central african forest management. **Current Anthropology,** v. 52, n. 3, 113-125, Abr. 2011, p. 115-116.

23. Idem.

24. GRAY, John A. **Forest concession policies and revenue systems**: country experience and policy changes for sustainable tropical forestry. Washington: The World Bank, 2002, p. 11.

concessionários, em adição aos seus direitos de explorar os recursos florestais, cumpram com obrigações como contrapartida.[25]

Apesar de no conceito legal do artigo 3º, inciso II, da LGFP, a concessão florestal ser classificada a partir do direito de exercer o manejo sustentável das florestas públicas, não se deixa de considerar obrigações do concessionário adicionais ao direito de exploração dos recursos florestais, envolvendo, por exemplo, a melhoria e recuperação ambiental da área concedida e seu entorno, bem como ações em benefício de comunidades locais, tratando-se de ajustamentos contratuais que posteriormente serão considerados quando do estudo dos contratos de concessão florestal (tópico 7.5). Por isso, ainda que isso não fique evidente no conceito legal de concessão florestal, pode-se afirmar que a dupla natureza da concessão florestal está contemplada no modelo brasileiro, pois o manejo sustentável das florestas públicas é acompanhado de outras obrigações assumidas pelo concessionário na forma de contrapartidas.

Porém, adiante-se desde já, essas contrapartidas aplicáveis ao concessionário não implicam, no ordenamento jurídico, em uma concessão de serviços públicos, pois são deveres ambientais próprios da atividade exploratória dos recursos florestais e do bem público concedido conjugados a obrigações legais e contratuais que buscam contemplar direitos socioambientais.[26]

A conceituação de um sistema de concessão de florestas elaborada por Ferraz e Seroa da Motta contém pontos essenciais ao retratarem essa modalidade de concessão como alternativa promissora de política para a silvicultura. De acordo com os autores, as concessões implicariam em contratação de longo prazo para grandes áreas florestais, por meio de concorrência e sob cláusulas de especificação para o uso da terra e dos recursos florestais.[27] Ainda conforme os autores, a concessão florestal envolve a cobrança de um valor pela exploração do recurso natural que permite ao governo receber parte da renda associada à exploração das florestas[28], sendo por isso que a concessão dispõe de uma contratação onerosa.

---

25. HENSBERGEN, Berty van. **Forest concessions**: past present and future?. Rome: Food and Agriculture Organization of the United Nations, 2016, p. 9/11.
26. O tema pertinente à natureza jurídica das concessões florestais é posteriormente elaborado no tópico 7.1.4.
27. FERRAZ, Claudio; MOTTA, Ronaldo Seroa da. **Concessões florestais e exploração madeireira no Brasil**: condicionantes para a sustentabilidade. Brasília: Ministério do Meio Ambiente, 2002, p. 11
28. Ibidem, p. 26.

Agregando-se a esta definição as contrapartidas que compõem igualmente a concessão florestal, inclusive os preços florestais que formam os valores sobre a exploração florestal recebidos pelo poder concedente, depreende-se características essenciais das concessões no panorama oferecido pela LGFP: (a) a realização de um certamente de concorrência, (b) a contratação onerosa entre o poder público e entidade privada, que compreende (c) o estabelecimento de condições específicas e sustentáveis para a realização manejo florestal e (d) as contrapartidas delegadas ao concessionário.

Com isso, a concessão florestal é o resultado da contratação onerosa entre o poder público concedente e uma pessoa jurídica concessionária vencedora de processo licitatório, para a realização do manejo sustentável de recursos florestais, por prazo determinado, mediante sua conta e risco e desde que sejam preenchidas as condicionantes para a utilização dos recursos florestais, as contrapartidas sociais, econômicas e ambientais e demais exigências previstas no edital de licitação e no contrato de concessão.

7.1.2 Plano de manejo florestal sustentável

Como componente central das concessões florestais, justamente por se referirem à exploração dos recursos encontrados nas florestas, indica a LGFP a necessária realização do manejo florestal sustentável, o qual é uma condição para que a concessão florestal seja legalmente válida.

A LGFP define o manejo florestal sustentável, imputando características fundamentais para sua caracterização no artigo 3º, inciso II da LGFP, que o descreve como sendo a gestão da floresta para obtenção de benefícios econômicos, sociais e ambientais, com o respeito aos mecanismos de sustentação do ecossistema manejado e com a consideração, cumulativa ou alternativa, da utilização de múltiplas espécies de madeiras e múltiplos produtos e subprodutos não madeireiros, além da utilização de demais bens e serviços de natureza florestal.

O manejo florestal sustentável, assim, está interligado às condições de adequação da concessão florestal, e não somente em relação à proteção ambiental, pois deverá considerar, conforme a definição da LGFP, os benefícios sociais e econômicos. Com isso, envolvendo diretamente o modo como é efetuada a exploração de recursos florestais, dentre eles os madeireiros e outros produtos, bens e serviços florestais, o manejo florestal sustentável é composto por condições específicas de benefício social, de ações em prol do ambiente e de aspectos econômicos.

Portanto, o manejo florestal sustentável mencionado na LGFP e por ela conceituado se refere ao modo como a exploração dos recursos florestais é levada a termo. A proposta dessa forma de manejo abarca uma integração entre benefícios econômicos, sociais e ambientais observáveis na realização prática da exploração desses recursos.

A sustentabilidade que caracteriza o manejo florestal está diretamente relacionada ao princípio da LGFP referente ao uso eficiente e racional das florestas públicas (artigo 2º, inciso II) e é uma circunstância exigida integralmente pelo complexo sistema de normas jurídicas de proteção ambiental existente no país, tendo como base o direito fundamental ao ambiente.

O manejo florestal sustentável foi introduzido na legislação brasileira por meio do Decreto 1.282/1994, que regulamentou a exploração das florestas no antigo Código Florestal de 1965. Com o decreto, o manejo florestal sustentável se tornou a condição exigida normativamente para a exploração de florestas.

As especificações trazidas pelo Decreto 1.282/1994 precederam o alinhamento entre os Estados que tem em seu território parte da bacia amazônica, quando se criou em 1995 a Organização do Tratado de Cooperação Amazônica, destinada a fortalecer o Tratado de Cooperação Amazônica de que são parte Brasil, Bolívia, Colômbia, Equador, Guiana, Peru, Suriname e Venezuela. No ano de 1995, foi formulado a processo de Tarapoto sobre critérios e indicadores de sustentabilidade da floresta amazônica, concebido para ser implementado pelos países signatários do tratado e resultou em 12 critérios e 77 indicadores em três categorias, a nacional, a de unidade de manejo e a global[29] com forte influência do pioneiro desenvolvimento de critérios e indicadores desenvolvidos no início dos anos 1990 pela ITTO.[30]

O Decreto 1.282/1994 e os critérios e indicadores do processo de Tarapoto foram responsáveis, em grande parte, pela introdução no Brasil de especificidades sobre a exploração florestal em atenção à conciliação entre a valoração econômica das florestas, o benefício das sociedades e a proteção ambiental.

Posteriormente, o Decreto 1.282/1994 foi revogado pelo Decreto 5.975/2006, que estabeleceu normas para a exploração das florestas e for-

29. OCTA. Propuesta de Tarapoto sobre Criterios e Indicadores de Sostenibilidad del Bosque Amazónico. Disponível em: <http://www.otca-oficial.info/assets/documents/20161220/8717995cfb9f04b695cf18ac-cbfe8029.pdf>. Acesso em 29 abr 2019.

30. ITTO. Criteria and indicators for the sustainable management of tropical forests. ITTO Policy Development Series No. 21. Yokohama: ITTO, 2016, p. 9.

mações sucessoras a fim de regulamentar, assim como decreto anterior, o antigo Código Florestal de 1965 quanto à exploração florestal. O Decreto 5.975/2006 condicionou a realização da exploração florestal a um plano de manejo florestal sustentável, alterando, pois, a terminologia anterior de manejo florestal sustentável pela concepção de um documento técnico específico com os detalhes sobre o manejo da floresta.

Embora não conste revogação expressa ao Decreto 5.975/2006, o Código Florestal de 2012, em seção específica e aproveitando grande parte do conteúdo do decreto, prevê normas aplicáveis à exploração de florestas e à função do Plano de Manejo Florestal Sustentável (PMFS), visto como instrumento hábil a licenciar a atividade de exploração florestal.

Contudo, não prevendo o que seria o PMFS, o Código Florestal apenas descreve o manejo sustentável, no artigo 3º, inciso VII, como sendo a administração da cobertura vegetal natural com vistas à obtenção de benefícios econômicos, sociais e ambientais, mediante o respeito de mecanismos de sustentação do ecossistema objeto do manejo e tendo por base, cumulativa ou alternativamente, a utilização de múltiplas espécies madeireiras ou não e múltiplos recursos florestais.

A delimitação do manejo sustentável incluída no Código Florestal é em essência similar à definição do manejo florestal sustentável prevista na LGFP, apesar de diferenças na nomenclatura (na LGFP é tratado como manejo florestal sustentável) e no texto[31].

Já para uma definição do PMFS que foi previsto, mas não conceituado pelo Código Florestal, deve-se recorrer ao Decreto 5.975/2006 anteriormente mencionado. Assim, o parágrafo único do artigo 2º do Decreto 5.975/2006 descreve o PMFS como o documento técnico básico que abriga diretrizes e procedimentos para a administração da floresta, com objetivos de obtenção de benefícios econômicos, sociais e ambientais, com o que remete à necessária consideração da definição de manejo florestal sustentável do artigo 3º, inciso VI, da LGFP, que foi analisado no início deste tópico. Nesse sentido, Fiorillo e Ferreira observam a relação do PMFS com a pretensão de estabelecer parâmetros normativos voltados ao regramento de forma equilibrada e, portanto, sustentável, do uso das florestas.[32]

---

31. MAGALHÃES, Vladimir Garcia; FREITAS, Gilberto Passos de. Art. 31. In: MILARÉ, Édis; MACHADO, Paulo Affonso Leme. **Novo código florestal:** comentários à Lei 12.651, de 25 de maio de 2012, à Lei 12.727, de 17 de outubro de 2012 e do Decreto 7.830, de 17 de outubro de 2012, p. 322.

32. FIORILLO, Celso Antonio Pacheco; FERREIRA, Renata Marques. **Comentários ao "código" florestal:** Lei n. 12.651/2012. São Paulo: Saraiva, 2013, p. 133.

O PMFS deverá estar de acordo com os fundamentos técnicos e científicos determinados pelo Código Florestal no artigo 31, §1º, entre os incisos I ao IX, sendo eles: (a) caracterização dos meios físico e biológico; (b) determinação do estoque existente; (c) intensidade de exploração compatível com a capacidade de suporte ambiental da floresta; (d) ciclo de corte compatível com o tempo de restabelecimento do volume de produto extraído da floresta; (e) promoção da regeneração natural da floresta; (f) adoção de sistema silvicultural adequado; (g) adoção de sistema de exploração adequado; (h) monitoramento do desenvolvimento da floresta remanescente; (i) adoção de medidas mitigadoras dos impactos ambientais e sociais. Esses incisos fornecem as diretrizes que precisam ser asseguradas na elaboração do PMFS, servindo o plano como metodologia aplicada e utilizada na exploração das florestas[33]. Preenchidos os fundamentos do PMFS, estará ele apto a ser analisado pelo órgão ambiental competente e se torna passível de aprovação, propiciando a licença para a exploração florestal[34], como estabelece o artigo 31, §2º do Código Florestal.

No decorrer da execução do PMFS, é necessário o encaminhamento de relatório anual ao órgão ambiental competente com informações sobre a área de manejo e a descrição das atividades realizadas (artigo 31, §3º, do Código Florestal). Também, o desempenho do PMFS receberá vistorias técnicas para fiscalização das operações desenvolvidas (artigo 31, §4º).

Um ponto de extrema relevância no estudo do PMFS diz respeito a qual tipo de floresta ele se aplica. Para o Código Florestal, conforme prevê o *caput* do artigo 31, o PMFS é impositivo para a exploração de florestas nativas ou sucessoras, estas últimas consideradas como sendo aquelas espécies vegetais existentes na área em um momento do processo de sucessão constituinte do sistema de recuperação natural da vegetação antes de atingirem o estágio de clímax.[35] Porém, no caso de florestas públicas, compreendidas não somente as florestas naturais ou sucessoras, mas também as florestas plantadas[36] na LGFP, sempre será exigido o PMFS para a exploração dos recursos florestais da área, como se depreende a partir de vários pontos da LGFP. Exemplo disso

33. ANTUNES, Paulo de Bessa. **Comentário ao novo código florestal**. 2 ed. São Paulo: Atlas, 2014, p. 234.

34. LEHFELD, Lucas de Souza; CARVALHO, Nathan Castelo Branco de; BALBIM, Leonardo Isper Nassif. **Código florestal comentado e anotado (artigo por artigo)**. 3 ed. Rio de Janeiro; São Paulo: Forense; Método, 2015, p. 205.

35. MAGALHÃES, Vladimir Garcia; FREITAS, Gilberto Passos de. Art. 31. In: MILARÉ, Édis; MACHADO, Paulo Affonso Leme. **Novo código florestal:** comentários à Lei 12.651, de 25 de maio de 2012, à Lei 12.727, de 17 de outubro de 2012 e do Decreto 7.830, de 17 de outubro de 2012, p. 321.

36. As classificações das florestas foram observadas no tópico 3.2.4. E a definição de floresta pública contida na LGFP, no tópico 4.1.1

é a necessidade de aprovação do PMFS pelo órgão competente para iniciar as atividades florestais (artigo 18, §5º, da LGFP), como posteriormente será analisado no tópico 7.3, referente ao licenciamento ambiental.

O PMFS, quanto às suas condicionantes ambientais, se consolida ao atender os critérios específicos de manejo florestal sustentável, realizado este de forma a minimizar os problemas associados com a extração madeireira, mantendo a produção da floresta de madeira e outras necessidades humanas pela preservação da fertilidade do solo e a estabilidade hidrológica.[37] Importa, para a realização do PMFS, a adoção de um processo de silvicultura adequado às normas ambientais, pois considerando a silvicultura como sendo a soma de técnicas aplicáveis na consecução de objetivos específicos no manejo florestal, ela se incorpora ao planejamento do manejo sustentado das florestas como elemento básico.[38] Também, as ações envolvidas no manejo consideram o levantamento da documentação da área até a chegada das toras à serraria, considerando a regulamentação normativa aplicável.[39]

Assim, como coloca Bruenig, o manejo deverá apontar para as estruturas florestais que mantém os ecossistemas robustos, elásticos, versáteis, adaptáveis, resistentes e tolerantes. Em florestas naturais, a cobertura florestal deverá se manter dentro de limites das lacunas havidas na formação natural. Os danos ao solo devem ser minimizados e os ciclos de corte necessitam ser suficientemente longos. A marcação de árvores deverão manter uma selecionada estrutura de cobertura florestal sem ou com a menor possível manipulação silvicultural. A produção madeireira deve atingir a alta qualidade e versatilidade e é necessário um alto grau de regulação e sustentabilidade para atingir uma estrutura florestal e manejo que favoreçam espécies com alta tolerância e resistência às extremidades e mudanças climáticas.[40]

A importância de vincular a exploração dos recursos florestais a um manejo florestal sustentável por meio de um plano específico com critérios técnicos e científicos fica evidente quando considerada a sua condição como recurso exaurível. A caracterização de um recurso como exaurível se dá quando sobre ele for possível encontrar um padrão de uso capaz de diminuir seu suprimento a zero. Os recursos exauríveis podem ser divididos em duas

37. MONTAGNINI, Florencia; JORDAN, Carl F. **Tropical forest ecology:** the basis for conservation and management. Springer: Berlin; Heidelberg, 2005, p. 133.

38. ZANETTI, Eder. **Meio ambiente:** globalização e vantagem competitiva das florestas nativas brasileiras. 2 ed. Curitiba: Juruá, 2010, p. 123.

39. ZANETTI, Eder. **Certificação e manejo de florestas nativas brasileiras.** Curitiba: Juruá, 2007, p. 129.

40. BRUENIG, E. F. **Conservation and management of tropical rainforests:** an integrated approach to sustainability. 2 ed. Oxfordshire: CABI, 2017, p. 160.

classes: uma delas remetendo aos recursos estritamente exauríveis, como o petróleo e os minérios e outra classe envolvendo os recursos renováveis, com que se exemplificaria por peixes e, claro, sendo onde se enquadrariam as florestas.[41] Ao contrário de minérios e combustíveis fósseis, as florestas fornecem recursos que somente a princípio são exauríveis, mas que estariam equacionadas em categoria de recursos capazes de se regenerarem quando o ambiente em que estão localizadas seja favorável.[42]

Nada impede, porém, que a exploração sem critério de eficiência sustentável das florestas leve-as à exaustão quando a taxa de extração exceda a taxa anual de crescimento natural, pois o padrão de extração seria insustentável, sendo a partir dessa forma de manejo que a madeira seria tratada como recurso não-renovável, como ocorre na conversão da terra permanentemente para a agricultura ou pecuária.[43]

A utilização de um PMFS, além de manter a cobertura florestal que representa elemento importante na manutenção de processos ambientais essenciais à vida humana e estar devidamente albergada pelas normas ambientais constitucionais e infraconstitucionais, não deixa de ter viabilidade econômica. Como demonstraram Dasgupta e Heal, o critério do lucro para exploração de recursos renováveis não são necessariamente inconsistentes com objetivos conservacionistas, sendo que em circunstâncias gerais, os lucros podem ser maximizados por uma política que mantém os recursos indefinidamente.[44]

Sendo uma forma de exploração de recursos florestais com critérios e indicadores técnicos e científicos, o manejo florestal sustentável não se limita a extração madeireira, fornecendo estrutura para o manejo de produtos não madeireiros que, destaque-se, não significam menor ameaça do que a exploração madeireira. Essa modalidade de manejo sustentável é baseada em estudos da capacidade de cada espécie para que sejam fornecidos suprimentos de uma maneira sustentável, com o desenvolvimento de práticas de silvicultura e mediante conhecimentos biológicos e especificamente sobre

---

41. DASGUPTA, P. S.; HEAL, G. M. **Economic theory and exhaustible resources**. Cambridge: Cambridge University Press, 1980, p. 3-4.

42. Ibidem, p. 113.

43. FERRAZ, Claudio; MOTTA, Ronaldo Seroa da. **Concessões florestais e exploração madeireira no Brasil**: condicionantes para a sustentabilidade. Brasília: Ministério do Meio Ambiente, 2002, p. 22.

44. DASGUPTA, P. S.; HEAL, G. M. **Economic theory and exhaustible resources**. Cambridge: Cambridge University Press, 1980, p. 151.

a utilização das espécies, sem deixar de estar associado ao manejo dos produtos madeireiros.[45]

Com a proposta de alcançar o múltiplo uso florestal, o manejo floresta sustentável não madeireiro fornece aportes, na medida que se estende a função das florestas como mecanismos de defesa de solo, água e atmosfera, como campo para desenvolvimento de atividades de caça, pesca e turismo, além do potencial para as possibilidades da indústria farmacêutica e de cosmeticos, ou para extraçao de látex e óleo combustível.[46]

Ainda, carecem as formas de exploração florestal não madeireira de alternativas sustentáveis de manejo, pois em princípio não se tratam de meios mais sustentáveis que a extração madeireira, diante de possibilidades de elevados níveis de exploração e abusos em geral, tanto quanto ocorre no setor madeireiro.[47]

Como relevante fator a ser considerado, o manejo florestal sustentável almejado pela LGFP, como anteriormente descrito, remete à utilização de múltiplas espécies madeireiras, múltiplos produtos e serviços e demais bens e subprodutos, indicando-se uma perspectiva que conjugue a exploração madeireira com demais extração de bens e serviços das florestas, mediante a configuração do PMFS. Assim, o múltiplo uso da floresta se consolida quando realizado na mesma área, ao mesmo tempo ou com agendas pré-determinadas e com o manejo de mais de um recurso do setor florestal.[48]

Algumas normas editadas pelo Ministério do Meio Ambiente auxiliam na regulação do PMFS, como a Instrução Normativa 04/2006, que dispõe sobre a Autorização Prévia à Análise Técnica de Plano de Manejo Florestal Sustentável, assim entendido o ato administrativo pelo qual o órgão competente analisa a possibilidade jurídica de realização de manejo florestal sustentável de uso múltiplo de acordo com a documentação apresentada e na existência de cobertura florestal analisada por imagens de satélite (artigo 3º, inciso I). Tudo isso sem que a autorização prévia permita o início das atividades do manejo ou autorize a exploração florestal (artigo 1º, §1º), sendo necessário destacar que a autorizaçao versada pela norma não é necessária para a análise e aprovação de PMFS apresentado pelo concessionário de

---

45. MONTAGNINI, Florencia; JORDAN, Carl F. **Tropical forest ecology:** the basis for conservation and management. Springer: Berlin; Heidelberg, 2005, p. 150/153.
46. ZANETTI, Eder. **Meio ambiente – setor florestal**. 2 ed. Curitiba: Juruá, 2008, p. 30.
47. BRUENIG, E. F. **Conservation and management of tropical rainforests:** an integrated approach to sustainability. 2 ed. Oxfordshire: CABI, 2017, p. 166.
48. ZANETTI, Eder. **Certificação e manejo de florestas nativas brasileiras.** Curitiba: Juruá, 2007, p.299.

manejo de florestas públicas submetidas a contrato de concessão florestal (artigo 1º, §2º), o que é presumível, pois a existência da gleba florestal e a possibilidade de manejo devem ser auferidas pelo poder público antes mesmo da licitação da concessão, quando da publicação do Plano Anual de Outorga Florestal (PAOF).

Ao atender ao artigo 31, §5º, do Código Florestal, a referida Instrução Normativa criou diferentes disposições a alcançar o setor de escala empresarial, comunitário e de baixa escala empreendido individualmente (artigo 4º, inciso I, alíneas a, b e c).

A Instrução Normativa 05/2006, igualmente do Ministério do Meio Ambiente, especifica os procedimentos técnicos para elaboração, apresentação, execução e avaliação técnica do PMFS. Ao seguir na linha da Instrução Normativa 04/2006 quanto às diferenciações exigidas pelo artigo 31, §5º, a norma especifica os detentores de PMFS como sendo individual, empresarial e comunitário, além de prever o PMFS em floresta pública executado por concessionário nos termos da LGFP e o PMFS desempenhado pelo órgão ambiental competente, com o que remete ao Capítulo III da LGFP. Não obstante, entende-se tratar do Capítulo II da LGFP, que diz respeito à gestão direta pelo poder público, como se reputa ser a intenção do redator da norma ao mencionar a execução de PMFS pelo órgão ambiental competente.

Outro importante ponto é que para as concessões florestais existe a obrigação de constar no PMFS uma área geograficamente delimitada destinada à reserva absoluta que seja representativa dos ecossistemas florestais manejados e equivalente a no mínimo 5% da área total concedida, para conservação da biodiversidade e avaliação e monitoramento dos impactos do manejo florestal (artigo 32 da LGFP). Nesse percentual, não poderão ser incluídas as áreas de preservação permanente, sendo que sua definição poderá ser realizada pelo órgão gestor previamente à elaboração do PMFS (artigo 32, §1º e §3º). Além disso, não poderá a área de reserva absoluta ser objeto de qualquer forma de exploração econômica (artigo 32, §2º).

Existem exemplos de manejos florestais bem sucedidos no Brasil. Um deles, realizado na Amazônia, contou com um sistema de manejo denominado CELOS[49], sigla para Centre for Agricultural Research in Suriname, imple-

49. O sistema, desenvolvido entre nos anos 1970 e 1980, tinha como objetivo a produção de qualidade de madeira em uma base sustentável nas florestas surinamesas. No sistema CELOS, é adotado um sistema policíclico, com intervenções em técnicas de silvicultura para estimular o crescimento de árvores menores enquanto as maiores são extraídas. A respeito, e mais considerações sobre o sistema de manejo CELOS, Cf. JONKERS, W.B.J; HENDRISON, J. The CELOS Management System: concept, treatments and costs. In:

mentado para a exploração florestal surinamês. O caso da companhia suíça operando sob o nome de Precious Woods na floresta amazônica demonstrou que o manejo florestal do sistema CELOS serviu como alternativa para o desmatamento sem critérios, inclusive servindo como meio de geração de renda e empregos em razão da gestão florestal.[50]

O relato dos autores conta ainda com críticas à burocracia decorrente de leis e regulamentos que afetam as operações e oneram com atrasos para a obtenção de licenças ambientais. Além disso, alertam para o fato de que a existência de competição injusta no setor florestal, em decorrência do desmatamento ilegal, torna o manejo florestal menos favorável na Amazônia brasileira.[51]

Em outro estudo, foi analisada a exploração madeireira no Cerrado e especificamente da candeia, espécie de árvore que oferece múltiplos usos, como a madeira de durabilidade natural ou matéria-prima para extração de óleo que contém Alpha-bisabolol, empregado em fármacos e cosméticos, como cremes, loções e protetores solares.[52] Os autores chegaram a conclusão, mediante estudos de casos, que a exploração do Cerrado e da candeia sustentavelmente pode ser economicamente viável, a depender do nível de intervenção, ciclo de corte, produtividade, custo da terra e variáveis de mercado.[53]

No sul do Brasil, onde está situada a Mata Atlântica, a rigidez das normas de proteção contra o desmatamento tem o efeito contrário quando cria antagonismo entre as florestas e os proprietários de terras, levando estes a evitar a regeneração florestal, inclusive gerando ocasiões em que a legislação inibe qualquer iniciativa de manejo florestal sustentável.

As propriedades rurais que contém áreas florestadas inclusive sofrem uma redução drástica de valor de mercado, deixando de se considerar a

---

Werger, Marinus J.A. **Sustainable Management of Tropical Rainforests:** the CELOS Management System. Paramaribo: Tropenbos International, 2011, p. 29-30.

50. GRAAF, N. R. de; ELDIK, T. van. Precious Woods, Brazil. In: Werger, Marinus J.A. **Sustainable Management of Tropical Rainforests:** the CELOS Management System. Paramaribo: Tropenbos International, 2011, p. 197-198.

51. Ibidem, p. 198.

52. GOMIDE, Lucas Rezende et al. Sustainable forest management of native vegetation remnants in Brazil. In: MARTÍN-GARCÍA, Jorge; DIEZ, Julio Javier. **Sustainable forest management**: case studies. Rijeka: InTech, 2012, p. 88.

53. Ibidem, p. 94.

sua capacidade de diminuir a disparidade econômica entre comunidades urbanas e rurais.[54]

Em análise que explorou questões legais, sociais e ambientais relacionadas a redução das florestas no sul do Brasil, propôs-se um manejo florestal sustentável localmente adaptado e com a participação da comunidades, com foco na redução da pobreza e do desmatamento.[55] De se considerar, em princípio, que o manejo florestal da Mata Atlântica deve atender a critérios mais rigorosos que o comum para o resto do país, principalmente em decorrência da menção expressa à criação de lei que regule sua utilização com garantias da preservação ambiental, sobretudo na exploração dos recursos naturais (artigo 225, §4º, da Constituição). Na Lei 11.428/2006, que regulamentou a proteção do Bioma Mata Atlântica, o corte, a supressão e o manejo de espécies arbóreas pioneiras nativas somente é possível em estágio médio de regeneração de vegetação secundária, e apenas quando sua presença for superior a 60% em relação às demais espécies, mediante a autorização do órgão competente (artigo 28). Os demais casos atendem a especificidades que não envolvem o manejo florestal em larga escala, como no caso do corte e supressão de vegetação primária situada no bioma, que somente é autorizado em excepcional caráter, para realização de obras, projetos ou atividades de utilidade pública, pesquisas científicas e práticas preservacionistas (artigo 20).

Na conclusão do estudo, o lapSFM, letras iniciais de *locally adapted parpticipatory sustainable forest management*, reintroduz a floresta como um componente econômico alternativo aos proprietários de terras rurais, apesar da legislação restringir o uso da terra com ideias que criam antagonismos entre fazendeiros e florestas. Priorizaram os autores, com a demonstração de dois estudos de caso de manejo florestal com participação comunitária, as bases para a modificação da política ambiental, com o fito de proporcionar o manejo florestal sustentável com o sistema agroflorestal, florestal e a obtenção de recursos não madeireiros encontrados na região.[56]

Implementado legalmente, o PMFS é requisito imprescindível para a realização do manejo florestal, sendo a forma pela qual se pretende a sustentabilidade da exploração das florestas. Não obstante, o Código Florestal abre margem para algumas exceções previstas no artigo 32, especificamente

---

54. LACERDA, André Eduardo Biscaia de. Sustainable Forest Management in Rural Southern Brazil: Exploring Participatory Forest Management Planning. In: MARTÍN-GARCÍA, Jorge; DIEZ, Julio Javier. **Sustainable forest management**: case studies. Rijeka: InTech, 2012, p. 98.
55. Ibidem, p. 115.
56. Ibidem, p. 115-116.

quando for o caso de supressão de florestas e formações sucessoras para uso alternativo do solo (inciso I), para a realização do manejo e exploração de florestas plantadas localizadas fora das Áreas de Preservação Permanente e de Reserva Legal (inciso II) e a exploração florestal não comercial realizada em pequenas propriedades ou posses rurais ou por populações tradicionais (inciso III). Embora essas exceções estejam previstas no Código Florestal, com base na LGFP o PMFS é requisito indispensável para a exploração florestal realizado a título de concessão florestal.

Como requisito essencial no âmbito da concessão florestal, com o PMFS se pretende assegurar que a exploração florestal atenda à ordem jurídica ambiental vigente e capacite um maior controle fiscalizatório, com base na sua regular execução, sempre em conformidade com a proposta de manejo sustentável defendida pela LGFP. O PMFS necessita contar, ainda, com critérios técnicos e científicos que possibilitam a proteção da florestas e de seus processos ambientais essenciais, admitindo-se a exploração madeireira e de outros produtos não madeireiros somente quando o PMFS cumprir com todos os preceitos normativos a ele relacionados. E não somente isso, pois deverá o PMFS integrar aos critérios ambientais as condicionantes socioeconômicas relativas à exploração das florestas públicas.

7.1.3 Objeto da concessão florestal

Sendo a concessão florestal o objetivo da contratação entre o poder público concedente e uma pessoa jurídica para realizar o manejo sustentável dos recursos florestais e caracterizando-se o manejo sustentável, instrumentalizado pelo PMFS, como a observância de critérios técnicos e científicos que buscam atender à proteção do ambiente local, e demais condicionantes socioeconômicas, cabe descrever em que consiste o objeto da concessão florestal.

Conceituado no artigo 14 da LGFP, o objeto da concessão florestal é a exploração de produtos e serviços florestais contratualmente identificados, realizada por sobre uma unidade de manejo de floresta pública que conte com perímetro georreferenciado e tenha sido anteriormente registrada no cadastro de florestas públicas e incluída no lote de concessão florestal.

Assim, o citado artigo 14, além de mencionar o objeto específico da concessão florestal, que é a exploração dos produtos e serviços florestais, indica o local onde ela se realizará, isto é, em unidade de manejo georreferenciada, devidamente registrada e incluída no lote de concessão florestal.

A exploração florestal, exercida sobre recursos florestais, foi mencionada pelo artigo 14 já em sua subdivisão entre produtos e serviços, atendendo aos conceitos do artigo 3º presentes na LGFP.

Segundo o artigo 3º, inciso II, recursos florestais são elementos ou características de certa floresta que de modo potencial ou efetivamente geram produtos ou serviços florestais. Há no conceito geral de recursos florestais, portanto, a diferenciação entre produtos e serviços, que posteriormente são conceituados pela LGFP nos incisos subsequentes do artigo 3º. Ainda, o conceito legal deixa claro que os recursos florestais são potencial ou efetivamente geradores de produtos e serviços, cabendo em cada caso avaliar se a exploração será imediata, se existirá a necessidade de aguardar a presença de circunstâncias que possibilitem a exploração ou se essas condições surgirão mediante intervenção.

Os produtos florestais, caracterizados no artigo 3º, inciso III, são produtos madeireiros e não madeireiros gerados pelo manejo florestal sustentável. Como observado no tópico 7.1.2, a exploração de recursos florestais não está adstrita a extração madeireira, de modo que constam diversos outros produtos não madeireiros passíveis de exploração, sendo formas de implementar o uso múltiplo da floresta. Importante observar que a exploração destes recursos inarredavelmente estará vinculada ao manejo florestal sustentável, garantido por um PMFS.

E os serviços florestais, com conceito estabelecido pelo artigo 3º, inciso IV, envolvem o turismo e outras ações ou benefícios advindos do manejo e da conservação da floresta, não sendo classificados como produtos. Por serem provenientes do manejo e conservação da floresta, devem estar em consonância com o PMFS, de forma a evitar os impactos gerados pela exploração dos serviços florestais.

Ambas as formas de exploração florestal, de produtos e de serviços, além de necessariamente contarem com o PMFS aprovado, também deverão ter licença de operação para que possam ser executadas, como fixou o artigo 18, §5º da LGFP. Trata-se de requisito indispensável ao início das atividades florestais na unidade de manejo concedida, como adiante será retomado no tópico 7.3.

O segundo aspecto destacado do então analisado artigo 14 versa sobre o local onde o objeto da concessão florestal se concretiza. É o local uma unidade de manejo de floresta pública identificada por meio de um perímetro georreferenciado. Para a LGFP, no artigo 3º, inciso VIII, a unidade de manejo conta com perímetro definido com base em critérios técnicos, socioculturais, econômicos e ambientais, está inserida em florestas públicas e é objeto do PMFS, inclusive podendo possuir áreas degradas para fins de recuperação por plantios florestais.

Portanto, a unidade de manejo é delimitada pelo perímetro georreferenciado, mas essa delimitação deve atender aos próprios pressupostos e objetivos normatizados que instruem a gestão das florestas públicas, especialmente com a devida observação da LGFP. São os mencionados critérios técnicos, socioculturais, econômicos e ambientais que, de modo exemplificativo e respectivamente, envolvem um tamanho equivalente para a realização do manejo florestal sustentável, as condições das comunidades locais encontradas, os fatores relativos ao comércio e a produção e a preservação do ambiental.

Também menciona o artigo 14 da LGFP que a unidade de manejo sobre a qual se exerce o objeto da concessão florestal precisa estar registrada no cadastro de florestas públicas e estar incluída no lote de concessão florestal. Por certo que, para a concessão ser formalizada, anteriormente há um processo licitatório, o qual não prescinde de inclusão da unidade de manejo no lote de concessão florestal. Isso porque o lote de concessão florestal é o próprio conjunto de unidades de manejo previamente selecionadas para a licitação (artigo 3º, inciso IX, da LGFP). E, além disso, as florestas públicas necessariamente passam a estarem cadastradas, a partir da instituição pela LGFP, no Cadastro Nacional de Florestas Públicas, como mencionado tópico 4.1.2.

Considerando que a concessão florestal tem por objeto a exploração de produtos e serviços florestais, o artigo 16 da LGFP enumera limitações ao objeto das concessões florestais. De plano refere o artigo que a concessão florestal somente conferirá direitos aos concessionários quanto aos direitos expressamente previstos no contrato de concessão firmado com o poder concedente.

Ainda, vai adiante o artigo, quando no §1º, são enumeradas vedações a outorga, por meio das concessões florestais, de qualquer um dos direitos mencionados nos incisos I a VI. São elas: (I) a titularidade imobiliária ou preferência em sua aquisição; (II) o acesso ao patrimônio genético para realização de pesquisa e desenvolvimento, bioprospecção ou formação de coleções; (III) o uso dos recursos hídricos que supere aquele caracterizado como insignificante[57]; (IV) a exploração de recursos minerais; (V) a exploração

57. No inciso, remete-se à Lei 9.433/1997, que instituiu a Política Nacional de Recursos Hídricos. Conforme o artigo 12, §1º, independe de outorga pelo poder público os seguintes casos: uso de recursos hídricos para a satisfação das necessidades de pequenos núcleos populacionais, distribuídos no meio rural (inciso I); derivações, captações e lançamentos insignificantes (inciso II); e, acumulações de volumes de água

de recursos oriundas da pesca e da fauna silvestre; (VI) a comercialização de créditos da emissão de carbono contida em florestas naturais.

Quanto ao último item, referente aos créditos de carbono, sendo áreas degradadas ou convertidas para uso alternativo do solo, permite a lei conceder o direito de comercializar os créditos de carbono se a prática for integrada ao objeto da concessão (artigo 16, §2º), donde se extrai uma intenção de fornecer maiores estímulos para licitações de concessões florestais que envolvam o reflorestamento das citadas áreas degradas ou convertidas.

Essas hipóteses previstas no artigo 16, §1º da LGFP são manifestamente afastadas como objetos de concessão florestal, com exceção da comercialização de créditos de carbono quando se tratar de reflorestamento de áreas degradas ou convertidas. E, convém realçar, as vedações indicadas não excluem outras proibições ou impedimentos não expressamente mencionadas pela LGFP, mas que não estejam em consonância, material ou formalmente, com as concessões florestais.

7.1.4 Natureza jurídica das concessões florestais

Após a conceituação jurídica das concessões florestais e a classificação dos elementos que a compõem, passa-se à análise da sua natureza jurídica. Esta envolve, e isso está claro, o instituto das concessões, mas isso não prescinde da adequada classificação da concessão florestal em relação ao conceito geral de concessões, delimitando-se a que espécie de concessão se enquadraria.

Essa classificação, quanto à natureza jurídica da concessão florestal, é fundamental para a compreensão do regime jurídico aplicável ao instituto. E, para ser realizada essa tarefa, depende-se da consideração dos elementos fundamentais que lhe são caraterísticos e da análise das possibilidades de concessão existentes ao poder público, do que sobressairá uma diferenciação em relação às demais espécies.

O instituto da concessão passou por um processo de renascimento, após um processo de estatização da economia[58], o que se percebe com a mobilização da iniciativa privada para execução de serviços e obras públicas em projetos por ela executados e financiados.[59] Inserida nesse processo, a

---

consideradas insignificantes (inciso III). A definição sobre o termo insignificante mencionado nos incisos I e II, os quais se relacionam à vedação disposta na LGFP, é especificada, para os corpos d'água de domínio da União, na Resolução 1.940/2017 da Agência Nacional de Águas.

58. WALD, Arnold. Renascimento do instituto da concessão. **Revista de Direito Administrativo**, Rio de Janeiro, v. 171, p. 1-14, jan./mar. 1988, p. 1.

59. TACITO, Caio. A nova lei de concessões de serviços públicos. **Revista de Direito Administrativo**, Rio de Janeiro, v. 242, p. 103-108, out. 2005, p. 107.

Constituição previu em variados artigos algumas possibilidades, inclusive diferenciadas, de concessão. Como exemplo disso, o artigo 21, inciso XII, no âmbito de competências da União, refere a possibilidade de concessão para exploração de serviços específicos. Dentre as competências dos Estados, no artigo 25, §2º, permitiu-se a exploração direta ou a concessão de serviços locais de gás canalizado. E, aos municípios, em sua competência, seria possível igualmente por meio de concessão a realização de serviços públicos de interesse local, em conformidade com o artigo 30, inciso V. A prestação de serviços públicos pelo poder público, sob o regime de concessão, foi disposta constitucionalmente no artigo 175 da Constituição.

Diferente dessas possibilidades de concessão previstas com relação à prestação de serviços públicos pelos entes federados, outras modalidades de concessão também foram normatizadas pela Constituição. É o ocorrido quando da menção sobre a concessão de terras públicas, inclusive aquelas para fins de reforma agrária, como inserido nos artigos 188, §1º e §2º.

Além das normas constitucionais citadas que mencionam o instituto da concessão, visto este sob uma ótica ampla, existem outras previsões no texto constitucional, as quais não esgotam as variadas formas de concessão possíveis no ordenamento jurídico brasileiro. Como deixa claro Justen Filho ao analisar os casos da concessão de serviço público, a concessão, observada como instituto jurídico, comporta uma pluralidade de configurações, sendo possível ter na expressão um gênero capaz de contemplar inúmeras espécies.[60] E, além de diversas espécies de concessão de serviço público, ao se observar o instituto da concessão como gênero, outras formas de concessão se revelam possíveis.

De início, direciona-se a aferição da natureza jurídica da concessão florestal para o instituto da concessão do direito administrativo, desvinculando-se de outras hipóteses de concessão previstas no direito privado. E, mais do que isso, está-se diante daquilo que Marques Neto denominou de concessão-delegação, por versar sobre o trespasse de uma função ou utilidade do poder concedente, ou seja, a administração pública, para o concessionário.[61]

A partir disso, tem-se que a classificação entre concessão translativa e constitutiva, divisada por Aranha Bandeira de Mello na esteira da doutrina

60. No estudo, o autor analisa as concessões de uma forma direcionada à concessão de serviços públicos, como evidencia o título, sem que isso retire a importância da visão sobre a pluralidade de manifestações do instituto, que pode ser ampliada, para fins de compreensão, para além das concessões de serviço público. Cf. JUSTEN FILHO, Marçal. As diversas configurações da concessão de serviço público. Disponível em: http://justenfilho.com.br/wp-content/uploads/2008/12/mjf60.pdf. Acesso em 26 mai 2019.

61. MARQUES NETO, Floriano de Azevedo. **Concessões.** Belo Horizonte: Fórum, 2016, p. 114.

italiana, auxilia na compreensão da natureza jurídica concernente à concessão de florestas públicas. Conforme o autor, a concessão seria dividida em duas modalidades fundamentais, a translativa e a constitutiva de direito.[62]

Na concessão translativa o poder concedente atribuiria ao concessionário poderes e deveres próprios para serem exercidos e cumpridos em seu lugar, exemplificando-se pela prestação de serviço público. Nessa modalidade de concessão, a prestação ocorre em nome e por conta do concessionário, resguardada a fiscalização do concedente.[63]

Diverso é o caráter constitutivo da concessão, no qual o poder concedente delega ao concessionário poderes para a utilização ou exploração de bem público, mas em qualidade inferior e quantidade menor do que possui, ocorrendo nos casos de exploração de jazidas e fontes minerais.[64]

Baseada nessa posição de duas modalidades de concessão, julgando-a mais aceitável, Di Pietro esclarece ser a translativa aquela em que o poder concedente delega ao concessionário poderes e deveres de igual natureza daqueles que deve exercer, e, na modalidade constitutiva, o poder concedente outorga ao concessionário poderes e deveres de natureza diversa daqueles que deve exercer. Em ambas as modalidades, aponta a autora existir um ponto comum, que é a reserva que o concedente faz de alguns direitos, poderes e vantagens. Por isso, nas concessões de serviço público, que estariam inseridas na modalidade translativa, há a delegação da execução do serviço, porém com a reserva de algumas prerrogativas próprias ao poder de império. Já na concessão de uso privativo, da modalidade constitutiva, a outorga do direito de utilização de bem público estaria vinculada a conservação do domínio e do poder de polícia sobre o bem objeto da concessão, bem como das prerrogativas de alteração e rescisão unilateral do contrato.[65] Além disso, menciona a autora ser possível em diversos contratos a conjugação de diferentes modalidades, onde uma será o objeto principal e as outras serão acessórias, citando como exemplo a concessão de rodovia, que é uma concessão de obra pública, na qual o objeto principal é a construção, ampliação e reforma da obra pública, mas que é acompanhada da exploração comercial da obra como meio de remuneração do concessionário, envolvendo o mesmo contrato a utilização de bens públicos.[66]

---

62. MELLO, Oswaldo Aranha Bandeira de. **Princípios gerais de direito administrativo.** 2 ed. Rio de Janeiro: Forense, 1979, p. 548.
63. Ibidem, p. 549.
64. Ibidem, p. 550.
65. DI PIETRO, Maria Sylvia Zanella. **Uso privativo de bem público por particular.** 3 ed. São Paulo: Atlas, 2014, p. 109.
66. Ibidem, p. 109-110.

Para Nonato Fernandes, a observação do instituto da concessão administrativa, em um caráter genérico, de mesma forma poderia ser dividida entre translativa ou constitutiva, com o que, na prática administrativa, sobressairiam como mais importantes a concessão de serviço público, a de obra pública e a de uso de bens públicos.[67]

Sem mencionar as modalidades translativa e constitutiva, mas reconhecendo uma tripartição na classificação das concessões se pronuncia Meirelles. Ao definir as concessões como a delegação da administração pública ao particular da execução remunerada de serviço ou de obra pública ou como a cessão de um bem público para exploração por sua conta e risco pelo prazo e condições regulamentares e contratuais, o autor extrai a divisão da concessão em concessão de serviço, de obra pública e de uso de bem público.[68]

Diferentemente, Medauar inclui no âmbito das concessões diversas formas permitidas pelo ordenamento jurídico, as quais vão, das citadas na visão tripartite, concessão de serviço público, de obra pública e de uso de bem público, para outras possibilidades, como a concessão de direito real de uso, concessão de uso especial de imóvel urbano para fins de moradia, concessão patrocinada, concessão administrativa, concessão para exploração de porto organizado e a então estudada concessão florestal.[69]

Por outro lado, é válido mencionar a crítica formulada por Marques Neto à divisão da concessão em duas modalidades, translativa e constitutiva. É que, segundo o autor, a divisão entre concessões translativas e constitutivas teria deixado de fazer sentido, primeiro pelos fundamentos que levam à divisão estarem deslocados da realidade e, segundo, em função de que toda a concessão estaria imbuída de aspectos translativos e constitutivos. Com essas considerações, pondera Marques Neto, mesmo que seja aceita a divisão, não seria possível identificar concessões puramente translativas ou constitutivas.[70]

De acordo com Marques Neto, haveria um caráter dúplice nas concessões, pois o poder público, sempre que concede a um particular o direito de exploração de uma utilidade, assim compreendidos bem, serviço e atividade, trespassaria um plexo de direitos e obrigações relacionados a sua atribuição e, também, criaria no âmbito dos direitos do concessionário, um direito novo de explorar o objeto concedido de modo privativo. [71]

---

67. FERNANDES, Raimundo Nonato. Da concessão de uso de bens públicos. **Revista de Direito Administrativo**, Rio de Janeiro, v. 118, p. 1-11, nov. 1974, p. 5/7.

68. MEIRELLES, Hely Lopes. **Direito administrativo brasileiro.** 43 ed. São Paulo: Malheiros, 2018, p. 297-298.

69. MEDAUAR, Odete. **Direito administrativo moderno.** 20 ed. São Paulo: Editora Revista dos Tribunais, 2016, p. 264-266.

70. MARQUES NETO, Floriano de Azevedo. **Concessões.** Belo Horizonte: Fórum, 2016, p. 123.

71. Ibidem, p. 132-133.

Não obstante a crítica formulada, de um modo geral, as concessões acabam envolvendo a transferência de poderes e deveres do poder público ao particular, configurando a modalidade translativa, ou então a delegação de poderes para o concessionário utilizar e explorar bens públicos. À título de exemplo, naquela se remeteria aos serviços públicos e nesta, ao uso de bem público pelo particular, donde haveria a possibilidade de aproximar, dependendo de qual concessão se tratasse, de uma modalidade ou outra. Essa aproximação das espécies de concessão a uma ou outra modalidade aparece, mesmo sem ser mencionada, na teoria tripartite, que divide a figura da concessão em concessão de serviço público, de obra pública e de bem público, em que os dois primeiros casos se enquadrariam em concessões translativas e o terceiro em constitutivas. Assim, as duas modalidades de concessão auxiliam na compreensão e classificação da natureza jurídica de outras formas de concessão que foram surgindo ao longo do tempo, tais como aquelas assinaladas por Medauar.

Tem-se, com isso, que a natureza jurídica das concessões florestais pode ser compreendida por meio da análise das duas modalidades de concessão, a translativa e a constitutiva, e da aproximação do instituto a uma delas, sem que sejam desconsideradas as relações havidas com as formas de concessão da teoria tripartite. Caberia então indagar sobre o enquadramento da concessão florestal em uma das modalidades da divisão em concessão translativa e constitutiva e a identificação com algum dos institutos da teoria tripartite.

Percebe-se que a concessão florestal se distancia das formas de concessão de serviço público e de obra pública e, portanto, das constituições translativas, e se aproximam da concessão de bem público, ou seja, das concessões constitutivas. Isso ocorre porque não se constata a transmissão de deveres e poderes próprios do poder público para execução do manejo florestal sustentado. Pelo contrário, ao concessionário estaria sendo delegada a utilização e exploração de um bem público.

Avaliando a concessão de serviço público, não se visualiza uma relação com as concessões florestais. Especificamente considerada, a concessão de serviço público é definida pela Lei 8.987/1995, no artigo 2º, inciso II, como a delegação de prestação do poder concedente, mediante licitação por concorrência, à pessoa jurídica ou consórcio de empresas que demonstre capacidade para desempenho, por sua conta e risco e prazo determinado. Como se extrai do conceito de Bandeira de Mello, a concessão de serviço público implica na atribuição do exercício de um serviço público a alguém que o preste em nome próprio, por sua conta e risco, com a remuneração proveniente da própria exploração do serviço, geralmente mediante tarifas cobradas diretamente pelos usuários do serviço.[72] Para Di Pietro, essa forma de concessão assume a forma de um contrato, mas em essência sua caracterização se aproxima daquela expressada por Bandeira de Mello, como sendo a delegação, pela administração pública, da execução de um serviço público, em nome próprio e por conta e risco do concessionário, com tarifa paga pelo usuário ou outra forma de remuneração decorrente da exploração do serviço.[73]

Conclui se disso que esta forma de concessão, justamente por destinar o exercício de um serviço público, depende necessariamente, para sua caracterização, da definição do que se tem por serviço público. Entende Masagão que serviço público administrativo seria toda atividade exercida pelo Estado para o cumprimento de seus fins, à exceção da atividade judiciária[74]. Como se percebe, a definição é ampla e inclui, nas palavras do autor, serviços de atividade essencial do Estado que nem mesmo poderiam ser objeto de concessão e delegação.[75]

O conceito de serviço público que se busca delinear, porém, é mais restrito e se relaciona com a terceira acepção de serviço público descrita e julgada mais operacional por Aragão, a qual abrange o feixe de atividades, serviços públicos econômicos e sociais, de regimes jurídicos diversos, que possuem pontos em comum a justificar sua inclusão no mesmo conceito. Reclamando consonância com a Constituição, o conceito do autor descreve os serviços públicos como as atividades de prestação de utilidades econômicas a indivíduos certos, dispostas constitucionalmente ou mediante lei, podendo haver reserva de titularidade e serem desempenhadas por delegatórios, de modo gratuito ou oneroso e tendo como fim o bem-estar coletivo.[76]

Nem sempre haverá serviço público, havendo uma distinção, na atividade econômica em sentido amplo denominada por Grau, entre serviço público e atividade econômica em sentido estrito, que ocorre, de um lado, em decorrência da reserva de exploração de matérias imediata ou potencialmente objeto de especulação lucrativa e, de outro, pela atribuição do Estado para

72. BANDEIRA DE MELLO, Celso Antônio. **Curso de direito administrativo.** 33 ed. São Paulo: Malheiros, 2016, p. 730.

73. DI PIETRO, Maria Sylvia Zanella. **Parcerias na administração pública**. 11 ed. Rio de Janeiro: Forense, 2017, p. 90.

74. MASAGÃO, Mário. **Curso de direito administrativo**. 5 ed. São Paulo: Revista dos Tribunais, 1974, p. 268.

75. Ibidem, p. 270.

76. ARAGÃO, Alexandre Santos de. **Direito dos serviços públicos**. 3 ed. Rio de Janeiro: Forense, 2013, p. 151.

que desenvolva um maior número de atividades econômicas, resultando deste confronto a ampliação ou restrição de um ou outro desses campos.[77]

O serviço público se diferencia do que seria, nas palavras de Justen Filho, o serviço ao público, porquanto aquele indica o serviço indispensável, isto é, relacionado à satisfação de necessidades essenciais.[78] Não sendo por outro motivo que nem toda atividade estatal descrita na Constituição poderá ser considerada serviço público[79], mas somente a atividade que detenha importância essencial pela sua natureza e descrição a fim de se encaixar no caráter de serviço público. Por isso, nas palavras de Freitas, o serviço público assim o é quando considerado normativamente essencial para a realização dos objetivos fundamentais do Estado.[80]

A esse respeito, especifica Cirne Lima que serviço público é todo serviço existencial, relativo à sociedade ou que assim tenha sido em algum momento, sendo por isso que deve ser prestado aos indivíduos, direta ou indiretamente, pelo Estado ou outra pessoa administrativa. Da descrição, Cirne Lima coloca em relevo a condição existencial em relação à sociedade, ligando-se ao conceito de utilidade pública, abrangedor do que se tenha por essencial ao bem do indivíduo, da coletividade e da sociedade como bem em si mesma.[81]

Assim, o serviço público objetiva atender ao interesse coletivo mediante a prestação de atividades de utilidade pública consideradas como essenciais. Esse conceito de utilidades públicas varia ao longo do tempo e implica na caracterização de alguma atividade como serviço público, o que ocorre por meio da Constituição ou de lei. Diante disso, não se percebe o enquadramento do manejo de florestas públicas em uma prestação de serviço público. Embora a proteção da cobertura florestal se depreenda da Constituição, implicando em deveres fundamentais à coletividade e em deveres ambientais estatais, a exploração econômica das florestas é situação diversa e não configura uma atividade que seja classificada como serviço público. Também, a tutela das florestas públicas pelo poder público se infere do ordenamento jurídico constitucional e infraconstitucional, sem que isso signifique dizer que se trate o manejo florestal, que envolve a exploração econômica da floresta, de

---

77. GRAU, Eros Roberto. **A ordem econômica na Constituição de 1988:** interpretação e crítica. 18 ed. São Paulo: Malheiros, 2017, p. 105.

78. JUSTEN FILHO, Marçal. **Teoria geral das concessões de serviço público.** São Paulo: Dialética, 2003, p. 47.

79. Ibidem, p. 44.

80. FREITAS, Juarez. **O controle dos atos administrativos e os princípios fundamentais.** 5 ed. São Paulo: Malheiros, 2013, p. 261.

81. LIMA, Ruy Cirne. **Princípios de direito administrativo brasileiro.** 3 ed. Porto Alegre: Sulina, 1954, p. 84/86.

um serviço público, motivo pelo qual a exploração econômica das florestas pela administração pública não prescinde do preenchimento de critérios balizadores, como descrito no tópico 5.2.3.

Lembrando ser o objeto da concessão florestal a exploração dos recursos florestais pelo manejo florestal e destacando não ser esse objeto um serviço público, conclui-se que a concessão florestal não configura uma concessão de serviço público e, tampouco, uma concessão de obra pública, tal como descrita pela Lei 8.987/1995, no artigo 2º, inciso III, com a denominação de concessão de serviço público precedida de execução de obra pública.

Pela exposição, a conclusão que se tem é no sentido de que a concessão florestal implica em uma concessão de modalidade constitutiva e, mais precisamente, em uma concessão de bem público de uso especial.[82] Deste entendimento, comungam Di Pietro[83], Marques Neto[84], Marrara[85], Granziera[86], Oliveira[87], Gomes da Silva[88] e Almeida[89].

---

82. A classificação das florestas públicas como bem público de uso especial foi explicitada no capítulo 3.2.4.

83. DI PIETRO, Maria Sylvia Zanella. **Uso privativo de bem público por particular.** 3 ed. São Paulo: Atlas, 2014, p. 109/231; DI PIETRO, Maria Sylvia Zanella. Gestão de florestas públicas por meio de contratos de concessão. **Revista do Advogado**, v. XXIX, n. 107, p. 140-149, dez. 2009, p. 147.

84. O autor apenas ressalva que junto do objeto concedido, haveria a delegação de finalidades de interesse geral, constante no dever de preservar as florestas e buscar o desenvolvimento econômico com sustentabilidade. Cf. MARQUES NETO, Floriano de Azevedo. **Concessões.** Belo Horizonte: Fórum, 2016, p. 306. Em outra obra, o autor diz ter a LGFP instituído um tipo de concessão sobre bens públicos, Cf. MARQUES NETO, Floriano de Azevedo. **Bens públicos:** função social e exploração econômica: o regime jurídico das utilidades públicas. Belo Horizonte: Fórum, 2014, p. 363. O entendimento que se busca dar, porém, é o de que a exploração econômica das florestas por meio da concessão está acompanhada de obrigações específicas de proteção ambiental e outras de benefícios sociais, como contrapartidas, geradas pelo contrato firmado entre o concessionário e o poder público sem que deixem de existir deveres fundamentais ambientais próprios da atividade realizada. Ainda, serve a concessão florestal como instrumento específico de intervenção na atividade econômica propiciando a exploração da floresta pelo manejo florestal sustentado e culminando numa ferramenta que caminha favoravelmente à sua proteção.

85. MARRARA, Thiago. Aspectos concorrenciais da concessão de florestas públicas. **Revista de Direito Público da Economia RDPE**, Belo Horizonte, ano 8, n. 32, out./dez. 2010, não paginado. Disponível em: <http://www.bidforum.com.br/bid/PDI0006.aspx?pdiCntd=70682>. Acesso em: 24 ago. 2017.

86. GRANZIERA, Maria Luiza Machado. Mecanismos de efetividade da lei sobre florestas públicas. **Revista de Direito Ambiental,** v. 13, n. 49, p. 201-216, jan./mar. 2008, p. 207.

87. OLIVEIRA, Raul Miguel Freitas de. **Concessão florestal**: exploração sustentável de florestas públicas por particular. Leme: J. H. Mizuno, 2013, p. 235.

88. SILVA, Vicente Gomes da. Aspectos legais sobre a concessão de florestas públicas (Lei nº 11.284, de 2 de março de 2006). Fórum de Direito Urbano e Ambiental – FDUA, Belo Horizonte, ano 5, n. 26, mar./abr. 2006, não paginado. Disponível em: <http://www.bidforum.com.br/bid/PDI0006.aspx?pdiCntd=34693>. Acesso em: 24 ago. 2017.

89. ALMEIDA, Fernando Dias Menezes de. **Contrato administrativo.** São Paulo: Quartier Latin, 2012, p. 273. O autor menciona se tratar de como uma concessão de exploração de bem público regulamentada por lei especial, sem destacar, contudo, a classificação, entre as espécies de bens públicos, das florestas públicas.

Ocorre, no âmbito da concessão florestal, a concessão de uso de bem público, facultada pela administração pública ao particular a utilização privativa de um bem público[90]. Lembra-se, neste pormenor, que mesmo que se utilize da denominação de concessão de uso de bem público de uso especial para classificar a natureza jurídica das concessões florestais, a concessão operada assume as características de uso e exploração do bem concedido, conforme as modalidades previstas por Fernandes[91] e reiteradas por Di Pietro[92].

Assim, não se concorda com a compreensão de Véras de Freitas, no sentido de que a concessão florestal seria um contrato de exploração de atividade econômica e, pois, um contrato distinto de outras espécies de contratos firmados pela administração pública, sem equiparação com os contratos de serviços públicos e de uso de bens públicos.[93] A exploração das florestas públicas pelo manejo florestal é, como objeto da concessão florestal, uma forma de destinação de um bem público de uso especial que ocorre mediante o instituto da concessão de uso de bem público. Não é por outro motivo que a concessão florestal se distancia do instituto da concessão de serviços públicos para se inserir como uma espécie *sui generis* de concessão de bem público.

E, especificamente quanto a linha divisória existente entre a concessão de serviços públicos e a concessão de bem público, esclarece a doutrina de Bandeira de Mello que, no caso de concessão de serviço público, existe uma atividade prestada universalmente ao público em geral, diversamente do que ocorre na concessão de uso, em que um bem público é utilizado ou explorado sem existir um fundamento na satisfação de necessidades ou conveniências do público em geral, isto é, sem que haja um serviço prestado à universalidade do público, mas que apenas enseje o uso ou exploração do bem para o próprio concessionário, para que se sacie ou comercialize limitadamente com alguns interessados.[94]

90. DI PIETRO, Maria Sylvia Zanella. **Uso privativo de bem público por particular.** 3 ed. São Paulo: Atlas, 2014, p. 110.

91. FERNANDES, Raimundo Nonato. Da concessão de uso de bens públicos. **Revista de Direito Administrativo**, Rio de Janeiro, v. 118, p. 1-11, nov. 1974, p. 7.

92. DI PIETRO, Maria Sylvia Zanella. **Uso privativo de bem público por particular.** 3 ed. São Paulo: Atlas, 2014, p. 231.

93. FREITAS, Rafael Véras de. A concessão de florestas e o desenvolvimento sustentável. Revista de Direito Público da Economia RDPE, Belo Horizonte, ano 7, n. 26, abr./jun. 2009, não paginado. Disponível em: <http://www.bidforum.com.br/bid/PDI0006.aspx?pdiCntd=57717>. Acesso em: 24 ago. 2017.

94. BANDEIRA DE MELLO, Celso Antônio. **Curso de direito administrativo.** 33 ed. São Paulo: Malheiros, 2016, p. 736-737.

No caso das concessões florestais, o uso e exploração das florestas públicas indica que uma das finalidades da concessão do bem é a comercialização do resultado da exploração, o que fica evidente a partir da leitura do inciso X, do artigo 31 da LGFP, que grava como uma das incumbências do concessionário a comercialização do produto florestal auferido do manejo. Ainda assim, não há, como explica Bandeira de Mello, nessa característica presente também em concessões de outros bens públicos, qualquer relação com um serviço público, precisamente porque não existe o caráter de oferta ao público realizada com a universalidade própria da concessão de serviço público.[95]

Ademais disso, não se percebe, na concessão florestal, uma função pública desempenhada pelo concessionário ou o desempenho de tarefas típicas do poder público. Pelo contrário, o concessionário explora o bem concedido, isto é, as florestas públicas, sendo que o manejo fica vinculado às normas ambientais exteriores à avença realizada com o poder concedente, assim como às obrigações ambientais reafirmadas no contrato administrativo de concessão e demais encargos pactuados igualmente relacionados às normas ambientais. Além desses encargos, outras normas incidem na conduta do concessionário, diversas daquelas especificamente previstas na LGFP e trazidas para o contrato realizado com o poder concedente, bem como obrigações da alçada de direitos socioambientais firmadas contratualmente.

Como deixou claro Di Pietro, o manejo florestal sustentável para a exploração de produtos e serviços não está previsto como serviço público, em nenhum momento a Constituição ou mesmo a legislação ordinária assim determina. Está ausente, aí, a titularidade do Estado, afastando-se da hipótese de competências específicas dos entes federativos[96] para figurarem como poderes concedentes de serviço público no caso da concessão florestal.

Da consideração, por exemplo, dos deveres do concessionário estabelecidos pela LGFP no artigo 31, não se extrai o desempenho de um serviço público. Pelo contrário, o rol de deveres reforça a conclusão sobre se tratar de uma concessão de bem público. É claro, vê-se uma concessão de bem público devidamente normatizada, em consideração da importância do

95. Ibidem, p. 737.

96. Quanto a isso, Mukai esclarece que o inciso do artigo 2º da Lei 8.987/1995 traça as competências dos entes federados para a prestação de serviços públicos e consequentes concessões respectivas, nos termos da Constituição. Cf. MUKAI, Toshio. **Concessões, permissões e privatizações de serviços públicos:** comentários à Lei n. 8.987, de 13 de fevereiro de 1995 e à Lei n. 9.074/95, das concessões do setor elétrico (com as alterações da Lei n. 9.648/98). 4 ed. São Paulo: Saraiva, 2002, p. 19.

bem concedido, sabendo-se que as florestas públicas gozam de proteção constitucional e estão vinculadas à efetividade do direito fundamental ao ambiente. Exemplo disso é a incumbência do concessionário de informar as autoridades competentes sobre ações ou omissões próprias ou de terceiros ou fatos que gerem danos ao ecossistemas ou às comunidades locais (artigo 31, inciso III).

Diante dessas circunstâncias, em nenhum momento pode se concluir que as condições que regem a exploração da floresta pública, inclusive os deveres ambientais que competem ao concessionário, e demais deveres legais e obrigações contratuais, impliquem na prestação de um serviço público. A gestão da floresta pública pela concessão florestal observa os deveres ambientais inerentes à atividade de exploração dos recursos florestais aliados ao deveres ambientais contraídos em função bem público concedido. Também, outros componentes da concessão são legalmente possíveis e avençados contratualmente pelo concessionário, mas na forma de contrapartidas, como é o caso das obrigações em prol de alguma comunidade local contraídas pelo concessionário.

Enfim, mesmo que se avalie a transitoriedade do conceito de serviço público, que permite ao longo do tempo a inclusão de uma determinada atividade econômica *lato sensu* no conjunto de serviços públicos, não haveria na LGFP a determinação de um serviço público. Não se nega que a configuração do critério de utilidade pública varia essencialmente em relação ao tempo e espaço[97], nem que mediante a avaliação do interesse da coletividade em determinado momento histórico embasa o entendimento de que o poder público deveria tomar alguma atividade como sua.[98] Ocorre, porém, que essas possibilidades não se averiguam quanto ao manejo florestal, que não se classifica como um serviço público. Podem, é claro, os serviços públicos serem desempenhados de modo privativo ou não privativo pelo Estado[99] e, se o manejo florestal fosse um serviço público, como existiriam manejos florestais em propriedades privadas, não se configuraria um serviço público privativo da administração pública. Nada obstante, o manejo florestal não guarda relação com a prestação de serviços públicos, estando totalmente apartado do instituto.

97. LIMA, Ruy Cirne. **Princípios de direito administrativo brasileiro.** 3 ed. Porto Alegre: Sulina, 1954, p. 87.

98. ARAGÃO, Alexandre Santos de. **Direito dos serviços públicos.** 3 ed. Rio de Janeiro: Forense, 2013, p. 127.

99. GRAU, Eros Roberto. **A ordem econômica na Constituição de 1988:** interpretação e crítica. 18 ed. São Paulo: Malheiros, 2017, p. 118.

Com isso, a concessão florestal é uma concessão de uso de bem público de uso especial, operada mediante contrato, em que o concessionária usa e explora economicamente o bem com a finalidade de comercialização dos recursos florestais obtidos pelo manejo florestal sustentável.

7.2 PLANO ANUAL DE OUTORGA FLORESTAL

Todas as florestas públicas passíveis de serem submetidas ao processo de concessão florestal devem necessariamente estarem descritas no PAOF. Isso significa que, em conformidade com o artigo 10 da LGFP, a elaboração e publicação do PAOF é condição imprescindível para a realização das concessões florestais, as quais somente ocorrerão em relação às florestas discriminadas pelo plano.

É por esse motivo que o artigo 9º da LGFP reforça ser elegível para a concessão somente as unidades de manejo que estiverem devidamente previstas no PAOF.

O PAOF serve como instrumento hábil a organizar a quantidade de unidades de manejo a serem incluídas em processos de concessão, proporcionando o delineamento das condições aplicáveis a cada floresta a ser concedida. Sua elaboração permite uma análise prévia e ampla de condicionantes que estão relacionadas as florestas públicas indicadas para o processo de concessão, bem como do preenchimento de questões técnicas aplicáveis ao caso. Seguindo essa orientação, minimizam-se eventuais problemas posteriores que podem vir a ocorrer em relação à área florestal concedida.

Quando da sua elaboração, o PAOF deve obedecer às normas estabelecidas que envolvem a consulta aos órgãos e demais entidades governamentais e conta com a participação da sociedade, sendo um documento submetido à consulta pública.

Neste tópico, o objetivo é analisar a propositura e a definição do PAOF, além das condições técnicas e de conteúdo que acompanham sua elaboração, as quais foram normatizadas na LGFP e no Decreto 6.063/2007 e devem necessariamente ser observadas. Outra questão que passará por análise específica neste capítulo: a necessidade ou não de aprovação do Congresso Nacional para a concessão florestal de área superior a 2.500 hectares. A matéria, que ainda está aberta para discussões no judiciário, constava no artigo 10, §4º, do texto da lei aprovada pelo legislativo, mas o posterior veto presidencial sobre a norma se manteve e a ausência do dispositivo permaneceu no texto final da LGFP.

7.2.1 Propositura e definição

A elaboração do PAOF depende de dois estágios diversos, a proposição e a definição, e contém algumas diretrizes específicas dependendo das florestas públicas que forem incluídas na propositura.

Primeiramente, como determina o artigo 10 da LGFP, há que considerar que a proposição do PAOF cabe ao Serviço Florestal Brasileiro (SFB), que é justamente o órgão gestor mencionado na citada norma. Ainda, o PAOF deverá ser concluído até o dia 31 de julho do ano anterior ao período em que vigerá, sempre em conformidade com os prazos para elaboração da lei orçamentária anual (artigo 23 do Decreto 6.063/2007).

A base de dados comumente utilizada pelo SFB para a elaboração do PAOF é o Cadastro Nacional de Florestas Públicas que, como observado no tópico 4.1.2, opera interligado ao Sistema Nacional de Cadastro Rural e integra o Cadastro-Geral de Florestas Públicas da União e das florestas públicas dos Estados, Distrito Federal e Municípios. Aliás, o artigo 19, parágrafo único, do Decreto 6.063/2007 permite a inclusão no PAOF somente das florestas públicas identificadas no Cadastro-Geral de Florestas Públicas da União.

Já a aprovação e a definição do PAOF fica a cargo do poder concedente[100] (artigo 10 da LGFP e artigo 19 do Decreto 6.063/2007).

Após a seleção prévia das áreas passíveis de concessão para o ano a que o PAOF se destina, seu conteúdo é encaminhado para consulta prévia em determinados órgãos e entidades do governo.

De acordo com o artigo 10, §1º da LGFP, deve o PAOF ser submetido pelo órgão gestor ao órgão consultivo da respectiva esfera do governo, que no caso do governo federal é a Comissão de Gestão de Florestas Públicas (CGFLOP), instituída pela LGFP no artigo 51. A atribuição do órgão de se manifestar sobre o PAOF da União está prevista no mesmo artigo 51, no inciso II.

Nas concessões florestais realizadas pelo poder público federal, por serem incluídas no PAOF áreas de florestas públicas de domínio da União, o PAOF deve ser submetido à manifestação prévia da Secretaria do Patrimônio da União (10, §2º). Na lei, a secretaria é prevista como incluída no Ministério do Planejamento, Orçamento e Gestão, porém posteriormente esta pasta passou a ser denominada Ministério do Planejamento, Desenvolvimento e

---

100. Sobre o poder concedente e o exercício de suas competências, remete-se as considerações realizadas no tópico 8.1

Gestão e, por fim, por força da Lei 13.844/2019, o ministério veio a integrar o Ministério da Economia (artigo 57, I).

Quando se tratarem as florestas públicas incluídas no PAOF de áreas situadas em faixa de fronteira, isto é, em faixa de até cento e cinquenta quilômetros de largura ao longo de fronteiras terrestres, consideradas fundamentais para defesa do território nacional (artigo 20, §2º, da Constituição), deverá o plano ser apreciado pelo Conselho de Defesa Nacional.

Como determina o artigo 48 da LGFP e, especificamente o seu §1º, a concessão florestal de unidades de manejo de Florestas Nacionais, Estaduais ou Municipais no PAOF não prescinde da autorização prévia do órgão gestor da unidade de conservação. Sendo que, a nível federal, o órgão consultivo é o ICMBio.

Também, é necessário que o plano de manejo da unidade de conservação aprove o manejo florestal dos recursos florestais das unidades de manejo localizadas no seu interior (artigo 48, §2º, da LGFP). Isso se depreende não somente do artigo 48, mas também do Decreto 4.340/2002, que regulamenta a Lei do SNUC, o qual autoriza a exploração comercial de produtos, sub-produtos ou serviços inerentes à unidade de conservação, mas impõe como requisito a previsão em plano de manejo dessa exploração comercial em unidades de conservação de domínio público.

De acordo com as normas previstas no citado artigo 48, embora seja mencionada pela lei a necessidade de consulta quando da concessão de Florestas Nacionais, Estaduais ou Municipais, entende-se que existindo florestas públicas em outras unidades de conservação que possibilitem a concessão, além da previsão no plano de manejo sobre a exploração dos recursos florestais existentes, deve ser providenciada a análise prévia do ICMBio.

E, em se tratando de Florestas Nacionais, Estaduais ou Municipais, não basta a análise prévia do ICMBio, pois o conselho consultivo da unidade de conservação, formado nos moldes do artigo 17, §5º da Lei do SNUC, terá de ser ouvido e acompanhará a elaboração do edital e do contrato de concessão florestal, bem como de todas as etapas do processo de outorga.

De se observar que normalmente, quando da elaboração do PAOF, o SFB tende justamente a selecionar Florestas Nacionais para integrar o rol de florestas públicas a serem submetidas ao processo de concessão, sob a justificativa de que nas unidades de conservação existe a tendência de que a gestão territorial exercida pela presença estatal reflita no mapeamento de conflitos, além do fato de que a parceria entre as instituições geraria um fortalecimento do poder público quando da realização das atividades.[101]

Assim, o PAOF deve ser encaminhado para consulta prévia no CGFLOP, na Secretaria do Patrimônio da União e, quando for o caso, no Conselho de Defesa Nacional e no ICMBio.

7.2.2 Conteúdo básico

Na regulamentação realizada pelo Decreto 6.063/2007, foram fixados pontos básicos a serem incluídos no PAOF. Juntos, esses requisitos ancilares para a elaboração do PAOF representam o conteúdo mínimo que nele deve constar, estando previstos no artigo 20.

Como matéria básica a estar no PAOF, está a identificação do total das florestas públicas registradas no Cadastro-Geral de Florestas Públicas da União (artigo 20, inciso I), a área total submetida a concessões florestais federais e a previsão de produção dessas áreas (artigo 20, inciso II). São, com efeito, informações que concedem um panorama geral sobre as áreas disponíveis para concessões e auxiliam na compreensão dos fundamentos do órgão elaborador do plano quanto às áreas destinadas ao processo de concessão florestal.

E auxiliando na compreensão de condicionantes econômicas, deve constar no PAOF a identificação da demanda por produtos e serviços florestais (artigo 20, inciso III) e a identificação de oferta de produtos e serviços provenientes do manejo sustentável nas regiões abrangidas pelo plano, não somente de florestas públicas submetidas à concessão florestal, mas igualmente de florestas privadas e destinadas às comunidades locais (artigo 20, inciso IV).

Ainda, é necessário que conste a delimitação, de forma georreferenciada, das florestas públicas federais que podem ser submetidas ao processo de concessão florestal durante o período contido pelo PAOF (artigo 20, inciso V). Também, devem ser identificadas, igualmente de forma georreferenciada, as terras indígenas, unidades de conservação, áreas destinadas às comunidades locais, áreas prioritárias para recuperação e áreas de interesse para criação de unidades de conservação de proteção integral, sempre que adjacentes às

---

101. Essa justificativa é encontrada, por exemplo, no PAOF realizado para o ano de 2019, apontando-se como exceção à preferência de inclusão de Florestas Nacionais no PAOF tão somente a existência da gleba florestal destacada de Curuquetê. Cf. SERVIÇO Florestal Brasileiro. **Plano Anual de Outorga Florestal 2019.** Brasília: MMA, 2018, p. 43. Referido entendimento do SFB, porém, deixou de constar no PAOF do ano de 2020, cf. SERVIÇO Florestal Brasileiro. **Plano Anual de Outorga Florestal 2020.** Brasília: MAPA, 2019.

áreas destinadas à concessão florestal (artigo 20, inciso VI). Tais exigências fornecem aportes para a exclusão dessas áreas dos processos de concessão florestal, oferecendo transparência para o cumprimento das exigências contidas no artigo 11, inciso III e IV da LGFP, que serão observadas juntamente com outros requisitos específicos do PAOF no tópico subsequente (7.2.3).

Igualmente como conteúdo básico, consta a compatibilização com demais políticas setoriais, com referência direta ao artigo 11 da LGFP (artigo 20, inciso VII). Quanto a isso, o artigo 11 da LGFP, no inciso I, refere as políticas e planejamentos do setor florestal, a reforma agrária, a regularização fundiária, a agricultura, o ambiente, os recursos hídricos, o ordenamento territorial e o desenvolvimento regional.

A infraestrutura, a situação logística, a capacidade de processamento e a tecnologia presente nas regiões das florestas públicas a serem concedidas também devem consideradas (artigo 11, inciso VIII), fornecendo aportes claros para a seleção da área e trazendo informações específicas das condições locais para as futuras concessões.

O PAOF deve indicar os mecanismos de acesso democrático às concessões a serem adotados, com a devida inclusão de regras vinculantes para a definição da unidade de manejo e a delimitação do percentual máximo da área de concessão florestal que o concessionário, individualmente ou em consórcio, poderá ter em relação a área destinada à concessão pelo PAOF da União atual em conjunto com aqueles executados nos anos anteriores (artigo 20, inciso IX, alíneas a e b). O acesso democrático à concessão florestal implica em evitar, principalmente, a concentração econômica. Daí porque há uma preocupação em definir as unidades de manejo, com a exposiçao das regras que foram seguidas neste processo. Outro ponto importante que foi destacado remete ao artigo 34, inciso II e parágrafo único da LGFP, ou seja, o limite a que cada concessionário estará vinculado quanto ao percentual máximo da área de concessão florestal, sendo importante levar em conta que este limite é aplicado sobre o total da área destinada para a concessão florestal pelo PAOF e pelos planos anuais de outorga em execução que foram aprovados em anos anteriores. Não citado pelo artigo 20, inciso IX do Decreto 6.063/2007, é de igual forma relevante a disposição do inciso I do artigo 34 da LGFP, que limita a outorga para cada concessionário, em cada lote de concessão florestal, em no máximo dois contratos.

Além de matérias relativas a futuras concessões florestais, o PAOF deverá descrever as atividades aguardadas para o período de vigência do plano, com destaque para a revisão de contratos, monitoramento, fiscalização e auditorias (artigo 20, inciso X), demonstrando preocupação não somente com medidas futuras, mas igualmente na manutenção das condições de aplicabilidade das concessões florestais anteriores e de sua conformidade com as normas vigentes.

O PAOF deve considerar os meios necessários para a implementação das medidas nele previstas, dentre os quais o decreto menciona especificamente os relativos aos recursos humanos e financeiros (artigo 20, inciso XI), sendo necessário que essa consideração leve em conta a elaboração do projeto de lei orçamentária anual (artigo 20, parágrafo único).

Afora esses requisitos previstos no artigo 20 do Decreto regulamentador da LGFP, a LGFP estabelece no artigo 33 a obrigatoriedade de serem definidos no PAOF lotes de concessão com várias unidades de manejo de tamanhos diversos, formados com base em critérios técnicos que considerem as condições e necessidades do setor florestal, as peculiaridades regionais, a estrutura das cadeias produtivas, as infraestruturas locais e o acesso aos mercados, tudo para garantir o direito de acesso às concessões florestais por pessoas jurídicas de pequeno porte, micro e médias empresas.[102] Ainda, a diversidade de extensão das áreas destinadas à concessão florestal não pode prescindir de uma análise técnica das condições específicas da localização das unidades de manejo, vedando-se a mera repartição, nos lotes de concessão florestal, de unidades de manejo variadas sem a apreciação dos critérios técnicos, tal como definido pelo artigo 33 da LGFP.

7.2.3 Matérias relevantes

Além do conteúdo básico que deve constar no PAOF, normatizados pela regulamentação oferecida no Decreto 6.063/2007, a LGFP dispõe no artigo 11 de uma série de matérias relativas aos planos que necessitam ser observadas. Convergem essas matérias, em alguns momentos, com o conteúdo básico do PAOF, em função da comunicação de conteúdo deste com as especificações realizadas no artigo 11 da LGFP.

As matérias indicadas como conteúdo de consideração essencial para elaboração do PAOF vinculam o órgão gestor e demais órgãos que apreciarão o plano. A sua observação é uma imposição da LGFP, como pressuposto de

102. Remete-se, sobre o tema, ao tratamento diferenciado e favorecido dispensado às microempresas e empresas de pequeno porte regulado mediante o Estatuto Nacional da Microempresa e da Empresa de Pequeno Porte instituído pela Lei Complementar 123/2006. Lembre-se, por oportuno, que o tratamento favorecido para empresas de pequeno porte é previsto como princípio no artigo 170, inciso IV, da Constituição

validade do plano, e tem a finalidade de justamente associar ao processo de concessão florestal temas caros da proteção ambiental e demais políticas estatais, bem como de outras normas constitucionais e infraconstitucionais. Ainda, embora a LGFP disponha de uma lista de conteúdos a serem considerados, não se excluem outros temas que se relacionem com o PAOF e necessitem ser trazidos à lume quando da sua elaboração, em função do atendimento do conteúdo geral da LGFP e demais normas cabíveis, observando-se inclusive o direito fundamental ao ambiente e, é claro, demais aspectos relativos a outros fatores igualmente incidentes sobre o instituto da concessão florestal.

No primeiro inciso do artigo 11 impõe-se, quando da elaboração do PAOF, a análise das políticas e planejamentos para o setor florestal, a reforma agrária, a regularização fundiária, a agricultura, o ambiente, os recursos hídricos, o ordenamento territorial e o desenvolvimento regional. Sobre esses pontos, realça-se a consideração da reforma agrária e a regularização fundiária, por serem questões que se relacionam com a destinação das florestas públicas para as comunidades locais. No que diz respeito aos recursos hídricos, de se considerar que, não obstante os cuidados gerais, a exploração desse recurso natural, além do especificado como insignificante, não faz parte do objeto da concessão florestal (artigo 16, inciso III). Sobressaem-se, também, as políticas e planejamentos para o setor florestal, essenciais que servem para manter as concessões florestais junto de um panorama integrado de ações tomadas sobre as florestas brasileiras. A previsão de considerações sobre a proteção do ambiente está diretamente associada às normas ambientais, com variadas matizes normativas provenientes do direito fundamental ao ambiente. Ainda, outros fatores, como o ordenamento territorial, o desenvolvimento regional e a agricultura dizem respeito a critérios que envolvem os aspectos econômicos e sociais relacionados às áreas próximas ou específicas em que se pretende implementar os processos de concessão florestal.

Também referente às políticas e ao planejamento, na elaboração do PAOF terá que se considerar o Zoneamento Ecológico-Econômico (ZEE) nacional e estadual e outros instrumentos que regem o uso, a ocupação e a exploração dos recursos ambientais (artigo 11, inciso II). O ZEE, fixado como instrumento da PNMA no artigo 9º, inciso II) assume importância devido ao seu conteúdo de organização territorial, com conteúdo vinculante para implantação de planos, obras e atividades públicas e privadas, por estabelecer medidas e padrões de proteção do ambiente voltados à garantia de qualidade ambiental, recursos hídricos e do solo e a conservação da biodiversidade, com objetivos de assegurar o desenvolvimento sustentável e a melhoria das condições de vida da população (artigo 2º do Decreto 4.297/2002). Para

Lima, o sólido conhecimento sobre as sociedades que habitam determinada área e das potencialidades e vulnerabilidades do territórios é pressuposto essencial para o plano de desenvolvimento territorial compatível com as características socioculturais e ambientais, servindo o ZEE como o instrumento de planejamento de gestão do território por excelência para preenchimento da demanda por produção, análise e sistematização de dados e informações sobre o território e a população, além de subsidiar o poder público e a coletividade na tomada de decisões acerca do desenvolvimento da região.[103]

Os citados incisos I e II do artigo 11 da LGFP se comunicam diretamente com o artigo 20, inciso VII do Decreto 6.063/2007, como mencionado no tópico anterior (7.2.2), e remetem à necessária conciliação entre a concessão florestal e demais políticas setoriais, sejam estas voltadas para o âmbito florestal ou não. Alguns planos e planejamentos que devem ser considerados são os casos do Plano de Ação para a Prevenção e Controle do Desmatamento na Amazônia Legal, do Macrozoneamento Ecológico-Econômico da Amazônia Legal[104], além de planos plurianuais e planos estratégicos de recursos hídricos.

São excluídas do PAOF as unidades de conservação de proteção integral, as Reservas de Desenvolvimento Sustentável, as Reservas Extrativistas, as Reservas de Fauna e as Áreas de Relevante Interesse Ecológico, a não ser que a concessão florestal seja direcionada para atividades expressamente admitidas no plano de manejo da unidade de conservação (artigo 11, inciso III). Importante destacar que as concessões florestais não se destinam exclusivamente à exploração de produtos florestais, mas também de serviços florestais que, como no caso do ecoturismo, podem ser explorados em unidades de conservação de proteção integral, como pode ocorrer em parques nacionais ou refúgios de vida silvestre, desde que estejam previstos do plano de manejo das respectivas unidades.

Não se tratam aí, na exploração de serviços florestais, de exploração direta de produtos florestais, como a exploração madeireira, razão pela qual não haveria impedimentos, pela Lei do SNUC, para que fosse realizada a concessão florestal, sob o regime da LGFP, das unidades de conservação de proteção integral quando admitido expressamente pelo plano de manejo da respectiva unidade de conservação. E em unidades de conservação de uso sustentável descritas no artigo 11, inciso III, não haveria um impedimento

103. LIMA, André. Direitos socioambientais, políticas públicas e desenvolvimento territorial. In: LIMA, André. **O direito para o Brasil socioambiental.** Porto Alegre: Sergio Antonio Fabris Editor, 2002, p. 337-338.

104. O MacroZEE foi aprovado pelo Decreto 7.378/2010, e é articulado com processos e instrumentos de planejamento estaduais, especialmente os Zoneamentos Ecológicos Econômicos.

direto, com base na Lei do SNUC, para determinadas atividades de exploração de recursos florestais. No caso específico de Reservas de Desenvolvimentos Sustentável e Reservas Extrativistas, a área destinada a concessão florestal, em que pese estar inserida nestas unidades de conservação, não poderá ser a mesma que a área no interior da respectiva unidade de conservação que for destinada às comunidades locais, o que fica claro no artigo 11, inciso IV da LGFP, que exclui do PAOF áreas ocupadas por comunidades locais, como logo adiante será visto. Por isso que no artigo 11, inciso III, *in fine*, excepciona-se a concessão florestal nos casos que constar a permissão expressa no plano de manejo da unidade de conservação para determinadas atividades.

Por outro lado, as terras indígenas, áreas ocupadas por comunidades locais e áreas de interesse para criação de unidades de conservação de proteção integral deverão ser excluídas das concessões florestais (artigo 11, inciso IV). O reconhecimento conferido aos indígenas das terras tradicionalmente ocupadas garante-lhes a posse permanente e o usufruto exclusivo das riquezas do solo, rios e lagos (artigo 231 da Constituição), motivando a sua exclusão das áreas passíveis de concessão florestal. Também as áreas ocupadas pelas comunidades locais, seja no interior de unidades de conservação como na Reserva de Desenvolvimento Sustentável e na Reserva Extrativista, seja em outros casos em que a floresta pública for destinada, como ocorre nos Projetos de Assentamento Florestal, de Desenvolvimento Sustentável e Agroextrativista[105], não poderão figurar no PAOF como disponíveis ao processo de concessão florestal. Por este motivo, no §2º do artigo 11 é expressamente referido que o PAOF deverá prever zonas de uso restrito destinadas às comunidades locais.

Quando for o caso de interesse em criação de unidades de conservação de proteção integral, a área não poderá constar no PAOF. Salientando-se que a escolha da categoria e o estabelecimento do plano de manejo depende de análises técnicas e específicas da área, houve a escolha pela retirada de qualquer área florestal pública sobre a qual incida interesse na criação de unidade de conservação afeita a ao grupo de proteção integral.

A sistematização do procedimento de seleção de áreas de interesse para conservação ingressa no ordenamento jurídico pelo Decreto 5.092/2004, que fixou normas para identificação de áreas prioritárias para conservação, vinculando como uma das atribuições do Ministério do Meio Ambiente a instituições dessas áreas por meio de portaria ministerial (artigo 1º) e

105. Sobre os projetos de assentamento e demarcação de terras indígenas, remete-se ao tópico 6.2 deste estudo.

mediante fundamentação a partir do Projeto de Conservação e Utilização Sustentável da Diversidade Biológica Brasileira (artigo 3º).

Indicada como instrumento normativo pelo Decreto 5.092/2004, a Portaria 126/2004 do Ministério do Meio Ambiente remetia ao Mapa das Áreas Prioritárias para a Conservação, Utilização Sustentável e Repartição de Benefícios da Biodiversidade Brasileira publicado inicialmente em novembro de 2003 como elemento discriminador das áreas de interesse para a conservação (artigo 1º, §2º). Após a edição da Portaria 9/2007, que revogou a Portaria 126/2004 por meio de novas regras, em 2016 surgiu nova modificação, desta vez por meio da Portaria 223, que reconheceu as Áreas Prioritárias para a Conservação, Utilização Sustentável e Repartição de Benefícios da Biodiversidade do Cerrado, do Pantanal e da Caatinga provenientes de uma segunda atualização, culminando na revogação também da Portaria 9/2007.

Justifica-se a exclusão de áreas de interesse para unidades de conservação de proteção integral, até mesmo daquelas em que haveria a possibilidade de exploração de serviços florestais, porque essas atividades dependeriam de previsão do plano de manejo e isso só ocorreria posteriormente, com intensos estudos sobre a área. Além disso, poderia ocorrer que sobre determinada área de interesse para criação de unidade de conservação, após estudos técnicos e científicos, seja considerada mais válida a proteção por meio de unidade de conservação em modalidade que não permita até mesmo a exploração de serviços florestais.

Quando for caso de convergência entre a concessão florestal e concessões de outros setores, essa relação deverá constar no PAOF (artigo 11, inciso V). No mesmo artigo, menciona a LGFP a necessidade de posterior regulamentação que, a seu turno, foi positivada no Decreto 6.063/2007 com a determinação, no artigo 22, de que para o atendimento do artigo 11, inciso V, da LGFP, no momento da elaboração do PAOF da União, sejam analisados os contratos de concessão, autorizações, licenças e outorgas para mineração, petróleo, gás, estradas, linhas de transmissão, geração de energia, oleodutos, gasodutos e para o uso da água. Ampliou-se pelo decreto, portanto, da necessária análise de convergência com concessões para uma avaliação, também, das autorizações, licenças e outorgas que contenham relações com as concessões florestais.

Não necessariamente esses pontos de convergência, a depender dos bens envolvidos e da área, impediriam a ocorrência da concessão florestal. Mesmo assim, a LGFP coloca como matéria a ser considerada aprioristicamente em relação ao processo de concessão, evitando futuros conflitos, inclusive em decorrência de sobreposições entre concessões, autorizações, licenças e outorgas.

Devem ser observadas no PAOF normas e diretrizes aplicáveis à faixa de fronteira e demais áreas tidas como indispensáveis para a defesa do território nacional (artigo 11, inciso VI). Sobre isso, no tópico 7.2.1 foi abordada a importância do PAOF ser submetido ao Conselho de Defesa Nacional quando nele houverem sido arroladas florestas públicas presentes em faixa de fronteira, a qual é definida pelo artigo 20, §2º, da Constituição. Para tanto, são matérias que devem ser previamente avaliadas na elaboração do PAOF, tanto as florestas públicas inseridas em faixa de fronteira como aquelas que estiverem em áreas consideradas indispensáveis para a defesa do território nacional.

As políticas públicas dos Estados, Municípios e do Distrito Federal necessitarão ser observadas para a confecção do PAOF (artigo 11, inciso VII), principalmente quando associadas às florestas públicas que se pretende incluir ao processo de concessão. Ainda, a teor do artigo 11, §1º, devem ser analisados, no PAOF da União, o PAOF dos Estados, dos Municípios e do Distrito Federal. Porém, somente o PAOF de entes federativos que forem encaminhados até o dia 30 de junho serão considerados pelo PAOF da União. Caso o encaminhamento ultrapasse a data prevista, apenas serão analisados no ano seguinte ao seu recebimento (artigo 23, §1º e §2º do Decreto 6.063/2007).

Por fim, com matéria regulamentada pelo artigo 20, inciso XI, do Decreto 6.063/2007, o artigo 11, §3º, da LGFP, exige que estejam no PAOF as disposições relativas ao planejamento do monitoramento e da fiscalização ambiental atribuídos aos órgãos do Sisnama, incluindo estimativas de recursos humanos e financeiros para as atividades.

7.2.4 Da desnecessidade de aprovação prévia pelo Congresso Nacional

Ponto de extrema relevância e objeto de profundas análises, destaca-se a questão sobre a existência ou não de exigência constitucional para a anuência de concessões florestais de áreas superiores a 2.500 hectares, pelo Congresso Nacional, tendo por base a interpretação do artigo 49, inciso XVII e o artigo 188, §1º, ambos da Constituição.

Sem constar no texto original da LGFP, a exigência de aprovação pelo Congresso Nacional foi incluída no projeto de lei quando da tramitação no Legislativo, no artigo 10, §4º. Basicamente, o parágrafo criava a exigência de submissão do PAOF à prévia aprovação pelo Congresso Nacional quando este previsse a concessão florestal de área superior a 2.500 hectares.

Apesar disso, o texto foi vetado, com razões manifestadas pelo Ministério do Meio Ambiente no sentido de que a norma se contraporia ao princípio incluído no artigo 2º, inciso VIII da própria lei, que menciona a garantia de condições estáveis e seguras que estimulem investimentos a longo prazo do manejo, conservação e recuperação de florestas. Ademais, igualmente segundo as razões do veto, a vinculação do PAOF à aprovação pelo Congresso Nacional deixaria o procedimento sujeito às contingências políticas de curto prazo e criaria novos processos administrativos para a tramitação da matéria.

A questão sobre a constitucionalidade da concessão florestal sem prévia autorização legislativa foi comentada por José Afonso da Silva na audiência pública realizada pela comissão especial destinada a discutir o projeto de lei na Câmara dos Deputados.[106] Segundo o constitucionalista convidado, caso a área concedida fosse superior a 2.500 hectares, seria necessária a autorização do Congresso Nacional, prevendo-se em lei não somente a concessão, mas também a autorização para licitação e celebração de contrato.[107]

Após a aprovação da LGFP, quando se deu início ao primeiro processo de licitação de lotes de concessões florestais, a questão foi levada a juízo por intermédio do Ministério Público Federal em Ação Civil Pública. No curso da ação, a antecipação de tutela requerida pelo Ministério Público Federal foi negada em primeiro grau.[108] Posteriormente, o Tribunal Regional Federal da 1ª Região reformou a decisão, concedendo a medida liminar para suspender a licitação até aprovação do Congresso Nacional da concessão florestal, com fundamento ao artigo 49, inciso XVII.[109] Esta decisão última,

106. As informações extraídas são provenientes das notas taquigráficas da audiência pública realizada em 12 de maio de 2005 na Comissão Especial Gestão de Florestas Públicas, a qual foi instituída durante o trâmite do projeto de lei 4.776/2005, que originou a LGFP. Cf. BRASIL. Câmara dos Deputados. DETAQ. Audiência Pública Nº: 0565/05DATA. Disponível em: <https://www.camara.leg.br/internet/sitaqweb/TextoHTML.asp?etapa=11&nmComissao=Comissão%20Especial%20-%20Gestão%20de%20Florestas%20Públicas&tpReuniaoEvento=AP%20c/%20Convidado&dtReuniao=12/05/2005&hrInicio=10:30:00&hrFim=13:26:00&origemDiscurso=&nmLocal=Plenário%20Principal%20-%20CD&nuSessao=0565/05&nuQuarto=0&nuOrador=0&nuInsercao=0&dtHorarioQuarto=10:30&sgFaseSessao=&Data=12/05/2005&txApelido=&txFaseSessao=&txTipoSessao=Especial&dtHoraQuarto=10:30&txEtapa=>. Acesso em 27 jun 2019.

107. Sem tratar especificamente das concessões florestais, em obra Silva aponta a prévia autorização legislativa como um ato de controle, e refere que nestes casos, a concessão, tanto a administrativa como a real, depende de prévia aprovação do Congresso Nacional para ser válida. Cf. SILVA, José Afonso. **Comentário contextual à Constituição.** 2 ed. São Paulo: Malheiros Editores, 2006, p. 407-408.

108. JF, SJRO, Ação Civil Pública 2008.41.00.000012-5, Juiz José Mauro Barbosa, j. 17.01.2008.

109. TRF1, Agravo de Instrumento 2008.01.00.004474-1, Relatora Desembargadora Selene Maria de Almeida, j. 06.03.2008.

no entanto, foi suspensa no âmbito da Suspensão de Tutela Antecipada 235, mediante decisão no STF da lavra do Ministro Gilmar Mendes, ocasião em que o Ministro concordou com o argumento da Advocacia Geral da União de que não haveria, na concessão florestal, transferência da posse de terra pública, mas apenas delegação onerosa pelo poder concedente do direito de exercer o manejo florestal sustentável para exploração de produtos e serviços em unidade de manejo.[110]

Em sentença, a juíza de primeiro grau entendeu pela desnecessidade de autorização legislativa para a realização de concessão florestal, em decorrência da inexistência de previsão legal na LGFP e devido à concessão implicar somente na utilização de recursos naturais, não sendo caso de concessão de terra pública.[111] Da decisão, foi interposto Recurso de Apelação, o qual está em julgamento pela quinta turma do Tribunal Regional Federal da 1ª Região.

Destaque-se que a questão sobre a constitucionalidade da LGFP em relação ao artigo 49, inciso XVII da Constituição é objeto da ADI 3.989, proposta pelo Partido Popular Socialista, e tramita sob a relatoria atual do Ministro Dias Toffoli. Ainda, de iniciativa da Senadora Vanessa Grazziotin, foi proposta uma emenda à Constituição, de número 46/2011, com o fito de alterar a redação do artigo 49 da Constituição para incluir como competência do Congresso Nacional a aprovação prévia da realização de concessão florestal, mas a PEC não prosperou e foi arquivada ao final da legislatura.[112]

Na seara doutrinária, posiciona-se Di Pietro favoravelmente à necessidade de autorização legislativa para a concessão florestal de unidades de manejo que superem 2.500 hectares. Segundo a autora, a impossibilidade de dispensa de autorização legislativa estaria calcada na imprescindibilidade de utilização de terras públicas nas quais as florestas estão localizadas para que seja realizado o manejo florestal sustentável. E, com isso, a previsão constitucional no artigo 49, inciso XVII, associada ao artigo 188, §1º, que traz o vocábulo sobre a necessária autorização legislativa à concessão de qualquer título, o que incluiria igualmente a concessão de exploração de bem público e a concessão de uso, além da existência dos bens reversíveis mencionados

110. STF, Suspensão de Tutela Antecipada 235, Relator Ministro Gilmar Mendes, j. 05.05.2008.

111. JF, SJRO, Ação Civil Pública 2008.41.00.000012-5, Juíza Carmen Elizangela Dias Moreira Rezende, j. 23.10.2009.

112. BRASIL. Senado Federal. Proposta de Emenda à Constituição 46, de 2011. Disponível em: <https://www25.senado.leg.br/web/atividade/materias/-/materia/100507>. Acesso em 01 jul 2019.

no artigo 43 da LGFP, fundamentariam suficientemente que a concessão florestal implicaria na posse das áreas onde está localizada a floresta.[113]

Nessa linha também entende Oliveira, que afirma a obrigatoriedade de autorização legislativa prévia para concessões florestais nos casos em que a área recoberta pela floresta supere o limite constitucional de 2.500 hectares.[114]

Reforça esse entendimento Gomes da Silva, que justifica a inconstitucionalidade da LGFP pelo fato dela não prever a limitação constitucional para a concessão de terras públicas superiores a 2.500 hectares sem a prévia autorização do Congresso Nacional. Conforme o autor, embora a LGFP mencione a concessão de florestas, a floresta, como bem público, encravada na terra, seria um acessório indissociável desta, não podendo dela se separar.[115]

Entretanto, entende-se pela desnecessidade de autorização pelo Congresso Nacional para as concessões florestais que impliquem em áreas superiores a 2.500 hectares. Não há, no caso da concessão florestal, uma concessão de terras públicas como expressamente prevê a legislação constitucional, especificamente nos artigos 49, inciso XVII, e 188, §1º. Muito pelo contrário, concede-se no âmbito das concessões florestais, o direito de exploração de produtos e serviços florestais, como especificado no objeto do instituto pelo artigo 14 da LGFP, neste estudo analisado no tópico 7.1.3.

A utilização do termo terras públicas presente nos artigos 49 e 188 da Constituição remetem justamente à destinação das terras públicas e não à exploração de bens presentes em determinada área. Pontes de Miranda, ao tecer seus comentários à Constituição de 1967, que à época disciplinava a necessidade de prévia autorização do Senado Federal para concessão ou alienação de terras públicas superiores a 3.000 hectares, refere justamente o termo terras públicas, dissertando ainda que o objetivo da norma era vedar a propriedade de tão grande extensão territorial.[116]

---

113. DI PIETRO, Maria Sylvia Zanella. Gestão de florestas públicas por meio de contratos de concessão. **Revista do Advogado**, v. XXIX, n. 107, p. 140-149, dez. 2009, p. 148-149; DI PIETRO, Maria Sylvia Zanella. **Uso privativo de bem público por particular.** 3 ed. São Paulo: Atlas, 2014, p. 233-234.

114. OLIVEIRA, Raul Miguel Freitas de. **Concessão florestal**: exploração sustentável de florestas públicas por particular. Leme: J. H. Mizuno, 2013, p. 274.

115. SILVA, Vicente Gomes da. Aspectos legais sobre a concessão de florestas públicas (Lei nº 11.284, de 2 de março de 2006). **Fórum de Direito Urbano e Ambiental – FDUA**, Belo Horizonte, ano 5, n. 26, mar./abr. 2006, não paginado. Disponível em: <http://www.bidforum.com.br/bid/PDI0006.aspx?pdiCntd=34693>. Acesso em: 24 ago. 2017.

116. PONTES DE MIRANDA. **Comentários à Constituição de 1967**. Tomo VI (Arts. 160-200). 2 ed. São Paulo: Revista dos Tribunais, 1972, p. 293.

Já para a concessão de florestas, o direito de realizar o manejo florestal sustentável não implica na concessão das terras públicas ou na titularidade imobiliária, como deixa claro o artigo 16, §1º, da LGFP, tampouco aduz a posse de toda a extensão territorial, eis que a concessão se limita à exploração dos recursos florestais existentes. Sobre isso, lembre-se, que o Código Civil, no artigo 95, refere que apesar da não separação com o bem principal, podem os frutos e produtos ser objeto de negócio jurídico.

Como destaca e enfatiza Marques Neto, o bem público concedido no instituto da concessão florestal é a utilidade florestal, e não propriamente o imóvel, isto é, o terreno, no qual ela está localizada. Daí que sobressai a especificidade da concessão florestal em que a utilidade determina os escopos da concessão, pois nesta modalidade de concessão a delegação remete a um uso específico voltado a uma finalidade pública de preservação e conservação, combinado com a exploração do potencial de riqueza apropriável ali existente, mediante a exploração sustentável.[117] A esse respeito, para Véras de Freitas, a autonomia da propriedade do solo e da exploração de seus acessórios torna desnecessária a autorização do Congresso Nacional para a realização da concessão da exploração de recursos de florestas públicas.[118]

Resguardadas as diferenças específicas entre os institutos, na concessão minerária (artigo 20, inciso IX da Constituição) igualmente não se tem por obrigatória a autorização legislativa, assim como na concessão de uso de potencial hidráulico (artigo 20, inciso VIII da Constituição), que não implica na concessão do bem imóvel em que está situado, sendo objeto de exploração autônoma, a teor do artigo 13 da Lei 9.074/1995.[119] Nas concessões de serviços de apoio ao uso público em Parques Nacionais, embora se distanciem da concessão operada sobre as florestas com base na LGFP, também não é exigida aprovação do Congresso Nacional, embora possa implicar, por exemplo, na exploração de serviços de ecoturismo, de modo semelhante a como ocorre na exploração dos serviços florestais no âmbito da concessão florestal.

Apesar de serem esses institutos de concessão distintos, não há necessidade de prévia autorização pelo Congresso Nacional igualmente na concessão florestal, onde a concessão é realizada tendo por objeto a explo-

117. MARQUES NETO, Floriano de Azevedo. **Concessões.** Belo Horizonte: Fórum, 2016, p. 308.

118. FREITAS, Rafael Véras de. A concessão de florestas e o desenvolvimento sustentável. **Revista de Direito Público da Economia RDPE**, Belo Horizonte, ano 7, n. 26, abr./jun. 2009, não paginado. Disponível em: <http://www.bidforum.com.br/bid/PDI0006.aspx?pdiCntd=57717>. Acesso em: 24 ago. 2017.

119. MARQUES NETO, Floriano de Azevedo. **Concessões.** Belo Horizonte: Fórum, 2016, p. 308, p. 266.

ração das florestas públicas, sem implicar na destinação das terras em que se situam. Portanto, detalha-se claramente no texto normativo da LGFP que a concessão é de exploração de florestas públicas, donde não há qualquer concessão de terras.

De se destacar que é feita na LGFP a exclusão, no âmbito da concessão florestal, de um rol de explorações possíveis sobre as área, como a exploração de recursos minerais, de recursos pesqueiros e da fauna silvestre, bem como do uso de recursos hidráulicos (artigo 16). A concessão florestal, assim, é concessão delimitada, exclusivamente voltada à delegação onerosa do direito de exploração de produtos e serviços florestais, e não implica na concessão das terras públicas. Ausente a subsunção da concessão florestal aos artigos 49, inciso XVIII e 188, §1º, não há exigência normativa para que seja aprovada previamente pelo Congresso Nacional.

7.3 LICENCIAMENTO AMBIENTAL

A licença ambiental é condição imprescindível para a realização da exploração florestal sustentável, nos termos indicados pela LGFP. A concessão florestal somente será válida quando existir licença ambiental específica, sendo requisito voltado ao cumprimento das normas ambientais.

Para analisar com profundidade as normas impostas à concessão florestal sobre os detalhes que caracterizam a obtenção de licença ambiental para este tipo de atividade, é relevante que sejam feitas considerações sobre os aspectos gerais do licenciamento ambiental. Tendo em vista isso, neste tópico é efetuada uma inicial explanação sobre as normas aplicáveis ao licenciamento ambiental, como os tipos de licenças e as competências destinadas a determinada atividade. Ademais, serão observados os aspectos que dizem respeito à natureza jurídica da licença ambiental e à classificação do processo de licenciamento ambiental.

Essa introdução ao tema possibilita uma posterior consideração das normas aplicáveis à concessão florestal sobre a obtenção de licença ambiental para a execução do manejo florestal sustentável. Este será o tema versado após a introdução sobre o licenciamento ambiental.

7.3.1 Aspectos gerais

De um modo abrangente, a necessidade de licenciamento ambiental das atividades que utilizam recursos ambientais e possam impactar no ambiente está resguardada pela disposição jurídico-normativa do direito fundamental ao ambiente, insculpida no artigo 225 da Constituição. Já na Lei 6.938/1981, é definido expressamente que a construção, a instalação, a ampliação e o funcionamento de estabelecimentos e atividades que utilizem recursos ambientais e que, sob qualquer aspecto, sejam capazes de causar degradação ambiental, dependerão de prévia licença ambiental (artigo 10). A referida norma se assemelha ao artigo 1º, inciso I, da Resolução 237/1997 do CONAMA, que versa sobre a revisão e complementação de procedimentos e critérios para o licenciamento ambiental. Atualmente, a redação do artigo 10 da Lei 6.938/1981 é definida pelo artigo 20 da Lei Complementar 140/2011 que, por sua vez, tem a mesma definição no artigo 2º, inciso I.

A licença ambiental, importante destacar, não se confunde com o licenciamento ambiental, porquanto a primeira é o ato final da etapa do licenciamento, enquanto este significa o trâmite administrativo pelo qual se identificam as condições exigíveis para a conferição da licença.[120] Referido licenciamento ambiental é previsto como um dos instrumentos da PNMA, juntamente com a revisão de atividades efetiva ou potencialmente poluidoras (artigo 9º, inciso IV).

Assim, pode-se dizer que resulta a licença ambiental de um processo administrativo específico. E para evitar qualquer dúvida ou confusão, de se destacar que é visto como inadequado o termo procedimento administrativo, utilizado logo de início no artigo 2º, inciso I da Lei Complementar 140/2011, porquanto o licenciamento não é um procedimento, mas um processo administrativo.

Quanto à utilização das nomenclaturas processo e procedimento, explica Bandeira de Mello que este último se consagrou no Direito Administrativo brasileiro, vinculando-se o termo processo para casos contenciosos. Porém, como o autor destaca, a terminologia adequada para designar o objeto em causa, qual seja a sucessão itinerária e encadeada de atos administrativos que se direcionam a um resultado final e conclusivo, seria a de processo, classificando-se o procedimento como a modalidade ritual de cada processo.[121]

E, como destaca Farias, além de ser um dos importantes instrumentos do PNMA, fundamenta-se a classificação do licenciamento ambiental como um processo em decorrência das características de que é dotado, como a

120. FARIAS, Talden. **Licenciamento ambiental:** aspectos teóricos e práticos. 7 ed. Belo Horizonte: Fórum, 2019, p. 29.

121. BANDEIRA DE MELLO, Celso Antônio. **Curso de direito administrativo.** 33 ed. São Paulo: Malheiros, 2016, p. 503-504.

obrigatoriedade da publicidade[122], do acesso aos autos, de contraditório, de ampla defesa, de motivação e do dever de decidir.[123]

O emprego variado dos termos processo e procedimento fica evidente quando se trata do licenciamento ambiental, como no já mencionado artigo 2º, inciso I da Lei Complementar 140/2011. Mais adiante, no artigo 14 do mesmo texto legal, o legislador se vale da expressão processo de licenciamento, com igual ocorrência no artigo 18. Apesar disso, o licenciamento ambiental assume a natureza jurídica de um processo administrativo em decorrência de suas características.

Essa caracterização do licenciamento ambiental como um processo administrativo[124] implica na observação, por parte da administração pública da União, dos Estados, do Distrito Federal e dos Municípios, dos princípios da legalidade, impessoalidade, oralidade e eficiência, como prescreve a Constituição, no artigo 37, seja qual for o órgão ambiental licenciador. Para a administração pública federal, há ainda a necessidade de serem observados os princípios da legalidade, finalidade, motivação, razoabilidade, proporcionalidade, moralidade, ampla defesa, contraditório, segurança jurídica, interesse público e eficiência, como determina o artigo 2º, da Lei 9.784/1999.[125]

E, além disso, apesar da utilização, por parte de Canotilho, da denominação garantia do procedimento administrativo, entende-se ser seu conteúdo aplicável aos processos administrativos e, portanto, ao licenciamento ambiental, implicando na garantia de que seja um processo justo, no sentido de juridicamente adequado, tratando-se esta de uma exigência para o desenvolvimento da atividade administrativa imprescindível no exercício da administração de um Estado democrático de direito.[126]

Outro tópico importante no âmbito do licenciamento ambiental tem relação com a classificação da licença ambiental como ato administrativo. Ocorre que, no cenário jus-ambiental tem-se debatido sobre duas possi-

---

122. Sobre as normas referentes à publicidade, o CONAMA editou a Resolução 6/1986, que fixou os modelos para publicação dos pedidos de licença ambiental, renovação e autorização para qualquer modalidade.

123. FARIAS, Talden. **Licenciamento ambiental:** aspectos teóricos e práticos. 7 ed. Belo Horizonte: Fórum, 2019, p. 167.

124. A vinculação do licenciamento ambiental a um processo administrativo é feita por outros doutrinadores como, por exemplo, Medauar, Trennepohl e Trennepohl, Cf. MEDAUAR, Odete. **Direito administrativo moderno.** 20 ed. São Paulo: Editora Revista dos Tribunais, 2016, p. 208; TRENNEPOHL, Curt; TRENNEPOHL, Terence. **Licenciamento ambiental.** 7 ed. São Paulo: Thomson Reuters Brasil, 2018, p. 52-53.

125. MACHADO, Paulo Affonso Leme. **Direito ambiental brasileiro.** 22 ed. São Paulo: Malheiros Editores, 2014, p. 318.

126. CANOTILHO, José Joaquim Gomes. **Direito constitucional e teoria da constituição.** 7ed. Coimbra: Almedina, 2003, p. 274-275.

bilidades de classificação das licenças ambientais: como licença ou como autorização administrativa. E, de fato, não foram poucas as vezes em que a legislação ambiental acabou por substituir os termos anuência e autorização por licença, com a finalidade de indicar o ato formal de manifestação de concordância do poder público com alguma obra ou atividade.[127]

Cabe, então, responder se a natureza jurídica da licença ambiental seria propriamente de uma licença administrativa ou de uma autorização, sendo este um fator de extrema importância, pois a partir da classificação deste ato administrativo a que se objetiva com o processo de licenciamento ambiental, as normas aplicáveis divergirão.

Seguindo a doutrina de Meirelles, a licença assume a forma de um ato administrativo vinculado e definitivo, resultando de um direito subjetivo do interessado, não tendo a administração pública a possibilidade de negá-la quando aquele que a requerer satisfez todos os requisitos legais de sua obtenção, gozando de presunção de definitiva, à exceção de ilegalidade na expedição de alvará, descumprimento na execução da atividade ou por interesse público posterior, caso em que será cabível uma indenização. Em outro extremo, a autorização é um ato administrativo discricionário e precário, com o qual a administração pode possibilitar ao pretendente a realização de determinada atividade, serviço ou utilização de bens particulares ou públicos, de interesse seu exclusivo ou predominante, sobre os quais a lei condiciona à aquiescência prévia do poder público. Nestes casos, mesmo que sejam satisfeitas as exigências administrativas, é o poder público quem decide sobre a conveniência do atendimento da pretensão do interessado ou a respeito da não cessação do ato autorizado.[128]

Embora tenha o legislador optado pelo termo licença, em um primeiro momento é a autorização a classificação jurídica que teria enquadramento para classificar a licença ambiental.[129] Percebe-se que as características definitiva e vinculativa que se associam à licença não condizem com a figura da licença ambiental como concebida, tampouco com as normas a ela aplicáveis. Por outro lado, a autorização, por ser discricionária e precária, guarda relações ajustáveis ao fim da licença ambiental. Por isso, ao mencionar os exemplos da licença prévia e da licença para instalação, Passos de Freitas e Freitas

127. TRENNEPOHL, Curt; TRENNEPOHL, Terence. **Licenciamento ambiental.** 7 ed. São Paulo: Thomson Reuters Brasil, 2018, p. 66.

128. MEIRELLES, Hely Lopes. **Direito administrativo brasileiro.** 43 ed. São Paulo: Malheiros, 2018, p. 218.

129. A troca de nomes na legislação não é uma exclusividade do caso das licenças ambientais. Veja-se, por exemplo, que embora a autorização de serviço de telecomunicações leve este nome, trata-se de um ato administrativo vinculado, sendo assim uma licença administrativa (artigo 131 da Lei 9.472/1997).

constataram haver um ato administrativo decorrente da discricionariedade da administração pública.[130]

Neste sentido é o entendimento de Fiorillo, para quem a licença ambiental assume a posição de um ato administrativo com discricionariedade, daí sua diferença com o ato administrativo intitulado licença administrativa.[131] E, com fundamento no artigo 170, parágrafo único, da Constituição, que limita o livre exercício de atividades econômicas quando a lei prever a necessidade de autorizações, Machado caracteriza a licença ambiental como uma autorização administrativa.[132]

Há que se considerar, igualmente, que enquanto indicadora da preexistência de um direito subjetivo, a licença administrativa se afasta do propósito da licença ambiental, onde subsiste um ato administrativo de controle preventivo de atividades de particulares no exercício dos seus direitos[133], razão pela qual se exige que o exercício de qualquer atividade seja autorizado pelo poder público de modo discricionário[134], tratando-se a licença ambiental neste aspecto, pois, de um ato administrativo classificável como autorização administrativa.[135]

Porém, sendo a autorização administrativa passível de cessação pela conveniência do poder público e considerando que a interrupção de uma licença ambiental regular previamente concedida, em decorrência de altera-

130. FREITAS, Vladimir Passos de; FREITAS, Mariana Almeida Passos de. **Direito administrativo e meio ambiente.** 5 ed. Curitiba: Juruá, 2014, p. 96.

131. FIORILLO, Celso Antonio Pacheco. **Curso de direito ambiental brasileiro.** 18 ed. São Paulo: Saraiva, 2018, p. 209

132. MACHADO, Paulo Affonso Leme. **Direito ambiental brasileiro.** 22 ed. São Paulo: Malheiros Editores, 2014, p. 320.

133. SILVA, José Afonso da. **Direito ambiental constitucional.** 9 ed. São Paulo: Malheiros Editores, 2011, p. 290-291.

134. MUKAI, Toshio. **Direito ambiental sistematizado**. 10 ed. Rio de Janeiro: Forense, 2016, p. 131.

135. Destaque-se que, em conformidade com França, entende-se a discricionariedade administrativa como a possibilidade do poder público optar por um dos caminhos possíveis dentro de um contexto de legalidade, para concretizar o interesse público, constando a possibilidade legal do gestor público de, diferentemente de uma mera faculdade (ou liberdade), promover um determinado ou determinável interesse público por meio de duas ou mais possibilidades após um juízo de conveniência e oportunidade, seguindo uma ponderação dos valores envolvidos no caso concreto. Portanto, a discricionariedade administrativa ocorre no momento em que a lei permite ao poder público escolher como realizará o interesse público, determinando a necessária abertura do sistema para o desenvolvimento em decorrência da superação das situações que a dicção legal vinculada não supre. Cf. FRANÇA, Phillip Gil. **Controle da administração pública:** combate à corrupção, discricionariedade administrativa e regulação econômica. 4 ed. São Paulo: Saraiva, 2016, p. 167-175. E, ainda, a discricionariedade do órgão licenciador em um processo decisório de licenciamento ambiental é mencionada por Bim ao considerar a necessidade de uma ponderação de interesses conflitantes realizada em um juízo da viabilidade ambiental. Cf. BIM, Eduardo Fortunato. **Licenciamento Ambiental.** 4 ed. Belo Horizonte: Fórum, 2018, p. 25.

ções legais, gera um dever de indenizar do Estado[136], o que pode ocorrer até mesmo na revogação por discricionariedade, é possível identificar proximidades entre a licença ambiental e a licença administrativa. O citado exemplo torna evidente, portanto, que a licença ambiental, mesmo guardando maiores pontos de afinidade com o instituto da autorização, ainda assim não deixa de ter alguma relação com a licença administrativa.

Atento a isso, Krell faz a defesa de uma nova espécie de ato administrativo, que conjugaria pontos de contato com um e outro dos tipos de ato administrativo mencionados. O autor, que observa o debate sobre a classificação da licença ambiental como sendo baseado em uma equivocada ideia de que a licença seja sempre vinculada e a autorização sempre discricionária, julga ser mais coerente a classificação da licença ambiental como uma nova espécie de ato administrativo, com características jungidas referentes a licença e a autorização.[137]

Similar a esse entendimento é o professado por Farias, que vê na licença ambiental características próprias que a torna diferente da licença administrativa e da autorização, tendo-a como portadora de natureza jurídica peculiar e intermediária entre estes dois tipos de ato administrativo.[138]

De fato, tais relações que se tornam evidentes, da licença ambiental com a licença administrativa e com a autorização, demonstram a ausência no direito administrativo contemporâneo de categorias estanques, diante da complexidade de fatores envolvidos.[139] Embora enquanto ato administrativo a licença ambiental se assemelhe com os contornos traçados à autorização,

136. TRENNEPOHL, Curt; TRENNEPOHL, Terence. **Licenciamento ambiental.** 7 ed. São Paulo: Thomson Reuters Brasil, 2018, p. 68.

137. KRELL, Andreas J. **Discricionariedade administrativa e conceitos legais indeterminados:** limites do controle judicial no âmbito dos interesses difusos. 2 ed. Porto Alegre: Livraria do Advogado, 2013, p. 167/174.

138. FARIAS, Talden. **Licenciamento ambiental:** aspectos teóricos e práticos. 7 ed. Belo Horizonte: Fórum, 2019, p. 199.

139. Como destacou Bandeira de Mello, haveria uma enganosa sugestão sobre a existência de uma antítese radical entre atos vinculados e atos administrativos, quando o que ocorre, por ocasião da discricionariedade, é uma certa, ou relativa, margem de liberdade. Cf. BANDEIRA DE MELLO, Celso Antônio. "Relatividade" da competência discricionária. **Revista de Direito Administrativo**, Rio de Janeiro, v. 212, p. 49-56, abr. 1998, p. 50. Decorreria disso, nas palavras de Krell, um entrelaçamento em vários aspectos entre a vinculação e a discricionariedade. Cf. KRELL, Andreas J. **Discricionariedade administrativa e conceitos legais indeterminados:** limites do controle judicial no âmbito dos interesses difusos. 2 ed. Porto Alegre: Livraria do Advogado, 2013, p. 24. Nessa linha de entendimento se manifesta Binenbojm, para quem a ideia de juridicidade administrativa, com a vinculação da administração à Constituição, impediria a existência de uma dicotomia entre atos vinculados e atos discricionários, havendo, no caso, diferentes graus de vinculação dos atos administrativos à juridicidade. Cf. BINENBOJM, Gustavo. **Uma teoria do direito administrativo:** direitos fundamentais, democracia e constitucionalização. 2 ed. Rio de Janeiro: Renovar, 2008, p. 208-209.

nada impede que as normas que regem suas aplicações e condições propiciem alguma proximidade com a licença administrativa.

Assim, caso não se concorde com a natureza *sui generis* da licença ambiental, suas características mais a aproximam de uma possível classificação como sendo um ato administrativo da modalidade autorização, havendo discricionariedade na decisão que a embasa e relativa precariedade, como demonstra o artigo 19 da Resolução 237/1997[140] do CONAMA, sendo cabível, apesar disso, indenização ao empreendedor em alguns casos que se moldariam ao inciso III do artigo 19, o que não ocorrerá, por exemplo, em situações onde a superveniência de riscos ambientais ou de saúde decorram de alguma calamidade não gerada pelo empreendimento ou atividade.

Da licença ambiental como ato discricionário, realça-se que sua autorização ou negativa em nenhum momento abre margem para ausência de motivação, a qual se imprime como essência do ato e condição vital para sua validade.[141] É pela motivação que, na conclusão de Caetano, se poderá esclarecer sobre a regularidade do fim do ato.[142]

Outrossim, com aplicabilidade para as decisões provindas do licenciamento ambiental, a Lei 4.657/1942, chamada Lei de Introdução às Normas do Direito Brasileiro (LINDB), no artigo 20, impõe que nas decisões administrativas não se decida com base em valores jurídicos abstratos e sem a devida consideração das consequências práticas da decisão, devendo a motivação expor a necessidade e adequação da medida imposta.[143] A esse respeito e antes da norma ser anexada à LINDB, França se manifestara sobre a importância dos cidadãos compreenderem as consequências do que foi, é e será feito, bem como a relevância da observação do eixo consequencialista administrativo como um dos fatores determinantes para a manutenção da sustentabilidade mínima do sistema.[144]

---

140. Determina o artigo 19 que é possível, mediante decisão motivada, que o órgão ambiental competente modifique as condicionantes e medidas de controle e adequação, suspenda ou cancele uma licença ambiental expedida em casos de (I) violação de condicionantes ou normas legais; (II) omissão ou falsa descrição das informações que subsidiaram a expedição da licença e (III) superveniência de graves riscos ambientais e de saúde.

141. BANDEIRA DE MELLO, Celso Antônio. **Discricionariedade e controle jurisdicional.** 2 ed. São Paulo: Malheiros, 2019, p. 104-105.

142. CAETANO, Marcello. **Manual de direito administrativo.** Lisboa: Universidade Editora, 1937, p. 499.

143. A norma constante no artigo 20 foi incluída na LINDB por meio da Lei 13.655/2018 e conta com regulamentação oferecida pelo Decreto 9.830/2019.

144. FRANÇA, Phillip Gil. **Ato administrativo e interesse público:** gestão pública, controle judicial e consequencialismo administrativo. 2 ed. São Paulo: Revista dos Tribunais, 2014, p. 126/266.

As licenças ambientais são de três tipos, como determina o artigo 8º da Resolução 237/1997 do CONAMA. São eles: (a) licença prévia: é concedida na fase preliminar do planejamento do empreendimento ou atividade e aprova sua localização e concepção, atesta a viabilidade ambiental e estabelece requisitos básicos e condicionantes a serem atendidos nas próximas fases de sua implementação; (b) licença de instalação: autoriza a instalação do empreendimento ou atividade em concordância com as especificações dos planos, programas e projetos que forem aprovados, além de incluir as medidas de controle ambiental e demais condicionantes; (c) licença de operação: autoriza a operação da atividade ou empreendimento após ser verificado o efetivo cumprimento do que consta nas licenças anteriores, com os meios de controle ambiental e condicionantes determinados para sua operação. Segundo o parágrafo único do artigo 8º, as licenças ambientais podem ser expedidas de modo isolado ou sucessivamente, a considerar a natureza, as características e a fase do empreendimento ou atividade.

Os prazos de validade de cada uma das licenças, de acordo com o artigo 18 da Resolução 237/1997 do CONAMA, serão definidos pelo órgão ambiental competente a promover o licenciamento, constando como prazo mínimo para licenças prévias aquele estabelecido no cronograma de elaboração dos planos, programas e projetos relativos ao empreendimento ou atividade e, como prazo máximo, cinco anos. Para licenças de instalação, o prazo mínimo será o fixado pelo cronograma de instalação do empreendimento ou atividade e, o prazo máximo, de seis anos. No caso das licenças de operação, o prazo deverá considerar os planos de controle ambiental e será no mínimo de quatro e no máximo de dez anos, havendo a possibilidade de estipulação de prazos inferiores para este tipo de licença ambiental quando se tratarem de empreendimentos ou atividades que tenham natureza e peculiaridades sujeitas a encerramento ou modificação em prazos inferiores (artigo 18, §2º).

De certo modo, as competências dos entes federativos para a condução do licenciamento ambiental permanecem insertas em área nebulosa, muito embora a edição da Lei Complementar 140/2011 tenha contribuído para atenuar possíveis desarranjos, instituindo normas de cooperação entre a União, Estados, Distrito Federal e Municípios e prevendo ações administrativas próprias para cada ente da federação, inclusive as relativas à promoção do licenciamento ambiental de empreendimentos e atividades.

Seguindo as diretrizes desta lei, fica ao encargo da União a aprovação do manejo de florestas públicas federais, exceto em Áreas de Proteção Ambiental (artigo 7º, inciso XV, alínea a). Também, tem a União a competência de promover o licenciamento ambiental de empreendimentos localizados e desenvolvidos em dois ou mais Estados (artigo 7º, inciso XIV, alínea e).

Aos Estados, cabe aprovar o manejo em florestas públicas estaduais ou em unidades de conservação estaduais, exceto em Áreas de Proteção Ambiental (artigo 8º, inciso XVI, alínea a). E o manejo em florestas públicas municipais e unidades de conservação municipais, é de aprovação dos Municípios, exceto as Áreas de Proteção Ambiental (artigo 9º, XV, alínea a). Para o Distritos Federal, aplicam-se as mesmas regras previstas aos Estados e Municípios (artigo 10), com o que se extrai a sua competência para aprovar o manejo em florestas públicas e unidades de conservação, quando forem do Distrito Federal, com exceção das Áreas de Proteção Ambiental.

Como se pode perceber, às Áreas de Proteção Ambiental não se aplica o critério do ente federativo instituidor da unidade de conservação, como inclusive torna evidente o artigo 12. Isso é decorrência de medida destinada a tornar menos rígidas as competências para esta modalidade de unidade de conservação, a se depreender do parágrafo único do artigo 12, que fixa para o licenciamento e autorização de Áreas de Proteção Ambiental os critérios descritos nas alíneas a, b, e, f e h do inciso XIV do artigo 7º, no inciso XIV do artigo 8º, e na alínea a do inciso XIV do artigo 9º.

Além disso, na Lei Complementar 140//2011, as competências para o licenciamento ambiental da União ficaram descritas no artigo 7º, mais precisamente no inciso XIV. Os Municípios detém as delimitações de seu âmbito de competência para o licenciamento ambiental abalizadas pelo artigo 9º, inciso XIV. Por fim, aos Estados coube uma competência residual[145], como se depreende do artigo 8º, inciso XIV, ao imputar aos Estados o licenciamento ambiental de atividades ou empreendimentos que utilizem recursos ambientais efetiva ou potencialmente poluidores ou, ainda, capazes de causar degradação ambiental, com as devidas ressalvas do conteúdo dos artigos 7º e 9º, que são, como recém visto, as matérias de competência da União e dos Municípios. Ainda, segundo o artigo 8º, inciso XVI, devem os Estados promover o licenciamento ambiental de atividades ou empreendimentos localizados ou desenvolvidos em unidades de conservação por eles formadas, exceto nos casos de Áreas de Proteção Ambiental. E o Distrito Federal, conforme determina o artigo 10, conjuga as funções atribuídas aos Estados no artigo 8º e aos Municípios do artigo 9º.

---

145. FARIAS, Talden. **Licenciamento ambiental:** aspectos teóricos e práticos. 7 ed. Belo Horizonte: Fórum, 2019, p. 133.

Feitas essas considerações iniciais, de se destacar que o licenciamento ambiental para as concessões floretas possui algumas características próprias. Esse proceder está previsto na LGFP e atende às especificidades da concessão de florestas públicas.

7.3.2 Licença prévia e de operação

Como determina a LGFP, o requerimento da licença prévia que viabiliza o uso sustentável da unidade de manejo, com fins à exploração florestal, inicia a requerimento do órgão gestor (artigo 18). A tarefa dos órgãos gestores de solicitar a licença prévia, como estabelecido pelo artigo 18, é reforçada no artigo 53. A nível federal, como a gestão das florestas públicas é exercida pelo SFB, é de sua competência a solicitação para obtenção da licença prévia (artigo 53, inciso III).

A licença prévia é realizada junto ao órgão ambiental competente integrante do Sisnama. A nível federal, o órgão ambiental responsável é o IBAMA, questão que permanece mesmo quando se tratar de unidade de manejo inserida em unidade de conservação federal, o que se dá tanto em razão da competência da União ser decorrente do critério do ente federativo instituidor (artigo 12 da Lei Complementar 140/2011) como em função da competência do ente federativo de aprovar o manejo florestal em florestas públicas de sua propriedade. Para a exceção da unidade de conservação do tipo Área de Proteção Ambiental, de acordo com o artigo 12, parágrafo único, da Lei Complementar 140/2011, relembre-se que como visto no tópico 7.3.1, existem critérios específicos aplicáveis.

A licença prévia, ao ser requerida pelo órgão gestor, depende da apresentação do relatório ambiental preliminar (RAP), como define o artigo 18, da LGFP. E, conforme o artigo 25 do Decreto 6.063/2007, o licenciamento ambiental para uso de recursos florestais nos lotes ou unidades de manejo está atrelado à elaboração do RAP.

Segundo Sirvinskas, este relatório estaria previsto no artigo 1º, inciso III da Resolução 237/97 do CONAMA, inserido como uma espécie de estudo ambiental.[146] É que, conforme o inciso, são estudos ambientais aqueles referentes às condicionantes ambientais vinculadas à localização, instalação, operação e ampliação de uma atividade ou empreendimento, apresentados como subsídio para análise da licença requerida, constando até mesmo, no próprio artigo 1º, inciso III, uma menção específica ao relatório ambiental

146. SIRVINSKAS, Luís Paulo. **Manual de direito ambiental.** 14 ed. São Paulo: Saraiva, 2016, p. 260.

como um dos exemplos de estudo ambiental. Conforme o entendimento de Sirvinskas, podendo ser exigido em casos onde não se tratar de atividades ou empreendimentos potencialmente causadores de significativa degradação ambiental, o RAP se apresenta como o conjunto de estudos técnicos e científicos elaborados por equipe multidisciplinar com o fito de fornecer os meios de análise da viabilidade ambiental de empreendimento ou atividade e avaliar sistematicamente as suas consequências quando consideradas potencial ou efetivamente causadoras de degradação ambiental, sendo o local de proposição de medidas mitigatórias com objetivos em sua implantação.[147]

O RAP é descrito pela Instrução Normativa 04/2008 do Ministério do Meio Ambiente, no artigo 2º, como um estudo técnico necessário para o licenciamento ambiental do uso sustentável das florestas públicas na modalidade de concessões florestais. É desenvolvido por uma equipe técnica multidisciplinar e fornece elementos necessários à análise de viabilidade ambiental do manejo florestal na área de estudo.

E, nos termos desta Instrução Normativa, o RAP será elaborado para as florestas públicas localizadas em um único ecossistema e um único Estado (artigo 3º, §1º). Também, o RAP e a licença correspondentes podem compreender uma ou mais unidades de manejo ou lotes de concessão florestal (artigo 3º, §2º).

Há a incumbência, ao IBAMA e ao SFB, de que elaborem conjuntamente um termo de referência (artigo 28 do Decreto 6.063/2007) para servir como diretriz à elaboração do RAP. Por isso, a citada Instrução Normativa 04/2008 contém em anexo uma estrutura básica de termo de referência para a formulação do RAP. Também, atende o decreto regulamentador ao artigo 18, §7º da LGFP, visto que o artigo 28 do decreto dispõe de um conteúdo mínimo destinado a estar presente no termo de referência para a elaboração do RAP. Contudo, os requisitos formulados no decreto não se aplicam à elaboração do EIA, que igualmente deve contar com um conteúdo mínimo a ser definido por meio de ato normativo, como determina o artigo 18, §7º da LGFP.

Com isso, a concessão da licença prévia fica vinculada à requisição pelo órgão gestor, junto ao órgão ambiental integrante do Sisnama encarregado de processar o licenciamento ambiental, servindo o RAP como estudo ambiental a informar o processo. Sendo o EIA um estudo ambiental de maior complexidade, diversos outros estudos ambientais podem ser suficientes

147. Idem.

para a proteção ambiental[148], como é o caso da exigência do RAP na LGFP. Há situações, porém, que devido ao seu caráter multifário, principalmente em razão de significativo potencial de degradação ambiental, exige-se a elaboração do Estudo Prévio de Impacto Ambiental (EIA).

Afora o requisito de realização do estudo ambiental denominado RAP, sendo caso de potencial causação de significativa degradação ambiental como, por exemplo, em razão da escala e da intensidade do manejo florestal e da peculiaridade dos recursos ambientais, a concessão da licença prévia passa a ser vinculada ao Estudo Prévio de Impacto Ambiental (EIA), como consta no artigo 18, §1º da LGFP.

Sobre o EIA, previamente cabe destacar se tratar de um instrumento administrativo ambiental autônomo em relação ao licenciamento ambiental, apesar daquele estar entrelaçado a este.[149] Consta no artigo 225, §1º, inciso IV, da Lei Maior, a exigência de que, para a instalação de obra ou atividade potencialmente causadora de significativa degradação ambiental, se proceda com o EIA mediante a devida publicidade.

Nada mais faz o artigo 18, §1º, portanto, do que dar cumprimento à norma constitucional que atrela casos de significativa degradação do ambiente à realização do EIA. E, de acordo com o artigo 1º da Resolução 01/1986 do CONAMA, são impactos ambientais as alterações das propriedades físicas, químicas e biológicas do ambiente, originadas por formas de matéria ou energia provenientes de ações humanas e que, de modo direito ou indireto, afetem: (I) a saúde, a segurança e o bem-estar da população; (II) as atividades sociais e econômicas; (III) a biota; (IV) as situações ambientais estéticas e sanitárias; (V) a qualidade dos recursos ambientais.

Ao estabelecer um patamar mínimo a justificar a realização do EIA, a Instrução Normativa 04/2008 do Ministério do Meio Ambiente impõe a sua obrigatoriedade de elaboração quando a floresta for destinada à prática de manejo florestal madeireiro que tenha intensidade de corte superior a 30 metros cúbicos por hectare (artigo 5º). Sem embargo à exigência da norma ministerial, nada impede que seja necessário o EIA para áreas em que a intensidade de corte esteja em patamar inferior aos 30 metros cúbicos por hectare, a se justificar pelo impacto ambiental.

---

148. BIM, Eduardo Fortunato. **Licenciamento Ambiental.** 4 ed. Belo Horizonte: Fórum, 2018, p. 457.

149. MACHADO, Paulo Affonso Leme. **Direito ambiental brasileiro.** 22 ed. São Paulo: Malheiros Editores, 2014, p. 319. Ainda, conforme Bim, importante observar que o EIA, assim como outros estudos ambientais, não se confunde com a decisão final tomada no licenciamento ambiental. Cf. BIM, Eduardo Fortunato. **Licenciamento Ambiental.** 4 ed. Belo Horizonte: Fórum, 2018, p. 183.

As conclusões do EIA se dão por meio do Relatório de Impacto Ambiental (RIMA), que contém os dados referentes ao projeto estudado, sua descrição, a síntese dos resultados e demais especificidades, todas contidas nos incisos do artigo 9º da Resolução 01/1986. Consta na resolução, também, a previsão de divulgação do RIMA, de modo que fique à disposição de qualquer interessado (artigo 11).

Para que se promova a informação sobre o projeto objeto do EIA, seus impactos ambientais e discussões sobre o RIMA, realizar-se-á audiência pública, como estabelece o artigo 11, §2º. A realização de audiências públicas para estes casos foi disciplinada pela Resolução 09/1987 do CONAMA.

Assim, sendo caso de significativa degradação ambiental, será exigida a elaboração do EIA como requisito para a concessão da licença prévia. O EIA irá complementar o requerimento de licença ambiental, ponto em que se evidencia sua relação entrecruzada com o licenciamento ambiental.

Por se tratarem, em cada lote de concessão florestal, de diversas unidade de manejo, permite a LGFP que o órgão ambiental competente para processar o licenciamento ambiental opte pela realização do RAP e do EIA que abranjam diferentes unidades de manejo, com o único requisito de que estas unidades estejam no mesmo ecossistema e no mesmo Estado (artigo 18, §2º da LGFP). Tal requisito se faz necessário para que o processo de licenciamento único contenha, de fato, os estudos técnicos sobre uma específica região ecossistêmica e suas peculiaridades e para que seja atendida a legislação ambiental competente, daí porque devem ser as unidades de manejo do mesmo ecossistema e do mesmo Estado.

Somente havendo a licença prévia é que será autorizada a elaboração do PMFS e, no caso de unidade de manejo que esteja inserida no PAOF, se terá por permitida a licitação com a finalidade de concessão florestal (artigo 18, §4º). Com isso, evita-se a realização de processo de licitação para a concessão florestal de área florestal para a qual, posteriormente ao processo de licitação, se teria por negada a licença ambiental prévia em razão de algum motivo específico.

E como a solicitação da licença prévia fica a cargo do órgão gestor e consta como requisito para após se realizar o processo de licitação, prescreve o artigo 18, §3º da LGFP que o órgão gestor será restituído dos custos do RAP e do EIA pelo vencedor da licitação. É neste sentido que o artigo 24, §1º da LGFP define que o edital da licitação deverá indicar os valores dos itens previstos no *caput* do artigo, quais sejam os estudos, levantamentos, projetos, obras, despesas e investimentos efetuados na unidade de manejo e relacionados à licitação para concessão, para que sejam ressarcidos pelo vencedor da licitação.

O prazo que a licença prévia vigorará, se concedida, é de cinco anos, sendo este o período de manutenção da validade para a realização da concessão florestal. Ultrapassado o prazo de cinco anos, a realização de licitação sobre a unidade de manejo outrora licenciada dependerá da elaboração de novos estudos. Apesar disso, existe a possibilidade de prorrogação, por igual período de cinco anos, da validade da licença (artigo 6º, da Instrução Normativa 04/2008 do Ministério do Meio Ambiente). Como se percebe, os prazos definidos pela norma do Ministério do Meio Ambiente estão alinhados ao comando normativo da Resolução 237/1997, definindo como prazo o período de tempo máximo e admitindo a prorrogação, por igual período (artigo 18).

E, uma última questão disciplinada pela LGFP sobre a licença prévia, se a unidade de manejo estiver inserida em uma Floresta Nacional, Estadual ou Municipal, e esta contar com plano de manejo[150] aprovado, o respectivo plano substitui a licença prévia, sem que estejam dispensadas, importante frisar, a elaboração do EIA ou a observação de outros requisitos relativos ao licenciamento ambiental (artigo 18, § 8º). Veja-se que a LGFP não dispensa a realização do EIA e não elimina a necessidade de realização do licenciamento ambiental, como na exigência de licença de operação e outras necessidades em razão das características da unidade de manejo a ser concedida. Além disso, o plano de manejo de Florestas Nacionais, quando regularmente estruturado e aprovado, já deve ter em seu conteúdo as delimitações referentes à exploração florestal que justifiquem a desnecessidade de obtenção de licença.

Além da licença prévia, exige-se a licença de operação para que o concessionário dê início ao manejo florestal sustentado. Dado isso, as atividades florestais em unidade de manejo dependem da aprovação do PMFS pelo órgão competente do Sisnama e da consecutiva obtenção da licença de operação (artigo 18, §5º da LGFP). A esse respeito, o Decreto 6063/2007 refere que o licenciamento ambiental do manejo florestal é procedido com a submissão, pelo concessionário, do PMFS à análise técnica do IBAMA (artigo 26).

Note-se que não há como requisito, no corpo da LGFP, de obtenção de licença de instalação em alguma das etapas da concessão florestal. É que, como determina o §6º do artigo 18 da LGFP, o processo de licenciamento

150. Sobre os planos de manejo, remete-se à Lei do SNUC, mais precisamente aos dispositivos referentes às disposições gerais constantes no artigo 27.

ambiental compreende a licença prévia e a licença de operação, inexistindo exigência de obtenção de licença de instalação.

Embora exista a supressão de um tipo de licença ambiental, qual seja a de instalação, de se observar que a LGFP deixa o manejo florestal mais rigoroso, porquanto o Código Florestal, ao disciplinar a exploração florestal, determina que a aprovação do PMFS basta para conferir a licença ambiental para a prática do manejo florestal sustentável, dispensando-se outras etapas do licenciamento.

De se sublinhar, também, que o licenciamento ambiental regulado pela LGFP se destina unicamente às atividades inerentes ao PMFS, de modo que, se houverem empreendimentos industriais incidentes em unidades de manejo e obras de infraestrutura, serão observadas as normas próprias do licenciamento ambiental (artigo 27 do Decreto 6.063/2007).

Com isso, o processo de licenciamento ambiental no âmbito da concessão florestal dependerá de licença prévia, obtida anteriormente ao processo de concessão florestal, e da licença de operação, vinculada à aprovação do PMFS. Se a unidade de manejo a ser concedida estiver dentro de unidade de conservação do tipo Floresta Nacional, Estadual ou Municipal, e houver plano de manejo aprovado para a unidade, se dispensará a realização de licença prévia, permitindo-se a abertura direta do processo de licitação para a concessão florestal. Inexiste exigência nas concessões florestais de obtenção de licença de instalação.

7.4 LICITAÇÃO

O processo de licitação da concessão florestal previsto pela LGFP contém algumas inovações e se ajusta especificamente ao fim pretendido, qual seja o de disciplinar o certame de unidades de manejo de florestas públicas sobre as quais se realizará o manejo florestal sustentável. Não basta que a LGFP contenha normas específicas que atendam à proteção ambiental, devendo tal perspectiva estar impressa igualmente no processo de licitação, a fim de observar o princípio da utilização eficiente e racional das florestas, como se depreende do critério de técnica mais adequada de manejo florestal a ser observado no julgamento das propostas.

Atentando a esses preceitos, nota-se que o processo de licitação regulamentado na LGFP traz em suas previsões claras nuances de proteção ambiental, além de critérios de transparência que necessariamente devem acompanhar os atos da administração e certames por ela realizados, como adiante se analisará pormenorizadamente.

Dentre as fases insertas no processo de licitação, duas se apresentam como fundamentais, sem que isso impeça a existência de outras fases ou subdivisões. A primeira delas é a habilitação, onde são demonstrados os atributos exigidos em edital. A segunda é a fase do julgamento, momento no qual é feita a apuração da melhor proposta.[151] A LGFP disciplina, em seções apartadas, estas duas fases, além de regulamentar o conteúdo do edital da licitação e aspectos correlatos ao processo.

Tem-se, por conseguinte, como objeto deste tópico, com base no ordenamento jurídico pátrio, o estudo das licitações, das normas que regem a adequação do edital e a análise específica das fases de habilitação e julgamento da licitação para a concessões de florestas públicas.

7.4.1 Conceito de licitação e legislação específica

A licitação é exigência constitucional que consta expressamente no artigo 37, inciso XXI, além da previsão de sua realização para as concessões e permissões de serviço público no artigo 175. Ademais, a obrigatoriedade de licitação imputada ao poder público é cláusula facilmente extraível do princípio da impessoalidade, disposto normativamente no artigo 37 da Constituição.

A regulamentação infraconstitucional dos processos de licitação provém da Lei 8.666/1993, editada com base na competência da União em estabelecer normas gerais de licitação e contratação (artigo 22, inciso XXVII, da Constituição)[152]. A legislação é compreendida por Rosilho, em estudo que

151. BANDEIRA DE MELLO, Celso Antônio. **Curso de direito administrativo.** 33 ed. São Paulo: Malheiros, 2016, p. 540.

152. Não se pode olvidar, porém, a competência suplementar, constitucionalmente positivada, dos Estados (artigo 24, §2º e artigo 30, inciso II). Sobre este tema, a constitucionalidade da inclusão dos Estados e Municípios no regramento previsto na Lei 8.666/1993 foi contestada pelo governador do Estado do Rio Grande do Sul na ADI 927-3/RS, com fundamento na competência da União para legislar exclusivamente sobre normas gerais de licitação e contratação. Em medida cautelar, o relator entendeu por constitucional a aplicação da Lei 8.666/1993 em relação aos Estados e Municípios, como disposto no artigo 1º e parágrafo único, por força da competência da União para legislar normas gerais sobre o tema (artigo 22, inciso XXVII da Constituição). Ainda no julgamento da cautelar, porém, atendeu-se ao pedido para suspender até decisão final da ação, quanto aos Estados, Distrito Federal e Municípios, a aplicação do artigo 17, inciso I, alíneas b e c (doação e permuta de bem imóvel) e do artigo 17, inciso II, alínea b (permuta de bem móvel), além do §1º do citado artigo 17. Cf. STF, Ação Direta de Inconstitucionalidade 927-3/RS, Relator Ministro Carlos Velloso, j. 03.11.1993. Quanto a isso, Mukai chega a concluir pela inconstitucionalidade do artigo 1º da Lei 8.666/1993 ao afirmar que a lei não estabelece somente normas gerais, mas demais normas para diferentes níveis de governo. Cf. MUKAI, Toshio. **Licitações e contratos públicos**: comentários à

comparou a história da produção legislativa sobre a matéria no Brasil, como sendo a que alcançou o mais alto grau de abrangência do dever de licitar.[153] Nos termos do artigo 2º da lei, ressalvadas as hipóteses na própria legislação, as obras, serviços, compras, alienações, concessões, permissões e locações da administração pública, ao serem realizadas com terceiros, deverão ser precedidas de licitação.

Na conceituação de Meirelles, é pela licitação que a administração pública selecionará a proposta mais vantajosa para um contrato de seu interesse, objetivando propiciar iguais oportunidades aos que almejam contratar com o poder público e aderir aos padrões previamente estabelecidos, atuando como fator de eficiência e moralidade. Sua realização se dá pela sucessão ordenada de atos vinculantes para a administração pública e os licitantes, sob pena de ser nula a licitação e, consequentemente, o posterior contrato.[154]

Outro conceito, de Bandeira de Mello, coloca a licitação como o certame em que uma pessoa governamental, pretendendo alienar, adquirir ou locar bens, realizar obras ou serviços, outorgar concessões, permissões de obra, serviços ou de uso exclusivo de bem público, conforme requisitos anteriormente por ela formulados, realiza a convocação de interessados a apresentarem propostas com a finalidade de selecionar a mais conveniente em relação aos parâmetros já definidos e publicados.[155]

Di Pietro, por sua vez, depreende dos objetivos da licitação, fixados no artigo 3º da Lei 8.666/1993, ser esta previamente estabelecida em relação à celebração dos contratos administrativos, podendo ter por objetivo selecionar a proposta mais vantajosa para o poder público, promovendo o desenvolvimento nacional e garantindo isonomia entre os licitantes.[156]

Diante dos conceitos apresentados, vê-se que se mantém uma concordância nas características e no objetivo a que se destina a licitação, quanto

---

Lei n. 8.666/93, com as alterações da lei n. 9.648/98 e análise das licitações e contratos na E. C. n. 19/98 (reforma administrativa). 5 ed. São Paulo: Saraiva, 1999, p. 15. Considere-se, também, que para Justen Filho o problema consistente na Lei 8.666/1993 reside no fato de nela não constar uma distinção formal explícita entre as normas gerais e as federais (específicas da União), mas que, apesar disso, a existência de uma norma de natureza não geral contida na mencionada lei não implicaria em sua invalidade, pois somente vincularia a União, possibilitando uma disciplina diversa aos entes federativos. Cf. JUSTEN FILHO, Marçal. **Comentários à Lei de Licitações e Contratos Administrativos**: Lei 8.666/1993. 18 ed. São Paulo: Thomson Reuters Brasil, 2019, p. 19.

153. ROSILHO, André. **Licitação no Brasil.** São Paulo: Malheiros, 2013, p. 168.

154. MEIRELLES, Hely Lopes. **Licitação e contrato administrativo.** 14 ed. São Paulo: Malheiros, 2006, p. 27.

155. BANDEIRA DE MELLO, Celso Antônio. **Curso de direito administrativo.** 33 ed. São Paulo: Malheiros, 2016, p. 542.

156. DI PIETRO, Maria Sylvia Zanella. **Direito administrativo.** 30 ed. Rio de Janeiro: Forense, 2017, p. 412.

ao seu caráter antecedente em relação à contratação pública, a escolha da mais vantajosa proposta e a competição entre os concorrentes. É o que Grau particulariza, precisando que a licitação visa satisfazer o interesse público, baseando-se no princípio da isonomia.[157]

As licitações são vinculadas, no âmbito das normas que as regulamentam, a determinados princípios que devem ser respeitados. Como aponta Meirelles, a ausência de determinados princípios na licitação implicaria na descaracterização do instituto a ponto de invalidar o resultado seletivo. Seriam esses princípios, esclarece o autor, os seguintes: procedimento formal; publicidade de seus atos; igualdade entre os licitantes; sigilo na apresentação das propostas; vinculação ao edital ou convite; julgamento objetivo e adjudicação compulsória ao vencedor.[158] Além destes, menciona, com base no artigo 3º da Lei 8.666/1993, os princípios da legalidade, impessoalidade, moralidade e probidade administrativa, sem deixar de citar a abertura feita pela norma para princípios que sejam considerados correlatos.[159]

A considerar a necessidade da administração pública para a consecução dos seus objetivos de recorrer a outras pessoas, principalmente do setor privado, de relevância é a sua vinculação direta ao então denominado por Marcello da Silva de princípio da licitação, o qual, ao contrário do sistema da livre escolha que vigora para o particular, obriga que o poder público, antes de contratar, estabeleça uma competição entre os ofertantes, de modo a escolher a proposta mais vantajosa.[160]

Os objetivos da licitação, que serão adiante analisados separadamente, constam positivados no artigo 3º, da Lei 8.666/1993, sendo eles: a observância do princípio constitucional da isonomia, a seleção da proposta mais vantajosa para a administração e a promoção do desenvolvimento nacional sustentável.

O princípio da isonomia, impõe a observação da competitividade antecedente à contratação pública. Como pressuposto da licitação, a competição pode ser observada como competição-pressuposto, quando há possibilidade de acesso de todos e quaisquer agentes econômicos que estejam capacitados a concorrem. Essa forma de competição concretiza a garantia da igualdade

157. GRAU, Eros Roberto. **Licitação e contrato administrativo:** estudos sobre a interpretação da lei. São Paulo: Malheiros, 1995, p. 14.

158. MEIRELLES, Hely Lopes. **Licitação e contrato administrativo.** 14 ed. São Paulo: Malheiros, 2006, p. 30.

159. Ibidem, p. 42.

160. SILVA, Antonio Marcello da. O princípio e os princípios da licitação. **Revista de Direito Administrativo**, Rio de Janeiro, v. 136, p. 34-45, jan. 1979, p. 34-35.

e se difere da competição-disputa, em que os licitantes procuram apresentar as melhores propostas em relação aos outros.[161]

A seleção da proposta mais vantajosa à administração resulta de uma disputa entre interessados que apresentam suas propostas em conformidade com as normas estabelecidas e os interesses do poder público. Nesse sentido, proporciona a licitação que as entidades governamentais possam realizar o negócio mais benfazejo aos seus propósitos, donde a instauração da competição entre ofertantes justamente se preordena a isso.[162] A proposta mais vantajosa, no caso, será aquela que tenha a maior capacidade de atender aos interesses e necessidades do ente público.[163]

E o objetivo de promoção do desenvolvimento nacional sustentável está diretamente vinculado ao direito fundamental ao ambiente, importando na devida consideração dos componentes econômicos, sociais e ambientais relacionados. A administração pública, quando da propositura de licitações, deve inapelavelmente estar em consonância com o direito fundamental ao ambiente, sem que isso impeça a consideração, isso é certo, das perspectivas sociais e econômicas que também compõem a estrutura do desenvolvimento sustentável[164].

Nessa perspectiva, as licitações passam a ser licitações sustentáveis, assim denominadas aquelas que pugnam, com a devida isonomia e compromisso com o desenvolvimento duradouro, pela seleção da proposta mais vantajosa para a administração, levando em conta, com o maior grau de objetividade, os custos e benefícios (diretos e indiretos) sociais, econômicos e ambientais.[165]

---

161. A distinção entre as duas formas de competição presentes na licitação é oriunda da lição de Grau. Cf. GRAU, Eros Roberto. **Licitação e contrato administrativo:** estudos sobre a interpretação da lei. São Paulo: Malheiros, 1995, p. 14-15.

162. BANDEIRA DE MELLO, Celso Antônio. **Curso de direito administrativo.** 33 ed. São Paulo: Malheiros, 2016, p. 542.

163. SILVA, Antonio Marcello da. O princípio e os princípios da licitação. **Revista de Direito Administrativo**, Rio de Janeiro, v. 136, p. 34-45, jan. 1979, p. 35.

164. A esse respeito, recorda-se a introdução sobre a temática do desenvolvimento sustentável elaborada no tópico 2.1.2 deste estudo.

165. FREITAS, Juarez. **O controle dos atos administrativos e os princípios fundamentais.** 5 ed. São Paulo: Malheiros, 2013, p. 238. Em outro estudo, o autor explica o então denominado direito fundamental à boa administração, conceituado como sendo o direito fundamental à administração pública eficiente e eficaz, cumpridora de seus deveres dentro da proporcionalidade, dotada de transparência, sustentabilidade, motivação proporcional, imparcialidade e respeito à moralidade, à participação social e à plena responsabilidade pelas condutas omissivas e comissivas. Implica o referido direito fundamental, pois, em um somatório de direitos subjetivos públicos. Cf. FREITAS, Juarez. **Direito fundamental à boa administração pública.** 3 ed. São Paulo: Malheiros, 2014, p. 21. Com o referido direito fundamental, em decorrência das diretrizes que apontam à sustentabilidade, seria possível concluir pela vinculação do dever de licitar da administração pública aos comandos relativos à sustentabilidade.

Na administração pública federal, a regulamentação do artigo 3º da Lei 8.666/1993, com o estabelecimento de critérios e práticas para a promoção do desenvolvimento sustentável foi implementada mediante o Decreto 7.746/2012. E, referidas práticas e critérios, como especificado no artigo 2º do decreto, devem ser adotadas pela administração pública federal nos instrumentos convocatórios, devendo estar em conformidade com o mencionado decreto. O artigo 4º do decreto estabelece um rol não taxativo desses critérios e práticas que deverão ser observados pela administração pública federal.[166]

São as licitações assim encaminhados aos objetivos de sustentabilidade[167]. Nesse sentido, Di Pietro menciona a existência de um princípio da sustentabilidade da licitação, ou da licitação sustentável, o qual estaria vinculado à possibilidade de que, nos certames, seja incentivada a preservação ambiental.[168]

E com base nos princípios da LGFP, a sustentabilidade nas licitações para concessão florestal passa a ser uma exigência que se depreende do princípio que determina a promoção do uso eficiente e racional das florestas, de modo a contribuir com o alcance das metas do desenvolvimento sustentável local, regional e de todo o país (artigo 2º, inciso II).

Com isso, é de fundamental importância que as licitações de concessões florestais estejam em consonância com o desenvolvimento sustentável, assim citado no artigo 3º da Lei 8.666/1993, sendo que, justamente por se tratarem de florestas públicas, tem-se um destaque para a proteção ambiental aplicável, que deve estar em conformidade sobretudo com o feixe normativo proveniente do direito fundamental ambiental.

---

166. O artigo 4º do decreto disciplina os seguintes critérios e práticas: I - baixo impacto sobre recursos naturais como flora, fauna, ar, solo e água; II – preferência para materiais, tecnologias e matérias-primas de origem local; III – maior eficiência na utilização de recursos naturais como água e energia; IV – maior geração de empregos, preferencialmente com mão de obra local; V – maior vida útil e menor custo de manutenção do bem e da obra; VI - uso de inovações que reduzam a pressão sobre recursos naturais; VII - origem sustentável dos recursos naturais utilizados nos bens, nos serviços e nas obras; e VIII utilização de produtos florestais madeireiros e não madeireiros originários de manejo florestal sustentável ou de reflorestamento.

167. A título de exemplo, consta na Lei 12.187/2009 (Política Nacional sobre Mudanças do Clima) o estabelecimento de critérios de preferência em licitações e concorrências públicas, para propostas que propiciem maior economia de energia, água e demais recursos naturais e redução de emissão de gases de efeito estufa e de resíduos (artigo 6º, inciso XII). E a Lei 12.305/2010 (Política Nacional de Resíduos Sólidos), colocou como um dos objetivos da política, quando da aquisição ou contratação governamental, a prioridade para produtos reciclados e recicláveis e bens, serviços e obras que levem em consideração critérios compatíveis com padrões de consumo social e ambientalmente sustentáveis (artigo 7º, inciso XI).

168. DI PIETRO, Maria Sylvia Zanella. **Direito administrativo.** 30 ed. Rio de Janeiro: Forense, 2017, p. 427.

7.4.2 Normas aplicáveis, modalidade de licitação e vedação à declaração de inexigibilidade

A LGFP, no artigo 13, prescreve que as licitações de concessões florestais atenderão inicialmente ao que nela for previsto e supletivamente a legislação própria, que é o caso do diploma legal sobre licitações e contratos administrativos, a Lei 8.666/1993. Apesar da previsão expressa na LGFP, a observância da Lei 8.666/1993 é exigência que se extrai em razão de sua abrangência e das disposições gerais presentes nela, a considerar até mesmo que as normas específicas sobre as licitações de concessão florestal previstas na LGFP não preenchem todos os espaços de regulamentação.

Menciona a LGFP, igualmente no *caput* do citado artigo 13, que as licitações promovidas terão de respeitar os princípios da legalidade, moralidade, publicidade, igualdade, julgamento por critérios objetivos e da vinculação ao instrumento convocatório. Como se percebe, nisso a LGFP não inova em relação aos princípios então previstos no artigo 3º da Lei 8.666/1993.

Assim, as normas específicas aplicáveis para o caso das licitações de concessão florestal presentes na LGFP incidirão em conjunto com as previsões gerais da Lei 8.666/1993, estas, porém, de forma supletiva na maior parte das vezes, apesar de contarem com mais acentuado grau de protagonismo em algumas ocasiões.

No §1º do artigo 13 da LGFP é determinado que as licitações para concessões florestais ocorrerão inseridas na modalidade concorrência, operando-se a outorga a título oneroso. Apesar desta definição específica sobre se tratar de licitação na modalidade de concorrência, retirando qualquer dúvida que pudesse pairar quanto à modalidade adotada, de se considerar que ao longo das normas sobre a licitação da concessão de florestas públicas é possível destacar uma íntima relação com a referida modalidade.

A concorrência, modalidade de licitação prevista no artigo 22, inciso I, da Lei 8.666/1993, é caracterizada no §1º, do mesmo artigo, pela possibilidade de qualquer interessado concorrer, desde que comprove, na habilitação preliminar, ser possuidor dos requisitos mínimos de qualificação exigidos no edital para a execução do projeto. Ainda, essa modalidade de licitação possui alguns requisitos peculiares, listados por Meirelles como sendo a universalidade, ampla publicidade, habilitação preliminar, idoneidade dos concorrentes e o julgamento por comissão.[169]

169. MEIRELLES, Hely Lopes. **Licitação e contrato administrativo.** 14 ed. São Paulo: Malheiros, 2006, p. 80.

A LGFP retira qualquer possibilidade de declaração de inexigibilidade de licitação para concessão florestal (artigo 13, §2º). Por consequência, as hipóteses previstas no artigo 25 da Lei 8.666/1993 e demais situações que tornam cabível a alegação de inexigibilidade de licitação quando inviável a competição ficam vedadas para os casos de licitação para concessão florestal.

Sobre as possibilidades de dispensa de licitação, a lei é silente a respeito. Logo, não há proibição para que incida alguma das justificativas possíveis previstas nos incisos do artigo 24 da Lei 8.666/1993. É o que ocorreria na eventualidade de ausência de interessados e justificadamente não ser possível repetir o processo licitatório sem prejuízo do poder público, desde que mantidas todas as condições anteriormente estabelecidas (inciso V).

7.4.3 Edital

A LGFP disciplina algumas especificidades aplicáveis ao edital de licitação das concessões florestais. A função do edital é tornar público o propósito da administração de licitar, servindo para estabelecer requisitos exigidos dos proponentes e propostas, regular termos de avaliação e fixar as cláusulas do contrato a ser firmado.[170] O edital vincula a administração e os proponentes em suas cláusulas, podendo ser reconhecida sua nulidade quando omisso ou errôneo em pontos fundamentais ou quando detiver condições discriminatórias ou preferenciais.[171]

Assim, o edital, que é uma espécie de instrumento convocatório, funciona com uma dupla função, pois prevê as regras da licitação pública, disciplinando-a e tornando vinculativo seu conteúdo regulatório e, não somente isso, serve com a finalidade de tornar público o certame, oportunizando aos interessados que ofereçam suas propostas.[172]

Lembra-se, com isso, que a vinculação ao instrumento regulatório contido no edital de licitação decorre do princípio da vinculação ao edital, ou instrumento convocatório. E a sua divulgação, igualmente relacionada aos princípios da licitação, encontra respaldo no princípio da publicidade.

---

170. BANDEIRA DE MELLO, Celso Antônio. **Curso de direito administrativo.** 33 ed. São Paulo: Malheiros, 2016, p. 605.

171. MEIRELLES, Hely Lopes. **Licitação e contrato administrativo.** 14 ed. São Paulo: Malheiros, 2006, p. 131.

172. NIEBUHR, Joel de Menezes. **Licitação pública e contrato administrativo**. 2 ed. Belo Horizonte: Fórum, 2012, p. 252.

7.4.3.1 Critérios e normas da Lei 8.666/1993

Em conformidade com o artigo 20 da LGFP, deve o edital de licitação ser formulado pelo poder concedente, a observar os critérios e normas gerais da Lei 8.666/1993.

Da análise dos dispositivos concernentes na Lei 8.666/1993, destaca-se a previsão de que o edital contenha determinadas características, previstas no artigo 40. Mencionado artigo determina que o edital deverá conter algumas matérias específicas, dentre as quais se destacam: o objeto da licitação com explicações claras; o prazo e condições para a assinatura do contrato ou retirada de instrumentos para execução do contrato e para entrega do objeto da licitação; sanções por inadimplementos; critérios para julgamento; condições de pagamento e condições de recebimento do objeto da licitação. Alguns desses conteúdos guardam semelhanças ou até mesmo situação de igualdade com os requisitos que compõem a matéria essencial do edital de licitação para concessão florestal prevista na LGFP.

Como anexos, deve integrar o edital, em conformidade com o artigo 40, §2º, da lei 8.666/1993, o projeto básico e o executivo se houver, o orçamento estimado, a minuta do contrato a ser firmado com o poder público pelo vencedor do certame e as especificações complementares e normas de execução relacionadas.

Também, de acordo com a Lei 8.666/1993, a administração pública está estritamente vinculada ao conteúdo do instrumento convocatório (artigo 41). E se o edital estiver dissonante do conteúdo da Lei 8.666/1993, há o direito de qualquer cidadão impugná-lo, nos termos e condições da lei, como determina o artigo 41, §1º.

7.4.3.2 Conteúdo específico

Conforme o artigo 20, da LGFP, há um conjunto de disposições que deverão constar no edital de licitação de concessões florestais. Como demonstrado no item precedente, consoante leitura do *caput* do artigo 20, também os critérios e normas estabelecidos pela Lei 8.666/1993 devem ser observados nas licitações para concessões florestais.

Com isso, a própria LGFP enumera o conteúdo que deverá constar no edital, que vai do inciso I ao XVII, definidos por Ramos de Melo como requisitos mínimos[173] e aqui denominados, em seu conjunto, como conteúdo

173. MELO, Stela Maria Ramos de. Concessão de florestas públicas. **Fórum de Direito Urbano e Ambiental – FDUA**, Belo Horizonte, ano 7, n. 40, jul./ago. 2008, não paginado. Disponível em: <http://www.bidforum.com.br/bid/PDI0006.aspx?pdiCntd=54702>. Acesso em: 24 ago. 2017.

específico. São as exigências: o objeto, com descrição de produtos e serviços a serem explorados; a delimitação da unidade de manejo; os resultados do inventário amostral[174]; o prazo da concessão e condições de prorrogação; a descrição da infraestrutura; as condições e datas para realização de visitas de reconhecimento das unidades de manejo e levantamento de dados adicionais; a descrição de condições necessárias à exploração sustentável dos produtos e serviços; os prazos para recebimento das propostas, o julgamento da licitação e assinatura do contrato; o período com data de abertura e encerramento, local e data em que se fornecerá aos interessados os dados, estudos e projetos para elaboração de orçamento e apresentação de propostas; os critérios e relação de documentos exigidos para análise de capacidade técnica, idoneidade financeira e regularidade jurídica e fiscal; os critérios, indicadores, fórmulas e parâmetros de utilização no julgamento da proposta; o preço mínimo da concessão e critérios de reajuste e revisão; a descrição de garantias financeiras e seguros exigidos; as características de bens reversíveis; as condições de liderança da empresa ou pessoa jurídica responsável quando permitido consórcio; a minuta do contrato com cláusulas essenciais tais como mencionadas no artigo 30 da LGFP; e, as condições de extinção do contrato de concessão.

Basta uma simples comparação entre o conteúdo exigido pela Lei 8.666/1993 nos editais de licitação e o conteúdo específico que a LGFP estabelece nos incisos do artigo 20 para perceber sua semelhança e, em alguns casos, até mesmo igualdade. É que, apesar de em alguns momentos os critérios estarem condicionados ao objetivo do desenvolvimento florestal sustentado e à proteção dos recursos florestais na LGFP, a matriz essencial normativa provém da Lei 8.666/1993, que emoldura no ordenamento jurídico brasileiro as normas gerais para as licitações.

Sobre os pontos demarcados pela LGFP como essenciais no conteúdo dos editais, alguns merecem destaque.

No caso da descrição do objeto da licitação, é oportuno recordar a definição elaborada no tópico 7.1.3 deste estudo, sem deixar de levar em consideração as vedações de outorga discriminadas no artigo 16, §1º da LGFP.

Deverá o poder concedente descrever no edital os critérios, indicadores, fórmulas e parâmetros que serão utilizados no julgamento da proposta. Esse

174. A amostragem é um método utilizado no inventário florestal como forma representativa das características básicas da área, gozando de relevante utilidade pela inviabilidade de medição da área total de unidades de manejo por causa de sua extensão.

conteúdo remete aos critérios de seleção, que conforme serão analisados mais adiante, envolvem o maior preço e a melhor técnica, sempre considerando a proteção do ambiente. Sobre esse tema, serão realizadas considerações no tópico 7.4.5.3. É importante que o edital, além de descrever detalhadamente a metodologia para o julgamento das propostas (artigo 35 do Decreto 6.063/2007), também precisará vir acompanhado da definição, realizada pelo SFB, de um conjunto de indicadores que possibilite a avaliação da melhor oferta (artigo 36, do Decreto 6.063/2007), devendo o conjunto de indicadores observar os sistemas de pontuação e as condições técnicas específicas delimitadas pelo artigo 36 do Decreto 6.063/2007.

O preço mínimo da concessão, parte também integrante do edital, com base no Decreto 6.063/2007, será definido a partir: (a) dos preços mínimos de cada produto ou serviço, a serem observadas as unidades de medida, os critérios de agrupamento e a metodologia de medição e quantificação (inteligência do artigo 39, §2º, inciso I, combinada com os incisos I ao III, do *caput* do mesmo artigo); (b) da estimativa de arrecadação anual total de produtos e serviços (artigo 39, §2º, inciso II); e (c) da combinação dos dois métodos especificados, que constam nos incisos I e II do §2º do artigo 39 (artigo 39, §2º, inciso III).

As características dos bens reversíveis já deverão integrar o edital, além de ser cláusula essencial do contrato de concessão florestal (artigo 30, XVI, da LGFP). E são considerados reversíveis, pois quando da extinção da concessão, deverão retornar ao ente público proprietário da floresta publica, na determinação do artigo 44, §1º, da LGFP. A regulamentação, para a administração federal, da exigência de constar as características dos bens reversíveis no edital ocorreu por ocasião do artigo 43 do Decreto 6.063/2007. Prescreve a norma que a definição das características incluirá a demarcação da unidade de manejo; a infraestrutura de acesso; as cercas, aceiros e porteiras; e as construções e instalações permanentes (incisos I a IV).

A minuta contratual anexada ao edital precisa conter as cláusulas essenciais dos contratos de concessão, como descritas no artigo 30 da LGFP, e que oportunamente serão estudadas no tópico específico sobre os contratos (7.5).

Ainda, em concordância com o Decreto 6.063/2007, o edital de concessões florestais conterá especificadamente os preços da concessão florestal (artigo 39), o percentual para definição do valor mínimo anual, em atendimento ao artigo 36, §3º da LGFP (artigo 40), o qual será de até 30% do preço anual vencedor do processo de licitação, calculado com base na estimativa de produção fixada em edital e nos preços de produtos e serviços que integrarem a proposta vencedora (artigo 40).

No âmbito federal, além dos prazos para recebimento das propostas, julgamento da licitação e assinatura do contrato, o edital deverá especificar um prazo máximo para que o concessionário apresente o PMFS ao órgão competente, após ter assinado o contrato de concessão, não podendo esse prazo ultrapassar doze meses, por força do artigo 41, do Decreto 6.063/2007.

Sobre as garantias que serão exigidas na concessão florestal e que necessitam estar especificadas no edital, determina o artigo 21 da LGFP que deverão incluir a cobertura de eventuais danos causados ao ambiente, ao erário e a terceiros (inciso I), além de poder ser inclusa, também, a cobertura do desempenho do concessionário na produção florestal (inciso II). As modalidades de garantia previstas são, conforme o §2º do artigo 21, da LGFP, a caução em dinheiro (inciso I), os títulos da dívida pública (inciso II), o seguro-garantia (inciso III), a fiança bancária (inciso IV), havendo ainda possibilidade de adoção de outros meios de garantia legalmente instituídos (inciso V). Tratando-se de pessoa jurídica de pequeno porte, microempresas e associações de comunidades locais, admitiu a LGFP a adoção de meios alternativos de fixação de garantias e preços florestais (artigo 21, §3º).

Em consonância com dispositivo constante no decreto regulamentador da LGFP, a responsabilidade pela demarcação da unidade do manejo, lembrando ser esta um bem reversível, será especificada pelo edital e, quando for de responsabilidade do concessionário, sua execução necessitará ser aprovada pelo SFB (artigo 42).

É necessário que o edital indique os itens e valores correspondentes que serão ressarcidos pelo vencedor da licitação, havendo como tais os estudos, os levantamentos, os projetos, as obras e as despesas ou investimentos já efetuados na unidade de manejo e vinculados à licitação, que foram realizados ou autorizados pelo poder concedente (artigo 24 e §1º, da LGFP). Às empresas de pequeno porte, microempresas e associaçoes de comunidades locais, dispensou-se o ressarcimento (artigo 24, §2º, da LGFP).

7.4.3.3 Audiência pública prévia e publicação

Antes de publicado o edital, ele será submetido a audiência pública (artigo 20, §2º da LGFP). Tal previsão atende ao artigo 8º, também da LGFP, que condiciona a publicação do edital de licitação dos lotes de concessão florestal à realização de audiência pública por região, com organização realizada pelo órgão gestor e sem estarem excluídas outras formas de consulta pública.

No âmbito federal, a audiência pública prévia à publicação do edital é dirigida pelo SFB e não prescinde de ampla divulgação, devendo a convocação para a solenidade ser feita com antecedência mínima de quinze dias (artigo 30 do Decreto 6.063/2007). Como deve a audiência pública ser realizada por região, o SFB procederá com as audiências públicas nos locais de abrangência do lote de concessão florestal que será disponibilizado (artigo 30, §1º, do Decreto 6.063/2007).

Destaque-se, por oportuno, que a audiência pública depende de ampla divulgação pelo poder público, com consulta na internet e, também, devendo ser divulgada para as prefeituras e câmaras de vereadores de municípios que estejam envolvidos em razão do edital (artigo 30, §3º, do Decreto 6.063/2007).

Nas concessões florestais, a exigência de audiência pública é condição irrevogável que antecede a publicação de edital. Acresce a exigência uma condição nova à realização de um processo licitatório, tendo em vista que na Lei 8.666/1993, no artigo 39, a obrigatoriedade de audiência pública ocorre quando o valor estimado para uma licitação ou um conjunto de licitações simultâneas ou sucessivas supere em cem vezes o limite previsto para a obrigatoriedade de concorrência para obras e serviços de engenharia, referido no artigo 23, inciso I, alínea c.

Porém, na audiência pública realizada nos casos previstos pela Lei 8.666/1993, destaca Meirelles a não obrigatoriedade, em relação à administração, de observar o conteúdo discutido durante a solenidade.[175] De igual forma, entende-se por aplicável este entendimento em relação à audiência pública antecedente às licitações de concessão florestal, o que não significa dizer que os temas debatidos não venham a ser apreciados e levados em conta pelo poder público.

Concluídas as formalidades relacionadas à obrigatoriedade de realização de audiência pública prévia, o edital poderá ser publicado, com antecedência mínima de quarenta e cinco dias da abertura do processo de julgamento das propostas (artigo 32 do Decreto 6.063/2007). Outro não é o prazo previsto pelo artigo 21, §2º, alínea b, da Lei 8.666/1993, para a licitação na modalidade concorrência.

E a disponibilização pública do edital será realizada pela internet e locais públicos na região de abrangência do lote de concessão, como consta

175. MEIRELLES, Hely Lopes. **Licitação e contrato administrativo.** 14 ed. São Paulo: Malheiros, 2006, p. 130.

no artigo 32, parágrafo único do Decreto 6.063/2007. Lembrando-se, igualmente, que o parágrafo único do artigo 32 do Decreto 6.063/2007 remete às disposições aplicáveis à divulgação do edital previstas na Lei 8.666/1993, as quais constam no artigo 21, incisos I, II e III, onde se determina que os avisos contendo os resumos dos editais devem ser publicados com antecedência e no mínimo uma vez, no Diário Oficial da União para licitações feitas por órgão ou entidade da administração pública federal e no Direito Oficial do Estado ou Distrito Federal, quando se tratar de licitação promovida por entidade da administração pública estadual, municipal ou do Distrito Federal, além de publicação em jornal diário de grande circulação do Estado e, se houver, do Município ou da região relacionada.

A legislação referente ao edital da licitação para concessão florestal, seja quanto à sua publicação, seja devido à realização de audiência pública, presta deferência ao princípio da publicidade e busca atender ao amplo acesso por qualquer pessoa das informações sobre o certame.

7.4.4 Habilitação

Pela habilitação, analisa-se a aptidão dos licitantes, assim compreendida a qualificação indispensável para que a proposta possa ser objeto de consideração.[176] Devido a essa finalidade, sendo o caso da licitação de concessão florestal, pressupõe-se como fase posterior ao edital, no curso do processo de licitação.

Deve-se a isso o fato de que, nas normas da LGFP, depreende-se ter a licitação início após a publicação do edital publicado, ocorrendo posteriormente à sua divulgação as habilitações para concorrer no certame. Esse trâmite não poderia ser outro, considerando que a licitação das concessões florestais, como mencionado no tópico 7.4.2, se dá na modalidade concorrência. Além disso, não se pode deixar de mencionar que a habilitação dos concorrentes ocorre em tantas quantas forem as licitações que participarem, pois sua realização é exclusiva para o respectivo certame.

A respeito da ordem dos procedimentos, a Lei 8.666/1993 estabelece o processamento e julgamento das licitações com a observância, inicialmente, da abertura dos envelopes contendo a documentação sobre a habilitação dos concorrentes e, sendo o caso, a eventual devolução dos envelopes fechados aos concorrentes inabilitados, passando-se somente após essas duas primei-

176. BANDEIRA DE MELLO, Celso Antônio. **Curso de direito administrativo.** 33 ed. São Paulo: Malheiros, 2016, p. 608.

ras etapas à abertura dos envelopes contendo as propostas dos concorrentes habilitados (artigo 43, incisos I, II e III).

7.4.4.1 Documentação exigida

Como requisitos aplicáveis à habilitação, disciplina a Lei 8.666/1993, nos inciso I ao V do artigo 27, a necessidade de, exclusivamente, os interessados apresentarem os seguintes documentos: habilitação jurídica; qualificação técnica, qualificação econômico-financeira; regularidade fiscal e trabalhista e cumprimento do conteúdo normativo contido no inciso XXXIII do artigo 7º da Constituição, que diz respeito à proibição de trabalho noturno, perigoso ou insalubre a menores de dezoito anos e de qualquer trabalho a menores de dezesseis anos, ressalvado neste último caso a condição de aprendiz a partir de quatorze anos. A Lei 8.666/1993, nos artigos subsequentes 28, 29, 30 e 31, indica os documentos que podem ser solicitados como meio de comprovação da capacitação referente aos requisitos previstos no artigo 27.

De um modo geral, em atenção ao artigo 37, inciso XXI, da Constituição, as exigências aplicáveis aos concorrentes, na licitação, somente poderão ser da ordem de qualificação técnica e econômica e desde que indispensáveis à garantia do cumprimento das obrigações. Nada impede, porém, que legalmente sejam previstas exigências outras para casos específicos, como consta no início do citado inciso XXI.

E é justamente isso que faz a LGFP ao impor novas exigências para habilitação, isto é, requisitos diversos daqueles previstos no artigo 27 da Lei 8.666/1993. Nos termos do artigo 19, é necessário que o concorrente comprove ausência de (a) débitos inscritos na dívida ativa referentes a infração ambiental nos órgãos integrantes do Sisnama (inciso I) e (b) decisões condenatórias transitadas em julgados em ações penais sobre crime ambiental, previdenciário ou contra a ordem tributária, levando-se em conta, de qualquer modo, a possibilidade de reabilitação, como determinado pelo artigo 93 do Código Penal (inciso II).

Quanto ao primeiro requisito para habilitação imposto pela LGFP, verifica-se a necessidade de que as autuações por infração ambiental que impliquem em dívidas estejam quitadas. A ausência de débitos dependerá de comprovação e, para assegurar a viabilidade da emissão do comprovante requerido, a LGFP remete aos órgãos do Sisnama a tarefa de organizar um sistema de informações unificado (artigo 19, §2º). Ao regulamentar este tema, o Decreto 6.063/2007 determina que na habilitação das licitações para concessão florestal federal, a comprovação da ausência de débitos será feita por documentos emitidos pelos órgãos integrantes do Sisnama da localização das unidades de manejo pretendidas e da sede do licitante, com emissão preferencial via internet (artigo 34).

Chama atenção, porém, o segundo requisito para habilitação, isto é, a comprovação de ausência de decisões condenatórias transitadas em julgado em ações penais provenientes de crimes ambientais, previdenciários ou contra a ordem tributária. Tendo em consideração que somente podem se habilitar nas licitações para concessão florestal as empresas ou outras pessoas jurídicas constituídas sob leis brasileiras e que tenham sede e administração no país, requer a LGFP que se comprove a ausência de sentença condenatória para crimes ambientais, previdenciários ou contra a ordem tributária que forem realizados por pessoas jurídicas.

A partir de 1988, com a Constituição Federal, instituiu-se a responsabilidade penal da pessoa jurídica por crimes contra o ambiente (artigo 225, §3º). Após, com a Lei 9.605/1998, no artigo 3º, fixou-se no plano infraconstitucional a responsabilidade penal da pessoa jurídica. Além disso, o artigo 173, §5º, da Constituição, ofereceu os contornos normativos para que a pessoa jurídica possa ser criminalmente responsabilizada por delitos econômicos, financeiros ou contra a economia popular.[177] Sendo já prevista, cristalinamente, a responsabilização penal da pessoa jurídica por delitos ambientais[178] e havendo uma abertura para a sua responsabilidade penal em

177. Segundo Nucci, considerando o artigo 225, §3º, da Constituição, e com o advento da Lei 9.605/1998, tem-se por juridicamente viável a responsabilidade penal da pessoa jurídica. E, com base no artigo 173, §5º, também da Constituição, torna-se possível a previsão de outras figuras típicas que contenham a empresa como autora de crimes, especialmente nos delitos contra a ordem econômica e financeira e contra a economia popular, desde que seja editada lei a respeito. Cf. NUCCI, Guilherme de Souza. **Código penal comentado.** 18 ed. Rio de Janeiro: Forense, 2017, não paginado. Disponível em: <http://primo-pmtna01.hosted.exlibrisgroup.com/PUC01:PUC01:sfx2680000000060347>. Acesso em 22 ago 2019. Observe-se, ainda, que a Lei 12.529/2011, no artigo 31, sob o título V de tema voltado às infrações da ordem econômica, refere sua aplicabilidade às pessoas físicas e jurídicas. No artigo 32 da lei é mencionada a responsabilidade da empresa como sendo solidária à responsabilidade individual de seus dirigentes ou administradores. Por fim, no artigo 38, que especifica as penas aplicáveis, o inciso V somente trata de penas aplicáveis às pessoas jurídicas (cisão de sociedade, transferência de controle societário, venda de ativos ou cessação parcial de atividade).

178. Além da previsão a respeito na Constituição e na legislação infraconstitucional, o reconhecimento da responsabilidade penal da pessoa jurídica por crimes ambientais consta em diversas obras doutrinárias como, por exemplo: Cf. MILARÉ, Édis; COSTA Jr., Paulo José da; COSTA, Fernando José da. **Direito penal ambiental**. 2 ed. São Paulo: Revista dos Tribunais, 2013, p. 41; FREITAS, Vladimir Passos de; FREITAS, Gilberto Passos de. **Crimes contra a natureza:** de acordo com a Lei 9.605/98. 8 ed. São Paulo: Revista dos Tribunais, 2006, p. 68-69; LECEY, Eladio. A proteção do meio ambiente e a responsabilidade penal da pessoa jurídica. In: FREITAS, Vladimir Passos de. **Direito ambiental em evolução**. 2 ed. Curitiba: Juruá, 2006, p. 50; ALVES, Roque de Brito. A responsabilidade penal da pessoa jurídica. **Revista dos Tribunais,** v. 748, p. 494-503, fev. 1998, p. 495/500. No STJ, serve como exemplo a decisão que entendeu pela legitimidade passiva de pessoa jurídica em ação penal, conforme o julgamento do Recurso Especial 564.960/SC. No STF também é reconhecida a responsabilidade penal da pessoa jurídica, a exemplificar por meio

razão de crimes contra a ordem econômica e financeira e contra a economia popular, entende-se que o segundo requisito para habilitação imposto pela LGFP anda um passo a frente, criando uma exigência a partir de um entendimento jurídico que pode vir a se consolidar legalmente, quanto a responsabilização penal da pessoa jurídica por crimes previdenciários ou contra a ordem tributária.

7.4.4.2 Consórcio

O consórcio é uma organização de empresas para desempenhar encargos que elas não teriam condições de realizar isoladamente. Essa associação pode ocorrer com a finalidade de executar algum empreendimento, como é possível em um processo de licitação. Com um consórcio, são somados técnica, capital, trabalho e *know-how* para o desempenho de alguma atividade que restringe a capacidade das empresas quando individualmente consideradas, em razão da complexidade, custo e diversificação das obras, serviços e equipamentos exigidos.[179]

A possibilidade de participação de consórcios em certames depende de estipulação prévia por parte da administração pública, quando admitido no edital.[180] Não é diferente do que ocorre nas licitações para concessões florestais, considerando que a permissão para realização de consórcio depende de permissão expressa no edital, como indica o *caput* do artigo 22 da LGFP.

Os consórcios não configuram pessoa jurídica, sendo apenas uma reunião de firmas ou profissionais que mantém sua personalidade própria, embora todos estejam comprometidos contratualmente com a realização do empreendimento para o qual se consorciaram. Sendo por isso que a duração do consórcio permanecerá até o cumprimento da realização dos objetivos, com os direitos e obrigações devidamente previstos no instrumento constituinte do consórcio.[181] Portanto, o consórcio é dotado de transitoriedade e pela manutenção, por cada um dos consorciados, da autonomia jurídica a eles inerente, considerando que, após executada a tarefa que deu causa à associação, as sociedades acabam se desatando.[182]

---

do Recurso Extraordinário 548.181/PR. Cf. STJ, Recurso Especial 564.960/SC, Relator Ministro Gilson Dipp, j. 02.06.2005; STF, Recurso Extraordinário 548.181/PR, Relatora Ministra Rosa Weber, j. 06.08.2013.

179. MEIRELLES, Hely Lopes. **Licitação e contrato administrativo.** 14 ed. São Paulo: Malheiros, 2006, p. 93.

180. BANDEIRA DE MELLO, Celso Antônio. **Curso de direito administrativo.** 33 ed. São Paulo: Malheiros, 2016, p. 615.

181. MEIRELLES, Hely Lopes. **Licitação e contrato administrativo.** 14 ed. São Paulo: Malheiros, 2006, p. 94.

182. JUSTEN FILHO, Marçal. **Comentários à Lei de Licitações e Contratos Administrativos**: Lei 8.666/1993. 18 ed. São Paulo: Thomson Reuters Brasil, 2019, p. 833.

A previsão legal dos consórcios está presente na Lei 6.404/1976, então denominada Lei das S/A. No artigo 278, são habilitadas as sociedades, sujeitas ou não ao mesmo controlador, à constituição de consórcio para a execução de certo empreendimento. A constituição de consórcio não implica em personalidade jurídica, sendo a obrigação das consorciadas limitada às condições contratuais, respondendo cada qual por suas obrigações sem presunção de solidariedade (artigo 278, §1º).

Não obstante as definições introduzidas pela Lei das S/A, a Lei 8.666/1993 rege a participação das empresas em consórcio nas licitações, implicando em algumas características pontuais. Sobre isso, já se destaque que embora a Lei das S/A mencione a ausência de presunção de solidariedade, na Lei 8.666/1993, no artigo 33, inciso V, é determinada a responsabilidade solidária das empresas integrantes por atos praticados em consórcio, nas fases de licitação e de execução do contrato.

Além disso, no mesmo artigo 33 da Lei 8.666/1993, constam as outras normas referentes ao consórcio, que são: comprovação de compromisso de constituição de consórcio assumido pelas empresas (inciso I); indicação de empresa responsável para assumir as condições de liderança (inciso II); apresentação de documentos exigidos nos artigos 28 a 31 da lei 8.666/1993, com algumas critérios específicos (inciso III); impossibilidade de participação de empresa consorciada na mesma licitação, tanto através de consórcio como isoladamente (inciso IV).

Por fim, antes da assinatura do contrato, cabe ao licitante vencedor realizar a constituição e o registro do consórcio, confirmando-se o compromisso firmado nos moldes do artigo 33, inciso I.

Consideradas as normas relativas ao consórcio na Lei das S/A e na Lei 8.666/1993, passa-se a analisar as condições insertas na LGFP. Conforme visto anteriormente, a LGFP, em seu artigo 19, aumenta o número de critérios para a habilitação, superando em número aqueles positivados na Lei 8.666/1993. Esse número de requisitos ainda é maior nos casos em que o edital de licitações admitir a participação de pessoas jurídicas em consórcio. Porém, como se poderá facilmente perceber, as condições firmadas pela LGFP, em suma, reproduzem aquelas presentes na Lei 8.666/1993.

Nesses casos, em adição aos requisitos do artigo 19, a LGFP firma no artigo 22, dos incisos I ao V, os seguintes requisitos: (I) comprovação de compromisso de constituição de consórcio assinado pelas consorciadas; (II) indicação de empresa-líder que atenderá as condições de liderança fixadas no edital e representará as consorciadas junto ao poder concedente; (III) apresentação de documentos determinados pelo artigo 20, inciso X, referentes à aferição da capacidade técnica, idoneidade financeira e regularidade jurídica e fiscal de cada uma das consorciadas; (IV) comprovação do cumprimento da exigência firmada no artigo 20, inciso XV, de demonstração das condições de liderança da pessoa jurídica responsável; (V) impedimento a empresas consorciadas de participarem da mesma licitação, tanto isoladamente como em um consórcio.

Em atendimento ao compromisso assumido pelas consorciadas de constituir o consórcio, o §1º do artigo 22, da LGFP, ordena que o licitante vencedor promova a constituição e registro do consórcio antes da celebração do contrato de concessão florestal. Apesar disso, é possível que o poder concedente, mediante previsão em edital, exija do licitante vencedor para celebrar o contrato, quando se tratar de consórcio, uma prévia constituição de empresa (artigo 23 da LGFP).

A responsabilidade pelo cumprimento do contrato de concessão, diante do poder concedente, não recai tão somente por sobre a pessoa jurídica líder do consórcio, considerando que as demais consorciadas são responsáveis solidariamente (§2º do artigo 22).

Não há impedimento, por parte da LGFP, de que sejam feitas alterações na constituição do consórcio. Contudo, sendo caso de alteração, esta deverá ser submetida previamente ao poder concedente para que seja possível verificar a manutenção das condições de habilitação, sob pena de rescisão do contrato de concessão (§3º do artigo 22).

Há, com isso, um conjunto de normas aplicáveis ao consórcio como um dos institutos avalizados pela LGFP para participarem das licitações de concessão florestais. Sua importância se destaca como meio facilitador do acesso de empresas que sozinhas não teriam condições de participar do certame e assumir a concessão florestal. Nas regras positivadas na LGFP sobre a matéria, destaca-se o resguardo que é feito em prol do poder concedente de modo idêntico às previsões contidas na Lei 8.666/1993, mormente quanto ao estabelecimento de uma empresa líder e a reafirmação da responsabilidade solidária.

7.4.5 Processamento e julgamento das propostas

Superadas as fases de publicação do edital e habilitação dos licitantes, passa-se ao julgamento das propostas e ao atendimento dos critérios de seleção. A disciplina específica a esse respeito presente na LGFP (artigo 26) é direcionada aos critérios de seleção, não sendo mencionadas no texto legal as etapas procedimentais que ocorrem no julgamento da licitação. Assim, a maior parte da regulamentação dessa fase do processo de licitação provém da Lei 8.666/1993.

O processamento da licitação, incluído aí o julgamento, atende a procedimentos previstos em lei e envolve a apreciação da habilitação, o exame das propostas e o julgamento e classificação das propostas com base nos critérios de avaliação previstos no edital. Essas etapas estão previstas no artigo 43 da Lei 8.666/1993 e, considerando que se aplicam às licitações na modalidade concorrência (artigo 43, §4º, da Lei 8.666/1993), aplicam-se igualmente às licitações para concessão florestal, as quais são realizadas nesta mesma modalidade (artigo 13, §1º da LGFP).

Operam-se, no processamento da licitação, dois momentos distintos, sendo o primeiro o exame dos licitantes que se habilitaram e, após, a análise das propostas e seu julgamento.[183] Esses dois momentos distintos contém, de um lado, a apreciação da habilitação, com a análise da qualificação dos concorrentes e, de outro, o exame das propostas e de julgamento, sendo etapas do processo licitatório que serão consideradas separadamente neste tópico.

7.4.5.1 Apreciação da habilitação

Neste momento, atendendo ao disposto no inciso do artigo 43 da Lei 8.666/1993, são examinadas a documentação dos concorrentes que se habilitaram ao processo de licitação. Deverão ser apreciados todos os documentos requeridos com base na Lei 8.666/1993, com o acréscimo da documentação especificada pela LGFP, conforme discriminado no tópico 7.4.4.1. Há que se considerar, ainda, a habilitação requerida para os casos em que seja formalizada proposta a ser realizada mediante consórcio, como visto no tópico 7.4.4.2.

Apreciada a documentação, quando preenchidos os critérios exigidos no edital para a licitação, será o licitante considerado habilitado. Do contrário, o licitante será tido como desqualificado para participar do certame e, com efeito, inabilitado.

Não termina aí, porém, o procedimento referente à habilitação, pois da decisão tomada pela administração caberá recurso (artigo 109, inciso I, alínea a da Lei 8.666/1993), o qual gozará de efeito suspensivo (artigo 109, §2º), visto que o prosseguimento das atividades sem o julgamento do recur-

183. BANDEIRA DE MELLO, Celso Antônio. **Curso de direito administrativo.** 33 ed. São Paulo: Malheiros, 2016, p. 599-600.

so poderia, com o seu provimento, inviabilizar todo o processo licitatório diante do conhecimento das propostas que já teriam sido analisadas. O efeito suspensivo aplicável a esses recursos é imposição legal, não dependendo de apreciação prévia por parte dos seus julgadores.

No inciso III do artigo 43 da Lei 8.666/1993, veda-se expressamente a abertura dos envelopes das propostas sem que uma das seguintes hipóteses tenha ocorrido: (a) transcurso *in albis* do prazo para interposição de recurso; (b) desistência expressa de recurso; ou (c) após o julgamento dos recursos interpostos. Sendo assim, é somente após uma definição acerca da previsão de interposição de recursos que se tem por superada a fase da habilitação, possibilitando-se passar para as etapas que envolvem o exame e o julgamento das propostas.

A apreciação da habilitação não pode ser retomada após esta fase específica, não servindo para fins de valoração das propostas.[184] Porém, excetua o artigo 43, §5º da Lei 8.666/1993 que, após a fase de habilitação dos concorrentes e abertos os envelopes das propostas, cabe a desclassificação se constarem fatos supervenientes ou que só sejam sabidos após o julgamento.

7.4.5.2 Exame das propostas

De modo precedente ao julgamento e classificação das propostas, deve ser realizada sua verificação em relação aos requisitos do edital, nos termos do artigo 43, inciso IV, da Lei 8.666/1993. Neste momento não se operam análises profundas, mas apenas se avaliam se as propostas guardam consonância com as disposições do edital. Ainda, é importante considerar que o cerne normativo aplicável às licitações nessa etapa, tal como disciplinado na Lei 8.666/1993, carece de uma adequação interpretativa para auxiliar na compreensão do tema quando disser respeito às licitações para concessão florestal, que operam com uma diferença pontual pelo fato de nessa modalidade de licitação o interesse estar pautado, além de na melhor técnica, no maior preço ofertado como pagamento ao poder concedente. Essa analogia será considerada posteriormente, com atenção às devidas adequações em razão das particularidades da LGFP, pois é importante que antes sejam estudados os aspectos jurídicos disciplinados pela Lei 8.666/1993 sobre o exame das propostas.

Essa análise preliminar considera a adequação das propostas à forma e ao conteúdo do que foi exigido no edital, ocasião na qual não é admitido

184. Ibidem, p. 600.

que o proponente faça sua oferta fora do que se previu no edital, tampouco que a proposta tenha condições estranhas ao edital ou ofereça reduções sobre a proposta considerada mais vantajosa.[185] Também será analisado se a proposta é proporcional aos preços correntes no mercado, fixados por órgão oficial competente ou constantes em sistema de registros de preços.

Levado a termo, o exame das propostas quanto ao objeto e às formalidades é dotado de efetiva objetividade[186], uma vez que a administração se limita nesta etapa a somente fazer uma verificação da adequação das propostas ao edital em relação ao seu objeto e às formalidades que nele constarem.

Do resultado da análise, sendo constatada alguma dissonância do edital, quanto à forma e o conteúdo, deverá ser eliminada a proposta, gerando assim a desclassificação do proponente, sob o fundamentado de desconformidade ou incompatibilidade com o edital (artigo 43, inciso IV, *in fine*). A desclassificação implica na rejeição *in limine* da proposta[187], e se diferencia da desqualificação do participante das licitações, que ocorre anteriormente a esta etapa e diz respeito ao preenchimento das condições exigidas quando da habilitação para o certame.

O artigo 48 da Lei 8.666/1993 elenca as hipóteses de desclassificação das propostas. No inciso I do mencionado artigo, tem-se como causa de desclassificação o não atendimento das exigências do ato convocatório da licitação. Vislumbra-se aí a hipótese de desconformidade com o edital.[188] A desclassificação da proposta em razão da desconformidade com o edital, além de prevista no artigo 48, inciso I, consta igualmente ao final do texto normativo do artigo 43, inciso IV, da Lei 8.666/1993.

Afora a hipótese de desconformidade com o edital, a desclassificação pode ocorrer em função do preço, quando estes forem excessivos ou inexequíveis.[189] São situações em que inexiste a compatibilidade entre o objeto da licitação e o preço relacionado, justificando-se a desclassificação da proposta sob a justificação normativa presente no artigo 43, inciso IV e no artigo 48, inciso II, ambos da Lei 8.666/1993.

---

185. MEIRELLES, Hely Lopes. **Licitação e contrato administrativo.** 14 ed. São Paulo: Malheiros, 2006, p. 157.

186. NIEBUHR, Joel de Menezes. **Licitação pública e contrato administrativo**. 2 ed. Belo Horizonte: Fórum, 2012, p. 472.

187. BANDEIRA DE MELLO, Celso Antônio. **Curso de direito administrativo.** 33 ed. São Paulo: Malheiros, 2016, p. 600.

188. MEIRELLES, Hely Lopes. **Licitação e contrato administrativo.** 14 ed. São Paulo: Malheiros, 2006, p. 157.

189. NIEBUHR, Joel de Menezes. **Licitação pública e contrato administrativo**. 2 ed. Belo Horizonte: Fórum, 2012, p. 477.

O preço excessivo será assim considerado quando ultrapassado o limite previamente estabelecido. Para tanto, em concordância com a Lei. 8.666/1993, no artigo 40, inciso X, permite-se a colocação no edital de critério de aceitabilidade de preços unitário e global, a depender do caso. Deste modo, os preços muito elevados configuram hipótese de desclassificação, quando superam o limite máximo estabelecido no edital.

Referente à proposta inexequível, o artigo 43, §4º claramente retira a possibilidade de admissão de proposta com preços global ou unitários simbólicos, irrisórios ou de valor zero, gerando incompatibilidade com os preços de insumos e salários de mercado com acréscimo dos respectivos encargos. Neste sentido, a inexequibilidade deve ser pronunciada na ocasião em que estiver evidenciado um risco à efetiva viabilidade de execução do contrato.[190]

Assim, o artigo 48, inciso II, da Lei 8.666/1993, dispõe da desclassificação das propostas quando contarem com valor global superior ao limite estabelecido ou com preços manifestamente inexequíveis, isto é, nos casos em que as propostas não tenham por demonstrada a sua viabilidade.

Quanto aos preços, tendo por base a LGFP, é ainda preciso ter em conta que, como a concessão florestal é mantida pelo pagamento de valores ao poder concedente, o pagamento excessivo constante na proposta implicará em maior onerosidade ao licitante, que é quem realizará os pagamentos dos preços florestais. E os preços a menor configurarão ocasiões em que menos receberá o poder concedente. Com isso, opera-se nas licitações para concessões florestais uma verdadeira inversão quanto aos preços em relação às licitações concorrenciais comuns.

Contudo, isso não inviabiliza as possibilidades de desclassificação em decorrência da caracterização de propostas inexequíveis ou com preços incompatíveis com os objetos da licitação, em decorrência do artigo 26, §3º da LGFP. Deste modo, entende-se que as propostas inexequíveis, atendendo à inversão ocorrida em razão da busca que se faz pelo maior preço na licitação para concessões florestas, são aquelas em que o preço seja extremamente excessivo a ponto de inviabilizar a concessão e, na outra ponta, as propostas com preços incompatíveis se caracterizam como aquelas em que o preço ofertado seja extremamente baixo, ou seja, aquém de um patamar mínimo estipulado no instrumento convocatório. Atenta-se, neste último caso, que ao contrário da previsão de preço máximo constante no artigo 40, inciso X,

190. JUSTEN FILHO, Marçal. **Comentários à Lei de Licitações e Contratos Administrativos**: Lei 8.666/1993. 18 ed. São Paulo: Thomson Reuters Brasil, 2019, p. 1104.

da Lei 8.666/1993, a LGFP determina ser uma cláusula essencial do edital a previsão de um preço mínimo para a concessão (artigo 20, inciso XII).

Assim, a interpretação das hipóteses de desclassificação colocadas pela Lei 8.666/1993 no artigo 48, inciso II, e a regulamentação relacionada ao artigo, por meio de analogia[191], fornecem um substrato de fundamentação que lança esclarecimentos ao conteúdo normativo do artigo 26, §3º, da LGFP.

7.4.5.3 Critérios e indicadores

As propostas dos licitantes habilitados que forem classificadas no exame que apura desconformidades e incompatibilidades, mediante análise quanto à forma e ao objeto tais como descritos no edital e considerando os preços e a exequibilidade do processo, são submetidas ao julgamento e classificação, de acordo com os critérios de avaliação presentes no instrumento convocatório (artigo 43, inciso V, da Lei 8.666/1993).

Depende-se que as propostas sejam julgadas e classificadas a partir do próprio mérito nelas presente e em concordância aos critérios técnicos e objetivos estabelecidos no edital.[192] Nesse sentido, reforçando o conteúdo normativo do artigo 43, V, da Lei 8.666/1993, o *caput* do artigo 44 do mesmo diploma legal condiciona o julgamento das propostas à observância dos critérios objetivos definidos no edital ou convite, sem contrariar as normas e princípios essenciais da própria lei regulatória das licitações.

Ainda, o artigo 44, no §1º, veda a utilização de qualquer elemento, critério ou fator sigiloso, secreto, subjetivo ou reservado que possa, mesmo indiretamente, inviabilizar o princípio da igualdade entre os licitantes. E, no §2º do citado texto normativo, impede-se a consideração de ofertas de

191. A analogia, com respaldo no artigo 4º da LINDB, aplica-se ao presente caso devido ao fato da Lei 8.666/1993, em sua essência, buscar privar ao poder público que homologue propostas as quais, por onerosidade excessiva, serão inviáveis para que o licitante mantenha as atividades ou, ainda, quando o licitante apresentar valores manifestamente abusivos. Daí porque, no caso das licitações para concessão florestal, a inversão busca demonstrar que as propostas abaixo de um mínimo seriam manifestamente aquém do pretendido e, quando vultosas, representariam completa inexequibilidade. Na lição de Maximiliano, a analogia busca aplicar a uma hipótese não prevista em lei a disposição referente a caso semelhante, ocupando-se de uma lacuna do Direito positivado, pois com hipótese não prevista em qualquer dispositivo, resolve se a situação por meio de soluções estabelecidas para casos afins. Cf. MAXIMILIANO, Carlos. **Hermenêutica e aplicação do direito**. 19 ed. Rio de Janeiro: Forense, 2016, p. 190/196. Assim, embora a LGFP vete as propostas manifestamente inexequíveis ou financeiramente incompatíveis, por se carecer, na mencionada lei, de regulação jurídica específica do que se trata, há que se aplicar a estas hipóteses as normas presentes na Lei 8.666/1993, considerando as razões de desclassificação positivadas na norma contida no artigo 48, inciso II e observando a inversão ocorrida em razão das características próprias da LGFP, atrelando-se a isso as disposições do artigo 26, §3º da LGFP.

192. MEIRELLES, Hely Lopes. **Licitação e contrato administrativo.** 14 ed. São Paulo: Malheiros, 2006, p. 159.

vantagem não prevista no edital ou convite, isso também em relação a financiamentos subsidiados ou a fundo perdido, bem como preços ou vantagens que estejam baseados nas ofertas dos demais licitantes.

Vigora, com isso, no julgamento das propostas, o princípio do julgamento objetivo, segundo o qual é vedado que a solução de proposta mais vantajosa ao interesse público considere critérios subjetivos, com avaliações decorrentes de arbitrariedades dos agentes administrativos, razão pela qual está o princípio diretamente ligado à igualdade e à impessoalidade.[193]

Portanto, conclui-se pelo requisitos da objetividade no julgamento e estrita vinculação aos requisitos do edital. Ademais, para o efetivo cumprimento desses requisitos, importante que os critérios de julgamento estejam adequadamente previstos no instrumento convocatório, evitando lacunas para subjetividades.

Deste modo, pretende-se em um primeiro momento demonstrar os critérios de julgamento exigidos para as licitações florestais e, após, caracterizar o processo de julgamento das propostas.

Como estabelecido pelo artigo 20, inciso XI, da LGFP, o edital de licitação das concessões florestais, deverá conter os critérios indicadores, fórmulas e parâmetros que serão utilizados no julgamento das propostas. Grava-se a esta exigência o princípio norteador da objetividade que acompanha o julgamento, o qual deverá estar vinculado ao instrumento convocatório. Nisso subjaz a previsibilidade ao julgamento, considerando que a indicação dos critérios possibilita aos licitantes que elaborem suas propostas.[194]

O artigo 45 da Lei 8.666/1993, especifica no *caput* basicamente aquilo que fora determinado pelo artigo 44 da mesma lei, porquanto reitera a objetividade do julgamento das propostas, condicionando-o ao tipo de licitação, aos critérios estabelecidos no ato convocatório e aos fatores que tenham exclusivamente nele constados. O artigo ainda enumera, dos incisos I ao IV, os tipos de licitação aplicáveis, com a exceção da modalidade concurso, sendo eles: menor preço (inciso I); melhor técnica (inciso II); melhor técnica e preço (inciso III) e maior lance ou oferta (inciso IV).

Nas licitações para concessão florestal, porém, os critérios de seleção possuem diferenças pontuais em relação ao que consta na Lei 8.666/1993. De

193. NIEBUHR, Joel de Menezes. **Licitação pública e contrato administrativo**. 2 ed. Belo Horizonte: Fórum, 2012, p. 470.

194. JUSTEN FILHO, Marçal. **Comentários à Lei de Licitações e Contratos Administrativos**: Lei 8.666/1993. 18 ed. São Paulo: Thomson Reuters Brasil, 2019, p. 1032.

acordo com a LGFP, a melhor proposta será a que combinar os dois seguintes critérios (artigo 26): (I) maior preço ofertado ao poder concedente pela outorga da concessão florestal; (II) melhor técnica (artigo 26, incisos I e II). No caso da melhor técnica, há que se considerar, em atenção ao artigo 26, inciso II, (a) o menor impacto ambiental; (b) os maiores benefícios sociais diretos; (c) a maior eficiência; (d) a maior agregação de valor ao produto ou serviço florestal na região da concessão (alíneas a, b, c e d).

No Decreto 6.063/2007, a regulamentação das normas relativas aos critérios de seleção para o julgamento das propostas das licitações para concessões florestais, além de reproduzir *ipsis litteris* o texto legal do artigo 26 da LGFP, elucida o significado dos itens a serem considerados no critério melhor técnica. No parágrafo único do artigo 35 do mencionado decreto, considera-se: (I) o menor impacto ambiental como o menor impacto negativo ou maior impacto positivo; (II) a maior eficiência aquela derivada do uso dos recursos florestais; e (III) a região da concessão, aquela que envolve os municípios abrangidos pelo lote de concessão (incisos I, II e III).

Como se pode perceber, deixou o decreto de especificar os maiores benefícios sociais diretos. Contudo, longe de ser uma omissão no texto regulamentador, o item, por si só, deixa clara a intenção de se considerar, no julgamento das propostas, os benefícios sociais que a exploração das florestas públicas sob o regime da concessão florestal trarão. Depende-se, com isso, de inúmeras possibilidades advindas especificamente da localização do lote de concessão.

Afora isso, são observadas diferenças pontuais em relação aos critérios de seleção previstos pela Lei 8.666/1993 alhures citados, justamente porque a escolha da melhor proposta nas licitações para concessão florestai envolvem a combinação dos critérios maior preço e melhor técnica. No caso da Lei 8.666/1993, dentre estes critérios, o que mais se aproximaria daqueles observados na LGFP seria o de técnica e preço, isto é, aquelas que apresentam técnica satisfatória e preço mais vantajoso em uma média ponderada das valorizações[195], propiciando vantagens às propostas de maior qualidade técnica.[196]

Nestas licitações, do tipo técnica e preço, em observância ao artigo 46, §2º da Lei 8.666/1993, com as devidas considerações ao §1º do mesmo artigo, são apresentados dois envelopes para o julgamento das propostas, um deles

195. MEIRELLES, Hely Lopes. **Licitação e contrato administrativo.** 14 ed. São Paulo: Malheiros, 2006, p. 161,

196. JUSTEN FILHO, Marçal. **Comentários à Lei de Licitações e Contratos Administrativos**: Lei 8.666/1993. 18 ed. São Paulo: Thomson Reuters Brasil, 2019, p. 1039.

contendo a proposta técnica e outro o preço. E o procedimento envolve a abertura inicial das propostas técnicas e, somente após, ocorre a abertura das propostas de preços, ocorrendo respectivamente em cada uma das etapas o exame das propostas e posterior classificações conforme os requisitos do edital.[197] A partir disso, é feita uma média da valoração da proposta técnica e do valor da proposta de preço.[198]

E, nas licitações para concessão florestal, o que ocorre é uma combinação dos fatores de melhor técnica e maior preço ofertado, implicando em uma novidade[199] no ordenamento jurídico das licitações. Assim, o licitante também apresenta separadamente duas propostas, uma delas sendo a proposta técnica e a outra a proposta de preço, mas não é feito um cálculo de ponderação das propostas, pois provém o resultado de uma adição entre ambas.

Somam-se as propostas técnica e de preço por ser determinado pela LGFP (artigo 26) que o julgamento da licitação selecione a melhor proposta de acordo com a combinação dentre os fatores maior preço e melhor técnica, sem permissão para que seja realizada uma ponderação entre os critérios.

Essa adoção de critérios mediante a combinação das propostas de maior preço e melhor técnica adotado nas licitações para concessão florestal guarda semelhanças com as licitações de serviços públicos que possibilita adotar como critérios para seleção da melhor proposta a combinação da maior oferta pela outorga da concessão com a melhor técnica (artigo 15, inciso VI da Lei 8.987/1995). Sobre essa combinação de critérios, Justen Filho destaca a necessária cautela na fixação dos critérios objetivos de combinação das propostas, evitando-se soluções simplistas, bem como ressaltando a exigência de avaliações objetivas, inclusive com a utilização de matemática financeira para fornecimento de critérios de reconhecimento da proposta mais vantajosa. Além disso, nesses casos, afirma o autor ser importante que o edital contemple critérios destinados a conciliar a conjugação das avaliação técnica e econômica, reconduzidas a um mesmo padrão de avaliação para possibilitar a obtenção de uma média homogênea.[200]

---

197. NIEBUHR, Joel de Menezes. **Licitação pública e contrato administrativo**. 2 ed. Belo Horizonte: Fórum, 2012, p. 499.

198. JUSTEN FILHO, Marçal. **Comentários à Lei de Licitações e Contratos Administrativos**: Lei 8.666/1993. 18 ed. São Paulo: Thomson Reuters Brasil, 2019, p. 1063.

199. Neste sentido também se manifestou Oliveira, Cf. OLIVEIRA, Raul Miguel Freitas de. **Concessão florestal**: exploração sustentável de florestas públicas por particular. Leme: J. H. Mizuno, 2013, p. 311.

200. JUSTEN FILHO, Marçal. **Teoria geral das concessões de serviço público.** São Paulo: Dialética, 2003, p. 257-258.

Assim sendo, apresenta-se na licitação para concessões florestais uma diferenciada forma de seleção de melhor proposta baseada no somatório entre o maior preço ofertado ao poder concedente pela outorga da concessão florestal e a melhor técnica. Portanto, são combinados fatores técnicos de diversos matizes como ambientais, sociais e econômicas, com o maior preço pago ao poder público pela realização do manejo florestal sustentável em florestas públicas, isso sem que sejam utilizados diferentes graus para realização de uma média ponderada entre as propostas.

No entendimento de Granziera, o poder público teria pouco interesse no oferecimento do preço para outorgar a concessão florestal. Por isso para evitar que o preço alterasse o julgamento de caráter técnico, propõe a autora a adoção de ponderação de ordem de nove para um, respectivamente para a proposta técnico e de preço, minimizando a importância do preço ofertado e privilegiando a proposta técnica.[201]

Ocorre, no entanto, que a combinação preço e técnica, determinada pela LGFP, revela um sentido de não relegar a segundo plano um ou outro critério. O que é corroborado pelo artigo 36, §5º, inciso I, do Decreto 6.063/2007, onde há a limitação de que os pesos para cada um dos critérios mencionados não seja menor que um ou maior que três. Também, de acordo com o inciso III do mesmo §5º, do artigo 36, o peso do critério técnico deve ser maior ou igual ao peso do critério de preço (§5º, inciso III), o que não deve gerar, isso é certo, um total desequilíbrio na combinação entre os dois critérios, sendo justamente por isso que há a limitação contida no artigo 36, §5º, inciso I. De certo que, se há combinação, não poderia haver preponderância absoluta do critério técnico.[202]

O preço também compõe um fator importante da concessão florestal, e sua figura abrange diversos pontos que se associam à proteção do ambiente, inclusive sendo destinada parte dos recursos ao Fundo Nacional de Desenvolvimento Florestal (FNDF). Embora a melhor técnica, com seus objetivos inclusive da ordem ambiental, seja essencial para a realização do manejo florestal sustentável, o preço igualmente compõe um fator de extrema rele-

201. GRANZIERA, Maria Luiza Machado. Mecanismos de efetividade da lei sobre florestas públicas. **Revista de Direito Ambiental**, v. 13, n. 49, p. 201-216, jan./mar. 2008, p. 211-212.

202. Assim ocorre também na modalidade combinação de melhor proposta técnica com a maior oferta nas licitações para concessões de serviços públicos, como previsto no anteriormente mencionado artigo 15, inciso VI, da Lei 8.987/1995. Neste sentido, posicionam-se Azevedo e Alencar. Cf. AZEVEDO, Eurico de Andrade; ALENCAR, Maria Lúcia Mazzei de. **Concessão de serviços públicos:** comentários às Leis 8.987 e 9.074 (Parte Geral), com as modificações introduzidas pela Lei 9.648, de 27.5.98. São Paulo: Malheiros, 1998, p. 59-60.

vância não somente para a unidade de manejo licitada, mas para o ambiente e especificamente para a cobertura florística de diversas áreas do país.

E mais, observe-se que a importância da escolha da melhor técnica no julgamento para o integral cumprimento da legislação ambiental associada não é o único mecanismo, pois depende o manejo florestal, por exemplo, do devido licenciamento ambiental. Existem, por consequência, outros instrumentos que permitem um maior controle das técnicas utilizadas no manejo das florestas públicas e atuam conjuntamente ao requisito da melhor técnica nas licitações para assegurar a efetividade das normas ambientais.

A avaliação das propostas na licitação para concessão florestal, seguirá um conjunto de indicadores previamente definidos no edital de licitação. Pelos indicadores previstos em edital, será possível avaliar a melhor oferta.

Os indicadores servem como diretrizes do que se espera em relação aos critérios específicos. Para as licitações de concessões florestais, exige-se a existência de, no mínimo, um indicador para cada um dos critérios maior preço e melhor técnica, e mais ao menos um para cada um do um dos componentes da melhor técnica, isto é, menor impacto ambiental, maiores benefícios sociais direitos, maior eficiência e maior agregação de valor aos recursos florestais da área de concessão (artigo 36, §1º do Decreto 6.063/2007).

Importante notar que os indicadores podem ser de três tipos, como elucida o artigo 36, §6º, do Decreto 6.063/2007. Um deles são os indicadores do tipo eliminatório, que servem basicamente para indicar os parâmetros mínimos exigidos para qualificar o licitante. Outros são os indicadores classificatórios, assim denominados por serem utilizados para fins de pontuação na definição da melhor proposta. Existem, enfim, os indicadores para bonificação, compreendidos desta forma aqueles que fornecem diretrizes para aplicação dos critérios de bonificação no contrato como fundamento para os descontos percentuais no preço para o produto madeira em tora.[203] Ainda, um indicador técnico que preveja percentual de bonificação pode ter caráter classificatório, ao invés de ser somente bonificador.[204]

Os indicadores classificatórios, portanto, servem para fundamentar a escolha da melhor proposta. Enquanto isso, embora possam também ser classificatórios, os indicadores de bonificação asseguram que no contrato sejam aplicados descontos percentuais quando do cumprimento do parâ-

203. Os critérios de bonificação em razão de índices de desempenho socioambiental, por força do artigo 30, inciso XIX, da LGFP, devem constar obrigatoriamente no contrato de concessão florestal. Sua caracterização e regulamentação serão analisados no tópico pertinente aos contratos (7.5).

204. Assim deixa claro o artigo 3º, §1º, da Resolução 04/2011 do SFB.

metro mínimo fixado no edital e posteriormente afixado no contrato. E, diferentemente, os indicadores eliminatórios são uma base mínima exigida do concorrente em edital.

Assim, para fins de avaliação das propostas, os indicadores que serão utilizados são os classificatórios, em concordância com os parâmetros definidos em edital, mesmo que os referidos indicadores classificatórios sejam igualmente bonificadores, caso em que não somente servirão como aporte para a escolha da melhor proposta, como fornecerão diretrizes às aplicações de descontos percentuais no preço do produto madeira em tora.

No artigo 36, §2º, do Decreto 6.063/2007, são previstas três características que darão forma aos indicadores. São elas: (a) a obrigatoriedade de que os indicadores sejam objetivamente mensuráveis; (b) o relacionamento com aspectos da responsabilidade direta do concessionário; e, (c) a aplicabilidade e relevância para avaliação do critério. Respectivamente, busca-se assegurar com estas três características (a) o cumprimento do princípio da objetividade no julgamento das propostas, priorizando retirar do cerne decisório os subjetivismos dos avaliadores, (b) a previsão de componentes que são já determinados pela LGFP como de responsabilidade do concessionário, aumentando o grau de segurança jurídica e alinhamento ao intencionado pela LGFP e, (c) a correlação entre o critério e o indicador, com possibilidades de aplicabilidade e relevância para o tema específico.

Ao comentar os critérios de seleção previstos pela LGFP, Mukai destaca ser este um dos assuntos mais problemáticos em licitações, pois, segundo o autor, haveria ali a existência de critérios que levariam inexoravelmente ao subjetivismo nos julgamentos. Ainda conforme Mukai, a verificação do critério de melhor técnica, tendo por base as alíneas b, c e d, (maiores benefícios sociais direitos, maior eficiência e maior agregação de valor aos recursos florestais da área de concessão), caso o critério conte com maior peso no edital, a licitação poderia ser facilmente dirigida, violando o princípio do julgamento objetivo e o da igualdade. Segundo o autor, nem mesmo os parâmetros e exigências a serem previstos no edital (artigo 26, §2º) livrariam à retirada do julgamento técnico das subjetividades naturais de que ele é formado.[205]

Mesmo assim, entende-se que a imposição de parâmetros e exigências no edital, são capazes de afastar ingerências específicas sobre o julgamento da propostas, bem como demais vieses, ou tendências, próprias do subjetivismo

205. MUKAI, Toshio. Licitações nas concessões florestais. **Interesse Público,** Porto Alegre, v. 8, n. 38, p. 77-83, jul./ago. de 2006, p. 82-83.

do julgador. Lembrando-se, também, a necessidade de fundamentação[206] de escolhas e de atribuição de notas no âmbito do julgamento. Ademais, a regulamentação da LGFP pelo Decreto 6.063/2007 conta com diretrizes normativas próprias a encarnar o objetivismo no julgamento das propostas técnicas.

Conforme o decreto, os indicadores previstos no edital deverão dispor de parâmetros específicos para pontuação, contando inclusive com um valor mínimo aceitável para a habilitação da proposta (artigo 36, §3º). E os editais também deverão contar com a fórmula precisa a ser utilizada no cálculo da melhor oferta, com a devida consideração dos indicadores utilizados (artigo 36, §4º).

De acordo com o artigo 36 do Decreto 6.063/2007, para a metodologia de pontuação máxima, deverá se garantir que o peso de cada um dos critérios, maior preço e melhor técnica, não seja menor que um ou maior que três (§5º, inciso I). Para os componentes do critério melhor técnica, quais sejam menor impacto ambiental, maiores benefícios sociais direitos, maior eficiência e maior agregação de valor aos recursos florestais da área de concessão, o peso de cada item igualmente não poderá ser menor que um ou maior que três (§5º, inciso II). E o peso do critério técnico deverá ser maior ou igual ao peso do critério de preço (§5º, inciso III).

A obrigação advinda da LGFP de que o edital disponha de parâmetros e exigências para a formulação de propostas técnicas, conjugada à regulamentação específica do tema pelo Decreto 6.063/2007, reforça a concretização do princípio da objetividade para o julgamento das propostas. São determinações jurídicas que, observadas pelo poder público na formulação do edital, tendem a formar as cercanias ao redor do certame com o claro objetivo de repelir os subjetivismos dos julgadores.

7.4.5.4 Classificação da proposta mais vantajosa

A classificação das propostas deverá essencialmente atender os critérios de julgamento e os indicadores de avaliação, como analisados nos tópicos precedentes. É somente diante da estrita observância dessas normas que a escolha gozará de regularidade jurídica e, portanto, será válida. Ainda, es-

---

206. Note-se que, conforme Vieira de Andrade, o dever de fundamentação expressa obriga o órgão administrativo a indicar as razões de fato e de direito que o levaram a prática de determinado ato, servindo o instituto como um centro de referência na declaração com a reunião de todas razões que o autor assumiu como determinantes na decisão. Cf. ANDRADE, José Carlos Vieira de. **O dever de fundamentação expressa de actos administrativos**. Coimbra: Almedina, 1992, p. 13/22.

clarece Marcello da Silva que a administração pública é obrigada a celebrar seus ajustes com quem seja idôneo, atendendo ao tríplice aspecto jurídico, técnico e financeiro, e que ofereça a proposta mais vantajosa.[207]

A proposta que se sobressair terá os resultados mais adequados ao fim pretendido pela licitação para concessão florestal e, por isso, resultará especificamente da combinação do maior preço ofertado com a melhor proposta técnica. Assim, na definição de Meirelles, será a proposta mais vantajosa a que, por mérito, melhor atenda ao interesse do poder público, dentro do critério de julgamento previamente fixado no edital.[208]

Basicamente, a classificação da proposta mais vantajosa tem como efeito jurídico a investidura do primeiro colocado na situação do único proponente capaz de, quando homologado o certame, ser adjudicado no objeto licitado.[209] Ainda, é válido que a classificação conte com um quadro comparativo das ofertas, a fim de permitir a verificação da legitimidade do posicionamento dos licitantes e da escolha do vencedor, sendo que o julgamento se perfaz de ato vinculado aos critérios do edital e há a obrigação legal de que a Comissão Julgadora justifique a referida classificação e a preferência pelo vencedor, isto é, aquele que houver feito a proposta mais vantajosa.[210]

Mesmo com o estabelecimento de parâmetros e exigências por edital, quanto aos critérios de seleção e os indicadores, pode ocorrer um empate entre as propostas dos licitantes. A solução para essa situação decorre do artigo 45, §2º, da lei 8.666/1993, e poderá ocorrer de duas formas, na seguinte ordem apresentada.

Inicialmente, remete a norma ao disposto no artigo 3º, §2º da lei 8.666/1993. Tal norma coloca como critério de desempate, nos incisos II, III, IV e V[211], a preferência sucessiva aos seguintes bens e serviços: (a) produzidos no país; (b) produzidos ou prestados por empresas brasileiras; (c) produzidos ou prestados por empresas que tenham investimentos em pesquisa e no desenvolvimento tecnológico do país; e, (d) produzidos por empresas que comprovarem ter cumprido com a reserva de cargos prevista

207. SILVA, Antonio Marcello da. O princípio e os princípios da licitação. **Revista de Direito Administrativo**, Rio de Janeiro, v. 136, p. 34-45, jan. 1979, p. 35.

208. MEIRELLES, Hely Lopes. **Licitação e contrato administrativo.** 14 ed. São Paulo: Malheiros, 2006, p. 159.

209. BANDEIRA DE MELLO, Celso Antônio. **Curso de direito administrativo.** 33 ed. São Paulo: Malheiros, 2016, p. 628.

210. MEIRELLES, Hely Lopes. **Licitação e contrato administrativo.** 14 ed. São Paulo: Malheiros, 2006, p. 171.

211. O primeiro inciso foi revogado pela Lei 12.349/2010.

em lei para pessoa com deficiência ou reabilitada da previdência social e que atenda às regras de acessibilidade prevista na legislação.

Persistindo o empate, mesmo após a observação do artigo 3º, §2º, da Lei 8.666/1993, determina o artigo 45, §2º a realização de sorteio para definir a classificação, realizado em ato público com a convocação de todos os licitantes.

O fim da fase de julgamento resulta na classificação, momento no qual se tem a distinção das propostas segundo as vantagens apresentadas, dispostas pela Comissão em ordem decrescente em relação a mais vantajosa, classificando-se, assim, a proposta que estiver em primeiro lugar. Da decisão caberá recurso, não sendo válida a limitação de apenas um recurso contra a decisão final, sendo possível a sua interposição contra as decisões que apreciarem o conteúdo de cada envelope, quando existirem mais de um.[212] É este o caso da licitação para concessão florestal, em que um dos envelopes contém a proposta preço e outro a proposta técnica. Enfim, o recurso terá como fundamento o artigo 109, inciso I, alínea b, da Lei 8.666/1993.

7.4.5.5 Homologação e adjudicação

Concluída a fase de julgamento, com a respectiva classificação das propostas, passa-se à deliberação da autoridade competente sobre a homologação e adjudicação do objeto da licitação (artigo 43, inciso VI, da Lei 8.666/1993). A autoridade competente se posiciona de um modo hierarquicamente superior à Comissão e nas licitações de concessões florestais caberá a função ao Serviço Florestal Brasileiro, por atribuição da LGFP (artigo 53, inciso V).

Neste momento, cuida-se não de refazer o julgamento ou atribuir avaliação diversa daquela realizada pela Comissão de julgamento, restando à autoridade três distintas hipóteses: (a) confirmar o julgamento mediante a sua homologação; (b) ordenar seja retificada a classificação no todo ou em parte quando presente irregularidade corrigível no julgamento; ou, (c) anular o julgamento ou o procedimento licitatório por completo quando existir irregularidade insanável e prejudicial ao certame em qualquer das suas fases.[213]

A retificação, quando determinada pela autoridade, não implica em um julgamento alheio à Comissão, mas simplesmente se restringe à possibilidade

---

212. JUSTEN FILHO, Marçal. **Comentários à Lei de Licitações e Contratos Administrativos**: Lei 8.666/1993. 18 ed. São Paulo: Thomson Reuters Brasil, 2019, p. 1010.

213. MEIRELLES, Hely Lopes. **Licitação e contrato administrativo.** 14 ed. São Paulo: Malheiros, 2006, p. 173.

que a autoridade possui de buscar sanar alguma irregularidade que decorreu do julgamento mediante a devolução do resultado do certame.

Por outro lado, havendo algum vício insanável no curso da licitação, isto é, alguma conduta que não atentou às normas aplicáveis, e sendo a irregularidade prejudicial ao certame, não resta alternativa outra a não ser a anulação do julgamento ou de todo processo, a depender do local da irregularidade.

Deve-se considerar, porém, a diferenciação entre a anulação e a revogação da licitação feita pelo artigo 49 da Lei 8.666/1993, sendo institutos diferentes e com consequências diversas. A revogação é realizada pela autoridade competente para aprovar a licitação e somente acontece por razões de interesse público decorrente de fato superveniente comprovado. Não se dá, portanto, em razão de alguma irregularidade, mas pela decisão motivada em razão do atendimento do interesse público de fatos que sobrevieram à decisão de realização do certame, podendo resultar no direito de indenização em razão de prejuízos causados.

E a anulação ocorre, nos termos do artigo 49, *in fine*, da Lei 8.666/1993, quando houver ilegalidade, de ofício ou por provocação de terceiros, e deve ser explicitada em parecer escrito e fundamentado. Pelo texto contido no artigo 49, §1º, a anulação não induziria à indenização por parte do poder público, com a exceção da indenização do contratado, quando da declaração de nulidade do contrato administrativo, até o momento em que houver sido executado, além de demais prejuízos havidos, como determina o artigo 59, também da Lei 8.666/1993. Há que se considerar, porém, em conformidade com o sustentado por Justen Filho, que o disposto no artigo 37, §6º, da Constituição, onde se assentam os pressupostos da responsabilização civil do Estado, implicam no dever da administração pública de indenizar as perdas e danos derivados da anulação dos atos inválidos[214].

Tanto da revogação como da anulação será cabível recurso, nos termos do artigo 109, inciso I, alínea c, da Lei 8.666/1993.

Enfim, não sendo caso de anulação ou de retificação da classificação por irregularidade corrigível, resta à autoridade a confirmação do julgamento e consequente homologação. É este um ato administrativo que reconhece a validade da licitação e, claro, de seus propósitos, confirmando o resultado.

---

214. JUSTEN FILHO, Marçal. **Comentários à Lei de Licitações e Contratos Administrativos**: Lei 8.666/1993. 18 ed. São Paulo: Thomson Reuters Brasil, 2019, p. 1150. Bandeira de Mello reconhece uma maior amplitude na responsabilização da administração em decorrência do artigo 37, §6º, da Constituição. Cf. BANDEIRA DE MELLO, Celso Antônio. **Curso de direito administrativo.** 33 ed. São Paulo: Malheiros, 2016, p. 632-634.

Com isso, na homologação, a autoridade competente, alheia à Comissão de Julgamento, proclama a correção jurídica do certame. [215]

Confirmada a classificação das propostas e de todo o processo licitatório pela autoridade competente, passa-se ao momento da adjudicação. Como esclarece Meirelles, a adjudicação é formada por um ato que atribui ao vencedor o objeto da licitação.[216] Não se trata a adjudicação de uma contratação, mas na atribuição ao licitante vencedor de um direito[217], que é justificada pela situação de primeiro colocado no certame.

Havendo a homologação e posteriormente a adjudicação, finda a licitação e é gerada a condição, ao vencedor da licitação, de ter a si atribuído o objeto da licitação. Sendo licitações para fins de concessão florestal, decorrerá da adjudicação a atribuição, ao vencedor do certame, da exploração de produtos e serviços florestais em unidade de manejo de floresta pública nos devidos termos outrora indicados no edital. Realizada a adjudicação, é possível a regular efetivação do contrato entre o licitante vencedor e a administração pública, após o qual será permitido executar o objeto da licitação.

7.5 CONTRATO DE CONCESSÃO

Concluída a licitação e tendo, portanto, havido a adjudicação, é convocado o vencedor do certame para assinar o contrato de concessão florestal referente à unidade de manejo licitada, pois é o contrato administrativo o instrumento utilizado para disciplinar a relação entre o poder concedente e o concessionário, conforme definido pela LGFP.

Não apenas a LGFP determina a assinatura do contrato de concessão florestal, mas também dispõe de normas específicas aplicáveis, enumera um rol de cláusulas essenciais e descreve uma série de obrigações impostas aos concessionários que deverão integrar o contrato por se tratarem, juntamente dos direitos das partes contratantes, de uma das cláusulas essenciais normatizadas pela LGFP.

Embora a LGFP seja dotada de ampla regulamentação sobre os contratos de concessão florestal, é necessário que, para a compreensão deste instituto, sejam anteriormente consideradas as matérias referentes aos contratos e,

215. BANDEIRA DE MELLO, Celso Antônio. **Curso de direito administrativo.** 33 ed. São Paulo: Malheiros, 2016, p. 628.

216. MEIRELLES, Hely Lopes. **Licitação e contrato administrativo.** 14 ed. São Paulo: Malheiros, 2006, p. 174.

217. JUSTEN FILHO, Marçal. **Comentários à Lei de Licitações e Contratos Administrativos**: Lei 8.666/1993. 18 ed. São Paulo: Thomson Reuters Brasil, 2019, p. 1022.

especificamente, aos contratos administrativos. Por isso, como matéria inicial deste tópico, são estudados tanto o contrato, como o contrato administrativo propriamente dito. Após, contando com essa base doutrinária e normativa, ingressa-se ao estudo dos contratos de concessão florestal, como estabelecido pela LGFP, lançando-se mão, igualmente, de legislações pertinentes.

7.5.1 Noções sobre os contratos

A noção geral dos contratos parte do esclarecimento de sua estrutura no âmbito da ordem jurídica. Com isso, o conceito que define os contratos deve estar em consonância com o que se tem por possível no âmbito jurídico. Aqui, o conceito de contrato parte de uma noção geral, entendendo-o como um negócio jurídico, mas sem aprofundar as nuances que digam respeito a algum ramo de direito específico, isto é, a noção de contrato que ora se elabora é de caráter abstrato.

De início, importante trazer a classificação que Gomes faz do contrato como sendo uma espécie de negócio jurídico distinta, na sua formação, em decorrência da exigência de haverem pelo menos duas partes contratantes. Sendo assim, de acordo com o autor, o contrato é um negócio jurídico bilateral ou plurilateral.[218] Não obstante isso, há que se considerar que nem todo o negócio jurídico bilateral é um contrato.[219]

Por ser um negócio jurídico, a caracterização dos contratos deve levar em consideração o acordo de vontades que vigora em sua realização. Como pontuou Pontes de Miranda, o contrato é todo negócio jurídico que cria relação jurídica, seja constituindo, modificando ou constituindo negativamente (extinguindo) direitos, pretensões, ações ou exceções.[220] A esse respeito, destaca Ferreira de Almeida ser o contrato um negócio jurídico bilateral (ou plurilateral), justamente por nele intervirem duas ou mais partes que entre si estabelecem um acordo formado por duas ou mais declarações de vontade.[221] Com isso, conforme Ferreira de Almeida caracteriza, em uma definição alegadamente estrutural e ideologicamente neutra, o contrato é um acordo formado por duas ou mais declarações que produzem entre as partes efeitos jurídicos consoantes ao significado do acordo firmado.[222]

218. GOMES, Orlando. **Contratos**. Rio de Janeiro: Forense, 2000, p. 4.

219. OLIVEIRA, José Lopes de. **Contratos**. Recife: Livrotécnica, 1978, p. 34.

220. PONTES DE MIRANDA. **Negócios jurídicos, representação, conteúdo, forma, prova**. São Paulo: Editora Revista dos Tribunais, 2012, p. 61. (Coleção tratado de direito privado: parte especial; 3).

221. ALMEIDA, Carlos Ferreira de. **Contratos**: conceito, fontes, formação. 5 ed. Coimbra: Almedina, 2015, p. 29. v. 1.

222. Ibidem, p. 35.

Em suma, de acordo com Pontes de Miranda, os contratos são negócios jurídicos bilaterais ou plurilaterais, decorrendo esse caráter em razão da composição subjetiva do suporte fático, quando do nascimento do negócio jurídico, com a manifestação de vontades concordes. Portanto, são contratos os negócios jurídicos que estabelecem, modificam ou extinguem relações jurídicas entre os figurantes, bilateralmente ou plurilateralmente.[223]

Embora sejam os negócios jurídicos bilaterais ou plurilaterais, seus efeitos podem irradiar apenas unilateralmente. Trata-se, aí, do plano de eficácia, ocasião na qual mesmo sendo negócios jurídicos bilaterais ou plurilateriais, podem os contratos serem unilaterais, bilaterais ou plurilaterais.[224] Como destacado por Gomes, não se pode confundir a obrigação contratual com o consentimento, uma vez que aquela diz respeito à eficácia do contrato e esta à formação do negócio jurídico.[225]

Com isso, o contrato é um negócio jurídico, sempre com manifestação de duas ou mais vontades e, por isso, bilateral ou plurilateral, com eficácia unilateral, bilateral ou plurilateral, tendo por finalidade produzir efeitos jurídicos em decorrência das manifestações de vontade conjuntamente expressadas.

É com base nesta matriz que se abordará, no próximo tópico, o contrato administrativo, com ênfase nas particularidades relativas à espécie de contrato sobre a qual as relações jurídicas administrativas insertas são reguladas com base no direito administrativo, sendo uma área, consequentemente, do direito público.

7.5.2 Contrato administrativo

O contrato administrativo, em seu estrito sentido, está incluído no amplo conjunto de contratos celebrados pela administração pública, denominados de contratos da administração. Com outro nome, porém com mesmo sentido, Justen Filho classifica o amplo gênero do que denomina de contratos celebrados pela administração como sendo os acordos de vontades destinados a criar, modificar, ou extinguir direitos e obrigações, como permitido legislativamente e com a presença, de ao menos uma das partes, sendo ente da administração pública. Logo, o contrato administrativo é uma

223. PONTES DE MIRANDA. **Negócios jurídicos, representação, conteúdo, forma, prova**. São Paulo: Editora Revista dos Tribunais, 2012, p. 281-282. (Coleção tratado de direito privado: parte especial; 3).

224. Ibidem, p. 281.

225. GOMES, Orlando. **Contratos.** Rio de Janeiro: Forense, 2000, p. 71.

espécie inserta no amplo gênero dos contratos da administração, entre os quais estariam os acordos de vontade da administração, os contratos administrativos propriamente ditos e os contratos de direito privado.[226]

No mesmo sentido, Di Pietro realiza uma diferenciação, conceituando os contratos administrativos como a designação dos ajustes que são realizados pela administração pública como tal, com pessoas físicas ou jurídicos, públicas ou privadas, para a execução de fins públicos, segundo um regime jurídico de direito público, enquanto os contratos da administração significam, em sentido amplo, a abrangência de todos os contratos pela administração pública celebrados.[227]

É certo, porém, que os contratos administrativos nem sempre foram aceitos como institutos válidos do direito administrativo. A ideia de contratos públicos e, principalmente, a celebração de contratos administrativos em seu sentido estrito não eram vistos como válidos, principalmente, como sintetiza Medauar, pelas alegações de que a administração não poderia celebrar contratos em virtude da sua posição de supremacia em relação ao particular, pelo fato do interesse público impedir vínculos contratuais contínuos e pela circunstância de que as relações entre a administração e particulares somente nasceriam por meio de atos administrativos.[228]

Não obstante o fato de existir no ambiente jurídico uma pacificação sobre a validade jurídica dos contratos administrativos, na doutrina brasileira Bandeira de Mello reforça o posicionamento de Aranha Bandeira de Mello quanto a impossibilidade de celebração de um contrato administrativo por parte da administração pública. No caso, Aranha Bandeira de Mello admitia a possibilidade somente de contratação quanto à equação econômico-financeira da concessão, como complementar e adjeto ao ato unilateral. Inexistiria, assim, um contrato administrativo, havendo ou atos administrativos complementados por contratos sobre a equação econômico-financeira ou contratos de direito privado sob regime especial em decorrência da lei ou da aquiescência das partes em dar-lhe um regime especial.[229]

---

226. JUSTEN FILHO, Marçal. **Curso de direito administrativo.** 13 ed. São Paulo: Thomson Reuters Brasil, 2018, p. 383-384. O autor não deixa de mencionar a necessária cautela na utilização do vocábulo, em razão do significado que se busca dar.

227. DI PIETRO, Maria Sylvia Zanella. **Direito administrativo.** 30 ed. Rio de Janeiro: Forense, 2017, p. 295.

228. MEDAUAR, Odete. **Direito administrativo moderno.** 20 ed. São Paulo: Editora Revista dos Tribunais, 2016, p. 260

229. MELLO, Oswaldo Aranha Bandeira de. **Princípios gerais de direito administrativo.** 2 ed. Rio de Janeiro: Forense, 1979, p. 682/687; MELLO, Oswaldo Aranha Bandeira de. Contrato de direito público ou administrativo. **Revista de Direito Administrativo**, Rio de Janeiro, v. 88, p. 15-33, jul. 1967, p. 31.

A esse entendimento, agrega Bandeira de Mello que o contrato jamais serviria a assegurar, àquele que contratasse com administração pública, a senhoria sobre um interesse público, considerando que o poder público teria sempre a disponibilidade sobre o serviço público e sobre a utilização do bem público, com o que teria poderes relativos à prática de atos unilaterais por se tratarem de competências insuscetíveis de transação. Assim, ainda conforme Bandeira de Mello, o contrato se restringiria somente ao objeto do pacto e ao efetivamente pactuado, qual seja a parte econômica convencionada e, fora isso, haveria um ato unilateral da administração pública sob cuja regência é colocado o particular, sujeito a uma situação cambiável.[230]

Essas divergências sobre o instituto dos contratos administrativos tem suas raízes na própria história do direito administrativo. Como demonstrou Gonçalves, a afirmação do direito administrativo se deu mediante uma acentuação clara do tópico da autoridade e do poder público, com a administração sendo regulada mediante um direito especial em decorrência da peculiaridade da posição jurídica em que ela se colocava frente aos cidadãos. Por isso, a exigência de marcar a autonomia do direito administrativo foi favorável ao ato administrativo, como sendo um ato de autoridade sem réplica no direito privado. Explica Gonçalves que, ao final do século XIX, a sujeição da atividade administrativa a uma nova disciplina jurídica, o direito administrativo, propôs um afastamento da atuação do poder público pelas formas e processos do direito privado, como se dera até o século XIX, a exemplo do que ocorreu na Alemanha e na Itália, naquela pela doutrina de Otto Mayer e nesta, com base em Ranelletti e Cammeo, diante da rejeição de uma específica forma de avença: a contratação no âmbito ou sobre o poder público de autoridade.[231]

Posteriormente, na França, Espanha e Portugal, o contrato administrativo do modelo francês passou a ser visto como uma maneira de sujeitar, em bloco, os contratos da administração a um regime jurídico especial, compatibilizando-se ali o consenso e a autoridade da administração, passando a conviver o contrato administrativo com uma supremacia jurídica

230. BANDEIRA DE MELLO, Celso Antônio. **Curso de direito administrativo.** 33 ed. São Paulo: Malheiros, 2016, p. 641-642. Mesmo expondo essas críticas, o autor examina os contatos administrativos, descritos por ele como sendo as relações convencionais que por força de lei, cláusulas contratuais ou do objeto da relação jurídica situam a administração em uma posição jurídica diferenciada em favor da satisfação de um interesse administrativo.

231. GONÇALVES, Pedro. **O contrato administrativo**: uma instituição do direito administrativo do nosso tempo. Coimbra: Almedina, 2003, p. 12-15.

da administração, com poderes extracontratuais de direito público capazes de encerrar a evolução da relação contratual consensualmente concebida.[232]

No direito brasileiro, observando o modelo francês, a teoria do contrato administrativo foi de modo progressivo e majoritariamente sendo acolhida no decorrer do século XX, vindo a culminar no tratamento legislativo que surgiu, enfim, na década de 80.[233] Somente com o Decreto-lei 2.300/1986 que o contrato administrativo teve, no Brasil, um tratamento orgânico e sistemático, posteriormente revogado pela Lei 8.666/1993, que instituiu o Estatuto Jurídico das Licitações e Contratos Administrativos.[234] Apesar disso, não se pode deixar de considerar a fundamentação constitucional da disciplina do contrato administrativo, com base principalmente nos artigos 22, inciso XXVII, 37 inciso XXI e 175.

Para os fins da Lei 8.666/1993, no artigo 2º, parágrafo único, o contrato é definido como sendo qualquer ajuste entre órgãos ou entidades da administração pública e particulares, onde exista um acordo de vontades para a formação de vínculo e estipulação de obrigações recíprocas, independentemente da denominação que for utilizada. O conceito amplo trazido pela lei, colocando a noção dos contratos como sendo os ajustes entre segmentos da administração pública e particulares em que exista um acordo de vontades não pode ser levado como conceito final sobre a temática no ordenamento jurídico, ante a complexa variedade de situações concretas tratadas contratualmente pela administração, o que justamente não impede que outras leis estabeleçam regimes jurídicos para demais contratos em situações específicas.[235]

Se, de um lado, a definição de contrato aplicável aos contratos expressamente previstos pela Lei 8.666/1993 é dotada de um caráter amplo e, portanto, genérico, a albergar diversas formas de contrato com a administração pública, por outro lado, no caso dos contratos administrativos subsiste a aplicação de prerrogativas do direito administrativo em benefício do poder público, traçando contornos que abrangem, inclusive, distintas formas de contratação com a administração. Marcadamente é o que se extrai das prerrogativas previstas expressamente no artigo 58 da mesma lei.

Por isso, a leitura do artigo 1º da Lei 8.666/1993, apesar de mencionar sua finalidade de regulamentar as licitações e contratos administrativos, não

232. Ibidem, p. 16-19.

233. ALMEIDA, Fernando Dias Menezes de. **Contrato administrativo.** São Paulo: Quartier Latin, 2012, p. 169.

234. MEIRELLES, Hely Lopes. **Licitação e contrato administrativo.** 14 ed. São Paulo: Malheiros, 2006, p. 199.

235. ALMEIDA, Fernando Dias Menezes de. **Contrato administrativo.** São Paulo: Quartier Latin, 2012, p. 203.

deixa de referir, também, contratos que não tenham natureza específica de contrato administrativo e que são, diante da matéria a que se destinam, contratos de direito privado, como é o caso da compra, alienação e locação de imóvel.[236] Mesmo assim, em que pese estar assegurada a característica de contratos de direito privado a estas formas de contratação, a Lei 8.666/1993 determinou a aplicação dos artigos 55, 58 e 61, além das demais normas gerais, aos contratos de seguro, de financiamento, de locação em que o poder público seja locatário, bem como aos demais contratos cujo conteúdo seja regulamentado, predominantemente, por normas de direito privado (artigo 62, §3º, inciso I).

Evidencia-se, nessa determinação, uma publicização dos contratos privados ao regime de direito público, mais precisamente, ao direito administrativo. Com isso, a mera participação da administração pública como parte de um contrato acarreta a alteração do regime jurídico aplicável, ainda que a participação desta em uma relação contratual caracteristicamente privada não leve a incidência integral do regime de direito público.[237] A sujeição dos contratos de direito privado entabulados pela administração aos princípios da atividade administrativa, como sói acontecer em relação à administração pública em suas ações, e a necessária observância de normas típicas de direito público previstas na Lei 8.666/1993, revelam o caráter de ampla irradiação do direito administrativo no instituto dos contratos, seja essa em maior ou menor grau de eficácia a depender da espécie contratual em questão. Contudo, de se mencionar que aos contratos administrativos subsiste a aplicação supletiva dos princípios da teoria geral dos contratos e das disposições de direito privado (artigo 54, *in fine*, da Lei 8.666/1993).

Feitas essas considerações, tem-se o momento de conceituar o contrato administrativo, de forma que seja compatível com sua previsão no direito posto, com o intuito de diferenciar o contrato administrativo em sentido estrito da figura dos contratos da administração em sentido amplo. Nesse contexto, Meirelles conceitua os contratos administrativos como ajustes que a administração pública, ao agir nessa condição, firma com particular ou outra entidade administrativa, com a finalidade de cumprir com objetivos de interesse público, nas condições pela administração desejadas, distinguindo-se do direito privado em decorrência da participação da administração com

236. DI PIETRO, Maria Sylvia Zanella. **Direito administrativo.** 30 ed. Rio de Janeiro: Forense, 2017, p. 303.

237. JUSTEN FILHO, Marçal. **Comentários à Lei de Licitações e Contratos Administrativos**: Lei 8.666/1993. 18 ed. São Paulo: Thomson Reuters Brasil, 2019, p. 1263-1264.

uma supremacia de poder para fixar as condições iniciais do ajuste.[238] Nas palavras de Justen Filho, o contrato administrativo é o acordo de vontades, em que uma das partes integra a administração pública, voltado à constituição de uma relação jurídica submetida ao regime de direito público e com fins de satisfazer diretamente as necessidades da administração pública ou constituir uma delegação a um particular de prestações de serviço público, caracterizando-se por conter um regime jurídico de competências anômalas, isto é, um regime publicístico que atribui à Administração diversas competências diferenciadas, denominadas correntemente como prerrogativas extraordinárias ou cláusulas exorbitantes.[239]

Como esclarece Gonçalves, com conceito sobre o contrato administrativo no direito português, mas em consonância com a sua instituição no Brasil, trata-se do acordo juridicamente vinculativo celebrado entre dois ou mais sujeitos de direito com objetivos de constituir, modificar ou extinguir uma relação normatizada pelo direito administrativo e que, em razão disso, submete-se a um regime substantivo de direito público.[240]

Pelos conceitos e analisando o instituto, é possível constatar que há uma posição privilegiada da administração pública nos contratos administrativos, decorrente da supremacia do interesse público e da sua indisponibilidade, que geram prerrogativas concretizadas nas denominadas cláusulas exorbitantes do direito comum, justamente assim referidas porque não seriam lícitas em um contrato privado, pois desigualariam as partes contraentes, ao contrário do que ocorre no direito administrativo, em que essas cláusulas nos contratos administrativos são justificadas como instrumentos de realização dos fins do Estado.[241] Em razão disso, Gonçalves afirma portarem, os contratos ad-

238. MEIRELLES, Hely Lopes. **Licitação e contrato administrativo.** 14 ed. São Paulo: Malheiros, 2006, p. 194-195.

239. JUSTEN FILHO, Marçal. **Comentários à Lei de Licitações e Contratos Administrativos**: Lei 8.666/1993. 18 ed. São Paulo: Thomson Reuters Brasil, 2019, p. 1166-1167.

240. GONÇALVES, Pedro. **O contrato administrativo**: uma instituição do direito administrativo do nosso tempo. Coimbra: Almedina, 2003, p. 27.

241. AZEVEDO, Eurico Andrade de. A administração pública, os contratos e as obrigações de pagamento. **Revista de Direito Administrativo**, Rio de Janeiro, v. 207, p. 151-161, jan. 1997, p. 154. Para Estorninho, porém, por entender ser o contrato administrativo compatível com o direito contratual comum, as cláusulas exorbitantes teriam compatibilidade com o Direito Privado, sendo admissíveis quando previstas legalmente ou mediante a autonomia privada das partes, ressalvado o fato de que as cláusulas exorbitantes, nos contratos realizados pela Administração, poderem ser aplicadas independentemente de previsão legal. Cf. ESTORNINHO, Maria João. **Requiem pelo contrato administrativo.** Coimbra: Almedina, 2003, p. 147/183. Contudo, há que se considerar que os contratos administrativos são contratos próprios a um regime de direito público, sobre o qual recaem normas específicas e que atendem a posição privilegiada do poder público. Lembra-se, com isso, a lição de Pontes de Miranda, segundo quem as regras jurídicas, ao incidirem fazendo suportes fáticos em fatos jurídicos, podem ser de direito público ou de privado

ministrativos, uma autonomia substantiva enquanto instituto, mediante um regime jurídico que confere à entidade pública uma posição de supremacia jurídica sobre o contratante, investida que é de certos poderes públicos de autoridade (geradoras de prerrogativas ou cláusulas exorbitantes) que tornam desiguais as posições em que as partes estão situadas.[242]

Dentre as cláusulas exorbitantes, que podem consignar diversas prerrogativas, enumera Meirelles a alteração unilateral e a rescisão unilateral do contrato pelo poder público, o equilíbrio econômico e financeiro, o reajustamento de preços e tarifas e a revisão contratual com recomposição de preços, a indisponibilidade da exceção de contrato não cumprido, o controle do contrato e a aplicação de penalidades contratuais.[243] Como se denota, as cláusulas exorbitantes primam pela supremacia do poder público, demarcando o direito público no acordo de vontades entabulado entre a administração pública e o particular. Não obstante, a participação da administração pública em um contrato com prerrogativa de poder público não desqualifica o contrato ou retira sua natureza essencialmente consensual, mas classifica o acordo como um contrato público regido por normas de direito público, precisamente voltado ao interesse público na convenção estabelecida.[244]

Nisso reside a lógica do contrato administrativo, nas palavras de Bandeira de Mello, segundo o qual o poder público detém prerrogativas necessárias para assegurar o interesse público, ainda que não possa se imiscuir de ressarcir aos gravames que resultarem para o contratante privado.[245] Daí é que se extrai a impossibilidade da administração pública se curvar ao interesse privado, em razão do interesse público que a move e, em outra ponta, assegura-se ao interesse privado a proteção de seus objetivos econômicos, donde sobressai o seu direito ao ressarcimento. Por isso, apesar de ser possível a modificação por parte da administração do contrato estabelecido, o particular terá o di-

e, havendo negócios jurídicos em diversos ramos do direito, o direito privado não os rege, ainda que gerem efeitos no plano privado. De acordo com o autor, somente o direito das fontes de cada ramo do direito pode dizer se a regra jurídica de direito privado é também regra jurídica de outro ramo de direito, como o direito administrativo. Cf. PONTES DE MIRANDA. **Negócios jurídicos, representação, conteúdo, forma, prova**. São Paulo: Editora Revista dos Tribunais, 2012, p. 62. (Coleção tratado de direito privado: parte especial; 3).

242. GONÇALVES, Pedro. **O contrato administrativo**: uma instituição do direito administrativo do nosso tempo. Coimbra: Almedina, 2003, p. 33/35.

243. MEIRELLES, Hely Lopes. **Licitação e contrato administrativo.** 14 ed. São Paulo: Malheiros, 2006, p. 203-216.

244. Ibidem, p. 196.

245. BANDEIRA DE MELLO, Celso Antônio. **Curso de direito administrativo.** 33 ed. São Paulo: Malheiros, 2016, p. 646.

reito de não ter prejudicada a equação econômico-financeira que motivou a celebração do contrato.[246]

Ainda, conforme Granziera, os traços distintivos dos contratos administrativos são o fato de que uma das partes contratantes é a administração pública, o regime jurídico que rege a contratação é de direito público com prerrogativas à administração, ainda que sem deixar de garantir o equilíbrio econômico-financeiro do contrato, e a realização das finalidades do poder público.[247]

Tem-se, assim, os contratos administrativos como sendo manifestações de vontade entre duas ou mais partes, uma delas sendo a administração pública, em que vigora uma relação jurídica administrativa, com vistas ao atendimento do interesse público e submetida a um regime jurídico de direito público, no âmbito do direito administrativo.

7.5.3 Contratos de concessão florestal

Os contratos de concessão florestal estão inseridos no âmbito dos contratos administrativos. São, então, contratos da administração que se submetem a um regime jurídico de direito público em que a administração se situa em uma posição superior em relação ao concessionário.

Essa modalidade de contrato foi regulamentada pela LGFP e é dotada de características específicas a atender a contratação da concessão de florestas públicas para a realização do manejo florestal sustentável. Ao considerar suas particularidades, porém, não se pode olvidar a aplicação da Lei 8.666/1993[248]. Igualmente, é importante considerar a inserção de obrigações do concessionário e do poder concedente que integrarão o contrato e estão postas, embora não taxativamente, na LGFP.

A LGFP exige que as concessões florestais sejam operadas mediante contratos administrativos e fixa normas para essa forma de contratação. Apesar disso, já na Lei 8.666/1993 o contrato aparece como exigência quando o objeto for proveniente de licitações na modalidade concorrência (artigo 62).

246. CÂMARA, Jacintho Arruda; NOHARA, Irene Patrícia. **Tratado de direito administrativo**: licitação e contratos administrativos. São Paulo: Editora Revista dos Tribunais, 2014, p. 323.

247. GRANZIERA, Maria Luiza Machado. **Contratos administrativos:** gestão, teoria e prática. São Paulo: Atlas, 2002, p. 96.

248. Nesse sentido, Menezes de Almeida menciona a condição de lei geral da Lei 8.666/1993, aplicando-se plenamente aos casos expressamente previstos e subsidiariamente quando disser respeito a leis especiais. Cf. ALMEIDA, Fernando Dias Menezes de. **Contrato administrativo.** São Paulo: Quartier Latin, 2012, p. 204.

Um aspecto importante previsto na Lei 8.666/1993 é a determinação para que a administração pública convoque o interessado a assinar o termo de contrato, dentro dos prazos e condições fixados, sob pena de decair o direito à contratação (artigo 64). A esse respeito, como coloca Justen Filho, o ato da convocação do adjudicatário para contratar é um dever jurídico da administração pública, embasado principalmente na moralidade e eficiência administrativa, nada disso impedindo, porém, que a administração promova a revogação da licitação, com instrumentos jurídicos específicos e dentro das determinações legais, especialmente em se tratando de fatos supervenientes.[249]

Os contratos de concessão florestal serão assinados exclusivamente com um único concessionário e sobre cada unidade de manejo licitada. Por este instrumento jurídico, o concessionário fica responsável pelas obrigações ali constantes, além de responder por prejuízos causados ao poder concedente, ao ambiente ou a terceiros, sem possibilidade da fiscalização realizada pelos órgãos competentes excluir ou atenuar essa responsabilidade (artigo 27 da LGFP).

Com isso, além de especificar a necessidade de contratação das concessões florestais em relação a cada uma das unidades de manejo, o artigo 27 da LGFP refere a responsabilidade contratual do concessionário, inclusive mencionando outras formas de responsabilização que decorreriam de prejuízos que fossem causados ao poder público concedente, demais danos a terceiros e especificamente, ao ambiente[250], demonstrando, neste último

249. JUSTEN FILHO, Marçal. **Comentários à Lei de Licitações e Contratos Administrativos**: Lei 8.666/1993. 18 ed. São Paulo: Thomson Reuters Brasil, 2019, p. 1268.

250. É importante que a compreensão do dano ambiental considere suas classificações: o dano ambiental *lato sensu*, sendo aquele em maior amplitude referente aos direitos difusos coletivos que abrangem todos componentes ambientais (cultural, artificial, ambiental e do trabalho); o dano individual ambiental, ou reflexo, conectado ao ambiente, mas representante de um dano individual em razão da tutela feita dos interesses próprios daquele que foi lesado, neste caso o bem ambiental referente ao interesse coletivo seria indiretamente, ou de modo reflexo, tutelado; e o dano ambiental puro, aquele relacionado aos componentes bióticos e abióticos dos ecossistemas. Outro fator relevante, o dano ambiental deve ser considerado em razão de sua extensão, podendo ser patrimonial ou extrapatrimonial (moral), o primeiro relativo à restituição, recuperação e indenização do bem ambiental lesado, o segundo vinculado à sensação experimentada, de dor ou outro conceito equivalente em seu mais amplo significado, bem como todo prejuízo não patrimonial causado à sociedade ou ao individuo em decorrência de uma lesão ambiental. Cf. LEITE, José Rubens Morato; AYALA, Patryck de Araújo. **Dano ambiental:** do individual ao coletivo extrapatrimonial: teoria e prática. 7 ed. São Paulo: Editora Revista dos Tribunais, 2015, p. 104-106; STEIGLEDER, Annelise Monteiro. **Responsabilidade civil ambiental:** as dimensões do dano ambiental no direito brasileiro. Porto Alegre: Livraria do Advogado, 2004, p. 122-123. Sobre o dano ambiental, vale ainda mencionar a igualmente multidimensional abordagem de Sarlet e Fensterseifer, classificando o dano ambiental em dano difuso, coletivo em sentido estrito, individual homogêneo, individual (reflexo ou por ricochete) e, ainda, em dano extrapatrimonial (moral) coletivo e individual, cf. SARLET, Ingo Wolfgang; FENSTERSEIFER, Tiago. **Curso de direito ambiental.** Rio de Janeiro: Forense, 2020, p. 539 et seq. A possibilidade de indenização por dano ambiental extrapatrimonial e patrimonial está prevista no

caso, uma preocupação específica de que o desempenho das atividades de exploração florestal estejam em consonância com as normas ambientais, independentemente dos deveres de proteção ambiental que integrem o instrumento contratual. Com a inclusão expressa sobre a responsabilidade por danos ambientais, difere o artigo 27 da LGFP do artigo 70, da Lei 8.666/1993, que prevê a responsabilidade do contratado pelos danos causados à administração pública e aos terceiros, sem mencionar o ambiente. Por outro lado, de se notar que a Lei 8.666/1993, no artigo 71, menciona expressamente a responsabilidade do contratado quanto aos encargos trabalhistas, previdenciários, fiscais e comerciais que resultem da execução dos contratos, o que se aplica, por força da subsidiariedade da Lei 8.666/1993, aos contratos de concessão florestal.

As subconcessões são expressamente vedadas na concessão florestal (artigo 27, §4º), porém é permitida a contratação de terceiros, por parte do concessionário, para a realização de atividades inerentes ou subsidiárias ao manejo florestal sustentável de produtos florestais, bem como à exploração dos serviços florestais concedidos (artigo 27, §1º). E, mais, as atividades pelas quais se contrataram terceiros devem ser executadas mediante o cumprimento de normas regulamentares que se relacionarem a essas atividades (artigo 27, §3º), inclusive se submetendo às obrigações contratuais assumidas pelo concessionário.

Regulamentando o artigo 27, §1º, o Decreto 6.063/2007, no artigo 44, define: (I) como atividades inerentes ao manejo florestal, o planejamento e as operações florestais, incluindo inventário florestal, PMFS e planejamento operacional, construção e manutenção de vias de acesso e ramais, colheita e transporte de produtos florestais, silvicultura pós-colheita, monitoramento ambiental e proteção florestal; (II) como atividades subsidiárias ao manejo florestal, (a) as operações de apoio, incluindo segurança e vigilância, manutenção de máquinas e infraestrutura, gerenciamento de acampamentos e proteção florestal, (b) operações de processamento de produtos florestais, (c) operações de serviço, incluindo guia de visitação e transporte de turistas.

---

artigo 1º, inciso I, da Lei 7.347/1985 (Lei da Ação Civil Pública). Na PNMA (Lei 6.938/1981), a degradação da qualidade ambiental é conceituada como a alteração adversa das características ambientais (artigo 3º, inciso II) e a poluição é observada como a degradação da qualidade ambiental que direta ou indiretamente (a) prejudique a saúde, a segurança e o bem-estar da população; (b) crie condições adversas às atividades sociais e econômicas; (c) afete desfavoravelmente a biota; (d) afete as condições estéticas ou sanitárias do meio ambiente; (e) lance matérias ou energia em desacordo com os padrões ambientais estabelecidos (artigo 3º, inciso III). Também na PNMA é prevista a responsabilidade objetiva daquele que causar danos ambientais, isto é, a obrigação de reparação independe da existência de culpa (artigo 14, §1º).

Havendo contratação de terceiros, esta se regerá pelo direito privado, sem a vinculação, pela relação jurídica, entre os terceiros contratados e o poder concedente, recaindo todas as responsabilidades por sobre o concessionário (artigo 27, §2º).

É possível apontar estreita relação da contratação de terceiros prevista pela LGFP com a possibilidade similar inserta na Lei 8.987/1995, que permite a contratação de terceiros por parte da concessionário que realiza a execução do serviço concedido. Porém, ao contrário das concessões de florestas públicas, a Lei 8.987/1995 permite também a subconcessão, quando autorizada pelo poder concedente e sempre submetida previamente à concorrência (artigo 26, §1º).

As contratações de terceiros mencionadas e permitidas pela LGFP não remetem a hipótese diversa da subcontratação prevista no artigo 72 da Lei 8.666/1993, na qual o contratado pode deferir parcelas do contrato a outrem, ressalvada sua responsabilidade legal e contratual, sendo destacado por Meirelles justamente a permanência da responsabilidade pelo cumprimento do ajuste e resultado do objeto pactuado, além da sua necessária previsão expressa no ato convocatório e no contrato, pois o artigo 78, inciso VI, prevê como motivo para a rescisão contratual a subcontratação não admitida no edital ou contrato.[251]

A LGFP permite que em contratos de financiamento, os concessionários ofereçam em garantia os direitos emergentes da concessão, desde que em limite que não comprometa a operacionalização e a continuidade da execução do PMFS e demais atividades florestais pelos próprios concessionários (artigo 29). Embora a fixação do limite que envolve o não comprometimento da operacionalização e continuidade da execução esteja associado à capacidade exploratória do concessionário e às condições com que realiza o manejo florestal sustentável e demais formas de exploração de recursos florestais, sua fixação ficou a encargo do órgão gestor (artigo 29, parágrafo único).

Com fundamento na criação de mecanismos voltados a evitar a concentração econômica nas concessões florestais, a LGFP criou duas limitações específicas às contratações de concessão de florestas públicas. A primeira delas limita a outorga, para cada concessionário, seja individualmente seja em consórcio, de mais de dois contratos em cada lote de concessão florestal (artigo 34, inciso I). Também, restringe-se a cada concessionário, individual-

251. MEIRELLES, Hely Lopes. **Licitação e contrato administrativo.** 14 ed. São Paulo: Malheiros, 2006, p. 233-234.

mente ou em consórcio, um limite percentual máximo de área de concessão florestal definido no PAOF (artigo 34, inciso II).

Tais mecanismos presentes na LGFP impedem a livre contratação pelo poder público da concessão de florestas públicas, com vistas à proteção da concorrência dos setores econômicos envolvidos. No início do artigo 34, *caput*, a LGFP menciona a aplicabilidade de legislação específica de concorrência que irá incidir sobre as concessões florestais, atualmente sendo a Lei 12.529/2011[252], que estruturou o Sistema Brasileiro de Defesa da Concorrência. Não se pode deixar de mencionar, ainda, o princípio da livre concorrência, no sentido norteador da ordem econômica, como consta na norma jurídico-constitucional do artigo 170, inciso IV.

Com base nessa limitação às concentrações de concessões florestais, sobressai a defesa do mercado de produtos e serviços florestais, de um modo a manter a concorrência não somente entre os concessionários de florestas públicas, mas de todo o setor de exploração florestal, inclusive aqueles implementados sobre áreas de propriedade privada. Ressalva-se, porém, a crítica de Marrara que, apesar de entender existir no artigo 34 da LGFP a intenção de evitar a monopolização de florestas públicas concedidas a agentes particulares, conclui pela ausência de razoabilidade por dois motivos. O primeiro, pelo fato de existirem unidades de diversos tamanhos, podendo uma unidade de proporções mais elevadas equivaler a mais que duas unidades de manejo menores. O segundo motivo, por uma preocupação apenas com o número de contratos e não com a concentração nos mercados do que adviria a necessidade de se analisar os mercados relevantes envolvidos com o emprego de métodos econômicos específicos.[253]

Além da restrição de contratação e da limitação da área de concessão florestal pelo PAOF, outros dois artigos da LGFP estão explicitamente voltados à proteção da concorrência no setor de exploração florestal. Um deles, o artigo 77, impossibilitava que cada concessionário, no prazo de dez anos, individualmente ou em consórcio, concentrasse mais de 10% do total das áreas das florestas públicas disponíveis para a concessão em cada esfera de governo. Reitere-se que a fração de 10% não se refere ao conjunto de florestas públicas, devendo ser observada em cada um dos entes federativos. E, no artigo 53, inciso XVIII, há a incumbência dos órgãos gestores federal, estaduais e

252. Em 2006, ano de edição da LGFP, a defesa da concorrência era feita por meio da Lei 8.884/1994, revogada pela atual Lei 12.529/2011.

253. MARRARA, Thiago. Aspectos concorrenciais da concessão de florestas públicas. **Revista de Direito Público da Economia RDPE**, Belo Horizonte, ano 8, n. 32, out./dez. 2010, não paginado. Disponível em: <http://www.bidforum.com.br/bid/PDI0006.aspx?pdiCntd=70682>. Acesso em: 24 ago. 2017.

municipais de incentivar a competitividade e cuidar pelo cumprimento da legislação de defesa concorrencial, com monitoramento e acompanhamento das práticas de mercado dos agentes do setor florestal.

Ainda sobre a concorrência, importante levar em consideração que o sistema de regulamentações de normas ambientais que condicionam a concessão florestal favorecem o comércio com mercados exigentes no cumprimento de normas ambientais. O fator vinculativo da fiel execução contratual das concessões florestais reforça esses aspectos. Em decorrência disso, é possível concluir que as concessões florestais fornecem um cenário fértil à obtenção de certificação florestal. Como a continuidade da concessão florestal depende do cumprimento de normas ambientais e da integral execução do contrato de concessão florestal, a atividade florestal em conformidade com esses sistemas por si só já aproxima o concessionário de condições propícias para a obtenção do selo da certificação florestal. Deste modo, incentivos na adoção de certificação florestal possibilitam um cenário de concorrência conciliado com o cumprimento das normas ambientais. Como avalia Zanetti, os selos de certificação florestal servem como instrumento de mercado que aproximam o consumidor das informações sobre as características ambiental, social e econômica de produção, sobretudo quanto ao cumprimento de princípios e critérios mínimos[254]. Surgidas ao final dos anos 1990 como sistemas voluntários de promoção de manejo florestal sustentável e troca de produtos provenientes de florestas manejadas sustentavelmente, quando acompanhadas de uma devida verificação, são instrumentos com boas indicações de que o produtor florestal está investindo e melhorando continuamente para assegurar práticas de manejo sustentáveis que resultem em um estável fornecimento produtos e serviços florestais.[255] Como dois dos maiores fornecedores mundiais de certificados florestais, pode-se citar o Forest Stewardship Council (FSC) e o Programme for the Endorsement of Forest Certification (PEFC).

Assim, diante do que se observou neste tópico, a legislação geral sobre os contratos de concessão florestal admite a subcontratação, isto é, a contratação com terceiros para a realização de atividades denominadas inerentes ou subsidiárias, veda as subconcessões, estabelece critérios para a transferência do controle societário do concessionário, além de dispor, por meio de critérios técnicos, da imposição de cláusulas voltadas à proteção da concorrência no setor.

---

254. ZANETTI, Eder. **Certificação e manejo de florestas nativas brasileiras.** Curitiba: Juruá, 2007, p. 26.

255. FAO. **Global Forest Resources Assessment 2015:** how are the world`s forests changing?. 2 ed. Rome: Food and Agriculture Organization of the United Nations, 2016, p. 25-26.

7.5.4 Cláusulas essenciais

Pela LGFP, são fixadas cláusulas essenciais aos contratos de concessão. São essas cláusulas, constantes no artigo 30, de certo modo dotadas da mesma função das cláusulas necessárias para os contratos previstas no artigo 55 da Lei 8.666/1993 e das cláusulas essenciais do contrato de concessão regido pela Lei 8.987/1995. Destas diferem, porém, em função de possuírem conteúdo especificamente direcionado à concessão florestal.

No instrumento convocatório, isto é, no edital da licitação para a concessão de florestas públicas, deverá constar a minuta do contrato, com as respectivas cláusulas essenciais constantes no artigo 30 da LGFP (artigo 20, inciso XVI). Com isso, levando em conta a prévia anexação da minuta do contrato ao edital da licitação, bem como a própria estrutura do edital, as cláusulas essenciais não podem conter disposição com matéria alheia àquela exigida em lei.

Por isso, considerando que o conteúdo essencial e fundamental do instrumento contratual já está determinado no edital, as regras que determinam cláusulas essenciais dirigem-se antes ao elaborador do ato convocatório do que ao redator do contrato. Não se admite que o contrato inove em relação as condições essenciais da licitação, razão pela qual todas as cláusulas contratuais que poderiam influir na participação de interessados ou na formulação de propostas já deverão estar presentes no edital, ressalvados os tópicos genericamente previstos no edital.[256]

Disso é possível concluir por uma clara necessidade de que as cláusulas essenciais contenham uma estrita conformidade com o edital e com o conteúdo da proposta do licitante vencedor do certame.[257] Se o contrato se distanciasse do conteúdo que anteriormente foi previsto, iria reger uma relação jurídica diversa daquela mencionada na licitação, tornando-a inócua e implicando na ilegalidade da contratação.

---

256. Assim entende Justen Filho no caso das cláusulas necessárias do artigo 55 da Lei 8.666/1993, com interpretação passível de se atribuir ao caso das cláusulas essenciais dos contratos de concessão florestal, considerando que se versa sobre cláusulas essenciais em contratos administrativos firmados após o processo de licitação, tendo, assim, a mesma função. Cf. JUSTEN FILHO, Marçal. **Comentários à Lei de Licitações e Contratos Administrativos**: Lei 8.666/1993. 18 ed. São Paulo: Thomson Reuters Brasil, 2019, p. 1176.

257. O entendimento de Niebuhr, assim como de Justen Filho, apesar de voltado à Lei 8.666/1993, concatena-se à previsão das cláusulas essenciais previstas particularmente para os contratos de concessão florestal. Cf. NIEBUHR, Joel de Menezes. **Licitação pública e contrato administrativo**. 2 ed. Belo Horizonte: Fórum, 2012, p. 674.

Passa-se, então, a análise das cláusulas essenciais do contrato de concessão florestal exigidas pelo artigo 30. A primeira delas versa sobre o objeto, que deverá descrever os produtos e serviços destinados à exploração (inciso I). O objeto diz respeito, assim, ao conteúdo nuclear do contrato, ou seja, o que se destina ao particular mediante o instrumento contratual.

Outra cláusula essencial é aquela que determina o prazo da concessão (inciso II). Sobre esse tema, o artigo 35 da LGFP vincula o estabelecimento do prazo da concessão ao ciclo de colheita e exploração, mediante a consideração do produto ou grupo de produtos com ciclo mais longo presentes no objeto da concessão, sendo permitida a fixação de prazo equivalente a no mínimo um ciclo e, no máximo, quarenta anos. O prazo permitido para a concessão busca atender, dentre outros fatores, a taxa de crescimento das florestas concedidas. Ao considerar a duração das concessões florestais, Gray entende que prazos curtos poderiam resultar em melhor performance de manejo florestal, tendo em conta, ainda, as dificuldades de rescindir a concessão em casos de descumprimento dos termos que a vinculam, sendo por isso que sugere como período viável à duração dos contratos o prazo de quinze a vinte anos.[258] Nas concessão florestais, embora a rescisão contratual possa ser discutida em juízo, e o processo administrativo prévio figure como requisito, a estrutura da LGFP blinda o manejo florestal, mediante diversos mecanismos, como o PMFS e o licenciamento ambiental, das dissonâncias à legislação ambiental aplicável.

O prazo máximo para o concessionário iniciar a execução do PMFS (inciso III) igualmente figura como cláusula essencial, sendo fundamental para que a concessão florestal produza seus efeitos, impedindo-se que caia em inércia a unidade de manejo concedida pois, mesmo que o concessionário tenha que adimplir com os preços florestais, a não execução do PMFS poderia ensejar a rescisão do contrato e gastos ao poder concedente.

O modo, a forma, as condições e os prazos para realização de auditorias florestais[259] (inciso IV) deixam pactuado um dos mecanismos de verificação do cumprimento das normas e cláusulas contratuais nas concessões flores-

258. GRAY, John A. **Forest concession policies and revenue systems**: country experience and policy changes for sustainable tropical forestry. Washington: The World Bank, 2002, p. 21. Sobre o tema, estudo de Boscolo e Vincent descobriram que longos períodos de concessão levam a pouco incentivo para realização de extração madeireira de baixo impacto (*reduced-impact logging*), bem como assentaram as vantagens de utilizar sistemas de renovação da concessão mediante análise da performance. Cf. BOSCOLO Marco; VINCENT, Jeffrey R. **Promoting better logging practices in tropical forests.** Washington: The World Bank, 1998, p. 27-28.

259. As auditorias florestais são estudadas no tópico 7.5.8.

tais, tendo em vista a função das auditorias em atestar o cumprimento do contrato de concessão, constatar deficiências sanáveis ou o descumprimento do instrumento contratual.

Quanto à exploração de serviços e a prática do manejo florestal, também deverão constar o modo, a forma e as condições com que serão realizados (inciso V). Ficam, assim, precisamente definidos em contrato os termos de realização da exploração florestal, consolidando o pactuado e trazendo segurança jurídica para o poder concedente e o concessionário.

Igualmente com finalidade de proporcionar segurança jurídica às partes, deverá constar no contrato os critérios, indicadores, fórmulas e parâmetros que definem a qualidade do ambiente (inciso VI), primando por um padrão entre poder concedente e concessionário para aferir as condições ambientais no curso da execução contratual.

O aproveitamento dos recursos florestais, condicionados aos critérios máximos e mínimos, serão previstos no contrato, vinculando a exploração econômica a uma base que torne rentável a produção, e a um teto, que não poderá ser excedido em decorrência dos riscos ambientais consequentes (inciso VII).

Havendo ações de melhoria e recuperação ambiental na área de concessão e, não somente nela, mas no entorno da respectiva unidade de manejo, elas deverão ser incluídas no contrato (inciso VIII). Assim deve ocorrer também com ações tomadas em benefício da comunidade local localizada na unidade de manejo (inciso IX).

Os preços florestais[260] integrarão o instrumento contratual, bem como os critérios e procedimentos para reajuste e revisão que serão aplicados sobre os valores (inciso X), como é o caso da correção monetária. Compõe esta cláusula o regime econômico-financeiro do contrato.

Os direitos e obrigações, tanto do poder concedente como do concessionário, se farão presentes no contrato (inciso XI), sendo relevante recordar a característica do contrato de concessão florestal como um contrato administrativo e, portanto, submetido ao regime de direito público, razão pela sobressaem-se em maior número as incumbências do concessionário, em que pese tenha sido lhe assegurada uma parcela de direitos referentes ao equilíbrio econômico-financeiro do contrato. A normatização desta cláusula essencial faz questão de sublinhar os direitos e obrigações das partes quan-

260. Sobre os preços florestais, remete-se ao tópico 7.5.7 que trata do regime econômico-financeiro dos contratos de concessão florestal.

to às alterações futuras e modernização, aperfeiçoamento e ampliação de equipamentos, infraestrutura e instalações (inciso XI, *in fine*). É notória a menção feita na LGFP sobre o tema, haja vista a normalmente longa duração dos contratos de concessão florestal e o constante surgimento de novas possibilidades de realização do manejo, que pode ocorrer com tecnologias mais recentes, renovação de ferramentas, condições de infraestrutura e instalações, propiciando-se, assim, uma flexibilização que permite a adaptação do instrumento contratual. Com isso, torna-se possível, por exemplo, alterar as disposições contratuais visando incrementar a exploração florestal, assegurar maior proteção ambiental ou mesmo modificar o modo com que é realizado o manejo florestal de forma a implicar na substituição de algum dos componentes referentes à exploração florestal, como melhorias em equipamentos ou adoção de remodelações das técnicas utilizadas.

As garantias que o concessionário houver oferecido integram o contrato (XII), sendo meio de tornar menos oneroso ao poder público a inexecução contratual, além de servir como forma de condicionar a continuidade e regularidade da execução contratual.

Constarão no contrato as formas de monitoramento e avaliação das instalações, dos equipamentos, métodos e práticas de execução do manejo florestal sustentável ou da exploração de serviços (inciso XIII), sendo que se tratam apenas de previsão específica da forma com que serão realizadas essas atividades fiscalizatórias, pois a observância pelo poder público da regularidade da exploração dos recursos florestais em relação ao ordenamento jurídico e às condições firmadas em contrato são vinculativas, como se extrai das normas contidas na própria LGFP.

As penalidades contratuais e administrativas que sujeitam o concessionário estarão presentes no contrato, assim como sua forma de aplicação (inciso XIV), sendo relevante mencionar que não excluem essas disposições as demais responsabilidades cíveis, penais e administrativas, quando for o caso.

As formas de extinção do contrato de concessão (inciso XV) igualmente compõem o conteúdo do contrato, sendo elas previstas no artigo 44 da LGFP e que serão posteriormente analisadas no tópico 7.5.9.

Os bens reversíveis devem ser disciplinados no contrato de concessão (inciso XVI), sendo estes os bens que retornam ao poder público titular da floresta quando da extinção da concessão. Estão incluídos no edital de licitação como visto no tópico 7.4.3.2 e compõem, no mínimo, a demarcação da unidade de manejo; a infraestrutura de acesso; as cercas, aceiros e porteiras; e as construções e instalações permanentes (artigo 43 do Decreto

6.063/2007). Outros bens podem ser assim classificados, como, por exemplo, pontes, passagens, bem como a infraestrutura relacionada à energia elétrica.

As condições relacionadas à revisão e a prorrogação da concessão florestal integram o contrato quando for o caso (inciso XVII), lembrando que, além de estarem permitidas pelo ordenamento jurídico, devem constar no edital da licitação para concessão florestal a fim de serem consideradas válidas.

A obrigatoriedade, forma e periodicidade da prestação de contas que deve ser realizada pelo concessionário para o poder concedente fazem parte do contrato (inciso XVIII) e servem para, além de instrumentalizar a sua exigência, permitir o controle do poder concedente sobre a execução do contrato, além de possibilitar o aferimento dos preços florestais pagos.

Os critérios de bonificação do concessionário quando do atingimento de melhores índices de desempenho socioambiental em relação aos previstos no contrato (inciso XIX) compõem o contrato de concessão e devem ser realizados conforme regulamento. As bonificações representam descontos percentuais sobre o preço para o produto madeira em tora estabelecido contratualmente, de acordo com os limites e prazos estipulados, e foram regulamentadas pela Resolução 04/2011 do SFB. Assim, os critérios de bonificação deverão atender ao conteúdo normativo constante na mencionada resolução que estabeleceu os parâmetros, procedimentos e regras para a sua aplicação.

O foro para solução de divergências contratuais e o modo amigável de solução mediante acordo entre as partes previamente ao ajuizamento de ações sobre o tema também farão parte do contrato (XX), ressaltando-se o caráter de praticidade quando da adoção de soluções amigáveis, além do fato de que a seleção do foro implica na renúncia de outros possíveis, ainda que sejam mais favoráveis.

Para a fiscalização do cumprimento das cláusulas essenciais contratuais, poderá o órgão gestor acessar os dados de administração, contabilidade, recursos técnicos, econômicos e financeiros do concessionário, desde que ressalvados os limites do sigilo legal ou constitucionalmente previstos (artigo 30, §1º). Cabendo ao órgão gestor, ainda, a suspensão das atividades que estiverem sendo desenvolvidos em desacordo com o contrato de concessão, bem como determinar a imediata correção das irregularidades (artigo 30, §2º).

Apesar da suspensão havida, deverá o concessionário continuar cumprindo com as demais obrigações contratuais (artigo 30, §3º). Com isso, além da determinação de correção das irregularidades, por continuarem vigentes as demais cláusulas contratuais, será mais proveitoso ao concessionário resolver o impasse o quanto antes, até mesmo para evitar inadimplência com os preços florestais, pois a atividade desempenhada suspensa impede o ganho de valores econômicos.

Além disso, no artigo 30, §4º, a LGFP cria sobre as obrigações provenientes das cláusulas essenciais previstas nos incisos V a IX do artigo 30 a condição de serem de relevante interesse ambiental, para fins de enquadrá-las na tipificação contida no artigo 68 da Lei 9.605/1998, que pune com a detenção de um a três anos e multa aquele que deixa de cumprir obrigação de relevante interesse ambiental quando tiver este dever legal ou contratual.

7.5.5 Obrigações do concessionário

No artigo 31 da LGFP são enumeradas as obrigações do concessionário. Tratam-se de incumbências que dizem respeito, em grande parte, à exploração dos recursos florestais e às questões ambientais relacionadas. Outras, se caracterizam por dispor sobre aspectos sociais, econômicos e ambientais referentes à execução do contrato de concessão. Algumas obrigações estão associados a gestão do bens e infraestrutura da unidade de manejo. E, por fim, há obrigações relativas a possibilitar ampla fiscalização e transparência em relação a exploração da floresta pública concedida.

Sobre a exploração dos recursos florestais e matérias ambientais envolvidas, existem as obrigações de: (inciso I) elaborar e executar o PMFS, conforme previsto nas normas técnicas aplicáveis e especificações do contrato; (inciso II) evitar ações ou omissões passíveis de gerarem danos ao ecossistema ou a qualquer de seus elementos; (inciso IV) recuperar as áreas degradadas, quando identificado o nexo de causalidade entre suas ações ou omissões e os danos ocorridos, independentemente de culpa ou dolo, sem prejuízo das responsabilidades contratuais, administrativas, civis ou penais; (inciso V) cumprir e fazer cumprir as normas de manejo florestal, as regras de exploração de serviços e as cláusulas contratuais da concessão; (inciso VI) garantir a execução do ciclo contínuo, iniciada dentro do prazo máximo fixado no edital; (inciso VII) buscar o uso múltiplo da floresta, nos limites contratualmente definidos e observadas as restrições aplicáveis às áreas de preservação permanente e as demais exigências da legislação ambiental; (inciso XI) executar medidas de prevenção e controle de incêndios; (inciso XII) monitorar a execução do PMFS.

Os aspectos econômicos, sociais e ambientais que obrigam o concessionário mediante as normas da LGFP são previstos nos seguintes incisos: (inciso III) informar imediatamente a autoridade competente no caso de ações ou omissões próprias ou de terceiros ou fatos que acarretem danos ao ecossistema, a qualquer de seus elementos ou às comunidades locais; (inciso X) comercializar o produto florestal auferido do manejo; (inciso XV) elaborar e disponibilizar o relatório anual sobre a gestão dos recursos florestais ao órgão gestor, nos termos definidos no contrato; (inciso XVII) realizar os investimentos ambientais e sociais definidos no contrato de concessão.

Relacionadas aos bens e infraestrutura inseridos na unidade de manejo estão as obrigações de: (inciso VIII) realizar as benfeitorias necessárias na unidade de manejo; (inciso IX) executar as atividades necessárias à manutenção da unidade de manejo e da infraestrutura; (inciso XIII) zelar pela integridade dos bens e benfeitorias vinculados à unidade de manejo concedida.

Enfim, são obrigações do concessionário voltadas à transparência e fiscalização da concessão aquelas relativas a: (inciso XIV) manter atualizado o inventário e o registro dos bens vinculados à concessão; (inciso XVI) permitir amplo e irrestrito acesso aos encarregados da fiscalização e auditoria, a qualquer momento, às obras, aos equipamentos e às instalações da unidade de manejo, bem como à documentação necessária para o exercício da fiscalização.

As obrigações do concessionário integram o contrato, como visto no item anterior, mediante disposição na LGFP (artigo 30, inciso XI). Não obstante, contém algumas cláusulas disposições genéricas que dependerão, no instrumento contratual, de definição específica em conformidade com o que previamente constou no edital, além daquilo que depender da proposta específica do concessionário. Ademais, outras obrigações direcionadas ao concessionário poderão estar presentes nos contratos, não havendo taxatividade no rol do artigo 31 da LGFP.

A importância que a LGFP concede ao cumprimento das normas ambientais no manejo florestal sustentável se faz notar com destaque nas obrigação do concessionário. Embora não se limitem ao conteúdo ambiental e prevejam questões de transparência, acesso à informação e aspectos socioeconômicos, há nítida relevância ao devido cumprimento do ordenamento jurídico ambiental, como é o caso da proteção dos ecossistemas prevista no artigo 31, inciso II, da LGFP.

Com isso, além do imperioso cumprimento de deveres ambientais fundamentais, que incidem sobre a conduta do concessionário quando da exploração florestal, parcelas de tais deveres estão previstos como obrigações contratuais no caso da concessão de florestas públicas, realçando as responsabilidades ambientais do concessionário e a preocupação do legislador em fazer disso algo a ser inevitavelmente acompanhado e fiscalizado pelo poder público, destinatário que é dos deveres ambientais estatais.

Ainda que existam obrigações ao concessionário em relação às benfeitorias, por serem benfeitorias permanentes, elas devem reverter, no final do contrato de concessão, ao titular da área, salvo os casos que forem previamente referidos em edital de licitação e no contrato de concessão (artigo 31, §1º).

A aprovação do PMFS pelo órgão competente do Sisnama é condição indispensável para que o concessionário inicie as operações de exploração de produtos e serviços florestais (artigo 31, §2º), lembrando-se que a sua elaboração é uma das obrigações do concessionário.

No artigo 31, §3º, a LGFP determina ao concessionário que, quando do término do contrato de concessão, devolva a unidade de manejo ao poder concedente nas condições que estiverem previstas no contrato de concessão. Não o fazendo, o concessionário poderá sofrer as sanções contratuais e administrativas, além, claro, da responsabilização nas esferas penal e cível.[261]

7.5.6 Competências do poder concedente

Como as concessões florestais são disciplinadas e levadas a termo pelo órgão gestor competente, a ele coube, também, o acompanhamento e fiscalização da execução dos contratos administrativos firmados. Os órgãos gestores assumem, assim, tarefas próprias a assegurar o regular cumprimento da concessão florestal. Essa função, de acompanhamento e fiscalização da execução dos contratos previstos na LGFP é classificada por Granziera como fator de efetividade da norma, configurando um poder-dever da Administração em função do princípio da indisponibilidade do interesse público.[262] Justifica-se essa condição pelo fato da administração ter capacidade para promover a regular análise da execução contratual, além de seu dever de agir em prol do interesse da coletividade. Também, relevante mencionar os deveres ambientais estatais que reforçam o fundamento da legalmente exigida tarefa da administração que deve ser exercida pelos órgãos gestores em razão do direito fundamental ao ambiente.

Não são somente obrigações do poder concedente as atividades de controle exercidas sobre os contratos de concessão florestal, embora não deixem

261. O parágrafo também menciona a Lei 6.938/1981, onde a responsabilidade civil objetiva por danos ambientais é prevista no artigo 14, §1º.

262. GRANZIERA, Maria Luiza Machado. Mecanismos de efetividade da lei sobre florestas públicas. **Revista de Direito Ambiental**, v. 13, n. 49, p. 201-216, jan./mar. 2008, p. 214.

de contar como incumbências próprias. São, também, poderes atribuídos aos órgãos gestores que integram o poder concedente. Por isso, adequada se afigura a denominação de competências do poder concedente e, em que pese sejam essas competências destinadas a um órgão do poder concedente, como é o caso do SFB a nível federal, não deixam de ser poderes-deveres estatais.

O artigo 53 enumera algumas dessas competências do órgão gestor, sendo que dentre elas são mencionadas aquelas que condicionam seus deveres quanto ao acompanhamento da execução contratual. São, com isso, competências diretamente direcionadas a assegurar o cumprimento das normas aplicáveis e das cláusulas contratuais. Tais são elas: (inciso II) disciplinar a operacionalização da concessão florestal; (inciso VI) gerir e fiscalizar os contratos de concessão florestal; (inciso VIII) controlar e cobrar o cumprimento das metas fixadas no contrato de concessão; (inciso XI) acompanhar e intervir na execução do PMFS, nos casos e condições previstos nesta Lei; (inciso XII) fixar e aplicar as penalidades administrativas e contratuais impostas aos concessionários, sem prejuízo das atribuições dos órgãos do Sisnama responsáveis pelo controle e fiscalização ambiental; (inciso XIII) indicar ao poder concedente a necessidade de extinção da concessão, nos casos previstos nesta Lei e no contrato; (inciso XIV) estimular o aumento da qualidade, produtividade, rendimento e conservação do ambiente nas áreas sob concessão florestal; (inciso XV) dispor sobre a realização de auditorias florestais independentes, conhecer seus resultados e adotar as medidas cabíveis, conforme o resultado; (inciso XVI) disciplinar o acesso às unidades de manejo; (inciso XX) conhecer e julgar recursos em processos administrativos; (inciso XXII) reconhecer em ato administrativo as entidades que poderão realizar auditorias florestais.

Outras funções do poder concedente, igualmente previstas no artigo 53, voltam-se às questões de mercado, principalmente expressando preocupações com o direito de concorrência. São elas: (inciso VII) dirimir, no âmbito administrativo, as divergências entre concessionários, produtores independentes e comunidades locais; (inciso IX) fixar os critérios para cálculo dos preços de que trata o artigo 36 da LGFP e proceder à sua revisão e reajuste na forma desta lei, das normas pertinentes e do contrato; (inciso X) cobrar e verificar o pagamento dos preços florestais e distribuí-los de acordo com esta Lei; (inciso XVII) atuar em estreita cooperação com os órgãos de defesa da concorrência, com vistas em impedir a concentração econômica nos serviços e produtos florestais e na promoção da concorrência; (inciso XVIII) incentivar a competitividade e zelar pelo cumprimento da legislação de defesa da concorrência, monitorando e acompanhando as práticas de mercado dos agentes do setor florestal; (inciso XIX) efetuar o controle prévio e *a posteriori* de atos e negócios jurídicos a serem celebrados entre concessionários, impondo-lhes restrições à mútua constituição de direitos e obrigações, especialmente comerciais, incluindo a abstenção do próprio ato ou contrato ilegal; (inciso XXI) promover ações para a disciplina dos mercados de produtos florestais e seus derivados, em especial para controlar a competição de produtos florestais de origem não sustentável; (inciso XXIII) estimular a agregação de valor ao produto florestal na região em que for explorado.

É possível observar que o acima referido inciso VII do artigo 53 remete a solução de impasses administrativos que vierem a ocorrer entre o concessionário, os produtores locais e as comunidades locais. Há, aí, a função do órgão gestor na resolução de conflitos não somente voltados aos aspectos econômicos do manejo, mas também aos fatores sociais, ante os possíveis conflitos que poderão ocorrer envolvendo as comunidades locais e os direitos que as tem como beneficiárias, tanto pela LGFP como pelas demais normas constitucionais e infraconstitucionais aplicáveis.

Enfim, outras competências do órgão gestor previstas no artigo 53 se destinam a temas anteriores à vigência do contrato de concessão florestal. É o que ocorre quanto aos atos preparatórios para a licitação para concessão das florestas públicas como, por exemplo, a elaboração do PAOF. Referidas competências serão posteriormente mencionadas quando da análise da organização dos órgãos gestores definida pela LGFP (tópico 8.4).

Além dessas competências previstas aos órgãos gestores, na linha do posicionamento de Granziera, a destinação das florestas públicas para a exploração por particulares não gera transferência ou exclusão da competência pública do exercício de poder de polícia ambiental.[263] Referidas competências não deixam de integrar o rol de prerrogativas que detém a administração pública e que vergam em seu favor o contrato administrativo firmado com a empresa que realizará o manejo florestal. É claro que não é somente em função do contrato administrativo que o poder de polícia[264] ambiental se

263. GRANZIERA, Maria Luiza Machado. Mecanismos de efetividade da lei sobre florestas públicas. **Revista de Direito Ambiental,** v. 13, n. 49, p. 201-216, jan./mar. 2008, p. 215.

264. Adotando conceito de Meirelles, o poder de polícia caracteriza-se como a faculdade da administração pública de condicionar e restringir o uso e gozo de bens, atividades e direitos individuais, em prol do coletivo ou do Estado. Lembra-se, ainda, que certas atividades são de interesse simultâneo das entidades estatais, fazendo com o que o poder de regular e policiar se difunda entre todas as administrações. Cf. MEIRELLES, Hely Lopes. **Direito administrativo brasileiro.** 43 ed. São Paulo: Malheiros, 2018, p. 156-157. Por isso, a competência concorrente em matéria ambiental possibilita que todas as entidades estatais possam agir na defesa ambiental, não se limitando a tarefa tão somente ao poder concedente, embora

justifica, pois se trata de um dever estatal inarredável, independentemente de ser uma exploração florestal sobre um bem público ou sobre um bem privado. Porém, não deixam estas de serem competências do poder concedente e ampliam o seu rol de deveres em relação à execução contratual.

As competências então observadas, disciplinadas no âmbito da LGFP, são previstas com destinação específica para os contratos de concessão florestal. Porém, não são excluídas competências outras das mais diversas, que venham a disciplinar a atuação do poder concedente, estejam ou não previstas no instrumento contratual, pois podem decorrer de comandos normativos. É o caso, convém mencionar, da obrigação de reposição do regime econômico e financeiro do contrato, como será visto no próximo tópico, justamente por estar inserida na matéria geral sobre o regime econômico e financeiro dos contratos de concessão florestal.

7.5.7 Regime econômico e financeiro

O regime econômico e financeiro dos contratos tem como um elemento vital a estabilidade financeira do concessionário.[265] Não havendo uma previsão específica que assegurasse juridicamente um regime econômico e financeiro aos contratos celebrados com a administração pública, certamente seria difícil crer em um interesse por parte dos particulares de firmar esses contratos, ante as prerrogativas de que goza o poder público.

A ideia básica que envolve o equilíbrio econômico e financeiro dos contratos firmados entre particulares e o Estado prima por uma correspondência entre a matéria objeto do contrato e os preços que nele constarem, independentemente de se tratarem de valores pagos pelo poder público, por exemplo, em concessões de obra pública, ou de preços pagos pelo concessionário como contrapartida pela utilização de bem público quando de sua concessão, sendo este último caso o que diz respeito às concessões florestais.

Estabelece Meirelles que no equilíbrio econômico e financeiro existe uma correlação entre o objeto do contrato e a sua remuneração prevista originariamente e fixada pelas partes conforme números absolutos ou em

sobre este recaiam as obrigações tanto em decorrência do ordenamento normativo como em função do contrato firmado. Apesar disso, não se exclui a competência do SFB como gestor no âmbito das concessões florestais e, portanto, do contrato de concessão (artigo 55, inciso I, da LGFP).

265. TÁCITO, Caio. O equilíbrio financeiro na concessão de serviço público. **Revista de Direito Administrativo**, Rio de Janeiro, v. 65, p. 1-25, mai. 1961, p. 2. Embora o autor faça uma análise sobre os contratos de concessão de serviço, o seu entendimento sobre o equilíbrio econômico e financeiro pode ser aplicado a outras formas de contratação pelo poder público.

escala móvel, devendo esta correlação ser mantida durante a execução do contrato, ainda que alteradas as cláusulas regulamentares do instrumento contratual.[266]

Assim, nos contratos firmados pela administração, o equilíbrio econômico financeiro importa em uma relação de igualdade formada entre obrigações do contratante na ocasião do ajuste e da compensação econômica proveniente. Vigora, por isso mesmo, um respeito mútuo de interesses.[267]

Além disso, conforme a doutrina de Gonçalves, há um dever do poder público de repor o equilíbrio econômico e financeiro do contrato, uma vez que ao impor a modificação ou rescisão do contrato, a entidade pública frustra as expectativas econômicas e financeiros do contratante, resultando disso o dever de indenizar. Sendo caso de rescisão, a obrigação de indenização abrange o que o contratante perdeu, isto é, os custos que suportou mas não foram compensados pelas receitas auferidas (danos emergentes), assim como aquilo que ele deixou de ganhar (lucros cessantes).[268]

Nesse sentido, como já se manifestara Caio Tácito, as modificações unilaterais da situação objetiva que aumentem os encargos do concessionário implicam na obrigação de que o poder público adapte o termo da equação econômica com a finalidade de manter a relação convencionada entre concedente e concessionário, a qual somente de comum acordo pode ser modificada. Obriga-se o Estado, então, a compensar o concessionário quando modificar unilateralmente seus encargos.[269]

Destaque-se, por oportuno, que a indenização mencionada ocorre em razão das modificações ou da rescisão operadas sobre o contrato de modo unilateral pela administração pública sem que o contratado tenha dado causa. Pois, caso o contratado, por sua conduta, caracterize uma das possibilidades legalmente instituídas de rescisão contratual, não haverá dever de indenização por parte da administração pública, justamente por não ocorrer a frustação das expectativas daquele.

Na Constituição, a previsão de existir, sobre os contratos firmados pela administração, um regime econômico e financeiro, está prevista no

---

266. MEIRELLES, Hely Lopes. **Licitação e contrato administrativo.** 14 ed. São Paulo: Malheiros, 2006, p. 207.
267. BANDEIRA DE MELLO, Celso Antônio. **Curso de Direito Administrativo.** 33 ed. São Paulo: Malheiros, 2016, p. 664-665.
268. GONÇALVES, Pedro. **O contrato administrativo**: uma instituição do direito administrativo do nosso tempo. Coimbra: Almedina, 2003, p. 122-123.
269. TÁCITO, Caio. O equilíbrio financeiro na concessão de serviço público. **Revista de Direito Administrativo**, Rio de Janeiro, v. 65, p. 1-25, mai. 1961, p. 5/19.

artigo 37, inciso XXI. Determina a norma constitucional que os contratos da administração contenham cláusulas que disponham sobre as obrigações de pagamento, mantidas as condições efetivas da proposta.

As cláusulas com obrigações de pagamento concernem especificamente ao regime econômico e financeiro inserido no contrato firmado pela administração pública, sendo cláusulas que se associam às condições da proposta inicial. A partir disso, a manutenção das condições da proposta obriga que se mantenha a viabilidade econômica do contrato, de modo que as alterações por atos unilaterais do poder público devam vir acompanhadas de um reenquadramento do regime econômico e financeiro.

Como refere Meirelles, tem o contratado o direito de manutenção da equação econômico financeira originariamente estabelecida no ajuste, com a utilização de reajustes econômicos a fim de restaurar o equilíbrio financeiro do contrato. Figura nisso, nos termos do autor, uma justa compensação em decorrência de alterações unilaterais do contrato administrativo que ocorram não somente em modificações das cláusulas sobre preços e remuneração, mas também quando houverem alterações que afetem o regime econômico e financeiro, tais como prazos e forma de pagamento.[270]

Ademais, como esclarece Mukai, a manutenção das condições efetivas da proposta, como constitucionalmente previsto no artigo 37, inciso XXI, não implica na imutabilidade das condições iniciais da proposta, mas no direito de ver sempre mantidas as condições que estiverem sendo pelo contratado suportadas. Assim, se as condições iniciais da propostas modificarem por força de maiores ônus decorrentes ou não de ato da administração pública, deverão essas condições se adaptar a essa nova situação.[271]

Ainda, de acordo com Mukai, é possível admitir um reequilíbrio econômico e financeiro, por reajuste ou revisão, não apenas nos termos do contrato celebrado, mas também da própria proposta vencedora da licitação, com igual fundamento na norma contida no artigo 37, inciso XXI. Entende o autor que, se o contrato se assenta no edital de licitação e nas condições da proposta vencedora, esta igualmente integra o contrato, de modo que, ocorrendo um fato desde a apresentação da proposta e a assinatura do contrato que traga maiores ônus ao futuro contratado, é necessário o reequilíbrio da equação proposta, caso em que se estará reequilibrando a equação econômica e financeira do contrato.[272]

---

270. MEIRELLES, Hely Lopes. **Licitação e contrato administrativo.** 14 ed. São Paulo: Malheiros, 2006, p. 209.

271. MUKAI, Toshio. Do reequilíbrio econômico-financeiro da proposta. **Interesse Público**, Porto Alegre, v. 8, n. 36, p. 137-142, mar./abr. 2006, p. 138.

272. Ibidem, p. 140.

Não há que se olvidar, enfim, o dever de boa-fé nos contratos administrativos, com o respeito à intenção das partes em sua substância tal como emergida no momento do ajuste contratual.[273] Sendo importante ressaltar a boa-fé objetiva, caracterizada por Lupion como o dever de agir em concordância com padrões socialmente reconhecidos de lisura e lealdade, em sua tríplice função de interpretação dos negócios jurídicos, restritiva do exercício de direitos e criadora de deveres anexos à prestação principal.[274] É claro que nessa relação entre poder público e particular, aquele gozará de prerrogativas específicas, a justificar cláusulas ditas exorbitantes. Porém, ainda assim o poder público estará vinculado ao interesse público e sua satisfação, sendo esta matéria a sua orientação, enquanto ao particular impõem-se o cumprimento das cláusulas contratuais pactuadas.

Em mais de uma ocasião a Lei 8.666/1993 especifica a devida consideração do equilíbrio econômico e financeiro do contrato. A manutenção do equilíbrio econômico e financeiro é assegurada na prorrogação dos prazos de início de etapas de execução, conclusão e entrega quando devida e legalmente motivada (artigo 57, §1º). Em outro caso, ao prever as prerrogativas da administração pública, a lei vincula a possibilidade de alteração de cláusulas econômicas e financeiras dos contratos administrativos à prévia concordância do contratado, devendo sua revisão manter o equilíbrio contratual (artigo 58, §1º e §2º). Ao estabelecer as possibilidades de alteração do contrato por acordo das partes, a lei protege a manutenção do equilíbrio econômico financeiro inicial do contrato quando sobrevierem fatos imprevisíveis ou previsíveis, mas com consequências incalculáveis, retardadores ou impeditivos da execução contratual, ou nos casos de força maior, caso fortuito ou fato do príncipe (artigo 65, inciso II, alínea d). Além disso, havendo alterações unilaterais do contrato pela administração pública, esta tem o encargo de restabelecer o equilíbrio econômico e financeiro incialmente contratado (artigo 65, §6º).

Na LGFP, enquanto o regime econômico e financeiro está previsto em seção própria sobre os preços florestais, inexistem medidas normativas detalhadas a garantir o restabelecimento da equilíbrio econômico e financeiro do contrato. Há, isso sim, a previsão de cláusula essencial que faça constar, no contrato de concessão florestal, as matérias relativas aos preços, além dos critérios e procedimentos para o reajuste e a revisão (artigo 30, inciso X). Por isso, ao tratarem do reajuste e a revisão, pode-se dizer que estas

---

273. BANDEIRA DE MELLO, Celso Antônio. **Curso de Direito Administrativo.** 33 ed. São Paulo: Malheiros, 2016, p. 673.

274. LUPION, Ricardo. **Boa-fé objetiva nos contratos empresariais:** contornos dogmáticos dos deveres de conduta. Porto Alegre: Livraria do Advogado, 2011, p. 50-52.

cláusulas dizem respeito ao regime econômico e financeiro do contrato e seu reequilíbrio.

Deste modo, nos contratos de concessão florestal, o reequilíbrio econômico e financeiro está assegurado pela Constituição, pela necessária previsão em contrato dos critérios e procedimentos para reajuste e revisão[275] e pela aplicação subsidiária da Lei 8.666/1993. Portanto, nas concessões florestais incidem normas, não necessariamente provenientes da própria LGFP, relativas ao regime econômico e financeiro do contrato, inclusive sobre o equilíbrio econômico e financeiro em decorrência de alterações que recaiam sobre o contrato imotivadamente por atos unilaterais do poder concedente.

Considerando a seção sobre os preços florestais existente na LGFP, o regime econômico e financeiro da concessão florestal a ser estabelecido nos contratos de concessão florestal, de acordo com o artigo 36, deve compreender necessariamente quatro aspectos: (a) o pagamento de preço calculado sobre os custos de realização do edital de licitação da concessão florestal da unidade de manejo (artigo 36, inciso I); (b) o pagamento de preço, que não seja inferior ao preço mínimo estabelecido no edital de licitação, calculado em função da quantidade de produto ou serviço adquirido do objeto da concessão ou do faturamento líquido ou bruto (artigo 36, inciso II); (c) a responsabilidade do concessionário em realizar outros investimentos previstos no edital e no contrato (artigo 36, inciso III); (d) a indisponibilidade, pelo concessionário, ressalvado algo previsto em contrato, dos bens considerados reversíveis (artigo 36, inciso IV).

O preço estipulado no inciso I do artigo 36, definido pelo edital de licitação, poderá ser pago parceladamente em até um ano, atendendo aos critérios técnicos e especificidades do local (artigo 36, §1º). Em conformidade com o artigo 37, do Decreto 6.063/2007, o preço calculado sobre os custos da realização do edital de licitação da concessão florestal federal é definido com base no custo médio do edital por hectare e especificado no edital da licitação, considerando os custos do inventário florestal, dos estudos preliminares contratados para composição do edital, do RAP com o processo de licenciamento e da publicação com julgamento de propostas.

Com efeito, o artigo 24 da LGFP prevê o pagamento de despesas e investimentos efetuados na unidade de manejo e vinculados ao processo de licitação para a concessão, a serem ressarcidos pelo vencedor da licitação

---

275. Conforme disposição do artigo 48 do Decreto 6.063/2007, o reajuste dos preços florestais é anual, de acordo com a metodologia definida pelo SFB e especificada no edital de licitação e no contrato de concessão florestal.

conforme indicação de valores em edital, ressalvadas a dispensa de ressarcimento por parte de empresas de pequeno porte, microempresas e associações de comunidades locais (artigo 24, §2º).

O pagamento de preço não inferior ao mínimo estabelecido em edital, previsto no artigo 36, inciso II, da Lei LGFP, deve considerar, conforme o §2º do referido artigo: o estímulo à competição e à concorrência (inciso I); a garantia da competição em relação ao manejo em áreas privadas (inciso II); a cobertura dos custos dos sistemas de outorga (inciso III); a geração de benefícios sociais, contando a renda gerada (inciso IV); o estímulo ao uso múltiplo da floresta (inciso V); a manutenção e ampliação da competitividade da atividade florestal (inciso VI); as referências internacionais aplicáveis (inciso VII).

Em conformidade com o artigo 39 do Decreto 6.063/2007, os parâmetros utilizados para definição dos preços da concessão federal devem respeitar as unidades de medida, os critérios de agrupamento e a metodologia de medição e quantificação, além de permitir a inclusão de novos produtos e serviços. Também, a definição do preço mínimo da concessão florestal pode ser feita (a) a partir dos preços mínimos de cada produto ou serviço; (b) pela estimativa de arrecadação anual total dos produtos e serviços; ou, (c) combinando os dois critérios mencionados.

Além do preço mínimo estabelecido para a concessão florestal, o artigo 36, §1º da LGFP, estabelece um valor mínimo anual a ser pago independentemente da produção ou de valores auferidos com a exploração do objeto da concessão. Este valor integra os pagamentos anuais devidos pelo concessionário para o pagamento do preço estabelecido pelo artigo 36, inciso II, da mesma lei.

No caso das concessões florestais federais, o artigo 40 do Decreto 6.063/2007 estabelece o limite de 30% do preço anual vencedor do processo licitatório, calculado com base na estimativa de produção fixada no edital e os preços de produtos e serviços da proposta vencedora, devendo este percentual aplicável ser definido no edital, conforme o artigo 40, §1º do mesmo decreto.

O preço mínimo somente passa a ser exigível pelo poder concedente após a aprovação do PMFS pelo IBAMA, exceto quando o concessionário der causa ao atraso (artigo 40, §4º, do Decreto 6.063/2007), sendo que o seu pagamento será compensado do preço florestal previsto no artigo 36, inciso II, da LGFP.

Segundo o artigo 39 da LGFP, a destinação dos recursos financeiros provenientes dos preços da concessão florestal depende da concessão envolver unidades florestais localizadas em terras da União ou em Florestas Nacionais da União.

Para o caso de preços sobre concessões provenientes de unidades localizadas em áreas da União, o valor mínimo anual será destinado em: (a) 70% ao órgão gestor para a execução das atividades; (b) 30% ao IBAMA para utilização em atividades de controle e fiscalização ambiental de atividades florestais, de unidades de conservação e do desmatamento. Já o preço pago, excluído o valor mínimo anual, será destinado: (a) 30% aos Estados, proporcionalmente à distribuição da floresta pública outorgada em suas jurisdições, a fim de apoiar e promover o manejo sustentável de recursos florestais, sempre que o ente vier a cumprir com esta finalidade; (b) 30% aos municípios, também proporcionalmente e na mesma condição aplicada aos Estados; (c) 40% para o Fundo Nacional de Desenvolvimento Florestal.

Quando se tratarem de recursos florestais advindos de Florestas Nacionais criadas pela União, conforme artigo 39, §1º da LGFP, o valor mínimo anual será destinado ao órgão gestor para execução de suas atividades. O restante do preço pago será destinado: (a) 40% ao Instituto Chico Mendes, para o restrito emprego na gestão de unidades de conservação de uso sustentável; (b) 20% aos Estados, em caráter proporcional à distribuição da floresta pública outorgada em suas jurisdições a fim de apoiar e promover o manejo sustentável de recursos florestais, sempre que o ente vier a cumprir com esta finalidade; (c) 20% aos municípios em caráter proporcional e nos mesmos critérios atribuídos aos Estados; (d) 20% ao Fundo Nacional de Desenvolvimento Florestal.

Importante destacar que o pagamento dos recursos para Estados e Municípios é condicionado a instituição de um conselho do meio ambiente por cada ente federativo, que deve contar com participação social e aprovar o cumprimento de metas relativas ao recebimento destes recursos referentes ao ano anterior e à programação da aplicação destes recursos para o ano em curso (artigo 39, §3º da LGFP).

Para os fins destes repasses de valores, no âmbito federal o órgão gestor mencionado pela lei é o SFB, conforme artigo 55, inciso I, da Lei LGFP. E, o Fundo Nacional de Desenvolvimento Florestal, criado pelo artigo 41 da mesma lei e regulamentado pelo Decreto 7.167/2010, tem por finalidade fomentar o desenvolvimento de atividades sustentáveis de base florestal no Brasil e promover a inovação tecnológica no setor.[276]

---

276. O Fundo Nacional de Desenvolvimento Florestal será visto com maiores detalhes a seguir no tópico 7.5.7.1.

Ainda, de se destacar que a LGFP não estabelece a destinação de pagamentos quando se tratarem de florestas públicas localizadas nos outros entes federativos, o que viria a infringir o pacto federativo previsto constitucionalmente.

No que diz respeito à responsabilidade do concessionário em realizar outros investimentos previstos no edital e no contrato, conforme o artigo 36, inciso III, tratam-se de despesas diversas que integram a concessão florestal. Previstas no artigo 20 da LGFP, as normas gerais que deverão constar nos editais, por exemplo, devem conter a previsão de garantias financeiras e seguros exigidos (artigo 20, inciso XIII). Quanto aos contratos, é possível demonstrar investimentos previstos nas cláusulas essenciais determinadas pelo artigo 30 da LGFP, como é o caso das ações de melhoria e recuperação ambiental na área da concessão e seu entorno assumidas pelo concessionário (artigo 30, inciso VIII), das ações destinadas ao benefício da comunidade local assumidas pelo concessionário (artigo 30, inciso IX) e das obrigações correspondentes à necessidade de futuras modernizações, aperfeiçoamento e ampliação de equipamentos, infraestrutura e instalações (artigo 30, inciso XI).

Além destes casos previstos em lei, é possível que os contratos de concessão florestal estabeleçam determinados investimentos a serem realizados por parte do concessionário, o qual deve proceder com seu devido adimplemento, eis que se extrai como sua obrigação o cumprimento das cláusulas contratuais, conforme previsão que consta no artigo 31, inciso V, da LGFP.

O último item que integra o regime econômico e financeiro da concessão florestal, estabelecido no artigo 36, inciso IV, da LGFP, é a indisponibilidade de bens reversíveis, exceto quando houver disposição contratual. Para a finalidade de alcançar o adequado cumprimento desta previsão legal, o artigo 31, inciso XIV, imputa como um dever do concessionário a atualização constante do inventário e registro de bens vinculados à concessão. E, em conformidade com o artigo 43 do Decreto 6.063/2007, estes bens deverão ser definidos em edital e incluirão, no mínimo, a demarcação da unidade de manejo, a infraestrutura de acesso, cercas, aceiros, porteiras, construções e instalações permanentes.

Caso o concessionário deixe de cumprir com o pagamento dos preços florestais, seja na sua integralidade, seja parcialmente, estará dando causa à rescisão unilateral do contrato (artigo 45, §1º, inciso IV, da LGFP).

É a partir desse conjunto que se amolda a consideração dos preços florestais no âmbito do regime econômico e financeiro dos contratos de concessão florestal. No aspecto normativo interno do SFB, os parâmetros do regime econômico e financeiro estão descritos na Resolução 25/2014, instruindo as condições técnicas que acompanham não somente o instrumento contratual, mas de igual forma a confecção do edital.

Por fim, é importante tecer algumas considerações sobre o FNDF, considerando que sua principal fonte de recursos decorre dos valores obtidos no âmbito das concessões florestais. Com base nisso, pretende-se no próximo tópico expor as funções do FNDF, como ocorre a destinação dos recursos e qual a regulamentação existente a respeito.

7.5.7.1 Fundo Nacional de Desenvolvimento Florestal

Por meio da LGFP foi criado um fundo de natureza contábil, então denominado FNDF. Sua base monetária decorre principalmente dos recursos provenientes dos preços da concessão florestal, como foi possível observar a partir do regime econômico e financeiro dos contratos. Como recursos do fundo, além daqueles previstos no artigo 39 da LGFP, existe a reversão de saldos anuais não aplicados, doações de entidades nacionais e internacionais, públicas ou privadas, sem excluir a possibilidade de advirem de outras fontes que tenham essa destinação específica (artigo 41, §4º da LGFP).

Como objetivo, o FNDF presta fomento ao desenvolvimento de atividades sustentáveis de base florestal no Brasil, além de promover a inovação tecnológica do setor. Assim, de um lado, o FNDF se volta ao exercício de práticas realizadas em florestas brasileiras que estejam inseridas no contexto de sustentabilidade, sendo este um requisito inerente à própria gestão de florestas públicas regulamentada ao longo da LGFP. E, de outro lado, a utilização dos recursos do fundo se destina à inovação tecnológica de atividades florestais.

Porém, não estão estes dois objetivos em contraposição. A ideia de práticas sustentáveis na exploração dos recursos florestais e de inovação tecnológica do setor necessitam ser observadas de forma conjugada para que ocorre o pleno atendimento das diretrizes que regulamentam as funções do FNDF. Dada a estrutura normativa da LGFP, a inovação tecnológica não deixa de observar o contexto do desenvolvimento de atividades sustentáveis e, mais que isso, auxilia na sua implementação e concretização contínua, mediante o fornecimento de novos ferramentais que possam ser utilizados.[277]

277. Como exemplo da utilização de instrumentos tecnológicos para efetivação da proteção do ambiente e, consequentemente, do direito fundamental ambiental, exemplifica-se com artigo que aborda as novas tecnologias do Big Data e de técnicas de *machine learning*. Cf. MOLINARO, Carlos Alberto; LEAL, Augusto Antônio Fontanive. Big Data, machine learning e a preservação ambiental: instrumentos tecnológicos em

Compreendidas as funções que norteiam a destinação do FNDF, destacam-se outros fatores relacionados ao fundo de relevante importância e que serão abordados em tópicos separados. O primeiro deles diz respeito à aplicação prioritária dos recursos, isto é, quais os projetos que terão preferência para receberem recursos do fundo. O segundo aspecto remete às normas que regulamentam a gestão do FNDF.

7.5.7.1.1 Áreas de fomento

São oito as áreas que recebem aplicações prioritárias do FNDF. Estão listadas nos incisos I a VIII do artigo 41, §1º da LGFP e compreendem: (inciso I) pesquisa e desenvolvimento tecnológico em manejo florestal; (inciso II) assistência técnica e extensão florestal; (incisos III) recuperação de áreas degradadas com espécies nativas; (inciso IV) aproveitamento econômico racional e sustentável dos recursos florestais; (inciso V) controle e monitoramento das atividades florestais e desmatamentos; (inciso VI) capacitação em manejo florestal e formação de agentes multiplicadores em atividades florestais; (inciso VII) educação ambiental; (inciso VIII) proteção ao ambiente e conservação dos recursos naturais.

Como, por força do artigo 41, *caput*, o objetivo do FNDF é o desenvolvimento sustentável de atividades florestais e a inovação tecnológica do setor, a aplicação dos recursos do fundo devem seguir essas diretrizes. Por essa razão, as áreas que recebem aplicação de valores do fundo enumeradas nos incisos I a VIII devem ser contextualizadas aos objetivos do FNDF, sem exceção.

Observe-se que, não por acaso, os itens descritos pressupõem, em sua grande maioria, as diretrizes do *caput* do artigo 41. Quanto à inovação tecnológica, serve como exemplo a aplicação de valores do fundo na pesquisa e desenvolvimento tecnológico em manejo florestal (artigo 41, §1º, inciso I). E, quanto ao desenvolvimento sustentável de atividades florestais, há o aproveitamento econômico racional e sustentável dos recursos florestais (artigo 41, §1º, inciso IV).

O fomento prioritário nas áreas delineadas pelo artigo 41, §1º não impede que sejam realizados investimentos em outras temáticas que não aquelas previstas na LGFP, o que pode ocorrer desde que sejam consideradas

defesa do meio ambiente. **Veredas do Direito: Direito Ambiental e Desenvolvimento Sustentável**, Belo Horizonte, v. 15, n. 31, p. 201-224, jun. 2018.

as diretrizes do FNDF e sempre que houver sido dada prioridade aos projetos que estejam incluídos nas áreas principais.

7.5.7.1.2 Aplicação dos recursos

Para a realização da distribuição de recursos do FNDF e a avaliação de sua aplicação será ouvido um conselho consultivo formado especificamente para o fundo, que conta com a participação de entes federativos e da sociedade civil (artigo 41, §2º). Com a função de opinar apenas, as decisões emitidas pelo conselho não vinculam a tomada de decisão sobre a aplicação de recursos do fundo. Por outro lado, cabe ao conselho a análise de aplicação de recursos pelo fundo, o que não dispensa a devida consideração sobre se os objetivos do projeto recebedor do fomento foram alcançados.

O conselho consultivo era regulamentado e instituído pelo Decreto 7.167/2010, mas com a alteração da legislação organizacional do Poder Executivo federal que culminou com a submissão do SFB ao Ministério da Agricultura, Pecuária e Abastecimento, teve-se por necessária a alteração da norma regulamentadora do FNDF. Por isso, foi editado o Decreto 10.062/2019 com a função de regulamentar e instituir o FNDF.

No artigo 2º do decreto, por força do já observado 41, §2º da LGFP, destaca-se ser competência do conselho a manifestação de opinião sobre a distribuição de recursos do fundo e a avaliação sobre sua aplicação (artigo 2º do Decreto 10.062/2019). Os representantes que compõem o conselho consultivo do FNDF estão descritos nos incisos I a VII do artigo 3º do mencionado Decreto 10.062/2019, cabendo àquele que representar o SFB a presidência do conselho.

Além disso, nas alterações havidas pelo Decreto 10.062/2019, foi reduzido o número de representantes do FNDF, como é o caso daqueles provenientes de setores de movimentos sociais, organizações ambientalistas e comunidades tradicionais que figuravam como membros por força do Decreto 7.167/2010, então revogado.

Um aspecto de relevante destaque é o fato de que os recursos do fundo não se destinam a projetos de toda e qualquer pessoa jurídica. Os valores somente são repassados para projetos de órgãos ou entidades públicas, ou, também, de entidades privadas sem fins lucrativos (artigo 41, §7º). Nada obstante, a aplicação dos recursos do FNDF, nos moldes previstos no artigo 41, §1º, da LGFP, pode abranger comunidades indígenas, comunidades locais e outros beneficiários (artigo 41, §9º). Quais seriam esses outros beneficiários mencionados pela LGFP? Como há ausência de especificação, faz-se necessária uma regulamentação que delimite quais seriam esses beneficiários ou os critérios para classificação como tal. De toda sorte, entende-se como beneficiários aqueles que tiverem relação com as florestas públicas, à semelhança das comunidades locais e indígenas.

Atendendo-se à norma contida no artigo 41, §8º, quando se tratarem de projetos vinculados à temática da pesquisa e desenvolvimento tecnológico em manejo florestal (artigo 41, §1º, inciso I da LGFP), as entidades públicas de pesquisa gozarão de prioridade.

7.5.8 Auditorias florestais e visitas

As concessões florestais são constantemente submetidas a procedimentos de fiscalização implementadas pelo poder público, sendo uma tarefa essencial à proteção por parte da administração público o devido controle sobre o cumprimento das normas e cláusulas contratuais na execução do contrato de concessão pelo concessionário. E o concessionário, por sua vez, está legal e contratualmente obrigado a submeter suas atividades à fiscalização e à auditoria a qualquer momento, como determina o inciso XIII do artigo 30 combinado com o inciso XVI do artigo 31, ambos da LGFP.

Para além desse pano de fundo de fiscalização pelo poder público, a LGFP cria as auditorias florestais. Independentes, as auditorias florestais são realizadas no máximo a cada três anos em acréscimo à fiscalização ordinária, com os custos arcados integralmente pelo concessionário (artigo 42). Quando a concessão for sobre atividades florestais que tornem inviável o pagamento dos custos das auditorias florestais, em regime de exceção e quando previsto em edital poderão ser adotadas formas alternativas de realização de auditorias (artigo 42, §1º).

Realizadas as auditorias florestais, suas conclusões são formuladas baseadas na constatação de uma das três hipóteses previamente apontadas pela LGFP: (a) regular cumprimento da concessão, culminando na validação pelo órgão gestor; (b) deficiências sanáveis, o que condiciona a manutenção do contrato ao reparo dos vícios e irregularidades verificadas, no prazo máximo de seis meses; (c) descumprimento, o qual, ao ser validado, leva à aplicação de sanções de acordo com a gravidade da inadimplência, podendo até mesmo acarretar na rescisão contratual (artigo 42, §2º, incisos I, II e III).

Vê-se que para cada uma das conclusões que podem ser tomadas pelas auditorias florestais, correspondem consequências específicas, estando elas sempre alinhadas ao necessário cumprimento integral das normas e critérios que regulam a concessão florestal, especialmente no que diz respeito à exploração dos recursos florestais.

Além das auditorias florestais propriamente ditas, é facultado a qualquer pessoa física ou jurídica, quando devidamente justificado e fazendo-se acompanhar por profissionais habilitados, a realização de visitas de comprovação das operações florestais, desde que não impliquem as visitas no impedimento do desenvolvimento das atividades (artigo 43 da LGFP). Para tanto, é necessário que sejam cumpridos os requisitos da prévia licença de visita do órgão gestor e da programação prévia formalizada com o concessionário (artigo 43, incisos I e II, da LGFP).

Com a transparência que decorre das auditorias florestais e das visitas realizadas por pessoas físicas e jurídicas, a LGFP amplia o controle e a fiscalização sobre o desempenho das atividades florestais desempenhadas pelo concessionário, potencializando o cumprimento das normas aplicáveis e das cláusulas do contrato de concessão florestal.

7.5.9 Extinção da concessão

A concessão pode ser extinta em decorrência de diversas causas. São elas enumeradas nos incisos I a V do artigo 44, da LGFP, e passam pelo esgotamento do prazo contratual, rescisão, anulação, falência ou extinção do concessionário e falecimento ou incapacidade do titular em caso de empresa individual e, enfim, desistência e devolução, por opção do concessionário, do objeto da concessão.

Dentre os efeitos da extinção da concessão florestal, estão o retorno dos bens reversíveis ao titular da floresta pública, bem como dos direitos e privilégios que tenham sido transferidos ao concessionário em previsão no edital e conforme constou no contrato (artigo 44, §1º da LGFP). Com a extinção fica o titular da floresta pública autorizado a ocupar aas instalações e a utilizar todos os bens reversíveis, sem ser necessária a notificação prévia (artigo 44, §2º).

As garantias contratuais, obrigatoriamente presentes nos contratos por força do artigo 30, inciso XII, da LGFP, em caso de extinção da concessão pela rescisão, falência ou extinção do concessionário e falecimento ou incapacidade do titular quando empresa individual e desistência e devolução por opção do concessionário, podem ser executadas pelo poder concedente, independentemente da responsabilidade civil pelos danos ambientais causados (artigo 44, §3º).

No §4º do artigo 44, é destacado que a devolução das áreas não implicam em ônus ao poder concedente, tampouco conferindo ao concessionário direito de indenização por bens reversíveis, que passam para a propriedade do poder concedente com a extinção da concessão. Porém, é permitido ao concessionário, conforme o §5º do mesmo artigo, em qualquer dos casos de extinção, remover os equipamentos e bens que não forem objeto da reversão, embora fique obrigado a reparar ou indenizar os danos decorrentes de suas atividades e a praticar os atos de recuperação ambiental que forem determinados pelos órgãos competentes.

Neste último parágrafo é frisada a continuidade da responsabilidade do concessionário pelos danos que houver causado, além das obrigações remanescentes de recuperação ambiental. Isso porque, independentemente das hipóteses de extinção da concessão, permanecem os deveres ambientais e as obrigações contratadas em relação a unidade de manejo explorada, considerando que a recuperação ambiental pode até mesmo ultrapassar o período de término do contrato regularmente cumprido. Igualmente, a responsabilidade civil do concessionário não é elidida pela extinção da concessão, sendo obrigatória a reparação dos danos causados. E, mais, permanecem, assim como a responsabilidade civil, as responsabilidades administrativa e criminal.

Consideradas essas questões inicias, passa-se, então, à consideração de cada uma das possibilidades de extinção da concessão florestal previstas pela LGFP.

7.5.9.1 Esgotamento do prazo

Findo o prazo estabelecido contratualmente, a concessão é extinta. Lembre-se que os prazos contratuais devem respeitar os limites estabelecidos pelo artigo 35, da LGFP, como observado anteriormente.

Não necessariamente, porém, será extinto o contrato de concessão quando ocorrer o término do prazo pactuado. Isso porque é possível existir previsão de prorrogação, quando tenha devidamente constado no ato convocatório e no contrato de concessão, de acordo com os artigos 20, inciso IV e 30, inciso XVII, ambos da LGFP. Sendo caso de prorrogação, deverão estar preenchidas as condições estabelecidas, com vistas ao adequado cumprimento das obrigações pactuadas.

Não sendo caso de prorrogação ou esgotado o prazo de vigência desta, estará consolidado o esgotamento do prazo contratual com a consequente extinção da concessão.

7.5.9.2 Rescisão

Outra forma de extinção contratual é a rescisão, ocasião que pode envolver uma conduta específica do concessionário ou do poder concedente, ou ocorrer sem culpa de qualquer das partes. Aliás, por diversas vezes, a rescisão caracteriza um justo motivo de indenização, como é o caso da rescisão por culpa do concessionário.

Como conceitua Meirelles, a rescisão é o desfazimento do contrato no curso de sua execução.[278] E, conforme Câmara e Nohara, a rescisão é uma forma de extinção precoce do contrato, isto é, antes de cumpridos seus regulares efeitos.[279] Por isso, a rescisão é uma das formas de extinção da relação contratual, pois ao ser configurada uma das hipóteses das diversas razões que lhe podem dar causa, torna-se possível a rescisão do contrato.

A LGFP não descreve todas as possibilidades de rescisão contratual. Limita-se a dispor sobre as hipóteses de rescisão unilateral da administração quando da inexecução parcial ou total do contrato pelo concessionário (artigo 45). No §1º do artigo 45 são enumeradas as possíveis causas que o concessionário pode dar para que se opere a rescisão unilateral do contrato pelo poder concedente.

Apesar disso, não se circunscrevem as hipóteses de rescisão contratual somente na prerrogativa que o poder concedente tem de unilateralmente rescindir o contrato por ocasião da inexecução total ou parcial ou demais possibilidades previstas no §1º do artigo 45. Existem, isso sim, outras duas formas previstas na Lei 8.666/1993, sendo elas a rescisão amigável, quando conveniente para a administração pública, e a rescisão judicial, conforme permitido pela legislação (incisos II e III do artigo 79).

Ainda, é possível que a rescisão ocorra devido a existência de caso fortuito ou de força maior, regularmente comprovada e que impeça a execução do contrato (artigo 78, inciso XVII, da Lei 8.666/1993). Nesse caso, a rescisão decorrerá de previsão expressa em lei e poderá, caso não tenha concordância entre as partes, se resolver judicialmente.

Neste tópico, serão vistas as três possibilidades de rescisão, administrativa, amigável e judicial, separadamente, em consonância com os comandos normativos estabelecidos pela LGFP e de acordo com a aplicação subsidiária

278. MEIRELLES, Hely Lopes. **Licitação e contrato administrativo.** 14 ed. São Paulo: Malheiros, 2006, p. 270.

279. CÂMARA, Jacintho Arruda; NOHARA, Irene Patrícia. **Tratado de direito administrativo**: licitação e contratos administrativos. São Paulo: Editora Revista dos Tribunais, 2014, p. 355.

da Lei 8.666/1993, sendo que ambos diplomas legais guardam aplicabilidade no caso dos contratos de concessão florestal.

7.5.9.2.1 Rescisão administrativa

O artigo 45 da LGFP, ao prever como hipótese de rescisão contratual a inexecução total ou parcial do contrato reproduz, essencialmente, a previsão normativa do artigo 78 da Lei 8.666/1993, embora diferencie-se desta última lei por estabelecer, no artigo 45, que a rescisão ocorrerá a critério do poder concedente. Tal previsão normativa é reforçada quando, nas hipóteses que caracterizam a rescisão unilateral da administração previstas no artigo 45, §1º, é mencionado que a rescisão poderá ser efetuada pelo poder concedente, isto é, a lei não imputa ao poder concedente um dever de rescisão quando do preenchimento de alguma das hipóteses caracterizadoras da rescisão unilateral.

Essas hipóteses que dão causa a rescisão unilateral, embora não iguais à Lei 8.666/1993, delas muito se aproximam. São, assim como a lição de Bandeira de Mello em consideração à Lei 8.666/1993, fundamentalmente de duas formas: (a) em razão do interesse público, devidamente fundadas e justificadas, sem qualquer falta do contratado e (b) por falta do contratado.[280]

As possibilidades de rescisão contratual unilateral pelo poder concedente, conforme o artigo 45, §1º da LGFP, se dão nas seguintes situações: (incisos I) o concessionário descumprir cláusulas contratuais ou disposições legais e regulamentares concernentes à concessão; (incisos II) o concessionário descumprir o PMFS, de forma que afete elementos essenciais de proteção do ambiente e a sustentabilidade da atividade; (incisos III) o concessionário paralisar a execução do PMFS por prazo maior que o previsto em contrato, ressalvadas as hipóteses decorrentes de caso fortuito ou força maior, ou as que, com anuência do órgão gestor, visem à proteção ambiental; (incisos IV) descumprimento, total ou parcial, da obrigação de pagamento dos preços florestais; (incisos V) o concessionário perder as condições econômicas, técnicas ou operacionais para manter a regular execução do PMFS; (incisos VI) o concessionário não cumprir as penalidades impostas por infrações, nos devidos prazos; (incisos VII) o concessionário não atender a notificação do órgão gestor no sentido de regularizar o exercício de suas atividades; (incisos VIII) o concessionário for condenado em sentença transitada em julgado por crime contra o ambiente ou a ordem tributária, ou por crime

280. BANDEIRA DE MELLO, Celso Antônio. **Curso de Direito Administrativo.** 33 ed. São Paulo: Malheiros, 2016, p. 651.

previdenciário; (incisos IX) ocorrer fato superveniente de relevante interesse público que justifique a rescisão, mediante lei autorizativa específica, com indenização das parcelas de investimento ainda não amortizadas vinculadas aos bens reversíveis que tenham sido realizados; (incisos X) o concessionário submeter trabalhadores a condições degradantes de trabalho ou análogas à de escravo ou explorar o trabalho de crianças e adolescentes.

Nem todo descumprimento de cláusulas contratuais autoriza a rescisão, sendo necessário um evento sério suficiente a colocar em risco os interesses fundamentais, por isso que o inciso I, do artigo 45, §1º da LGFP deve ser lido do modo como Justen Filho explica o inciso I do artigo 78 da Lei 8.666/1993, de teor semelhante, sendo necessário um inadimplemento absoluto, onde as condutas praticadas de descumprimento de obrigações contratuais inviabilizem a execução do contrato.[281]

Tendo a concessão florestal por objetivo a exploração sustentável de recursos florestais, sejam estes produtos ou serviços, um exemplo de causa ensejadora da rescisão unilateral pelo descumprimento de cláusulas contratuais e não observação de normas relativas à concessão é a não realização do manejo sustentável da área, em frontal discordância das normas ambientais aplicáveis. Nessas ocasiões, estará fundamentada a possibilidade da rescisão contratual, justificando-se a interpretação, além de pela fundamentação no inciso I, do §1º do artigo 45, também pela fundamentação específica no inciso II do mesmo parágrafo, a respeito do descumprimento do PMFS. Por força de cláusulas contratuais e normas específicas, a exploração dos recursos florestais deve contar com o rigoroso cumprimento das normas ambientais, de modo que sua inadimplência é causa justificadora da inviabilização do contrato e do seu objeto, ensejando a rescisão.

Além da aplicação das hipóteses do artigo 45, §1º, outras ainda podem implicitamente estar previstas na LGFP como, por exemplo, no caso do concessionário não preencher mais os requisitos para ser habilitado, ocasião que dá causa à rescisão contratual.[282] Esta situação pode inclusive gerar uma rescisão unilateral, pelo poder concedente, de um contrato não iniciado, exatamente por haver o descumprimento de ajuste anterior, constituindo-se justa causa para invalidar o acordo pactuado.[283]

---

281. JUSTEN FILHO, Marçal. **Comentários à Lei de Licitações e Contratos Administrativos**: Lei 8.666/1993. 18 ed. São Paulo: Thomson Reuters Brasil, 2019, p. 1403.

282. Ibidem, p. 1434.

283. MEIRELLES, Hely Lopes. **Licitação e contrato administrativo.** 14 ed. São Paulo: Malheiros, 2006, p. 272.

Ainda assim, a causa da rescisão deve contar com previsão legal ou estar relacionada a uma das possibilidades de rescisão unilateral previstas no artigo 45, §1º, mesmo que de forma indireta, não sendo admitida a criação de novas causas de rescisão pelo instrumento convocatório ou pelo contrato. Embora a taxatividade recaia sobre o artigo 45, §1º, assim como sobre o artigo 78 no âmbito da Lei 8.666/1993, é possível estabelecer regras específicas para o caso concreto em razão da generalidade das causas previstas.[284]

Antes do processo administrativo, com a garantia da ampla defesa, para que se opere a rescisão[285] (artigo 45, §2º), será o concessionário notificado para corrigir as falhas e transgressões apontadas dentro de prazo previamente fixado (artigo 45, §3º). Com essa oportunidade de regularização por parte do concessionário implementada pela LGFP, julga-se haver uma intenção na manutenção do contrato de concessão florestal, evitando um novo processo licitatório decorrente da rescisão contratual. A manutenção do contrato, porém, somente ocorrerá se dentro do prazo a situação for regularizada. E, independentemente da regularização da situação por parte do concessionário, subsistirá a responsabilização administrativa, civil e criminal deste, quando for o caso.

Não restando corrigidas as falhas e transgressões apontadas pelo poder concedente, poderá ser instaurado o processo administrativo. Se do processo resultar a comprovação da inadimplência, será o contrato rescindido por ato do poder concedente. Nada disso excluirá, contudo, a responsabilização do concessionário nas esferas administrativa, civil e penal (artigo 45, §4º). De todo modo, a responsabilização é passível de ocorrer tanto com a comprovação da inadimplência contratual e consequente rescisão, quanto no caso de não ter havido a inadimplência contratual, embora a não concomitância da inadimplência contratual e da responsabilização do concessionário seja difícil de ocorrer, uma vez que normalmente a responsabilização administrativa, civil e penal decorre da conduta do concessionário que igualmente esteja em desacordo com a execução contratual.

284. JUSTEN FILHO, Marçal. **Comentários à Lei de Licitações e Contratos Administrativos**: Lei 8.666/1993. 18 ed. São Paulo: Thomson Reuters Brasil, 2019, p. 1434.

285. As normas para o processo administrativo de competência da administração pública federal foram estabelecidas pela Lei 9.784/1999. Por oportuno, remete-se aqui ao entendimento de Barros, ao mencionar que a administração pública deve instaurar o processo administrativo por iniciativa própria quando determinadas situações administrativas gerem consequências jurídicas que atinjam direitos ou interesses, ocasião que se tem por necessário prestar deferência ao princípio constitucional do devido processo legal e aos princípios do contraditório, ampla defesa e da possibilidade recursal. Cf. BARROS, Wellington Pacheco. **Curso de processo administrativo.** Porto Alegre: Livraria do Advogado, 2005, p. 93.

Com a rescisão do contrato de concessão, resultante de ato unilateral do poder concedente, não permanece qualquer responsabilidade do órgão gestor da concessão florestal com terceiros ou empregados do concessionário, em relação aos encargos, ônus, obrigações ou compromissos assumidos (artigo 45, §5º). Blinda-se o poder concedente, com a disposição normativa, de eventuais reclamações de terceiros e empregados que surgiriam por prejuízos da descontinuidade do contrato de concessão por ato unilateral. A positivação na LGFP desta proteção concedida ao poder concedente reafirma que a responsabilidade pela rescisão unilateral é do concessionário, sendo quem lhe deu causa. Sobre esse tema, lembre-se ainda que o concessionário pode contratar terceiros para desenvolver atividades inerentes ou subsidiárias sem que seja estabelecida uma relação jurídica entre os terceiros e o poder constituinte, sendo que essas atividades pressupõem o cumprimento das normas específicas aplicáveis (artigo 27, §1º, 2º e 3º da LGFP).

Se a rescisão unilateral pela administração pública ocorrer motivada por fato superveniente de relevante interesse público que a justifique, caberá indenização paga pelo poder concedente em favor do concessionário, pois nesses casos haverá uma frustação de expectativas legítimas deste em relação ao contrato firmado, como se mencionou por ocasião do equilíbrio econômico e financeiro dos contratos no tópico 7.5.7. Para situações como a mencionada, permite a LGFP, no artigo 45, §6º, que o poder público institua seguro para cobertura da indenização correspondente às parcelas de investimento não amortizadas vinculadas aos bens reversíveis.

7.5.9.2.2 Rescisão amigável

Prevista no artigo 79, inciso II, da Lei 8.666/1993, a rescisão amigável ocorre quando o poder público e o concessionário resolvem, de comum acordo, em pôr fim à relação contratual havida. Envolve esta modalidade de rescisão uma convenção sobre a extinção do contrato e o ajuste dos direitos dos contratantes.

Sua realização depende da observância de exigências normativas do distrato, as quais, via de regra, reproduzem as mesmas dos contratos.[286] Por isso, como se trata de um contrato de concessão florestal, será feita na forma pela qual se contratou a concessão anteriormente. Também, a autoridade

286. Sobre o tema, esclarece Meirelles, Cf. MEIRELLES, Hely Lopes. **Licitação e contrato administrativo.** 14 ed. São Paulo: Malheiros, 2006, p. 274-275.

signatária do distrato deve ser a mesma que assinou o contrato, ou ter competência idêntica ou superior àquela

Como a rescisão é realizada consensualmente, é preciso dispor sobre os seus efeitos, questão que encontra suas dificuldades no fato da administração ter de transacionar dentro dos contornos do princípio da indisponibilidade do interesse público, razão pela qual é imprescindível a ampla justificação a demonstrar que o distrato é a solução a adequadamente atender o interesse público primário.[287] Não é por outro motivo que a rescisão amigável é condicionada à existência de conveniência para a administração pública, como se depreende no inciso II do artigo 79, *in fine*, da Lei 8.666/1993.

Assim, a rescisão amigável depende da concatenação de diversos aspectos normativos aplicáveis à conduta da administração pública, com destaque quanto aos princípios que caracterizam sua atividade, de modo a não lesar o interesse público.

7.5.9.2.3 Rescisão judicial

Constando no artigo 79, inciso III, da Lei 8.666/1993, a rescisão judicial é aquela promovida por meio de ação judicial com objetivo de que a decisão final do litígio decrete a rescisão. Com isso, nessa modalidade de rescisão, a extinção do contrato ocorre por decisão do Poder Judiciário quando do ajuizamento de ação por parte da administração pública ou do contratado.

Pode esta forma de rescisão ser obtida tanto pela administração como pelo contratado. Porém, note-se que o poder público já goza da prerrogativa de rescindir o contrato unilateralmente pela via administrativa, ao passo que ao contratado resta dispor da via judicial para levar a cabo a extinção do contrato pela rescisão.

A fundamentação da ação deverá estar embasada no direito que a parte possui de rescindir o contrato, o qual pode se assentar na inadimplência da outra parte contratante. As causas que geram a rescisão unilateral pela administração foram definidas legalmente e mencionadas anteriormente, sendo estas a fundamentar o pedido judicial se não for realizada a rescisão administrativa.

No caso de rescisão em favor do particular, os incisos XIII ao XVI do artigo 78 da Lei 8.666/1993 enumeram ocasiões em que se configura o di-

287. NIEBUHR, Joel de Menezes. **Licitação pública e contrato administrativo**. 2 ed. Belo Horizonte: Fórum, 2012, p. 936-937.

reito do contratado em rescindir. São as seguintes as causas que ensejam a rescisão do contrato: (inciso XIII) a supressão, por parte da Administração, de obras, serviços ou compras, acarretando modificação do valor inicial do contrato além do limite permitido no §1º do artigo 65 da Lei 8.666/1993; (inciso XIV) a suspensão de sua execução, por ordem escrita da Administração, por prazo superior a 120 (cento e vinte) dias, salvo em caso de calamidade pública, grave perturbação da ordem interna ou guerra, ou ainda por repetidas suspensões que totalizem o mesmo prazo, independentemente do pagamento obrigatório de indenizações pelas sucessivas e contratualmente imprevistas desmobilizações e mobilizações e outras previstas, assegurado ao contratado, nesses casos, o direito de optar pela suspensão do cumprimento das obrigações assumidas até que seja normalizada a situação; (inciso XV) o atraso superior a 90 (noventa) dias dos pagamentos devidos pela Administração decorrentes de obras, serviços ou fornecimento, ou parcelas destes, já recebidos ou executados, salvo em caso de calamidade pública, grave perturbação da ordem interna ou guerra, assegurado ao contratado o direito de optar pela suspensão do cumprimento de suas obrigações até que seja normalizada a situação; (inciso XVI) a não liberação, por parte da Administração, de área, local ou objeto para execução de obra, serviço ou fornecimento, nos prazos contratuais, bem como das fontes de materiais naturais especificadas no projeto.

Note-se que nas concessões florestais, nem todos os incisos encontram enquadramento, mormente em se tratando do inciso XV, que diz respeito ao atraso da administração pública em realizar pagamentos.

A LGFP, por sua vez, não prevê ocasiões que justifiquem a rescisão por parte do concessionário, embora descreva no artigo 47 a possibilidade do concessionário rescindir o contrato por ação judicial voltada a essa finalidade quando o poder concedente descumprir as normas contratuais firmadas.

Assim, a rescisão judicial se afirma como a possibilidade que o poder concedente e o concessionário têm de extinguir o contrato de concessão florestal. Apesar disso, serve a via judicial principalmente aos interesses do concessionário na rescisão, pois a administração pública detém a possibilidade de rescindir administrativamente o contrato.

7.5.9.3 Anulação

Para que se configure a anulação do contrato de concessão florestal, preceituada no artigo 44, inciso III, da LGFP, é necessária a existência de irregularidade quanto à observância das normas cabíveis que macule o contrato em seu conteúdo, forma ou em razão de descumprimentos de exigências anteriores à assinatura do contrato, mais precisamente, no âmbito da licitação. Caso a anulação decorra de atos pelos quais o contratado não tiver responsabilidade, é cabível a indenização deste por parte do poder público, conforme a conjugação dos artigos 49, §1º e 59, parágrafo único, ambos da Lei 8.666/1993.

Lembre-se, ainda, que se o procedimento licitatório for nulo, nulo também será o contrato (artigo 49, §2º), com a indenização do contratado quando não for este igualmente responsável pelas irregularidades (artigo 59, parágrafo único, da Lei 8.666/1993).

Pode a anulação correr administrativamente ou mediante juízo. Tanto em uma como em outra via, basicamente há o reconhecimento de uma irregularidade existente anteriormente à execução do contrato e que, pela sua condição de ilicitude, implica na extinção da contratação.

Não se confunde a anulação com a rescisão, pois aquela envolve uma ilicitude e esta, a inadimplência de alguma das partes ou uma justificativa embasada no interesse público pela administração.

7.5.9.4 Falência e extinção do concessionário ou falecimento e incapacidade do titular

Sobre quatro hipóteses se assenta a modalidade de extinção da concessão florestal prevista no artigo 44, inciso IV, da LGFP. Todas elas remetem a uma impossibilidade de continuação da execução contratual pelo concessionário.

Quando decretada a falência da sociedade do concessionário, não haverá mais que se dizer na possibilidade de permanência das atividades prestadas, ante o afastamento que é inerente à falência[288]. Igualmente ocorre quando é extinta a sociedade do concessionário, caso em que não poderá se cogitar na continuidade do contrato, eis que uma das partes já não mais existe.

Portanto, em ambos os casos, a atividade do concessionário logicamente não poderia mais ser desempenhada. No primeiro deles, por causa da falência e do consequente afastamento das atividades do devedor, impossibilitando que se continue a execução contratual. No segundo, por causa da extinção da sociedade, ocasião que extingue o contrato firmado por não haver mais a personalidade jurídica do concessionário que o firmou.

288. Veja-se, por exemplo, o artigo 75 da Lei 11.101/2005, que menciona o afastamento do devedor de suas atividades quando da falência.

Essas duas primeiras hipóteses, onde se tem por inviabilizada a execução contratual desde seu acontecimento, se aplicam aos concessionários em geral que vierem a participar de um contrato de concessão florestal. É dizer, são aplicáveis a todas as pessoas jurídicas que houverem contratado com o poder público como concessionárias.

Além destes dois casos, porém, o inciso IV do artigo 44 prevê duas hipóteses específicas com aplicação para o caso de empresas individuais. São as ocorrências de falecimento ou incapacidade do titular. De certo que, sendo uma empresa individual, expirando o seu proprietário ou acometendo-lhe incapacidade que retire as condições de manter suas atividades profissionais, passa a estar impossibilitada a continuidade das atividades empresariais e, por essa razão, não mais poderá viger o contrato firmado com o poder público de concessão florestal. São situações que ocorrem justamente com as empresas individuais, onde o particular realiza em nome próprio uma atividade empresarial, porquanto que o falecimento ou incapacidade de um dos sócios ou único proprietário de pessoa jurídica não individual não implica, necessariamente, na descontinuidade de suas atividades.

Porém, quando se tratarem de empresas individuais de responsabilidade limitada (EIRELI) ou de sociedade limitada unipessoal, esta última recentemente introduzida pela Lei 13.874/2019 (Lei da Liberdade Econômica)[289], justamente por serem pessoas jurídicas de capital social integralizado[290], não há confusão do patrimônio do sócio e da empresa, motivo pelo qual diferem da empresa individual propriamente dita mencionada na LGFP[291]. Por isso, a sucessão hereditária na EIRELI ou na sociedade limitada unipessoal não deixa de ser possível, enquanto que o mesmo não se passa com a empresa individual. Assim, a parte final do inciso IV do artigo 44 da LGFP não deve ser vista como justificativa para extinguir o contrato de concessão florestal quando do falecimento de titular de EIRELI ou de sociedade limitada unipessoal, considerando ser possível a continuidade do contrato se houver a sucessão da empresa e a permanência dos seus serviços, não necessariamente como EIRELI ou sociedade limitada unipessoal, podendo ser necessária a mudança da pessoa jurídica quando for mais de um herdeiro.

---

289. Com a inclusão do §1º no artigo 1.052 do Código Civil operada pela Lei da Liberdade Econômica, a sociedade limitada pode ser constituída por uma ou mais pessoas. A lei, por sua vez, teve origem com a Medida Provisória 881/2019.

290. Assim prescreve o artigo 980-A e o artigo 1.052, ambos do Código Civil, para, respectivamente, EIRELI ou sociedade unipessoal.

291. Note-se que a EIRELI foi introduzida no direito brasileiro por meio da Lei 12.441/2011 e a sociedade limitada unipessoal, como já destacado, pela Lei 13.874/2019, sendo explicável o motivo de não terem sido consideradas pela LGFP, que foi editada no ano de 2006.

De todo modo, sempre será necessário analisar a compatibilidade, no caso concreto, da pessoa jurídica com as exigências da habilitação que foram feitas ao concessionário e do comprometimento dos novos sócios controladores com todas as cláusulas do contrato em vigor, tudo por aplicação extensiva do artigo 28, da LGFP, que regula a necessária anuência do poder concedente quando da transferência do controle societário do concessionário.

Embora estejam presentes na LGFP de forma apartada da hipótese de rescisão, essas possibilidades de extinção previstas no artigo 44, inciso IV, se enquadrariam na classificação de Meirelles como sendo formas de rescisão de pleno direito, ocorrendo por ocasião de algum fato extintivo que for previsto no contrato, na lei, no regulamento ou no texto ajustado, que ocorre independentemente da manifestação de vontade das partes.[292]

A denominação de Meirelles e a previsão na LGFP, de qualquer modo, guardam consonância quanto aos efeitos práticos, considerando que a ocorrência de uma das quatro hipóteses acima previstas levam à automática extinção do contrato de concessão florestal, sem ser necessário qualquer termo ou decisão específica para isso, desde que o fato esteja devidamente comprovado.

7.5.9.5 Desistência e devolução pelo concessionário

Faculta a LGFP a possibilidade de extinção da concessão florestal pela desistência por parte do concessionário e a devida devolução da unidade de manejo concedida. Não basta, porém, a mera desistência com a consequente devolução, sendo necessário o preenchimento de critérios estipulados pela LGFP.

De início, é preciso que a desistência seja feita mediante ato formal em que o concessionário manifeste a ausência de interesse na continuidade da concessão. Este ato será gravado pela irrevogabilidade e irretratabilidade (artigo 46).

A desistência necessita obter a aceitação expressa do poder concedente, que deverá ter em conta o princípio da supremacia do interesse público. Também, dependerá a desistência da realização de uma avaliação prévia por parte do órgão competente a fim de que possa ser determinado o cumprimento do PMFS. Os custos desta avaliação e as obrigações emergentes que a partir dela sobrevierem serão de responsabilidade do desistente (artigo 46 §1º).

E, como o contrato de concessão florestal permite a contratação de terceiros, pelo concessionário, para o desenvolvimento de atividades inerentes

292. MEIRELLES, Hely Lopes. **Licitação e contrato administrativo.** 14 ed. São Paulo: Malheiros, 2006, p. 275.

ou subsidiárias, a desistência não o desonera da responsabilidade com os terceiros, devendo cumprir o desistente com suas obrigações contratuais remanescentes e deveres legais.

7.6 CONCLUSÕES DO CAPÍTULO

Como se observou, a concessão florestal, classificada como uma concessão de bem de uso especial, permite a exploração de produtos e serviços florestais identificados em um contrato e realizada em uma unidade de manejo de floresta pública.

Antes da realização da licitação, é proposto o PAOF, onde constam todas unidades de manejo de florestas públicas passíveis de serem concedidas. Referido PAOF não necessita ser submetido à aprovação prévia do Congresso Nacional para posterior elaboração da licitação, pois a exigência de aprovação de concessão de áreas de terra superiores a 2.500 hectares não se aplica à concessão de florestas públicas.

Elaborado e proposto o PAOF, a realização da concessão depende de um processo licitatório concorrencial, onde a melhor oferta é decidida mediante a combinação dos critérios melhor técnica e preço. Após a escolha da proposta mais vantajosa, há a homologaçao e adjudicação com a convocação do vencedor para firmar o contrato de concessão florestal. Referido contrato deve estar em consonância com a minuta que integrou o edital da licitação e conter as cláusulas essenciais previstas na LGFP.

O término da concessão florestal pode se dar de diversas formas, sendo elas o esgotamento do prazo contratual, a rescisão, a anulação, a falência ou extinção do concessionário e o falecimento ou incapacidade do titular em caso de empresa individual e a desistência e devolução, por opção do concessionário, do objeto da concessão.

Com a LGFP foi instituído o FNDF, um fundo de natureza contábil gerido pelo SFB que fomenta o desenvolvimento de atividades florestais sustentáveis e promove a inovação tecnológica do setor. Os recursos do FNDF, em grande parte, são provenientes de parte dos preços florestais pagos pelos concessionários de florestas públicas.

A concessão das florestas públicas, por envolver a destinação de um importante e valioso recurso natural brasileiro, detém uma ampla disposição normativa a assegurar a regularidade da licitação e da execução contratual, além de critérios próprios da proteção ambiental.

Quanto ao direito fundamental ao ambiente, a existência de elementos que remetem ao direito penal, às sanções administrativas e à responsabilidade civil evidenciam o direito à proteção. Referente ao direito à organização, consta a estrutura normativa instituída pela LGFP voltada à fiscalização das concessões florestais e, no que diz respeito ao direito ao procedimento, são demonstrativos de sua presença no regime jurídico das concessões florestais a exigência de que seja promovida a elaboração e aprovação do PMFS por parte do concessionário, a necessidade do licenciamento ambiental e os critérios técnicos exigidos no processo de licitação com a contabilização do grau de proteção ambiental. De se mencionar, ainda, os deveres fundamentais ambientais que decorrem da atividade exercida pelo concessionário, com destaque para a execução do manejo florestal sustentável.

8

ESTRUTURA ORGANIZACIONAL DA GESTÃO DE FLORESTAS PÚBLICAS

A fiscalização e a gestão das florestas públicas pelo poder público está estruturada em diferentes órgãos, os quais são atribuídos de funções semelhantes ou diversas, a depender da matéria que lhes é incumbida. Estruturalmente, a gestão e fiscalização contempla, como órgãos, o poder concedente, os órgãos do Sisnama responsáveis pela fiscalização e controle ambiental, o órgão consultivo e o órgão gestor.

Com esses órgãos, que serão doravante detalhados com base nas disposições normativas contidas na LGFP, buscou-se atingir com amplitude todas as matérias relevantes à gestão das florestas públicas. Sendo que, a divisão normativa das tarefas em uma estrutura organizacional contém disposições de matéria geral aplicáveis a todos os entes da federação no exercício da gestão das florestas de suas propriedades.

Ainda, como também adiante é pretendido demonstrar, a LGFP criou o Serviço Florestal Brasileiro, órgao que integra a administração pública federal e está voltado a desempenhar a função de órgão gestor em relação às florestas públicas federais.

8.1 PODER CONCEDENTE

O poder concedente é o próprio ente federativo que é proprietário de florestas públicas. Pode ser, por isso, qualquer um dos entes federativos. Por se tratar do proprietário de florestas públicas, suas incumbências, em um sentido geral, remetem ao cumprimento dos deveres estatais de proteção ambiental, conforme foram vistos no tópico 2.3.2.

Com a finalidade de atender a esses deveres ambientais, que são observados em uma noção geral no mencionado tópico 2.3.2, há também o necessário cumprimento de incumbências específicas determinadas pela

LGFP, no âmbito de sua competência, quanto à formulação de estratégias, políticas, planos e programas para a gestão das florestas públicas (artigo 49).

Para o cumprimento dessas responsabilidades, são dispostos no artigo 49 em um rol não taxativo, mas preferencial, de seis incisos, as seguintes tarefas: (inciso I) definir o PAOF; (inciso II) ouvir o órgão consultivo sobre a adoção de ações de gestão de florestas públicas, bem como sobre o PAOF; (inciso III) definir as áreas a serem submetidas à concessão florestal; (inciso IV) estabelecer os termos de licitação e os critérios de seleção; (inciso V) publicar editais, julgar licitações, promover os demais procedimentos licitatórios, definir os critérios para formalização dos contratos para o manejo florestal sustentável e celebrar os contratos de concessão florestal; (inciso VI) planejar ações voltadas à disciplina do mercado no setor florestal, quando couber.

Sobre a definição do PAOF, prevista no primeiro inciso do artigo 49, de se observar que a elaboração da proposta do PAOF é realizada pelo órgão gestor, que posteriormente submete ao poder concedente para que realize a sua definição, isto é, ratifique o conteúdo do PAOF elaborado.

Há que se considerar, também, que as tarefas compreendidas nos incisos IV e V são passíveis de delegação ao órgão gestor, especificamente quanto aos processos licitatórios e a celebração de contratos, como dispõe o §1º do artigo 49 da LGFP.

Além disso, note-se que, como deixa claro o artigo 49, §2º, da LGFP, o poder concedente que exercerá as competências definidas no artigo 49, no âmbito federal, é o Ministério do Meio Ambiente. Porém, na esteira da alteração legislativa ocorrida por meio da Medida Provisória 870/2019, convertida na Lei 13.844/2019, que transferiu o SFB do Ministério do Meio Ambiente para o Ministério da Agricultura, Pecuária e Abastecimento (artigo 22, inciso VI da Lei 13.844/2019)[1], foi editado em maio de 2020 o Decreto 10.347/2020, que no seu artigo 2º repassou as competências estabelecidas no artigo 49 da LGFP para o Ministério da Agricultura, Pecuária e Abastecimento.

A questão, por ser polêmica e controvertida, inclusive sendo contestada na Câmara dos Deputados[2] e judicialmente[3], merece destaque justamente porque diz respeito a um tópico central dos procedimentos referentes

1. A transferência do SFB será retratada novamente no tópico 8.5.

2. No âmbito da competência do Congresso Nacional de sustar os atos normativos do Poder Executivo que exorbitem do poder regulamentar, na Câmara dos Deputados foi apresentado o Projeto de Decreto Legislativo 220/2020, objetivando sustar o Decreto 10.347/2020.

3. É o caso, por exemplo, a Ação Popular 1013760-70.2020.4.01.3900, ajuizada na 1ª Vara Federal Cível da SJPA.

à gestão das florestas públicas, especialmente no que tange às concessões florestais. Mesmo que a Lei 13.844/2019 já preveja uma atuação articulada do Ministério do Meio Ambiente, em sua competência relativa às florestas públicas, com o Ministério da Agricultura, Pecuária e Abastecimento, seria possível argumentar que a mudança operada pelo Decreto 10.347/2020 tivesse o intuito de simplificar os trâmites administrativos com a transferência do SFB para o Ministério da Agricultura, Pecuária e Abastecimento. Contudo, não se pode negar que o Decreto 10.347/2020 ultrapassa as disposições legais previstas no artigo 49, notadamente no §2º, da LGFP.

Por consequência, a edição do Decreto 10.347/2020 configura um excesso do poder regulamentar e ultrapassa as atribuições do chefe do Poder Executivo estabelecidas no artigo 84, inciso IV da Constituição. Melhor sorte não teria o instrumento normativo caso se aventasse a hipótese de se tratar de um decreto editado com base no artigo 84, inciso VI, da Constituição, isto é, ainda que se tratando de um dos assim chamados decretos autônomos, pois subsistiria a disposição contrária ao determinado em lei, considerando que mesmo essa modalidade dos denominados decretos autônomos não parece dotada de condições inovadoras decisivas na ordem jurídica, haja vista as atividades administrativas estarem, em sua maioria, amplamente reguladas no ordenamento jurídico.[4] Deste modo, a competência prevista no artigo 84, inciso VI, ainda que trate de atuação normativa do Poder Executivo, igualmente não permite que ato dela decorrente contrarie o disposto em lei.

Assim, com a edição do citado decreto, configurou-se uma atuação *contra legem*, e no conflito normativo entre o artigo 2º do Decreto 10.347/2020 e o disposto no artigo 49, §2º, da LGFP, deve prevalecer a previsão constante na LGFP. Isso porque o conflito de normas demonstrado, ao revelar uma antinomia, implica na utilização do critério hierárquico na aplicação das normas no ordenamento jurídico positivo, prevalecendo a norma hierarquicamente superior (*lex superior derogat legi inferiori*). Ainda, a observância da lei se impõe como requisito no exercício da competência normativa de edição de decretos do Poder Executivo, o qual está circundado pelos contornos impostos pelas determinações constitucionais e legais.[5]

4. MENDES, Gilmar Ferreira. Poder Executivo. In: MENDES, Gilmar Ferreira; BRANCO, Paulo Gustavo Gonet. **Curso de direito constitucional.** 15 ed. São Paulo: Saraiva, 2020, p. 1058.

5. Sobre a impossibilidade de que um decreto contrarie disposições previstas em lei, veja-se, por exemplo, Bandeira de Mello e Ataliba, cf. BANDEIRA DE MELLO, Celso Antônio. **Curso de direito administrativo.** 33 ed. São Paulo: Malheiros, 2016, p. 372; ATALIBA, Geraldo. Decreto regulamentar no direito brasileiro. **Revista de Direito Administrativo**, v. 97, p. 21-33, jul./set. 1969, p. 31. Ainda, há que se referir o princípio da primazia (ou preeminência) da lei, segundo o qual, conforme Sarlet, as leis possuem posição preferencial em relação a outros atos, estando o Poder Executivo a elas vinculado. Também, consoante

Observe-se, por fim, que uma solução parcial e que não dependeria da alteração da LGFP por meio de lei seria a delegação, por parte do Ministério do Meio Ambiente e para o SFB, da operacionalização dos procedimentos licitatórios e da celebração de contratos, nos termos do artigo 49, §1º, da LGFP.

8.2 ÓRGÃOS DO SISNAMA

O controle e a fiscalização ambiental serão desempenhados pelos órgãos do Sisnama que forem responsáveis por essas atividades. São órgãos que integram a gestão de florestas públicas justamente por priorizar a manutenção da cobertura florestal, coibindo a prática de crimes e demais atividades ilícitas.

Basicamente, as atividades impostas aos órgãos do Sisnama responsáveis pelo controle e fiscalização ambiental de atividades florestais dentro de suas jurisdições (artigo 50 da LGFP) são de comando e controle, com a devida aplicação da legislação ambiental nas situações que envolvam as florestas públicas. À exceção destas atividades de comando e controle está sua função de expedição de licenças ambientais e de aprovação do PMFS.

Dentre os incisos I a V do artigo 50, são enumeradas as tarefas de cada um dos órgãos do Sisnama: (inciso I) fiscalizar e garantir a proteção das florestas públicas; (inciso II) efetuar em qualquer momento, de ofício, por solicitação da parte ou por denúncia de terceiros, fiscalização da unidade de manejo, independentemente de prévia notificação; (inciso III) aplicar as devidas sanções administrativas em caso de infração ambiental; (inciso IV) expedir a licença prévia para uso sustentável da unidade de manejo das respectivas florestas públicas e outras licenças de sua competência; (inciso V) aprovar e monitorar o PMFS da unidade de manejo das respectivas florestas públicas.

Como se pode constatar, essas tarefas que constam no artigo 50 realçam, dentre as atribuições dos órgãos do Sisnama, aquelas que se associam à gestão de florestas pública com base nas disposições normativas que constam na LGFP. Além disso, dos incisos I a III, e na parte de monitoramento constante no inciso V, são previstas tarefas de comando e controle específicas, com responsabilidades de fiscalização e punição quando for o caso. Já no inciso IV e na parte sobre a aprovação estabelecida no inciso V, constam as

---

Barcellos, o princípio estabelece uma posição hierárquica da lei em relação as categorias normativas inferiores. Cf. SARLET, Ingo Wolfgang. Dos princípios fundamentais. In: SARLET, Ingo Wolfgang; MARINONI, Luiz Guilherme; MITIDIERO, Daniel. **Curso de direito constitucional.** 9 ed. São Paulo: Saraiva, 2020, p. 290; BARCELLOS, Ana Paula de. **Curso de Direito Constitucional.** 3 ed. Rio de Janeiro: Forense, 2020, p. 152/406.

atribuições administrativas referentes à expedição de licenças ambientais e aprovação do PMFS.

O controle e a fiscalização exercidos a nível federal ficam a cargo do IBAMA (artigo 50, §1º), que deverá contar com uma estruturação de atuação com os órgãos do Sisnama estaduais e municipais com o objetivo de fiscalizar e proteger as florestas públicas, mediante a formação de convênios ou acordos de cooperação (artigo 50, §2º). Também, é possível que os órgãos do Sisnama estaduais e municipais deleguem ao IBAMA a aprovação e monitoramento do PMFS de incidência sobre suas jurisdições, em conjunto ou não com outras atribuições, igualmente mediante convênio ou acordo de cooperação (artigo 50, §3º).

8.3 ÓRGÃO CONSULTIVO

Estabelecido pelo artigo 51, o órgão consultivo de nível federal designado pela LGFP é denominado Comissão de Gestão de Florestas Públicas e integra o Ministério do Meio Ambiente. Suas funções, que não prejudicam aquelas desempenhadas pelo CONAMA, são as destinadas ao órgão consultivo previstas na própria LGFP, com atenção específica em: (inciso I) assessorar, avaliar e propor diretrizes para gestão de florestas públicas da União; (inciso II) manifestar-se sobre o PAOF da União; (inciso III) exercer as atribuições de órgão consultivo do SFB.

No artigo 51, parágrafo único, a LGFP remete aos Estados, ao Distrito Federal e aos Municípios a destinação de órgãos competentes para que exerçam as atribuições de órgão consultivo em suas esferas de atuação.

A composição da Comissão de Gestão de Florestas Públicas será realizada com membros representantes do poder público, empresários, trabalhadores, comunidade científica, movimentos sociais e organizações da sociedade civil (artigo 52).

8.4 ÓRGÃO GESTOR

Aos órgãos gestores, com base na LGFP, cabem diversas competências. São atribuições que consolidam poderes, mas ao mesmo tempo impõem-lhes deveres, conforme foi visto no tópico 7.5.6 sobre as competências do poder concedente previstas no artigo 53 da LGFP. Porém, naquela ocasião foram observadas especialmente as competências que dizem respeito ao acompanhamento da execução do contrato de concessão florestal, além de outras voltadas ao mercado, ao ponto que neste capítulo se pretende expor a totalidade das atribuições previstas nos incisos I a XXIII da LGFP, bem como outras disposições concernentes.

Assim, as atribuições previstas no artigo 53 compreendem: (inciso I) elaborar proposta de PAOF, a ser submetida ao poder concedente; (inciso II) disciplinar a operacionalização da concessão florestal; (inciso III) solicitar ao órgão ambiental competente a licença prévia prevista no artigo 18 da LGFP; (inciso IV) elaborar inventário amostral, relatório ambiental preliminar e outros estudos; (inciso V) publicar editais, julgar licitações, promover os demais procedimentos licitatórios, inclusive audiência e consulta pública, definir os critérios para formalização dos contratos e celebrá-los com concessionários de manejo florestal sustentável, quando delegado pelo poder concedente; (inciso VI) gerir e fiscalizar os contratos de concessão florestal; (inciso VII) dirimir, no âmbito administrativo, as divergências entre concessionários, produtores independentes e comunidades locais; (inciso VIII) controlar e cobrar o cumprimento das metas fixadas no contrato de concessão; (inciso IX) fixar os critérios para cálculo dos preços de que trata o artigo 36 da LGFP e proceder à sua revisão e reajuste na forma da LGFP, das normas pertinentes e do contrato; (inciso X) cobrar e verificar o pagamento dos preços florestais e distribuí-los de acordo com a LGFP; (inciso XI) acompanhar e intervir na execução do PMFS, nos casos e condições previstos na LGFP; (inciso XII) fixar e aplicar as penalidades administrativas e contratuais impostas aos concessionários, sem prejuízo das atribuições dos órgãos do Sisnama responsáveis pelo controle e fiscalização ambiental; (inciso XIII) indicar ao poder concedente a necessidade de extinção da concessão, nos casos previstos na LGFP e no contrato; (inciso XIV) estimular o aumento da qualidade, produtividade, rendimento e conservação do ambiente nas áreas sob concessão florestal; (inciso XV) dispor sobre a realização de auditorias florestais independentes, conhecer seus resultados e adotar as medidas cabíveis, conforme o resultado; (inciso XVI) disciplinar o acesso às unidades de manejo; (inciso XVII) atuar em estreita cooperação com os órgãos de defesa da concorrência, com vistas em impedir a concentração econômica nos serviços e produtos florestais e na promoção da concorrência; (inciso XVIII) incentivar a competitividade e zelar pelo cumprimento da legislação de defesa da concorrência, monitorando e acompanhando as práticas de mercado dos agentes do setor florestal; (inciso XIX) efetuar o controle prévio e *a posteriori* de atos e negócios jurídicos a serem celebrados entre concessionários, impondo-lhes restrições à mútua constituição de direitos e obrigações, especialmente comerciais, incluindo a abstenção do próprio ato ou contrato ilegal; (inciso XX) conhecer e julgar recursos em processos administrativos; (inciso XXI) promover ações para a disciplina dos mercados de produtos florestais e seus derivados, em especial para controlar a competição de produtos florestais de origem não sustentável; (inciso XXII) reconhecer em ato administrativo as entidades que poderão realizar auditorias florestais; (inciso XXIII) estimular a agregação de valor ao produto florestal na região em que for explorado.

As competências do órgão gestor, como se constata do texto normativo, não se restringem somente à execução do contrato de concessão florestal ou aos aspectos econômicos sobre a matéria, mas remetem, também, às questões antecedentes à concessão florestal, como é o caso da elaboração do PAOF, da solicitação de licença ambiental prévia ao órgão competente e da realização do processo de licitação, esta última quando houver delegação pelo poder concedente.

Além das competências mencionadas, o órgão gestor é responsável pela guarda das florestas públicas no interregno entre uma concessão e outra ou quando houver extinção do contrato (artigo 53, §1º). Outro importante dever é o de encaminhar ao poder concedente, ao Poder Legislativo e ao conselho ambiental, no âmbito da competente esfera governamental, um relatório anual sobre as concessões outorgadas, o valor dos preços florestais, a situação do adimplemento dos concessionários, os PMFS e os estados de execução, as vistorias e auditorias florestais realizadas e os resultados, em conjunto com outras informações relevantes sobre o cumprimento dos objetivos da gestão de florestas públicas (artigo 53, §2º).

Dentre as competências atribuídas aos órgãos gestores no artigo 53, é inegável que há uma concentração de tarefas dedicadas à concessão florestal, pouco havendo de disposições aplicáveis, mesmo indiretamente, às gestões direta e pelas comunidades locais como, por exemplo, aquelas que constam nos incisos VII, XVI, XVII e XVIII. Em parte isso se justifica por já existirem órgãos que podem controlar estas modalidades de destinação e, por isso, elas não dependerem de um acompanhamento constante e contínuo dos específicos órgãos criados pela LGFP, como o que ocorre com as concessões florestais. Nada disso implica em uma dispensa, nas gestões direta e pelas comunidades locais, de fiscalização e controle, pois o Sisnama conta com órgãos que exercem essas funções em conjunto com outros órgãos que contém competências em razão da modalidade de gestão, como é o caso do Incra em algumas situações que envolvem a destinação de florestas públicas às comunidade locais. Diferentemente, as concessões florestais careciam, para sua plena e efetiva execução, de órgãos com atribuições específicas e com competências voltadas ao regular acompanhamento dos contratos e do processo de concessão como um todo, pois inexistia estrutura assim no cenário normativo anterior à LGFP.

Por fim, de se destacar que aos Estados, Distrito Federal e Municípios caberá determinar o órgão competente para tais atribuições no âmbito de sua esfera jurisdicional (artigo 53, §3º).

8.5 SERVIÇO FLORESTAL BRASILEIRO

Com o advento da LGFP, foi criado o SFB, com a tarefa de exercer a função de órgão gestor a nível federal. Por ser um órgão gestor, todas as atribuições observadas no tópico anterior (8.4) cabem ao SFB. Não se limitam as competências do SFB, porém, à totalidade das competências previstas no artigo 53, pois outras atribuições foram-lhe prescritas.

Com base no artigo 55, incisos I a VII, são competências do SFB as seguintes: (inciso I) exercer a função de órgão gestor prevista no artigo 53 da LGFP, no âmbito federal, bem como de órgão gestor do FNDF; (inciso II) apoiar a criação e gestão de programas de treinamento, capacitação, pesquisa e assistência técnica para a implementação de atividades florestais, incluindo manejo florestal, processamento de produtos florestais e exploração de serviços florestais; (inciso III) estimular e fomentar a prática de atividades florestais sustentáveis madeireira, não madeireira e de serviços; (inciso IV) promover estudos de mercado para produtos e serviços gerados pelas florestas; (inciso V) propor planos de produção florestal sustentável de forma compatível com as demandas da sociedade; (inciso VI) criar e manter o Sistema Nacional de Informações Florestais integrado ao Sistema Nacional de Informações sobre o Meio Ambiente; (inciso VII) gerenciar o Cadastro Nacional de Florestas Públicas, exercendo as seguintes funções: (a) organizar e manter atualizado o Cadastro-Geral de Florestas Públicas da União e (b) adotar as providências necessárias para interligar os cadastros estaduais e municipais ao Cadastro Nacional; (inciso VIII) apoiar e atuar em parceria com os seus congêneres estaduais e municipais.

Da análise dos incisos do artigo 55 da LGFP fica claro que, conforme há pouco referido, não são somente as tarefas contidas no artigo 53, destinadas a todos os órgãos gestores, que compreendem o ramo de competências do SFB, pois mais do que isso, no âmbito exclusivo da gestão de florestas públicas, o SFB conta com diversas outras competências, não necessariamente referentes às concessões florestais. Dentre essas tarefas, destaque-se a criação e manutenção do Sistema Nacional de Informações Florestais e o gerenciamento do

Cadastro Nacional de Florestas Públicas, sendo competências essenciais no controle e fiscalização das florestas públicas e na execução da LGFP em geral.

As competências previstas nos incisos I, VI, VII e VIII, são exclusivas do SFB. Porém, as demais competências, dos incisos II a V, não são direcionadas exclusivamente à atuação do SFB, de modo que, para evitar sobreposição de funções, o §3º do artigo 55 determina que as atribuições dos incisos II a V do referido artigo serão realizadas sem prejuízo de atividades desenvolvidas por outros órgãos e entidades da administração pública federal

Também é de competência do SFB a articulação com Estados, Distrito Federal e Municípios para execução de atividades com compatibilidade com as diretrizes nacionais de planejamento para o setor florestal e com a PNMA (artigo 55, §1º). É possível, ademais, que o SFB firme convênios para a realização de concessão de florestas públicas que não sejam de titularidade federal (artigo 55, §2º).

Em sua estrutura organizacional o SFB conta com um conselho diretor e com uma ouvidoria. Ao conselho diretor, composto por um diretor-geral e quatro diretores em regime de colegiado, compete basicamente a administração do SFB (artigo 56, §1º, inciso I), além de outras competências de gerência em relação ao órgão. À ouvidoria compete as atividades de transparência das atividades relacionadas ao SFB, inclusive recebendo pedidos de informação e esclarecimento, zelar pelos serviços prestados pelo SFB e processos internos de apurações de denúncias e reclamações e produzir relatórios de sua atividade ou apreciações sobre a atuação do SFB.

Pelo conteúdo do artigo 54, inicialmente o SFB integrava o Ministério do Meio Ambiente. Contudo, com as alterações provenientes pela Medida Provisória 870/2019, convertida na Lei 13.844/2019, passou o SFB a fazer parte do Ministério da Agricultura, Pecuária e Abastecimento (artigo 22, inciso VI da Lei 13.844/2019), transmitindo-se a este ministério as funções de órgão gestor previstas no artigo 53 da LGFP.

8.6 CONCLUSÕES DO CAPÍTULO

Vários são os órgãos que contribuem com a gestão e fiscalização de florestas públicas. O poder concedente é o ente federativo proprietário das florestas públicas. Os órgãos do Sisnama exercem o controle e a fiscalização ambiental, sendo que a nível federal essas suas funções são em grande parte exercidas pelo IBAMA. O órgão consultivo, que no âmbito federal é denominado de Comissão de Gestão de Florestas Públicas, integra o Ministério do Meio Ambiente e exerce as tarefas de assessoramento, avaliação, manifestam-se sobre o PAOF e servem como órgãos consultivos do SFB. Os órgãos gestores, com suas diversas competências, atuam na execução dos contratos de concessão, nos aspectos econômicos, e demais matérias de organização das concessões florestais, como a elaboração do PAOF e a realização do processo de licitação.

A nível federal, a LGFP criou o SFB, um órgão que integra a administração pública federal, vinculado ao Ministério da Agricultura, Pecuária e Abastecimento, e que se destina a função de órgão gestor de florestas públicas. Desempenha o SFB as diversas competências que lhe cabem por determinação da LGFP, inclusive as delimitadas no artigo 55.

Com isso, a disposição estruturada de competências de gestão e fiscalização dos órgãos criados ou atribuídos de funções pela LGFP entra em consonância com a dimensão organizacional do direito fundamental ao ambiente, revelando um sistema arquitetado para executar a gestão das florestas públicas.

9

CONCLUSÃO

As conclusões parciais deste estudo foram sendo elaboradas e demonstradas ao final de cada um dos capítulos, com a pretensão de auxiliar na compreensão do regime jurídico da LGFP e nas demais questões jurídicas que instruíram e acompanharam o texto. Neste momento, pretende-se realizar uma sistematização dos principais resultados obtidos com o objetivo de expor os fundamentos que serão levados em conta para a conclusão final.

A começar pela constitucionalização do direito ao ambiente, diversas são as questões pré-jurídicas que embasaram uma guinada rumo à proteção jurídica ambiental nas Constituições de vários países. Também houve o reconhecimento do direito humano ambiental em normas internacionais regionais e previsões normativas específicas ao direito ambiental estabelecidas em nível global.

O direito fundamental ao ambiente, consagrado na Constituição brasileira de 1988, fundamenta o Estado Socioambiental de Direito, uma composição estatal que atende aos pressupostos liberais e sociais, igualmente normatizados constitucionalmente, mas concebe-os juntamente com a proteção ambiental assegurada na Lei Maior. E o direito fundamental ao ambiente, enquanto norma dotada de justificação jusfundamental, é provida de fundamentalidade formal e material. Com sua estrutura de posições jurídicas fundamentais dispostas em regras e princípios, aquelas definitivas e estes *prima facie*, na Constituição, indica-se estar diante de um direito fundamental completo, isto é, um direito fundamental que contém um amplo feixe de posições jurídicas fundamentais e, por isso, contempla em sua estrutura direitos à defesa, à proteção, à organização e ao procedimento e à prestação em sentido estrito.

Também, é importante destacar os deveres fundamentais ambientais da coletividade, razão pela qual o direito fundamental ambiental é caracterizado como um direito-dever, de modo que, enquanto destinatária do direito, é também a sociedade responsável pela sua efetividade. Imprescindíveis são, ainda, os deveres de proteção ambiental do Estado, previstos não taxativamente na Constituição e que envolvem as incumbências do poder público voltadas ao cumprimento do direito fundamental ao ambiente.

O bem jurídico ambiental protegido pelo direito fundamental ao ambiente é autônomo e implica em um direito difuso, diferenciando-se dos microbens ambientais, que podem ser observados como bens sob um regime de propriedade pública ou privada. Por ocasião do direito fundamental ao ambiente, mais precisamente os deveres fundamentais ambientais, o direito de propriedade vincula-se às limitações ambientais internas, próprias ao exercício do direito, e podem sofrer limitações ambientais externas, momento no qual a dominialidade será afetada.

A flora, como conceito amplo de cobertura vegetal, conta com proteção direta e indireta na Constituição e demais normas infraconstitucionais. E as florestas, que integram a cobertura florística como forma específica de vegetação, são protegidas constitucionalmente, igualmente de modo direto e indireto, além de, como foi observado, disporem de mecanismos internacionais de tutela e regulação em conjunto com diversas normas infraconstitucionais do ordenamento jurídico pátrio. Ainda, para a proteção das florestas e da flora em geral, de suma importância é a instituição de espaços territoriais especialmente protegidos, que é uma das incumbências do poder público previstas no rol de deveres estatais de proteção ambiental que lhe são atribuídos pela Constituição. As unidades de conservação são espécies destes espaços territoriais especialmente protegidos e podem ser de proteção integral ou de uso sustentável.

Com base na LGFP, as florestas públicas são as florestas naturais ou plantadas, existentes nos biomas brasileiros, que estejam situadas em bens de propriedade da União, dos Estados, dos Municípios e do Distrito Federal. Apesar disso, não são incluídas no conceito as florestas públicas que estejam localizadas em bens de propriedade de entes da administração indireta. Quanto ao regime de bens, as florestas públicas são bens públicos de uso especial e, portanto, bens situados fora do comércio jurídico direto.

A lacuna deixada pela ausência de previsão sobre as concessões florestais desde a edição do Código Florestal de 1965 somente foi suprida com a regulamentação da gestão de florestas públicas instituída pela LGFP. A gestão prevista pela lei pode ocorrer de três formas específicas: diretamente pelo poder público, pelas comunidades locais e com as concessões florestais.

Na primeira forma de gestão prevista pela LGFP, quem atua é o próprio Estado. Inicialmente, o poder público cria Florestas Nacionais, Estaduais ou Municipais, a depender do ente federativo que estiver representando. Com isso, deve o Estado manter resguardadas as florestas públicas, em razão do direito fundamental ao ambiente, sobretudo em decorrência dos deveres ambientais estatais dele decorrentes. As atividades subsidiárias nesse processo podem ser desempenhadas por OSCs, como prevê a LGFP, de modo que o terceiro setor assume relevantes tarefas na gestão direta das florestas públicas pelo Estado. Em um segundo aspecto, prevê a LGFP a possibilidade de que nesta forma de gestão o poder público explore economicamente os recursos florestais. Entretanto, como a exploração florestal desempenhada pelo Estado não é um serviço público, deverá essa atividade direta na economia estar justificada em um dos requisitos constitucionais previstos na Constituição econômica: a soberania nacional ou o relevante interesse social.

Como segunda forma de gestão, a destinação das florestas públicas para comunidades locais objetiva contribuir para o desenvolvimento socioeconômico da região e fortalece o controle da exploração florestal. Há, nessa forma de gestão, o reconhecimento das comunidades locais e dos direitos que lhe são assegurados pela Constituição. A sua execução pode se dar mediante a criação de unidades de conservação das categorias Reserva Extrativista e Reserva de Desenvolvimento Sustentável, por meio de projetos de assentamento ambientalmente diferenciados, na demarcação de terras indígenas, no reconhecimento das propriedades quilombolas e na permissão de permanência conferida às comunidades residentes em Florestas Nacionais. Em muitos casos é comum a posse coletiva pelas comunidades locais, proveniente de normas consuetudinárias, onde existem áreas de uso não individuais e áreas familiares.

E a concessão florestal, como terceira forma de gestão prevista na LGFP, é uma concessão de bem de uso especial, para a exploração de produtos e serviços florestais em unidades de manejo de florestas públicas, quando houver regular identificação contratual e após um processo de licitação da modalidade concorrência. O PAOF é pressuposto para o processo de licitação para concessão e leva ao conhecimento geral todas as unidades de manejo que podem ser submetidas à concessão. Não é necessário que o PAOF seja aprovado pelo Congresso Nacional, haja vista que as florestas não se confundem com as terras sobre as quais estão localizadas, de modo que resta inaplicável a exigência de aprovação do Congresso Nacional para a concessão de áreas de terras superiores a 2.500 hectares. Após a elaboração e propositura do PAOF, inicia-se o processo de licitação na modalidade concorrência, em que a proposta mais vantajosa se configurará a partir da combinação dos critérios melhor técnica e preço. Selecionada a proposta vencedora, o certame é homologado e adjudicado. Após, é o vencedor da licitação convocado para assinar o contrato de concessão florestal. Pelo contrato de concessão florestal a relação entre o concessionário e o poder concedente é regulada, tratando-se de um contrato administrativo com cláusulas essenciais previstas legalmente.

A LGFP descreve uma estrutura de gestão e fiscalização para dar conta das suas disposições normativas. Como determina a lei, a gestão de florestas públicas conta com o poder concedente, os órgãos do Sisnama que exercem a fiscalização e o controle ambiental, o órgão consultivo, que no âmbito federal é a Comissão de Gestão de Florestas Públicas e integra o Ministério do Meio Ambiente, e os órgãos gestores, sendo que a nível federal é o Serviço Florestal Brasileiro, órgão criado pela LGFP, que realiza esta tarefa.

Analisados esses tópicos e diante de todo o conteúdo investigado ao longo do texto, percebe-se que a proteção jurídica das florestas públicas e legislações que disciplinam sua exploração e destinação não começam e tampouco terminam com a LGFP. Contudo, enquanto conta com inovações sobre o tema, a LGFP igualmente proporciona uma sistematização referente à aplicação de normas que já existiam e passam a ser aplicáveis para gerir as florestas públicas, sendo essa organização proporcionada pelo regime jurídico da lei uma das novidades provenientes de sua edição.

A LGFP preencheu espaços que foram deixados em branco pelas legislações que envolvem a proteção florestal no ordenamento jurídico brasileiro. E, como foi possível observar, dispõe o diploma legal de uma estruturada regulamentação das três formas específicas de gestão florestal, a primeira pelo Estado, a segunda pelas comunidades locais e a terceira por intermédio das concessões florestais.

Com base nas posições normativas do direito fundamental ao ambiente e dos deveres de proteção ambiental, do Estado e da coletividade, diversos são os pontos de sua materialização por intermédio da LGFP. Essa constatação pode ser extraída a partir da tríplice divisão das posições fundamentais jurídicas do direito fundamental ao ambiente relativas às prestações em sentido amplo que, como visto, juntamente do direito à defesa, representam um todo de direitos subjetivos, sendo que as normas do direito fundamental ao ambiente, compostas por regras e princípios, contém posições fundamentais jurídicas definitivas e *prima facie*.

No contexto da tríplice divisão prestacional do direito fundamental ao ambiente, quanto ao direito à proteção, é possível mencionar variadas previsões legais, tais como a exigência de que manejo dos recursos florestais observe os critérios de sustentabilidade, as restrições que a LGFP faz para vincular a exploração florestal às normas ambientais e as referências feitas pela lei ao direito penal ambiental, ao direito administrativo sancionador e à responsabilidade civil, quando o concessionário for o causador de danos ambientais.

Referente ao direito à organização e ao procedimento igualmente são observados componentes na LGFP. O direito à organização está presente na LGFP, como se depreende da estrutura de gestão e fiscalização estabelecida e sistematizada pela lei, com órgãos por ela criados e outros por ela atribuídos de funções para a gestão das florestas públicas. A LGFP cria uma estrutura que possui como um dos objetivos a atuação do Estado em favor da realização do direito fundamental ao ambiente, inclusive atentando para suas incumbências quanto aos deveres estatais de proteção ambiental.

O direito ao procedimento tampouco deixa de ser contemplado pela LGFP, o que pode ser demonstrado pelo acesso à informação decorrente da criação do Cadastro Nacional de Florestas Públicas, da exigência de elaboração e aprovação do PMFS por parte do concessionário, pela necessidade do licenciamento ambiental para a concessão e pelo processo de licitação para concessão florestal, que exige como critérios uma combinação entre técnica e preço, donde o quesito técnica depende do grau de proteção ambiental. Além disso, como um todo, a própria LGFP é um procedimento específico, embora com diversas disposições normativas, justamente por regulamentar a gestão das florestas públicas.

E, sobre o direito às prestações em sentido estrito, o Estado cumpre com diversas ações fáticas quando executa a LGFP e promove a gestão das florestas nas três formas previstas em lei. Significa dizer que a adequação das políticas estatais à LGFP implica em diversas ações que buscam assegurar o direito às prestações em sentido estrito, desde que a LGFP seja observada com base em seus princípios e objetivos nucleares e de modo concatenado com as demais normas ambientais e com o próprio direito fundamental ao ambiente. Claros exemplos disso são a criação Florestas Nacionais, Estaduais e Municipais quando da gestão direta pelo Estado e a destinação das florestas públicas para comunidades locais por meio da implementação de projetos de assentamento ambientalmente diferenciados e da criação de unidades de conservação nas modalidades Reserva Extrativista e Reserva de Desenvolvimento Sustentável.

Quanto às ações negativas estatais, ou seja, ao direito à defesa que compõe um dos aspectos do direito fundamental ao ambiente, tem-se que, a rigor, a observância dos determinantes legais da LGFP evita que o Estado intervenha no ambiente causando danos. Se a norma possui um regime jurídico em consonância com o direito fundamental ao ambiente, é corolário disso que a observância das suas disposições normativas implica em uma abstenção do Estado de agir de outra forma que poderia causar danos às florestas públicas e, por conseguinte, ao ambiente.

Ademais, os deveres de proteção ambiental do poder público e os deveres fundamentais ambientais estão insertos nas três formas de gestão de florestas públicas, como é o caso, por exemplo, do cumprimento dos deveres de proteção estatal ambiental quando da gestão direta, e dos deveres fundamentais ambientais nas atuações do terceiro setor, nas ações das comunidades locais e na execução do plano de manejo florestal sustentável pelos concessionários de florestas públicas.

De acordo com os exemplos dos pontos de contato entre a LGFP e o direito fundamental ao ambiente, é possível afirmar que a amplitude da irradiação do direito fundamental ao ambiente implica em várias posições jurídicas fundamentais, com base nas ações negativas e positivas correspondentes ao direito fundamental como um todo, e a LGFP, em suas disposições normativas, não deixa de estar abrangida por diversas dessas posições. Ainda, não há como dizer que a LGFP contrarie as posições jurídicas fundamentais emanadas do direito fundamental ao ambiente, pois como visto, além de não confrontar o direito fundamental ambiental, a LGFP o concretiza em diversas ocasiões em seu regime jurídico.

Além disso, como o direito fundamental ao ambiente entra em contato com outras disposições normativas, a LGFP dispõe de mecanismos de ajustes que equacionam essas situações proporcionalmente. É o que ocorre, mais especificamente, na destinação de florestas públicas às comunidades locais com atendimento a direitos sociais e culturais, e na proteção da concorrência que a LGFP realiza mediante as ferramentas implementadas por ocasião das concessões florestais que se dedicam a regular o mercado de produtos e serviços florestais de modo a evitar vantagens e dissonâncias entre as concessões florestais e os princípios da ordem econômica previstos na Constituição.

Assim, comprova-se que a LGFP não somente é compatível com o direito fundamental ao ambiente, como também o efetiva. É o que se conclui quando da análise do regime jurídico da LGFP, tendo por base o direito fundamental ao ambiente como um todo e sua decomposição analítica em ações negativas e positivas.

REFERÊNCIAS

ACKERMAN, Bruce. **We the people:** foundations. 1 v. Cambridge; London: The Belknap Press of Harvard University Press, 1991.

ACRE. Secretaria do Meio Ambiente. Floresta Estadual do Antimary. Disponível em: <www.sema.ac.gov.br/wps/portal/sema/sema>. Acesso em 27 jan 2019.

ALENCAR, A. et al. **Desmatamento nos assentamentos da Amazônia:** histórico, tendências e oportunidades. Brasília: IPAM, 2016.

ALEXY, Robert. **Teoria dos direitos fundamentais.** Tradução de Virgílio Afonso da Silva. 2 ed. São Paulo: Malheiros Editores, 2011.

ALLABY, Michael. **A dictionary of plant sciences.** 2 ed. New York: Oxford University Press, 1998.

ALMEIDA, Alfredo Wagner Berno de. Apresentação. In: SHIRAISHI NETO, Joaquim. **Direito dos povos e das comunidades tradicionais no Brasil:** declarações, convenções internacionais e dispositivos jurídicos definidores de uma política nacional. Manaus: UEA, 2007.

ALMEIDA, Carlos Ferreira de. **Contratos**: conceito, fontes, formação. 5 ed. Coimbra: Almedina, 2015, p. 29. v. 1.

ALMEIDA, Fernanda Dias Menezes de. **Competências na Constituição de 1988.** 6 ed. São Paulo: Atlas, 2013.

ALMEIDA, Fernando Dias Menezes de. **Contrato administrativo.** São Paulo: Quartier Latin, 2012.

ALVES, Roque de Brito. A responsabilidade penal da pessoa jurídica. **Revista dos Tribunais,** v. 748, p. 494-503, fev. 1998.

ANDRADE, José Carlos Vieira de. **O dever de fundamentação expressa de actos administrativos**. Coimbra: Almedina, 1992.

ANDRADE, José Carlos Vieira de. **Os direitos fundamentais na Constituição portuguesa de 1976.** Coimbra: Livraria Almedina, 2004.

ANTUNES, Paulo de Bessa. **Áreas protegidas e propriedade constitucional.** São Paulo: Atlas, 2011.

ANTUNES, Paulo de Bessa. **Comentário ao novo código florestal**. 2 ed. São Paulo: Atlas, 2014.

ANTUNES, Paulo de Bessa. **Direito ambiental.** 16 ed. São Paulo: Atlas, 2014.

ARAGÃO, Alexandre Santos de. **Curso de Direito Administrativo.** 2 ed. Rio de Janeiro: Forense, 2013.

ARAGÃO, Alexandre Santos de. **Direito dos serviços públicos.** 3 ed. Rio de Janeiro: Forense, 2013.

ARAÚJO, Rodrigo Vasconcelos Coêlho de. Aspectos constitucionais acerca das unidades de conservação. **Revista Virtual da AGU**, v. VI, n. 49, fev 2016, não paginado. Disponível em: <http://www.agu.gov.br/page/download/index/id/584646>. Acesso em 31 mai 2018.

ATALIBA, Geraldo. Bens públicos: extensão do conceito de bem público para efeitos de controle financeiro interno e externo. **Revista de Direito Público,** v. XV, n. 61, p. 101-111, jan./mar. 1982.

ATALIBA, Geraldo. Decreto regulamentar no direito brasileiro. **Revista de Direito Administrativo**, v. 97, p. 21-33, jul./set. 1969.

ÁVILA, Humberto. **Teoria dos princípios:** da definição à aplicação dos princípios jurídicos. 19 ed. São Paulo: Malheiros, 2019.

AYALA, Patryck de Araújo. **Devido processo ambiental e o direito fundamental ao meio ambiente.** Rio de Janeiro: Lumen Juris, 2011.

AZEVEDO, Eurico Andrade de. A administração pública, os contratos e as obrigações de pagamento. **Revista de Direito Administrativo**, Rio de Janeiro, v. 207, p. 151-161, jan. 1997.

AZEVEDO, Eurico de Andrade; ALENCAR, Maria Lúcia Mazzei de. **Concessão de serviços públicos:** comentários às Leis 8.987 e 9.074 (Parte Geral), com as modificações introduzidas pela Lei 9.648, de 27.5.98. São Paulo: Malheiros, 1998.

BAGNOLI, Vicente. **Direito econômico e concorrencial.** 7 ed. São Paulo: Revista dos Tribunais, 2017.

BANDEIRA DE MELLO, Celso Antônio. **Curso de direito administrativo.** 33 ed. São Paulo: Malheiros, 2016.

BANDEIRA DE MELLO, Celso Antônio. **Discricionariedade e controle jurisdicional.** 2 ed. São Paulo: Malheiros, 2019.

BANDEIRA DE MELLO, Celso Antônio. "Relatividade" da competência discricionária. **Revista de Direito Administrativo**, Rio de Janeiro, v. 212, p. 49-56, abr. 1998.

BAPTISTA, Luiz Olavo. Conceito de propriedade e sua extensão no direito agrário. **Revista dos Tribunais**, v. 413, p. 27-40, mar. 1970.

BARCELLOS, Ana Paula de. **Curso de Direito Constitucional.** 3 ed. Rio de Janeiro: Forense, 2020.

BARRIT, Emily. Global values transnational values: from Aarhus to Escazú. **Transnational Law Institute Think!**, paper 11/2019. Disponível em: <https://ssrn.com/abstract=3371093>. Acesso em 11 abr 2020.

BARROS, Wellington Pacheco. **Curso de processo administrativo.** Porto Alegre: Livraria do Advogado, 2005.

BARROSO, Luís Roberto. A ordem econômica constitucional e os limites à atuação estatal nos preços. **Revista de Direito Administrativo**, Rio de Janeiro, v. 226, p. 187-212, out./dez. 2001.

BARROSO, L. R. A proteção do meio ambiente na Constituição brasileira. **Revista Forense,** Rio de Janeiro, v. 317, p. 161-178, 1992.

BEBBER, D. P; BUTT, Nathalie. Tropical protected areas reduced deforestation carbono emissions by one third from 2000-2012. **Scientific Reports,** p. 1-7, 2017.

BECK, Ulrich. **A metamorfose do mundo:** novos conceitos para uma nova realidade. Tradução de Maria Luiza X. de A. Borges. Rio de Janeiro: Zahar, 2018.

BECK, Ulrich. **Sociedade de risco:** rumo a uma outra modernidade. Tradução de Sebastião Nascimento. São Paulo: Editora 34, 2011.

BENATTI, José Heder. Manejo florestal e uso alternativo do solo na Amazônia. In: LIMA, André. **O direito para o Brasil socioambiental.** Porto Alegre: Sergio Antonio Fabris Editor, 2002.

BENATTI, José Heder. Unidades de conservação e as populações tradicionais: uma análise jurídica da realidade brasileira. **Novos Cadernos NAEA,** v. 2, n. 2, p. 107-125, dez. 1999.

BENATTI, José Heder et al. Questão fundiária e sucessão da terra na fronteira Oeste da Amazônia. **Novos Cadernos NAEA**, v. 11, n. 2, p. 85-122, dez. 2008.

BENJAMIN, Antônio Herman. Direito constitucional ambiental brasileiro. In: CANOTILHO, José Joaquim Gomes; LEITE, José Rubens Morato. **Direito constitucional ambiental brasileiro.** 6 ed. São Paulo: Saraiva, 2015.

BENJAMIN, Antônio Herman. Introdução à Lei do Sistema Nacional de Unidades de Conservação. In: BENJAMIN, Antônio Herman Benjamin. **Direito ambiental das**

áreas protegidas: o regime jurídico das unidades de conservação. Rio de Janeiro: Forense Universitária, 2001.

BENJAMIN, A. H. V. Reflexões sobre a hipertrofia do direito de propriedade na tutela da reserva legal e das áreas de preservação permanente. **Revista de Direito Ambiental**, São Paulo, v. 1, n. 4, p. 41-60, out./ dez. 1996.

BHERING, M. J.; MAIO, M. C. Ciência, positivismo e agricultura. **Varia História,** Belo Horizonte, v. 27, n. 46, p. 689-709, jul./dez. 2011.

BIERMANN, Frank. Curtain down and Nothing Settled: Global Sustainability Governance after the "Rio+20" Earth Summit. **Environment and Planning C: Government and Policy**, v. 31, n. 6, p. 1099–1114, 2013.

BIM, Eduardo Fortunato. **Licenciamento Ambiental.** 4 ed. Belo Horizonte: Fórum, 2018.

BINENBOJM, Gustavo. **Uma teoria do direito administrativo:** direitos fundamentais, democracia e constitucionalização. 2 ed. Rio de Janeiro: Renovar, 2008.

BODANSKY, Daniel. **The art and craft of International Environmental Law.** Cambridge: Harvard University Press, 2010.

BONAVIDES, Paulo. **Curso de direito constitucional.** 16 ed. São Paulo: Malheiros Editores, 2005.

BONAVIDES, Paulo. **Do estado liberal ao estado social**. 3 ed. Rio de Janeiro: Fundação Getúlio Vargas, 1972, p. 33/205.

BONAVIDES, Paulo. **Reflexões**: política e direito. 3 ed. São Paulo: Malheiros, 1998.

BÖRNER, Jan et al. Post-Crackdown Effectiveness of Field-Based Forest Law Enforcement in the Brazilian Amazon. **PLOS ONE** , v. 10, n. 4, p. 1-19, 2015.

BOSCOLO Marco; VINCENT, Jeffrey R. **Promoting better logging practices in tropical forests.** Washington: The World Bank, 1998.

BOSSELMANN, K. Global environmental constitutionalism: mapping the terrain. **Widener Law Review**, v. 21, n. 2, p. 171-185, 2015.

BOSSELMANN, Klaus. **O princípio da sustentabilidade:** transformando direito e governança. Tradução de Phillip Gil França. São Paulo: Editora Revista dos Tribunais, 2015.

BOWLER, Diana; BUYUNG-ALI, Lisette; HEALEY, JONES, Julia P. G.; KNIGHT, Teri; PULLIN, Andrew S. **The evidence base for community forest management as a mechanism for supplying global environmental benefits and improving local welfare:** a STAP advisory document. Bangor: Scientific and Technical Advisory Panel, 2010.

BOYD, David. **The environmental rights revolution:** a global study of constitutions, human rights, and the environment. Vancouver: UBC Press, 2012.

BRANCO, Paulo Gustavo Gonet. Teoria geral dos direitos fundamentais. In: MENDES, Gilmar Ferreira; BRANCO, Paulo Gustavo Gonet. **Curso de direito constitucional.** 15 ed. São Paulo: Saraiva, 2020.

BRANDÃO Jr., Amintas; SOUZA Jr., Carlos. Deforestation in Land Reform Settlements in the Amazon. **State of the Amazon,** n. 7, p. 1-4, jun. 2006.

BRASIL. Câmara dos Deputados. DETAQ. Audiência Pública Nº: 0565/05DATA. Disponível em: <https://www.camara.leg.br/internet/sitaqweb/TextoHTML.asp?etapa=11&nmComissao=Comissão%20Especial%20-%20Gestão%20de%20Florestas%20Públicas&tpReuniaoEvento=AP%20c/%20Convidado&dtReuniao=12/05/2005&hrInicio=10:30:00&hrFim=13:26:00&origemDiscurso=&nmLocal=Plenário%20Principal%20-%20CD&nuSessao=0565/05&nuQuarto=0&nuOrador=0&nuInsercao=0&dtHorarioQuarto=10:30&sgFaseSessao=&Data=12/05/2005&txApelido=&txFaseSessao=&txTipoSessao=Especial&dtHoraQuarto=10:30&txEtapa=>. Acesso em 27 jun 2019.

BRASIL. Instituto Brasileiro de Desenvolvimento Florestal. Portaria nº 486/86-P, de 28 de outubro de 1986. Diário Oficial da República Federativa do Brasil. Poder Executivo, Brasília, DF, 31 out 1986. Seção 1, p. 16282.

BRASIL. Ministério da Agricultura, Agropecuária e Abastecimento. Serviço Florestal Brasileiro. **Gestão de Florestas Públicas**: relatório 2019. Brasília: Serviço Florestal Brasileiro, 2020.

BRASIL. Ministério do Meio Ambiente. Ministério do Planejamento, Desenvolvimento e Gestão. Instituto Brasileiro de Geografia e Estatística. **Mapa de biomas do Brasil:** primeira aproximação. Rio de Janeiro: IBGE, 2004.

BRASIL. Ministério do Planejamento, Desenvolvimento e Gestão. Instituto Brasileiro de Geografia e Estatística. **Anuário estatístico do Brasil.** Rio de Janeiro: IBGE, 2016.

BRASIL. Ministério do Planejamento, Desenvolvimento e Gestão. Instituto Brasileiro de Geografia e Estatística. **Manual técnico da vegetação brasileira.** Rio de Janeiro: IBGE, 2012.

BRASIL. Ministério do Planejamento, Desenvolvimento e Gestão. Instituto Brasileiro de Geografia e Estatística. **Mapa de clima do Brasil.** Rio de Janeiro: IBGE, 2002.

BRASIL. Ministério do Planejamento, Desenvolvimento e Gestão. Instituto Brasileiro de Geografia e Estatística. **Mapa de vegetação do Brasil.** 3 ed. Rio de Janeiro: IBGE, 2004.

BRASIL. Presidência da República. **Plano Amazônia Sustentável:** diretrizes para o desenvolvimento da Amazônia Brasileira. Brasília: MMA, 2008.

BRASIL. Projeto de Lei 4.776/2005. Disponível em: <http://www.camara.gov.br/proposicoesWeb/prop_mostrarintegra;jsessionid=5221815A8C73A9442D6FCF83A4206213.proposicoesWebExterno1?codteor=1562648&filename=PL+4776/2005>. Acesso em 27 jan 2019.

BRASIL. Senado Federal. Proposta de Emenda à Constituição 46, de 2011. Disponível em: <https://www25.senado.leg.br/web/atividade/materias/-/materia/100507>. Acesso em 01 jul 2019.

BROOKS, R. O. A constitutional right to a healthful environment. **Vermont Law Review**,v. 16, p. 1063-1110, 1992.

BROWDER, J. O. Public policy and deforestation in the brazilian Amazon. REPETTO, Roberto; GILLIS, Malcolm. **Public policies and the misuse of forest resources**. Cambridge: Cambridge University Press, 1988.

BRUENIG, E. F. **Conservation and management of tropical rainforests:** an integrated approach to sustainability. 2 ed. Oxfordshire: CABI, 2017.

CAETANO, Marcello. **Manual de direito administrativo.** Lisboa: Universidade Editora, 1937.

CALANDINO, D.; WEHRMANN, M.; KOBLITZ, R. Contribuição dos assentamentos rurais no desmatamento da Amazônia: um olhar sobre o Estado do Pará. **Desenvolvimento e Meio Ambiente**, v. 26, p. 161-170, jul./dez. 2012.

CALEGARE, M. G. A.; HIGUCHI, M. I. G.; BRUNO, A. C. dos S. Traditional peoples and communities: from protected areas to the political visibility of social groups having ethnical and collective identity. **Ambiente & Sociedade,** São Paulo, v. XVII, n. 3, p. 115-134, jul./set. 2014.

CALOW, Peter. **The encyclopedia of ecology and environmental management.** Oxford: Blackwell Science, 1999.

CÂMARA, Jacintho Arruda; NOHARA, Irene Patrícia. **Tratado de direito administrativo**: licitação e contratos administrativos. São Paulo: Editora Revista dos Tribunais, 2014.

CANNON, Jonathan Z. Environmentalism and the Supreme Court: a cultural analysis. **Ecology Law Quarterly**, v. 33, p. 363-440, 2006.

CANNON, Jonathan Z. The significance of Massachusetts v. EPA. **Virginia Law Review In Brief,** v. 93, p. 53-62, 2007.

CANOTILHO, José Joaquim Gomes. Direito constitucional ambiental português e da União Europeia. In: CANOTILHO, José Joaquim Gomes; LEITE, José Rubens Morato. **Direito constitucional ambiental brasileiro.** 6 ed. São Paulo: Saraiva, 2015.

CANOTILHO, José Joaquim Gomes. **Direito constitucional e teoria da constituição.** 7ed. Coimbra: Almedina, 2003.

CANOTILHO, José Joaquim Gomes. Estado Constitucional Ecológico e Democracia Sustentada. In: SARLET, Ingo Wolfgang. **Direitos fundamentais sociais:** estudos de direito constitucional, internacional e comparado. Rio de Janeiro: Renovar, 2003.

CANOTILHO, José Joaquim Gomes. **Estudos sobre direitos fundamentais.** Coimbra: Coimbra Editora, 2004.

CANOTILHO, J. J. G. O Princípio da sustentabilidade como Princípio estruturante do Direito Constitucional. **Revista de Estudos Politécnicos**, v. 8, n. 13, p. 7-18, 2010.

CANOTILHO, J. J. Gomes. **Protecção do ambiente e direito de propriedade (crítica de jurisprudência ambiental)**. Coimbra: Coimbra Editora, 1995.

CANOTILHO, José Joaquim Gomes; MOREIRA, Vital. **Constituição da República Portuguesa anotada**, volume 1. São Paulo; Coimbra: Editora Revista dos Tribunais; Coimbra Editora, 2007.

CAPPELLETTI, M. Formações sociais e interesses coletivos diante da justiça civil. **Revista de Processo**, v. 2, n. 5, p. 128-159, 1977.

CARSON, Rachel. **Primavera silenciosa**. 2 ed. Tradução de Raul de Polillo. São Paulo: Edições Melhoramentos, 1969.

CARVALHO, E. B. de. Código Florestal brasileiro de 1934: a legislação florestal nas disputas pelo território, um estudo de caso. **Anos 90**, Porto Alegre, v. 23, n. 43, p. 417-442, jul. 2016.

CARVALHO FILHO, José dos Santos. **Manual de direito administrativo**. 20 ed. Rio de Janeiro: Lumen Juris, 2008.

CARVALHOSA, Modesto Souza Barros. **Direito econômico.** São Paulo: Revista dos Tribunais, 1973.

CASTELLS, Manuel. Informationalism, Networks, and the Network Society: A Theoretical Blueprint. In: CASTELLS, Manuel (ed.). **The network society:** a cross-cultural perspective. Cheltenham; Northampton: Edward Elgar Publishing, 2004.

CHAN, Barney. **Current Status of Forest Concessions in Southeast Asia**. Rome: Food and Agriculture Organization of the United Nations, 2016.

CHRISTENHUSZ, M. J. M.; BYNG, J. W. The number of known plants species in the world and its annual increase. **Phytotaxa**, v. 261, n. 3, p. 201-207, 2016.

COLABORATIVE Parntership on Forests. About the Collaborative Partnership on Forests. Disponível em: <http://www.cpfweb.org/73947/en/>. Acesso em 05 mai 2018.

COLLIN, P. H. **Dictionary of environment & ecology.** 5 ed. London: Bloomsbury, 2004.

CORTE Interamericana de Derechos Humanos. Comunidades indígenas miembros de la Asociación Lhaka Honhat (Nuestra Terra) vs. Argentina, de 06 de febrero de 2020. Disponível em: <http://www.corteidh.or.cr/docs/casos/articulos/seriec_400_esp.pdf>. Acesso em 31 jul 2020.

CORTE Interamericana de Derechos Humanos. Lagos del Campo vs. Perú, de 31 de agosto de 2017. Disponível em: <http://www.corteidh.or.cr/docs/casos/articulos/seriec_340_esp.pdf>. Acesso em 31 jul 2020.

CORTE Interamericana de Derechos Humanos. Opinión consultiva OC-23/17, de 15 de noviembre de 2017. Medio ambiente y derechos humanos. P. 97. Disponível em: <http://www.corteidh.or.cr/docs/opiniones/seriea_23_esp.pdf>. Acesso em 09 abr 2020.

COSTA, B. S; Resende, E. N. O bem sob a ótica do direito ambiental e do direito civil: uma dicotomia irreconciliável? **Revista Brasileira de Políticas Públicas**, Brasília, v. 1, n. 3, p. 43-70, dez. 2011.

COSTA, Francisco de Assis. **Ecologismo e Questão Agrária na Amazônia**. Belém: SEPEQ/NAEA/UFPA, 1992.

COSTA NETO, Nicolao Dino C. Reflexões sobre a proteção jurídica da Floresta Amazônica. In: KISHI, Sandra Akemi Shimada; SILVA, Solange Teles da; SOARES, Inês Virgínia Prado Soares (orgs). **Desafios do direito ambiental no século XXI:** estudos em homenagem a Paulo Affonso Leme Machado. São Paulo: Malheiros Editores, 2005.

CRETELLA JÚNIOR, José. **Curso de direito administrativo.** 17 ed. Rio de Janeiro: Ed. Forense, 2000.

CRETELLA JÚNIOR, José. **Direito administrativo brasileiro.** V. 2. Rio de Janeiro: Ed. Forense, 1987.

CRETELLA NETO, José. **Curso de direito internacional do meio ambiente.** São Paulo: Saraiva, 2012.

CUSTÓDIO, Helita Barreira. **Direito ambiental e questões jurídicas relevantes.** Campinas: Millennium Editora, 2005.

DASGUPTA, P. S.; HEAL, G. M. **Economic theory and exhaustible resources**. Cambridge: Cambridge University Press, 1980.

DÉCLARATION des Droits de l'Homme et du Citoyen de 1789. Disponível em: <http://www.conseil-constitutionnel.fr/conseil-constitutionnel/francais/la-constitution/la-constitution-du-4-octobre-1958/declaration-des-droits-de-l-homme-et-du-citoyen-de-1789.5076.html>. Acesso em 16 dez 2017.

DEUS, Teresa Cristina de. **Tutela da flora em face do direito ambiental brasileiro.** São Paulo: Editora Juarez de Oliveira.

DIEGUES, Antonio Carlos (Org.). **Os saberes tradicionais e a biodiversidade no Brasil.** São Paulo: NUPAUB; USP; PROBIO; MMA; CNPq, 2000.

DIMOULIS, Dimitri; MARTINS, Leonardo. **Teoria geral dos direitos fundamentais.** 7 ed. São Paulo: Revista dos Tribunais, 2020.

DI PIETRO, Maria Sylvia Zanella. **Direito administrativo.** 30 ed. Rio de Janeiro: Forense, 2017.

DI PIETRO, Maria Sylvia Zanella. Gestão de florestas públicas por meio de contratos de concessão. **Revista do Advogado**, v. XXIX, n. 107, p. 140-149, dez. 2009.

DI PIETRO, Maria Sylvia Zanella. **Parcerias na administração pública.** 11 ed. Rio de Janeiro: Forense, 2017.

DI PIETRO, M. S. Z. Polícia do meio ambiente. **Revista Forense,** Rio de Janeiro, v. 317, p. 179-187, 1992.

DI PIETRO, Maria Sylvia Zanella. **Uso privativo de bem público por particular.** 3 ed. São Paulo: Atlas, 2014.

DOUROJEANNI, M. J. Estradas parque, uma oportunidade pouco explorada para o turismo no Brasil. **Natureza & Conservação,** v. 1, n. 1, p. 74-77, 2003, não paginado. Disponível em: <https://www.academia.edu/5403150/Estradas-parque_uma_oportunidade_pouco_explorada_para_o_turismo_no_Brasil>. Acesso em 16 jun 2018.

DRESSLER, Wolfram et al. From hope to crisis and back again? A critical history of the global CBNRM narrative. **Environmental Conservation**, v. 37, n. 1, p. 5-15, 2010.

DUDLEY, Nigel. **Guidelines for applying protected área management categories.** Gland: IUCN, 2008.

DUNLAP, R. E. et al. Measuring Endorsment of the New Ecological Paradigm: a revised NEP scale. **Journal of Social Issues**, v. 56, n. 3, p. 425-442, 2000.

DUNLAP, R. E.; VAN LIERE, K. D. The "New Environmental Paradigm": a proposed measuring instrument and preliminary results. **The Journal of Environmental Education,** v. 9, n. 4, p. 10-19, 1978.

DUTRA, V. et al. Proposta de Estradas-Parque como unidade de conservação: dilemas e diálogos entre o Jalapão e a chapada dos veadeiros. **Sociedade & Natureza,** Uberlância, n. 20, v. 1, p. 161-176, jun. 2008.

DWORKIN, Ronald. **Taking rights seriously.** Cambridge: Harvard University Press, 1978.

ECKERSLEY, Robyn. **Environmentalism and political theory:** toward an ecocentric approach. Albany: State University of New York Press, 1992.

ECKERSLEY, Robyn. **The green state:** rethinking democracy and sovereignty. Cambridge; London: The MIT Press, 2004.

EITEN, George. **Classificação da vegetação do Brasil.** Brasília: CNPq/Coordenação Editorial, 1983.

ESMEIN, Adhémar. **Éléments de droit constitutionnel.** Paris: L. Larose et Forcel, 1896.

FAO. **Global Forest Resources Assessment: Terms and definitions.** Forest Resources Assesment Working Paper 188. Roma: Food and Agriculture Organization of the United Nations, 2018. Disponível em: <http://www.fao.org/3/I8699EN/i8699en.pdf>. Acesso em 01 mai 2018.

FAO. **Global Forest Resources Assessment 2015:** how are the world`s forests changing?. 2 ed. Rome: Food and Agriculture Organization of the United Nations, 2016.

FAO. **Rethinking forest concessions**: improving the allocation of state-owned forests for better economic, social and environmental outcomes. Rome: Food and Agriculture Organization of the United Nations, 2018.

FAO. **The Russian Federation Forest Sector**: Outlook study to 2030. Rome: Food and Agriculture Organization of the United Nations, 2012.

FARIA, Weter R. Normas constitucionais sobre o planejamento e ordenação territorial. **Revista de Informação Legislativa,** Brasília, v. 27, n. 105, p. 87-98, jan./mar. 1990.

FARIAS, Talden. **Licenciamento ambiental:** aspectos teóricos e práticos. 7 ed. Belo Horizonte: Fórum, 2019.

FENSTERSEIFER, Tiago. **Direitos fundamentais e proteção do ambiente:** a dimensão ecológica da dignidade humana no marco jurídico constitucional do estado socioambiental de direito. Porto Alegre: Livraria do Advogado Editora, 2008.

FERNANDES, Raimundo Nonato. Da concessão de uso de bens públicos. **Revista de Direito Administrativo**, Rio de Janeiro, v. 118, p. 1-11, nov. 1974.

FERRAJOLI, Luigi. Derechos fundamentales. In: FERRAJOLI, Luigi. **Los fundamentos de los derechos fundamentales**. 4 ed. Madrid: Editorial Trotta, 2009.

FERRAZ, Claudio; MOTTA, Ronaldo Seroa da. **Concessões florestais e exploração madeireira no Brasil**: condicionantes para a sustentabilidade. Brasília: Ministério do Meio Ambiente, 2002.

FERREIRA FILHO, Manoel Gonçalves. **Comentários à Constituição Brasileira de 1988:** volume 2 arts. 104 a 250 – Ato das disposições Constitucionais Transitórias. 2 ed. São Paulo: Saraiva, 1999.

FIGUEIREDO, José Guilherme Purvin de. **Curso de direito ambiental.** 6 ed. São Paulo: Editora Revista dos Tribunais, 2013.

FIGUEIREDO, Guilherme José Purvin de; RODRIGUES, José Eduardo Ramos. Apontamentos sobre a Reserva de Desenvolvimento Sustentável à luz do conceito trazido pelo Relatório Brundtland. In: BENJAMIN, Antônio Herman Benjamin. **Direito ambiental das áreas protegidas:** o regime jurídico das unidades de conservação. Rio de Janeiro: Forense Universitária, 2001.

FIGUEIREDO, Lúcia Valle. **Curso de direito administrativo.** 6 ed. São Paulo: Malheiros, 2003.

FIGUEIRÔA, Silvia F. de M. 'Batedores da ciência' em território paulista: expedições de exploração e a ocupação do 'sertão' de São Paulo na transição para o século XX. História, Ciências, Saúde – Manguinhos, Rio de Janeiro, v. 15, n. 3, p. 763-777, jul./set. 2008.

FIORILLO, Celso Antonio Pacheco. **Curso de direito ambiental brasileiro.** 18 ed. São Paulo: Saraiva, 2018.

FIORILLO, Celso Antonio Pacheco. **O direito de antena em face do direito ambiental no Brasil.** São Paulo: Saraiva, 2000.

FIORILLO, Celso Antonio Pacheco; FERREIRA, Renata Marques. **Comentários ao "código" florestal:** Lei n. 12.651/2012. São Paulo: Saraiva, 2013.

FISCHER-LESCANO, Andreas; TEUBNER, Gunther. Fragmentierung des Weltrechts: Vernetzung globaler Regimes statt etatistischer Rechtseinheit. In: ALBERT, Mathias; STICHWEH, Rudolf. **Weltstaat und Weltstaatlichkeit**: beochbatungen globaler politischer Strukturbildung. Wiesbaden: VS Verlag für Sozialwissenschaften, 2007.

FLORES, Joaquín Herrera. **A reinvenção dos direitos humanos.** Tradução de Carlos Roberto Diogo Garcia, Antônio Henrique Graciano Suxberger e Jefferson Aparecido Dias. Florianópolis: Fundação Boiteux, 2009,

FORTINI, Cristiana; CUNHA, Luana Magalhães de Araújo; PIRES, Priscila Giannetti Campos. O regime jurídico das parcerias voluntárias com as organizações da sociedade civil: inovações da Lei nº 13.019/2014. In: MOTTA, Fabrício; MÂNICA, Fernando Borges; OLIVEIRA, Rafael Arruda. **Parcerias com o terceiro setor:** as inovações da Lei nº 13.019/14. 2 ed. Belo Horizonte: Fórum, 2018.

FRANÇA, Phillip Gil. **Ato administrativo e interesse público:** gestão pública, controle judicial e consequencialismo administrativo. 2 ed. São Paulo: Revista dos Tribunais, 2014.

FRANÇA, Phillip Gil. **Controle da administração pública:** combate à corrupção, discricionariedade administrativa e regulação econômica. 4 ed. São Paulo: Saraiva, 2016.

FRANK, Will; BALS, Cristoph; GRIMM, Julia. The Case of Huaraz: First Climate Lawsuit on Loss and Damage Against an Energy Company Before German Courts. In: MECHLER, Reinhard et al. **Loss and Damage from Climate Change**: Concepts, Methods and Policy Options. Cham: Springer, 2019.

FREEMAN, Jody; GUZMAN, Andrew. Climate change and U.S. interests. **Columbia Law Review**, v. 109, n. 6, p. 1531-1601, oct. 2009.

FREEMAN, Jody; KOLSTAD, Charles D. Prescriptive Environmental Regulations versus Market-Based Incentives. In: FREEMAN, Jody; KOLSTAD, Charles D. **Moving to markets in environmental regulation:** lessons from twenty years of experience. Oxford: Oxford University Press, 2006.

FREITAS, Juarez. **Direito fundamental à boa administração pública**. 3 ed. São Paulo: Malheiros, 2014.

FREITAS, Juarez. **O controle dos atos administrativos e os princípios fundamentais.** 5 ed. São Paulo: Malheiros, 2013.

FREITAS, Juarez. **Sustentabilidade:** direito ao futuro. 3 ed. Belo Horizonte: Fórum, 2016.

FREITAS, Rafael Véras de. A concessão de florestas e o desenvolvimento sustentável. **Revista de Direito Público da Economia RDPE**, Belo Horizonte, ano 7, n. 26, abr./jun. 2009. Disponível em: <http://www.bidforum.com.br/bid/PDI0006.aspx?pdiCntd=57717>. Acesso em: 24 ago. 2017.

FREITAS, Vladimir Passos de. **A Constituição federal e a efetividade das normas ambientais.** 2 ed. São Paulo: Editora Revista dos Tribunais, 2002.

FREITAS, Vladimir Passos de; FREITAS, Gilberto Passos de. **Crimes contra a natureza:** de acordo com a Lei 9.605/98. 8 ed. São Paulo: Revista dos Tribunais, 2006.

FREITAS, Vladimir Passos de; FREITAS, Mariana Almeida Passos de. **Direito administrativo e meio ambiente.** 5 ed. Curitiba: Juruá, 2014.

GASPARINI, Diógenes. **Direito administrativo.** 10 ed. São Paulo: Saraiva, 2005.

GAVIÃO FILHO, Anizio Pires. **Direito fundamental ao ambiente.** Porto Alegre: Livraria do Advogado, 2005.

GERRARD, Michael B. Introduction and Overview. In: FREEMAN, Jody; GERRARD, Michael B. **Global climate change and U.S. Law.** 2 ed. Chicago: American Bar Association, 2014.

GERRARD, Michael B. Reflections on Environmental Justice. **Albany Law Review,** v. 65, p. 357-364, 2001.

GERRARD, Michael B. What does environmental justice mean in an era of global climate change? **Journal of Environmental and Sustainability Law**, v. 19, n. 2, p. 276-303, 2013.

GIDDENS, Anthony. **Sociology**. 5th ed. Cambridge; Malden: Polity Press, 2006.

GIL, E. J. V. Sobre los derechos de solidaridad: del Estado liberal al social y democrático de Derecho. **Anuario de Filosofia del Derecho,** v. X, p. 89-110, 1993.

GIULIETTI, A. M. et al. Biodiversity and conservation of plants in Brazil. **Conservation Biology,** v. 19, n. 3, p. 632-639, 2005.

GOMES, C. A. Constituição e ambiente: errância e simbolismo. **Veredas do Direito,** v. 9, n. 17, p. 9-29, 2012.

GOMES, Carla Amado. **Risco e modificação do acto autorizativo concretizador de deveres de protecção do ambiente.** Lisboa: 2012.

GOMES, Orlando. **Contratos.** Rio de Janeiro: Forense, 2000.

GOMIDE, Lucas Rezende et al. Sustainable forest management of native vegetation remnants in Brazil. In: MARTÍN-GARCÍA, Jorge; DIEZ, Julio Javier. **Sustainable forest management**: case studies. Rijeka: InTech, 2012.

GONÇALVES, Pedro. **O contrato administrativo**: uma instituição do direito administrativo do nosso tempo. Coimbra: Almedina, 2003.

GRAAF, N. R. de; ELDIK, T. van. Precious Woods, Brazil. In: Werger, Marinus J.A. **Sustainable Management of Tropical Rainforests:** the CELOS Management System. Paramaribo: Tropenbos International, 2011.

GRANZIERA, Maria Luiza Machado. **Contratos administrativos:** gestão, teoria e prática. São Paulo: Atlas, 2002.

GRANZIERA, Maria Luiza Machado. Mecanismos de efetividade da lei sobre florestas públicas. **Revista de Direito Ambiental,** v. 13, n. 49, p. 201-216, jan./mar. 2008.

GRAU, Eros Roberto. **A ordem econômica na Constituição de 1988:** interpretação e crítica. 18 ed. São Paulo: Malheiros, 2017.

GRAU, Eros Roberto. **Licitação e contrato administrativo:** estudos sobre a interpretação da lei. São Paulo: Malheiros, 1995.

GRAU, E. R. Lucratividade e função social nas empresas sob controle do Estado. **Revista de Direito Mercantil, Industrial, Econômico e Financeiro,** São Paulo, n. 55, p. 35-59, jul./set. 1984.

GRAY, John A. **Forest concession policies and revenue systems**: country experience and policy changes for sustainable tropical forestry. Washington: The World Bank, 2002.

GRETZINGER, Steve; RESOURCES, Zak. **Latin American Experiences in Natural Forest Management Concessions.** Rome: Food and Agriculture Organization of the United Nations, 2016.

GRIMM, Dieter. **Constitutionalism:** Past, Present and Future. Oxford: Oxford University Press, 2016.

GUERRA, Sidney; GUERRA, Sérgio. **Curso de direito ambiental.** São Paulo: Atlas, 2014.

HÄBERLE, Peter. A constitutional law for future generations – the 'other' form of the social contract: the generation contract. In: TREMMEL, Joerg Chet. **Handbook of Intergenerational Justice.** Cheltenham; Northampton: Edward Elgar, 2006.

HÄBERLE, Peter. A dignidade humana como fundamento da comunidade estatal. In: SARLET, Ingo Wolfgang. **Dimensões da dignidade:** ensaios de filosofia do direito e direito constitucional. Tradução de Ingo Wolfgang Sarlet, Luís Marcos Sander, Pedro Scherer de Mello Aleixo, Rita Dostal Zanini. 2 ed. Porto Alegre: Livraria do Advogado Editora, 2013.

HABERMAS, Jürgen. **La inclusión del otro:** Estudios de teoría política. Traducción de Juan Carlos Velasco Arroyo y Gerard Vilar Roca. Barcelona: Paidós, 1999.

HABERMAS, Jürgen. **Theorie des kommunikativen Handelns:** Handlungsrationalität und gesellschaftliche Rationalisierung. Zweiter Auflage. Frankfurt am Main: Suhrkamp, 1982. (Band I).

HACHEM, Daniel Wunder. A dupla titularidade (individual e transindividual) dos direitos fundamentais econômicos, sociais, culturais e ambientais. **Revista de Direitos Fundamentais e Democracia**, v. 14, n. 14, Curitiba, p. 618-688, jul./dez. 2013.

HAEBERLIN, Mártin. **Uma teoria do interesse público:** fundamentos do Estado meritocrático de direito. Porto Alegre: Livraria do Advogado, 2017.

HARDIN, G. The Tragedy of the Commons. **Science**, v. 162, n. 3859, p. 1243-1248, 1968.

HARDIN, Rebecca. Concessionary politics: property, patronage, and political rivalry in Central African forest management. **Current Anthropology**, v. 52, n. 3, 113-125, Abr. 2011.

HARDIN, Russel. **Liberalism, constitutionalism, and democracy.** New York: Oxford University Press, 2003.

HENSBERGEN, Berty van. **Forest concessions**: past present and future?. Rome: Food and Agriculture Organization of the United Nations, 2016.

HESSE, Konrad. **A força normativa da Constituição.** Tradução de Gilmar Ferreira Mendes. Porto Alegre: Sergio Antonio Fabris Editor, 1991.

HESSE, Konrad. **Elementos de direito constitucional da República Federal da Alemanha.** Tradução de Luís Afonso Heck. Porto Alegre: Sergio Antonio Fabris Editor, 1998.

HIRONAKA, Giselda Maria Fernandes Novaes. **Atividade agrária e proteção ambiental:** simbiose possível. São Paulo: Cultural Paulista, 1997.

HOFMANN, Hasso. Die Aufgaben des modernen Staates und der Umweltschutz: Vorn Rechts - und Kulturstaat Liber den Sozialstaat zurn Industrie - und Urnweltstaat. In: KLOEPFER, Michael (Hrsg.). **Umweltstaat.** Berlin: Springer, 1989.

HUGHES, J. Donald. **An environmental History of the World:** humankind's changing role in the community of life. 2 ed. Abingdon; New York: Routledge, 2009.

HUMBERT, Georges Louis Hage. **Direito urbanístico e função socioambiental da propriedade imóvel urbana.** Belo Horizonte: Fórum, 2009.

ICMBio. **Unidades de Conservação Federais do Brasil**. Disponível em: <http://www.icmbio.gov.br/portal/images/stories/servicos/geoprocessamento/DCOL/dados_vetoriais/Área_UC_federais_categoria_maio_2018.pdf>. Acesso em 19 jun 2018.

INCRA. Boletim de análise sobre o desmatamento em assentamentos na Amazônia. **Assentamentos Verdes,** n. 1, dez. 2012.

INTERNATIONAL Tropical Timber Organization. **About ITTO.** Disponível em: <http://www.itto.int/about_itto/>. Acesso em 05 mai 2018.

ITO. Indigenous and Tribal Peoples Convention. Geneva, 27 jun 1989. Disponível em: <https://www.ilo.org/dyn/normlex/en/f?p=NORMLEXPUB:12100:0::NO::P12100_ILO_CODE:C169>. Acesso em 05 fev 2019.

ITTO. Criteria and indicators for the sustainable management of tropical forests. ITTO Policy Development Series No. 21. Yokohama: ITTO, 2016.

IUCN. **World Conservation Strategy:** living resource conservation for sustainable development. Gland: IUCN, 1980.

IUCN. UNEP, WWF. **Caring for the Earth**: a strategy for sustainable living. Gland: IUCN; UNEP; WWF, 1991.

JARDIM Botânico do Rio de Janeiro. Flora do Brasil 2020 em construção. Disponível em: <http://floradobrasil.jbrj.gov.br/reflora/listaBrasil/br/gov/jbrj/reflora/web/listaBrasil/taxa/consultarPublico/bem-vindo-consulta-publica.jsp#CondicaoTaxonCP>. Acesso em: 02 mar 2018.

JELLINEK, Georg. **The Declarations of the Rights of Man and of Citizens:** a contribution to modern constitutional history. Translation by Max Farrand. New York: Henry Holt and Company, 1901.

JONAS, Hans. **O princípio responsabilidade:** ensaio de uma ética para a civilização tecnológica. Tradução de Marijane Lisboa e Luiz Barros Montez. Rio de Janeiro: Contraponto; Ed. PUC-Rio, 2006.

JONKERS, W.B.J; HENDRISON, J. The CELOS Management System: concept, treatments and costs. In: Werger, Marinus J.A. **Sustainable Management of Tropical Rainforests:** the CELOS Management System. Paramaribo: Tropenbos International, 2011.

JUSTEN FILHO, Marçal. As diversas configurações da concessão de serviço público. Disponível em: http://justenfilho.com.br/wp-content/uploads/2008/12/mjf60.pdf. Acesso em 26 mai 2019.

JUSTEN FILHO, Marçal. **Comentários à Lei de Licitações e Contratos Administrativos**: Lei 8.666/1993. 18 ed. São Paulo: Thomson Reuters Brasil, 2019.

JUSTEN FILHO, Marçal. **Curso de direito administrativo.** 13 ed. São Paulo: Thomson Reuters Brasil, 2018.

JUSTEN FILHO, Marçal. **Teoria geral das concessões de serviço público.** São Paulo: Dialética, 2003.

KARSENTY, Alain. **The contemporary forest concessions in West and Central Africa**: chronicle of a foretold decline?. Rome: Food and Agriculture Organization of the United Nations, 2016.

KISS, Alexandre; SHELTON, Dinah. **Guide to international environmental law.** Leiden; Boston: Martinus Nijohff Publishers, 2007.

KLOEPFER, Michael. A caminho do Estado Ambiental? A transformação do sistema político e econômico da República Federal da Alemanha através da proteção ambiental especialmente desde a perspectiva da ciência jurídica. In: SARLET, Ingo Wolfgang (Org.) **Estado socioambiental e direitos fundamentais.** Porto Alegre: Livraria do Advogado Editora, 2010.

KLOEPFER, Michael. Auf dem Weg zum Umweltstaat?. In: KLOEPFER, Michael (Hrsg.). **Umweltstaat.** Berlin: Springer, 1989.

KOONTZ, Harold; GABLE, Richard W. **Public control of economic enterprises**. New York: McGraw-Hill, 1956.

KRELL, Andreas J. A relação entre a proteção ambiental e função social da propriedade nos sistemas jurídicos brasileiro e alemão. In: SARLET, Ingo Wolfgang. **Estado socioambiental e direitos fundamentais.** Porto Alegre: Livraria do Advogado Editora, 2010.

KRELL, Andreas J. **Discricionariedade administrativa e conceitos legais indeterminados:** limites do controle judicial no âmbito dos interesses difusos. 2 ed. Porto Alegre: Livraria do Advogado, 2013.

KUNIN, William E; LAWTON, John H. Does biodiversity matter? Evaluating the case for conserving species. In: GASTON, Kevin J. **Biodiversity:** a biology of numbers and difference. Oxford: Blackwell Science Ltd., 1996.

LABARRÈRE, M. de F. F. Unidades de conservação e o direito. **Revista de Direito Ambiental**, v. 7, n. 5, p. 129-151, jan./mar. 2002.

LACERDA, André Eduardo Biscaia de. Sustainable Forest Management in Rural Southern Brazil: Exploring Participatory Forest Management Planning. In: MARTÍN--GARCÍA, Jorge; DIEZ, Julio Javier. **Sustainable forest management**: case studies. Rijeka: InTech, 2012.

LARANJEIRA, Raymundo. Direito agrário e meio ambiente. **Revista da Faculdade de Direito da UFG**, v. 12, n. 1-2, p. 85-97, jan./dez. 1988.

LARANJEIRA, Raymundo. **Propedêutica do direito agrário**. 2 ed. São Paulo: LTr, 1981.

LECEY, Eladio. A proteção do meio ambiente e a responsabilidade penal da pessoa jurídica. In: FREITAS, Vladimir Passos de. **Direito ambiental em evolução**. 2 ed. Curitiba: Juruá, 2006.

LEHFELD, Lucas de Souza; CARVALHO, Nathan Castelo Branco de; BALBIM, Leonardo Isper Nassif. **Código florestal comentado e anotado (artigo por artigo)**. 3 ed. Rio de Janeiro; São Paulo: Forense; Método, 2015.

LEITE, José Rubens Morato. Sociedade de risco e Estado. In: CANOTILHO, José Joaquim Gomes; LEITE, José Rubens Morato. **Direito constitucional ambiental brasileiro.** 6 ed. São Paulo: Saraiva, 2015.

LEITE, José Rubens Morato; AYALA, Patryck de Araújo. **Dano ambiental:** do individual ao coletivo extrapatrimonial: teoria e prática. 7 ed. São Paulo: Editora Revista dos Tribunais, 2015.

LEUZINGER, M. D. Criação de espaços territoriais especialmente protegidos e indenização. **Revista de Direito Ambiental**, v. 7, n. 5, p. 108-128, jan./mar. 2002.

LEUZINGER, Márcia Dieguez. Efetividade da conservação de hábitats naturais: criação, implementação e gestão de unidades de conservação. In: PRIEUR, Michel; SILVA, Jose Antônio Tietzmann e. **Instrumentos jurídicos para a implantação do desenvolvimento sustentável**. Goiânia: Ed. da PUC Goiás, 2012.

LEUZINGER, Márcia Dieguez. **Meio ambiente:** propriedade e repartição constitucional de competências. Rio de Janeiro: Esplanada, 2002.

LEUZINGER, Márcia Dieguez. **Natureza e cultura:** unidades de conservação de proteção integral e populações tradicionais residentes. Curitiba: Letra da Lei, 2009.

LEWIS, David. **The management of non-governmental development organizations:** an introduction. London; New York: Routledge, 2001.

LE TOURNEAU, François-Michel Le; BURSZTYN, Marcel. Assentamentos rurais na Amazônia: contradições entre a política agrária e a política ambiental. **Ambiente & Sociedade,** Campinas, v. XIII, n. 1, p. 111-130, jan./jun. 2010.

LIMA, André. Direitos socioambientais, políticas públicas e desenvolvimento territorial. In: LIMA, André. **O direito para o Brasil socioambiental.** Porto Alegre: Sergio Antonio Fabris Editor, 2002.

LIMA, Ruy Cirne. **Princípios de direito administrativo brasileiro.** 3 ed. Porto Alegre: Sulina, 1954.

LOPES, Laís de Figueirêdo; SANTOS, Bianca dos; XAVIER, Iara Rolnik (orgs.). **Marco regulatório das organizações da sociedade civil:** a construção da agenda no governo federal – 2011 a 2014. Brasília: Governo Federal, 2014.

LLORENTE, F. R. Los deberes constitucionales. **Revista Española de Derecho Constitucional,** v. 21, n. 62, p. 11-56, 2001.

LOUKA, Elli. **International Environmental Law:** Fairness, Effectiveness, and World Order. Cambridge: Cambridge University Press, 2006.

LUCAS, J. de. La polémica sobre los deberes de solidaridad: el ejemplo del deber de defensa y su posible concreción en un servicio civil. **Revista del Centro de Estudios Constitucionales**, v. 19, p. 9-88, 1994.

LUGHADHA, E. N. et al. Counting counts: revised estimates of numbers of accepted species of flowering plants, seed plants, vascular plants and land plants with a review of other recent estimates. **Phytotaxa**, n. 272, v. 1, p. 82-88, 2016.

LUÑO, Antonio Enrique Perez. **Derechos humanos, Estado de Derecho y Constitucion.** 5 ed. Madrid: Tecnos, 1995.

LUÑO, A. E. P. Las generaciones de derechos humanos. **Revista del Centro de Estudios Constitucionales**, n. 10, p. 203-217, 1991.

LUPION, Ricardo. **Boa-fé objetiva nos contratos empresariais:** contornos dogmáticos dos deveres de conduta. Porto Alegre: Livraria do Advogado, 2011.

MACCORMICK, Neil. **Legal reasoning and legal theory.** Oxford: Clarendon Press, 1994.

MACHADO, Antonio Maciel Botelho; BIZZO, Natália Almeida. **Camponeses da reforma agrária e a floresta:** o caso do Assentamento Mário Lago, Ribeirão Preto, SP. Brasília, DF: Embrapa, 2016.

MACHADO, Paulo Affonso Leme. **Direito à informação e meio ambiente.** 2 ed. São Paulo: Malheiros, 2018.

MACHADO, Paulo Affonso Leme. **Direito ambiental brasileiro.** 22 ed. São Paulo: Malheiros Editores, 2014.

MACHADO, P. A. L. Os espaços territoriais protegidos e a Constituição Federal. **Interesse Público,** a. 8, n. 39, p. 13-19, set./out. de 2006.

MAGALHÃES, Vladimir Garcia; FREITAS, Gilberto Passos de. Art. 31. In: MILARÉ, Édis; MACHADO, Paulo Affonso Leme. **Novo código florestal:** comentários à Lei 12.651, de 25 de maio de 2012, à Lei 12.727, de 17 de outubro de 2012 e do Decreto 7.830, de 17 de outubro de 2012.

MARCHESAN, Ana Maria Moreira. **A tutela do patrimônio cultural sob o enfoque do Direito Ambiental.** Porto Alegre: Livraria do Advogado, 2007.

MARQUES, B. F. Nuanças de agrariedade nas concessões de florestas públicas. **Revista de Informação Legislativa,** Brasília, v. 45, n. 177, p. 159-170, jan./mar. 2008.

MARQUES NETO, Floriano de Azevedo. **Bens públicos:** função social e exploração econômica: o regime jurídico das utilidades públicas. Belo Horizonte: Fórum, 2014.

MARQUES NETO, Floriano de Azevedo. **Concessões.** Belo Horizonte: Fórum, 2016.

MARRARA, Thiago. Aspectos concorrenciais da concessão de florestas públicas. **Revista de Direito Público da Economia RDPE**, Belo Horizonte, ano 8, n. 32, out./dez. 2010. Disponível em: <http://www.bidforum.com.br/bid/PDI0006.aspx?pdiCntd=70682>. Acesso em: 24 ago. 2017.

MARRARA, Thiago. **Bens públicos**: domínio urbano: infra-estrutura. Belo Horizonte: Fórum, 2007.

MARRARA, T. Os bens das empresas estatais na obra de Maria Sylvia Zanella Di Pietro. **Revista da Procuradoria Geral do Estado de São Paulo,** São Paulo, n. 71, , p. 241-254, jan./jun. 2010.

MASSAÚ, Guilherme Camargo. **O estado de direito e as dimensões da res publica.** Curitiba: Prismas, 2016.

MASSAÚ, Guilherme. **Princípios constitucionais e relações internacionais.** Porto Alegre: Livraria do Advogado, 2018.

MAUS, Ingeborg. From Nation-State to Global State, or the Decline of Democracy. **Constellations,** v. 13, n. 4, p. 465-484, 2006.

MAXIMILIANO, Carlos. **Hermenêutica e aplicação do direito**. 19 ed. Rio de Janeiro: Forense, 2016.

MAZZUOLI, Valério de Oliveira; TEIXEIRA, Gustavo de Faria Moreira. O direito internacional do meio ambiente e o *greening* da Convenção Americana sobre Direitos Humanos. **Revista Direito GV,** São Paulo, v. 9, n. 1, p. 199-242, jan./jun. 2013.

MCCORMICK, John. **Rumo ao paraíso:** a história do movimento ambientalista. Tradução de Marco Antonio Esteves da Rocha e Renato Aguiar. Rio de Janeiro: Relume-Durnarã, 1992.

MEADOWS, Dennis L et al. **The limits to growth:** a report for the club of Rome's project on the predicament of mankind. New York: Universe Books, 1972.

MEDAUAR, Odete. **Direito administrativo moderno.** 20 ed. São Paulo: Editora Revista dos Tribunais, 2016.

MEDEIROS, Fernanda Luiza Fontoura de. **Meio ambiente:** direito e dever fundamental. Porto Alegre: Livraria do Advogado, 2004.

MEDINA, G.; POKORNY, B; CAMPBELL, B. M. Community forest management for timber extraction in the Amazon frontier. **International Forestry Review**, v. II, n. 3, p. 408- 420, 2009.

MEIRELLES, Hely Lopes. **Direito administrativo brasileiro.** 43 ed. São Paulo: Malheiros, 2018.

MEIRELLES, Hely Lopes. **Licitação e contrato administrativo.** 14 ed. São Paulo: Malheiros, 2006.

MELLO, Oswaldo Aranha Bandeira de. Contrato de direito público ou administrativo. **Revista de Direito Administrativo**, Rio de Janeiro, v. 88, p. 15-33, jul. 1967.

MELLO, Oswaldo Aranha Bandeira de. **Princípios gerais de direito administrativo.** 2 ed. Rio de Janeiro: Forense, 1979.

MELO, Stela Maria Ramos de. Concessão de florestas públicas. **Fórum de Direito Urbano e Ambiental – FDUA**, Belo Horizonte, ano 7, n. 40, jul./ago. 2008. Disponível em: <http://www.bidforum.com.br/bid/PDI0006.aspx?pdiCntd=54702>. Acesso em: 24 ago. 2017.

MENDES, Gilmar Ferreira. Poder Executivo. In: MENDES, Gilmar Ferreira; BRANCO, Paulo Gustavo Gonet. **Curso de direito constitucional.** 15 ed. São Paulo: Saraiva, 2020.

MENDES, Gilmar Ferreira. **Direitos fundamentais e controle de constitucionalidade:** estudos de direito constitucional. 2 ed. São Paulo: Celso Bastos Editor; Instituto Brasileiro de Direito Constitucional, 1999.

MILARÉ, Édis. **Direito do ambiente.** 10 ed. São Paulo: Editora Revista dos Tribunais, 2015.

MILARÉ, Édis; COSTA Jr., Paulo José da; COSTA, Fernando José da. **Direito penal ambiental**. 2 ed. São Paulo: Revista dos Tribunais, 2013, p. 41.

MILARÉ, Édis; LOURES, Flavia Tavares Rocha. O papel do terceiro setor na proteção jurídica do ambiente. **Revista de Direito Ambiental,** v. 9, n. 35, p. 96-122, jul./set. 2004.

MIRANDA, Jorge. **Manual de direito constitucional – Tomo IV: Direitos Fundamentais**. 3 ed. Coimbra: Coimbra Editora, 2000.

MIRRA, A. L. V. Princípios Fundamentais do Direito Ambiental. **Revista de Direito Ambiental,** v. 1, n. 2, p. 50-66, abr.-jun. 1996.

MODESTO, Paulo. Parcerias público-sociais em transformação. In: MOTTA, Fabrício; MÂNICA, Fernando Borges; OLIVEIRA, Rafael Arruda. **Parcerias com o terceiro setor:** as inovações da Lei nº 13.019/14. 2 ed. Belo Horizonte: Fórum, 2018.

MOLINARO, Carlos Alberto. Comentário ao artigo 188. In: CANOTILHO, J. J. Gomes; MENDES, Gilmar Ferreira; SARLET, Ingo Wolfgang; STRECK, Lenio Luiz (Coords.). **Comentários à Constituição do Brasil.** 2 ed. São Paulo: Saraiva, 2018.

MOLINARO, C. A. Dignidade, direitos humanos e fundamentais: uma nova tecnologia disruptiva. **Revista de Bioética y Derecho**, n. 39, p. 103-119, 2017.

MOLINARO, Carlos Alberto. **Direito ambiental:** proibição de retrocesso. Porto Alegre: Livraria do Advogado Editora, 2007.

MOLINARO, Carlos Alberto; LEAL, Augusto Antônio Fontanive. BIG DATA, MACHINE LEARNING E A PRESERVAÇÃO AMBIENTAL: INSTRUMENTOS TECNOLÓGICOS EM DEFESA DO MEIO AMBIENTE. **Veredas do Direito: Direito Ambiental e Desenvolvimento Sustentável**, Belo Horizonte, v. 15, n. 31, p. 201-224, jun. 2018.

MOLINARO, Carlos Alberto; SARLET, Ingo Wolfgang. "Não existe o que panoramicamente vemos no céu": o ponto-cego do direito (políticas públicas sobre a regulação em ciência e tecnologia). In: SAAVEDRA, Giovani Agostini; LUPION, Ricardo. **Direitos fundamentais:** direito privado e inovação. Porto Alegre: EdiPUCRS, 2012.

MÖLLER, Kai. **The Global Model of Constitutional Rights.** Oxford: Oxford University Press, 2012.

MONTAGNINI, Florencia; JORDAN, Carl F. **Tropical forest ecology:** the basis for conservation and management. Springer: Berlin; Heidelberg, 2005.

MONTESQUIEU, Charles de Secondat, barão de. **Do espírito das leis.** 1 v. Tradução de Gabriela de Andrada Dias Barbosa. Rio de Janeiro: Nova Fronteira, 2012.

MORAES, Luís Carlos Silva de. **Curso de direito ambiental.** 2 ed. São Paulo: Atlas, 2004.

MORAIS, José Luis Bolzan de. **Do direito social aos interesses transindividuais:** o Estado e o direito na ordem contemporânea. Porto Alegre: Livraria do Advogado, 1996.

MOREIRA, Eliane Cristina Pinto. **Justiça Socioambiental e Direitos Humanos:** uma análise a partir dos direitos territoriais de povos e comunidades tradicionais. Rio de Janeiro: Lumen Juris, 2017.

MOREIRA NETO, Diogo de Figueiredo. **Curso de Direito Administrativo.** 16 ed. Rio de Janeiro: Forense, 2014. Disponível em: <http://primo-pmtna01.hosted.exlibrisgroup.com/PUC01:PUC01:sfx4340000000026736>. Acesso em 01 ago 2018.

MOREIRA NETO, Diogo de Figueiredo. Política agrícola e fundiária e ecologia. **Revista Forense,** Rio de Janeiro, v. 317, p. 73-77, 1992.

MUKAI, Toshio. **Concessões, permissões e privatizações de serviços públicos:** comentários à Lei n. 8.987, de 13 de fevereiro de 1995 e à Lei n. 9.074/95, das concessões do setor elétrico (com as alterações da Lei n. 9.648/98). 4 ed. São Paulo: Saraiva, 2002.

MUKAI, Toshio. **Direito ambiental sistematizado**. 10 ed. Rio de Janeiro: Forense, 2016.

MUKAI, Toshio. Do reequilíbrio econômico-financeiro da proposta. **Interesse Público,** Porto Alegre, v. 8, n. 36, p. 137-142, mar./abr. 2006.

MUKAI, Toshio. Licitações nas concessões florestais. **Interesse Público,** Porto Alegre, v. 8, n. 38, p. 77-83, jul./ago. de 2006.

MUKAI, Toshio. **O direito administrativo e os regimes jurídicos das empresas estatais.** 2 ed. Belo Horizonte: Fórum, 2004.

NABAIS, José Casalta. **O dever fundamental de pagar impostos.** Coimbra: Livraria Almedina, 1998.

NADALES, A. J. P. Derechos e intereses: problemas de tercera generación. **Revista del Centro de Estudios Constitucionales**, n. 10, p. 219-232, 1991.

NASCIMENTO, Tupinambá Miguel Castro do. **Introdução ao direito fundiário (estudos).** Porto Alegre: Sergio Antonio Fabris Editor, 1985.

NIEBUHR, Joel de Menezes. **Licitação pública e contrato administrativo**. 2 ed. Belo Horizonte: Fórum, 2012.

NIMER, Edmon. **Climatologia do Brasil.** 2 ed. Rio de Janeiro: IBGE, Departamento de Recursos Naturais e Estudos Ambientais, 1989.

NOHARA, Irene Patrícia. Regime jurídico das organizações da sociedade civil (OSC) benefícios, exigências e vedações. In: MOTTA, Fabrício; MÂNICA, Fernando Borges; OLIVEIRA, Rafael Arruda. **Parcerias com o terceiro setor:** as inovações da Lei nº 13.019/14. 2 ed. Belo Horizonte: Fórum, 2018.

NUCCI, Guilherme de Souza. **Código penal comentado.** 18 ed. Rio de Janeiro: Forense, 2017. Disponível em: <http://primo-pmtna01.hosted.exlibrisgroup.com/PUC01:PUC01:sfx2680000000060347>. Acesso em 22 ago 2019.

OAU. African (Banjul) Charter on Human and Peoples' Rights. Nairobi, 1981. Disponível em: <https://www.achpr.org/legalinstruments/detail?id=49>. Acesso em: 13 dez 2019.

OCTA. Propuesta de Tarapoto sobre Criterios e Indicadores de Sostenibilidad del Bosque Amazónico. Disponível em: <http://www.otca-oficial.info/assets/documents/20161220/07179950fb9f04b6950f18accbfe8029.pdf>. Acesso em 29 abr 2019.

OCTAVIO, Rodrigo. **Do domínio da União e dos Estados:** segundo a Constituição Federal. 2 ed. São Paulo: Livraria Acadêmica Saraiva & C – Editores, 1924.

ODUM, Eugene. Pleasants. **Ecologia.** Tradução de Christopher J. Tribe. Rio de Janeiro: Discos CBS, 1985.

OEA. Declaración Americana sobre los Derechos de los Pueblos Indígenas. Santo Domingo, 2016. Disponível em: <http://www.oas.org/es/sadye/documentos/res-2888-16-es.pdf>. Acesso em 01 mai 2020.

OEA. Protocolo Adicional à Convenção Americana sobre Direitos Humanos em Matéria de Direitos Econômicos, Sociais e Culturais. San Salvador, 1988. Disponível em: <http://www.cidh.org/Basicos/Portugues/e.Protocolo_de_San_Salvador.htm>. Acesso em: 03 nov 2017.

OLIVEIRA, José Lopes de. **Contratos**. Recife: Livrotécnica, 1978.

OLIVEIRA, Rafael Arruda. O chamamento público na Lei Federal nº, 13.019/14: procedimento legal, avanços e desafios. In: MOTTA, Fabrício; MÂNICA, Fernando Borges; OLIVEIRA, Rafael Arruda. **Parcerias com o terceiro setor:** as inovações da Lei nº 13.019/14. 2 ed. Belo Horizonte: Fórum, 2018.

OLIVEIRA, Raul Miguel Freitas de. **Concessão florestal**: exploração sustentável de florestas públicas por particular. Leme: J. H. Mizuno, 2013.

ONU. Convention on Biological Diversity. Disponível em: <https://www.cbd.int/doc/legal/cbd-en.pdf>. Acesso em 24 jun 2018.

ONU. Declaração Universal dos Direitos Humanos. Disponível em: <http://www.onu.org.br/img/2014/09/DUDH.pdf>. Acesso em: 16 dez 2017.

ONU. Declaration of the United Nations Conference on the Human Environment. Stockholm, 1972. Disponível em: <http://www.un-documents.net/aconf48-14r1.pdf>. Acesso em: 29 out 2017.

ONU. Report of the United Nations Conference on Environment and Development (Rio de Janeiro, 3-14 June 1992). A/CONF.151/26 (Vol. III). Disponível em: <http://www.un.org/documents/ga/conf151/aconf15126-3.htm>. Acesso em 01 mai 2018.

ONU. Report of the World Commission on Environment and Development: Our Common Future. Oslo, 1987. Disponível em: <http://www.un-documents.net/our-common-future.pdf>. Acesso em 29 out 2017.

ONU. Report of the World Summit on Sustainable Development. Johannesburg, 2002. Disponível em: <http://www.un.org/ga/search/view_doc.asp?symbol=A/CONF.199/20&Lang=E>. Acesso em 03 nov 2017.

ONU. Rio Declaration on Environment and Development. Rio de Janeiro, 1992. Disponível em: <http://www.un-documents.net/rio-dec.htm>. Acesso em: 03 nov 2017.

ONU. The Future We Want. Rio de Janeiro, 2012. Disponível em: <http://www.un.org/ga/search/view_doc.asp?symbol=A/RES/66/288&Lang=E>. Acesso em 03 nov 2017.

ONU. Transforming our world: the 2030 Agenda for Sustainable Development. New York, 2015. Disponível em: <http://www.un.org/ga/search/view_doc.asp?symbol=A/RES/70/1&Lang=E>. Acesso em 03 nov 2017.

OST, François. **A natureza à margem da lei.** Tradução de Joana Chaves. Lisboa: Instituto Piaget, 1997.

ORESKES, Naomi; CONWAY, Erik M. **Merchants of doubt:** how a handful of scientists obscured the truth on issues from tobacco smoke to global warming. New York: Bloomsbury Press, 2010.

ORTIZ, Gaspar Ariño. **Principios de derecho público económico**: modelo de estado, gestión pública, regulación económica. Granada: Comares, 1999.

PANKARARU, Paulo Celso de Oliveira. Do manejo florestal em terras indígenas. In: LIMA, André. **O direito para o Brasil socioambiental**. Porto Alegre: Sergio Antonio Fabris Editor, 2002.

PASQUALLI, Jo M. **The practice and procedure of the Inter-American Court of Human Rights**. 2 ed. Cambridge: Cambridge University Press, 2013.

PASSOS, L. H. F. da C. A proteção jurídica dos espaços ambientais especiais: unidades de conservação. **Revista de Direito Ambiental,** v. 0, p. 170-176, jan./dez 1996.

PATRICK, Ruth. Biodiversity: Why is it important? In: REAKA-KUDLA, Marjorie L.; WILSON, Don E.; WILSON, Edward O. **Biodiversity II:** understanding and protecting our biological resources. Washington: Joseph Henry Press, 1997.

PATTBERG, Phillip; MERT, Aysem. The Future We Get Might Not Be the Future We Want: Analyzing the Rio+20 Outcomes. **Global Policy**, v. 4, p. 305-310, 2013.

PECES-BARBA MARTÍNEZ, G. Derechos fundamentales. **Revista Jurídica de Castilla-La Mancha**, n. 2, p. 7-34, 1987.

PECES-BARBA MARTÍNEZ, G. Los deberes fundamentales. **Doxa**, v. 4, p. 329-341, 1987.

PEREIRA, Caio Mário da Silva. **Instituições de direito civil – v. I**. 30 ed. Rio de Janeiro: Forense, 2017, não paginado. Disponível em: <https://integrada.minhabiblioteca.com.br/books/9788530974534/epubcfi/6/10%5B;vnd.vst.idref=body005%5D!/4/12@0:23.2>. Acesso em 02 ago 2018.

PEREIRA, P. F.; SCARDUA, Fernando Paiva. **Espaços territoriais especialmente protegidos: conceito e implicações jurídicas.** Ambiente & Sociedade, Campinas, v. XI, n. 1, p. 81-97, jan./jun. 2008.

PHILLIPS, Adrian. Turning ideas on their head: the new paradigm for protected areas. **The George White FORUM,** v. 20, n. 2, p. 8-32, 2003.

PHILLIPS, Susan D.; SMITH, Steven Rathgeb. Between Governance and Regulation: Evolving Government-Thir Sector Relationships. In: PHILLIPS, Susan D.; SMITH, Steven Rathgeb. **Governance and regulation in the third sector:** international perspectives. London; New York: Routledge, 2011.

PICKERING, J.; MCGEE, Jeffrey S.; KARLSSON-VINKHUYZEN, Sylvia I.; WENTA, Joseph. Global climate governance between hard and soft law: can the Paris Agreement's 'Crème Brûlèe' approach enhance ecological reflexivity? **Journal of Environmental Law,** v. 31, p. 1-28, 2019.

PINTO, M. de A.; VASCONCELLOS SOBRINHO, M.; ROCHA, G. de M. Gestão direta deFlorestas Públicas: uma alternativa de gestão territorial em áreas protegidas. **Desenvolvimento e Meio Ambiente,** v. 35, p. 321-334, dez. 2015.

PIOVESAN, Flávia. **Direitos humanos e o direito constitucional internacional.** 11 ed. São Paulo: Saraiva, 2010.

PITOMBEIRA, Sheila Cavalcante. Florestas Plantadas. In: FIGUEIREDO, Guilherme José Purvin; SILVA, Lindamir Monteiro da; RODRIGUES, Marcelo Abelha; LEUZINGER, Márcia Dieguez Leuzinger (Orgs). **Código Florestal:** 45 anos: estudos e reflexões. Curitiba: Letra da Lei, 2010.

PIVA, Rui Carvalho. **Bem ambiental.** São Paulo: Max Limonad, 2000.

PONTES DE MIRANDA. **Comentários à Constituição de 1946.** Tomo VI (Arts. 157-218). 3 ed. Rio de Janeiro: Editor Borsoi, 1960.

PONTES DE MIRANDA. **Comentários à Constituição de 1967**. Tomo VI (Arts. 160-200). 2 ed. São Paulo: Revista dos Tribunais, 1972.

PONTES DE MIRANDA. **Negócios jurídicos, representação, conteúdo, forma, prova**. São Paulo: Editora Revista dos Tribunais, 2012. (Coleção tratado de direito privado: parte especial; 3).

PONTES DE MIRANDA. **Sistema de ciência positiva do direito.** Vol. 1. Campinas: Bookseller, 2000.

PONTES DE MIRANDA. **Tratado das Ações**: Tomo I: Ação, classificação e eficácia. Campinas: Bookseller, 1998. v. 1.

PORRO, N. M.; PORRO, R.; ASSUNÇÃO, H. do N. Roças e florestas em Assentamentos Ambientalmente Diferenciados na Amazônia: reflexões para uma agroecologia no PDS Virola Jatobá. **Retratos de Assentamentos**, v. 19, n. 2, p. 188-214, 2016.

POSNER, Eric A. **The Perils of Global Legalism.** Chicago: The University of Chicago Press, 2009.

POSNER, Eric A. **The Twilight of Human Rights Law.** Oxford: Oxford University Press, 2014.

PROFOR. **Mission**. Disponível em: <https://www.profor.info/mission>. Acesso em 05 mai 2018.

RABELLO, Sonia. **O Estado na preservação dos bens culturais:** o tombamento. Rio de Janeiro: IPHAN, 2009.

RAJAMANI, Lavanya. The 2015 Paris Agreement: interplay between hard, soft and non-obligations. **Journal of Environmental Law,** v. 28, p. 337-358, 2016.

RAWLS, John. **O liberalismo político.** Tradução de Álvaro de Vita. São Paulo: Martins Fontes, 2011.

RAZ, Joseph. Legal principles and the limits of Law. **Yale Law Journal,** v. 81, p. 823-854, 1972.

REALE, Miguel. **Lições preliminares de direito**. 27 ed. São Paulo: Saraiva, 2002.

REGAN, Tom. **Empty cages:** facing the challenge of animal rights. Lanhan: The Rowman & Littlefield Publishing Group, 2003.

RESENDE, Augusto César Leite de. **A tutela jurisdicional do direito humano ao meio ambiente sadio perante a corte interamericana de direitos humanos.** Belo Horizonte: Fórum, 2015.

RIOS, Roger Raupp. A função social da propriedade e desapropriação para fins de reforma agrária. In: PAULSEN, Leandro (org.); CAMINHA, Vivian Josete Pantaleão; RIOS, Roger Raupp. **Desapropriação e reforma agrária.** Porto Alegre: Livraria do Advogado, 1997.

RIZZARDO, Arnaldo. **Direito das coisas:** Lei nº 10.406, de 10.01.2002. 4 ed. Rio de Janeiro: Forense, 2009.

ROCHA, Ibraim. Código florestal e exploração florestal. **Revista de Direito Ambiental,** v. 18, n. 71, p. 175-216, jul./set. 2013.

ROCHA, Ibraim; TRECCANI, Girolamo D.; BENATTI, José Heder; HABER, Lilian Mendes; CHAVES, Rogério Arthur Friza. **Manual de direito agrário constitucional:** lições de direito agroambiental. 2 ed. Belo Horizonte: Fórum, 2015.

ROCHA, Sílvio Luís Ferreira da. **Terceiro setor.** São Paulo: Malheiros, 2003.

ROCKEFELLER, S. C. Building a global culture of peace. **Orion,** winter, p. 46-48, 2002.

ROMARIZ, Dora de A. **Aspectos da vegetação do Brasil.** Rio de Janeiro: IBGE, 1974.

ROSILHO, André. **Licitação no Brasil.** São Paulo: Malheiros, 2013.

SACHS, Jeffrey. **The age of sustainable development.** New York: Columbia University Press, 2015.

SALZMAN, James; THOMPSON Jr., Barton. **Environmental Law and Policy.** 2 ed. New York: Foundation Press, 2007.

SAMPAIO, José Adércio Leite. Constituição e meio ambiente na perspectiva do direito constitucional comparado. In: SAMPAIO, José Adércio Leite; WOLD, Chris; NARDY, Afrânio José Fonseca. **Princípios do direito ambiental.** Belo Horizonte: Del Rey, 2003.

SANDS, Philippe. **Principles of International Environmental Law.** 2 ed. Cambridge: Cambridge University Press, 2003.

SARLET, Ingo Wolfgang. **A eficácia dos direitos fundamentais:** uma teoria geral dos direitos fundamentais na perspectiva constitucional. 13 ed. Porto Alegre: Livraria do Advogado Editora, 2018.

SARLET, Ingo Wolfgang. **Dignidade (da pessoa) humana e direitos fundamentais na Constituição Federal de 1988.** 10 ed. Porto Alegre: Livraria do Advogado Editora, 2015.

SARLET, Ingo Wolfgang. Dos princípios fundamentais. In: SARLET, Ingo Wolfgang; MARINONI, Luiz Guilherme; MITIDIERO, Daniel. **Curso de direito constitucional.** 9 ed. São Paulo: Saraiva, 2020, p. 290.

SARLET, Ingo Wolfgang. Teoria geral dos direitos fundamentais. In: SARLET, Ingo Wolfgang; MARINONI, Luiz Guilherme; MITIDIERO, Daniel. **Curso de direito constitucional.** 9 ed. São Paulo: Saraiva, 2020.

SARLET, Ingo Wolfgang; FENSTERSEIFER, Tiago. **Curso de direito ambiental.** Rio de Janeiro: Forense, 2020.

SARLET, Ingo Wolfgang. FENSTERSEIFER, Tiago. Direitos ambientais procedimentais: acesso à informação, a participação pública na tomada de decisão e acesso à justiça em matéria ambiental. **Revista Novos Estudos Jurídicos,** v. 23, n. 2, p. 417-465, mai./ago. 2018.

SARLET, Ingo Wolfgang; FENSTERSEIFER, Tiago. **Direito constitucional ambiental:** constituição, direitos fundamentais e proteção do ambiente. 3 ed. São Paulo: Editora Revista dos Tribunais, 2013.

SARLET, Ingo Wolfgang; FENSTERSEIFER, Tiago. **Direito constitucional ecológico:** constituição, direitos fundamentais e proteção da natureza. 6 ed. São Paulo: Editora Revista dos Tribunais, 2019.

SARLET, Ingo Wolfgang; FENSTERSEIFER, Tiago. **Princípios do direito ambiental.** 2 ed. São Paulo: Saraiva, 2017.

SARMENTO, Daniel. Comentário ao artigo 68. In: CANOTILHO, J. J. Gomes; MENDES, Gilmar Ferreira; SARLET, Ingo Wolfgang; STRECK, Lenio Luiz (Coords.). **Comentários à Constituição do Brasil.** 2 ed. São Paulo: Saraiva, 2018.

SATO, Jorge. **Mata Atlântica:** direito ambiental e a legislação: exame das restrições ao uso da propriedade. São Paulo: Hemus, 1995.

SCHARPF, Fritz W. Reflections on multilevel legitimacy. MPIfG Working Paper 07/3. Köln: Max-Planck-Institut für Gesellschaftsforschung, 2007.

SECRETARIAT of the Convention on Biological Diversity. Nagoya Protocol on Access to Genetic Resources and the Fair and Equitable Sharing of Benefits Arising from their Utilization to the Convention on Biological Diversity : text and annex. Nagoya, 2010. Disponível em: <https://www.cbd.int/abs/doc/protocol/nagoya-protocol-en.pdf>. Acesso em 05 fev 2019.

SÉGUIN, Elida. **Direito ambiental:** nossa casa planetária. Rio de Janeiro: Forense, 2002.

SERVIÇO FLORESTAL BRASILEIRO. Cadastro Nacional de Florestas Públicas - Atualização 2019. 25 de maio de 2020. Disponível em: <http://www.florestal.gov.br/cadastro-nacional-de-florestas-publicas/127-informacoes-florestais/cadastro-nacional-de-florestas-publicas-cnfp/1894-cadastro-nacional-de-florestas-publicas-atualizacao-2019>. Acesso em 11 out 2020.

SERVIÇO FLORESTAL BRASILEIRO. **Plano Anual de Outorga Florestal 2019.** Brasília: MMA, 2018.

SERVIÇO Florestal Brasileiro. **Plano Anual de Outorga Florestal 2020.** Brasília: MAPA, 2019.

SHAW, Malcolm N. **International law.** 5 ed. Cambridge: Cambridge University Press, 2003.

SHELTON, Dinah L., Soft Law. Handbook of International Law, Routledge Press, 2008; GWU Legal Studies Research Paper No. 322; GWU Law School Public Law Research Paper No. 322. Available at SSRN: https://ssrn.com/abstract=1003387.

SCHÖNENBERG, Regine et al. What comes after deforestation control? Learning from three attempts of land-use planning in Southern Amazonia. **Gaia**, v. 24, n. 2, p. 119-127, 2015.

SILVA, Américo Luís Martins da. **Direito do meio ambiente e dos recursos naturais.** 4 v. São Paulo: Editora Revista dos Tribunais, 2005.

SILVA, Antonio Marcello da. O princípio e os princípios da licitação. **Revista de Direito Administrativo**, Rio de Janeiro, v. 136, p. 34-45, jan. 1979.

SILVA, Geraldo Eulálio do Nascimento e. **Direito ambiental internacional: meio--ambiente, desenvolvimento sustentável e os desafios da nova ordem mundial: uma reconstituição da Conferência do Rio de Janeiro sobre o Meio-Ambiente e Desenvolvimento.** Rio de Janeiro: Thex Ed.: Biblioteca Estácio de Sá, 1995.

SILVA, José Afonso da. **Curso de direito constitucional positivo.** 40 ed. São Paulo: Malheiros, 2017.

SILVA, José Afonso. **Comentário contextual à Constituição**. 2 ed. São Paulo: Malheiros Editores, 2006.

SILVA, José Afonso da. **Direito ambiental constitucional.** 9 ed. São Paulo: Malheiros Editores, 2011.

SILVA, Vicente Gomes da. Aspectos legais sobre a concessão de florestas públicas (Lei nº 11.284, de 2 de março de 2006). **Fórum de Direito Urbano e Ambiental – FDUA**, Belo Horizonte, ano 5, n. 26, mar./abr. 2006. Disponível em: <http://www.bidforum.com.br/bid/PDI0006.aspx?pdiCntd=34693>. Acesso em: 24 ago. 2017.

SILVA, Virgílio Afonso da. **Direitos fundamentais:** conteúdo essencial, restrições e eficácia. 2 ed. São Paulo: Malheiros Editores, 2011.

SILVA, Virgílio Afonso da. O proporcional e o razoável. **Revista dos Tribunais,** v. 798, p. 23-50, 2002.

SINGER, Peter. **Libertação animal.** Tradução de Marly Winckler. Porto Alegre; São Paulo: Lugano, 2004.

SIRVINSKAS, Luís Paulo. **Manual de direito ambiental.** 14 ed. São Paulo: Saraiva, 2016.

SOARES, Guido Fernando Silva. **A proteção internacional do meio ambiente.** Barueri: Manole, 2003.

SOARES, Guido Fernando Silva. **Curso de direito internacional público.** São Paulo: Atlas, 2002. v. 1.

SODERO, Fernando Pereira. **Direito agrária e reforma agrária.** São Paulo: Livraria Legislação Brasileira, 1968.

SOUZA FILHO, Carlos Frederico Marés de. **O renascer dos povos indígenas para o direito.** 1ª ed. 4ª tir. Curitiba: Juruá, 2005.

SOUZA, Washington Peluso Albino de. **Do econômico nas constituições vigentes.** [S.l]: Rev. Brasileira de Estudos Políticos, 1961.

SOUZA, Washington Peluso Albino de. **Lições de direito econômico.** Porto Alegre: Sergio Antonio Fabris, 2002.

SOUZA, Washington Peluso Albino de. Poder Constituinte e ordem jurídico-econômica. **Revista de Informação Legislativa,** Brasília, v. 23, n. 89, p. 33-48, jan./mar. 1986.

SOUZA FILHO, Carlos Frederico Marés de. **Bens culturais e proteção jurídica.** Porto Alegre: UE/Porto Alegre, 1997.

SOUZA FILHO, Carlos Frederico Marés de. Conhecimentos tradicionais como bem cultural. In: SCHIOCCET, Thaysa; SOUZA FILHO, Carlos Frederico Marés de. **Direito, biotecnologia e sociedades tradicionais.** Curitiba: Juruá, 2014.

STEC, Stephen; JENDROSKA, Jerzy. The Escazú Agreement and the Regional Approach to Rio Principle 10: process, innovation, and shortcomings. **Journal of Environmental Law**, n. 31, p. 533-545, 2019.

STEIGLEDER, Annelise Monteiro. **Responsabilidade civil ambiental:** as dimensões do dano ambiental no direito brasileiro. Porto Alegre: Livraria do Advogado, 2004.

SUDAM. **Plano Regional de Desenvolvimento da Amazônia (PRDA):** 2020-2023. Belém: SUDAM, 2019.

SUNSTEIN, Cass R; HOLMES, Stephen. **The cost of rights:** why liberty depends on taxes. New York: W. W. Norton & Company, 2000.

SZAZI, Eduardo. Non-governmental organizations in international custom. **Revista dos Tribunais**, a. 101, v. 915, p. 207-245, jan. 2012.

SZTAJN, Rachel. Law and economics. ZYLBERSZTAJN, Decio; SZTAJN, Rachel. **Direito e economia.** Rio de Janeiro: Elsevier, 2005.

TACITO, Caio. A nova lei de concessões de serviços públicos. **Revista de Direito Administrativo**, Rio de Janeiro, v. 242, p. 103-108, out. 2005.

TÁCITO, Caio. O equilíbrio financeiro na concessão de serviço público. **Revista de Direito Administrativo**, Rio de Janeiro, v. 65, p. 1-25, mai. 1961.

TAVARES, André Ramos. **Curso de Direito Constitucional**. 18 ed. São Paulo: Saraiva, 2020.

TAVARES, André Ramos. **Direito constitucional econômico.** 3 ed. Rio de Janeiro; São Paulo: Forense; Método, 2011.

TRENNEPOHL, Curt; TRENNEPOHL, Terence. **Licenciamento ambiental.** 7 ed. São Paulo: Thomson Reuters Brasil, 2018.

TRINDADE, Antônio Augusto Cançado**. Tratado de Direito Internacional dos Direitos Humanos.**1 v. 2 ed. Porto Alegre: Sergio Antonio Fabris Editor, 1997, p. 33.

TRINDADE, Antônio Augusto Cançado. **Tratado de Direito Internacional dos Direitos Humanos.** 2 v. Porto Alegre: Sergio Antonio Fabris Editor, 1999

TRINDADE, Antônio Augusto Cançado. **Tratado de Direito Internacional dos Direitos Humanos.** 3 v. Porto Alegre: Sergio Antonio Fabris Editor, 2003.

UE. Charter of Fundamental Rights of the European Union. 2000. Disponível em: <http://www.europarl.europa.eu/charter/pdf/text_en.pdf>. Acesso em 03 nov 2017.

ULLOA, C. U. et al. An integrated assessment of the vascular plant species of the Americas. **Science**, n. 358, p.1614-1617, 2017.

UNESCO. Intergovernmental conference of experts on the scientific basis for rational use and conservation of the resources of the biosphere. Paris, 4-13 Semptember 1968. Disponível em: <http://unesdoc.unesco.org/images/0001/000172/017269eb.pdf>. Acesso em 23 mai 2018.

UNESCO. Man and the Biosphere Programme. Disponível em: <http://www.unesco.org/new/en/natural-sciences/environment/ecological-sciences/>. Acesso em 23 mai 2018.

UNFCCC. Report of the conference of the parties on its seventh session, held at Marakesh from 29 october to 10 november 2001 addendum part two: action taken by the conference of the parties. Disponível em: <http://unfccc.int/resource/docs/cop7/13a01.pdf>. Acesso em 01 mai 2018.

UNFCCC. Report of the Conference of the Parties on its twenty-first session, held in Paris from 30 November to 13 December 2015 - Part two: Action taken by the Conference of the Parties at its twenty-first session. Paris, 2016. Disponível em: <http://unfccc.int/resource/docs/2015/cop21/eng/10a01.pdf>. Acesso em 03 nov 2017.

UNITED NATIONS. **Handbook on Non-Profit Institutions in the System of National Accounts**. New York: United Nations Publication, 2003.

UNITED NATIONS. International Covenant on Civil and Political Rights. Disponível em: <https://www.ohchr.org/en/professionalinterest/pages/ccpr.aspx>. Acesso em 11 fev 2019.

UNITED NATIONS. International Covenant on Economic, Social and Cultural Rights. Disponível em: <https://www.ohchr.org/en/professionalinterest/pages/cescr.aspx>. Acesso em 11 fev 2019.

UNITED NATIONS. Un Charter. Disponível em: http://www.un.org/en/sections/un--charter/un-charter-full-text/. Acesso em 28 nov 2018.

UNITED NATIONS. Regional Agreement on Access to Information, Public Participation and Justice in Environmental Matters in Latin America and the Caribbean. Escazú, 2018. Disponível em: <https://repositorio.cepal.org/bitstream/handle/11362/43583/1/S1800428_en.pdf>. Acesso em 11 abr 2020.

UNITED Nations Forum on Forests. **UN Forum on Forests**. Disponível em: <http://www.un.org/esa/forests/forum/index.html>. Acesso em 05 mai 2017.

VEIGA, José Eli. **O que é reforma agrária**. São Paulo: Abril Cultural; Brasiliense, 1984.

VILLALON, P. C. Formacion y evolucion de los derechos fundamentales. **Revista Española de Derecho Constitucional,** n. 9, v. 25, p. 35-62, 1989.

VIOLIN, Tarso Cabral. **Terceiro setor e as parcerias com a administração pública:** uma análise crítica. 3 ed. Belo Horizonte: Fórum, 2015.

VOIGT, Christina. **Sustainable development as a principle of international law:** resolving conflicts between climate measures and WTO law. Leiden; Boston: Martinus Nijhoff Publishers, 2009.

VOIGT, Christina; FERREIRA, Felipe. Differentiation in the Paris Agreement. **Climate Law**, Leiden, v. 6, p. 58-74, 2016.

WALD, Arnold. Renascimento do instituto da concessão. **Revista de Direito Administrativo**, Rio de Janeiro, v. 171, p. 1-14, jan./mar. 1988.

WALDHOFF, Philippe; VIDAL, Edson. Community loggers attempting to legalize traditional timber harvesting in the Brazilian Amazon: An endless path. **Forest Policy and Economics**, v. 50, p. 311-318, 2015.

WEDY, Gabriel. **Desenvolvimento sustentável na era das mudanças climáticas:** um direito fundamental. São Paulo: Saraiva Educação, 2018.

WEDY, Gabriel. **O princípio constitucional da precaução como instrumento de tutela do meio ambiente e da saúde pública**: de acordo com o Direito das Mudanças Climáticas e o Direito dos Desastres. 3 ed. Belo Horizonte: Fórum, 2020.

WEDY, Gabriel de Jesus Tedesco. **Litígios climáticos:** de acordo com o Direito Brasileiro, Norte-Americano e Alemão. Salvador: Editora JusPodivm, 2019.

WEINER, Ann Helen. **Legislação Ambiental Brasileira:** Subsídios para a História do Direito Ambiental. Rio de Janeiro: Forense, 1991.

WEISS, E. B. In fairness to future generations and sustainable development. **American University International Law Review,** v. 8, n. 1, p. 19-26, 1992.

WIEDMANN, Sonia Maria Pereira. Reserva de Desenvolvimento Sustentável – RDS. In: BENJAMIN, Antônio Herman Benjamin. **Direito ambiental das áreas protegidas:** o regime jurídico das unidades de conservação. Rio de Janeiro: Forense Universitária, 2001.

WILLETS, Peter. **Non-governmental Organizations in World Politics:** the construction of global governance. London; New York: Routledge, 2010.

WWF INSTITUTO Chico Mendes de Conservação da Biodiversidade. **Avaliação da gestão das unidades de conservação**: métodos RAPPAM (2015) e SAMGE (2016). Brasília: WWF-BRASIL, 2017.

YANG, T; PERCIVAL, R. V. The emergence of global environmental law. **Ecology Law Quarterly**, v. 36, n. 3, p. 615-664, 2009.

ZANETTI, Eder. **Certificação e manejo de florestas nativas brasileiras.** Curitiba: Juruá, 2007.

ZANETTI, Eder. **Meio ambiente:** globalização e vantagem competitiva das florestas nativas brasileiras. 2 ed. Curitiba: Juruá, 2010.

ZANETTI, Eder. **Meio ambiente – setor florestal**. 2 ed. Curitiba: Juruá, 2008,

ZANOBINI, Guido. **Corso di diritto amministrativo:** volume primo: principi generali. Milano: Dott. A. Giuffrè, 1947.

EDITORA JusPODIVM
www.editorajuspodivm.com.br